AL GORE
DIE ZUKUNFT

AL GORE
DIE ZUKUNFT

SECHS KRÄFTE,
DIE UNSERE WELT VERÄNDERN

Aus dem Englischen von
Anne Emmert, Thomas Pfeiffer und Werner Roller

Siedler

Die englischsprachige Originalausgabe erschien 2013 unter dem Titel
»The Future. Six Drivers of Global Change« bei Random House, New York.

Verlagsgruppe Random House FSC® N001967
Das für dieses Buch verwendete FSC®-zertifizierte
Papier *Munken Premium Cream* liefert
Arctic Paper Munkedals AB, Schweden.

Erste Auflage
Mai 2014

Umschlaggestaltung: Rothfos + Gabler, Hamburg
Lektorat: Nico Schröder, Hamburg
Grafiken: Peter Palm, Berlin
Satz: Ditta Ahmadi, Berlin
Druck und Bindung: GGP Media GmbH, Pößneck
Printed in Germany 2014
ISBN 978-3-8275-0042-7

www.siedler-verlag.de

Für meine Mutter, zu Ehren ihres 100. Geburtstages:

Pauline LaFon Gore
6. Oktober 1912 bis 15. Dezember 2004

Sie schenkte mir eine Zukunft, anhaltende Neugier darauf,
was diese Zukunft wohl bringen mag, und die Überzeugung, als Mensch
verpflichtet zu sein, bei ihrer Ausgestaltung zu helfen.

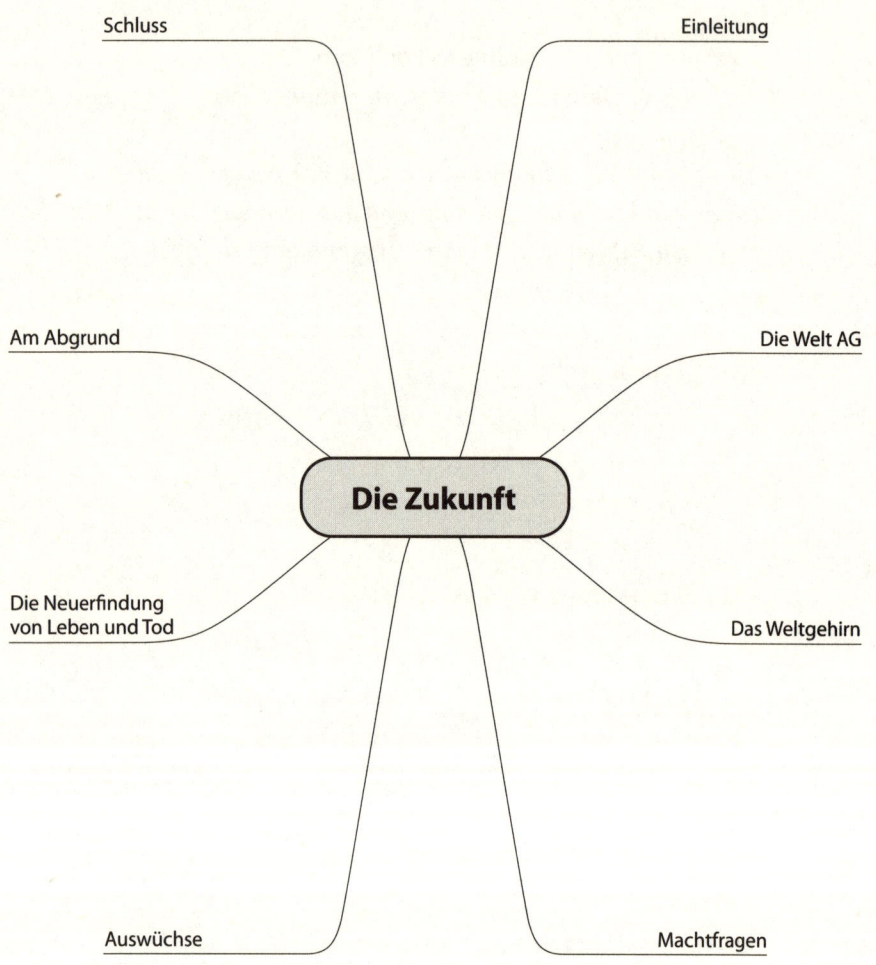

Schluss

Einleitung

Am Abgrund

Die Welt AG

Die Zukunft

Die Neuerfindung
von Leben und Tod

Das Weltgehirn

Auswüchse

Machtfragen

INHALT

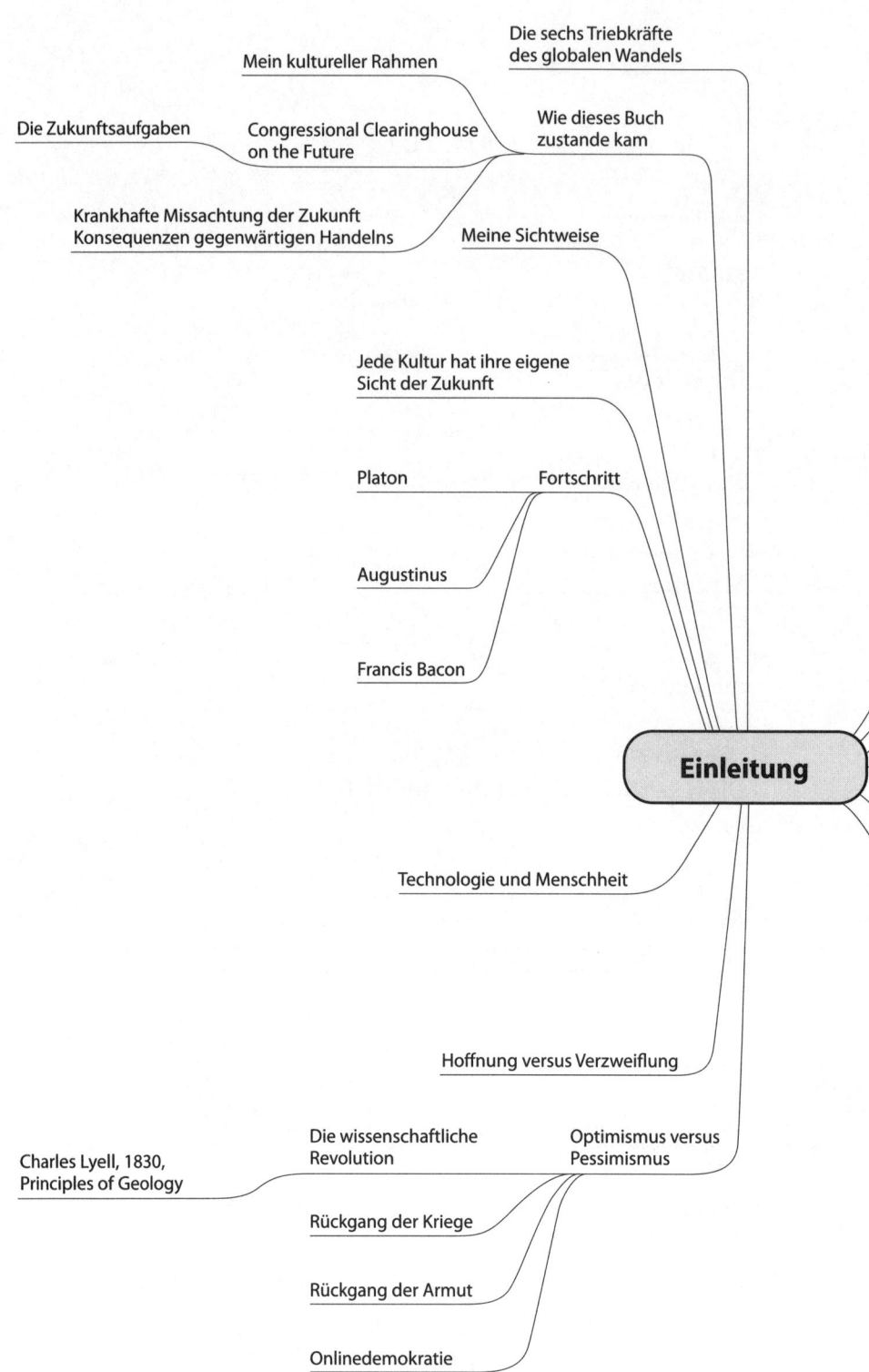

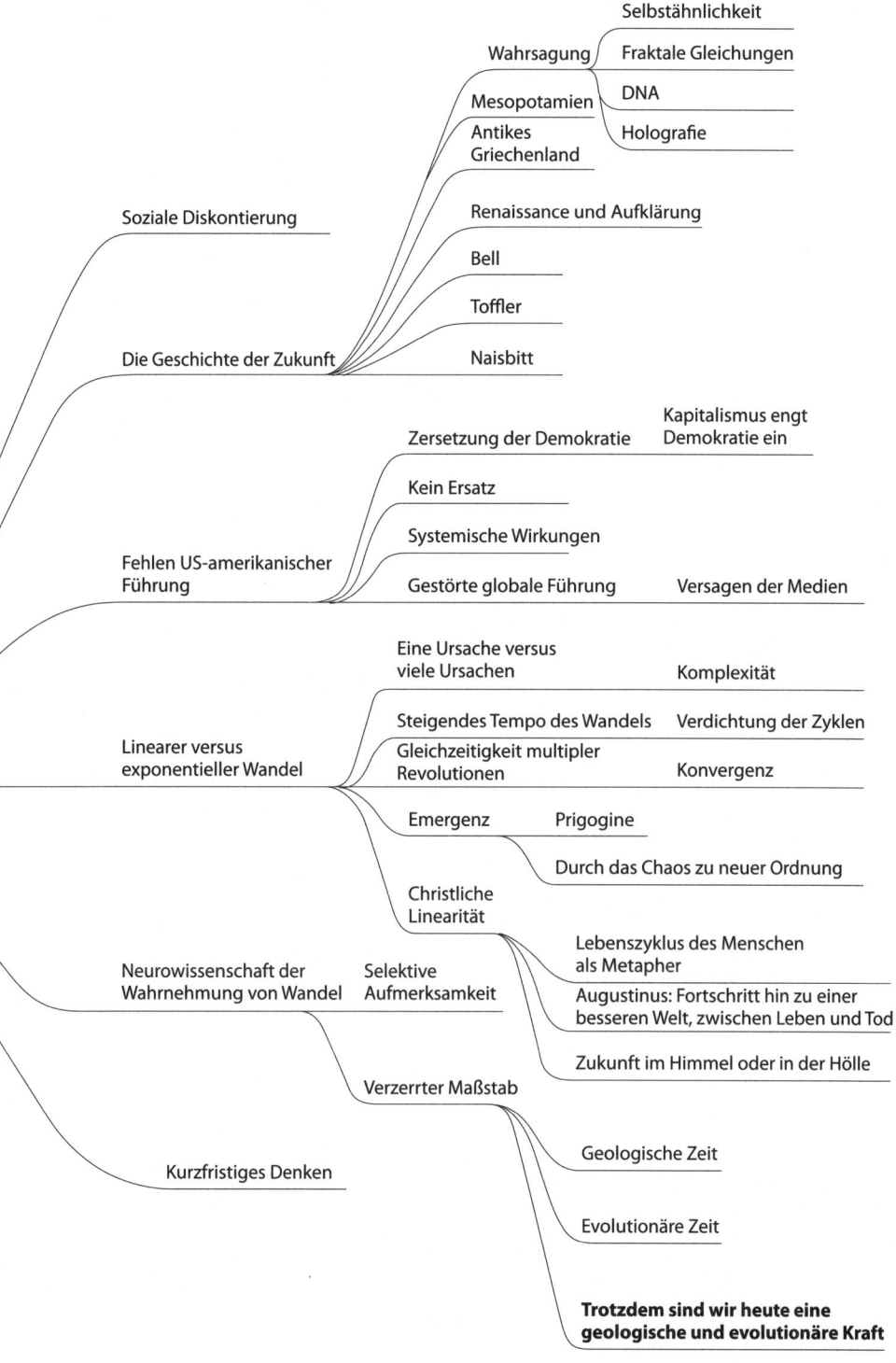

EINLEITUNG

WIE VIELE INTERESSANTE REISEN begann dieses Buch nicht mit Antworten, sondern mit einer Frage. Auf einer Vortragstour vor acht Jahren wollte jemand von mir wissen: »Was treibt eigentlich den globalen Wandel voran?« Ich zählte mehrere der üblichen Verdächtigen auf und beließ es zunächst dabei. Doch am nächsten Morgen kam mir auf dem langen Rückflug die Frage wieder in den Kopf und ließ mich nicht mehr los. Ich nahm mir vor, genauere Antworten zu finden und mich dabei nicht auf vorgefasste Dogmen zu stützen, sondern auf die vorhandenen Indizien für die neuen Verhältnisse, die in der Welt herrschen. Die Frage entwickelte eine Art Eigenleben, wie ich bald merkte. Am Computer machte ich eine Gliederung, listete stundenlang Überschriften und Unterüberschriften auf, änderte Reihenfolge und Schwerpunkte, schob Themen von einer Kategorie in die andere, las die Auflistung erneut und fügte jedes Mal ein paar weitere Details hinzu.

In den folgenden Jahren, in denen mich vor allem der Klimawandel und das öffentliche Bewusstsein dafür beschäftigten, aber auch meine beruflichen Aktivitäten, kehrte ich immer wieder zu dieser Gliederung zurück. Ich redigierte und verfeinerte sie, bis mir vor zwei Jahren klar wurde: Die Thematik würde mich erst in Ruhe lassen, wenn ich mich der Aufgabe stellte, die Frage – sie war schon fast zu einer fixen Idee geworden – gründlich zu beantworten.

Heraus kam dieses Buch, ein Buch über die sechs wichtigsten Triebkräfte des globalen Wandels, wie sie konvergieren und interagieren, wo sie uns hinführen und wie wir – als Menschen und als globale Zivilisation – die Entwicklung dieses Wandels beeinflussen können. Wenn wir unser Schicksal wieder selbst in die Hand nehmen und die Zukunft gestalten wollen, müssen wir neu und besonnen über die essenziellen Entscheidungen nachdenken, die vor uns liegen und sich aus mehreren Faktoren ergeben:

– Der Herausbildung einer stark vernetzten globalen Wirtschaft, die zunehmend als vollständig integriertes ganzheitliches Gebilde agiert und ein völlig anderes Verhältnis zu Kapitalflüssen, Arbeitskraft, Verbrauchermärkten und Nationalstaaten hat als in der Vergangenheit.

– Der Entstehung eines globalen elektronischen Kommunikationsnetzes, das Milliarden von Menschen in ihren Gedanken und Gefühlen miteinander verbindet und sie schnell an wachsende Datenmengen anbindet, an ein rasant wachsendes Netz aus eingebetteten Sensoren und immer intelligenteren Geräten, Robotern und Denkmaschinen, deren intelligenteste zunehmend Aufgaben bewältigen, die die Denkkapazität des Menschen bereits heute übersteigen und die uns womöglich bald auch in Bereichen überholen, von denen wir immer angenommen haben, sie seien unserer Spezies allein vorbehalten.

– Der Entstehung einer völlig neuen Balance politischer, wirtschaftlicher und militärischer Macht in der Welt, die sich radikal von der Situation in der zweiten Hälfte des 20. Jahrhunderts unterscheidet, als die Vereinigten Staaten die globale Führung innehatten und für Stabilität sorgten. Einfluss und Initiative werden sich vom Westen in den Osten verlagern, von den reichen Ländern zu den sich rasch entwickelnden neuen Machtzentren in aller Welt, von den Nationalstaaten zu privaten Akteuren, von politischen Systemen zu Märkten.

– Einem schnellen, nicht nachhaltigen Wachstum der Bevölkerung, der Städte, des Verbrauchs von Ressourcen, Mutterboden und Süßwasservorräten, der Verdrängung von Tier- und Pflanzenarten, der Umweltverschmutzung sowie der wirtschaftlichen Produktionsleistung. Ausgerichtet ist dieses Wachstum an grotesken, jedoch allgemein anerkannten Kriterien, die uns blind machen für die zerstörerischen Folgen unseres selbstbetrügerischen Handelns.

– Der Entwicklung revolutionärer Techniken in der Biologie, der Biochemie, der Genetik und der Materialwissenschaft, die uns dazu befähigen, den molekularen Aufbau fester Substanzen zu verändern, den Stoff des Lebens neu zu weben, Formen, Wesenszüge, Charakteristika und Eigenschaften von Pflanzen, Tieren und Menschen zu verändern, die Evolution in die eigene Hand zu nehmen oder uralte Trennlinien zwischen Arten zu verwischen und völlig neue zu erfinden, die sich die Natur nie ausgedacht hätte. Und schließlich

– Der Herausbildung einer radikal neuen Beziehung zwischen der
  menschlichen Zivilisation und den Ökosystemen der Erde, insbesondere dem empfindlichsten, Atmosphäre und Klima, von dem der
  künftige Erfolg der Menschheit abhängt. Dazu kommt der Beginn
  massiver technischer Veränderungen auf den Gebieten Energie, Industrie, Landwirtschaft und Bau mit dem Ziel einer neuen gesunden
  und ausgewogenen Beziehung zwischen der menschlichen Zivilisation und der Zukunft.

Dieses Buch ist reich an Zahlen und stützt sich nicht auf Spekulationen,
Panikmache, naiven Optimismus oder Schönwetterprognosen, sondern
auf fundierte Studien und Berichte. Es ist das Ergebnis vieler Jahre Arbeit,
in denen ich die besten verfügbaren Belege und die Aussagen weltweit
führender Fachleute über die Zukunft, die wir uns derzeit gerade schaffen, recherchiert, interpretiert und präsentiert habe.

Dass die nahe Zukunft völlig anders sein wird als alles, was wir aus
der Vergangenheit kennen, ist unstrittig. Die Unterschiede sind qualitati-
ver, nicht so sehr quantitativer Art. Kein Wandel, der sich in der Vergangenheit vollzogen hat, lässt sich mit dem vergleichen, was der Menschheit
bevorsteht. Wir haben schon revolutionäre Umwälzungen erlebt, die aber
alle nicht so revolutionär waren, nicht mit so vielen Risiken und Chancen
behaftet wie die, die derzeit entstehen. Auch hat es noch nie so viele bahnbrechende Veränderungen auf einmal gegeben, die so eng miteinander
verwoben waren.

In diesem Buch geht es nicht in erster Linie um die Klimakrise, obwohl sie einer der sechs Impulse ist, die unsere Welt rasch umgestalten.
In ihrem Zusammenspiel mit den anderen fünf Triebkräften des Wandels
haben sich mir zudem neue Möglichkeiten des Verstehens eröffnet. Es
geht auch nicht in erster Linie um die Zersetzung der Demokratie in den
USA und die Beeinträchtigung staatlichen Handelns in der Weltgemeinschaft, obwohl ich immer noch glaube, dass diese Führungskrisen gelöst
werden müssen, ehe die Menschheit ihr Schicksal wieder selbst in die
Hand nehmen kann. Alle sechs dieser aufkommenden Umwälzungen
drohen uns in einem historischen Moment zu überrollen, in dem in der
Führung der Welt ein gefährliches Vakuum herrscht.

Dieses Buch ist auch kein Manifest, keine Grundlage für eine künftige politische Kampagne. Ich habe oft genug für politische Ämter kan-

didiert. Wenn ich danach gefragt werde, ob ich meine Ambitionen diesbezüglich aufgegeben habe, antworte ich gern mit den nicht ganz ernst gemeinten Worten: Ich bin ein Politiker in der Entwöhnung, und die Wahrscheinlichkeit eines Rückfalls ist mittlerweile so klein, dass ich guter Dinge bin, der Versuchung nicht wieder zu erliegen. Im Schlusskapitel finden sich allerdings dann doch Handlungsempfehlungen, die sich aus der Analyse in diesem Buch ableiten.

Ein neues Naturgesetz

ALS FRISCHGEBACKENER JUNGER ABGEORDNETER im US-Repräsentantenhaus trat ich 1976 nach meiner Wahl einer überparteilichen Gruppe von Kongressabgeordneten und Senatoren bei, dem Congressional Clearinghouse on the Future, das vom mittlerweile verstorbenen Charlie Rose aus North Carolina gegründet worden war und das mit Anne Cheatham eine überaus kompetente verantwortliche Direktorin hatte. In meiner zweiten Amtszeit bat mich Rose, ihm als Vorsitzender dieser Gruppe zu folgen. Wir organisierten Workshops über die Auswirkungen neuer Technologien und wissenschaftlicher Entdeckungen und sprachen mit Führungspersönlichkeiten aus Wirtschaft und Wissenschaft. Und wir baten zweihundert Unterausschüsse des Kongresses, uns die wichtigsten Themen zu nennen, die sie für die nächsten zwanzig Jahre erwarteten und die wir unter dem Titel The Future Agenda veröffentlichten.[1] Vor allem aber untersuchten wir Trends, die sich herauskristallisierten, und trafen uns regelmäßig mit führenden Zukunftsforschern: Daniel Bell, Margaret Mead, Richard Buckminster Fuller, Carl Sagan, Alvin Toffler, John Naisbitt, Arno Penzias sowie Hunderten weiterer Experten.

Der Wissenschaftler, der vielleicht den größten Eindruck auf mich machte, war ein kleiner, fast glatzköpfiger Russe, der wenige Monate vor der Oktoberrevolution 1917 zur Welt gekommen war, seine Ausbildung jedoch in Belgien absolviert hatte: Ilya Prigogine, der kurz zuvor für seine Erkenntnisse zum zweiten Hauptsatz der Thermodynamik den Nobelpreis erhalten hatte.[2]

Nach diesem zweiten Hauptsatz brechen aufgrund der Entropie isolierte physikalische Systeme mit der Zeit zusammen; die Entropie ist für die Irreversibilität in der Natur verantwortlich.[3] Ein einfaches Beispiel für

Entropie ist ein Rauchring: Er beginnt als zusammenhängender Ring mit klar definierten Grenzen. Doch nach und nach streben die Moleküle auseinander und geben Energie in die Luft ab. Der Ring löst sich auf und verschwindet.[4] Alle sogenannten geschlossenen Systeme sind diesem Auflösungsprozess unterworfen. Bei einigen vollzieht sich die Entropie schnell, bei anderen dauert der Prozess länger.

Prigogine hatte nun entdeckt, dass ein offenes System, eines also, das Energieströme von außerhalb des Systems einführt, durchschleust und wieder hinauslässt, nicht einfach nur zusammenbricht, sondern dass es sich mit fortschreitendem Energiefluss anschließend auf einem höheren Niveau der Komplexität *neu organisiert*.[5] Das Phänomen, das Prigogine beschreibt, ist gewissermaßen das Gegenteil von Entropie. Selbstorganisation als Naturgesetz und Veränderungsprozess ist etwas wahrhaft Erstaunliches: Durch *Selbstorganisation* können spontan komplexe neue Formen *emergieren*, also entstehen.

Betrachten wir die wachsenden Informationsströme, die seit der Einführung des Internets und des World Wide Web durch die Welt fließen. Elemente der alten Informationsstruktur brachen nach und nach zusammen. Viele Zeitungen gingen bankrott, andere verloren Leser, Buchhandlungen fusionierten oder machten zu. Unzählige Geschäftsmodelle wurden überflüssig. Doch durch Selbstorganisation entstanden Tausende neuer Geschäftsmodelle, und das Volumen der Onlinekommunikation stellte die Welt der Druckerpresse bald in den Schatten.

Auch die Erde als Ganzes ist ein offenes System. Sie führt Energie von der Sonne ein, und diese Energie fließt in die ausgeklügelten Energietransferstrukturen, aus denen das System Erde besteht, hinein und durch sie hindurch – dazu zählen beispielsweise die Meere, die Atmosphäre, die verschiedenen geochemischen Prozesse und das Leben selbst. Die Energie gelangt dann als Wärmeenergie in Form von Infrarotstrahlung von der Erde zurück in das sie umgebende Weltall.

Im Wesentlichen besteht die Krise der globalen Erwärmung darin, dass wir von der Erdkruste enorme Mengen Energie einführen und Entropie (also progressive Unordnung) in die zuvor stabilen, wenn auch dynamischen Ökosysteme bringen, von denen das Wohlergehen der Zivilisation abhängt. Diese neuen Energieströme, die vor Urzeiten von der Sonne auf die Erde gelangten, wurden vor Jahrmillionen in Form inaktiver Kohlenstoffablagerungen unter der Erde eingeschlossen.[6]

Indem wir diese Energie mobilisieren und die Abfallprodukte aus der Verbrennung in die Atmosphäre abgeben, zerstören wir das seit dem Ende der letzten Eiszeit vor 10 000 Jahren stabile Klimasystem. Kurz nach dieser Eiszeit entstanden die ersten Städte, und es kam zur landwirtschaftlichen Revolution. Sie breitete sich vor 8000 Jahren am Nil, am Tigris, am Euphrat, am Indus und am Gelben Fluss aus, nachdem die Frauen und Männer der Steinzeit geduldig die Pflanzenarten ausgelesen und gezüchtet hatten, auf denen unsere moderne Ernährung noch heute gründet. Nun treiben wir die Entstehung eines Klimaschemas voran, das völlig anders ist als das, mit dem sich die menschliche Zivilisation so erfolgreich entwickelt hat.

So obskur Prigogines Entdeckung eines neuen Naturgesetzes auch anmuten mag, es sollte unser Nachdenken über die Zukunft doch massiv beeinflussen. Die moderne Bedeutung des Wortes »Emergenz« und das gesamte Forschungsgebiet komplexer Systeme leiten sich von Prigogines Arbeit ab. Prigogine wollte das Phänomen der Emergenz erforschen, weil er sich fragte, warum die Zukunft eigentlich immer unumkehrbar anders ist als die Vergangenheit. Es sei »angesichts meines Interesses für den Zeitbegriff nur natürlich« gewesen, schrieb er, »dass ich mich auf das Studium irreversibler Phänomene konzentrierte, in denen sich der ›Pfeil der Zeit‹ so deutlich manifestiert.«[7]

Die Geschichte der Zukunft

UNSERE SICHTWEISE DER ZUKUNFT hat sich in der Vergangenheit immer wieder geändert. In der Geschichte der menschlichen Zivilisation hatte jede Kultur ihr eigenes Zukunftskonzept. »Es gibt zwar überall Auffassungen von der Zeit und der Zukunft«, so die australische Zukunftsforscherin Ivana Milojević, »die sich aber von einer Gesellschaft zur anderen stark unterscheiden.«[8] Manche betrachten die Zeit als zirkulär, sehen Vergangenheit, Gegenwart und Zukunft also als Bestandteile desselben wiederkehrenden Kreislaufs. Andere glauben, die einzig wichtige Zukunft sei das Leben nach dem Tod.

Entsetzliche Enttäuschungen, die so oft Teil des Menschseins sind, erschüttern oft das Vertrauen in die Zukunft, setzen Verzweiflung an die Stelle der Hoffnung. Aber die meisten Menschen wissen aus ihrer Lebenserfahrung und den Geschichten der Ältesten, dass unser Tun in der Gegenwart, sofern es das Wissen aus der Vergangenheit berücksichtigt, die Zukunft objektiv verbessern kann.

Anthropologen haben Belege dafür, dass die Menschen schon vor fast 50 000 Jahren die Zukunft mithilfe von Orakeln oder Medien vorherzusagen versuchten.[9] Einige Kulturen untersuchten die Innereien von Tieren, die sie den Göttern geopfert hatten, andere beobachteten die Bewegungen von Fischen, interpretierten Zeichen auf der Erde oder wandten eine andere der unzähligen Methoden der Prophezeiung an.[10] Noch heute liest manche Wahrsagerin aus der Hand oder legt Tarotkarten. Hinter solchen Versuchen steckt die Grundannahme, dass die gesamte Realität aus ein und demselben Stoff besteht, der nach einem festen Entwurf Vergangenheit, Gegenwart und Zukunft umfasst. Die Bedeutung dieses Entwurfs lässt sich bestimmten Teilen des Ganzen entnehmen und auf andere Teile des Ganzen anwenden, um die Zukunft vorauszusagen.

Heute gewinnen Ärzte und Wissenschaftler Hinweise auf die Zukunft aus der DNA, die sich in jeder Zelle befindet. Mathematiker schließen auf die Beschaffenheit fraktaler Gleichungen – und der daraus abgeleiteten geometrischen Formen –, indem sie die »Selbstähnlichkeit« der Muster beobachten, die auf den verschiedenen Lösungsebenen zum Vorschein kommt. Holografische Bilder sind in jedem Molekül der Gaszylinder enthalten, auf die das entstehende größere Bild projiziert wird.[11]

Historikern zufolge verwendeten die Astrologen im alten Babylon eine doppelte Uhr: Mit der einen maßen sie die Zeit menschlichen Tuns, mit der anderen verfolgten sie die Himmelsbewegungen, die, wie sie glaubten, einen Einfluss auf irdische Ereignisse hatten.[12] Wenn wir unsere Zukunft vorhersagen wollen, müssen auch wir die doppelte Uhr fest im Blick haben. Die eine misst Stunden und Tage, die andere die Jahrhunderte und Jahrtausende, in deren Verlauf sich die Störungen fortsetzen, die wir in den natürlichen Systemen der Erde verursachen.

Wenn Wissenschaftler in einem Rennen gegen die Zeit um neue genetische Entdeckungen wetteifern, mit deren Hilfe Krankheiten geheilt und Produkte im Wert von vielen Milliarden Dollar hergestellt werden könnten, müssen wir wieder eine andere Uhr im Auge behalten, die die Zeitabläufe der Evolution misst. Die aus den revolutionären Fortschritten in den Biowissenschaften erwachsenden Chancen sind im Begriff, uns zur wichtigsten Kraft der Evolution zu machen.

Einige der ökologischen Veränderungen, die sieben Milliarden Menschen kollektiv mit der mächtigen Keule neuer Technologien, eines unersättlichen Konsums und einer völlig überzogenen Wirtschaftsdynamik herbeiführen, werden Forschern zufolge in einer geologischen Zeitspanne zum Tragen kommen. Eine solche Zeitspanne wird von einer planetarischen Uhr gemessen, deren Zeiteinheiten die Grenzen des menschlichen Vorstellungsvermögens übersteigen. Etwa ein Viertel der 90 Millionen Tonnen Schmutz, die wir jeden Tag in die Atmosphäre pusten und mit denen wir die globale Erwärmung beschleunigen, wird auch in 10 000 Jahren noch dort oben sein und Wärme am Entweichen hindern.[13]

Der Abgleich zwischen dem, was »ist«, und dem, was »sein *sollte*«, stellt uns vor ein existenzielles Problem. Obwohl wir große Schwierigkeiten damit haben, geologische Zeitspannen zu erfassen, sind wir zu einer geologischen Kraft geworden. Und obwohl wir uns auch evolutionäre Zeiträume nicht vorstellen können, sind wir mittlerweile eine treibende evolutionäre Kraft.

Die Vorstellung, dass in der Menschheitsgeschichte von einer Ära zur nächsten Fortschritt stattfindet, ist nicht eine Erfindung der Aufklärung, auch wenn das oft angenommen wird. Zur Blütezeit der Philosophie im antiken Griechenland begann auch das Nachsinnen über die Zukunft der Menschheit, soweit es uns überliefert ist. Mike Salvaris zufolge beschrieb Platon im 4. Jahrhundert vor unserer Zeit Fortschritt als einen »kontinuierlichen Prozess, der das Menschsein vom ursprünglichen natürlichen Zustand über immer höhere Stufen der Kultur, der wirtschaftlichen Organisation und der politischen Struktur zu einem idealen Staat hinführt. Fortschritt ergibt sich aus der wachsenden Komplexität der Gesellschaft und der Notwendigkeit, durch die Weiterentwicklung der Natur- und Geisteswissenschaften das Wissen auszubauen.«[14]

Im 4. Jahrhundert unserer Zeit schrieb Augustinus, der Platon ausgiebig zitierte: »Wie nun aber die richtige Erziehung des einzelnen Menschen, so schritt auch die des Menschengeschlechtes, soweit das Volk Gottes infrage kommt, in gewissen Zeitabschnitten wie in Altersstufen voran, damit man sich vom Zeitlichen zur Ergreifung des Ewigen und vom Sichtbaren zum Unsichtbaren emporschwinge.«[15]

Fortschritt ist auch keine reine Erfindung des Westens. Viele sehen im Tao aus dem alten China den Vorreiter für ein willentliches Fortschreiten auf dem Weg durch die Welt, obwohl sich sein Fortschrittsbegriff von dem, der sich im Westen entwickelte, deutlich unterscheidet.[16] Im 11. Jahrhundert schrieb der islamische Philosoph Muhammad al-Ghazali, der Islam lehre, dass »ernsthaftes Hinarbeiten auf Fortschritt und Entwicklung daher ein religiöser Akt ist und als solcher belohnt wird. Am Ende wird ein ernsthaftes, gewissenhaftes und perfektes Werk stehen, wahrer wissenschaftlicher Fortschritt und damit die Errungenschaft einer ausgeglichenen und umfassenden Weiterentwicklung.«[17]

Zu Beginn der Renaissance befeuerte die Wiederentdeckung des aristotelischen Zweigs der antiken griechischen Philosophie, die auf Arabisch in Alexandria bewahrt und über al-Andalus wieder nach Europa eingeführt worden war, die Faszination für das physische und philosophische Erbe Athens und Roms.[18] Diese wiederentdeckte Vergangenheit nährte Träume, die später während der Aufklärung in die einhellige Einsicht mündeten, der säkulare Fortschritt sei das beherrschende Element der Menschheitsgeschichte.

Die Entdeckungen, mit denen Kopernikus und Galilei, Descartes, Newton und viele andere die naturwissenschaftliche Revolution vorantrieben, festigten die Überzeugung, dass in der Menschheitsgeschichte – unabhängig von der Rolle und vom Plan Gottes – mit zunehmendem Wissen unvermeidbar auch Fortschritt einhergehe. Francis Bacon, der mehr als jeder andere die Bedeutung des Begriffs »Fortschritt« für die Reise der Menschheit in die Zukunft betonte, war auch einer der Ersten, die den Fortschritt mit dem Bändigen, Beherrschen und Kontrollieren der Natur verknüpften – als wäre der Mensch von der Natur ebenso getrennt wie nach Descartes der Geist vom Körper.

Jahrhunderte später ist dieser philosophische Trugschluss noch nicht korrigiert. Da wir stillschweigend davon ausgehen, vom Ökosystem unseres Planeten losgelöst zu sein, werden wir immer wieder von Phänomenen überrumpelt, die sich aus unserer engen Verquickung mit ihm ergeben. Und da der Einfluss unserer Zivilisation exponentiell wächst, werden die Überraschungen immer unangenehmer.

Das kulturelle Erbe, das die wissenschaftliche Methodik noch immer prägt, ist reduktionistisch: Durch die Trennung und endlose Unterteilung der Objekte, die wir erforschen und analysieren, spalten wir miteinander verbundene Phänomene und Prozesse auf, um Spezialwissen zu entwickeln. Doch die Konzentration auf immer kleinere Abschnitte geht oft auf Kosten der Betrachtung des Ganzen. So entgeht uns die Bedeutung entstehender Phänomene, die für uns unvorhersehbar aus der Vernetzung und der Interaktion einer Vielzahl von Prozessen und Netzwerken hervortreten. Aus diesem Grund liegen lineare Zukunftsprojektionen so oft daneben.

Ein neues Bild von Vergangenheit und Zukunft

AUS DER ERFINDUNG leistungsfähiger neuer Werkzeuge, der Gewinnung bedeutsamer Erkenntnisse und nicht zuletzt der Entdeckung reicher neuer Kontinente ergaben sich eine aufregende neue Sicht der Welt und ein enormer Zukunftsoptimismus. Im 17. Jahrhundert fertigte Antoni van Leeuwenhoek, der Vater der Mikrobiologie, neue Linsen für das Mikroskop[19] (das seinerseits knapp ein Jahrhundert zuvor in Holland erfunden worden war[20]) und entdeckte beim Blick durch diese Linsen Zellen und Bakterien.[21] Gleichzeitig revolutionierte sein guter Delfter Freund Johannes Vermeer (darin sind sich die meisten Kunsthistoriker einig) mithilfe der *Camera obscura*, die aus neuen Erkenntnisse in der Optik hervorgegangen war, die Porträtmalerei.[22]

Mit der Beschleunigung der wissenschaftlichen und dem Beginn der industriellen Revolution wurde das Fortschrittscredo zum beherrschenden Element der Zukunftskonzepte. In den Jahren vor seinem Tod schrieb Thomas Jefferson zum Fortschritt, der sich in seiner Lebenszeit vollzogen hatte: »Und wo dieser Fortschritt aufhören wird, vermag niemand zu sagen. Die Barbarei kann derweil mit dem unablässigen Tempo, in dem alles besser wird, nicht mithalten und wird, glaube ich, mit der Zeit von der Erde verschwinden.«[23]

Vier Jahre nach Jeffersons Tod erschütterte 1830 Charles Lyells Meisterwerk *Principles of Geology* das uralte Verhältnis der Menschen zur Zeit. Insbesondere in der jüdisch-christlichen Welt hatte die Ansicht vorgeherrscht, die Erde sei nur ein paar Tausend Jahre alt und die Menschen seien kurz nach der Erde geschaffen worden. Lyell jedoch bewies, dass unser Planet nicht Tausende, sondern mindestens Millionen von Jahren alt ist[24] (wie wir heute wissen, 4,5 Milliarden[25]). Durch seine Revision der Vergangenheit erneuerte Lyell auch die Vorstellung von der Zukunft, und er lieferte den zeitlichen Rahmen dafür, dass Charles Darwin die Prinzipien der Evolution entdeckte; Darwin hatte als junger Mann Lyells Bücher sogar auf der *Beagle* dabeigehabt.[26]

Die von Lyell dargestellte bis dahin unvorstellbare Zeitspanne der Vergangenheit beflügelte entsprechende Träume von einer fernen Zukunft mit unermesslichen Höhenflügen des menschlichen Fortschritts. In der Generation nach Lyell entwarf Jules Verne eine Zukunft, in der Raketen auf dem Mond landen, ein U-Boot in die Tiefen des Ozeans abtaucht und Menschen zum Mittelpunkt der Erde reisen.

Der überschwängliche Optimismus des 19. Jahrhunderts wurde durch die Auswüchse der zweiten industriellen Revolution gedämpft, im ersten Jahrzehnt des 20. Jahrhunderts jedoch von einer politischen Bewegung wiederbelebt. Der Fortschritt, so hieß es dort, mache eine politische Intervention des Staates und soziale Veränderungen erforderlich, damit die mit der Industrialisierung einhergehenden Probleme abgefangen und ihre offenkundigen Vorzüge gefestigt werden können. Als im Zuge der wissenschaftlichen und technologischen Revolution einige der von Verne und seinen Nachfolgern erdachten Visionen wahr wurden, gewann der Zukunftsoptimismus weiter an Fahrt.

Doch mit dem 20. Jahrhundert folgten zwei Weltkriege und der Mord an Millionen von Menschen durch totalitäre Diktaturen auf der linken und rechten Seite des politischen Spektrums, die damit ihre jeweiligen verworrenen Fortschrittskonzepte bedienten. Das veränderte auch die Haltung zur Zukunft. Der grässliche Albtraum vom Tausendjährigen Reich, der Holocaust und die Grausamkeiten eines Stalin und eines Mao wurden zu Sinnbildern für das grauenhafte Potenzial, das die Umsetzung großartiger Zukunftspläne durch übermächtige, von überdrehten Visionen getriebene Herrscher in sich barg.

Nach dem Zweiten Weltkrieg hielt sich zunächst die Empörung darüber, dass totalitäre Herrschaftsformen mithilfe der wunderbaren neuen Kommunikationstechniken Radio und Film Millionen dazu gebracht hatten, sich gegen ihren Instinkt auf ein bösartiges Regime einzulassen. Dies und die tiefe emotionale und seelische Wirkung des atomaren Damoklesschwerts, das mit dem beginnenden nuklearen Wettrüsten über der Menschheit hing, ließ Befürchtungen wieder aufkeimen, die neuen Erfindungen könnten sich als trügerischer Erfolg erweisen. Viele hatten das ungute Gefühl, hochmoderne Techniken könnten ungeachtet ihres Nutzens den typisch menschlichen Hang zur Hybris womöglich verstärken, und verloren ihr Vertrauen in den Fortschritt als verlässlichem Leitstern.

Den Zukunftsvisionen Jules Vernes folgten die Prophezeiungen Aldous Huxleys, George Orwells und H. G. Wells' sowie Kinofilme über aggressive prähistorische Monster – zum Leben erweckt durch Atomtests oder misslungene Gentechnikexperimente – und bösartige Roboter aus der Zukunft oder von fernen Planeten, die alle nur darauf aus waren, die Zukunft der Menschheit zu zerstören.

UND NUN FRAGEN SICH VIELE: Wer sind wir? Aristoteles schrieb, das Wesen einer Sache definiere sich aus seiner Aufgabe.[27] Wenn wir die Möglichkeit in Erwägung ziehen müssen, dass wir soeben den Niedergang unserer eigenen Zivilisation herbeiführen, dann wirkt sich das notwendigerweise auf die Beantwortung der Frage aus: Was ist das Wesen unserer Spezies? Oder, wie ein Wissenschaftler die Frage einst umformulierte: Ist die Kombination aus opponierbarem Daumen und Neokortex als nachhaltige Lebensform auf der Erde überhaupt existenzfähig?

Unser natürlicher und durchaus gesunder Hang zum Zukunftsoptimismus lässt sich nur schwer mit den häufig geäußerten Bedenken in Einklang bringen, es sei durchaus nicht alles gut und die Zukunft könne sich so entwickeln, sofern man sie sich selbst überlässt, dass einige unserer wichtigsten Werte in Gefahr sind. Die Zukunft wirft, anders ausgedrückt, einen Schatten auf die Gegenwart. Es mag zwar tröstlich klingen, ist aber von wenig praktischem Wert, wenn man sagt: »Ich bin Optimist!« Optimismus ist eine Form des Gebets. Das Gebet hat, meiner persönlichen Ansicht nach, eine echte spirituelle Kraft. Aber ich glaube auch an den alten afrikanischen Spruch: »Wenn du betest, beweg deine Füße.« Gebet ohne Handeln ist, ebenso wie Optimismus ohne Engagement, passive Aggression gegenüber der Zukunft.

Wer die Gefahren erkennt, mit denen wir konfrontiert sind und um die wir uns kümmern müssen, fühlt sich in seiner Machtlosigkeit oft wie gelähmt. Beim Thema Klima beispielsweise verändert manch einer sein Verhalten und seine Gewohnheiten, mindert die persönliche Schadstoffbelastung der Umwelt, meldet sich öffentlich zu Wort und geht wählen – und trotzdem hat sie oder er das Gefühl, furchtbar wenig Einfluss zu haben. Die Kraft der globalen Maschine, die wir für den Fortschritt konstruiert haben, scheint vom Menschen kaum noch kontrollierbar zu sein.

Wo sind die Hebel, die man umlegen, wo die Knöpfe, die man drücken kann? Gibt es einen Steuermechanismus? Haben wir genug Kraft in den Händen, um diese Steuerung zu bedienen?

Mehr als ein Jahrzehnt vor seinem *Faust* verfasste Goethe das bekannte Gedicht »Der Zauberlehrling«: Ein junger Mann haucht in Abwesenheit seines Meisters mit dessen Zauberspruch einem Besen, mit dem er die Werkstatt sauber machen soll, Leben ein.[28] Doch der Besen ist nun nicht mehr zu bändigen. Als der Lehrling in dem verzweifelten Versuch, der zunehmenden Rage des Besens Einhalt zu gebieten, ihn mit der Axt in zwei Teile spaltet, verdoppelt sich das Ding, indem sich jede Hälfte zu einem neuen belebten Besen auswächst. Erst als der Meister zurückkehrt, kommt wieder Ordnung in den Haushalt.

Das Unbehagen im demokratischen Kapitalismus

DASS WIR, UM DIE GLOBALE MASCHINE ZU STEUERN, die wir in Gang gesetzt haben, in der Demokratie vernünftige kollektive Entscheidungen treffen können, ist eine naive, ja dumme Vorstellung, wenn man denen glaubt, die ihr Vertrauen in die Zukunft schon vor langer Zeit nicht in die Hände des Menschen, sondern in die unsichtbare Hand des Marktes gelegt haben. Je mehr sich aber die Macht, Zukunftsentscheidungen zu treffen, von politischen Systemen zu den Märkten hin verlagert und je stärker die unsichtbare Hand dank immer ausgefeilterer Techniken wird, desto mehr verkümmern die Muskeln der Selbstverwaltung.

Das kann denen nur recht sein, die die ungezügelte Kraft dieser globalen Maschine dazu nutzen, großen Reichtum anzuhäufen. Viele propagieren mit ihrem Reichtum sogar die Vorstellung, dass Selbstverwaltung bestenfalls nutzlos ist und, wenn sie doch funktioniert, eine gefährliche Einmischung und eine Störung der Märkte sowie des technologischen Determinismus nach sich zieht. Die ideologische Doppelherrschaft, die aus der Allianz von Kapitalismus und repräsentativer Demokratie entstand und Freiheit, Frieden und Wohlstand ermöglichte, wurde aufgespalten, als der konzentrierte Reichtum von der Sphäre des Marktes in die der Demokratie vordrang.

Wenn es darum geht, große Informationsmengen zu sammeln, zu verarbeiten und nutzbar zu machen, um Ressourcen zuzuteilen und ein

Gleichgewicht zwischen Angebot und Nachfrage zu schaffen, reicht zwar nichts an die Märkte heran, doch Informationen sind in diesem Bereich in erster Linie zweckdienlich. Ihnen geht jede Meinung ab, jeder Charakter, ihnen fehlen Persönlichkeit, Gefühle, Liebe oder Vertrauen. Es dreht sich nur um Zahlen. In der Demokratie dagegen entstehen, so sie sich in gesunden Bahnen bewegt, aus der Interaktion von Menschen unterschiedlicher Sichtweisen, Neigungen und Lebenserfahrungen Weisheit und Kreativität völlig anderer Couleur.[29] Sie tragen Träume und Hoffnungen in sich. Wenn wir es zulassen, dass die Demokratie durch Geld verzerrt, erodiert und korrumpiert wird, berauben wir uns der, um mit Lincoln zu sprechen, »letzten besten Hoffnung« auf einen nachhaltigen Weg durch die zerstörerischsten und chaotischsten Veränderungen, mit denen die menschliche Zivilisation je konfrontiert war.

In den USA begrüßen viele, dass der Staat verkümmert, und bezweifeln, dass wir überhaupt versuchen sollten, unser Schicksal durch demokratische Entscheidungen selbst in die Hand zu nehmen. Manch einer von ihnen empfiehlt, halb scherzhaft, den Staat so weit einzuschrumpfen, bis man ihn »in der Badewanne ersäufen kann«. Sie schicken Politiker ins Rennen, die dafür sorgen, dass der Staat ausschließlich den Interessen der globalen Maschine dient. Sie etablieren eine fünfte Kolonne in der vierten Gewalt und rekrutieren Heerscharen von Lobbyisten, damit sie jede kollektive Zukunftsentscheidung blockieren, die im öffentlichen Interesse wäre. Sie scheinen sogar ernsthaft zu bezweifeln, so konnte man es jedenfalls oft lesen, dass es so etwas wie ein »öffentliches Interesse« überhaupt gibt.

Der Kongress dient in seiner neuen selbstorganisierten Form den Spezialinteressen der Großspender, die es mit ihren Wahlkampfgeldern den Kandidaten – Amtsinhabern und Herausforderern gleichermaßen – ermöglichen, Fernsehwerbung einzukaufen. Auf Anliegen des amerikanischen Volkes reagiert der Kongress nur noch, wenn sie im höchsten Maße emotional sind. Die Kongressmitglieder sind nach wie vor »Abgeordnete«, doch die Mehrheit von ihnen vertritt Menschen und Unternehmen, die Geld spenden, und nicht jene, die in den Wahlbezirken tatsächlich ihr Kreuzchen machen.

Die Welt ist heute mehr denn je auf die intelligente, klare, wertorientierte Führung durch die USA angewiesen, zumal eine sinnvolle Alternative nicht in Sicht ist. Da aber leider mit dem Niedergang der Demokratie

in den USA auch die Fähigkeit zum klaren kollektiven Denken abhanden-
gekommen ist und in wichtigen Bereichen eine ganze Reihe erstaunlich
schlechter politischer Entscheidungen fiel, ist die Weltgemeinschaft ohne
Führung – dabei muss sie intelligent und schnell auf die sechs in diesem
Buch dargelegten Veränderungen reagieren. Die US-Demokratie wiederherzustellen oder eine Führungsinstanz anderswo auf der Welt entstehen
zu lassen, ist aber die Grundvoraussetzung dafür, dass man diese Veränderungen erkennen und ihnen begegnen kann, um die Zukunft zu gestalten.

Eine der in diesem Buch beschriebenen sechs Triebkräfte des Wandels – die Entstehung eines digitalen Netzwerks, das Gedanken und Gefühle der meisten Menschen auf der Welt miteinander verbindet – birgt
die größte Hoffnung darauf, dass sich der demokratische Diskurs und die
kollektive Entscheidungsfindung rechtzeitig wieder in Kraft setzen lassen.
Nur so können die Menschen ihre Fähigkeit zu vernünftigem Handeln
wiedererlangen und einen sicheren Kurs in die Zukunft festlegen.

Ein reformierter und nachhaltiger Kapitalismus leistet der Welt bessere Dienste als jedes andere Wirtschaftssystem. Mit ihm lassen sich die
schwierigen, aber notwendigen Veränderungen im Verhältnis zwischen
menschlichem Tun und den ökologischen sowie den biologischen Systemen der Erde bewerkstelligen. Zusammen können uns der Kapitalismus
und eine vernünftige demokratische Entscheidungsfindung in die Lage
versetzen, die Zukunft zu retten. Wir müssen also darüber nachdenken,
wie wir diese beiden unentbehrlichen Werkzeuge reparieren und reformieren können. Auf welcher Basis wir unsere Entscheidungen treffen und wie
wir den Fortschritt – oder den Mangel an Fortschritt – hin zu den von uns
als wichtig erachteten Zielen messen, das beeinflusst entscheidend die
Zukunft, die wir tatsächlich gestalten. Richten wir unsere wirtschaftlichen
Entscheidungen auf »Wachstum« aus, kommt es darauf an, wie wir
Wachstum definieren. Bleiben die Auswirkungen der Umweltverschmutzung bei der Bewertung dessen, was wir als »Fortschritt« bezeichnen, systematisch unberücksichtigt, beachten wir sie auch nicht weiter und dürfen nicht überrascht sein, wenn unser Fortschritt mit jeder Menge
Umweltverschmutzung einhergeht.

Ähnlich verhält es sich auch, wenn man Gewinn definieren und messen möchte: Zieht man einen allzu engen Maßstab heran, ist die Realität
nur unzureichend und lückenhaft abgebildet. Das gilt zum Beispiel bei
Quartalsprognosen für den Gewinn pro Aktie oder bei vierteljährlichen

Arbeitslosenstatistiken, in denen Menschen nicht berücksichtigt werden, die die Arbeitssuche aufgegeben haben, für den Arbeitsplatzerhalt massive Lohnkürzungen hinnehmen mussten oder Hamburger braten, statt ihre durch Ausbildung und Erfahrung hart erworbene Qualifikation einzusetzen. Wenn wir wichtige Zukunftsentscheidungen gewohnheitsmäßig auf der Grundlage verfälschter und irreführender Informationen treffen, brauchen wir uns nicht zu wundern, wenn die Ergebnisse dieser Entscheidungen unseren Erwartungen nicht gerecht werden.

Psychologen und Neurobiologen haben ein Phänomen untersucht, das sie als selektive Wahrnehmung bezeichnen: Der Mensch neigt dazu, sich so intensiv auf bestimmte Bilder zu konzentrieren, dass er andere Bilder im Sichtfeld nicht wahrnimmt. Die Auswahl dieser Bilder geschieht nicht nur nach Neugier, Vorlieben und Gewohnheit, sondern auch durch die Wahl der Beobachtungsinstrumente, Techniken und Verfahren für die Entscheidungsfindung. Dadurch werden manche Dinge als wichtig markiert und andere so weit ausgeblendet, dass wir sie vollständig ignorieren. Anders ausgedrückt: Die Werkzeuge, die wir verwenden, können unsere Wahrnehmung verzerren.

Das System der ökonomischen Wertmessung, das man als Bruttoinlandsprodukt (BIP) bezeichnet, berücksichtigt beispielsweise einige Werte und schließt andere willkürlich aus. Wenn wir also das BIP als Linse verwenden, durch die wir die wirtschaftliche Aktivität eines Landes betrachten, achten wir auf das, was gemessen wird – und wir übersehen all das, was unberücksichtigt bleibt. Der britische Mathematiker und Philosoph Alfred North Whitehead bezeichnete das zwanghafte Messen als »Trugschluss der unangebrachten Konkretisierung«.[30]

Eine Metapher illustriert diesen Punkt recht anschaulich: Das elektromagnetische Spektrum wird häufig als horizontaler Streifen dargestellt, unterteilt in unterschiedliche Farben, die für die verschiedenen Wellenlängen der elektromagnetischen Energie stehen. Sie reichen von sehr niedrigen Frequenzen wie den Radiowellen links über Mikrowellen, Infrarotwellen, ultraviolette Wellen, Röntgenwellen und so weiter bis zur extrem hochfrequenten Gammastrahlung ganz rechts.

Etwa in der Mitte dieses Streifens befindet sich ein sehr schmaler Abschnitt, der das sichtbare Licht darstellt – dies ist der einzige Teil des gesamten Spektrums, der mit dem menschlichen Auge zu sehen ist. Aber da das menschliche Auge normalerweise das einzige »Instrument« ist, mit dem die meisten von uns die Welt »sehen«, vernachlässigen wir alles, was in den für uns unsichtbaren 99,9 Prozent des Spektrums liegt.

Wenn wir jedoch unser natürliches Sehen durch Instrumente erweitern, die den Rest des Spektrums »sehen« können, können wir viel mehr Informationen sammeln und interpretieren und so mehr über die Welt um uns herum erfahren. In den acht Jahren, in denen ich im Weißen Haus arbeitete, begann jeder Tag – sechs Tage die Woche – mit einem ausführlichen Briefing durch die Sicherheitsdienste in Sachen nationaler Sicherheit und Interessen der USA. Die Informationen, die wir erhielten, waren praktisch auf der gesamten Bandbreite des elektromagnetischen Spektrums gesammelt worden. So ergab sich ein vollständigeres und zutreffenderes Bild einer sehr komplexen Realität.

Einer der überraschendsten Aspekte der Wirtschaft ist in meinen Augen die ungesunde Konzentration auf sehr kurzfristige Ziele unter Ausschluss langfristiger Zielsetzungen. Wenn Boni für Führungspersönlichkeiten in der Wirtschaft – und in der Politik – wie selbstverständlich auf einen extrem kurzen Horizont ausgerichtet sind, dann dürfen wir nicht überrascht sein, wenn die Entscheidungen, die sie treffen, um ihre Boni zu erhalten, auch kurzfristig sind und auf Kosten von Zukunftserwägungen gehen. Die Vergütungsstruktur verstärkt diese Einseitigkeit und bestraft Firmenchefs und Unternehmen, die es wagen, sich auf nachhaltigere Strategien zu konzentrieren. *Short-termism*, kurzfristiges Denken, ist in Wirtschaftskreisen seit Langem ein gern verwendetes Modewort. In der Wirtschaft wie auch in der Politik herrschen solche kurzfristigen Entscheidungen vor.

Mit dem Begriff »Quartalskapitalismus« wird die übliche Praxis beschrieben, ein Unternehmen von einer Drei-Monats-Periode zur nächsten zu führen: Budget und Strategien sind ständig darauf ausgerichtet, dass das Ergebnis pro Aktie nie hinter den Prognosen oder den Markterwartungen zurückbleibt. Wenn sich aber Investoren und Firmenchefs auf ein »Wachstum« konzentrieren, das stillschweigend wesentliche Faktoren vernachlässigt – das Wohl der Kommune, in der die Firma angesiedelt ist, die Gesundheit der Beschäftigten, die einen Großteil der Arbeit erledigen, und die Auswirkungen des Betriebs auf die Umwelt –, so folgt daraus, dass das reale Wachstum womöglich nicht nachhaltig ist.

Aus der Dominanz des Geldes in der modernen Politik ist, besonders in den Vereinigten Staaten von Amerika, mittlerweile entsprechend eine, wie man es nennen könnte, »Quartalsdemokratie« entstanden. Alle neunzig Tage müssen Amtsinhaber, die sich zur Wiederwahl stellen, und ihre Herausforderer ihre Spendensummen für die vorangegangenen neunzig Tage offenlegen. Am Ende jedes Quartals häufen sich daher die Fundraising-Veranstaltungen, es werden Spendenaufrufe per E-Mail verschickt und Telefonaktionen gestartet, damit ein möglichst hoher Geldbetrag verkündet werden kann. Das erinnert an einen Kugelfisch, der sich kräftig aufplustert, wenn ein Rivale in sein Revier eindringt.

Unser evolutionäres Erbe macht uns höchst anfällig für Reize, die kurzfristiges Denken auslösen. Zwar verfügen wir selbstverständlich über die Fähigkeit, langfristig zu planen, doch das erfordert Mühe, und Wissenschaftlern zufolge werden wir leicht abgelenkt und durch Stress und Angst gestört, wenn wir uns auf einen längeren Zeitraum konzentrieren. Wenn gewählte Politiker ständig unter Druck stehen, kurzfristige Ziele zu fokussieren, kommt die Zukunft unter die Räder.

Besonders gefährlich ist das in einer Periode des schnellen Wandels. Einige der Entwicklungen, die derzeit ablaufen, sind durch Beobachtungen in der Vergangenheit so gut dokumentiert, dass Projektionen in die Zukunft recht zuverlässig sind. Ein geläufiges Beispiel hierfür ist die Geschwindigkeit, in der Computerchips weiterentwickelt werden. Sie ist so berechenbar, dass man gefahrlos eine schnelle Weiterentwicklung in der Zukunft prognostizieren kann. Man kennt die Gründe für die rasche Kostensenkung der DNA-Entschlüsselung inzwischen genau genug, um voraussagen zu können, dass sich dieser Trend ebenfalls fortsetzen und unsere Zukunft beeinflussen wird. Wir wissen aus der Vergangenheit auch genug darüber, wieso es zur Akkumulation von Treibhausgasen und dem damit einhergehenden Anstieg der Temperaturen auf der Erde kommt. Wir können mit diesem Wissen eine Vorhersage darüber rechtfertigen, wie sich die Temperaturen weltweit entwickeln werden, wenn wir die Emissionen weiter so wachsen lassen, und welche Folgen wesentlich höhere globale Temperaturen hätten.

Andere Veränderungen dagegen brechen scheinbar absolut unvorbereitet über die Welt herein: ein völlig neues Muster, ganz und gar anders als das, das es schon seit Menschengedenken gab. In unserem eigenen Leben haben wir uns an graduelle, lineare Veränderungen gewöhnt. Aber manchmal baut sich das Potenzial für eine Veränderung auf, ohne dass es sich deutlich abzeichnet, bis der Druck eine kritische Grenze erreicht und plötzlich so übermächtig ist, dass systemische Schranken durchbrochen werden, die den Wandel zuvor verhindert haben. Dann weicht ein Muster mit einem Schlag einem anderen, völlig neuen. Diese Emergenz systemischer Veränderung ist meist schwer vorherzusagen, tritt aber sowohl in der Natur als auch in komplexen von Menschen geschaffenen Systemen häufig auf.

VIELE, DIE EINST DIE CHANCEN DER ZUKUNFT faszinierend und spannend fanden, konzentrieren sich heute ausschließlich auf künftige Potenziale für Wirtschaft und Politik sowie Sicherheitsstrategien der Gegenwart. Mit der Beschleunigung der wissenschaftlichen Revolution in den letzten Jahrzehnten des 20. Jahrhunderts konzentrierten sich Wirtschafts- und Militärstrategen stärker auf die Erforschung alternativer Zukunftsentwürfe, getrieben von der Sorge, die Kraft der neuen wissenschaftlichen und technologischen Entdeckungen könnte strategische Interessen oder gar den Bestand von Geschäftsmodellen und der Machtbalance zwischen Nationen gefährden.

Welches Zukunftskonzept haben wir heute? Wie beeinflusst das Bild, das wir uns von der Zukunft machen, unsere Entscheidungen in der Gegenwart? Glauben wir noch daran, dass wir unsere kollektive Zukunft auf der Erde gestalten, dass wir aus verschiedenen Alternativen eine auswählen können, die unsere tief verwurzelten Werte bewahrt und den Menschen ein besseres Leben beschert als die Gegenwart? Oder stecken wir in einer Vertrauenskrise, was die Zukunft der Menschheit angeht?

Projiziert man das Spektrum von Vergangenheit, Gegenwart und Zukunft, ähnlich wie das elektromagnetische Spektrum, auf einen langen Streifen, ist die Geburt des Planeten Erde vor 4,5 Milliarden Jahren ganz links angesiedelt.[31] Wenn wir weiter nach rechts gehen, sehen wir die Entstehung von Leben vor 3,8 Milliarden Jahren,[32] die Entstehung mehrzelligen Lebens vor 2,8 Milliarden Jahren,[33] das erste pflanzliche Leben an Land vor 475 Millionen Jahren,[34] die ersten Wirbeltiere vor 400 Millionen Jahren[35] und die ersten Primaten vor 65 Millionen Jahren.[36] Am rechten Ende des Streifens ist der Tod der Sonne in 7,5 Milliarden Jahren markiert.[37]

Der Abschnitt links der Mitte dieses Spektrums, der die Geschichte der menschlichen Spezies darstellt, ist noch schmaler als der des sichtbaren Lichts auf dem elektromagnetischen Spektrum. Dennoch verschwenden wir kaum einen Gedanken an die enorm langen Zeitabschnitte in der Vergangenheit und Zukunft.

Es gibt reichlich Anlass zu Zukunftsoptimismus. Der Krieg scheint derzeit auf dem Rückzug zu sein. Die Armut nimmt weltweit ab. Einige furchtbare Krankheiten sind besiegt, andere stark eingedämmt. Die Lebenserwartung steigt. Der Lebensstandard und das Durchschnittseinkommen verbessern sich, zumindest global betrachtet. Der Wissensstand steigt, die Alphabetisierung schreitet voran. Die Instrumente und Techniken, die wir entwickeln, einschließlich der Internetkommunikation, werden immer leistungsfähiger und effizienter. Das Wissen über unsere Welt, ja über das Universum (oder Multiversum!) wächst exponentiell. In der Vergangenheit sah es manchmal so aus, als gefährdeten das Wachstum und unser Erfolg als Spezies die Zukunft, als seien ihnen Grenzen gesetzt, die dann aber von neuen Errungenschaften überwunden wurden, etwa der grünen Revolution in der zweiten Hälfte des 20. Jahrhunderts.

Positive und negative Entwicklungen vollziehen sich demnach gleichzeitig. Dass einige willkommen sind und andere nicht, wirkt sich auf unsere Wahrnehmung aus. Unwillkommene Entwicklungen werden manchmal schlicht ignoriert, schon allein deshalb, weil man nicht gern darüber nachdenkt. Jede Unsicherheit, mit der sich Untätigkeit rechtfertigen lässt, wird begeistert aufgegriffen, während auf schlagende neue Beweise häufig mit einer besonders hartnäckigen Leugnung der Realität reagiert wird.

Naiver Optimismus läuft oft auf Selbsttäuschung hinaus. Die Neigung zum Pessimismus wiederum kann uns blind machen für Umstände, die legitimen Anlass zu der Hoffnung geben, dass wir doch noch einen gangbaren Weg durch die vor uns liegenden Gefahren finden. Ich bin Optimist, und mein Optimismus gründet auf der Zuversicht, dass wir die Entwicklungen, die derzeit an Schwung gewinnen, erkennen und reflektieren. Ich hoffe, dass wir etwas gegen die gefährliche Verzerrung unternehmen, die sich daraus ergibt, wie wir den derzeitigen massiven Wandel beschreiben und messen. Ich hoffe auch, dass wir uns gezielt für die Bewahrung unserer Werte einsetzen und sie nicht zuletzt schützen gegen die mechanistischen und destruktiven Auswirkungen unserer niederen Instinkte, verstärkt durch Technologien, die mächtiger sind als alles, was sich in vergangenen Generationen selbst ein Jules Verne hätte ausdenken können. Ich habe mich bemüht, nach der Lage der Fakten die wichtigsten Maßnahmen zu beschreiben, die wir meines Erachtens gemeinsam ergreifen müssen. Das tue ich nicht aus Angst. Ich tue es, weil ich an die Zukunft glaube.

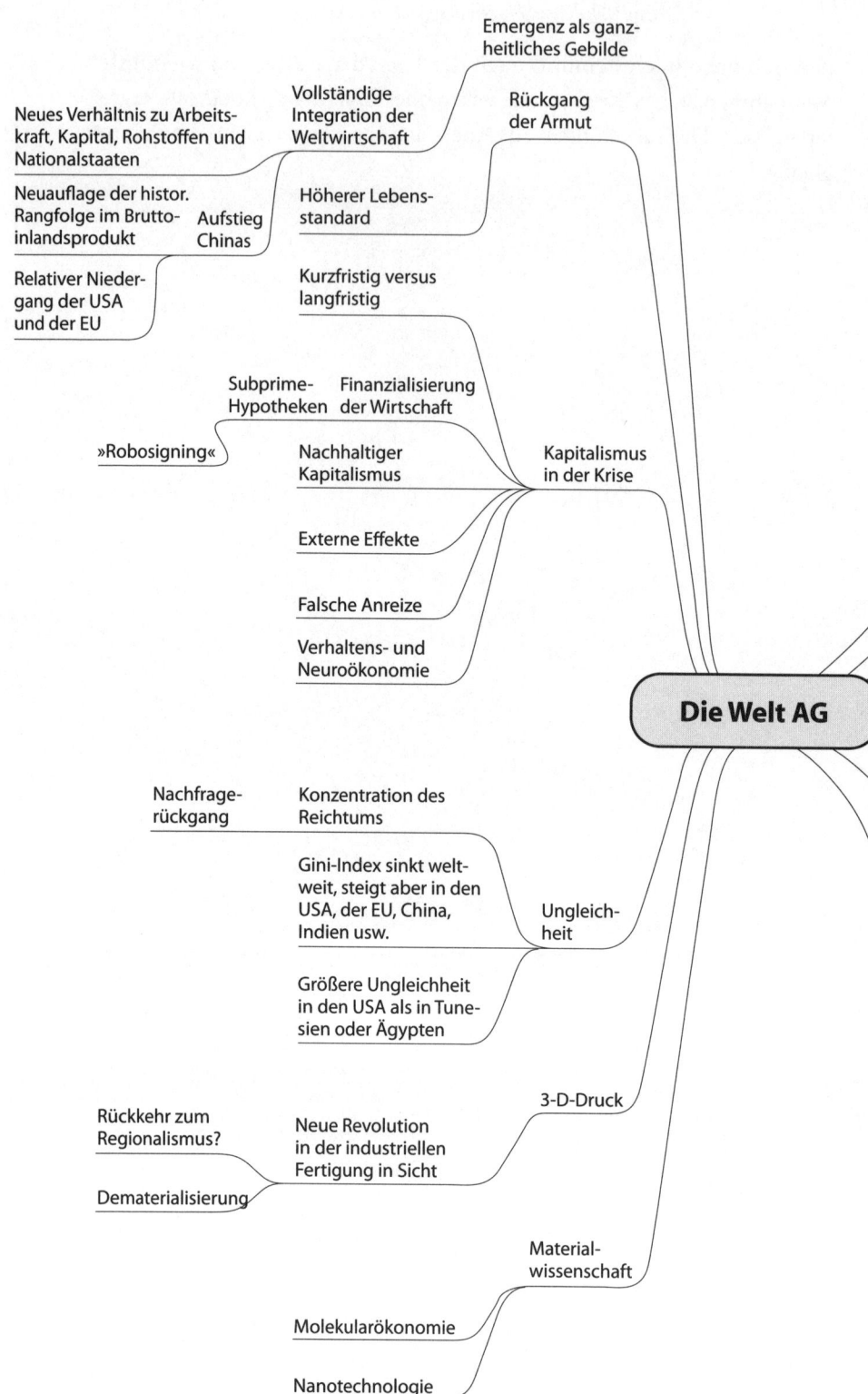

Emergenz als ganz-
heitliches Gebilde

Vollständige
Integration der
Weltwirtschaft

Rückgang
der Armut

Neues Verhältnis zu Arbeitskraft, Kapital, Rohstoffen und
Nationalstaaten

Neuauflage der histor.
Rangfolge im Brutto-
inlandsprodukt

Aufstieg
Chinas

Höherer Lebens-
standard

Relativer Nieder-
gang der USA
und der EU

Kurzfristig versus
langfristig

Subprime-
Hypotheken

Finanzialisierung
der Wirtschaft

»Robosigning«

Nachhaltiger
Kapitalismus

Kapitalismus
in der Krise

Externe Effekte

Falsche Anreize

Verhaltens- und
Neuroökonomie

Die Welt AG

Nachfrage-
rückgang

Konzentration des
Reichtums

Gini-Index sinkt welt-
weit, steigt aber in den
USA, der EU, China,
Indien usw.

Ungleich-
heit

Größere Ungleichheit
in den USA als in Tune-
sien oder Ägypten

3-D-Druck

Rückkehr zum
Regionalismus?

Neue Revolution
in der industriellen
Fertigung in Sicht

Dematerialisierung

Material-
wissenschaft

Molekularökonomie

Nanotechnologie

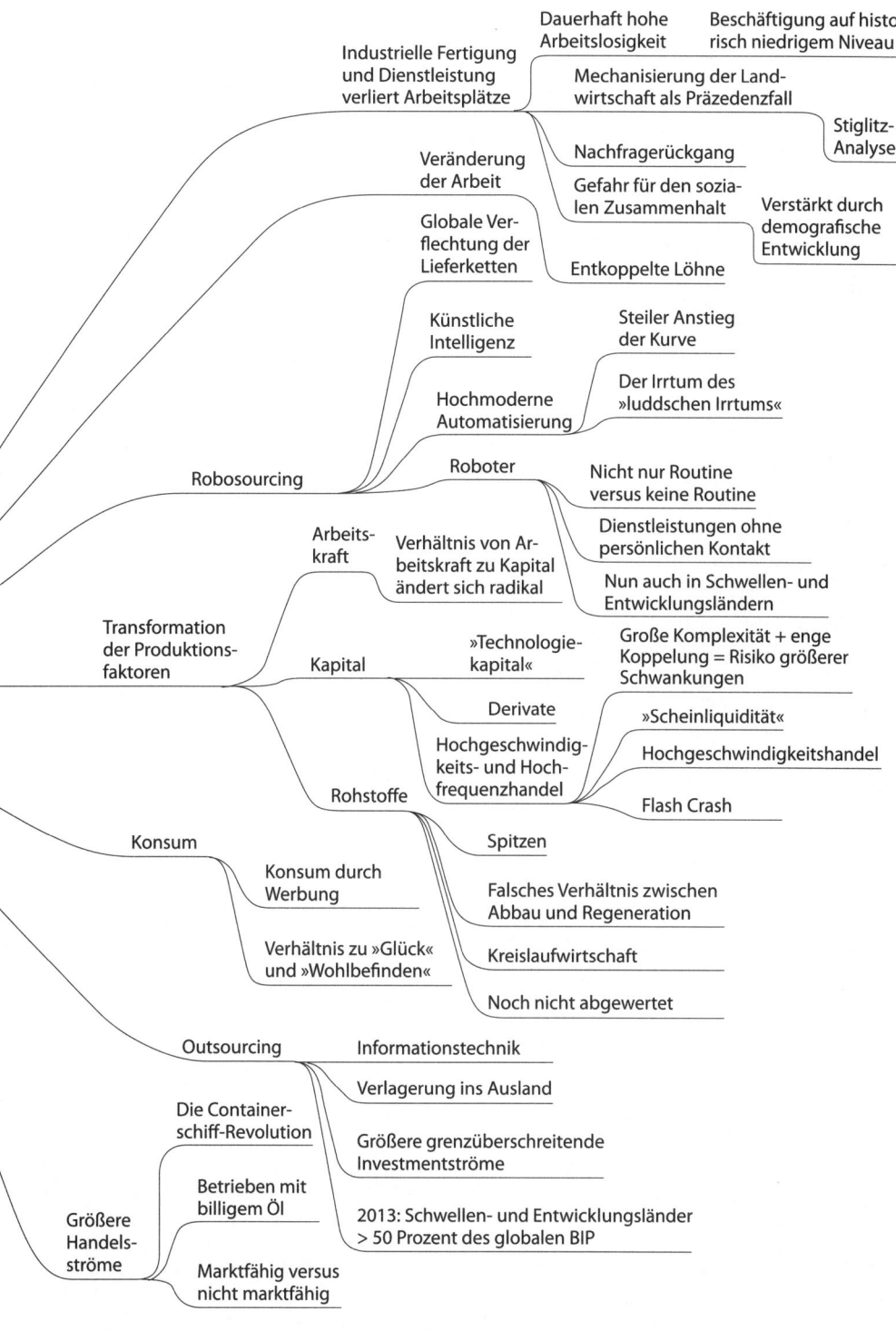

Industrielle Fertigung und Dienstleistung verliert Arbeitsplätze

Dauerhaft hohe Arbeitslosigkeit

Beschäftigung auf historisch niedrigem Niveau

Mechanisierung der Landwirtschaft als Präzedenzfall

Veränderung der Arbeit

Nachfragerückgang

Stiglitz-Analyse

Gefahr für den sozialen Zusammenhalt

Globale Verflechtung der Lieferketten

Verstärkt durch demografische Entwicklung

Entkoppelte Löhne

Künstliche Intelligenz

Steiler Anstieg der Kurve

Hochmoderne Automatisierung

Der Irrtum des »luddschen Irrtums«

Robosourcing

Roboter

Nicht nur Routine versus keine Routine

Arbeitskraft

Verhältnis von Arbeitskraft zu Kapital ändert sich radikal

Dienstleistungen ohne persönlichen Kontakt

Nun auch in Schwellen- und Entwicklungsländern

Transformation der Produktionsfaktoren

Kapital

»Technologiekapital«

Große Komplexität + enge Koppelung = Risiko größerer Schwankungen

Derivate

»Scheinliquidität«

Hochgeschwindigkeits- und Hochfrequenzhandel

Hochgeschwindigkeitshandel

Rohstoffe

Flash Crash

Spitzen

Konsum

Konsum durch Werbung

Falsches Verhältnis zwischen Abbau und Regeneration

Verhältnis zu »Glück« und »Wohlbefinden«

Kreislaufwirtschaft

Noch nicht abgewertet

Outsourcing

Informationstechnik

Verlagerung ins Ausland

Die Containerschiff-Revolution

Größere grenzüberschreitende Investmentströme

Betrieben mit billigem Öl

2013: Schwellen- und Entwicklungsländer > 50 Prozent des globalen BIP

Größere Handelsströme

Marktfähig versus nicht marktfähig

DIE WELT AG

DER WANDEL, DEM DIE WELTWIRTSCHAFT unterworfen ist, verläuft schneller und ist umfangreicher als jemals zuvor in der Menschheitsgeschichte. Wir leben mit und in der Welt AG*: Nationale politische Maßnahmen, regionale Strategien und lange Zeit als gegeben angesehene Wirtschaftstheorien spielen unter den neuen Bedingungen einer eng vernetzten, fest integrierten, extrem interaktiven und technologisch innovativen Wirtschaft keine Rolle mehr.

Erfolgreiche internationale Großkonzerne produzieren Güter in »virtuellen globalen Fabriken« mit kompliziert verflochtenen Lieferketten, die Hunderte von Unternehmen in Dutzenden von Ländern einbinden. Immer mehr Warenmärkte – und zunehmend auch Dienstleistungen, die keine persönliche Interaktion mehr erfordern – richten sich heute global aus. Ein zunehmender Prozentsatz der Lohnarbeiter steht nicht nur im Wettbewerb mit anderen Lohnarbeitern anderer Länder, sondern auch mit intelligenten Maschinen, die wiederum mit anderen Maschinen und Computernetzwerken verzahnt sind.

Die Digitalisierung der Arbeit und die massive Wucherung der, wie man es früher nannte, Automatisierung treiben zwei massive Veränderungen gleichzeitig an:

1. Das Outsourcing von Arbeitsplätzen aus Industrieländern in Entwicklungs- und Schwellenländer, in denen die Bevölkerung groß und die Löhne niedrig sind, sowie

2. das Robosourcing von Arbeitsplätzen vom Menschen hin zu mechanischen Prozessen, Computerprogrammen, Robotern aller Größen

---

* Dieser Begriff wurde 1973 von Richard Buckminster Fuller geprägt, allerdings mit einer völlig anderen Bedeutung.

und Formen sowie bislang noch rudimentären Arten künstlicher Intelligenz, die hinsichtlich Effizienz, Nutzen und Einfluss mit jedem Jahr wachsen.[1]

Die Transformation der Weltwirtschaft lässt sich am besten als ein emergentes Phänomen begreifen, dessen Ganzes nicht nur größer ist als die Summe seiner Teile, sondern das sich auch grundlegend von der Summe seiner Teile unterscheidet. Es ist etwas völlig Neues, nicht mehr nur das Zusammenspiel nationaler und regionaler Ökonomien wie in früheren Zeiten, sondern vielmehr ein gänzlich neues Gebilde mit einem vollkommen anderen internen Kräftespiel, mit anderen Strukturen, Impulsen und einer grundsätzlich anderen Dynamik, als wir sie aus der Vergangenheit kennen. Der internationale Personenverkehr hat natürlich seine Grenzen, und die Handelsströme sind intensiver zwischen Ländern, die enge Beziehungen pflegen, doch insgesamt ist die Weltwirtschaft heute stärker vernetzt als je zuvor.

So wie die dreizehn Kolonien Nordamerikas im letzten Viertel des 18. Jahrhunderts als ein geeintes Ganzes *emergierten – in Erscheinung traten –*, so tritt nun die Welt als Ganzes in einer ökonomischen Einheit in *Erscheinung*, die sich rasant auf eine vollständige Integration zubewegt. Das zumindest zeichnet sich in der Welt des Handels und der Industrie, in der Wissenschaft und überwiegend auch in der Technologie ab, die sich in den Handelszentren rund um den Erdball rapide ausbreitet.

Im Bereich der Politik und des politischen Handelns sind nach wie vor die Nationalstaaten die wichtigsten Akteure. Psychologisch und emotional sowie in der Art, wie wir unsere Identität gestalten, denken und handeln die meisten von uns immer noch, als lebten wir in der Welt, die wir aus unserer Jugend kennen. Aus der Perspektive der ökonomischen Realitäten des Lebens rückt diese Welt allerdings in weite Ferne. Diese mächtige Triebkraft des globalen Wandels, die bisweilen unpräzise und unzutreffend als »Globalisierung« bezeichnet wird, markiert nicht nur das Ende einer historischen Ära und den Beginn einer neuen, sondern auch die Emergenz einer völlig neuen Realität, mit der wir Menschen zurechtkommen müssen.

OUTSOURCING UND ROBOSOURCING werden von diversen Ökonomen, Technologie- und Politikexperten meist als zwei getrennte und
verschiedenartige Aspekte untersucht und erörtert. Dabei sind sie eng
miteinander verbunden, repräsentieren zwei Aspekte desselben Phänomens.

Die bahnbrechende Verschiebung hin zum Robosourcing *und* zum
Outsourcing, die sich dank der Informationstechniken vollzieht, verändert das Verhältnis zwischen dem Einsatz von Kapital und dem Einsatz
von Arbeitskraft dramatisch und schwächt den Ruf nach Lohnerhöhun-
gen aufseiten der Arbeiterschaft in den Industrieländern.

In der ersten Hälfte des 20. Jahrhunderts ging es in den politischen
Auseinandersetzungen um das Arbeitsrecht vor allem um die Festlegung
der relativen Verteilung von Einkommen aus Arbeit und Kapital in den
Betrieben, in denen sich die Arbeiter organisiert hatten. Doch heute beeinflussen die Veränderungen durch technische Neuerungen die Zukunft
der Arbeit und des Lohns, den die Menschen dafür erhalten, viel stärker.
Argumente, die bislang im Kontext eines Nullsummenspiels vorgebracht
wurden, haben offenbar keine Relevanz und Überzeugungskraft mehr,
denn ein Arbeitgeber hat die Wahl: Er kann (a) die Fabrik oder die Firma
schließen und in einem Niedriglohnland wieder ansiedeln oder (b) die
Arbeitskräfte durch Roboter und automatisierte Systeme ersetzen.

Aus Sicht der Fabrikarbeiter in den USA oder Europa, deren Jobs verloren gegangen sind, haben die Automatisierung und die Verlagerung ins
Ausland im Wesentlichen dieselben Folgen. Aus Sicht des Fabrikbesitzers
steigt die Produktivität mit dem Outsourcing *und* dem Robosourcing,
egal, ob die neue Technik in der bestehenden Fabrik eingesetzt wird oder
im Ausland.

Politische Entscheidungsträger werten das Ergebnis oft als Erfolg, weil
eine Produktivitätssteigerung gern mit dem Heiligen Gral des Fortschritts
gleichgesetzt wird. Oft sind sie blind für die Gesamtauswirkungen dieses
Prozesses auf die Beschäftigung in dem Land, in dem das Unternehmen
mit dem Produktivitätszuwachs dem Namen nach angesiedelt ist. Dieser
Trend hat sich mittlerweile so weit beschleunigt, dass sogar die grundlegende Rolle der Arbeitskraft in der künftigen Wirtschaft infrage steht.

Wie stark die immer schnellere Vernetzung der Weltwirtschaft das
Outsourcing *und* das Robosourcing vorantreibt, wird in den Schwellen-
und Entwicklungsländern deutlich, wo das Robosourcing nun ebenfalls

verstärkt stattfindet und einen wachsenden Prozentsatz der Arbeitsplätze vernichtet, die erst kürzlich aus den Industrieländern ausgelagert wurden.

Es besteht ein enormer Unterschied zwischen der Investition in eine Fabrik im Ausland mit denselben Jobs wie vormals im Westen und, wie Ökonomen seit Neuestem sagen, Investitionen mit »Technologiekapital«. Letztere erhöhen nicht nur die Produktivität des jeweiligen Betriebs und des Wirtschaftszweigs, sondern sie vernichten nach und nach zahlreiche Jobs – in den Ländern, die ursprünglich die Fabriken eingebüßt haben, wie auch in denen, in die sie ausgesiedelt wurden.

Die Arbeiter in den Niedriglohnländern profitieren zunächst von den neuen Beschäftigungsmöglichkeiten, bis sie aufgrund des gestiegenen Lebensstandards, den ihre Arbeit mit sich bringt, höhere Löhne fordern. Nun sind auch sie in Gefahr, ersetzt zu werden, da die Fabrikbesitzer mit den neuen Gewinnen, die sie dank der Verlagerung aus dem Westen gemacht haben, immer bessere und billigere Roboter und Automaten erwerben können. Foxconn, ein chinesischer Hersteller von Unterhaltungselektronik, gab 2012 bekannt, innerhalb von drei Jahren eine Million neue Roboter einsetzen zu wollen.[2]

Zwischen der zunehmenden Integration der Welt AG einerseits und der Zunahme verzahnter intelligenter Maschinen andererseits findet eine positive Rückkoppelung statt, das heißt, die beiden Trends – das ansteigende Robosourcing und die Integration der Weltwirtschaft durch Handel und Investment – verstärken einander.

Die Folgen des Robosourcing auf die Beschäftigung werden manchmal darauf reduziert, dass ganze Arbeitsplatzbereiche vollständig wegfallen, wenn infolge einer technischen Neuerung plötzlich Menschen durch intelligente vernetzte Maschinen ersetzt werden. Viel häufiger jedoch ersetzen intelligente vernetzte Maschinen nicht nur einen erheblichen Anteil der Jobs, sondern sie verbessern auch drastisch die Produktivität der wenigen verbleibenden Beschäftigten, da sich diese die Effizienz der Maschinen zunutze machen können, die nun Teil des Produktionsprozesses sind.

Für die noch vorhandenen Arbeitsplätze steigt manchmal wegen der zusätzlich für den Umgang mit der neuen Technik notwendigen Qualifikationen auch die Entlohnung. Deshalb interpretieren wir die Gesamtwirkung dieses neuen beschleunigten Robosourcing oft fälschlicherweise als Fortführung des seit Langem vertrauten Schemas, nach dem alte Jobs vernichtet und durch neue und bessere Jobs ersetzt werden.

Da wir aber mittlerweile den steilen Teil dieser Technologiekurve erreicht haben, zieht dieser Mechanismus in zahlreichen Firmen und Branchen gleichzeitig einen enormen Rückgang der Beschäftigtenzahl nach sich. Darüber hinaus verfügen viele Beschäftigte nicht über die erforderlichen Qualifikationen (mathematische zum Beispiel, die für die Bedienung vieler Roboter notwendig sind), um die neuen Aufgaben bewältigen zu können.

Mittlerweile betrauen viele Unternehmen Homeoffice-Mitarbeiter mit Aufgaben, die sich günstig und effizient über das Internet auslagern lassen.[3] Gary Swart, Chef des erfolgreichen Freiberufler-Vermittlers oDesk, stellt eine wachsende Nachfrage nach Führungskräften aller Couleur fest, darunter »Anwälte, Bilanzbuchhalter, Finanzfachleute, ja sogar leitende Manager«. Und das Robosourcing wirkt sich nun auch auf den Journalismus aus. Die Firma Narrative Science, die von den beiden Direktoren des Intelligent Information Laboratory der Northwestern University in Illinois gegründet wurde, nutzt Algorithmen, um die statistischen Daten aus Sportereignissen, Finanzberichten und staatlichen Studien zu analysieren und Artikel für Zeitungen und Zeitschriften zu erstellen.[4] Kristian Hammond, einer der Mitbegründer, der auch Professor an der Medill School of Journalism ist, erzählte mir, das Geschäft dehne sich rasch in viele neue Gebiete des Journalismus aus. Dem Geschäftsführer Stuart Frankel zufolge arbeiten die wenigen menschlichen Autoren der Firma als »Meta-Journalisten« und entwerfen Templates und andere Vorlagen, in die der Algorithmus die Daten einfügt. Auf diese Art, so Frankel, »können Sie gleichzeitig Millionen von Geschichten schreiben statt immer nur eine«.

DIE ZUNEHMENDE WIRKUNG der rasant ansteigenden Maschinenintelligenz und der Auslagerung von Arbeitsplätzen in Niedriglohnländer bringt auch eine wachsende Ungleichheit von Einkommen und Reinvermögen mit sich, nicht nur in den Industrieländern, auch in den aufstrebenden Volkswirtschaften. Diejenigen, die ihren Arbeitsplatz verlieren, haben ein geringeres Einkommen, während das Einkommen derer, die vom Wertzuwachs des Technologiekapitals profitieren, steigt.

MIT DIESEM RASANTEN ANSTIEG des Werts von Technologie im Vergleich zur Arbeitskraft nimmt auch die Ungleichheit zu. Das ist keine Theorie, sondern es geschieht jetzt und in großem Umfang. Mit der wachsenden Bedeutung des Technologiekapitals konzentriert sich das Einkommen aus der Produktionstätigkeit zunehmend in den Händen immer kleinerer Eliten, während die Mehrheit der Menschen unter einem Rückgang ihres Einkommens leidet.

In fast jedem Industriestaat und in aufstrebenden Ländern wie China und Indien ist an der Spitze der Einkommensleiter eine wachsende Konzentration von Reichtum festzustellen. Lateinamerika bildet eine der wenigen Ausnahmen.[5] Global betrachtet hat die Verlagerung von Technik ins Ausland wegen des massiven Jobtransfers in Niedriglohnländer – in der Industrie und mittlerweile auch in der Dienstleistung – zumindest vorübergehend eine größere Einkommensgleichheit mit sich gebracht. Betrachtet man jedoch die einzelnen Länder, nimmt die Ungleichheit der Einkommensverteilung und des Reinvermögens in China und Indien sogar noch schneller zu als in den USA und in Europa. In 32 Entwicklungsländern, die von der weltweit tätigen nichtstaatlichen Organisation Save the Children untersucht wurden, erreichte die Ungleichheit im Jahr 2012 gar ein Zwanzig-Jahres-Hoch.[6] Der Gini-Index, der Land für Land die Einkommensungleichheit auf einer Skala von 0 bis 100 bewertet (hat jeder dasselbe Einkommen, liegt er bei 0, hat eine Person das gesamte Einkommen eines Landes, bei 100), ist in den letzten 25 Jahren in den USA von 35 auf 45 gestiegen,[7] in China von 30 auf knapp über 40,[8] in Russland von etwa 25 auf etwas über 40[9] und in Großbritannien von 30 auf 36.[10] Diese landesspezifischen Zahlen verschleiern jedoch womöglich noch dramatischere Verschiebungen auf der Einkommensleiter. Der OECD (Organisation für wirtschaftliche Zusammenarbeit und Entwicklung) zufolge verdienen die obersten 10 Prozent der Lohnempfänger in Indien beispielsweise mehr als zwölfmal so viel wie die untersten 10 Prozent, verglichen mit dem Sechsfachen vor nur zwei Jahrzehnten.[11]

Die Ungleichheit der Einkommen und des Reinvermögens in den USA wurde auch durch Veränderungen in der Steuergesetzgebung verschärft, die Besserverdienende bevorzugt; unter anderem wurden Erbschaftssteuern praktisch abgeschafft und Investmenteinkünfte mit dem niedrigsten

Steuersatz von 15 Prozent belegt.[12] Wenn der Steuersatz auf Kapitalinvestments deutlich unter dem von Einkommen liegt, die mit Arbeit oder dem Verkauf natürlicher Ressourcen für den Produktionsprozess erwirtschaftet werden, so wächst naturgemäß der Anteil des Einkommens derer, die das Kapital zur Verfügung stellen.

In den USA fließen 50 Prozent aller Einkünfte aus Kapitalgewinnen an das oberste Tausendstel von einem Prozent.[13] Nach der gängigen politischen Ideologie, die diese Einkommensverteilung stützt, »schaffen« die reichen Investoren Arbeitsplätze, doch infolge des Robosourcing und des Outsourcing hat das zur Verfügung gestellte Kapital ungeachtet der positiven Wirkung insgesamt einen negativen Effekt auf die Arbeitsplätze.

Es sei hier angemerkt, dass in den USA heute eine größere Ungleichheit als in Ägypten oder Tunesien herrscht.[14] Die Bewegung Occupy Wall Street kam in Schwung, als die Öffentlichkeit die dramatische Konzentration von Reichtum in den Händen des obersten Prozents endlich wahrnahm, einer Bevölkerungsgruppe, die reicher ist als die unteren 90 Prozent der Bevölkerung.[15] Die reichsten 400 Amerikaner, allesamt Milliardäre, vereinen als Gruppe mehr Reichtum auf sich als die 150 Millionen Amerikaner der unteren 50 Prozent.[16] Die fünf Kinder und die Schwiegertochter der Walmart-Gründer Sam und Bud Walton besitzen ein größeres Vermögen als die untersten 30 Prozent aller Amerikaner zusammengenommen.[17]

Beim Jahreseinkommen erhält das oberste Prozent fast 25 Prozent des gesamten Einkommens in den USA, verglichen mit 12 Prozent vor 25 Jahren.[18] Während das Einkommen des Durchschnittsamerikaners nach Steuern in den letzten 25 Jahren um 21 Prozent gestiegen ist, waren es bei den obersten 0,1 Prozent im selben Zeitraum 400 Prozent.[19]

Da die steigenden Innovations- und Produktivitätskurven, mit denen die sich rasant beschleunigenden Auswirkungen der Technikrevolution gemessen werden, mit einer zunehmenden Verlagerung von Jobs aus den Bereichen Dienstleistung, Industrie und Landwirtschaft einhergehen, muss für die verlorengegangenen Einkommen nun dringend Ersatz geschaffen werden.

Im Jahr 2011 hatten sich die Gesamtinvestitionen der Industrieländer im Rest der Welt über einen Zeitraum von dreißig Jahren verachtfacht und waren in den entwickelten Staaten von 5 auf 40 Prozent des Bruttoinlandsprodukts angewachsen.[20] Zwar soll das Welt-Bruttoinlandspro-

dukt in den nächsten fünf Jahren Prognosen zufolge um fast 25 Prozent
steigen, doch grenzüberschreitende Kapitalströme werden, so heißt es,
dreimal schneller wachsen als das Bruttoinlandsprodukt.[21]

Auch die Gesamtinvestitionen, die der Rest der Welt in den entwickelten Volkswirtschaften vornimmt, legen zu, wenn auch nicht so stark. Aktien ausländischer Direktinvestitionen in Industrieländern wie den USA
haben sich von 1980 bis 2011 von 5 auf 30 Prozent des Bruttoinlandsprodukts erhöht.[22] Aufgrund dieser globalen Entwicklungen sind in den USA
nicht nur Jobs verschwunden, sondern auch viele neue geschaffen worden. Automobilhersteller aus dem Ausland beschäftigen in den USA beispielsweise fast eine halbe Million Menschen und zahlen Löhne, die
20 Prozent über dem Landesdurchschnitt liegen.[23] Insgesamt bieten Unternehmen, die mehrheitlich in ausländischem Besitz sind, mittlerweile
Jobs für mehr als fünf Millionen US-Bürgerinnen und -Bürger.[24] Und
viele weitere Arbeitsplätze entstanden in Unternehmen, die als Zulieferer
und Subunternehmer für ausländische Firmen tätig sind. Obwohl beispielsweise China in der Fertigung von Sonnenkollektoren führend ist,
haben die USA auf dem Solarsektor eine ausgeglichene Handelsbilanz mit
China – wegen der US-Exporte von verarbeitetem Polysilizium sowie mo-
dernsten Produktionsanlagen nach China.[25] Die Folgen der Weltwirt-
schaftsrevolution führen dennoch dazu, die Rolle der USA und Europas
beziehungsweise Chinas und anderer aufstrebender Volkswirtschaften
grundlegend neu zu definieren. Chinas Wirtschaft umfasst ein Drittel des
Volumens, das die US-Wirtschaft vor nur zehn Jahren hatte; sie wird die
USA als größte Volkswirtschaft der Welt noch innerhalb dieses Jahrzehnts
überholen.[26] Bei Industrieproduktion, neuen Anlageinvestitionen, Ex-
porten, Stahlkonsum, Energieverbrauch, CO_2-Emissionen, Autoabsatz,
neuen Patenten und der Zahl der Handys hat China Amerika sogar schon
überholt. Es gibt doppelt so viele Internetnutzer.[27] Der Aufstieg Chinas ist
mittlerweile das eindrucksvollste Merkmal der neuen weltwirtschaftlichen Ordnung, die das alte Gefüge unter US-Führung zügig ersetzt.

Diese weltwirtschaftlichen Veränderungen schlagen sich mittlerweile
in dauerhaft hohen Zahlen der Arbeitslosigkeit und der Unterbeschäftigung nieder. Dazu kommt die sinkende Nachfrage nach Waren und
Dienstleistungen in den konsumorientierten Volkswirtschaften. In den
Industriestaaten lässt sich der Verlust von Arbeitsplätzen im mittleren Einkommensbereich nicht mehr in erster Linie dem Konjunkturzyklus an-

lasten, den aufeinanderfolgenden Phasen von Aufschwung und Rezession, die Jobs auf den Markt schwemmen und wieder mitnehmen wie Ebbe und Flut. Zyklische Faktoren sind zwar nach wie vor für erhebliche Arbeitsplatzzugewinne und Jobverluste verantwortlich, doch so gut wie alle Industrieländer wirken in ihren Bemühungen, adäquat bezahlte Arbeitsplätze zu schaffen, rat- und machtlos. Sie tun sich schwer damit, die Konsumnachfrage nach Waren und Dienstleistungen anzuschieben und einen Aufschwung im Konjunkturzyklus in Gang zu bringen und/oder zu stützen. In den USA waren die vergangenen zehn Jahre das einzige Jahrzehnt seit der Großen Depression, in dem es keinen Nettozugewinn an Arbeitsplätzen gegeben hat. Dabei lag im selben Zeitraum das Produktivitätswachstum höher als in allen Jahrzehnten seit den 1960er-Jahren.[28] Mit der Produktivität sind auch die Unternehmensgewinne beträchtlich gewachsen, während die Arbeitslosigkeit kaum zurückgegangen ist.[29] Die Ausgaben der US-Wirtschaft für Maschinen und Software sind um fast 30 Prozent gestiegen, die Ausgaben für Jobs auf dem privaten Sektor dagegen nur um 2 Prozent.[30] Bei den Bestellungen neuer Industrieroboter war in Nordamerika eine Steigerung um 41 Prozent zu verzeichnen.[31]

Die Integration der Weltwirtschaft durch die Technik führt dazu, dass in den Entwicklungs- und Schwellenländern die relative Wirtschaftskraft steigt. Im Jahr 2013 wird das Bruttoinlandsprodukt dieser Länder (gemessen an ihrer Kaufkraft) das der entwickelten Volkswirtschaften zum ersten Mal in der Neuzeit überholt haben.[32] Dass diese Länder potenziell nicht in der Lage sind, politische und soziale Stabilität zu bewahren und ihre Probleme der Staatsführung und der Korruption in den Griff zu bekommen, könnte diesen Trend noch umkehren. Doch die starken technologischen Kräfte, die hinter ihrem Aufstieg stehen, werden wahrscheinlich die Oberhand gewinnen und die dramatische und wahrlich fundamentale Verlagerung in der Balance der globalen Wirtschaftsmacht festigen und ausbauen. Bereits jetzt, nach der 2007 begonnenen Weltwirtschaftskrise, sind die aufsteigenden Volkswirtschaften die wichtigsten Motoren des globalen Wachstums. Als Gruppe wachsen diese Länder erheblich schneller als die Industriestaaten.[33] Manche Analysten bezweifeln zwar die Nachhaltigkeit dieser Wachstumsraten,[34] aber unabhängig von den Zahlen ist es nur eine Frage der Zeit, bis auch in diesen Volkswirtschaften die Jobs ausbluten und intelligenten Maschinen Platz machen, wie es im Westen schon lange geschieht.

DIE MEISTEN MENSCHEN und auch die führenden Politiker in den Industrieländern schreiben das Verschwinden von Arbeitsplätzen im mittleren Einkommensbereich schlicht der Verlagerung ins Ausland zu. Dabei führen sie sich nicht die Ursachen vor Augen: die Emergenz der Welt AG sowie die enge Verzahnung von Outsourcing und Robosourcing. Diese Fehldiagnose wiederum löst polarisierende Debatten darüber aus, ob Löhne gekürzt, Handelsbeschränkungen verhängt, der Sozialvertrag zwischen Alt und Jung sowie Reich und Arm drastisch verändert und die Steuern wohlhabender Investoren gesenkt werden sollen, damit sie mehr Fabriken im Westen bauen.[35]

Diese geradezu widersinnigen Ablenkungsmanöver in der Beschäftigungspolitik finden ihr Echo in ähnlich verfehlten Diskussionen über die Auswirkungen nationaler politischer Maßnahmen auf die Finanzströme im Zeitalter der Welt AG. In der zunehmend verzahnten Weltwirtschaft verändern sich Art und Umfang der Kapitalbewegungen durch Supercomputer und komplizierte Software-Algorithmen, über die mittlerweile die überwiegende Mehrheit der Finanztransaktionen ablaufen – mit all den destruktiven Auswirkungen eines extrem kurzen Zeithorizonts. Die Folge dieser Veränderung sind ein hohes Maß an Unbeständigkeit und ein großes Ansteckungsrisiko in der *gesamten* Weltwirtschaft. Größere Marktstörungen treten häufiger auf und wirken sich weltweit aus.

Je schneller, desto besser

DER PLÖTZLICHE ZUSAMMENBRUCH der Kreditmärkte im Jahr 2008 und die daraus resultierende globale Rezession zogen weltweit den Verlust von 27 Millionen Arbeitsplätzen nach sich.[36] Als ein Jahr später eine schwache Erholung einsetzte, stieg zwar global die Produktionsleistung wieder, doch die Zahl der wieder geschaffenen Jobs blieb insbesondere in den Industrieländern bescheiden. Viele Ökonomen erklärten das Ausbleiben neuer Arbeitsplätze trotz wirtschaftlicher Erholung damit, dass die Arbeitgeber eher bestrebt waren, neue Techniken einzuführen, statt wieder mehr Leute zu beschäftigen.

Rechnergesteuerte »maßgefertigte Finanzprodukte« wie diejenigen, die an der 2007 begonnenen Weltwirtschaftskrise schuld waren, machen mittlerweile Kapitalflüsse mit einem Nominalwert aus, der 23-mal so hoch ist wie das gesamte Welt-Bruttoinlandsprodukt.[37] Das Volumen dieser sogenannten Derivate, die heute Tag für Tag gehandelt werden, ist 40-mal so groß wie der gesamte Handel an allen Aktienmärkten der Erde zusammengenommen.[38] Selbst wenn man den größeren Anleihenmarkt zum Aktienmarkt hinzurechnet, liegt der geschätzte Wert der Derivate heute 13-mal so hoch wie der sämtlicher Aktien und Anleihen der Erde.[39]

Viele sehen beim Parketthandel noch Trader vor sich, die wild gestikulierend Zahlen in den Raum schreien, doch im Kapitalfluss der Weltmärkte sind die Menschen mittlerweile hinter die Supercomputer zurückgetreten, die in rasender Geschwindigkeit und Frequenz Transaktionen vornehmen. In den USA machte 2009 der Hochgeschwindigkeits- und Hochfrequenzhandel mehr als 60 Prozent aller Transaktionen aus. Im Jahr 2012 waren es in Europa und den USA mehr als 60 Prozent aller Transaktionen.[40] Mittlerweile überbieten sich die Börsen mit Angeboten wie dem der Londoner Börse, die kürzlich damit warb, dass sie eine Transaktion in 124 Mikrosekunden (0,000124 Sekunden) durchführen kann.[41] Mit fortschrittlichen Algorithmen werden Transaktionen bald in Nanosekunden (Milliardstelsekunden) durchgeführt werden. Experten zufolge vergrößern sich damit die Risiken für Marktstörungen weiter.[42]

Die wachsende Geschwindigkeit des Handels, so John Cartlidge von der University of Bristol, Experte für den automatisierten Handel, führe dazu, »dass wir in einer vom globalen Finanzmarkt beherrschten Welt leben, zu der uns aber jede vernünftige theoretische Verständnisgrundlage fehlt«.[43] In der ersten Oktoberwoche des Jahres 2012 umfasste ein einziger »geheimnisvoller Algorithmus« 10 Prozent der Datenmenge, die für das Trading auf dem US-Aktienmarkt zugelassen war, und 4 Prozent des gesamten Handelsverkehrs in Börsennotierungen.[44] Das Ziel sei es Experten zufolge gewesen, die Datengeschwindigkeit zu bremsen, um den Hochgeschwindigkeits-Computerhändlern Vorteile zu verschaffen.

Ein Informationsvorsprung spielte auf den Märkten schon vor 200 Jahren eine wichtige Rolle, als die Rothschild-Bank über Brieftauben frühzeitig von Napoleons Niederlage bei Waterloo erfuhr und mit dem Verkauf französischer Anleihen ein Vermögen machte.[45] Fünfzig Jahre später charterte ein amerikanischer Investor schnellere Segelschiffe, um früher als andere vom Ausgang der wichtigsten Schlachten im US-Bürgerkrieg zu erfahren; er machte ein Vermögen, indem er Anleihen der Konföderation verkaufte.[46] Doch die Bedeutung der Geschwindigkeit hat mittlerweile ein absurdes Maß erreicht. Die Handelsfirmen stellen heute ihre Supercomputer direkt neben den jeweiligen Börsensaal, denn selbst bei Lichtgeschwindigkeit würde die Zeit, die eine Information für die Überquerung der Straße in ein anderes Gebäude braucht, einen Wettbewerbsnachteil mit sich bringen.

Vor ein paar Jahren erzählte mir ein Geschäftsfreund im Silicon Valley, er habe die Gelegenheit, in ein ungewöhnliches Projekt zu investieren: Ein Glasfaserkabel sollte schnurgerade vom Handelszentrum im Loop von Chicago zum Handelszentrum der New Yorker Börse in Mahwah, New Jersey, verlegt werden. Der Nutzen des mittlerweile verwirklichten Projektes lag darin, dass es für die Datenübertragung über die knapp 1330 Kilometer drei Millisekunden einsparte (13,3 statt 16,3 Millisekunden).[47] Die Händler am Ende des Kabels profitieren von den drei Millisekunden Vorsprung vor ihren Mitbewerbern dermaßen, dass der Anschluss an die neue Datenleitung zu Höchstpreisen verkauft wird. Ein noch neueres Mikrowellensystem mit noch schnelleren Datengeschwindigkeiten (die allerdings bei schlechtem Wetter nicht so verlässlich sind) wird derzeit auf derselben Route gebaut.

Dem Abschmelzen der Eiskappe am Nordpol ist ein Projekt zu verdanken, das die Märkte von Tokio und New York mit einem schnelleren Datenfluss über ein Glasfaserkabel am Grunde des Nordpolarmeeres verbindet. Drei weitere Projekte wurden begonnen, um Japan und Europa mit einem Kabel unter der Arktis zu verbinden, und ein neues Transatlantikkabel, das für weitere 300 Millionen Dollar gebaut wird, soll die Geschwindigkeit der Datenflüsse zwischen New York und London um 5,2 Millisekunden erhöhen.

Die Investition von 300 Millionen Dollar in die Einsparung weniger Millisekunden ist nur ein kleines Beispiel dafür, wie viel von dem Reichtum, der früher in die produktive Tätigkeit floss, mittlerweile in die, wie viele Ökonomen es nennen, »Finanzialisierung« der Wirtschaft umgeleitet wird.[48] Der Anteil des Finanzsektors an der amerikanischen Wirtschaft hat sich von rund 4 Prozent im Jahr 1980 auf zurzeit mehr als 8 Prozent erhöht.[49]

Ein Teil dieser erstaunlichen Zunahme spiegelt die umfangreichen Investitionen wider, mit denen die sprunghafte Entwicklung der Informationstechnologie bis zum April des Jahres 2000 finanziert wurde, und ein Teil steht für das rapide Wachstum des Hypothekenmarktes bis 2008.

Doch auch nachdem die Dotcom- und später die Immobilienblase geplatzt waren, wuchs der Anteil des Finanzdienstleistungssektors am Bruttoinlandsprodukt weiter. Die treibende Kraft hinter dieser historischen Verlagerung ist der Einsatz leistungsstarker Supercomputer und Algorithmen, mit denen exotische Finanzderivate möglich wurden; hinzu kommt, dass der Staat vor der Lobbyarbeit der Finanzdienstleistungsbranche kapituliert – was zu einer Lockerung der Regulierung führt, die zuvor die Vermarktung solcher Instrumente behindert hatte.

Geschätzte 82 Prozent der Derivate sind exotische Instrumente mit Zinssätzen als Basiswerten, bei fast 11 Prozent sind es Devisentermingeschäfte und bei etwa 6 Prozent Kredite.[50] Weniger als 1 Prozent gründen auf dem Wert tatsächlicher Güter.[51] Aber die Ströme sind insgesamt so riesig, dass, um nur ein Beispiel zu nennen, die Ölderivate, die an einem durchschnittlichen Tag gehandelt werden, gewaltige 14-mal so viel wert sind wie die am selben Tag tatsächlich gehandelten Barrel Öl.[52]

In der Theorie sind das große Volumen, und die hohe Frequenz computergesteuerter Ströme wird dadurch gerechtfertigt, dass sie die Liquidität und Effizienz der Märkte verbessern. Viele Ökonomen und Banker vertreten die Ansicht, dass die großen Kapitalflüsse in Form von Derivaten in Wahrheit zur Stabilisierung der Märkte beitragen und das systemische Risiko nicht erhöhen. Dies liege unter anderem daran, dass die Banken für einen großen Anteil dessen, was sie handeln, entsprechende Sicherheiten bereithalten.[53]

Anderen Stimmen zufolge stützt sich diese Ansicht allerdings auf die mittlerweile obsolete Annahme, mehr Liquidität sei immer ein Vorteil; diese Annahme leitet sich wiederum von zwei Markttheorien ab, die zum seit Langem verschmähten »Standardmodell« gehören: Märkte, so heißt es, neigten zum Gleichgewicht (was nicht stimmt), und im kollektiven Verhalten auf diesen Märkten spiegelte sich implizit die »perfekte Information« (was ebenfalls nicht stimmt).[54] Dem Ökonomen und Nobelpreisträger Joseph Stiglitz zufolge produziert der Hochgeschwindigkeitshandel lediglich eine »künstliche Liquidität«.[55]

Das Problem der Komplexität

ANDERS ALS DER HANDEL MIT AKTIEN und Anleihen ist der Derivatehandel fast völlig unreguliert. Damit wächst die Anfälligkeit der Märkte für Schwankungen, zumal das Tagesvolumen elektronischer Kapitaltransfers mittlerweile die Summe sämtlicher Zentralbankreserven in den Industrienationen übersteigt.[56] Dass die menschliche Entscheidungsfindung zunehmend aus dem Verfahren verdrängt wird und der wachsende Handel künstlicher Finanzinstrumente ein Volumen erreicht, gegen das die Transaktionen mit echten Werten in der Weltwirtschaft verblassen, trägt in der Praxis dazu bei, dass Kapital immer seltener ein verlässlicher und effizienter Faktor der Produktion ist. Einige der heute umfangreich gehandelten künstlichen Instrumente sind kaum vom Glücksspiel zu unterscheiden.

Dass das Management der globalen Kapitalflüsse im Mikrosekundentakt durch Supercomputer neue systemische Risiken auf den Märkten mit sich bringt, lässt sich durch zwei Faktoren erklären: die extreme Komplexität und die enge Koppelung der Computer. Und diese beiden Faktoren verstärken einander: Ab und an produziert die Komplexität des Systems große und lästige Anomalien, die von einer Art »algorithmischer Obertöne« verursacht werden (vereinfacht ausgedrückt sind das Computerprogramme, die auf gleichzeitig ablaufende Arbeitsvorgänge der jeweils anderen Programme reagieren statt auf die zugrunde liegenden Marktrealitäten).[57] Diese Komplexität führt dazu, dass ein Fehler, der auf diesem Weg Eingang in den Betrieb des Systems findet, von einem Menschen nur extrem schwer nachvollzogen werden kann; er muss sich schon sehr viel Zeit nehmen, um dem Fehler auf den Grund zu gehen. Die enge Koppelung der multiplen Supercomputer sorgt nun dafür, dass Zeit bei der Suche nach dem Fehler und erst recht bei seiner Behebung Luxus ist.

Ein Beispiel: Am 6. Mai 2010 fiel der Dow Jones an der New Yorker Börse um tausend Punkte, nur um anschließend um fast so viele Punkte wieder zu steigen – das alles in einer Zeitspanne von 16 Minuten und ohne ersichtlichen Grund.[58] Es hatte keine Nachrichten mit marktsensiblen Inhalten gegeben, die einen derart massiven und rasanten Kurssturz hätten bewirken können. Wie die *New York Times* am folgenden Tag berichtete, fiel »innerhalb von Minuten Accenture um mehr als 90 Prozent auf einen Ramschwert, P&G stürzte auf $ 39,37«.[59] Die *Times* zitierte einen

Händler mit den Worten: »Es war fast wie in *Twilight Zone*.«[60] Spezialisten mussten fünf Monate intensiv recherchieren, bis die Ursache für diesen sogenannten Flash Crash klar war, nämlich eine komplexe Interaktion zwischen automatischen Handelsalgorithmen, die, von sehr vielen Supercomputern verwendet, eine Art Algorithmus-Echokammer bildeten und die Kurse jäh zum Absturz brachten.[61]

Einer der Experten war Joseph Stiglitz, und er empfahl Maßnahmen, mit denen sich ein solcher Flash Crash künftig verhindern ließe. Er schlug eine neue Regel vor, nach der Kauf- oder Verkaufsgebote *eine Sekunde lang* offen bleiben sollten.[62] Die Spitzen der Finanzunternehmen, die von der gängigen Geschäftsstruktur am stärksten profitieren, reagierten entsetzt auf diesen Vorschlag und behaupteten, die Ein-Sekunden-Regel werde die Weltwirtschaft in die Knie zwingen.[63] Der Vorschlag wurde verworfen.

Die globale Marktkrise des Jahres 2008 wurde in erster Linie von einer bestimmten Kategorie Derivate ausgelöst: von verbrieften Subprime-Hypotheken, abgesichert mit einer exotischen Versicherung, die sich als illusorisch erwies. Supercomputer zerstückelten die zweitklassigen Hypotheken in Derivate, die so komplex waren, dass kein Mensch sie mehr durchschauen konnte. Auch hier wurde die Vermarktung der Produkte an Käufer in der gesamten Weltwirtschaft durch das Robosourcing exotischer Finanzinstrumente unterstützt und begünstigt.

Als die tatsächliche Qualität und der wahre Wert der fraglichen Hypotheken schließlich untersucht wurden und sie plötzlich massenweise neu bewertet werden mussten, platzte die US-Immobilienblase. Dass die Hypotheken in ein komplexes Netz weiterer computergestützter Finanztransaktionen eingebunden waren (*collateralized debt obligations*, CDO), zog eine Kreditkrise nach sich, ein grundlegender Produktionsfaktor der Weltwirtschaft wurde massiv gestört, nämlich die Kapitalbereitstellung – und weltweit fand ein Sturm auf die Banken statt. Das alles führte in die Weltwirtschaftskrise, mit deren Auswirkungen wir uns bis heute herumschlagen.

Als die Massenfabrikation dieser Derivate erst einmal in Schwung gekommen war, blieb dem Menschen in diesem Verfahren praktisch nur noch eine Aufgabe: die rechtlich geforderte Unterschrift durch einen Verantwortlichen, der die Richtigkeit der Hypothek zu prüfen hatte, unter jede Hypothek, die aufgespalten, verbrieft, mit dem Stempel »AAA« der

korrupten Ratingagenturen versehen und anschließend in alle Welt ver-
scherbelt wurde.[64]

Wie die Gerichtsverfahren später offenbarten, konnte die erforderliche
Unterschrift durch echte Menschen mit der Geschwindigkeit der Supercomputer nicht mithalten. Deshalb wurden billige Arbeitskräfte angestellt,
die in der Minute Hunderte von Unterschriften der Darlehensberater
fälschten, ohne auch nur im Mindesten auf Inhalt und Sinn der Dokumente zu achten, die sie unterzeichneten; im Volksmund spricht man von
»Robosigning«.[65] Obwohl gar keine Roboter beteiligt waren, illustriert
auch dieser Begriff die Verquickung von Robosourcing und Outsourcing.

Vom Jahr 2000 bis zur Krise des Jahres 2008 war das Handelsvolumen
mit Derivaten jährlich um durchschnittlich 65 Prozent gestiegen.[66] Da die
US-Banken an diesen Derivaten rund 35 Milliarden Dollar im Jahr ver-
dienten, steht nicht zu bezweifeln, dass das Volumen auch wieder wachsen wird und dass die Banken ihre Lobbymacht und ihre Wahlkampfspenden auch weiterhin darauf verwenden werden, eine Regulierung zu
verhindern.[67]

Die globale Integration

FÜR DIE NIE DA GEWESENE BESCHLEUNIGUNG der Integration der
Weltwirtschaft gibt es mehrere Gründe: den Zusammenbruch des Kommunismus und die Einführung einer stärker marktorientierten Politik in
den ehemaligen kommunistischen Blockstaaten, die Öffnung und die
Modernisierung Chinas unter Deng Xiaoping (die sich mit der massiven
Zunahme der chinesischen Wirtschaftskraft weiter beschleunigen) und
die revolutionären Veränderungen im Transportwesen, in der Kommuni-
kations- und in der Informationstechnik.

Ausschlaggebend war wohl auch das Absenken von Handelsschran-
ken im Zuge des Liberalisierungsprozesses, der nach dem Ende des Zweiten Weltkriegs mit dem Allgemeinen Zoll- und Handelsabkommen
GATT begann (auch dieser Prozess hat sich seither beschleunigt). Die
internationalen Handelsströme haben sich in den vergangenen dreißig
Jahren von 3 Billionen Dollar auf 30 Billionen Dollar jährlich verzehnfacht und wachsen weiter an, und zwar eineinhalb Mal so schnell wie die
Produktion.[68]

In der Vergangenheit hat es natürlich immer wieder Phasen gegeben, in denen eine neue Welle des globalen Handels das weltwirtschaftliche Gefüge umgekrempelt hat. Der legendäre chinesische Eunuch Admiral Zheng He unternahm seine berühmten, wenn auch kurzen Ostafrika-Reisen in den ersten drei Jahrzehnten des 15. Jahrhunderts, also noch vor den Entdeckungsreisen des Christoph Kolumbus in die Neue Welt, Vasco da Gamas Umrundung des Kaps der Guten Hoffnung und den Eroberungsfahrten von Cortés, Pizarro und all den anderen, die Europa mit der Neuen Welt und Asien verbanden.[69]

Vor der Entdeckung der interkontinentalen Meeresrouten hatte die Gründung des Mongolischen Reichs im 13. Jahrhundert und die darauffolgende *Pax Mongolica* Landrouten für bis dahin nie da gewesene Handelsströme zwischen China, Indien, Zentralasien, Russland und Osteuropa eröffnet. Nach der Pestepidemie Mitte des 14. Jahrhunderts und der Schwächung der mongolischen Herrschaft wurden die Landwege zwischen Europa und Asien unterbrochen, und es entstand erneut ein Nadelöhr, das durch den Nahen Osten führte – Handelswege, die überwiegend von Venedig und Ägypten kontrolliert wurden.[70]

Motiviert vom starken wirtschaftlichen Druck in Westeuropa wagte man das Abenteuer, eine Meeresroute nach Indien und China zu suchen. Der Zustrom von Gold und Silber aus der Neuen Welt nach Europa und die enorme Steigerung der landwirtschaftlichen Produktivität durch die Einführung von Mais und anderen Nutzpflanzen in Europa und Afrika hoben die alte weltwirtschaftliche Struktur aus den Angeln.

Wirtschaftshistoriker erinnern uns daran, dass China und Indien gemeinsam spätestens seit dem Jahr 1 bis zum Beginn der zweiten industriellen Revolution Mitte des 19. Jahrhunderts mindestens die Hälfte des Welt-Bruttoinlandsprodukts erwirtschafteten. China war im Jahr 1500 und dann wieder Anfang des 19. Jahrhunderts im Vorfeld des Ersten Opiumkriegs, der 1839 begann, die größte Volkswirtschaft der Welt.[71]

Aus dieser Perspektive betrachtet, ist die weltwirtschaftliche Vorherrschaft der USA und Europas in den vergangenen 150 Jahren, gemessen am Welt-Bruttoinlandsprodukt, nur eine Unterbrechung der viel längeren Zeitspanne asiatischer Dominanz. Diese eineinhalb Jahrhunderte stehen für den Durchbruch der Länder, die als Erste die industrielle Revolution anpackten – Großbritannien, gefolgt von den USA und Nordwesteuropa –, während vier Fünftel der Weltbevölkerung abgehängt wurden. Derzeit scheinen China und andere aufstrebende Volkswirtschaften den Durchbruch zu schaffen. Vor dem 19. Jahrhundert entsprach die Verteilung des Reichtums in der Welt in etwa der Bevölkerung, doch mit der massiv ansteigenden Produktivität, die mit der industriellen Revolution sowie der wissenschaftlichen und technischen Revolution einherging, häufte sich im Westen erheblich schneller Reichtum an. Als der Osten dann auf die neuen Techniken zurückgreifen konnte, kehrte das ältere Schema wieder zurück.[72]

Einige Ökonomen schreiben den Aufstieg Chinas und die bevorstehende Verdrängung der USA als größte Volkswirtschaft der Welt den Vorteilen des staatlich gelenkten Kapitalismus zu, der der freieren Form des Kapitalismus in den USA überlegen sei. Wenn das die Erklärung wäre, könnten sich die USA damit trösten, dass sich ähnliche Warnungen vor der Überlegenheit einer anderen Wirtschaftsordnung stets als falscher Alarm herausstellten – sowohl Ende der 1950er-Jahre, als die Sowjetunion eine wirtschaftliche und militärische Bedrohung darstellte, wie auch in den 1970er- und 1980er-Jahren, als man eine wirtschaftliche Vorherrschaft Japans befürchtete.

Wenn dieses Phänomen aber eine Folge der Emergenz einer Welt AG ist, wie ich es glaube, dann ist diesmal wirklich alles anders. In Entwicklungsländern wie Indien, die lange im Sumpf der Armut versunken waren, nutzen nun junge Unternehmer das gewaltige Potenzial, tauschen sich mit Kollegen in anderen Ländern der Welt AG aus und entdecken und entwickeln große wie kleine Innovationen.

IN DER VERGANGENHEIT gründeten sich Fachzentren einer bestimmten Technologie oder Branche oft an Orten, an denen eine Vielzahl von Menschen mit ähnlichen Qualifikationen und Erfahrungen ein Netzwerk bildeten, voneinander lernten und die Innovationen der jeweils anderen stufenweise optimierten. Der britisch-kanadische Journalist Malcolm Gladwell, der für den *New Yorker* schreibt, illustriert dieses Phänomen an einem Beispiel:

> Im Jahr 1779 erfand der geniale Samuel Crompton aus Lancashire die Spinnmaschine Spinning Mule, mit der die Mechanisierung der Baumwollherstellung möglich wurde. Einen echten Vorteil gewann England allerdings durch Henry Stones aus Horwich, der die Ma-

schine mit Metallwalzen ausstattete, James Hargreaves aus Tottington, der eine sanftere Beschleunigung und Verlangsamung des Spinnrads entwickelte, William Kelly aus Glasgow, der einen Wasserkraftantrieb hinzufügte, John Kennedy aus Manchester, der das Rad so veränderte, dass es fünf Garnnummern produzieren konnte, und schließlich Richard Roberts, ebenfalls aus Manchester und ein Meister der Präzisionsmaschinenherstellung – der Optimierer der Optimierer. Er entwickelte die »automatische« Spinnmaschine, eine hoch entwickelte, schnelle und verlässliche Variation von Cromptons Originalerfindung. Solche Männer, so die Ökonomen, machten die »Mikroerfindungen, mit deren Hilfe Makroerfindungen produktiv und rentabel werden.«[73]

Als die industrielle Revolution im Großbritannien des 18. Jahrhunderts in Schwung kam, verbesserten Erfinder, Tüftler, Schmiede und Ingenieure, die in enger Verbindung miteinander standen, eine Vielzahl von Techniken, die sich später in der Welt ausbreiteten. Sie traten eine Revolution los, die zunächst auf ihr Land beschränkt war, sich dann aber – zunächst langsam – in der Nordatlantikregion ausweitete.

Solche Technologieverbünde spielen natürlich auch heute noch eine Rolle. Silicon Valley in Nordkalifornien ist eins der besten Beispiele. Der direkte persönliche Austausch zwischen kreativen Experten eines Technikgebietes ist nach wie vor eine der effektivsten Methoden, um Innovationen voranzutreiben. Doch die globale Vernetzung beschleunigt den Einsatz neuer Techniken auf immer mehr Gebieten und ermöglicht gleichzeitig immer häufiger Makro- und Mikroerfindungen, die den Wegfall menschlicher Arbeitsplätze zugunsten vernetzter intelligenter Maschinen beschleunigen. Und scheinbar kleine Verbesserungen in der Automatisierung und Effizienz wirken sich oft massiv auf die Effizienz und Produktivität einer bestimmten Branche aus.

Kleine Veränderung, große Wirkung

ZUR ILLUSTRATION DIESES PUNKTES bieten sich zwei Beispiele an, eins aus der Spätphase der Mechanisierung der Landwirtschaft in den 1950er-Jahren, das andere eine scheinbar banale, aber höchst folgenreiche

Neuerung aus der Endphase der globalen Transportrevolution, ebenfalls in den 1950er-Jahren, die ein erheblich größeres Maß an Vernetzung in der Weltwirtschaft ermöglichte.

Wenn ich in meiner Kindheit den Sommer auf der Farm meiner Familie verbrachte, half ich morgens manchmal dabei, die Eier im Hühnerstall einzusammeln, nachdem die Hennen den Stall zum Fressen verlassen hatten. Ich weiß noch, dass ich einigermaßen überrascht war, als mein Vater knapp zwanzig Jahre später diesen Vorgang automatisierte, indem er zwei neue große Hühnerställe für jeweils fünftausend Hennen baute, nach einem Modell, das sich damals rasch auf den amerikanischen Hühnerfarmen durchsetzte. In den Ställen standen die Hühner auf Stacheldraht und zogen sich zum Eierlegen an den einzigen dunklen und für sie einladenden Ort zurück, der nicht ganz zufällig direkt über einem Fließband lag. Alle Eier wurden automatisch eingesammelt und landeten weiter vorn im Gebäude in einer relativ einfachen Sortiermaschine, in der die Eier in Kartons kullerten. Wenn ein Karton voll war, rückte automatisch ein leerer nach, der die nächsten Eier aufnahm.

Um dem Bedürfnis der Hennen nach einem zumindest rudimentären Sozialverhalten nachzukommen – nur dann legen sie jeden Tag ein Ei –, wurde je eineinhalb Quadratmeter Fläche ein mit Medikamenten vollgestopfter Hahn gesetzt. Sobald er aus seiner Betäubung erwachte, machte er sich seinen Teil der Hennen untertan, und die Hühner in seiner unmittelbaren Umgebung waren glücklich. Da die Hühner in einem umgrenzten Raum gehalten wurden, hatten die Betreiber der Hühnerställe die Möglichkeit (ich fand das damals einigermaßen beunruhigend), die Sonne mittels künstlichen Lichts mehr als einmal am Tag aufgehen zu lassen und so eine größere Eierproduktion zu stimulieren. (Anmerkung an die Tierschützer: Ich habe heute keinerlei Bezug mehr zu Hühnerfarmen.)

Am meisten aber überraschte mich, dass für das Einsammeln der täglichen Eierproduktion von 10 000 Hennen nur ein einziger Angestellter benötigt wurde; wofür brauchte man diese Person überhaupt? Manchmal zerbrach ein Ei und musste aus dem Karton entfernt werden. Oder der Ablauf wurde durch ein mechanisches Problem gestört, sodass jemand eingreifen musste. Das Verladen der Kartons in den Lkw, der sie regelmäßig abholte, war zu koordinieren, die Gesamtzahl der Eierkartons pro Tag zu notieren und so weiter.

Aber wie man unschwer erkennen kann, ist auch dieser einzige verbliebene Job heutzutage recht leicht zu ersetzen. Es reichen die Ausstattung der Maschinerie mit einfachster künstlicher Intelligenz, eine Online-
verbindung des Hühnerstalls und seiner diversen Komponenten mit einer
Software zur Qualitätskontrolle, eine rechnergestützte Planung der Lkw-
Transporte und ein Bereitschaftsdienst von Mechanikern für die seltenen
Unterbrechungen des Arbeitsprozesses.

Sind staatliche Maßnahmen vorstellbar, um Jobs zu retten, die im Zuge
dieser Entwicklung verloren gehen? Denken wir an die ersten Bemühungen, sich gegen den Arbeitsplatzverlust in der Landwirtschaft zu stemmen:
In den USA war zu Beginn der zweiten Hälfte des 19. Jahrhunderts der
Jobverlust auf den Höfen schon im vollen Gange, und kaum jemand sah
die noch ausstehenden Veränderungen der kommenden Jahrzehnte voraus. Am 30. September 1859 erklärte Abraham Lincoln, ehe er Präsident
wurde, in einer Rede: »Da Bauern die zahlenmäßig größte Bevölkerungsgruppe bilden, ist ihr Interesse das größte Interesse. Daraus folgt, dass es
dieses Interesse am meisten wert ist, gehegt und gepflegt zu werden. Wenn
es einen unvermeidlichen Konflikt zwischen diesem Interesse und einem
anderen gäbe, müsste das andere nachgeben.«[74]

Zum Zeitpunkt seiner Amtseinführung war der Anteil der landwirt-
schaftlichen Arbeitsplätze seit Gründung der Republik im Jahre 1789 von
90 Prozent auf etwas unter 60 Prozent gesunken.[75] Im darauffolgenden
Jahr, im Frühjahr 1862, gründete Präsident Lincoln das Ministerium für
Landwirtschaft, und sechs Wochen später unterzeichnete er den Morrill
Land-Grant Act, nach dem jeder Bundesstaat öffentlichen Grund für die
Gründung von Schulen für Landwirtschaft und Mechanik beantragen
konnte.[76] Sämtliche Bundesstaaten nahmen das auch in Anspruch.[77]

Als landwirtschaftliche Arbeitskräfte in die Städte strömten und in
den Fabriken nach Arbeit suchten, zog dies für die große Mehrheit der
US-Bürger eine umfassende Veränderung der Arbeitsbedingungen nach
sich. Die Reformen der Progressive Era und später des New Deal sollten
die Folgen dieser Umwälzungen für die Menschen lindern und die Ein-
kommensverluste durch Transfersysteme wie das Arbeitslosengeld, die
Rente und die Invalidenrente teilweise auffangen.

Als ich 1993 Vizepräsident wurde, gab es in jedem der dreitausend
Countys der USA durchschnittlich vier Ämter als Vertretungen des Mi-
nisteriums für Landwirtschaft, obwohl der Anteil der landwirtschaft-

lichen Arbeitsplätze an der Zahl der Gesamtbeschäftigten auf 2 Prozent
zurückgegangen war.[78] Anders ausgedrückt: Eine entschlossene und kostspielige nationale Politik, die sich eineinhalb Jahrhunderte für die Landwirtschaft einsetzte, konnte den Arbeitsplatzverlust auf den Höfen nicht
verhindern, auch wenn diese Maßnahmen wohl zu einer massiven Steigerung der landwirtschaftlichen Produktivität beitrugen. Die Lehre daraus lautet, dass viele systemische, von der Technik beförderte Veränderungen schlichtweg zu viel Eigendynamik entwickeln, als dass sie sich
durch politische Maßnahmen aufhalten ließen.

Bis heute hat die sogenannte industrielle Landwirtschaft eine Vielzahl
teilautomatisierter Systeme für die Haltung von Hühnern, Rindern,
Schweinen und anderen Tieren hervorgebracht, auch für die Eierproduktion. Im Verlauf der letzten vierzig Jahre ist die Eierproduktion weltweit
um 350 Prozent gestiegen.[79] (China ist heute mit 70 Millionen Tonnen
jährlich der größte Eierproduzent und erzeugt viermal so viele Eier wie
die USA.)[80] Der weltweite Handel mit Geflügelfleisch ist in demselben
Zeitraum um mehr als 3200 Prozent gestiegen.[81]

Und hier komme ich zum zweiten Beispiel einer scheinbar banalen
Weiterentwicklung, die die Effizienz eines gesamten Industriezweigs revolutionierte: Am 4. Oktober 1957, dem Tag, an dem die Sowjetunion den
ersten künstlichen Erdsatelliten Sputnik in die Erdumlaufbahn schoss,
begann die »Containerschiff-Revolution«.[82] Malcolm McLean, ein Ge-
schäftsmann, der eine Spedition in North Carolina betrieb, fragte sich
schon seit zwanzig Jahren, warum die Fracht aus fernen Ländern in Kisten und Kästen unterschiedlichster Größe, Form und Beschaffenheit in
den USA eintraf. Diese mussten vom Schiff gehoben, einzeln sortiert und
dann zu dem Transportmittel gebracht werden, das sie an ihren endgülti-
gen Bestimmungsort beförderte – statt die Fracht in einheitliche Container zu packen, die genau gleich groß waren und daher problemlos vom
Schiff auf den Zug oder den Lkw verfrachtet und dann an ihren Zielort
transportiert werden konnten.

Im Frühjahr 1956 probierte McLean seine revolutionäre Idee aus, ein
Schiff von Newark, New Jersey, nach Houston auf einem speziell präpa-
rierten Deck mit den Aufliegern von 58 Lkws zu beladen, die von dem
Fahrzeug getrennt und auf dem Schiff auf spezielle Schienen gestellt wor-
den waren. Das Experiment war so erfolgreich, dass McLean achtzehn
Monate später Geschichte schrieb: Er ließ ein ganzes Schiff so umbauen,

dass 226 Container im Hafen von Newark verladen und eine Woche später in Houston auf ebenso viele Lkws gehoben werden konnten, die sie dann an ihren jeweiligen Zielort brachten. Die Containerschiff-Revolution begann im Herbst 1957 und hat den weltweiten Handel dermaßen verändert, dass im Jahr 2013 vermutlich Waren in mehr als 150 Millionen Containern von einem Land ins andere transportiert wurden.[83]

Informationstechnologie und Vernetzung beschleunigen diesen Prozess in fast allen Bereichen der Industrie. So werden qualitativ hochwertige Fernseher jährlich mehr als 5 Prozent billiger, und es gibt mittlerweile einen Angebotsüberhang (ähnlich wie beim Nahrungsgetreide vor wenigen Jahrzehnten).[84] Der erste Farbfernseher wurde 1953 zu einem Preis verkauft, der heute bei 8000 Dollar läge.[85] Die billigsten Farbfernseher, die heute im Angebot sind – mit derselben oder einer größeren Bildschirmdiagonale, einer erheblich besseren Bildqualität und der Möglichkeit, statt nur drei Sendern mehrere Hundert anzusehen –, sind für 50 Dollar zu haben, was etwa 0,6 Prozent des ursprünglichen Preises entspricht – für ein qualitativ hochwertigeres und vielseitigeres Produkt.

Solche drastischen Preissenkungen (bei gleichzeitiger Qualitätsverbesserung) nehmen wir heute als selbstverständlich hin, doch die Auswirkungen auf die Welt der Arbeit sollten wir nicht außer Acht lassen. Viele Konsumartikel, die einst als Hightechprodukte galten, werden heute von Ökonomen als Verbrauchsgüter bezeichnet. Das massive Anwachsen des Welthandels, Outsourcing, Robosourcing und die neuen Informations- und Investmentströme, die praktisch alle Orte der Welt miteinander verbinden, verstärken einander in einem gewaltigen globalen Rückkoppelungseffekt.

Robosourcing

DIESE FORTSCHREITENDE VERBESSERUNG der Effektivität und Nutzbarkeit von Maschinenintelligenz ist in unzähligen Branchen im Gange und verändert in ihrer sich summierenden Wirkung weltweit Art und Zweck von Arbeit. Betrachten wir beispielsweise die Kohleindustrie in den USA. Im letzten Vierteljahrhundert wurde die Produktion um 133 Prozent gesteigert, während die Zahl der Arbeitsplätze um 33 Prozent sank.[86] Ein anderes Beispiel sind die Arbeitsplätze in der US-Kupferindustrie, die im vergangenen halben Jahrhundert massiv abgenommen haben, während die Produktionsmenge erheblich zugelegt hat.[87] Wie so oft, wenn eine neue Technik Arbeitsplätze ersetzt, verlief der Rückgang nicht gleichmäßig, sondern in Stufen, die jedes Mal einen Einbruch brachten, wenn eine neu entwickelte Innovation zum Einsatz kam. Im Zeitraum von sechs Jahren – von 1980 bis 1986 – sank die Zahl der Arbeitsstunden, die für die Produktion einer Tonne Kupfer notwendig war, um 50 Prozent.[88] Im Verlauf des Jahrzehnts erhöhte Kennecott, einer der Marktführer, die Arbeitsproduktivität in einer seiner größten Minen um 400 Prozent.[89]

Sehen wir uns diese Branche als Beispiel für den allgemeinen Trend einmal näher an. Zu den neuen Techniken, die Arbeitsplätze ersetzten, gehörten deutlich größere Lastwagen und Schaufeln, ein intensiverer Einsatz von Computern für das Mikromanagement der Lkws und den Betrieb der Hütten, erheblich effizientere Brecher in Verbindung mit besseren Förderbändern und die Einführung neuer chemischer und elektromechanischer Prozesse, mit denen sich das Reinkupfer besser vom Erz trennen lässt.

Die Kupferindustrie in den USA illustriert, wie sich Robosourcing und Outsourcing auf den dritten klassischen Produktionsfaktor auswirken: Rohstoffe. Da sich durch die Technik die Arbeitsproduktivität und die Anzahl an Tonnen Kupfer Jahr für Jahr erhöhten, erreichte die Branche schließlich den Tipping Point, den Umkipp-Punkt, an dem die verfügbaren Vorräte an wirtschaftlich abbaubarem Kupfererz abnahmen. In anderen Ländern, vorwiegend in Chile, wurden neue Kupferquellen entdeckt.[90] Die stark gestiegene Produktivität, in Verbindung mit einem durch Bevölkerungs- und Wohlstandswachstum steigenden Verbrauch, beschränkt in vielen Industriezweigen die für den Produktionsprozess unerlässliche Rohstoffversorgung.

Im Zuge dieser Entwicklung, durch die in den Industrieländern die Zahl der Arbeitsplätze und die Nachfrage weiter sinken, wirken sich Robosourcing und IT-Outsourcing mittlerweile auch massiv auf die Arbeitsplätze im größten Beschäftigungsbereich aus, den Dienstleistungen. Ein Beispiel sind die intelligenten Programme für die Dokumentensuche in Anwaltskanzleien. Studien zufolge bewältigt dank der Einführung dieser Programme ein einziger Mitarbeiter im ersten Tätigkeitsjahr schon dasselbe Arbeitsvolumen, das früher von fünfhundert Mitarbeitern geleistet wurde, und das mit größerer Genauigkeit.[91]

Viele sagen sogar voraus, dass sich das Robosourcing im Dienstleistungsbereich noch stärker auswirken wird als in der Industrie. Man liest
viel über den Erfolg Googles bei der Entwicklung eines fahrerlosen Auto-
mobils, das unter diversen Fahrbedingungen mittlerweile 450 000 Kilometer unfallfrei zurückgelegt hat.[92] Sollte diese Technologie bald ausgereift
sein, wie es viele vorhersagen, wirkt sich das auf die 373 000 Menschen aus,
die allein in den USA als Taxifahrer und Chauffeure arbeiten.[93] In australischen Minen werden gut bezahlte Lkw-Fahrer schon heute durch fahrer-
lose Fahrzeuge ersetzt.

Bei den Dienstleistungen erleben wir zudem einen dritten Trend, den
man als »Self-Sourcing« bezeichnen kann: Ausgestattet mit Laptop, Smartphone, Tablet und anderen produktivitätssteigernden Geräten, interagieren Kunden mit intelligenten Programmen und ersetzen dadurch faktisch
Menschen, die in Dienstleistungsberufen tätig waren. Viele Flugreisende
erledigen sämtliche Reservierungen selbst, suchen sich einen Platz aus und
drucken auch die Bordkarte. In vielen Supermärkten und anderen Läden
erledigen die Käufer das Einscannen und Abrechnen. Nachdem die Banken Geldautomaten aufgestellt haben, bieten sie nun umfassende Online-
banking-Dienste an. In vielen Branchen haben es die Kunden am Telefon
grundsätzlich mit Computern zu tun. In den USA und zahlreichen anderen Ländern machen E-Mail und soziale Netzwerke die Mittlerfunktion
von Postdienstleistungen zunehmend überflüssig.

Dieser Trend zum Self-Sourcing steht noch am Anfang und wird sich
mit der Weiterentwicklung der künstlichen Intelligenz dramatisch beschleunigen. Es gibt allerdings ein offensichtliches Problem: Für die neue,
von Individuen geleistete Arbeit gibt es keine Vergütung, so wie auch die
Einkünfte derer, die mittlerweile ihren Job verloren haben, der Gesamt-
wirtschaft verloren gehen. Das Self-Sourcing verbessert zwar die Effizienz
und spart Zeit, doch insgesamt wirkt sich der Einkommensverlust für
Arbeitnehmer mittlerer Einkommen spürbar auf die Nachfrage aus, insbesondere in verbraucherorientierten Gesellschaften.

GLOBAL BETRACHTET ZIEHEN Outsourcing und Robosourcing für die
Wirtschaft gleichzeitig eine Schwächung der Nachfrage und eine Über-
produktion nach sich. Keynesianische Maßnahmen zur Ankurbelung der
Konjunktur – das heißt, der Staat leiht sich Geld, um vorübergehend eine
Nachfragesteigerung zu finanzieren – verlieren mit der Zeit womöglich

an Wirkung, da durch die langfristige Verschiebung hin zu einer Wirtschaft, in der es im Verhältnis zur Produktion deutlich weniger Arbeitsplätze gibt, die Einkommen sinken und somit auch Konsum und Nachfrage nachlassen. Hinzu kommt in den Industrienationen, wie ich später genauer ausführen werde, eine nie da gewesene demografische Entwicklung: Da der Anteil älterer Menschen im Ruhestand, deren Einkommen bereits durch staatliche Maßnahmen wie Rentenzahlungen ersetzt worden sind, wächst, bleibt dem Staat kaum noch Spielraum, der Bevölkerung im arbeitsfähigen Alter das Einkommen zu ersetzen.

Wenn es aber für das Einkommen, das den arbeitslosen und unterbeschäftigten Fabrikarbeitern in den Industrieländern fehlt, keinen Ersatz gibt, wird die globale Nachfrage nach den Produkten der neuen hoch automatisierten Fabriken weiter sinken. Immerhin ist in den industriellen Volkswirtschaften der Anteil an Verbrauch und Nachfrage am größten. Lohnsteigerungen der Arbeiter in Entwicklungs- und Schwellenländern landen, zum Teil aus kulturellen Gründen, eher auf dem Sparkonto als im Konsum.[94] Arbeit und Kapital wurden zwar globalisiert, doch in der globalen Wirtschaft bleibt ein Großteil des Verbrauchs in den westlichen Industrienationen. Dies führt zu einem Missverhältnis zwischen der Verteilung von Einkommen und der zentralen Bedeutung des Konsums als Triebfeder für das Wachstum der Weltwirtschaft.

Die Erfindung neuer Rohstoffe

VOR DEM HINTERGRUND DIESES WANDELS, der sich in wachsendem Tempo vollzieht, muss demnach die zentrale Rolle des Konsums in unserer Wirtschaft neu überdacht und gleichzeitig das verloren gegangene Einkommen der Beschäftigten, das Konsum erst ermöglicht, ersetzt werden. Ständig wachsender Konsum und eine gesunde Weltwirtschaft sind in jedem Fall immer weniger vereinbar. Die rasante Technikrevolution verändert nicht nur die Rolle von Arbeit und Kapital als Produktionsfaktoren in der Weltwirtschaft, sondern auch die der Rohstoffe. In der Materialwissenschaft gelangen mit den neuen Techniken auf Molekularebene revolutionäre Fortschritte, und es entstanden völlig neue Hybridmaterialien mit einer Kombination physischer Eigenschaften, die sämtliche durch ältere Techniken wie Metallurgie und Keramik entwickelten Materialien in den Schatten stellen.[95] Wie schon Pierre Teilhard de Chardin vor sechzig Jahren voraussagte: »Da die Menschheit sich planetisiert, erwirbt sie neue physische Vermögen, die ihr erlauben, die Materie zu superorganisieren.«[96]

In das neue Gebiet der hochmodernen Materialwissenschaft fallen auch die Erforschung, Bearbeitung und Herstellung fester Materialien mittels fortschrittlichster Geräte, sozusagen Atom für Atom. Interdisziplinär beteiligt sind Ingenieurwissenschaft, Physik, Chemie, Biologie und andere Fachbereiche. Die neuen Erkenntnisse darüber, wie Moleküle in der Biologie und der Chemie grundlegende Funktionen steuern und leiten, sowie die Erforschung der Interaktion atomarer und subatomarer Prozesse, in deren Verlauf feste Materie entsteht, beschleunigen auch die Entwicklung der »Molekularökonomie«, wie einige Fachleute es nennen.[97]

Die neuen Moleküle und Materialien müssen auch nicht im Rahmen der herkömmlichen mühevollen Prozedur von Versuch und Irrtum ausgewertet werden. Da moderne Supercomputer heute simulieren können, wie neu entwickelte Stoffe und andere Moleküle und Materialien aufeinander wirken, lässt sich auf diese Art eine Vorauswahl der für reale Experimente vielversprechendsten Materialien treffen.[98] Das neue Gebiet des wissenschaftlichen Rechnens – auch bekannt unter dem Begriff *computational science* – gilt deshalb mittlerweile neben der Induktion und der Deduktion als dritter grundlegender Weg zu neuen Erkenntnissen. Es kombiniert Elemente dieser beiden und simuliert eine künstliche Realität, in der ohne vereinfachende Annahmen detaillierte Experimente möglich sind.

Ein Stoff weist im Nanometerbereich (zwischen einem und hundert Nanometern) häufig deutlich andere Eigenschaften auf als dieselben Atome und Moleküle in größerem Maßstab.[99] Dank dieser Unterschiede können Fachleute Nanomaterialien auf den Oberflächen üblicher Produkte anwenden, damit sie nicht rosten, widerstandsfähiger gegen Kratzer und Dellen sind oder, im Falle von Kleidern, weniger leicht entzündlich und unempfindlicher gegen Flecken und Falten.[100] Die bislang am weitesten verbreitete Anwendung ist der Einsatz von antimikrobiellem Nanosilber, das Ärzte in Krankenhäusern beim Kampf gegen Infektionen unterstützt.[101]

Wie wichtig langfristig die Entwicklung völlig neuer Grundmaterialien mit überlegenen Eigenschaften ist, spiegelt sich in den Namen wider, die Historiker den Zeitaltern des technologischen Fortschritts in der

Menschheitsgeschichte gegeben haben: Steinzeit, Bronzezeit, Eisenzeit. Wie bei den historischen Epochen der wirtschaftlichen Entwicklung, die mit der langen Ära der Jäger und Sammler begann, war das erste dieser Zeitalter, die Steinzeit, das bei Weitem längste.

Die Archäologen sind sich uneins darüber, wo und wann die Abhängigkeit von Steinwerkzeugen den ersten metallurgischen Techniken wich. Kupfer soll erstmals vor etwa 7000 Jahren in Ostserbien geschmolzen worden sein; allerdings tauchten an diversen Orten Gegenstände aus dieser Zeit auf, die aus Kupfer gegossen waren.[102]

Bei der fortschrittlicheren Herstellung von Bronze, die weniger brüchig und vielfältiger einsetzbar ist als Kupfer, wird dem geschmolzenen Kupfer Zinn zugegeben, eine Technik, die hohe Temperaturen und einigen Druck erfordert.[103] Bronze wurde vor 5000 Jahren zum ersten Mal in Griechenland und China hergestellt, mehr als 1000 Jahre später auch auf den Britischen Inseln.[104]

Obwohl die ersten Eisenfunde in der Nordtürkei 4500 Jahre alt sind, begann das Eisenzeitalter vor 3000 bis 3200 Jahren mit der Entwicklung verbesserter Schmelzöfen, mit denen höhere Temperaturen erreicht wurden und Eisenerz so weit aufgeschmolzen werden konnte, dass es sich zu Werkzeugen und Waffen verarbeiten ließ.[105] Eisen ist natürlich viel härter und stabiler als Bronze.[106] Stahl, eine Legierung aus Eisen und kleineren Mengen anderer Elemente, je nach den gewünschten Eigenschaften, kam erst Mitte des 19. Jahrhunderts auf.[107]

Das neue Zeitalter der Materialien, die im Molekularbereich entwickelt werden, ist eine historische Neuerung in der industriellen Fertigung. So wie die industrielle Revolution vor einem Vierteljahrtausend aus der Kombination von Kohleenergie und Maschinen hervorging, die viele Bereiche menschlicher Arbeit ersetzten, so verspricht auch die Nanotechnologie den Beginn dessen, was viele als die dritte industrielle Revolution bezeichnen: Mittels molekularer Maschinen lassen sich Strukturen aus Grundelementen neu zusammensetzen und völlig neuartige Produkte herstellen, unter anderem:[108]

– Kohlenstoffnanoröhren, die Energie speichern können und bis dato unvorstellbare Eigenschaften besitzen;[109]
– ultrastarke Kohlenstofffasern, die in einzelnen Nischenanwendungen bereits den Stahl ersetzen;[110]

– keramische Faserverbundwerkstoffe, denen ein breites Einsatzgebiet in der Industrie prognostiziert wird.[111]

Die Nanotechnologie-Revolution, die mit einer Vielzahl von Revolutionen in den Biowissenschaften einhergeht, wirkt sich auch auf zahlreiche andere Unternehmungen aus. Es gibt schon mehr als tausend Produkte aus dem Bereich der Nanotechnologie, die überwiegend als Verbesserungen in bereits bekannten Arbeitsprozessen genutzt werden, vor allem in den Bereichen Gesundheit und Fitness.[112] Zurzeit arbeitet man daran, Nanostrukturen künftig auch in anderen Bereichen einsetzen zu können, zum Beispiel um die Verarbeitung und Speicherung von Daten zu optimieren, Giftstoffe in der Umwelt zu analysieren oder Wasser zu filtern und zu entsalzen.

Die Reaktionsfähigkeit von Nanomaterialien und ihre thermischen, elektrischen und optischen Eigenschaften werden wohl erhebliche kommerzielle Auswirkungen haben. So begeistert bei der Entwicklung von Graphen, einer Form des Grafits, die eine Stärke von nur einem Atom hat, die ungewöhnliche Interaktion mit Elektronen, wodurch sich eine Vielzahl nützlicher Anwendungen eröffnet.[113]

Zu den möglichen Gefahren von Nanopartikeln wird umfangreich geforscht. Die wenigsten Fachleute sehen eine Gefahr von »selbstreplikativen Nanobots«, die in den ersten Jahren des 21. Jahrhunderts schwerwiegende Bedenken und große Debatten auslöste.[114] Andere Risiken wie die Anreicherung von Nanopartikeln im menschlichen Körper und die Möglichkeit einer Zellschädigung werden dagegen schon ernster genommen.[115] »Wir wissen noch sehr wenig über die Auswirkungen [von Nanomaterialien] auf Gesundheit und Umwelt und so gut wie nichts über synergistische Auswirkungen«, so David Rejeski, der Direktor des Science and Technology Innovation Program am Woodrow Wilson International Center for Scholars.[116]

Die Nanowissenschaft lässt sich wohl bis zur Arbeit Louis Pasteurs zurückverfolgen, gewiss aber bis zur Entdeckung der Doppelhelix im Jahr 1953.[117] Richard Smalleys Erforschung von Fullerenen (auch *buckyballs* genannt) im Jahr 1985 löste eine erneute Flut des Interesses an der Nanotechnologie und der Entwicklung neuer Materialien aus.[118] Sechs Jahre später ermöglichten die ersten Nanoröhren eine elektrische Leitfähigkeit, die weit über die des Kupfers hinausging, und eröffneten die Aussicht auf

Fasern, die bei einem Sechstel des Gewichts hundertmal so stark sind wie Stahl.[119]

Die Trennlinie zwischen Nanotechnologie und Materialwissenschaft ist zum Teil willkürlich gezogen. Beiden gemein ist die jüngste Entwicklung neuer Mikroskope, neuer Werkzeuge für die gezielte Bearbeitung von Stoffen im Nanobereich, neuer leistungsfähiger Software für Supercomputer zur Modellierung und Untersuchung neuartiger Materialien auf atomarer Ebene sowie ein nicht abreißender Strom bahnbrechender wissenschaftlicher Erkenntnisse über die speziellen Eigenschaften molekularer Neuentwicklungen im Nanobereich, unter anderem ihre Quanteneigenschaften.

Der Aufstieg des 3-D-Drucks

AUS DEN NEUEN ERKENNTNISSEN über den Umgang mit Atomen und Molekülen folgt eine weitere bahnbrechende Fertigungsrevolution: der 3-D-Druck. Die auch als additive Fabrikatoren bezeichneten Maschinen bauen auf Basis einer Datei Objekte auf, indem sie das jeweilige Material Schicht für Schicht jeweils hauchdünn auftragen, bis das Objekt dreidimensional geschaffen ist.[120] Dafür lassen sich verschiedene Materialien verwenden.[121] Obwohl sich diese neue Technik noch in einer frühen Entwicklungsphase befindet, sind die Vorteile für die Fertigung kaum zu überschätzen. Schon jetzt sind einige Ergebnisse geradezu verblüffend.

Seit Henry Ford im Jahr 1908 die ersten identischen austauschbaren Teile herstellte, die auf einem beweglichen Fertigungsband zum Modell T zusammengesetzt wurden, wird die industrielle Fertigung von der Massenproduktion beherrscht.[122] Effizienz, Geschwindigkeit und Kostenersparnis dieser Methode haben Industrie und Handel revolutioniert. Viele Experten sagen heute voraus, dass die rasante Entwicklung des 3-D-Drucks die Industrie ebenso tiefgreifend verändern wird wie die Massenproduktion vor über hundert Jahren.[123]

Diese Technik wird eigentlich schon seit mehreren Jahrzehnten in Form der sogenannten Schnellen Fertigung eingesetzt, einer Spezialnische, in der ein Prototyp hergestellt wird, der sich anschließend in traditionellen Fertigungsprozessen massenhaft produzieren lässt.[124] So werden Entwürfe für neue Flugzeuge oft als 3-D-Modelle für Windkanaltests hergestellt.[125]

Diese Nische wird von den neuen 3-D-Druckern völlig umgekrempelt. Die Firma LGM aus Colorado beispielsweise, die für Architekten Prototypen von Gebäuden anfertigt, hat bereits umwälzende Neuerungen umgesetzt. »Früher haben wir in zwei Monaten ein Modell für 100 000 Dollar gebaut«, erklärte der Firmengründer Charles Overy der *New York Times*. Mittlerweile kosten seine Modelle 2000 Dollar und sind über Nacht fertig.[126]

Am Potenzial des 3-D-Drucks lassen sich einige Nachteile der Massenproduktion festmachen: die Lagerung von Komponenten und Teilen, das Betriebskapital, das für eine solche Lagerhaltung notwendig ist, die Materialverschwendung durch Ausschuss und natürlich die Kosten für die zahlreichen Arbeitskräfte.[127] Verfechter des 3-D-Drucks führen auch an, dass man verglichen mit der Massenfertigung nur 10 Prozent des Rohmaterials benötigt,[128] ganz zu schweigen von den viel geringeren Energiekosten.[129] Damit setzt sich ein Langzeittrend der »Dematerialisierung« in der Produktion fort und beschleunigt sich weiter, eine Entwicklung, aufgrund derer im letzten halben Jahrhundert die Gesamttonnage globaler Waren konstant geblieben ist, obwohl sich ihr Wert mehr als verdreifacht hat.[130]

Wegen der Standardisierung von Größe und Form lautet in der Massenproduktion der Grundsatz »Eine Größe für alles«, der jedoch für viele Spezialprodukte unbefriedigend ist.[131] Darüber hinaus geht mit der Massenproduktion eine Zentralisierung von Fertigungsanlagen einher, woraus sich hohe Transportkosten für die Lieferung von Teilen an die Fabrik sowie für die Lieferung fertiger Produkte zu den Märkten ergeben.[132] Der 3-D-Druck dagegen ermöglicht es, die digitalen Konstruktionsdaten – eine Art Blaupause für das Produkt – an 3-D-Drucker weiterzuleiten, die über den Erdball verstreut direkt in den entsprechenden Märkten stehen.[133]

»Die Fertigung in Ländern rund um die Erde könnte erheblich kostengünstiger sein als im Inland, da die Nutzer das benötigte Teil in einem 3-D-Drucker-Shop um die Ecke herstellen lassen können«, so Neil Hopkinson, von der Additive Manufacturing Research Group an der Loughborough University. »Statt Ersatzteile und Komponenten an Standorten in aller Welt zu lagern, ließen sich die Entwürfe kostenfrei in virtuellen Computer-Lagern aufbewahren, wo sie für den Druck vor Ort bereitstehen.«[134]

In der derzeitigen Entwicklungsphase ist der 3-D-Druck auf relativ kleine Produkte beschränkt, doch da die Technik ständig verbessert wird, werden schon bald Spezial-3-D-Drucker für größere Teile und Produkte zur Verfügung stehen. Die Firma Contour Crafting in Los Angeles hat bereits einen riesigen 3-D-Drucker gebaut, der auf einem Sattelschlepper zum Bauplatz gebracht wird – dort druckt er innerhalb von zwanzig Stunden ein ganzes Haus (ohne Türen und Fenster)![135] Die heute erhältlichen 3-D-Drucker haben noch eine Fertigungskapazität von einem bis tausend Stück,[136] Experten sagen aber voraus, dass die Geräte schon in wenigen Jahren in der Lage sein werden, Hunderttausende identischer Teile zu produzieren.[137]

Zum Umgang mit dem geistigen Eigentum im Bereich des 3-D-Drucks gibt es noch viele unbeantwortete Fragen. Der dreidimensionale Konstruktionsentwurf wird den Löwenanteil des Wertes in der 3-D-Druck-Ökonomie ausmachen, doch da man bei der Entwicklung von Urheber- und Patentrecht diese Technologie nicht im Blick hatte, wird man sie der neuen Realität anpassen müssen. Generell sind »nützliche« Gegenstände nach dem US-Urheberrecht nicht vor Reproduktion geschützt.[138]

Skeptiker bezweifeln zwar, dass die neue Technik schnell einsatzbereit sein wird, doch in den USA, China und Europa arbeiten Ingenieure und Technologen fieberhaft an der Ausschöpfung ihres Potenzials.[139] Die ersten Anwendungen in der Prothetik und anderen medizinischen Bereichen gewinnen rasch an Fahrt.[140] Günstige 3-D-Drucker sind im Hobbybereich bereits für 1000 Dollar zu haben.[141] »Für manche ist das ein Nischenmarkt«, so Carl Bass, Geschäftsführer der Firma Autodesk, die in den 3-D-Druck investiert hat, im Jahr 2012. »Gern wird behauptet, er könne gar nicht wachsen. Aber das ist keine Modeerscheinung, sondern ein Trend. Hier ist ein richtiges Erdbeben zugange.«[142] Waffenbefürworter setzen sich für den 3-D-Druck von Feuerwaffen ein, um Beschränkungen des Waffenverkaufs zu umgehen.[143] Gegner dagegen fürchten, dass solche Waffen für Verbrechen verwendet und anschließend eingeschmolzen werden könnten, sodass sie der Polizei nicht mehr als Indizien zur Verfügung stehen.[144]

Die Welle der Automatisierung, die zum Outsourcing und Robosourcing von Arbeitsplätzen aus den Industriestaaten in Schwellen- und Entwicklungsländer beigetragen hat, wird schon bald viele der erst kürzlich geschaffenen Arbeitsplätze in den Niedriglohnländern verdrängen.[145] Der 3-D-Druck könnte diesen Prozess beschleunigen und die Fertigung wieder in die Industrieländer zurückholen. Viele US-Firmen berichten bereits, dass sie mittels diverser Spielarten der Automatisierung zumindest einen Teil der Arbeitsplätze wieder zurückbringen konnten, die sie in Niedriglohnländer ausgelagert hatten.

Kapitalismus in der Krise

MIT DER ENTSTEHUNG DER WELT AG und der damit zusammenhängenden Veränderung aller drei Produktionsfaktoren – Arbeitskraft, Kapital und Rohstoffe – geht eine Krise des Kapitalismus einher. In einer weltweiten Bloomberg-Umfrage unter Firmenchefs erklärten 70 Prozent der Befragten im Jahr 2012, der Kapitalismus sei ihrer Ansicht nach »in Schwierigkeiten«. Fast ein Drittel hielt eine »radikale Überarbeitung der Regeln und Vorschriften« für notwendig; allerdings zogen in den USA weniger Personen einen dieser beiden Schlüsse als unter den weltweit Befragten.[146]

Die Vorteile des Kapitalismus im Vergleich zu anderen Wirtschaftsordnungen sind wohlbekannt. In der Zuteilung von Ressourcen und der Abstimmung von Angebot und Nachfrage ist der Kapitalismus effizienter. Er schafft mehr Wohlstand und ist besser mit einem hohen Maß an Freiheit vereinbar. Vor allem aber setzt der Kapitalismus ein größeres Maß an menschlichem Potenzial frei, da er mit allerlei Anreizen Leistung und Innovation belohnt. Nach Versuchen mit anderen Systemen, vor allem nach den verheerenden Erfahrungen mit Kommunismus und Faschismus im 20. Jahrhundert, herrschte Anfang des 21. Jahrhunderts weltweit der fast einmütige Konsens, dass der demokratische Kapitalismus die geeignete Ideologie sei.

Doch die Öffentlichkeit rund um den Erdball wurde in den vergangenen zwei Jahrzehnten von einer Reihe schwerer Marktstörungen aufgeschreckt, die in die Weltwirtschaftskrise 2008 und deren noch immer anhaltende Folgen mündeten. Zusätzlich haben die wachsende Ungleichheit in den meisten großen Volkswirtschaften der Welt und die zunehmende Konzentration von Reichtum an der Spitze der Einkommensleiter das Vertrauen in das heutige System des Marktkapitalismus erschüttert. Das anhaltend hohe Niveau von Arbeitslosigkeit und Unterbeschäftigung in den Industrieländern und die ungewöhnlich hohe öffentliche und private Verschuldung haben zusätzlich Misstrauen gegen die Instrumente geschürt, mit deren Hilfe sich die Wirtschaftspolitik derzeit um eine Erholung und die Herstellung einer ausreichenden Wirtschaftskraft bemüht.

Der Nobelpreisträger und Wirtschaftswissenschaftler Joseph Stiglitz formulierte das Problem 2012 so:

> Es ist kein Zufall, dass die größten Bevölkerungsgruppen von Amerikanern in den Zeiten, in denen die US-Wirtschaft am schnellsten wuchs, ein höheres Nettoeinkommen erzielten – als die Ungleichheit, auch infolge einer progressiven Besteuerung, abnahm. Ebenso wenig ist es ein Zufall, dass der derzeitigen Rezession, genau wie der Großen Depression, eine massive Zunahme der Ungleichheit vorausging. Wenn sich zu viel Geld in der Spitze der Gesellschaft konzentriert, sinken zwangsläufig die Ausgaben des Durchschnittsamerikaners – oder zumindest tun sie das, wenn kein künstlicher Anreiz da ist. Wenn Geld von unten nach oben umgeschichtet wird, geht der Konsum zurück, weil Besserverdienende, anteilig an ihrem Einkommen, weniger konsumieren als einkommensschwache Menschen.[147]

Mit dem Anstieg der Produktivität, der Arbeitsplatzzahlen, des Einkommens und der Produktionsleistung in den Entwicklungs- und Schwellenländern wächst dort auch die Ungleichheit. Und natürlich leiden in vielen dieser Länder noch zahllose Menschen unter Armut und Entbehrungen. Mehr als eine Milliarde Menschen auf der Welt leben von weniger als 2 Dollar am Tag, fast 900 Millionen von ihnen müssen »extreme Armut« erdulden, die mit einem Einkommen von weniger als 1,25 Dollar am Tag definiert wird.[148]

Das größte Defizit des Weltmarktsystems ist jedoch die beharrliche Weigerung, wichtige externe Effekte zu berücksichtigen – beginnend mit den Kosten und Folgen der 90 Millionen Tonnen globaler Verschmutzung, die alle 24 Stunden in die Erdatmosphäre gepustet werden.[149] Die Problematik externer Effekte in der Markttheorie ist wohlbekannt, war jedoch nie so akut wie heute. Da auch positive externe Effekte regelmäßig ignoriert werden, herrscht in der Bildung, der Gesundheitsversorgung und anderen öffentlichen Bereichen eine chronische Unterfinanzierung.

Weil in vielen Ländern, auch in den USA, die wachsende Konzentration des Wohlstands in den Händen des obersten Prozents der Bevölkerung das politische System untergräbt, sind Regierungen in ihrer Handlungsfähigkeit eingeschränkt, politische Veränderungen herbeizuführen, die den Vielen (zumindest kurzfristig) auf Kosten der Wenigen nützen würden. Der Staat wurde nachhaltig gelähmt und ist nicht in der Lage, die notwendigen Maßnahmen zu ergreifen. Auch das höhlt das Vertrauen der Öffentlichkeit in den derzeitigen Marktkapitalismus aus.

Mit den eng verwobenen und immer massiveren Kapitalströmen in der Weltwirtschaft fühlen sich heute alle Staaten von den Anforderungen des globalen Kapitalmarktes unter Druck gesetzt. Zahllose Länder – als Beispiele seien Griechenland, Irland, Italien, Portugal und Spanien genannt – sehen sich mit der Notwendigkeit politischer Maßnahmen konfrontiert, die sich aus der Sicht des globalen Marktplatzes ergeben und nicht etwa aus dem demokratisch geäußerten Willen der Bürgerinnen und Bürger. Für viele lautet das Fazit aus diesen Erfahrungen, dass die Menschen ihre wirtschaftliche Zukunft nur mit politischen Maßnahmen gestalten können, die auf globaler Basis die Wirtschaft verändern.

Nachhaltiger Kapitalismus

GEMEINSAM MIT DAVID BLOOD, meinem Partner und Mitbegründer von Generation Investment Management, setze ich mich für Strukturmaßnahmen ein, die einen, wie wir es nennen, nachhaltigen Kapitalismus befördern. Ein altbekanntes Problem ist die vorherrschende Kurzzeitperspektive und die Sucht nach kurzfristigen Gewinnen, die oft auf Kosten eines langfristigen Nutzens geht. Vor vierzig Jahren betrug die durchschnittliche Haltedauer von Aktien in den USA fast sieben Jahre.[150] Das war auch nur logisch, weil sich etwa drei Viertel des Realwertes in einem durchschnittlichen Unternehmen in eineinhalb Geschäftszyklen aufbauen, also in etwa sieben Jahren.[151] Heute dagegen beträgt die Haltedauer von Aktien durchschnittlich knapp sieben Monate.[152]

Dieser Trend zu kurzfristigem Denken aufseiten der Investoren hat viele Ursachen. Größere Entwicklungen in der umgewandelten und nunmehr vernetzten Weltwirtschaft bauen zusätzlich Druck auf. »Banken, Hedgefonds und Risikokapital sind auf Investitionen in Finanzinstrumente und Softwareunternehmen ausgerichtet. In diesem Bereich erbringen schon bescheidene Investitionen oft außerordentlich schnelle und große

Erträge. Die Finanzierung echter, nicht virtueller Fabriken ist dagegen teuer und anstrengend und bietet kaum Potenzial für schnelle Erträge.«[153] Diese kurzfristige Perspektive aufseiten der Investoren nötigt die Unternehmenschefs, sich eine ähnlich kurzfristige Perspektive anzueignen. So führte vor wenigen Jahren das tonangebende US-Wirtschaftsforschungsunternehmen BNA eine Umfrage unter Firmen- und Finanzchefs durch, in der unter anderem folgende hypothetische Frage gestellt wurde: Sie haben die Gelegenheit, in Ihrem Unternehmen eine Investition zu tätigen, die die Firma profitabler und nachhaltiger macht, infolge derer sie aber das nächste Quartalsziel knapp verfehlt. Tätigen Sie unter diesen Umständen die Investition? 80 Prozent verneinten die Frage.[154]

Ein zweites Problem des derzeit gängigen Kapitalismus sind die weitverbreiteten falschen Anreize. Die Vergütung der meisten Investmentmanager – der Leute also, die in erster Linie über die Investition von Kapital entscheiden – wird quartalsweise oder bestenfalls jährlich berechnet. Auch in den Unternehmen werden viele Führungskräfte für kurzzeitige Resultate belohnt. Die Vergütung sollte sich aber an dem Zeitraum orientieren, in dem sich der Wert einer Firma maximieren lässt, und sie sollte auch mit den elementaren Faktoren des langfristigen Wertes vereinbar sein.

Zusätzlich sollten die Unternehmen darin bestärkt werden, sich nicht weiter auf die vierteljährlichen Einnahmen zu konzentrieren. Dieses kurzzeitige Denken ist so verbreitet, dass Firmen bestraft werden, die einen nachhaltigen Wert aufzubauen versuchen. Zudem bleibt der Nutzen von Investments unberücksichtigt, die sich über längere Zeiträume selbst bezahlen.

Die Veränderung der Arbeit

EINES IST GEWISS: Die Transformation der Weltwirtschaft und die Entstehung der Welt AG verlangen nach einem völlig neuen politischen Ansatz, damit der Mensch die Gestaltung seiner Zukunft wieder selbst in die Hand nehmen kann. Was wir im Moment erleben, hat wenig mit Folgen des Konjunkturzyklus oder vorübergehender Marktstörungen zu tun, an die sich die Weltwirtschaft gewöhnt hat. Die Veränderungen, die die Welt AG mit sich bringt, sind wahrlich global und historisch, und der Wandel beschleunigt sich zunehmend.

Dieser Wandel geschieht in einer nie da gewesenen Geschwindigkeit und Größenordnung, doch natürlich hat sich im Laufe der Menschheitsgeschichte für die Mehrheit der Menschen die Art ihrer produktiven Tätigkeit schon häufiger massiv verändert. Vor allem die landwirtschaftliche und die industrielle Revolution wirkten sich massiv auf den Alltag der meisten Menschen aus.

Die ersten bekannten vom Menschen hergestellten Werkzeuge, darunter Speerspitzen und Äxte, hingen mit der Kultur der Jäger und Sammler zusammen, die Anthropologen zufolge fast zweihundert Jahrtausende andauerte.[155] Nach der Ablösung dieser Lebensweise durch eine neue landwirtschaftliche (die nicht lange nach dem Ende der letzten Eiszeit einsetzte) währte diese weniger als acht Jahrtausende,[156] und die industrielle Revolution brauchte schließlich nicht einmal 150 Jahre, um den Anteil landwirtschaftlicher Arbeitsplätze in den USA von 90 auf 2 Prozent zu senken.[157] Selbst wenn man Kulturen in die Rechnung einbezieht, die noch einer bäuerlichen Subsistenzwirtschaft anhängen, fällt heute weltweit betrachtet weniger als die Hälfte aller Arbeitsplätze in den landwirtschaftlichen Sektor.[158]

Der Pflug und die Dampfmaschine – und mit ihnen das gesamte komplexe Universum an Werkzeugen und Techniken, die mit der landwirtschaftlichen und industriellen Revolution einhergingen – machten Qualifikationen und Erfahrungen überflüssig, auf die sich die Menschen lange verlassen hatten, um ihren Unterhalt und materielle Zugewinne für sich selbst, ihre Familie und die Gemeinschaft zu erwirtschaften. In beiden Fällen allerdings folgte auf das Verschwinden alter die Herausbildung neuer Strukturen, die im Großen und Ganzen das Leben leichter machten und die Beziehung zwischen produktiver Tätigkeit und der Befriedigung realer Bedürfnisse beibehielten.

Die Transformation der Arbeit brachte große soziale Veränderungen mit sich, unter anderem eine Massenabwanderung aus ländlichen Gebieten in die Städte und die geografische Trennung von Heim und Arbeitsplatz, um nur zwei der bekanntesten zu nennen. Doch unterm Strich erfüllten sich die Versprechungen des Fortschritts, und die Veränderungen führten zu einem wirtschaftlichen Wachstum, das das Nettoeinkommen der Menschen massiv erhöhte und das Arbeitsaufkommen für die Erfüllung grundlegender menschlicher Bedürfnisse (Nahrung, Kleidung, Unterkunft und so weiter) deutlich senkte. In beiden Fällen wurden frühere gemeinschaftliche Ziele überflüssig, und es tauchten neue auf, die andere Qualifikationen und einen neuen Produktivitätsbegriff erforderlich machten.

Die beiden massiven Umwälzungen vollzogen sich jeweils über einen langen, viele Generationen umfassenden Zeitraum. In beiden Fällen eröffneten neue Technologien Chancen für die Umgestaltung der Arbeit und die Entwicklung einer neuen Grundstruktur, die jeweils die alte zerstörte und für viele beängstigend war. Diese neue Grundstruktur brachte eine massive Produktivitätssteigerung, eine starke Zunahme der Arbeitsplätze, höhere Durchschnittseinkommen, weniger Armut und für die meisten Menschen eine historische Verbesserung der Lebensqualität mit sich.

Betrachten wir noch einmal die grobe Entwicklung, die sich im Ablauf dieser drei Epochen offenbart: Die erste dauerte 200 000 Jahre, die nächste 8000 Jahre und die industrielle Revolution nur 150 Jahre.[159] Jedes Mal, wenn sich die Lebensweise der Menschen so radikal veränderte, war das folgenreicher als bei der vorangegangenen Umwälzung und vollzog sich in einer deutlich kürzeren Zeitspanne. Alle drei Revolutionen hingen mit technischen Neuerungen zusammen.

In diesen drei Phasen manifestieren sich das lange Reifen, der Beginn und das zunächst gemächliche Anrollen einer Technikrevolution, die für die Weiterentwicklung der menschlichen Zivilisation eine zentrale Rolle spielte und in den letzten vier Jahrhunderten allmählich, aber beständig an Tempo und Schwung gewann, einen Gang hochschaltete und die Geschwindigkeit dann derart steigerte, dass sie außer Kontrolle zu geraten schien. Heute reißt sie uns in einem Tempo mit sich, das unsere Vorstellungskraft übersteigt, hinein in immer neue von der Technologie geprägte Realitäten, die häufig, um mit Arthur C. Clarke zu sprechen, »von Magie nicht zu unterscheiden« sind.[160]

Wegen des Ausmaßes, vor allem aber wegen der Qualität dieser Veränderungen sind wir nicht darauf vorbereitet, was da geschieht. Unser Gehirn unterscheidet sich strukturell nicht wesentlich von dem unserer Vorfahren vor 200 000 Jahren.[161] Da sich durch die Entwicklung der Technik unsere Lebensweise aber radikal verändert hat, sind wir gezwungen, unsere Kultur schneller anzupassen, als es uns möglich oder auch nur plausibel erscheint.

Diesen rasanten Wandel klar wahrzunehmen oder gar zu durchdenken, fällt schon schwer. Die meisten von uns haben mit den praktischen

Auswirkungen des exponentiellen Wandels zu kämpfen, eines Wandels also, der nicht nur zunimmt, sondern immer schneller zunimmt. Betrachten wir die Grundform einer exponentiellen Kurve. Die Veränderung, die mit einer solchen Kurve dargestellt wird, ist zunächst langsam und dann immer schneller, sodass die Kurve immer steiler wird. Der steile Abschnitt der Kurve zeigt Veränderungen, die sich erheblich schneller vollziehen als im flachen Teil – und in dieser Phase wirkt sich das nicht nur quantitativ, sondern auch qualitativ aus. Nach dem Mooreschen Gesetz hat die vierte iPad-Generation eine größere Rechnerkapazität als der stärkste Supercomputer vor dreißig Jahren, der Cray-2.[162]

Die Folgen dieser neuen Phase des hyperschnellen Wandels sind nicht nur mathematischer oder theoretischer Natur, sondern wirken sich auch auf die grundlegende Beziehung zwischen produktiver Arbeit und der Erfüllung von Bedürfnissen aus. Was Menschen tun – ihre Arbeit, ihre Karriere, der Tausch produktiven Tuns gegen Einkommen, mit dem Ziel, essenzielle menschliche Bedürfnisse zu stillen und Wohlbefinden, Sicherheit, Anerkennung, Würde, Zugehörigkeit als Mitglied einer Gemeinschaft zu sichern –, dieses fundamentale Tauschgeschäft, das im Mittelpunkt unseres Lebens steht, verändert sich derzeit weltweit in einem noch nie da gewesenen Tempo.

In modernen Gesellschaften verschaffen wir uns seit Langem mit Geld und anderen materiellen Symbolen für Soll und Haben einen Überblick über diese ständigen Tauschabfolgen. Doch auch schon in älteren Gesellschaften, in denen nicht Geld das Tauschmedium war, diente die produktive Arbeit dazu, eigene Bedürfnisse zu befriedigen. Wenn jemand die Bedürfnisse der Gruppe stillte, erkannte die Gesellschaft das stillschweigend an, indem sie kollektiv seine oder ihre Begehren erfüllte. Diese fundamentale Beziehung im Kern menschlicher Gesellschaften verändert sich derzeit radikal.

Viele Ökonomen trösten sich damit, dass es sich in Wahrheit um die Fortsetzung einer uralten Geschichte handelt, die sie kennen und durchschauen und die unnötig für Aufregung sorgt, seit der Weber Ned Ludd die Ende des 18. Jahrhunderts neu erfundenen Webrahmen zertrümmerte, weil er merkte, dass sie die Arbeitsplätze der Weber überflüssig machten.[163] Dass es sich um einen »luddschen Irrtum« handelte[164] – die fälschliche Annahme, neue Techniken vernichteten unter dem Strich gute Arbeitsplätze –, wurde bestätigt, als die Mechanisierung in der Landwirtschaft zwar fast alle Arbeitsplätze auf den Höfen auslöschte, die neuen in den Fabriken geschaffenen Jobs jedoch die eingebüßten bäuerlichen Arbeitsplätze nicht nur zahlenmäßig überstiegen, sondern auch ein höheres Einkommen brachten. Hinzu kommt noch, dass die Bauern deutlich produktiver arbeiteten und die Nahrungsmittelpreise stark sanken. Bis vor Kurzem schien sich das mit der industriellen Automatisierung zu wiederholen: Dass monotone und oftmals beschwerliche Jobs wegfielen, machten neue, bessere Arbeitsplätze mit höherem Einkommen mehr als wett.

Doch unsere Erfahrungen aus der Frühphase der technischen Revolution sind bei dem rasanten Tempo, in dem sich der Wandel neuerdings vollzieht, womöglich nicht mehr relevant. Die Einführung vernetzter Maschinenintelligenz – und mittlerweile auch künstlicher Intelligenz – könnte bald immer mehr Beschäftigungschancen in immer größeren Bereichen der Weltwirtschaft in Gefahr bringen. Als Reaktion auf diese neue Realität müssen wir uns womöglich bald überlegen, wie wir künftig unser produktives Potenzial gegen ein Einkommen eintauschen sollen, das wir für die Erfüllung unserer Bedürfnisse brauchen.

Marshall McLuhan und andere Forscher, die sich mit der Interaktion zwischen Technik und Gesellschaft befassen, beschreiben wichtige neue Techniken als »Erweiterungen« fundamentaler menschlicher Fähigkeiten.[165] Das Automobil ist im Rahmen dieser Metapher eine Erweiterung unserer Fortbewegungsfähigkeit. Der Telegraf, das Radio und das Fernsehen sind Erweiterungen unserer Fähigkeit, über eine größere Entfernung miteinander zu sprechen. Sowohl die Schaufel als auch die Dampfschaufel sind Erweiterungen unserer Fähigkeit, Gegenstände zu heben. Durch solcherlei neue Techniken wurden Arbeitsplätze vernichtet, insgesamt jedoch mehr neue geschaffen – oftmals, weil die neuen technisch verbesserten Fähigkeiten von Menschen gesteuert werden mussten, die für die effiziente und sichere Handhabung ausgebildet worden waren.

So betrachtet sind neue leistungsfähige Formen der künstlichen Intelligenz nicht nur Erweiterungen menschlicher Fähigkeiten, sondern Erweiterungen der dem Menschen vorbehaltenen Denkfähigkeit. Zwar ist wissenschaftlich erwiesen, dass wir nicht die einzigen denkenden Lebewesen sind, doch ist nicht zu übersehen, dass wir zur dominierenden Spezies auf Erden wurden, weil wir geistige Modelle der Welt um uns herum erschaffen und diese Modelle durch Nachdenken so beeinflussen können, dass wir in der Lage sind, unsere Umgebung zu verändern und über den

Planeten zu herrschen. Die technische Erweiterung der Denkfähigkeit ist daher etwas grundlegend anderes als jede andere technische Erweiterung einer menschlichen Fähigkeit.

Mit der Weiterentwicklung der künstlichen Intelligenz und ihrer Verbindung mit anderen technischen Erweiterungen menschlicher Fähigkeiten – das Greifen und Lenken von Gegenständen, ihre Zusammenführung zu neuen Formen, der Ferntransport, die wechselseitige Kommunikation, die Nutzung von Informationen in einem größeren Umfang und Tempo, als Menschen es je zuwege bringen könnten, das Erschaffen abstrakter Realitätsmodelle und das Lernen in einem Ausmaß, das die menschliche Lernfähigkeit übersteigt – werden die Folgen dieser Revolution ungleich schwerwiegender sein als die jeder vorangegangenen technischen Revolution. Eine Auswirkung wird unter anderem die zunehmende Entkopplung von Produktivitätszuwächsen und Verbesserungen im Lebensstandard der Mittelschicht sein. In der Vergangenheit haben Verbesserungen der wirtschaftlichen Effizienz für die Bevölkerungsmehrheit meist Einkommenssteigerungen nach sich gezogen, doch wenn durch den Austausch von Arbeit durch Technologiekapital eine große Zahl von Arbeitsplätzen verloren geht, fließt ein wachsender Anteil der Gewinne an diejenigen, die das Kapital bereitstellen. Damit ist die grundlegende Beziehung zwischen Technik und Beschäftigung im Umbruch begriffen.

Dieser Trend nähert sich derzeit einer Schwelle, jenseits derer so viele Arbeitsplätze verloren gehen, dass die Konsumnachfrage unter das für die Aufrechterhaltung eines gesunden Wirtschaftswachstums notwendige Niveau fällt. In einer neuen Studie über die Große Depression erklärt Joseph Stiglitz, dass der mit der Mechanisierung einhergehende massive Arbeitsplatzverlust in der Landwirtschaft einen ähnlichen Nachfragerückgang auslöste, der in Wahrheit viel stärker für die Wirtschaftskrise der 1930er-Jahre verantwortlich war als bislang angenommen. Mit dem derzeitigen Verlust industrieller Arbeitsplätze, so Stiglitz, müssen wir uns womöglich auf eine neue schmerzhafte Wende gefasst machen.

Neue Jobs können und müssen geschaffen werden, und eine der Chancen für diejenigen, deren Arbeitsplätze dem Robosourcing und dem Outsourcing zum Opfer gefallen sind, liegt recht offensichtlich im Bereich der öffentlichen Hand. Doch Eliten, die von der Welt AG profitieren, nutzen bislang ihren angehäuften Wohlstand und politischen Einfluss wirkungsvoll dazu, jede Verlagerung von Jobs in den öffentlichen Sektor zu blockieren. Die gute Nachricht ist, dass das Internet zwar Outsourcing wie auch Robosourcing erleichtert, aber auch neue Formen der politischen Einflussnahme ermöglicht, die nicht von Eliten beherrscht werden können. Damit befasst sich das nächste Kapitel.

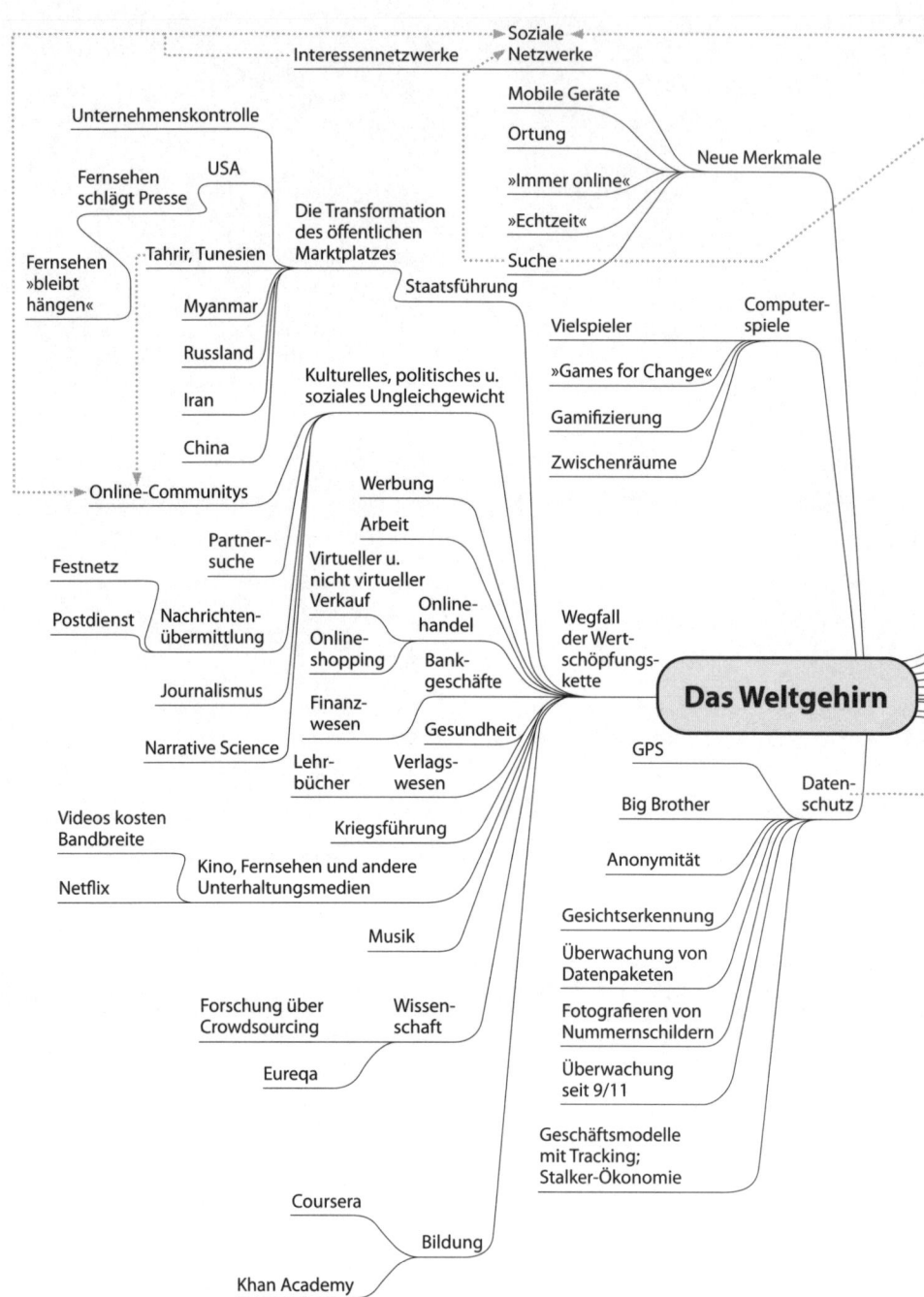

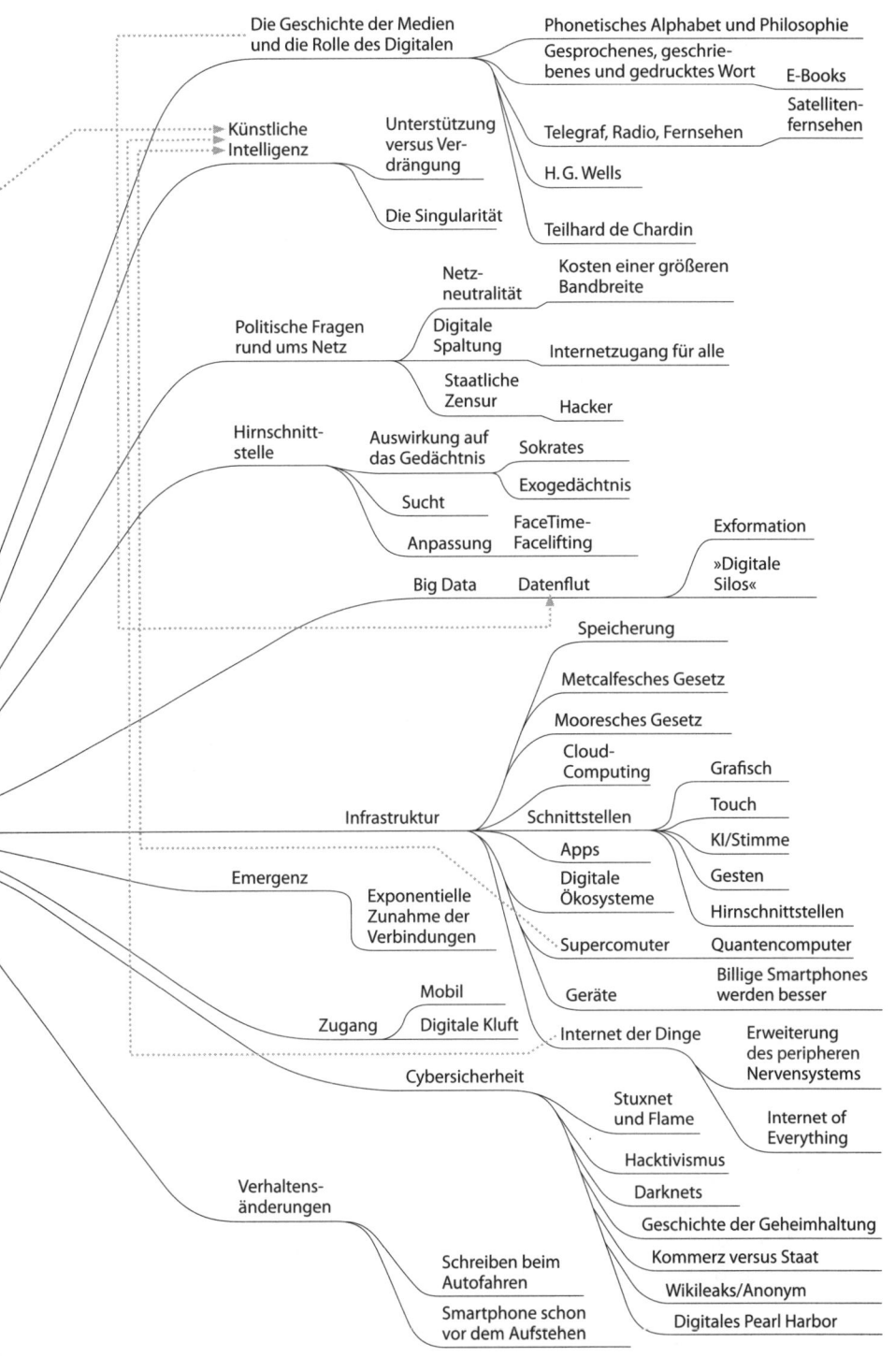

Die Geschichte der Medien und die Rolle des Digitalen

Phonetisches Alphabet und Philosophie

Gesprochenes, geschriebenes und gedrucktes Wort

E-Books

Künstliche Intelligenz

Unterstützung versus Verdrängung

Telegraf, Radio, Fernsehen

Satellitenfernsehen

H. G. Wells

Die Singularität

Teilhard de Chardin

Netzneutralität

Kosten einer größeren Bandbreite

Politische Fragen rund ums Netz

Digitale Spaltung

Internetzugang für alle

Staatliche Zensur

Hacker

Hirnschnittstelle

Auswirkung auf das Gedächtnis

Sokrates

Exogedächtnis

Sucht

Anpassung

FaceTime-Facelifting

Exformation

»Digitale Silos«

Big Data

Datenflut

Speicherung

Metcalfesches Gesetz

Mooresches Gesetz

Cloud-Computing

Grafisch

Infrastruktur

Schnittstellen

Touch

Apps

KI/Stimme

Emergenz

Exponentielle Zunahme der Verbindungen

Digitale Ökosysteme

Gesten

Hirnschnittstellen

Supercomuter

Quantencomputer

Mobil

Geräte

Billige Smartphones werden besser

Zugang

Digitale Kluft

Internet der Dinge

Erweiterung des peripheren Nervensystems

Cybersicherheit

Stuxnet und Flame

Internet of Everything

Hacktivismus

Darknets

Geschichte der Geheimhaltung

Verhaltensänderungen

Kommerz versus Staat

Schreiben beim Autofahren

Wikileaks/Anonym

Smartphone schon vor dem Aufstehen

Digitales Pearl Harbor

2

DAS WELTGEHIRN

SO WIE AUS OUTSOURCING und Robosourcing der Produktionstätigkeit die Welt AG hervorgegangen ist, so hat sich aus der allgegenwärtigen Verfügbarkeit von Computer und Internet eine weltumspannende Erweiterung des menschlichen Nervensystems entwickelt, die in Lichtgeschwindigkeit Informationen, Gedanken und Gefühle von und an Milliarden von Menschen übermittelt. Über E-Mails, Textnachrichten, soziale Netzwerke, Multiplayer-Spiele und andere digitale Formen der Kommunikation sind wir mit einem gewaltigen globalen Datennetzwerk – und miteinander – verbunden, und das in einer nie da gewesenen Geschwindigkeit. Der revolutionäre und sich rasant beschleunigende Wandel der globalen Kommunikation bringt eine Flut an Veränderungen mit sich, die umbruchartige Innovationen für verschiedenste Tätigkeitsbereiche von der Kunst bis hin zur Wissenschaft und von der kollektiven politischen Entscheidungsfindung bis hin zum Aufbau von Unternehmen zur Folge hat, aber auch Raum für Kreativität in sich birgt.

Viele vertraute Branchen kämpfen ums Überleben: Zeitungen, Reiseagenturen, Buchhandlungen, Musikgeschäfte, Videoverleiher und Fotogeschäfte zählen zu den am häufigsten genannten Beispielen dafür, dass sich Firmen technologisch bedingt entweder radikal verändern oder verschwinden müssen. Auch großen Institutionen ergeht es nicht anders: Landesweite Postdienste verlieren Kunden, da die digitale Kommunikation das Briefeschreiben ersetzt und die altehrwürdige Post dazu verdammt, in erster Linie Werbung und unerwünschte Postwurfsendungen zu verteilen.[1]

Gleichzeitig erleben wir das explosive Wachstum neuer Geschäftsmodelle, sozialer Netzwerke und Beziehungen, die vor den Zeiten des Internets und des Computers undenkbar gewesen wären: von Facebook und Twitter bis Amazon und iTunes, von eBay und Google bis Baidu, Yandex.ru, Globo.com und einem Dutzend weiterer Unternehmen, die gegründet worden sind, seit Sie das erste Wort dieses Satzes gelesen haben. All diese Phänomene sind dank der Internetanbindung von (bis-lang) zwei Milliarden Menschen entstanden.[2] Neben den Menschen kommen noch digitale Geräte hinzu, die mit wieder anderen Geräten und Maschinen verbunden sind, ohne dass ein Mensch involviert wäre; deren Zahl überschreitet bereits die Erdbevölkerung.[3] Studien prognostizieren, dass bis zum Jahr 2020 mehr als fünfzig Milliarden Geräte mit dem Internet verbunden sein und kontinuierlich Informationen austauschen werden.[4] Berücksichtigt man weniger moderne Techniken wie die automatische Identifizierung und Lokalisierung von Gegenständen über RFID-Transponder, die kabellos Informationen übermitteln und Daten an Geräte übertragen können, so ist die Zahl der »verbundenen Objekte« bereits viel größer.[5] (In einigen Schulen müssen übrigens die Schüler schon heute mit RFID ausgestattete Erkennungsmarken tragen, damit sie nicht die Schule schwänzen; das hat zahlreiche Schülerproteste ausgelöst.)[6]

Technologie und das »Weltgehirn«

SEIT DER ERFINDUNG DES TELEGRAFEN wird für die Charakterisierung elektronischer Kommunikation gern das menschliche Nervensystem herangezogen. Im Jahr 1851 – nur sechs Jahre zuvor übermittelte Samuel Morse die erste Nachricht mithilfe seines Morsealphabets: »Was hat Gott bewirkt?« – heißt es bei Nathaniel Hawthorne, »dass mittels der Elektrizität die materielle Welt zu einem großen Nerv geworden ist, der in einem kaum zum Atemschöpfen reichenden Augenblick Schwingungen über viele Tausend Meilen hinweg übermittelt«.[7] Ein knappes Jahrhundert später modifizierte H. G. Wells Hawthornes Metapher durch seinen Vorschlag, ein *world brain*, ein weltumspannendes Gehirn zu entwickeln. Dieses sollte ein gemeinschaftlicher Hort sämtlicher Informationen der Welt sein, der allen Menschen zugänglich wäre »als eine Art Verwahranstalt für das Denken: ein Depot, in dem Wissen und Ideen empfangen, sortiert, zusammengefasst, verarbeitet, bereinigt und verglichen werden«.[8] In Wells' Sinne ist aus der Metapher mittlerweile Realität geworden – man kann jederzeit in Wikipedia nachsehen oder im World Wide Web über Google die geschätzten eine Billion Websites durchsuchen.[9]

Da das Nervensystem mit dem menschlichen Gehirn verbunden und dort das Denken angesiedelt ist, wandelte Teilhard de Chardin, einer der großen Theologen des 20. Jahrhunderts, Hawthornes Metapher noch einmal ab. In den 1950er-Jahren sah er in einem durch Technik ermöglichten Netzwerk aus menschlichen Gedanken eine »Planetarisierung« des Bewusstseins voraus.[10] Die derzeitige Realität passt zwar noch nicht völlig zur umfänglichen Bedeutung seines provokativen Bildes, doch einigen Fachleuten zufolge wird mit dem, was da gerade entsteht, eine völlig neue Ära eingeläutet. Um Descartes abzuwandeln: »Es denkt, also ist es.«

Die heute gebräuchlichen Supercomputer und Programme wurden zwar von Menschen entwickelt, doch wie Marshall McLuhan einst sagte: »Wir formen unser Werkzeug, und danach formt unser Werkzeug uns.«[11] Da es sich beim globalen Internet und den damit verbundenen Milliarden intelligenter Geräte und Maschinen – dem Weltgehirn also – um das bei Weitem mächtigste Werkzeug der Menschheitsgeschichte handelt, beeinflusst es, wie zu erwarten, mittlerweile unser Denken, das triviale ebenso wie das tiefgründige, und zwar dramatisch und umfassend. Ebenso wie multinationale Konzerne durch das Outsourcing von Arbeitsplätzen in andere Länder und durch das Robosourcing von Arbeit an intelligente, untereinander verbundene Maschinen ihre Effizienz und Produktivität steigern, werden wir als Individuen effizienter und produktiver, weil wir unsere Gedanken mit Computern, Servern und Datenbanken in aller Welt verbinden können. Ähnlich wie die radikalen Veränderungen in der Weltwirtschaft aus der positiven Rückkoppelungsschleife von Outsourcing und Robosourcing hervorgehen, so verstärken auch die Verbreitung leistungsfähiger Computer und die wachsende Zahl von Menschen mit Internetzugang wechselseitig Entwicklungen auf diesem Gebiet. Während die Welt AG die Rolle des Menschen im Produktionsprozess verändert, beeinflusst das Weltgehirn unser Verhältnis zur Welt der Informationen.*

---

* Wann künstliche Intelligenz so weit entwickelt sein wird, dass sie tatsächlich wie ein menschliches Gehirn denken kann, ist stark umstritten. Die Ausführungen dieses Kapitels beruhen auf der Annahme, dass dies noch einige Jahre dauern wird und wir uns bei der Entwicklung künstlicher Intelligenz immer noch im spekulativen Bereich bewegen. Die unterschiedlichen Standpunkte dazu, ob es überhaupt möglich ist, dieses Ziel zu erreichen, resultieren auch aus einem weiterhin unvollständigen Verständnis des menschlichen Bewusstseins. Supercomputer verfügen heute jedoch zum Teil schon über Fähigkeiten, die dem menschlichen Gehirn weit überlegen sind. So treffen sie etwa im Bereich des Hochfinanzhandels an Börsen wichtige Entscheidungen für uns oder sind in der Lage, vormals versteckte komplexe Muster in großen Datenmengen zu identifizieren.

Der Wandel, der mit der umfassenden Nutzung des Internets als wichtigstem Mittel des Informationsaustausches einhergeht, ist ein Bruch und gleichzeitig ein kreativer Prozess. Dem Zukunftsforscher Kevin Kelly zufolge ähnelt unsere neue, mit Intelligenz durchwirkte technologische Welt mehr und mehr »einem sehr komplexen Organismus, der seinen eigenen Trieben folgt«.[12] In diesem Fall gehören zu dem großen komplexen System nicht nur Internet und Computer, sondern auch wir Menschen.

Betrachten wir, wie sich das auf unsere Gesprächskultur auswirkt. Viele von uns greifen regelmäßig zum Smartphone und suchen mit den Fingerspitzen im Internet nach Antworten auf Fragen, die beim Abendbrot aufkommen. Manch einer verbringt so viel Zeit mit seinem Smartphone und anderen mobilen internetfähigen Geräten, dass die mündliche Unterhaltung völlig versiegt. Die angesehene Philosophin Sherry Turkle, die sich mit der Soziologie des Internets befasst, schrieb kürzlich, wir seien zunehmend »gemeinsam einsam«.[13]

Dass Onlinetechnologien uns dermaßen in Beschlag nehmen, zieht die häufig gestellte Frage nach sich, ob manche Nutzer süchtig danach werden. Das *Diagnostic and Statistical Manual of Mental Disorders* (DSM), ein Klassifikationssystem für psychische Störungen, führt in der aktualisierten Ausgabe vom Mai 2013 neuerdings als eine Kategorie, zu der weiter geforscht werden sollte, »Internet Use Disorder« auf, im Deutschen auch als Internet- oder Onlinesucht bezeichnet.[14] Weltweit spielen heutzutage schätzungsweise 500 Millionen Menschen mindestens eine Stunde am Tag Onlinespiele.[15] In den USA verbringt der Durchschnittsbürger unter 21 Jahren fast so viel Zeit mit dem Spielen wie von der sechsten bis zur zwölften Klasse im Unterricht.[16] Und es betrifft nicht nur junge Leute: Der Durchschnittsspieler von Social Network Games ist heute eine Frau Mitte vierzig.[17] Geschätzte 55 Prozent derer, die in den USA solche Spiele spielen – 60 Prozent in Großbritannien –, sind Frauen.[18] (Weltweit stellen Frauen auch 60 Prozent derer, die auf Facebook Kommentare posten, und 70 Prozent derer, die Bilder einstellen.)[19]

Von der Erinnerung, der Macht der »Zeichen« und dem Gutenberg-Effekt

DIESE VERHALTENSÄNDERUNGEN mögen trivial erscheinen, illustrieren jedoch einen größeren Trend. Experten, die das Verhältnis zwischen Mensch und Internet untersuchen, führen derzeit die interessante Debatte, inwieweit sich der Aufbau des Gehirns und damit auch die Beschaffenheit von Bewusstsein durch die lange Onlinezeit verändern.[20]

Das menschliche Gedächtnis wird seit jeher von Fortschritten in der Kommunikationstechnik beeinflusst. Wie psychologische Studien zeigen, können sich Menschen eine Liste von Fakten schlechter merken, wenn man ihnen vorab erklärt, sie seien später im Internet abrufbar, verglichen mit einer Kontrollgruppe, die diese Information nicht erhält.[21] Ähnliche Studien weisen nach, dass beim regelmäßigen Gebrauch von GPS-Geräten ein Teil des angeborenen Orientierungssinns nach und nach verloren geht.[22]

Viele von uns nutzen also das Internet und damit verbundene Geräte, Programme und Datenbanken als Erweiterung des Gehirns. Das ist keine Metapher, denn Studien belegen, dass es sich tatsächlich um eine Umverteilung geistiger Aktivität handelt.[23] Es ist ja auch sinnvoll, Gehirnkapazität zu sparen, indem wir nur die notwendigsten Daten speichern, mit deren Hilfe wir Fakten aus einem externen Speichermedium beziehen können. Das fand zumindest Albert Einstein: »Lernen Sie nie auswendig, was Sie in Büchern nachschlagen können.«[24]

Seit einem halben Jahrhundert wissen die Forscher, dass Nervenpfade wachsen und sich ausdehnen, wenn sie benutzt werden, während der Nichtgebrauch neuronaler »Bäume« dazu führt, dass sie schrumpfen und nach und nach ihre Leistungsfähigkeit einbüßen.[25] Schon vor dieser Entdeckung beschrieb McLuhan den Vorgang metaphorisch: Wenn wir ein neues Werkzeug mit einer Funktion ausstatten, die zuvor ausschließlich vom Gehirn geleistet wurde, so lässt dessen einstige Fähigkeit schrittweise nach, weil eine Art eingebauter Betäubungsmechanismus unbemerkt dafür sorgt, dass die mentale Prothese genutzt werden kann und das Gehirn nahtlos an die fortschrittliche Leistung des neuen Werkzeugs andockt.[26]

In Platons Dialogen erklärt der ägyptische Gott Theuth dem König Thamus, die neue Kommunikationstechnik des Zeitalters, die Schrift, werde es den Menschen ermöglichen, viel mehr in Erinnerung zu behalten als zuvor. Der König widerspricht: »Vergessenheit wird dieses in den Seelen derer, die es kennenlernen, herbeiführen durch Vernachlässigung des Erinnerns, sofern sie nun im Vertrauen auf die Schrift von außen vermittels fremder Zeichen, nicht von innen heraus sich selbst, das Erinnern schöpfen.«[27]*

Diese Dynamik ist demnach nicht gerade neu. Was die Kombination aus Internetzugang und mobilen persönlichen Rechnern so einzigartig macht, ist das sofortige Andocken des Gehirns eines Individuums an das digitale Universum. So wird es völlig normal, dass sich das Individuum auf das externe Gedächtnis (oder »Exogedächtnis«) stützt. Je verbreiteter dieses Verhalten ist, desto stärker verlässt man sich auf das Exogedächtnis und desto weniger stützt man sich auf Erinnerungen, die im eigenen Gehirn gespeichert sind.[28] Viel wichtiger werden stattdessen die »fremden Zeichen«, von denen Thamus vor 2400 Jahren sprach. Praktische Intelligenz bemisst sich dann im 21. Jahrhundert unter anderem danach, wie schnell jemand relevante Informationen im Internet findet.

Das menschliche Bewusstsein wurde immer von externen Schöpfungen geformt. Es ist ja gerade die Fähigkeit komplexen und abstrakten Denkens, die den Menschen unter allen Lebensformen auf Erden einzigartig und dominant macht.[29] Seit der Entstehung des Neocortex in seiner modernen Form vor ungefähr 200 000 Jahren bestimmte jedoch weniger die körperliche Evolution die Entwicklung der menschlichen Vorherrschaft über die Erde als vielmehr die Evolution seines Verhältnisses zu den Werkzeugen, mit deren Hilfe er seinen Einfluss auf die Realität geltend macht.[30]

Die Wissenschaftler sind sich uneins darüber, ob der Gebrauch komplexer Sprache beim Menschen mehr oder weniger abrupt durch eine genetische Mutation entstand oder ob er sich langsam entwickelte.[31] Doch egal, wie es geschah: Die komplexe Sprache erleichterte es dem Menschen, seine Lebensumstände mithilfe von Informationen stärker zu

---

* Auch das Gedächtnis des Internets ist zunehmend dem Verfall ausgesetzt. Vint Cerf, ein guter Freund, der häufig »Vater des Internets« genannt wird (gemeinsam mit Robert Kahn, mit dem er das TCP/IP-Protokoll für Internetverbindungen entwickelt hat), bezeichnet diesen Vorgang als »Bit-Verrottung«: Informationen verschwinden entweder, weil neuere Software ältere komplexe Dateiformate nicht mehr lesen kann, oder weil die URL, mit der die Informationen verlinkt sind, nicht aktualisiert wird. Cerf fordert ein »digitales Pergament«, ein verlässliches und nachhaltiges Medium, mit dem sich das Internetgedächtnis bewahren lässt.

beeinflussen, da nun vielschichtige Gedanken von einer Person zur anderen kommuniziert werden konnten.[32] Zudem ist die Sprache das wohl erste Beispiel für die Speicherung von Informationen außerhalb des menschlichen Gehirns. Im Verlauf der Menschheitsgeschichte war das gesprochene Wort lange Zeit die wichtigste »Informationstechnologie«, die in menschlichen Gesellschaften verwendet wurde.

Die lange Ära der Jäger und Sammler ist eng mit der mündlichen Kommunikation verbunden.[33] Die Entwicklung geschriebener Sprache dagegen fällt in die Frühphase der landwirtschaftlichen Revolution.[34] Die Weiterentwicklung und der Gebrauch fortschrittlicher Werkzeuge für die geschriebene Sprache – von Steintafeln über Papyrus und Pergament bis hin zu Papier, von Piktogrammen über Hieroglyphen bis hin zum phonetischen Alphabet – gehen mit der Entstehung komplexer Zivilisationen in Mesopotamien, Ägypten, China und Indien, rund ums Mittelmeer und in Mittelamerika einher.[35]

Die Perfektionierung des von den Phöniziern erdachten Alphabets durch die Griechen brachte ein neues Denken hervor, das im 4. und 5. Jahrhundert vor unserer Zeit die Blütezeit von Philosophie, Theater und fortschrittlichen Demokratiekonzepten in Athen nach sich zog.[36]

Verglichen mit den Hieroglyphen, den Piktogrammen und der Keilschrift verbirgt sich in den abstrakten Formen des griechischen Alphabets (wie denen aller modernen westlichen Alphabete) nicht mehr inhärente Bedeutung als in den Einsen und Nullen des Dualsystems. Doch in immer neuen Kombinationen angeordnet, lässt sich ihnen Gestaltsinn zuweisen. Der Aufbau des Gehirns, der für dieses neue Kommunikationswerkzeug notwendig war, lässt sich mit der Zivilisation im alten Griechenland in Verbindung bringen, die sich Historikern zufolge von sämtlichen Vorläufern unterscheidet.

Dank dieser neuen Art der schriftlichen Kommunikation konnte kollektives Wissen vorangegangener Generationen fortan auf eine Weise bewahrt werden, die außerhalb des Gehirns liegt und dennoch leicht zugänglich ist. Spätere Errungenschaften, insbesondere die Einführung der Druckerpresse im 14. Jahrhundert (in Asien) und im 15. Jahrhundert (in Europa), machten es möglich, dass sich das extern gespeicherte Wissen weiterverbreitete und von einem größeren Anteil der Bevölkerung genutzt werden konnte. Mit der Einführung des Buchdrucks nimmt die exponentielle Kurve für die Komplexität der menschlichen Zivilisation plötzlich einen steilen Anstieg. Die Gesellschaften veränderten sich, ebenso die Kultur, der Handel und die Politik.

Vor der Entstehung der »Gutenberg-Galaxis«, wie McLuhan es nannte, waren die meisten Europäer Analphabeten, deren relative Machtlosigkeit aus ihrem Unwissen erwuchs.[37] Die meisten Bibliotheken bestanden aus ein paar Dutzend handkopierten Büchern, die oft an den Tisch gekettet und meist in einer Sprache verfasst waren, die nur die Mönche verstanden.[38] Das Wissen, das diese Bibliotheken hüteten, war im Grunde den herrschenden Eliten des Feudalsystems vorbehalten, die ihre Macht im Verbund mit der mittelalterlichen Kirche und oft mit Waffengewalt ausübten. Die Möglichkeit, mit der Druckerpresse das gesammelte Wissen der vorangegangenen Zeitalter zu bewahren, massenhaft zu vervielfältigen und zu verbreiten, stieß die Fülle von Fortschritten in der Wissensverbreitung an, die den Weg in die moderne Welt ebneten.

Weniger als zwei Generationen nach Gutenbergs Druckerpresse fanden die ersten Entdeckerreisen statt. Als Kolumbus von den Bahamas zurückkehrte, verzückten elf Druckausgaben des Berichts von seiner Reise die Europäer.[39] Innerhalb eines Vierteljahrhunderts hatten Segelschiffe den Globus umrundet und Kunstgegenstände und neues Wissen aus Nord-, Süd- und Mittelamerika, Asien und bis dahin unbekannten Teilen Afrikas mitgebracht.[40]

In eben diesem Vierteljahrhundert führte die massenhafte Verteilung der christlichen Bibel auf Deutsch und anschließend in anderen Volkssprachen in die protestantische Reformation. (Befeuert wurde die Reformation auch von Martin Luthers moralischer Entrüstung über die Ablassmarktblase, die sich mit immer neuen aufregenden Derivaten aufblähte, unter anderem dem Ablass für Sünden, die noch gar nicht begangen waren.)[41] Luthers 95 Thesen, die er 1517 an die Tür der Kirche zu Wittenberg nagelte, waren zwar noch lateinisch, doch an die Bevölkerung wurden Tausende deutscher Exemplare verteilt.[42] Innerhalb eines Jahrzehnts wurden mehr als sechs Millionen Exemplare diverser Reformationspamphlete gedruckt, mehr als ein Viertel davon von Luther selbst verfasst.[43] Texte in Sprachen zu verbreiten, die von den einfachen Leuten gesprochen wurden, brachte eine umfassende Anpassung an den neuen Informationsfluss in Form einer Alphabetisierungswelle in Gang, die in Nordeuropa begann und sich nach Süden fortsetzte.[44] Als die Welle in Frankreich ihren höchsten Punkt erreichte, verunglimpfte man die Druckerpresse als »Werk des

Teufels«.[45] Doch mit dem wachsenden Appetit der Bevölkerung auf das scheinbar grenzenlose Wissen, das mit dem gedruckten Wort verbreitet werden konnte, wurden auch die Schriften der Griechen und Römer zugänglich. Denken und Kommunikation erreichten so neue Höhen, und es eröffnete sich eine völlig neue Sicht vom Erbe der Vergangenheit und den Möglichkeiten der Zukunft. Die massenhafte Verbreitung von Informationen über die Welt erschütterte die Grundlagen der Feudalordnung. Die moderne Welt, die heute eher qualitative als quantitative Veränderungen durchläuft, erstand aus den Ruinen einer Zivilisation, die, so könnte man sagen, auf kreative Weise von der Druckerpresse zerstört worden war. Die wissenschaftliche Revolution begann weniger als hundert Jahre nach Gutenbergs Bibel mit der Veröffentlichung von Nikolaus Kopernikus' *Über die Umschwünge der himmlischen Kreise* (ein Exemplar frisch von der Druckerpresse erhielt Kopernikus auf dem Sterbebett).[46] Weniger als ein Jahrhundert später bestätigte Galilei das heliozentrische Weltbild. Ein paar Jahre danach folgte Descartes, der das Universum als eine Art Uhrwerk betrachtete. Das Rennen war in vollem Gange.

Nach der mittelalterlichen Kirche und den Feudalherren kam die absolutistische Monarchie unter Beschuss. Händler und Bauern fragten auf der Grundlage des Wissens, das ihnen nun zur Verfügung stand, warum ihnen jede Selbstbestimmung vorenthalten wurde. Ein virtueller »Marktplatz« entstand, auf dem Ideen Einzelner ausgetauscht wurden. Waren die Agora im alten Athen und das Forum in der Römischen Republik noch physische Orte, an denen ein Austausch von Ideen stattfand, so ahmte das größere virtuelle Forum, das durch die Druckerpresse entstand, dennoch zentrale Merkmale seiner antiken Vorgänger nach.

Dank der Verbesserungen im Buchdruck sanken die Kosten und stieg die Zahl der Drucker, die nach Texten für die Veröffentlichung suchten. Wer an die gedruckten Worte anderer kommen oder seine eigenen Gedanken beisteuern wollte, hatte kaum noch Hürden zu überwinden. Im Zuge der großen Nachfrage nach Wissen aller Art entstanden moderne Werke von Cervantes und Shakespeare über Journale bis hin zu Zeitungen. Ideen, die bei einer größeren Zahl von Menschen Anklang fanden, erreichten so ein noch größeres Publikum – etwa wie bei einer Google-Suche heutzutage.

Im darauffolgenden Zeitalter der Aufklärung wurden Wissen und Vernunft zu einer Quelle politischer Macht, die mit Reichtum und Waffengewalt konkurrierte. Die Selbstverwaltung im Rahmen einer repräsentativen Demokratie war ebenfalls eine Folge dieses neuen öffentlichen Marktplatzes, der im Informations-Ökosystem der Druckerpresse entstanden war. Individuen, die frei lesen und mit anderen kommunizieren konnten, waren in der Lage, gemeinsam Entscheidungen zu treffen und ihr Schicksal selbst zu gestalten.

Anfang Januar 1776 veröffentlichte Thomas Paine, der ohne Geld, ohne familiäre Bindungen und – abgesehen von seiner Fähigkeit, sich über das gedruckte Wort auszudrücken – ohne Einfluss von England nach Philadelphia ausgewandert war, *Common Sense* (dt. *Gesunder Menschenverstand*),[47] das Pamphlet, das in jenem Juli den Unabhängigkeitskrieg mitentfachte.[48] Die Theorie vom modernen Kapitalismus des freien Marktes, die Adam Smith im selben Jahr veröffentlichte, gehorchte denselben Prinzipien.[49] Der Einzelne verfüge über alle Marktinformationen und könne frei entscheiden, ob er kaufen oder verkaufen wolle; die Gesamtheit aller Entscheidungen schaffe eine »unsichtbare Hand«, die Ressourcen zuteile, Angebot und Nachfrage ausgleiche, die Preise optimal festsetze und die wirtschaftliche Effizienz maximiere. Es passt durchaus dazu, dass der erste Band von Edward Gibbons *Verfall und Untergang des römischen Imperiums* ebenfalls in diesem Jahr erschien.[50] Seine enorme Popularität setzte einen Kontrapunkt zur herrschenden Zukunftsbegeisterung.[51] Die alte Ordnung war endgültig passé und die neue Generation damit beschäftigt, die Welt neu zu erschaffen, mit einem neuen Denken und neuen Institutionen, die von der Druckrevolution geprägt waren.

Es sollte uns daher nicht überraschen, dass mit der digitalen Revolution, die viel schneller und kraftvoller durch die Welt fegt als seinerzeit die Druckrevolution, wieder eine Welle innovativer gesellschaftlicher, kultureller, politischer und kommerzieller Strukturen entsteht. So dramatisch die Umwälzungen infolge der Buchdruck-Revolution auch waren (oder auch die Neuerungen, die mit der Einführung der komplexen Sprache, der Schrift und der phonetischen Alphabete einhergingen), lassen sie sich nicht auch nur annähernd mit dem vergleichen, was wir heute durch Computer und Internet erleben. Die Rechenleistung von Computern (pro ausgegebenem Dollar) hat sich im letzten halben Jahrhundert alle 18 bis 24 Monate verdoppelt. Diese erstaunliche Regelmäßigkeit – die dem Mooreschen Gesetz folgt – hat sich stets fortgesetzt, trotz der immer wiederkehrenden Prognosen, dass es damit bald ein Ende haben werde.

Während einigen Experten zufolge das Mooresche Gesetz im nächsten Jahrzehnt endgültig hinfällig sein wird, sind andere der Überzeugung, dass neue Fortschritte etwa bei den Quantencomputern weiter rasante Steigerungen der Rechenleistung mit sich bringen werden.[52]

Gesellschaften, Kultur, Politik, Handel, Bildungssysteme, die Beziehungen der Menschen untereinander und nicht zuletzt ihre Denkweise werden mit der Entstehung des Weltgehirns und dem exponentiellen Wachstum digitaler Informationen gründlich auf den Kopf gestellt. Die jährlich durch Unternehmen und Einzelpersonen produzierten und gespeicherten digitalen Daten sind 60 000-mal so umfangreich wie sämtliche in der Library of Congress enthaltenen Informationen.[53] Im Jahr 2011 waren die geschaffenen und reproduzierten Daten neunmal so umfangreich wie fünf Jahre zuvor.[54] (Die digitale Speicherkapazität überholte die analoge erst 2002, doch innerhalb von nur fünf Jahren wuchs der Prozentsatz digital gespeicherter Informationen auf 94 Prozent.) Zwei Jahre zuvor hatte das Volumen der von mobilen Geräten übermittelten Daten bereits das Gesamtvolumen aller Stimmnachrichten überholt. Es ist kein Zufall, dass von 2003 bis 2010 Telefongespräche durchschnittlich etwa um die Hälfte kürzer wurden, von 3 Minuten auf 1 Minute und 47 Sekunden.[55]

Die Zahl der Internetnutzer weltweit verdoppelte sich zwischen 2005 und 2010[56] und stieg im Jahr 2012 auf 2,4 Milliarden.[57] Im Jahr 2015 wird es so viele mobile Geräte geben wie Menschen auf der Erde.[58] Die Zahl derer, die ausschließlich mobil ins Internet gehen, soll sich in den nächsten fünf Jahren um den Faktor 56 erhöhen,[59] der Datenfluss über Smartphones um den Faktor 47.[60] Smartphones haben in den USA und vielen anderen Industrieländern bereits mehr als die Hälfte des Mobiltelefonmarktes erobert.[61]

Doch dieses Phänomen ist nicht auf die reichen Länder beschränkt. Zwar sind Computer und Tablets in den Industrieländern noch in einer größeren Konzentration vertreten, doch dank der im Verhältnis zur Rechenleistung sinkenden Kosten und der Verbreitung kleinerer, mobiler Computer wird es in der ganzen Welt immer leichter, das Weltgehirn anzuzapfen. Mehr als fünf Milliarden der sieben Milliarden Menschen auf der Erde haben mittlerweile ein Handy.[62] Im Jahr 2012 gab es 1,1 Milliarden aktive Smartphone-Nutzer weltweit, das ist immer noch weniger als ein Fünftel des globalen Marktes.[63] Zwar sind internetfähige Smartphones für die Mehrheit der Menschen in den Entwicklungsländern noch uner-

schwinglich, doch die unweigerliche Kostensenkung, die das digitale Zeitalter seit Anbeginn prägt, führt zu preisgünstigen Smartphones mit mobilen Funktionen und einer Internetanbindung, sodass sie bald überall zu
finden sein werden.[64]

Da eine Internetanbindung viele Vorteile mit sich bringt, wurde diese
in einem Bericht der Vereinten Nationen schon als »Menschenrecht« bezeichnet.[65] Nicholas Negroponte führt eine von zwei konkurrierenden Initiativen, die jedes Kind auf der Welt, das noch keinen hat, mit einem billigen Computer oder einem Tablet (für 100 bis 140 Dollar) versorgen
will.[66] Diese Bemühung, die »Informationskluft« zu überwinden, passt in
ein Schema, das in den reichen Ländern seinen Anfang nahm. So reagierten die USA in den 1990er-Jahren auf die Schere, die sich zwischen denen
auftat, die Informationen hatten, und denen, die sie nicht hatten, mit einem neuen Gesetz, das jeder Schule und Bücherei für das Verlegen eines
Internetzugangs Fördergelder zugestand.[67]

Die Verhaltensänderungen, welche die digitale Revolution in den
Industrieländern mit sich gebracht hat, erlauben zumindest in einem gewissen Rahmen Voraussagen darüber, was auch im Rest der Welt noch zu
erwarten ist. Nach einer Umfrage der Firma Ericsson gehen 40 Prozent der
Smartphone-Besitzer gleich nach dem Aufwachen und noch vor dem Aufstehen ins Internet.[68] Und dieses Verhalten setzt sich am Tage fort, so auf
der morgendlichen Fahrt zur Arbeit, wenn Menschen die öffentliche Gesundheit und Sicherheit gefährden, weil sie am Steuer ihres Autos mit ihrem mobilen Kommunikationsgerät E-Mails verfassen, Textnachrichten
schreiben, spielen oder telefonieren.[69]

Ein Extrembeispiel für dieses Phänomen war ein Linienflugzeug, das
90 Minuten über das festgelegte Ziel hinausflog, weil Pilot und Kopilot im
Cockpit in ihren jeweiligen Laptop vertieft waren und nicht merkten, dass
zwölf Fluglotsen in drei verschiedenen Städten versuchten, mit ihnen in
Kontakt zu treten. Die Strategic Air Command machte bereits Kampfjets
startbereit, um das Flugzeug abzufangen, als sich die abgelenkten Piloten
endlich von ihren Computern lösten.[70]

Die Beliebtheit des iPhones und die Kommunikation über die Video-
konferenz-Software FaceTime hat schon so manchen dazu veranlasst, sein
Aussehen zu verändern, um sich an die neue Technik anzupassen. Der
Schönheitschirurg Robert K. Sigal berichtete, dass »Patienten mit ihrem
iPhone kommen und mir zeigen, wie sie auf FaceTime aussehen. Der

Winkel, in dem das Handy gehalten wird und in dem der Anrufer in die Kamera hinabblickt, offenbart gnadenlos, wo Gesicht und Hals zu dick, zu voll oder zu faltig sind. ›Ich wusste ja gar nicht, dass ich so aussehe!‹, sagen die Leute. ›Ich muss etwas unternehmen!‹ Ich nenne es mittlerweile den ›FaceTime-Facelifting-Effekt‹. Wir haben ein Verfahren entwickelt, mit dem wir das gezielt angehen.«[71]

Der Aufstieg von »Big Data«

NACHDEM WIR DAS MENSCHLICHE BEWUSSTSEIN in das Weltgehirn ausgedehnt haben, sind wir nun dabei, auch das *periphere* Nervensystem in das Internet der Dinge zu erweitern, das fast ausschließlich unterhalb der Bewusstseinsebene abläuft und Funktionen regelt, die für die Effizienz der Welt AG zuständig sind. Dieser Teil des globalen Internets breitet sich am schnellsten aus, generiert erheblich mehr Daten, als es Menschen tun, und entwickelt sich zu einem, wie es bisweilen genannt wird, *Internet of Everything*.[72]

Das aufstrebende Gebiet der »Big Data«, einer der aufregendsten neuen Grenzbereiche der Informatik, beruht auf der Entwicklung neuer Algorithmen für Supercomputer, mit denen sich umfangreiche Datenmengen durchforsten lassen, die zuvor nicht zu bewältigen waren.[73] Mehr als 90 Prozent der Informationen, die von den Landsat-Satelliten gesammelt werden, wandern direkt in die elektronische Speicherung, ohne dass auch nur ein einziges Neuron eines menschlichen Gehirns sich damit befassen oder ein Computer sie nach Regelmäßigkeiten oder einer Bedeutung durchsuchen würde.[74] Diese und andere Schätze bislang ungenutzter Daten könnten nun endlich gehoben werden.

Auch Daten, die beim Betrieb industrieller Abläufe von eingebetteten Systemen, Sensoren und winzigen Geräten wie Aktoren gesammelt werden, wurden bislang schon bald darauf vernichtet.[75] Mit sinkenden Kosten für die Datenspeicherung und einer verbesserten Nutzung der Big Data können einige dieser Informationen nun behalten und analysiert werden; schon jetzt bringt das eine Flut neuer Erkenntnisse mit sich, mit denen sich die Effizienz von Industrie und Wirtschaft optimieren lässt.[76] Um ein anderes Beispiel zu nennen: Einige Nutzfahrzeuge haben eine kleine Videokamera an der Windschutzscheibe, die kontinuierlich Daten sammelt, jedoch immer nur 20 Sekunden lang behält.[77] Bei einem Unfall wird die Information, die in den Sekunden vor und während des Unfalls gesammelt wurde, gespeichert und später analysiert. Dasselbe gilt für die Blackbox eines Flugzeugs und die meisten Sicherheitskameras in Gebäuden.[78] Die gesammelten Daten werden kontinuierlich gelöscht, um Raum für neue Informationen zu schaffen. Bald schon wird man die meisten dieser Daten dauerhaft speichern und mittels Big-Data-Algorithmen nach nützlichen Erkenntnissen durchforsten können. In aller Welt arbeitet man derzeit daran, schon bald noch größere Datenmengen sammeln und analysieren zu können. IBM und das Netherlands Institute for Radio Astronomy entwickeln eine neue Generation von Computertechnik, um schon bald vom Square Kilometre Array übermittelte Daten speichern und verarbeiten zu können; dieses neue Radioteleskop sammelt täglich zweimal so viele Informationen, wie derzeit im gesamten World Wide Web anfallen.[79]

Die Big-Data-Techniken werden sich schon bald grundlegend auf praktisch alle menschlichen Tätigkeiten auswirken, bei denen regelmäßig große Datenmengen entstehen. Ähnlich wie Psychologen und Philosophen, die im menschlichen Unterbewusstsein nach tieferen Bedeutungen forschen, suchen hochmoderne Supercomputer in den riesigen Datenmengen kontinuierlich nach aussagekräftigen Mustern – nicht nur im Internet der Dinge, sondern auch in der Flut von Informationen, die Menschen austauschen, darunter die Milliarden von Nachrichten, die Tag für Tag in sozialen Netzwerken wie Twitter und Facebook gepostet werden.[80]

Der Geological Survey in den USA hat einen Twitter-Erdbeben-Detektor eingerichtet, mit dem schneller Informationen über Ort und Stärke eines Erdstoßes gesammelt werden sollen, insbesondere in dicht besiedelten Gebieten, in denen nur wenige seismische Instrumente zur Verfügung stehen.[81] Im Jahr 2009 brachte UN-Generalsekretär Ban Ki-moon Global Pulse auf den Weg: Dieses Programm soll digitale Signale analysieren und dadurch wirtschaftliche wie auch soziale Erschütterungen aufspüren und begreifen.[82] Das Muster, nach dem Menschen Geld auf ihren Handy-Account überweisen, kann als frühes Warnsignal für Arbeitsplatzverluste dienen. Ebenso können online die Lebensmittelpreise überwacht werden, um Preisspitzen oder Ernährungsengpässe frühzeitig zu erkennen. Wenn im Internet oft nach Begriffen wie »Grippe« und »Cholera« gesucht wird, kann das auf den Ausbruch dieser Krankheiten hinweisen. Sicherheitsdienste suchen mit den Big-Data-Analysetechniken nach großen Kommunikationsströmen, mit denen sich soziale Unruhen in für sie besonders interessanten Ländern und Regionen vorhersagen lassen.[83] Einige neue Unternehmen durchforsten mittlerweile mit ähnlichen Techniken Millionen von Nachrichten oder Tweets, um den Erfolg eines Hollywood- oder Bollywood-Films an der Kinokasse zu prognostizieren.[84]

Demokratie im Gleichgewicht

WIE IMMER PASSEN SICH DIE BEREICHE Handel und nationale Sicherheit am schnellsten an neu aufgekommene Techniken an. Aber wie sieht es in diesem neuen Zeitalter mit der Demokratie aus? Der rasante und unaufhaltsame Aufstieg der Onlinekommunikation ist gewiss ein hoffnungsvolles Zeichen für ein Erstarken der Selbstverwaltung, vor allem weil die Strukturmerkmale des Internets der Welt der Druckerpresse so ähnlich sind: Weil für Individuen die Zugangsschranken extrem niedrig sind, wird die Teilhabe immer leichter. Wie im Zeitalter des Buchdrucks können Menschen über das Internet die Qualität von Ideen, die ihnen zusagen, zumindest teilweise beurteilen. Und je mehr Menschen eine bestimmte Meinungsäußerung positiv aufnehmen, desto mehr Menschen werden darauf aufmerksam.

Da das Internet auf Inhalte angewiesen ist, wird auch erheblich mehr gelesen – ein schwaches Echo des »Big Bang« der Alphabetisierung, die mit der Entstehung der Gutenberg-Galaxis einherging. Nachdem das Lesen zunächst durch die Einführung des Fernsehens ins Hintertreffen geraten war, hat sich die Lesefähigkeit in den letzten drei Jahrzehnten aufgrund der überwältigenden Übermacht der Worte im Internet wieder verdreifacht.[85]

Heute, da in vielen Ländern Kapital und Wirtschaftsmacht über dem öffentlichen Interesse stehen – in anderen herrscht gar die unbeugsame Macht autoritärer Diktaturen –, setzen Verfechter der demokratischen Selbstverwaltung ihre Hoffnung auf die Wiederbelebung eines stabilen demokratischen Diskurses durch das Internet.

Revolutionäre politische Bewegungen, von den Demonstrationen auf dem Tahrir-Platz in Kairo über die der Los Indignados in Spanien bis hin zur Occupy-Wall-Street-Bewegung und den überraschend großen Protesten gegen die Wahlen in Moskau, werden heutzutage überwiegend im Internet organisiert.[86] Facebook und Twitter spielen in mehreren dieser Bewegungen eine besonders wichtige Rolle, dazu kommen E-Mail, SMS und Instant Messaging. Mithilfe von Google Earth wird auf Exzesse der Eliten aufmerksam gemacht, so geschehen in Bahrain,[87] und in der libyschen Revolution nutzten die Rebellen in Misrata es sogar für die Ausrichtung ihrer Mörser.[88] (Google Earth löste übrigens auch einen kleinen Grenzkonflikt und eine kurze bewaffnete Konfrontation zwischen Nicaragua und Costa Rica aus, als es versehentlich ein winziges Gebiet von Costa Rica dem nicaraguanischen Staatsgebiet zuschlug.)

Bislang jedoch folgen Reform- und Revolutionsbewegungen, die im Internet ihren Anfang nehmen, meist demselben Schema: Dem Gefühl der Schwäche und dem Aufstand folgen Enttäuschung und Stillstand. Es bleibt abzuwarten, ob die im Internet angeschobenen Reformbewegungen noch einmal neuen Schwung bekommen und nach einer Zeit der Stagnation wiedererstarken und schließlich ihre Ziele erreichen.

Eine der ersten revolutionären Bewegungen, für deren Aufkeimen das Internet eine Schlüsselrolle spielte, war 2007 die Safran-Revolution in Myanmar. Aktivisten nahmen für die Verbreitung ihrer Botschaften und die Propagierung demokratischer Reformen extreme persönliche Risiken auf sich, wenn sie unter falschem Namen im Internetcafé online gingen oder Speichersticks für Kollaborateure in der thailändischen Diaspora über die Grenze schmuggelten.[89] Leider konnte die autoritäre Regierung in Myanmar die Safran-Revolution ersticken, musste dafür allerdings das Internet innerhalb des Staatsgebietes vollständig abschalten.[90]

Die revolutionären Brände, die sich in Myanmar vor der Sperrung der Internetzugänge entzündet hatten, schwelten jedoch weiter und gerieten in anderen Teilen der Welt, wo das kollektive Gewissen die Übergriffe und Ungerechtigkeiten der Diktatur in Myanmar wahrnahm, erneut lichterloh in Brand. (Die Diaspora, insbesondere in westlichen Ländern, wo sie oft über Bildung und Wohlstand verfügt, hat durch das Internet ein neues Instrument an der Hand, mit dem sie Reformbewegungen in den Ursprungsländern fördern und stützen kann.) Ein paar Jahre später wurde die Regierung in Myanmar gezwungen, die Knebelung des politischen Dialogs zu lockern und den langjährigen Hausarrest für die Anführerin der Reformbewegung Aung San Suu Kyi aufzuheben.[91] Im März

2012 wurde die Oppositionelle triumphal ins Parlament gewählt – eines von vielen Zeichen dafür, dass die Volksbewegung, die im Internet ihren Anfang nahm, den Wandel weiter vorantreiben und die Kontrolle über das Land erlangen wird.[92]

In vielen anderen autoritären Ländern gewann der erbitterte Widerstand gegen Reformen die Oberhand und erstickte Oppositionsbewegungen, die sich über das Internet organisiert hatten. Im Jahr 2009 begann im Iran die Grüne Revolution als Volksprotest gegen den Betrug bei der Präsidentschaftswahl.[93] Zwar hatten Sympathisanten im Westen den Eindruck, dass die Proteste in erster Linie über Twitter entfacht und aufrechterhalten wurden, doch in Wahrheit waren die sozialen Netzwerke im Iran wirkungsloser als außerhalb des Landes, weil die Regierung die Internetnutzung der Demonstranten erfolgreich kontrollierte.[94] Zwar dokumentierten Videos auf YouTube Übergriffe durch die Regierung (besondere Berühmtheit erlangte der tragische Tod der Neda Agha-Soltan),[95] doch leistungsfähige soziale Medien, die es den Abweichlern erlaubt hätten, eine größere Protestbewegung aufzubauen, wurden fast vollständig ausgeschaltet.[96] Als im Wahlkampf der wichtigste Oppositionskandidat Mir Hossein Mussawi seine Kampagne auch über Facebook betrieb, wurde die Website von der Regierung einfach gesperrt.[97]

Schlimmer noch: Die iranischen Sicherheitskräfte demonstrierten der Welt, wie ein bösartiges autoritäres System seinen Bürgern schaden kann, indem es über Internetverbindungen und Spuren in sozialen Netzwerken Abweichler aufspürt, ihre private Kommunikation durchforstet und so jeden Widerstand gegen die Autorität der Diktatur wirkungsvoll erstickt.[98] Dieser Vorgang war eine erschreckende Warnung, dass der Mangel an Datenschutz im Internet potenziell eher der Macht der Regierenden über die Regierten nützt als der Reform und der Revolution.

China hat technisch besonders ausgereifte Maßnahmen ergriffen, Inhalte zu zensieren und damit ihr Potenzial als Nährboden für Reform- und Revolutionseifer einzudämmen. Die »Chinesische Firewall« ist die umfangreichste Internetkontrolle, die es heute auf der Welt gibt.[99] (Der Iran und die rückwärtsgerichtete stalinistische Diktatur Weißrusslands unternehmen ähnliche Anstrengungen.)[100] In China besitzen staatliche Betreiber das Monopol über sämtliche Verbindungen ins globale Netz und befolgen genauestens ein Regelsystem, das das Internet innerhalb Chinas wirksam in ein nationales Intranet verwandelt. Im Jahr 2010 wurde sogar ein Interview mit dem damaligen Premierminister Wen Jiabao, in dem er sich für Reformen aussprach, zensiert und dem chinesischen Volk vorenthalten.[101]

Im Jahr 2006 kollidierte die chinesische Bestrebung, sämtliche Internetinhalte zu kontrollieren, mit der Offenheit, die von der weltweit größten Suchmaschine Google angestrebt wird.[102] Ich war damals an den Überlegungen der Firma beteiligt und erlebte, wie wenige Möglichkeiten sie hatte. Google zog sich aus China zurück, nachdem man sich lange vergeblich bemüht hatte, das eigene Engagement für eine vollständige Informationsfreiheit mit den entschlossenen Bemühungen Chinas unter einen Hut zu bringen, sämtliche als unzulässig empfundenen Inhalte zu blockieren. Stattdessen ließ man die Website über Hongkong laufen, das, trotz Beschränkungen aus Beijing, ein größeres Maß an Freiheit zugesteht. Facebook wurde übrigens in China nie zugelassen. Der Google-Mitbegründer Sergey Brin erklärte 2012, China sei bei der Kontrolle des Internets erfolgreicher gewesen, als er es erwartet hätte. »Ich dachte, der Geist ließe sich auf keinen Fall wieder in die Flasche stopfen«, sagte Brin. »Aber heute sieht es danach aus, als sei das tatsächlich gelungen.«[103]

Der weltweit geachtete chinesische Künstler Ai Weiwei äußerte eine andere Ansicht: »[China] kann mit den Folgen nicht leben. […] Es ist ein hoffnungsloses Unterfangen, das Internet kontrollieren zu wollen.«[104] China hat heute von allen Ländern der Welt die meisten Internetnutzer – mehr als 500 Millionen Menschen, 40 Prozent der Gesamtbevölkerung.[105] Deshalb gehen viele Beobachter davon aus, dass es nur eine Frage der Zeit ist, bis offenere Debatten – auch zu Themen, die der Kommunistischen Partei nicht gefallen – in China nicht mehr zu verhindern sind. Mehrere chinesische Spitzenpolitiker sind bereits im Internet vertreten, um auf öffentliche Kontroversen reagieren zu können.[106] Im benachbarten Russland gab der ehemalige Präsident Dmitri Medwedew ebenfalls dem Druck nach und engagierte sich persönlich im Internet.[107]

Da das Internet und die dazugehörigen Geräte eine immer wichtigere und umfassendere Rolle spielen, bereitet es autoritären Staaten zunehmend Mühe, das nötige Maß an Kontrolle aufrechtzuerhalten. Der Arabische Frühling in Tunesien lässt sich zum Teil darauf zurückführen, dass vier von zehn Tunesiern einen Internetzugang hatten; fast 20 Prozent von ihnen waren auf Facebook (80 Prozent der Facebook-Nutzer waren unter dreißig).[108]

Obwohl Tunesien nach Aussage der Organisation Reporter ohne Grenzen die politische Opposition im Internet zensierte,[109] gewann die überwiegend gewaltlose Revolution überraschend schnell an Fahrt, und da das Internet so umfänglich genutzt wurde, tat sich die Regierung schwer, die digitale Mobilisierung des öffentlichen Widerstands in den Griff zu bekommen. Mohamed Bouazizi war nicht der Erste, der sich aus Protest anzündete, doch er war der Erste, der dabei gefilmt wurde. Der Video-Download brachte den Arabischen Frühling erst ins Rollen.[110]

In Saudi-Arabien wurde durch Twitter die öffentliche Kritik an der Regierung und sogar an der königlichen Familie deutlich erleichtert. Nachdem im Jahr 2012 die Zahl der Tweets dort schneller als in jedem anderen Land angewachsen war, sagte der 31 Jahre alte Anwalt Faisal Abdullah gegenüber der *New York Times*: »Twitter ist für uns wie ein Parlament, allerdings nicht so, wie es in dieser Region üblich ist. Es ist ein richtiges Parlament, in dem Menschen aller politischen Richtungen sich treffen und frei miteinander reden.«[111]

Doch Experten in der Region empfehlen, das Wechselspiel zwischen dem Internet und anderen wichtigen Faktoren des Arabischen Frühlings genau zu untersuchen: Manch anderer Umstand sei für die sozialpolitische Explosion mindestens so ausschlaggebend wie das Internet. Das Bevölkerungswachstum, der wachsende Anteil junger Menschen, wirtschaftliche Stagnation und steigende Lebensmittelpreise hätten die Voraussetzungen für die Unruhen geschaffen. Als die Regierungen in der Region zunächst wirtschaftliche und politische Reformen versprachen, dann aber einen Rückzieher machten, erreichte die Unzufriedenheit den Siedepunkt.

Nach Ansicht vieler Beobachter legte besonders die Gründung des angriffslustigen und relativ unabhängigen Satellitensenders Al Jazeera im Jahr 1996 den Samen für den Arabischen Frühling.[112] Al Jazeera folgten etwa 700 weitere Satellitenkanäle, die mit kleinen, günstigen Satellitenschüsseln leicht empfangen werden konnten, auch in Ländern, in denen sie theoretisch verboten waren.[113] Mehrere Regierungen versuchten die Ausbreitung der kleinen Schüsseln zu verhindern, was jedoch unendliche politische Diskussionen auslöste, auch zu Themen, die bis dahin nicht offen angesprochen worden waren. Als der Arabische Frühling auf dem Tahrir-Platz in Kairo seinen Anfang nahm, hatten sich in Ägypten und der gesamten Region das Satellitenfernsehen und das Internet bereits ausgebreitet.[114] Soziologen und Politologen können nur schwer abschätzen, inwieweit die neuen elektronischen Medien den Arabischen Frühling relativ betrachtet angeschoben und den Protesten Vorschub geleistet haben, doch die meisten halten Al Jazeera und seine vielen Ableger für den wichtigsten Faktor.[115] Im Jahr 2004, als der ägyptische Präsident Hosni Mubarak dem Hauptsitz von Al Jazeera in Katar einen Besuch abstattete, fragte er:»Der ganze Ärger aus dieser kleinen Streichholzschachtel?«[116] Vielleicht waren beide Medien notwendig, doch keins für sich allein ausreichend.

Wie Tunesien gelang es auch Ägypten nicht, den Zugang zum Internet zu blockieren, wie Myanmar und der Iran es getan hatten.[117] Im Jahr 2011 hatte sich die Internetnutzung bereits so stark ausgebreitet, dass die Öffentlichkeit, als die Regierung die Zugangspunkte des Landes sperrte, erbost reagierte und die Revolte intensivierte.[118] Die Entschlossenheit der Demonstranten zwang Mubarak schließlich zum Rücktritt. Im sich anschließenden politischen Machtkampf löste sich der Zusammenhalt allerdings auf.

Malcolm Gladwell und andere Fachleute argumentieren, dass online gepflegte Beziehungen von Natur aus schwach und oft kurzlebig sind, anders als in Massenbewegungen, bei denen sich die Menschen tatsächlich begegnen.[119] In Ägypten beispielsweise repräsentierte die Menge auf dem Tahrir-Platz in Wahrheit nur einen winzigen Anteil der riesigen ägyptischen Bevölkerung.[120] Als die Zeit kam, einen neuen politischen Konsens über die Nachfolge Mubaraks zu finden,[121] verließ der Rest des Landes, der mit den Protesten gegen Mubarak sympathisiert hatte, die Linie der Demonstranten. Das ägyptische Militär übernahm die Kontrolle über das Land, und in den nachfolgenden Wahlen gelang es islamistischen Kräften, ein neues Regime zu etablieren, dessen Prinzipien von denen der meisten vom Internet beflügelten Reformer auf dem Tahrir-Platz weit entfernt waren.[122]

Dieses Phänomen lässt sich nicht nur in Ägypten beobachten, sondern auch in Libyen, Syrien, Bahrain, im Jemen und anderswo, einschließlich des Irans: Eine aufkommende Reformbewegung, die aus einem neuen kollektiven politischen Bewusstsein im Internet entsteht und von diesem getragen wird, führt einen Wandel herbei, kann aber ihren Sieg nicht konsolidieren. Konterrevolutionäre Kräfte ziehen die Kontrolle über die Medien an sich und gewinnen wieder die Oberhand.

Die einzigartige Geschichte der Kommunikationstechnik im Nahen Osten und in Nordafrika liefert einen der Gründe für das Versagen der

Reformer, ihren jeweiligen Sieg zu festigen. Das aufkommende politische Bewusstsein, das mit der Buchdruck-Revolution in Europa und später in Nordamerika einherging, erreichte den Nahen Osten und Nordafrika nicht, weil das Osmanische Reich die Druckerpressen für die Arabisch sprechenden Völker verbot.[123] Die von den Osmanen beherrschten Gebiete waren daher von den raschen Fortschritten abgeschnitten, die sich in Europa im Gefolge des Buchdrucks einstellten (etwa der naturwissenschaftlichen Revolution). Als zwei Jahrhunderte später die arabischen Muslime zum ersten Mal die historische Frage stellten: »Was ist schiefgelaufen?«, mussten sie sich eingestehen, dass man sich der Früchte der Buchdruck-Revolution beraubt hatte.[124]

Die im Westen gegründeten Institutionen einer repräsentativen Demokratie fehlten im Nahen Osten völlig. Jahrhunderte später fand daher das neue politische Bewusstsein, das sich über das Internet verbreitete, nicht auf Anhieb eine konkrete Entsprechung in formalen Strukturen, die die von den Reformern geäußerten Prinzipien hätten umsetzen können. Die Kräfte des autoritären Systems dagegen hatten für die Kontrolle der Gesellschaft und der Wirtschaft bestehende Institutionen an der Hand, darunter das Militär, die landesweite Polizei und die Bürokratie der autokratischen Herrschaft.

Andere Beobachter verstehen die Enttäuschung, die sich nach den Demonstrationen auf dem Tahrir-Platz eingestellt hat, als Konsequenz aus einem »Technologie-Optimismus«: Eine aufregende neue Technik wird mit unrealistischen Hoffnungen verbunden, ohne dem einfachen Umstand Rechnung zu tragen, dass alle Technologien dem Guten und dem Bösen dienen können, je nachdem, wie und von wem sie am effektivsten eingesetzt werden.[125]

Das Internet kann nicht nur von Reformern genutzt werden, sondern auch von Reformgegnern. Dennoch geben die Freiheitskämpfer die Hoffnung nicht auf, über das Internet Reformen durchzusetzen – sei es die Bereitstellung öffentlicher Dienstleistungen oder, was noch wichtiger ist, die Wiederbelebung der Demokratie. Beflügelt wird diese Hoffnung dadurch, dass das Netz die Entfaltung eines neuen kollektiven politischen Bewusstseins ermöglicht und fördert und dem oder der Einzelnen Gelegenheit gibt, politische Ideen zu rezipieren, eigene Ideen beizusteuern und an einem sich rasant entwickelnden politischen Dialog teilzuhaben.

Grund zu Optimismus geben Staaten, die ihren Bürgerinnen und Bürgern Dienste in diesem Bereich bereits zur Verfügung stellen. Solche Länder treiben die Verbreitung wichtiger Informationen über das Internet massiv voran und sind schon in eine wahrhaft produktive wechselseitige Kommunikation mit ihren Bürgern eingetreten. Einige, insbesondere Estland, haben bei Wahlen und Abstimmungen sogar schon die Stimmabgabe übers Internet ausprobiert.[126] Im benachbarten Lettland gehen zwei mittlerweile erlassene Gesetze aus Bürgervorschlägen auf einer staatlichen Website hervor, auf der Anregungen der Öffentlichkeit gesammelt werden.[127] Jede Idee, die von mindestens 10 000 Menschen unterstützt wird, geht direkt ins Gesetzgebungsverfahren ein. Auch viele Städte nutzen das Internet und erreichen mit Computerstatistiken und modernster visueller Darstellung eine effizientere Nutzung ihrer Ressourcen und eine höhere Qualität der von ihnen angebotenen Dienstleistungen.[128] Verfechter der einen oder anderen Form der E-Demokratie wie Professor Clay Shirky von der New York University sprechen sich für kreative Methoden der Open-Source-Programmierung aus, die Bürger in produktive Dialoge und Diskussionen über bestimmte Themen und Gesetze einbinden.[129]

In den Ländern des Westens allerdings hat sich das Potenzial für Reformbewegungen im Internet erschöpft. Auch in den USA hat das Internet entgegen den Hoffnungen auf eine Wiederbelebung der Demokratie in dieser Hinsicht bislang versagt. Um die Gründe dafür zu verstehen, muss man sich den Einfluss des Internets auf das politische Bewusstsein vor dem Hintergrund der historischen Beziehung zwischen Kommunikationsmedien und Regierungsführung ansehen, insbesondere die Verdrängung der Printmedien durch das mächtige Massenmedium Fernsehen.

In vielen Ländern, auch in den USA, verläuft der Übergang vom Zeitalter des Fernsehens zum Zeitalter des Internets erstaunlich langsam. Das Fernsehen ist nach wie vor das wichtigste Kommunikationsmedium der modernen Welt. Viele Menschen sehen sich auch Internetvideos nicht auf dem Computermonitor, sondern auf dem Fernsehbildschirm an.[130] Die qualitative Beeinträchtigung von Videos durch eine begrenzte Bandbreite wird irgendwann kein großer Hinderungsgrund mehr sein, und das Fernsehen wird, um mit dem Romancier William Gibson zu sprechen, »vom Reich des Digitalen beschlagnahmt werden«.[131] Doch bis dahin beherrscht das Fernsehen via Antenne, Kabel und Satellit den öffentlichen Marktplatz. Wer für ein Wahlamt kandidiert oder als Wortführer einer Reformbewegung auftritt, muss daher auch weiterhin Lösegeld zahlen für das Privileg, sich wirkungsvoll einem Massenpublikum zu präsentieren.

Lange vor dem Internet und der Computer-Revolution veränderten die elektronischen Medien die von der Druckerpresse geformte Welt. Innerhalb einer einzigen Generation ersetzte der Fernseher den Druck als vorherrschende Form der Massenkommunikation. Auch heute noch, wo das Internet zwar etabliert, aber nach wie vor ein recht junges Medium ist, verbringen Amerikaner mehr Zeit vor dem Fernseher als mit jeder anderen Tätigkeit, abgesehen vom Schlafen und Arbeiten[132] – der Durchschnittsamerikaner sieht mehr als fünf Stunden täglich fern.[133] Als Konsequenz daraus verwendet eine Kongresskandidatin durchschnittlich 80 Prozent ihrer Wahlkampfausgaben auf 30-Sekunden-Fernsehwerbespots.[134]

Um zu verstehen, wie sich die anhaltende Vorherrschaft des Fernsehens auf die Demokratie auswirkt, müssen wir uns die entscheidenden Unterschiede zwischen dem Informations-Ökosystem der Druckerpresse und dem des Fernsehens ansehen. Zunächst war der Zugang zu dem virtuellen Marktplatz, der im Zuge der Buchdruck-Revolution entstand, äußerst erschwinglich. Thomas Paine konnte in Philadelphia in der Nähe seines Hauses gleich mehrere günstige Drucker beauftragen.[135]

Der Eintritt für den öffentlichen Fernseh-Marktplatz ist dagegen äußerst teuer. Die kleine Gruppe von Unternehmen, die als Torwächter zum Massenfernsehpublikum auftritt, sitzt heute fester denn je im Sattel und verlangt für den Eintritt exorbitante Summen. Wenn ein Thomas Paine der Moderne in den nächstgelegenen Sender marschieren und versuchen würde, eine Fernsehversion seines *Common Sense* senden zu lassen, würde man ihn nur auslachen – es sei denn, er könnte ein kleines Vermögen hinblättern. Bezahlte Experten erhalten dagegen wöchentlich viele Stunden Sendezeit für die Verbreitung ihrer Ideologie, sofern ihre Ansichten politisch auf einer Linie mit den Konzernen sind, denen die Sender gehören.

Solange das kommerzielle Fernsehen die politische Diskussion beherrscht, müssen Kandidaten große und immer noch steigende Summen wohlhabender Einzelpersonen, Unternehmen und Lobbygruppen einwerben, um Zugang zum einzigen öffentlichen Marktplatz zu erhalten, der zählt, da die Mehrheit der Wählerinnen und Wähler ihre Freizeit überwiegend vor dem Fernseher verbringt. Dies hat wiederum dazu geführt, dass in der amerikanischen Demokratie die reichen Spender, insbeson-

dere Wirtschaftslobbys, die politische Entscheidungsfindung auf un-
anständige Art beherrschen. Weil durch Entscheidungen des Obersten
Gerichtshofs, insbesondere im Fall der Aktivistengruppe Citizens United,
erst jüngst langjährige Verbote der Unterstützung von Kandidaten mit
Konzerngeldern gekippt wurden, wird sich dieser zerstörerische Trend,
ehe er sich eines Tages zum Besseren wendet, zunächst sogar noch verschlimmern.[136] Das ist im wahrsten Sinne des Wortes ein Staatsstreich
durch die Wirtschaft, der in Zeitlupe die Integrität und Funktionsfähigkeit der amerikanischen Demokratie zu zerstören droht.

Obwohl sich die politischen Systeme und rechtlichen Regelwerke von
Land zu Land unterscheiden, spielen Fernsehen beziehungsweise Internet
weltweit eine vergleichbare Rolle. So fällt auf, dass in China und Russland
das Fernsehen viel stärker kontrolliert wird als das Internet.[137] In der po-
temkinschen Demokratie, die Wladimir Putin in Russland errichtet hat,
lässt die Regierung im Internet eine erheblich größere und robustere Mei-
nungsfreiheit zu als im Fernsehen. Michail Kassjanow, der als Ministerpräsident unter Putin diente (und dessen Kandidatur um die Präsidentschaft gegen den von Putin handverlesenen Nachfolger Dmitri Medwedew
scheiterte, weil Putin ihn von der Wahl ausschloss), erzählte mir, dass in
seiner Zeit als Ministerpräsident die klare Ansage galt, Diskussionen im
Internet spielten keine Rolle, solange die Regierung die Inhalte des russischen Fernsehens fest im Griff habe.

Vier Jahre später, im Frühjahr 2012, als die Protestbewegung ihre In-
formationen aus dem Internet bezog und gegen das offenkundig betrüge-
rische Verfahren der ersten Wahlrunde aufbegehrte (aus der Putin schließlich wie erwartet als Sieger hervorging), sagte ein russischer Beobachter:
»Die alten Leute kommen, und die alten Leute kommen, und die alten
Leute kommen, und alle wählen einen Kandidaten – Putin. Warum sie
Putin wählen? Schauen Sie fern. Da kommt nur ein Gesicht vor: Putin.«[138]
Und tatsächlich erklärt sich in so gut wie jedem Land dieser Erde die Vorherrschaft des Fernsehens in der politischen Medienlandschaft unter anderem damit, dass in der älteren Bevölkerungsgruppe die Wahlbeteiligung
größer ist und die Menschen mehr Stunden pro Tag fernsehen als jede
andere Altersgruppe. In den USA verbringen Menschen über 65 durchschnittlich fast sieben Stunden am Tag vor dem Fernseher.[139]

In vielen Ländern wurden Institutionen wie der Journalismus, die für
Aufstieg und Überleben der Demokratie wichtig sind, vom historischen

Wandel in der Kommunikationstechnik bis ins Mark getroffen. Zeitungen haben es so schwer wie nie. Früher konnten sie mit ihren Einnahmen aus Abonnements, Werbung und Kleinanzeigen nicht nur den Druck und die Verteilung ihrer Blätter, sondern auch die Gehälter professioneller Reporter, Redakteure und investigativer Journalisten bezahlen. Mit der Einführung des Fernsehens – und insbesondere der abendlichen Fernsehnachrichten – gingen als Erstes die Nachmittagszeitungen bankrott, die in vielen größeren Städten am Abend nach der Arbeit gelesen wurden.[140] Den zunehmenden Verlust von Werbeeinnahmen an das Fernsehen und das Radio bekamen bald auch die Morgenzeitungen zu spüren. Dann, als die Kleinanzeigen massenweise ins Internet abwanderten und Nachrichten auch online zu empfangen waren, kündigten unzählige Zeitungsleser ihre Abonnements, was wieder viele Zeitungen in die Pleite führte.[141]

Der Journalismus im Internet wird noch seinen Aufschwung erleben – in den USA erreichen digitale Nachrichten bereits mehr Menschen als Zeitungen oder das Radio.[142] Bislang aber besteht der Qualitätsjournalismus, der im Internet verfügbar ist, zu einem hohen Prozentsatz aus wiederverwerteten Artikeln, die ursprünglich für Druckpublikationen verfasst wurden. Und bislang sind nur wenige journalistische Geschäftsmodelle im Internet so profitabel, dass sie das Gehalt von Redakteuren einbringen, die den für die Demokratie so wichtigen investigativen Journalismus betreiben.

Wie der Journalismus als unabdingbarer Bestandteil einer demokratischen Gesellschaft steckt auch die Demokratie in dieser merkwürdigen und gefährlichen Übergangsphase fest, zwischen dem verblassenden Zeitalter der Druckerpresse und der noch im Entstehen begriffenen Ausbildung eines wirkungsvollen demokratischen Diskurses im Internet. Immer mehr Reformer und Kämpfer für das öffentliche Interesse treten über das Internet miteinander in Kontakt und bemühen sich mit wachsender Intensität, den fast hypnotischen Bann zu brechen, dem sich das Massenfernsehpublikum Tag für Tag, Nacht für Nacht in Form von verführerischen teuren und aufwendig produzierten Sendungen aussetzt.

Praktisch das gesamte Programm wird mehrmals stündlich durch clevere und ansprechende Produktwerbung der Unternehmen unterbrochen sowie durch Lobbywerbung, mit der die politische Agenda geformt werden soll. In Wahljahren werden die Zuschauer, vor allem in den USA, darüber hinaus mit politischer Werbung der Kandidaten überschwemmt, die, wiederum als Folge der wirtschaftlichen Erfordernisse des Mediums Fernsehen, unter dem ständigen und unbarmherzigen Druck wohlhabender und mächtiger Spender stehen, sich deren politische Agenda zu eigen zu machen – eine Agenda, die, wenig überraschend, mit den Inhalten der TV-Lobbywerbung übereinstimmt.

Öffentliche Güter wie Schulbildung, Gesundheitssystem, Umweltschutz, Sicherheit und Selbstverwaltung profitieren noch nicht in dem Maß von den Möglichkeiten des digitalen Zeitalters wie private. Bislang konnte die Macht des Profits die neuen Chancen des digitalen Universums effektiver nutzen. Forderungen der Öffentlichkeit, effiziente digitale Modelle stärker für die Bereitstellung öffentlicher Güter zu nutzen, scheitern in dieser Übergangsphase, in der sich die digitale Demokratie noch nicht etabliert hat, an der Unbeweglichkeit des demokratischen Systems.

Bildung und Gesundheitswesen in der neuen Welt

DIE KRISE DER ÖFFENTLICHEN BILDUNG bietet dafür ein gutes Beispiel. Unsere Zivilisation hat noch nicht einmal begonnen, die Schulen an die erdrutschartigen Verschiebungen anzupassen, die sich in unserem Verhältnis zur Welt des Wissens vollziehen. Noch immer wird Bildung allzu häufig mit dem Auswendiglernen von Fakten gleichgesetzt. Heutzutage haben wir aber alle Fakten ständig zur Hand. Wir können also mehr Zeit auf das Erlernen von Fähigkeiten verwenden, die es uns erlauben, Querverbindungen zwischen Fakten zu erkennen, die Qualität von Informationen zu bewerten, größere Gesetzmäßigkeiten zu erfassen und die ihnen zugrunde liegende tiefere Bedeutung zu erschließen. Für Schüler, die es gewohnt sind, sich in Fernsehsendungen, Videospiele und soziale Medien zu vertiefen, gibt es kaum etwas weniger Verlockendes und Fesselndes, als am Tisch zu sitzen und den Kreideaufschrieb an der Tafel anzustarren.[143]

Dabei gibt es durchaus Potenzial für die Entwicklung eines neuen Curriculums, seien es E-Books für Tablets oder fesselnde, experimentelle und kollaborative Onlinekurse. E. O. Wilsons digitales Lehrbuch *Life on Earth* ist ein hervorragendes Beispiel dafür, was die Zukunft bereithält. Im Hochschulwesen hat sich eine neue Generation qualitativ hochwertiger Unternehmen entwickelt – Coursera, Udacity, Minerva, edX und andere mehr –, die bereits begonnen haben, die universitäre Lehre zu revolutionieren und zu globalisieren. Die meisten Kurse sind frei zugänglich, und zwar kostenlos!

Die finanziellen Mittel für öffentliche Bildung sinken, und das zu einer Zeit, da Reformen besonders wichtig wären.[144] Ursachen sind das finanzielle Ausbluten der Städte, der Bundesstaaten und des Staates – teilweise zurückzuführen auf die niedrigen Löhne und die durch Outsourcing und Robosourcing verursachte dauerhaft hohe Arbeitslosigkeit – sowie die fallenden Immobilienpreise – eine Folge der Weltwirtschaftskrise, die von computergenerierten Subprime-Hypotheken mitverursacht wurde. Weil die Bevölkerung altert und der Bevölkerungsanteil von Eltern schulpflichtiger Kinder sinkt, schrumpft zudem der politische Einfluss derer, die sich für eine Erhöhung der Bildungsausgaben einsetzen.

Trotz sinkender staatlicher Ausgaben für die Bildung finden viele kreative Lehrer und Schulleiter Wege, die Unterrichtsmaterialien und -abläufe an das digitale Zeitalter anzupassen. Die Khan Academy, eine kostenlose Website mit zeitgemäßem Lehrmaterial, ist ein besonders innovatives Beispiel dafür, wie vielen Schülern geholfen werden kann. Dennoch hat sich in der Bildung wie im Journalismus bislang kein nachhaltiges Modell entwickelt, das ansprechend genug wäre, um als Ersatz für das alternde und bröckelnde System zu dienen, das derzeit das notwendige Qualitätsniveau verfehlt.

Einige profitorientierte Online-Unternehmungen wie die University of Phoenix oder Argosy University Online nutzen offenbar den Hunger nach Bildung im Internet aus, ohne ihrer Verantwortung gegenüber den bezahlenden Schülern gerecht zu werden.[145] Ein Online-College, die Trinity Southern University, vergab ein Betriebswirtschaftsdiplom an Colby Nolan – eine Katze, die zufällig einem Generalstaatsanwalt gehörte. Die Schule wurde später verklagt und geschlossen.[146]

Nicht nur das Bildungswesen, auch das Gesundheitswesen ringt darum, sich an die neuen Chancen des digitalen Universums anzupassen. Krisenintervention, Fallpauschalen und eine lächerlich teure Dokumentation, die von den Versicherungsunternehmen und anderen Dienstleistern gefordert wird, beherrsche noch immer das US-Gesundheitssystem. Die neuen Chancen der Smartphones und einer gezielten digitalen Gesundheitsüberwachung, mit deren Hilfe sich die Entwicklung eines jeden Patienten beobachten sowie zeitnah und kosteneffektiv Maßnahmen zur Prävention chronischer Krankheiten (Ursache für die Mehrzahl medizinischer Probleme) ergreifen lassen, werden bislang nicht genutzt.[147]

Auch fortschrittliche Techniken, die sich der Genom- und Proteomdaten des jeweiligen Patienten bedienen, brächten bei deutlich niedrigeren Kosten erhebliche Verbesserungen. Epidemiologische Strategien wie die Überwachung sämtlicher Internetsuchanfragen nach Grippesymptomen erlauben eine bessere Zuteilung von Ressourcen im Gesundheitssystem.[148] Während auf diesen und anderen Gebieten interessante Experimente laufen, fehlt es bislang an einem gezielten öffentlichen Druck und einer kontinuierlichen politischen Initiative, eine umfassende neue Gesundheitsstrategie auf Internetbasis umzusetzen.

Einige Krankenkassen durchforsten mittlerweile mit Data-Mining-Techniken soziale Medien und von Marketingfirmen erstellte Datenbanken, um das Risiko für den Abschluss einer Lebensversicherung für einen bestimmten Kunden besser abzuschätzen.[149] Mindestens zwei US-Versicherungsunternehmen halten diesen Ansatz für so ergiebig, dass sie auf die medizinische Prüfung künftiger Kunden verzichten, wenn das Datenprofil ein geringes Risiko ergibt.[150]

Das Problem mit der Sicherheit

WENN SICH IM INTERNET so viel aufregendes Potenzial für ein besseres Leben verbirgt, warum sind die Ergebnisse bislang dann so mäßig? Vielleicht liegt es in der menschlichen Natur, dass wir die positiven Auswirkungen einer wichtigen neuen Technik bei ihrer Einführung und in der ersten Zeit ihrer Verwendung gern aufbauschen. Leider neigen wir auch dazu, die Risiken neuer Techniken auf die leichte Schulter zu nehmen und unbeabsichtigte Nebenwirkungen zu unterschätzen.

Die Geschichte lehrt uns natürlich, dass *jedes* Werkzeug, das mächtige Internet eingeschlossen, zum Guten wie zum Bösen verwendet werden kann. Das Internet verändert zwar die Struktur unseres Denkens und auch unserer Beziehungen, doch es verändert nicht die menschliche Natur. So spielt sich einmal mehr der uralte Kampf zwischen Ordnung und Chaos ab – ja, ich wage zu sagen, zwischen Gut und Böse.

Vor über vier Jahrhunderten, als die wachsende Verfügbarkeit von Wissen durch die Einführung der Druckerpresse noch am Anfang stand, kam die Geschichte des Doktor Faustus auf.[151] Einigen Historikern zufolge beruht die Figur des Faustus auf Gutenbergs Finanzier und Geschäftspartner Johannes Fust, der in Frankreich der Hexerei angeklagt wurde, weil man die perfekte Vervielfältigung desselben Textes in Tausenden von Kopien für Zauberei hielt.[152]

In der Faustsage, die im Laufe der Jahrhunderte in vielen Variationen abgewandelt wurde, schließt der Protagonist einen Pakt mit dem Teufel, in dem er seine Seele gegen grenzenloses Wissen und weltliche Vergnügungen eintauscht. Im Zuge der naturwissenschaftlichen und technischen Revolution wurden seither viele bahnbrechende Neuerungen, etwa die Kernkraft oder die Stammzelltherapie, als »faustischer Teufelspakt« bezeichnet.[153] Die literarische Anspielung verbildlicht den Preis der Macht, der zum Zeitpunkt des Tauschhandels oft nicht in seiner ganzen Tragweite begriffen wird. Wenn wir unsere Denkprozesse an das Internet (und die daran angeschlossenen Geräte und Datenbanken) anpassen, es also als Erweiterung unseres Gehirns verwenden, schließen wir eine Art »cyberfaustischen Pakt«, der uns im Internet grenzenloses Wissen und weltliche Vergnügungen verspricht. Versäumen wir es allerdings, den Schutz der Privatsphäre und die Datensicherheit zu verbessern, setzen wir Werte aufs Spiel, die kostbarer sind als weltlicher Reichtum.

Für den Einzelnen sind die Vorteile dieses Paktes – überall und jederzeit Informationen abrufen und verarbeiten, mit anderen kommunizieren und zusammenarbeiten – unglaublich verlockend. Doch der Preis, den wir dafür bezahlen, ist ein massiver Kontrollverlust, was die Sicherheit und Privatheit von Gedanken und Informationen angeht, die wir in dieses erweiterte Nervensystem eingeben. Zwei neue Wendungen, die in den Sprachgebrauch Eingang gefunden haben – »Tod der Distanz« und »Ende der Privatheit« –, sind bei dieser Entwicklung aufs Engste miteinander verbunden. Unzählige Websites heften sich an die Spuren der Internetnutzer und verkaufen die dabei gesammelten Informationen. Private E-Mails können ohne Befugnis, ohne richterliche Erlaubnis und ohne Benachrichtigung vom Staat gelesen werden.[154] Und das Hacken ist mittlerweile einfach und weit verbreitet.

Einen solchen cyber-faustischen Pakt schließen auch Unternehmen und Staaten. Wie den Bürgern wird auch ihnen erst nach und nach bewusst, welchen Preis der Cybersicherheit sie dafür bezahlen. Um es deutlich zu sagen: Wohl kaum einer hat etwas gegen die enormen Zugewinne in der Effizienz, der Leistung, der Produktivität und im Komfort, die mit der revolutionären Umgestaltung der Informationsökonomie einhergehen. Doch völlig unklar ist, wie die Welt mit den damit verbundenen massiven neuen Gefahren für Sicherheit und Datenschutz umgehen soll.

Internet- und Softwareunternehmen wiederum schließen einen cyber-faustischen Pakt, wenn sie Software, Datenbanken und Dienstleistungen von Computern in die »Cloud« auslagern, wenn sie also das Internet gemeinsam mit Servern und Datenbanken in aller Herren Ländern als Erweiterungen des Speichers, der Software und der Rechenleistung nutzen, die einst in jedem Computer enthalten waren. Die wachsende Abhängigkeit von der Cloud führt möglicherweise zu Engpässen, die sich auf die Datensicherheit und die Verlässlichkeit auswirken können. Ende 2012 wurden mehrere beliebte Internetdienste in den USA, die die Cloud von Amazon.com nutzten, lahmgelegt, weil die Amazon-Datenzentren in Virginia zusammengebrochen waren.[155]

Die Probleme, vor die uns die historische Verschiebung hin zum Internet stellt, ergeben sich fast zwangsläufig aus der Herausbildung eines weltweiten Nervensystems, das uns alle zu einem Weltgehirn verbindet. Einige haben damit zu tun, dass digitale Information als wichtigste strategische Ressource des 21. Jahrhundert gilt. Anders als Land, Erz, Öl oder Geld ist Information eine Ressource, die man verkaufen oder weggeben und dennoch behalten kann. Der Wert der Information kann sich mit der Zahl der Menschen, die sie teilen, erhöhen, doch der kommerzielle Wert geht oft verloren, wenn der ursprüngliche Besitzer seine Exklusivität einbüßt.

Das Patent- und Urheberrecht zielt darauf ab, diese Spannung aufzulösen und die Prinzipien von Gerechtigkeit und Fairness zu wahren, um für eine möglichst große Zahl von Menschen das Beste zu erreichen. Der Erfinderin eines Algorithmus oder dem Entdecker eines elektromagnetischen Prinzips gebührt ein Lohn – auch als Anreiz für andere, einen ähnlichen Fortschritt zu erzielen –, doch der Gesellschaft steht es auch zu, von der breiten Anwendung einer solchen neuen Entwicklung zu profitieren.

Diese inhärente Spannung wird durch die Verlagerung ins Internet noch verstärkt. Der langjährige Technikvordenker Stewart Brand wird häufig mit Worten zitiert, die er in den frühen Jahren des Internets einmal gesagt haben soll: »Information will frei sein.« Tatsächlich aber sagte er: »Einerseits will Information teuer sein, weil sie so wertvoll ist, andererseits aber will Information frei sein, denn die Kosten für ihre Verbreitung sinken unablässig. Mit diesen beiden widerstreitenden Seiten haben wir es zu tun.«[156]

Weil digitale Informationen im Betrieb der Welt AG strategisch so wichtig geworden sind, erleben wir einen globalen Kampf um die Zukunft des Internets, dessen zahlreiche Fronten in den sich überschneidenden Welten von Politik und Macht, Handel und Industrie, Kunst und Kultur, Wissenschaft und Technik verlaufen:

- zwischen denen, die wollen, dass Informationen frei sind, und denen, die darüber verfügen und sie gegen Geld oder Macht tauschen wollen;
- zwischen denen, die wollen, dass Menschen frei sind, und denen, die ihr Leben regulieren wollen;
- zwischen Individuen, die private Informationen in sozialen Netzwerken frei austauschen, und anderen, die diese Informationen in unvorhergesehener und häufig schädlicher Weise nutzen;
- zwischen Internetfirmen, die willkürlich riesige Datenmengen ihrer Kunden sammeln, und Kunden, denen der Datenschutz wichtig ist;
- zwischen alten Machtzentren, die in der alten Informationsordnung eine privilegierte Stellung innehatten und diese nun verlieren, und neuen, in der Entstehung begriffenen Machtzentren, die ihren Platz in der neuen Ordnung noch suchen;
- zwischen Aktivisten (und »Hacktivisten«), die Transparenz fordern, und Staaten und Unternehmen, die auf Geheimhaltung setzen;
- zwischen Unternehmen, deren Geschäftsmodell davon abhängt, dass sie geistiges Eigentum in internetfähigen Computern schützen, und Konkurrenten, die ihnen dieses geistige Eigentum via Internet stehlen wollen;
- zwischen Cyberkriminellen, die in den Geld- und Informationsströmen des Internets vielversprechende neue Ziele ins Auge fassen, und

Strafverfolgungsbehörden, deren Strategien gegen die Cyberkriminalität bisweilen den historischen, hart erkämpften Grenzen zwischen der Privatsphäre und dem Wunsch des Staates, in diese Privatsphäre einzudringen, gefährlich werden.

Die Übergangsphase ist umso nervenaufreibender, als diese Konflikte gleichzeitig in dem einen Internet ausgetragen werden, das alle Menschen teilen. Es überrascht daher nicht, dass Lösungsvorschläge im einen Konflikt häufig Lösungen in anderen Konflikten konterkarieren.

Der Vorschlag, zum Schutz der Cybersicherheit und im Kampf gegen die Cyberkriminalität die Anonymität im Internet aufzuheben, ist für Regimekritiker in autoritären Staaten eine tödliche Bedrohung, wenn sie über das Internet kommunizieren, um Reformen anzuschieben und politische Veränderungen zu bewirken. Der Traum von Reformern, das Internet werde weltweit mehr Freiheit mit sich bringen, schürt wiederum bei autoritären Herrschern Ängste.

Wenn Aktivisten in freien Ländern Informationen veröffentlichen, die vom Staat geheim gehalten wurden, reagiert dieser oftmals mit neuen Vorstößen, um noch mehr Daten der Bürger zu sammeln. Als Wikileaks unter der Leitung eines in Schweden lebenden Australiers auf Servern in Schweden, Island und wahrscheinlich auch in anderen Ländern Informationen öffentlich machte, die der US-Regierung gestohlen worden waren,[157] veranlasste das scharfe Vorgehen der USA weitere Hacktivisten dazu, ihrerseits in zahlreiche Websites von Staaten und Konzernen rund um den Erdball einzudringen.[158]

Weil das Internet nationale Grenzen überschreitet, können Nationalstaaten solche Konflikte mit Gesetzen und Regulierungen, die die Werte des jeweiligen Landes reflektieren (oder zumindest die Werte der jeweiligen Regierung), nicht sonderlich effektiv lösen. Unabhängige Hacktivisten konnten schon Websites des FBI, der CIA, des US-Senats, des Pentagon, des Internationalen Währungsfonds, des Vatikan, der Interpol, der Downing Street Nr. 10 in London, des britischen Justizministeriums und der NASA knacken und sogar in die Software der Internationalen Raumstation eindringen.[159] Als das FBI eine sichere Telefonkonferenz mit Scotland Yard einberief, um die Reaktion auf diese Attacken zu besprechen, nahmen Hacker die Konferenz auf und setzten sie ins Netz.[160]

Wie extrem schwierig es ist, Cybersicherheit zu gewährleisten, wurde anschaulich illustriert, als die auf Sicherheitstechnik spezialisierte Firma EMC einem vermutlich chinesischen Cyberangriff zum Opfer fiel – das Unternehmen ist für die National Security Agency, das Pentagon, das Weiße Haus, das Heimatschutzministerium und viele führende Rüstungskonzerne tätig.[161] Das EMC-Sicherheitssystem für den Schutz von Computern, die online sind, galt als hochmodern und wurde deshalb gerade dort genutzt, wo man auf den Schutz der Daten besonders angewiesen ist. Es konnte nicht geklärt werden, wie viele sensible Informationen gestohlen wurden, doch diese Attacke war ein ernüchternder Weckruf.

Der US-Verteidigungsminister Robert Gates bezeichnete 2010 das Cyberspace neben Land, See, Luft und Weltraum als fünften Bereich einer möglichen militärischen Auseinandersetzung.[162] Im Jahr 2012 erklärte Konteradmiral Samuel Cox, Geheimdienstdirektor der 2009 gegründeten US Cyber Command, wir erlebten einen »globalen Cyber-Rüstungswettlauf«.[163] Anderen Experten zufolge hat in dem Entwicklungsstadium, in dem sich die Techniken zur Cybersicherheit derzeit befinden, der Angriff einen Vorteil gegenüber der Verteidigung.[164]

Die Geheimhaltung wichtiger Nachrichten zu gewährleisten war schon immer schwierig. Die erste Erwähnung dieser Problematik findet sich bei Herodot, dem »Vater der Geschichtsschreibung«. Ihm zufolge war der griechische Sieg in der Schlacht bei den Thermopylen, die die Eroberung Griechenlands durch Persien vereitelte, einer »Geheimschrift« zu verdanken.[165] Demaratos, ein in Persien lebender Grieche, beobachtete die Vorbereitungen für einen vom Perserführer Xerxes geplanten Überraschungsangriff und schickte eine sorgfältig versteckte Warnung nach Sparta.

Im selben Jahr rasierte ein griechischer König seinem Boten den Kopf, schrieb die Nachricht auf den Schädel des Mannes und wartete, bis das Haar wieder gewachsen war.[166] Vom Einsatz »unsichtbarer Tinte« im Mittelalter bis zur Enigma-Maschine der Nationalsozialisten im Zweiten Weltkrieg war die Kryptografie in ihren diversen Formen für das Überleben eines Landes oft entscheidend.[167]

Da sich das Internet so rasant ausbreitete, hatten seine ursprünglichen Erfinder Schwierigkeiten, die fehlende sichere Verschlüsselung nachzuliefern. Das wurde schon in den frühen Tagen des Internets als strukturelles Problem erkannt. »Das System hat sich sozusagen selbstständig gemacht«, so Vint Cerf.[168]*

Die weltweit tätige Unternehmensberatung McKinsey erklärte erst kürzlich in einem Bericht, vor allem vier Entwicklungen seien daran schuld, dass die Cybersicherheit zum Problem wird:[169]

- Werte verbreiten sich weiterhin online, und digitale Daten sind allgegenwärtig;
- von Unternehmen wird heute erwartet, dass sie »offener« sind als je zuvor;
- Wertschöpfungsketten sind immer enger miteinander verbunden und
- böswillige Akteure werden immer geschickter.

Aus dieser radikalen Transformation der Weltwirtschaft entstand den meisten Fachleuten zufolge eine massive Bedrohung der Cybersicherheit für so gut wie alle Unternehmen, die das Internet als Teil ihrer Unterneh-

---

* Ein Vorläufer des Internets wurde am 29. Oktober 1969 vorgestellt, als die erste Fernbotschaft von einem Computer der University of California in Los Angeles zu einem in Menlo Park übertragen wurde. Über das ARPANET organisierte anschließend das Verteidigungsministerium den direkten Austausch zwischen weit auseinanderliegenden militärischen Einheiten sowie die Kommunikation mit den Raketensilos der Interkontinentalraketen nach einem möglichen Atombombenangriff durch die Sowjetunion. Die erste Beschreibung eines »Internets« auf TCP/IP-Basis erschien jedoch im Mai 1974 in einem Aufsatz von Vint Cerf und Bob Kahn, und die erste Demonstration eines Dreiernetzwerks fand am 1. Januar 1983 statt. Die staatliche Finanzierung eines Demonstrationsnetzwerks, das Supercomputer miteinander verband – das National Research and Education Network –, wiederholte ein in den 1840er-Jahren etabliertes Modell: Mit öffentlichen Geldern war damals eine Demonstration von Samuel Morses Erfindung, dem Telegrafen, finanziert und obendrein nachgewiesen worden, dass die Botschaft »Was hat Gott bewirkt?« von Washington nach Baltimore geschickt werden konnte. (Die erste Nachricht hatte Morse schon sieben Jahre zuvor in New Jersey über eine Entfernung von drei Meilen erhalten; es war der weniger inspirierende und einprägsame Satz: »Wer geduldig wartet, verliert nicht.«) Das Zeitalter der elektronischen »verzögerungsfreien« Kommunikation war angebrochen. Fünf Tage später folgte die erste öffentliche Demonstration des Telegrafen über dieselbe zwei Meilen lange Leitung vor einem kleinen Publikum mit einer Nachricht, die die Bedeutung der neuen Erfindung für die Wirtschaft unterstrich: »Eisenbahnwagen soeben eingetroffen, 345 Passagiere.« Am 24. Mai 1876, weniger als 32 Jahre nach der öffentlichen Vorstellung des Telegrafen, führte Alexander Graham Bell die elektrische Übertragung von Stimmnachrichten vor. Seine Botschaft lautete: »Mr. Watson, kommen Sie; ich möchte Sie sehen.«

mensstrategie nutzen. Besonders die offenbar gut koordinierten, hartnäckigen Bemühungen aus China, Unternehmen, staatlichen Behörden und Organisationen, die mit Unternehmen oder Behörden in Kontakt stehen, hochsensible Daten zu stehlen, stehen unter intensiver Beobachtung.[170]

Schon lange wird gemutmaßt, dass die US-Geheimdienste ausländische Regierungen überwachen und sich durch Cybertools Informationen von deren Computern beschaffen, wenn Grund zu der Annahme besteht, dass die Sicherheit der Vereinigten Staaten in Gefahr ist. Die chinesischen Bemühungen unterscheiden sich insofern davon, als sie offenbar nicht nur von militärischen und geheimdienstlichen Überlegungen motiviert sind, sondern auch von dem kommerziellen Bestreben, chinesischen Firmen einen Vorteil zu verschaffen. »Das ist ein großer Unterschied«, so der frühere Terrorbeauftragte Richard Clarke. »Wir hacken uns nicht in ein chinesisches Computerunternehmen wie Huawei ein, um technische Firmeninterna an deren amerikanischen Konkurrenten Cisco zu liefern. So etwas machen wir nicht.«[171]

Dass US-Firmen regelmäßig angegriffen werden, darüber gibt es keinen Zweifel. Einer jüngeren Studie des Aspen Institute zufolge verliert die US-Wirtschaft durch den Diebstahl geistigen Eigentums jedes Jahr über 373 000 Arbeitsplätze und 16 Milliarden Dollar an Einnahmen.[172] Shawn Henry, ehemals Spitzenbeamter der Abteilung Cyberkriminalität des FBI, berichtete, dass eine US-Firma in einer einzigen Nacht den Gegenwert eines Jahrzehnts an Forschung und Entwicklung verlor – im Wert von einer Milliarde Dollar.[173]

Mike McConnell, der ehemalige Direktor der nationalen Nachrichtendienste, erklärte erst kürzlich: »Von den von uns untersuchten wichtigen Computersystemen – in der Regierung, im Kongress, im Verteidigungsministerium, in der Raumfahrt, in Unternehmen, die wertvolle Betriebsgeheimnisse hüten – war kein einziges, das nicht mit einer ausgeklügelten Advanced Persistent Threat [einem gezielten Cyberangriff] infiziert war.«[174] Angaben des US Secret Service für das Jahr 2010 zufolge waren aus den USA Daten gestohlen worden, deren Volumen, »fast viermal so groß ist wie die Datenmenge, die in den Archiven der Library of Congress lagert«.[175] Der FBI-Direktor erklärte, die Cybersicherheit werde in ihrer Bedeutung für die nationale Sicherheit den Terrorismus bald überholen: »Die Cyberbedrohung wird für das Land die Bedrohung Nummer eins sein.«[176]

Die ebenfalls auf digitale Sicherheit spezialisierte Firma McAfee berichtete, bei einer Reihe von Cyberangriffen (»Operation Shady RAT«) sei es im Jahr 2010 zu einer Infiltration von Hochsicherheits-Computersystemen gekommen, und zwar nicht nur in den USA, sondern auch in Taiwan, Südkorea, Vietnam, Kanada, Japan, der Schweiz, Großbritannien, Indonesien, Dänemark, Singapur, Hongkong, Deutschland, Indien, beim Internationalen Olympischen Komitee, in dreizehn Rüstungsfirmen und einer großen Zahl anderer Unternehmen – kein einziges davon in China.[177]

Doch die USA sind besonders gefährdet, denn hier hat sich der Handel stärker ins Internet verlagert als in jedem anderen Land. Die US-Handelskammer wurde vom FBI darüber informiert, dass einige seiner Asien-Experten, die regelmäßig in China sind, gehackt worden waren. Doch ehe die Kammer ihr Netzwerk absichern konnte, hatten Hacker bereits den gesamten E-Mail-Verkehr zwischen der Kammer und den größten US-Unternehmen gestohlen – er umfasste einen Zeitraum von sechs Wochen.[178] Viel später stellte die Handelskammer fest, dass ein Bürodrucker und ein Thermostat in einer ihrer Räumlichkeiten noch immer online Informationen nach China schickten.[179]

Neben Druckern und Thermostaten sind heute auch Milliarden weiterer Geräte mit dem Internet der Dinge verbunden, von Kühlschränken, Lichtern, Heizkesseln und Klimaanlagen über Autos, Lastwagen, Flugzeuge, Züge und Schiffe bis hin zu kleinen eingebetteten Systemen in Produktionsmaschinen und den einzelnen Verpackungen für die Produkte, die sie herstellen.[180] Milchbauern in der Schweiz überwachen sogar den Sexualzyklus ihrer Kühe mit einem Gerät, das online meldet, wenn die Kuh fortpflanzungsbereit ist.[181]

AUFGRUND DER GROSSEN VERBREITUNG und Bedeutung des Internets der Dinge ist nicht nur die Sicherheit wichtiger Daten mit kommerziellem, nachrichtendienstlichem und militärischem Wert gefährdet, sondern auch die Infrastruktur. Da heutzutage Computer das Wasser- und Stromsystem, Kraftwerke und Raffinerien, Transportmittel und andere wichtige Systeme online kontrollieren, sind durchaus Szenarien denkbar, in denen bei einem koordinierten Angriff auf die Infrastruktur eines Landes echter Schaden an Leib und Leben entstehen kann.

»Allein im letzten Jahr [2011] sind zweihundert versuchte oder erfolgreiche Cyberangriffe auf Kontrollsysteme solcher Einrichtungen bekannt;

das sind fast fünfmal so viele wie 2010«, erklärte John O. Brennan, der im Weißen Haus für die Terrorismusbekämpfung verantwortlich ist.[182] Im Frühjahr 2012 gab der Iran bekannt, er sei wegen wiederholter Cyberangriffe unbekannter Herkunft gezwungen gewesen, die wichtigsten Ölterminals am Persischen Golf, mehrere Ölplattformen sowie die Büros des Ölministeriums in Teheran vom Internet zu nehmen.[183] Im selben Jahr wurde die staatliche saudi-arabische Ölfirma Aramco Opfer von Cyberangriffen, die US-Sicherheitsbeamten zufolge mit großer Wahrscheinlichkeit vom Iran ausgegangen waren. Dieser hatte im Jahr 2011 bekannt gegeben, er habe ein militärisches »Cyberkorps« gebildet, nachdem eine seiner Anlagen zur Urananreicherung in Natans von einem Computervirus befallen worden war.[184] Der Angriff auf Aramco, bei dem auf 75 Prozent der Firmencomputer sämtliche Daten durch das Bild einer brennenden amerikanischen Flagge ersetzt wurden, zeige, so der ehemalige US-Terrorismusbeauftragte Richard Clarke, dass man »nicht sonderlich gewieft sein muss, um eine Menge Schaden anzurichten«.[185]

Der Stuxnet-Computerwurm, der von Israel und den USA wahrscheinlich gemeinsam in Umlauf gebracht wurde, gelangte wie beabsichtigt im September 2010 in ein kleines Siemens-Kontrollsystem, das mit den Motoren der iranischen Gaszentrifugen für die Urananreicherung verbunden war.[186] Als der Stuxnet-Wurm bestätigte, dass er am Zielort angekommen war, schaltete er sich ein und veränderte die Motorenfrequenz der iranischen Zentrifugen, bis sie den Geist aufgaben und sich selbst zerstörten. Ebenfalls 2010 infizierte ein Softwarewurm namens Flame, der Fachleuten zufolge vom Umfang seines Codes her »Stuxnet in den Schatten stellt«, Computer im Iran und in mehreren weiteren Ländern des Nahen Ostens und Nordafrikas.[187]

Dass durch den Stuxnet-Angriff der Iran in seinen Bemühungen behindert wurde, atomwaffenfähiges Nuklearmaterial herzustellen, wurde zwar in weiten Teilen der Welt begrüßt, doch zeigten sich viele Fachleute besorgt, dass der raffinierte Code des Wurms, der mittlerweile im Internet kursiert, auch für zerstörerische Angriffe auf Maschinen und Systeme in Industrienationen verwendet werden könnte.[188] Einige wurden bereits versehentlich mit Stuxnet infiziert.[189] Nach einer Welle von Cyberangriffen auf Finanzinstitutionen der USA Ende 2012, die laut Geheimdienstvertretern möglicherweise vom Iran ausgingen, warnte US-Verteidigungsminister Leon Panetta öffentlich vor einem »Cyber

Pearl Harbor«, das der US-Infrastruktur erheblichen Schaden zufügen könnte.[190]

Weil Computerviren, Würmer und andere Bedrohungen von Servern in so gut wie jedem Land rund um den Erdball weitergeleitet werden können, ist es oft praktisch unmöglich, die Quelle eines Angriffs zu orten. Selbst wenn die Indizien eindeutig auf ein bestimmtes Land hinweisen, beispielsweise auf China, lässt sich unmöglich sagen, welches Organ oder welche Einzelperson in diesem Land den Angriff durchführt, geschweige denn, ob die chinesische Regierung oder ein bestimmtes Unternehmen dafür verantwortlich war. »In den meisten Fällen merken Unternehmen gar nicht, dass sie bestohlen wurden«, berichtet Scott Aken, der ehemalige Spionageabwehragent und Spezialist für Cyberkriminalität, »bis Jahre später ein Konkurrent aus dem Ausland dasselbe Produkt auf den Markt bringt, nur 30 Prozent billiger.«[191]

Zwar sind in dieser Kategorie oft chinesische Akteure die Täter, doch auch viele westliche Unternehmen attackieren ihre Konkurrenten auf diese Weise. So hackte sich eine Sparte der News Corporation, die im Bereich der Schaufensterreklame für Supermärkte tätig ist, in vertrauliche E-Mails ihres Hauptkonkurrenten ein und stahl erst geistiges Eigentum und anschließend einige der wertvollsten Kunden.[192] Eine andere Sparte des Konzerns räumte ein, sich in E-Mails von Einzelpersonen gehackt zu haben, um an Informationen für Fernsehberichte zu gelangen.[193] Und Angestellte einer weiteren Sparte bekannten sich schuldig, in die Telefonmailboxen Tausender britischer Bürger eingedrungen zu sein.[194]

Da die Abhängigkeit von Geräten mit Internetzugang ein irrtümliches Gefühl der Sicherheit vorgaukelt, ist praktisch die gesamte Onlinekommunikation mittlerweile extrem anfällig. Die Experten sind sich weitgehend einig, dass das schwächste Glied jedes Sicherheitssystems das menschliche Verhalten ist. Unabhängige Hacker haben bereits demonstriert, wie leicht sie in die angeblich sichere Videokonferenz einer Risikokapitalfirma, einer Kanzlei, eines Ölkonzerns oder eines Pharmaunternehmens eindringen können – ja sogar in die Vorstandsetage von Goldman Sachs, und das nur, weil die für die Videokonferenzen zuständigen Menschen vergaßen, die komplizierten Datenschutzeinstellungen vorzunehmen, oder erst gar nicht wussten, was sie dafür tun mussten.[195] Viele kommerzielle Opfer der Cyberkriminalität geben den Diebstahl wichtiger Daten nur ungern zu; für sie ist es finanziell interessanter, wenn sie die Sache für sich behalten.[196] Sogar Unternehmen, die explizit davor gewarnt werden, dass sie eine Zielscheibe sind, versäumen es oft, sich zu schützen.[197]

Datenschutz

VIELE UNTERNEHMEN SAMMELN regelmäßig Informationen über ihre Kunden und Nutzer – oft ohne Erlaubnis. Soziale Netzwerke wie Facebook und Suchmaschinen wie Google gehören zu den zahlreichen Firmen, deren Geschäftsmodell auf Werbeeinnahmen basiert. Sie optimieren die Effektivität der Werbung, indem sie ständig Informationen über sämtliche Nutzer sammeln, mit deren Hilfe sie die Werbung personalisieren, also auf die individuellen Interessen der einzelnen Person abstimmen können.[198]

Viele Website-Betreiber behandeln ihre Kunden faktisch wie Produkte. Die Einnahmen, die sie mit den Datenmengen über jeden Nutzer erzielen können, sind schlicht zu hoch, als dass sie darauf verzichten wollten. Der Einsatz des »Gefällt mir«-Buttons auf Facebook »erlaubt« es der Website automatisch, die Online-Interessen des Nutzers nachzuverfolgen, ohne dass er die Gelegenheit zur Einwilligung hätte.[199] Auch das ist gewissermaßen eine Erscheinungsform des cyber-faustischen Paktes. Die Einnahmen aus der zielgerichteten Werbung mittels all dieser »Cookies« (kleine Programme, die im Verlauf einer Interaktion mit der Website oft heimlich auf dem Computer des Nutzers abgelegt werden) unterstützen die »freie« Verteilung riesiger Mengen an wertvollen Inhalten im Internet. Die meisten Internetnutzer scheinen diesen Tauschhandel für akzeptabel zu halten. Immerhin erhalten sie auf diese Weise die Werbebotschaften, die sie am ehesten interessieren. Die Tracking-Techniken sind, um es mit den Worten eines Beobachters zu sagen, »nichts als Werkzeuge, mit deren Hilfe die unsichtbare Hand fester zupacken kann«.[200]

Die Akzeptanz dieses Paktes ist im Hinblick auf soziale Netzwerke wie Facebook und Twitter von Generation zu Generation unterschiedlich. Viele in meiner Generation überrascht es, wie großzügig die Jüngeren persönliche Informationen auf Facebook austauschen. Manch ein Nutzer sozialer Netzwerke ist beim Eintritt ins Arbeitsleben erstaunt, wenn sich ein potenzieller Arbeitgeber routinemäßig seine Posts durchliest und dort

Informationen entdeckt, die man besser nicht wissen sollte.[201] Seit Neuestem lassen sich manche Arbeitgeber von Bewerbern das Passwort für ihren persönlichen Facebook-Account geben, damit sie auch die privaten Seiten einsehen können.[202] (Facebook, das sei der Firma zugestanden, betont immer wieder, dass es solche Passwörter nicht herausgibt, und rät seinen Nutzern, dies ebenfalls nicht zu tun. Auf dem hart umkämpften Arbeitsmarkt ist jedoch für manch einen Bewerber die Forderung eines möglichen Arbeitgebers, Einblick in sein Onlineleben zu erhalten, offenbar durchaus akzeptabel.)[203] Übrigens sind auch nach ihrer Einstellung viele Arbeitnehmer der Cyberüberwachung durch ihre Arbeitgeber ausgesetzt.[204]

Der große Komfort, den Websites bieten, verführt viele Nutzer zu dem Glauben, der zunehmende Verlust an Datenschutz sei dafür nur ein kleiner Preis. Dass ich im Internet so gut wie jedes Unternehmen in Nashville, Tennessee, wo ich lebe, und so gut wie jede Firma in den USA (und in fast jedem anderen Land) finden kann, grenzt an, na ja, Zauberei. Es illustriert anschaulich den Netzwerkeffekt, wie Ökonomen das nennen: Der Nutzen jedes Netzwerks, insbesondere des Internets, wächst exponentiell, je mehr Menschen darin eingebunden sind.[205] Nach dem metcalfeschen Gesetz, einer Regel, die der Netzwerkpionier Robert Metcalfe aufgestellt hat, wächst der Nutzen eines Netzwerks mit der Anzahl der Teilnehmer sogar *quadratisch*.[206]

Auch die Vorteile einer Online-Navigationssoftware wie Google Street View rücken Bedenken aus dem Blick, die manch einer hat, wenn das Bild und die Lage seines Hauses im Internet gezeigt werden. (Dass Google offenbar große Datenmengen aus unverschlüsselten WLAN-Netzwerken in den fotografierten Häusern und Geschäften gesammelt hat – nach eigener Aussage unbeabsichtigt –, bietet in vielen Ländern Anlass zur Kontroverse.)

Viele trösten sich damit, dass Hunderte von Millionen anderer Menschen denselben Risiken ausgesetzt sind: Dann kann es doch nicht so schlimm sein. Viele sind sich auch der Qualität und Quantität der Daten, die über sie gesammelt werden, nicht bewusst. Und wer sich genauere Einblicke verschafft und entsprechend beunruhigt ist, merkt recht schnell, dass sie oder er gar nicht verhindern kann, im Internet auf Schritt und Tritt verfolgt zu werden. Die schriftlichen Datenschutzerklärungen auf den Websites sind meist viel zu lang, zu ungenau und zu kompliziert, als dass man sie verstehen könnte, und die auf manchen Websites angebotenen Einstellungsoptionen sind oftmals zu komplex und zu schwierig.[207]

Vieles deutet darauf hin, dass Erwartungen in puncto Datenschutz und die neue Realität des Online-Tracking weit auseinanderklaffen und rechtliche Schutzmaßnahmen mit den Entwicklungen nicht Schritt halten können. In einigen Ländern, auch in den USA, können sich Internetnutzer gegen Werbung entscheiden, die mittels Tracking maßgeschneidert wird. Doch wer dem Tracking nicht zustimmen möchte, kann das derzeit nicht tun. Der Schutz, den die Option »Nicht nachverfolgen« angeblich bietet, ist als Konsequenz des beharrlichen Drucks der Werbelobby im Wesentlichen nutzlos.[208] Wenn jemand diese Option wählt, geht das Tracking weiter, und zwar aus einem einfachen Grund: Mit dem Sammeln sämtlicher Informationen darüber, was die Nutzer im Internet machen, ist eine unglaubliche Menge Geld zu verdienen. Ein Klick ist zwar nur einen winzigen Bruchteil eines Cents wert, aber im Laufe eines Jahres wird so oft geklickt, dass es um Milliarden von Dollar geht.[209]

Das *Wall Street Journal* hat eine Reihe ausführlicher investigativer Artikel darüber veröffentlicht, wie Cookies Informationen über die Online-Aktivitäten eines Nutzers weitergeben.[210] Jeder, der auf dictionary.com klickt, hat 234 Cookies auf dem Computer oder Smartphone, von denen 223 Informationen über die Online-Aktivität des Nutzers sammeln und an Werbeträger und andere Datenaufkäufer weitergeben.[211]

Die umfassende Datennachverfolgung führt womöglich noch zu einer heftigen Gegenreaktion. Das derzeit von Internetnutzern am häufigsten benutzte Wort für die Ausbreitung des Online-Tracking ist *creepy*, »unheimlich«. Unternehmen, die Menschen im Internet nachverfolgen, behaupten häufig, der Name des Nutzers sei nicht in der Datei enthalten, die gesammelt und ständig aktualisiert wird. Dabei ist es Experten zufolge recht einfach, die Computernummer mit dem jeweiligen Namen, der Adresse und der Telefonnummer abzugleichen.[212]

Da die Datenverarbeitung immer schneller, billiger und leistungsfähiger wird, nutzen Unternehmen und Staaten mittlerweile eine Technologie, die noch tiefer in die Privatsphäre eindringt: Bei der Deep Packet Inspection (DPI) werden ganze »Daten-Pakete« an separate Router geschickt und wieder zusammengeführt, damit die Originalnachrichten wiederhergestellt und bestimmte Wörter und Phrasen herausgezogen und näher untersucht werden können. Tim Berners-Lee, der Erfinder des

World Wide Web, hat sich gegen den Einsatz der DPI ausgesprochen, die er als ernsthafte Bedrohung für den Datenschutz im Internet betrachtet.[213]

Über ein Beispiel der Offenlegung privater Daten wurde in den US-amerikanischen Medien ausgiebig berichtet, als der Zimmergenosse eines homosexuellen Studenten an der Rutgers University in New Jersey schuldig gesprochen wurde, mittels Webcam Bilder von seinem Mitbewohner bei intimen Handlungen anderen zugänglich gemacht zu haben (das Opfer beging tragischerweise bald danach Selbstmord).[214]

Einige Websites, darunter auch Facebook, nutzen Gesichtserkennungssoftware, um die Nutzer automatisch mit einem »Tag«, einer Art Markierung, zu versehen, wenn sie auf einer Website auf einem Foto auftauchen.[215] Viele Websites nutzen mittlerweile auch Stimmerkennungssoftware, um Menschen anhand der Sprache zu identifizieren.[216] Diese Audiodateien werden oftmals dafür genutzt, einer Software Akzent und Diktion eines Nutzers zu vermitteln, damit Maschinen verbale Äußerungen künftig besser »übersetzen« können.[217] Um die Privatsphäre des Nutzers zu schützen, löschen einige Unternehmen die Audiodateien nach wenigen Wochen. Andere allerdings speichern sämtliche verbalen Äußerungen für alle Zeiten. Viele Softwareprogramme und Apps nutzen auch Ortungsprogramme, um die Informationen, die geliefert werden sollen, in ihrer Relevanz besser auf den Aufenthaltsort des Nutzers abzustimmen.[218] Geschätzte 25 000 US-Bürger werden jährlich Opfer des »GPS-Stalking«.[219]

Welche Websites besucht wurden, was dort genutzt wurde, die geografische Lage Tag für Tag und Minute für Minute, welche Fragen Nutzer gestellt haben, die Bilder eines Menschen, wo und wann immer er auf einer Website auftaucht, Käufe und Kreditkarten-Transaktionen, Posts in sozialen Netzwerken und umfangreiche Archivdaten in den frei zugänglichen staatlichen Datenbanken – all diese Daten erfassen zusammengenommen das gesamte Leben eines Menschen, auch Details und Gewohnheiten, von denen wohl kaum einer will, dass sie gesammelt werden. Der 25 Jahre alte Jurastudent Max Schrems aus Österreich forderte auf der Basis des EU-Datenschutzgesetzes sämtliche Daten, die auf Facebook über ihn gesammelt worden waren, und erhielt eine CD mit mehr als 1200 Seiten an Informationen, überwiegend solche, die er gelöscht zu haben glaubte.[220]

Doch auch ein Internetnutzer, der weder Mitglied sozialer Netzwerke ist, noch Cookies kommerzieller Websites akzeptiert hat, kann Übergriffen auf seine Privatsphäre durch »Phishing« und andere Techniken ausgesetzt sein. Dabei verschicken Hacker und Cyberkriminelle gefälschte E-Mails, manchmal unter einem Namen und der Adresse aus der Kontaktliste des Nutzers, die ihn dazu bringen sollen, einen Anhang anzuklicken. Tut er das, stehlen die darin verborgenen Programme Informationen von dessen Computer oder Smartphone.[221] Das neue Phänomen des Identitätsdiebstahls wird auch dadurch ermöglicht, dass heute so viele private Informationen über Individuen im Internet verfügbar sind.[222]

Mit diesen und anderen Techniken haben Cyberdiebe schon diverse amerikanische Unternehmen geschädigt, darunter Sony, die Citigroup, American Express und AT&T, die jeweils große Verluste gemeldet haben[223] – Sony verlor 171 Millionen Dollar. Nach Schätzungen des Ponemon Institute aus dem Jahr 2011 kostet der digitale Datenklau amerikanische Firmen durchschnittlich mehr als 7,2 Millionen Dollar pro Jahr, wobei diese Summe mit jedem Jahr steigt.[224] Norton, ein Unternehmen für Computersicherheit, berechnete die jährlichen Kosten der Cyberkriminalität weltweit auf 388 Milliarden Dollar, das sei »mehr als der globale Markt für Marihuana, Kokain und Heroin zusammengenommen«.[225] Es wurde auch in zahllose andere Online-Unternehmen eingedrungen, darunter LinkedIn,[226] eHarmony[227] und Google Gmail.[228] Im Herbst 2012 kamen wegen des zeitgleichen Cyberangriffs auf mehrere amerikanische Banken – Bank of America, JPMorgan Chase, Citigroup, U.S. Bank, Wells Fargo und PNC – die Kunden nicht an ihre Konten und konnten auch keine Überweisungen tätigen.[229]

Dass wirkungsvollere Abwehrmaßnahmen gegen die Cyberkriminalität und besonders ein Schutz von US-Unternehmen vor der akuten Gefährdung durch Angriffe aus China, Russland, dem Iran und anderen Ländern unabdingbar sind, dient gemeinsam mit dem Hinweis auf mögliche Terrorangriffe nach dem 11. September 2001 als Rechtfertigung für verschiedene politische Maßnahmen. Dadurch könnte in den USA – und in anderen freiheitlichen Staaten – der Schutz der Bürger vor unangemessener Durchsuchung, Verhaftung und Überwachung durch den eigenen Staat fundamental eingeschränkt werden.

Im Bereich der Cybersicherheit besteht die Sorge, dass langfristig das Sammeln großer Datenmengen und die Techniken zur Online-Überwachung das größte Problemfeld darstellen könnten. Das Verhältnis zwischen dem Staat und seinen Bürgern verändert sich damit in eine Richtung, die erschreckend an George Orwells Big-Brother-Dystopie in seinem Roman 1984 erinnert, der vor mehr als sechzig Jahren in Großbritannien erschien. Genau dort wurde ein neuer Gesetzentwurf eingebracht, der es dem Staat erlauben würde, die Internet- und Telefonkommunikation sämtlicher Bürger im Lande zu speichern.[230] Landesweit wurden bereits 60 000 Sicherheitskameras installiert.[231]

Viele halten die Sorge für überzogen, die USA könnten sich in einen Überwachungsstaat verwandeln, dessen Befugnisse die Freiheiten der Bürgerinnen und Bürger beschneiden. Vor mehr als sechzig Jahren schrieb allerdings der Verfassungsrichter Felix Frankfurter: »Wenn [dem Staat] gefährliche Machtbefugnisse zugesprochen werden, so geschieht das nicht über Nacht. Vielmehr entwickelt es sich sehr langsam aus der generativen Kraft einer massiven Missachtung von Einschränkungen, denen auch ein noch so neutraler Machtanspruch unterliegt.«[232]

Francis Bacon, der das Prinzip einer vernunftgesteuerten Datenanalyse zum Zwecke einer klugen Entscheidungsfindung mitbegründete, wird die knappe Umschreibung einer biblischen Lehre zugeschrieben: »Wissen ist Macht.«[233] Es ist daher eines der Kernprinzipien jeder freien Selbstverwaltung, zu verhindern, dass sich allzu viel Macht in den Händen allzu weniger Menschen konzentriert. Das tut sie, indem sie die Staatsmacht auf separate, gut gegeneinander ausbalancierte Zentren verteilt, wozu auch eine unabhängige Justiz zählt. Wenn Wissen tatsächlich eine wichtige Quelle der Macht ist und wenn die exekutiven und administrativen Zentren der politischen Macht im Staat große Mengen an Informationen über Gedanken, Bewegungen und Aktivitäten aller Bürger hüten, dann kann die Freiheit durchaus in Gefahr geraten.

Die USA wurden als erste Nation auf Prinzipien gegründet, die die Menschenwürde fest verankerten und daher dem Schutz der Privatheit und Freiheit gegenüber anmaßenden Übergriffen durch den Zentralstaat besonders viel Bedeutung zumaßen. Viele Amerikaner trösten sich deshalb damit, dass Amerika in seiner Geschichte schon mehrfach einen Kreislauf durchlaufen hat: Zeiten der Krise, in denen der Staat seine Grenzen überschritt und die Freiheiten des Einzelnen verletzte, folgten stets Zeiten der Reue und Wiedergutmachung, in denen die Maßlosigkeit beendet und das Gleichgewicht zwischen Staat und Individuum wiederhergestellt wurde.

Allerdings gibt es reichlich Anlass zu der Sorge, dass diese historische Regel nach den Exzessen und Übergriffen in der Folge der Terrorangriffe vom 11. September 2001 nicht mehr greift. Nach 9/11 wurden einem ehemaligen Mitarbeiter der National Security Agency zufolge »im Grunde alle Regeln über Bord geworfen, jeder Vorwand wurde genutzt, das Ausspionieren von Amerikanern zu rechtfertigen«, auch das direkte Abhören von Telefonaten.[234] Nach Ansicht des ehemaligen leitenden NSA-Beamten Thomas Drake verwandelte der Kurswechsel nach 9/11 »die Vereinigten Staaten von Amerika rasch in ein Gebilde, das wie ein fremder Staat das Land mit einer flächendeckenden elektronischen Schleppnetzfahndung überzog«.[235]

Ein ehemaliger NSA-Mitarbeiter schätzt, dass die Behörde seit den Anschlägen vom 11. September 2001 »zwischen fünfzehn und zwanzig Billionen« Nachrichten abgefangen hat.[236] Ein Ende des »Kriegs gegen den Terror« scheint nicht in Sicht zu sein. Da einzelne Bürger und nichtstaatliche Gruppen immer leichter an Massenvernichtungswaffen herankommen, ist die Angst vor tödlichen Angriffen zu einem festen Bestandteil der US-Politik geworden. Der Ausnahmezustand, der nach dem 11. September 2001 ausgerufen wurde, wurde im Jahr 2012 wieder einmal verlängert.[237] Der American Civil Liberties Union (ACLU) zufolge ergab eine Anfrage im Rahmen des Freedom of Information Act im Jahr 2012 eine massive Zunahme der Zahl der Amerikaner, die in den vorangegangenen zwei Jahren ohne richterlichen Beschluss einer elektronischen Überwachung durch das Justizministerium unterworfen worden waren (die Zahl der formalen Anträge auf richterlichen Beschluss war dagegen rückläufig). Chris Soghoian, Technikchef des Speech, Privacy and Technology Project der Bürgerrechtsorganisation American Civil Liberties Union, erklärte: »Die staatliche Durchforstung unserer Kommunikationsdaten, die stattfindet, ohne dass wir je davon erfahren, hat, finde ich, schon etwas Unheimliches an sich.«[238] Hinzu kommt, dass sich die Machtkonzentration in der Exekutive auf Kosten des Kongresses durch den Atomrüstungswettlauf nach dem Zweiten Weltkrieg beschleunigte. Heute nun wird die Angst vor weiteren Terroranschlägen als scheinbar unanfechtbare Rechtfertigung für ein Maß an staatlicher Überwachung herangezogen, das noch vor wenigen Jahren die meisten Amerikaner schockiert hätte.

Die Geschichte lehrt allerdings, dass unkontrollierte Befugnisse, sind sie erst erteilt, in den Händen nicht allzu gewissenhafter Verantwortlicher auch missbräuchlich eingesetzt werden. Als die Präsidenten Woodrow Wilson und Richard Nixon die bürgerlichen Freiheiten dermaßen unter Beschuss nahmen, dass sich das Gewissen der Nation regte, wurden neue Gesetze und Schutzmaßnahmen erlassen, die so etwas künftig verhindern sollten. Die Angst hat die Schwelle für das, was heute das Gewissen der Nation erschüttern kann, offenbar angehoben. So entschied das US-Verfassungsgericht 2012, dass die Polizei berechtigt ist, Leibesvisitationen vorzunehmen und Körperöffnungen zu inspizieren, wenn jemand auch nur verdächtigt wird, den Parkschein nicht bezahlt oder ein Fahrrad ohne Klingel bewegt zu haben.[239] George Orwell hätte so etwas als Beispiel für einen Polizeistaat literarisch womöglich gar nicht verarbeitet, weil er es für unglaubwürdig gehalten hätte. (Allerdings hat dasselbe Verfassungsgericht es für verfassungswidrig erklärt, wenn die Polizei heimlich und ohne richterliche Genehmigung einen elektronischen GPS-Peilsender am Auto eines Bürgers anbringt.)

Ein weiteres abschreckendes Beispiel für ein Verhalten des Staates, das in früheren Jahren Empörung hervorgerufen hätte, betrifft Zollbeamte. Es ist ihnen nun erlaubt, dem Computer oder anderen digitalen Geräten von US-Bürgern sämtliche digitalen Informationen zu entnehmen und sie zu kopieren, wenn er oder sie nach einer Auslandsreise wieder ins Land kommt.[240] Private E-Mails, Suchverläufe, persönliche Fotos, Geschäftsunterlagen und alles andere, was auf dem Computer abgelegt ist, darf ohne jeden begründeten Verdacht einfach kopiert werden.[241] Eine solche Durchsuchung ist leicht nachzuvollziehen, wenn der Staat Grund zu dem Verdacht hat, dass der oder die Reisende in Kinderpornografie verwickelt ist oder im Ausland Kontakt zu einer terroristischen Vereinigung hatte. Doch solche Durchsuchungen werden heute routinemäßig durchgeführt, ohne dass ein vernünftiger Grund dafür nötig wäre. In einem Fall wurden die Daten eines Dokumentarfilmers, der die politischen Maßnahmen der US-Regierung öffentlich infrage gestellt hatte, durchsucht und kopiert, ohne dass es einen ersichtlichen Grund dafür gegeben hätte.[242]

Die Kontrolle praktisch sämtlicher digitaler Informationen und andere Überwachungstechniken sind mittlerweile so weit optimiert worden, dass man vom Apparat eines Polizeistaates sprechen kann. Eine Untersuchung der Bürgerrechtsorganisation American Civil Liberties Union ergab, dass sich die Polizei in vielen Städten der USA heutzutage ohne Gerichtsbeschluss völlig routinemäßig die Ortungsdaten von Tausenden von

Bürgerinnen und Bürgern beschafft. Der *New York Times* zufolge »ist das mittlerweile auch für Mobilfunkfirmen ein großes Geschäft, da eine Handvoll Betreiber den Polizeistationen die ›Überwachung‹ in Rechnung stellt«.[243] Die US-Regierung bezuschusst auch die Installation von Ortungskameras, die, auf Streifenwagen montiert, routinemäßig die Nummernschilder sämtlicher Autos fotografieren, die ihnen begegnen. Die Fotos werden mit Tag und Uhrzeit sowie GPS-Standort versehen und in eine Datenbank eingeben. Das *Wall Street Journal* fand heraus, dass sich 37 Prozent der Polizeibehörden in großen Städten an dieser Art der Datensammlung beteiligen, indem sie umfangreiche Informationen über die Bewegungen aller Autofahrer in ihrer Stadt zusammentragen und speichern. Mindestens zwei Privatfirmen stellen ähnliche Datenbanken zusammen, indem sie Nummernschilder fotografieren und die Informationen an Firmen verkaufen, die Zwangsenteignungen vornehmen. Eine dieser Firmen wirbt damit, dass sie bislang 700 Millionen solcher Fotos hat. Der Chef eines anderen Unternehmens erklärte, er wolle die Daten an Privatermittler, Versicherer und andere verkaufen, die sich für den Aufenthaltsort und das Verhalten von Menschen interessierten.[244]

Besonders seit dem 11. September 2001 boomt das Geschäft mit der Überwachungs-Hardware und -Software. Der Markt für diese Techniken ist im letzten Jahrzehnt um schätzungsweise 5 Milliarden Dollar jährlich gewachsen.[245] Wie das Internet, so überwinden auch diese Techniken mühelos Landesgrenzen. US-Firmen sind die wichtigsten Hersteller und Lieferanten von Software und Hardware für Überwachung und Zensur, die von autoritären Staaten wie dem Iran, Syrien und China eingesetzt werden.[246]

Überwachungstechniken, die von amerikanischen Unternehmen ursprünglich für den Einsatz in Kriegsgebieten entwickelt wurden, finden zudem häufig den Weg zurück in die Vereinigten Staaten. Die Drohnentechnik, die im Irak, in Afghanistan und in Pakistan ausgiebig zum Einsatz kommt, wird mittlerweile auch von inländischen Polizeikräften übernommen, und Prognosen zufolge werden neue Generationen unauffälliger, mit Videokameras ausgestatteter Mikrodrohnen bald alltäglicher Bestandteil der Polizeiarbeit sein.[247] Die Electronic Frontier Foundation förderte durch einen Prozess im Rahmen des Freedom of Information Act zutage, dass es 2012 in 20 Bundesstaaten bereits 63 aktive Drohnenstandorte gab.[248]

Fortschritte in der Mikroelektronik erleichtern auch den Einsatz versteckter Kameras und Mikrofone. Mit hoch entwickelten Spyware-Versionen lassen sich heutzutage heimlich und aus der Ferne Mikrofon und Kamera eines Smartphones oder Computers steuern, um Gespräche aufzunehmen sowie Fotos und Videos zu machen, ohne dass der Nutzer es erlaubt hat oder auch nur davon weiß – auch dann, wenn das Gerät ausgeschaltet ist.[249] Auch Mikrofone in den amerikanischen OnStar-Systemen, die in vielen Autos installiert sind, wurden bereits dazu verwendet, Gespräche verdächtiger Personen abzuhören.[250] Mit heimlich installierten Softwareprogrammen lässt sich nachvollziehen, welche Tasten ein Nutzer auf seiner Tastatur drückt, um so Passwörter und andere vertrauliche Informationen zu rekonstruieren, die in den Computer oder ein anderes Gerät getippt werden.[251]

Die Gefährdung der Cybersicherheit von US-Unternehmen wird neben der Bedrohung durch den Terrorismus oft als Rechtfertigung für das aufdringlichste und mächtigste Datensammelsystem angeführt, das die Welt je gesehen hat.[252] Im Januar 2011 verkündete Chris Inglis, der stellvertretende Direktor der National Security Agency, bei der Grundsteinlegung für einen neuen Giganten, eine 2 Milliarden Dollar teure Anlage in Utah, Zweck dieser »hochmodernen Einrichtung« sei es, »die Cybersicherheit der Nation zu gewährleisten und zu schützen«. Die dort errichtete leistungsfähige Anlage kann unter anderem jedes Telefongespräch, jede E-Mail, jede SMS, jede Google-Suche und jede andere elektronische Kommunikationsform (verschlüsselt oder nicht) überwachen, die von einem US-Bürger gesendet oder empfangen wird. All diese Daten werden dauerhaft für das Data-Mining gespeichert, also für die Auswertung der Datenbestände.

Dieses System ähnelt auf unheimliche Weise einem Vorschlag der Regierung von George W. Bush und Dick Cheney zwei Jahre nach den Anschlägen vom 11. September. Das Vorhaben hieß damals Total Information Awareness (TIA), löste öffentliche Empörung aus und wurde auf Initiative des Kongresses fallen gelassen.[253] Seither schwand bei den Politikern jedoch der Mut, Vorschläge zum Sammeln von Geheimdienstinformationen abzulehnen, die ihrer Beschreibung nach der nationalen Sicherheit dienten.

In den letzten Jahren hat das amerikanische Volk den Kongress erfolgreich davon überzeugt, dass er Übergriffe des Staates in die Privat-

sphäre eindämmen muss. Im Jahr 2011 wurde festgestellt, dass der Stop
Online Piracy Act und sein Zwilling, der Gesetzentwurf des Senats PRO-
TECT IP, die von Unterhaltungsfirmen und anderen Unternehmen zum
Schutz ihrer Urheberrechte gefordert worden waren, dem Staat neue Befugnisse einräumten: Er konnte bei den Bürgern beliebte Websites sper-
ren, wenn sie urheberrechtlich relevantes Material enthielten. Infolge der
daraufhin einsetzenden Empörung und einer wirksamen Onlinekampa-
gne gegen die beiden Gesetzesvorlagen wurden beide zurückgezogen.[254]
Wenn Unterhaltungswebsites die Sperrung droht, ist die Empörung
groß – wenn der Staat ohne richterliche Anordnung Privatgespräche
zwischen US-Amerikanern überwachen darf, bleibt sie hingegen aus.[255]

Der Cyber Intelligence Sharing and Protection Act (CISPA) ist eine
Gesetzesvorlage, die es dem Staat ermöglichen soll, die gesamte Onlinekommunikation zu belauschen, wenn der Verdacht auf eine cyberkriminelle Handlung vorliegt. Die Motivation hinter dieser Gesetzesvorlage ist
zwar leicht nachzuvollziehen, doch angesichts der Masse von Nachrichten, die unter den breit gefassten Bestimmungen des Gesetzes als verdäch-
tig gelten, würden die staatlichen Behörden de facto von anderen Gesetzen befreit, die den Datenschutz der Internetnutzer gewährleisten sollen.

Auch das ist ein Beispiel für den cyber-faustischen Pakt mit dem
Internet, der uns größte Schwierigkeiten bereitet, wenn wir versuchen,
die historischen Prinzipien, auf denen die USA gründen, mit der neuen
Realität des Weltgehirns in Einklang zu bringen. Ein Autor formulierte
es kürzlich in einem Buch über die Technikentwicklung so: »Wenn das
Dauerexperiment Amerikas in Sachen Demokratie und wirtschaftlicher
Freiheit Bestand haben soll, werden wir uns noch einmal Gedanken darüber machen müssen, wie wir die unverzichtbaren Gewohnheiten des
Herzens kultivieren und dem Reiz der Technikideologie widerstehen
können.«[256] China und andere Länder, die sich einer autoritären Staatsführung verschrieben haben, sind durch die neue Realität des Weltgehirns ebenfalls mit einer historischen Diskontinuität konfrontiert.

Jedes Land nutzt das Internet, und jedes Land hat seine eigenen Vorstellungen über die Zukunft des Internets. Die vielen einander überschneidenden Konflikte, die mit der weltweiten Nutzung des Internets
einhergehen, sind von einer Lösung noch weit entfernt. Daher gibt es
Forderungen, eine Art globale Internetregierung einzurichten, eine Funktion, die seit der Erfindung des Internets von den USA übernommen

wurde (in Form einer quasi-unabhängigen, von der US-Regierung eingesetzten Gruppe), an Normen und Werten orientiert, in denen sich die
amerikanische Tradition der freien Meinungsäußerung und stabiler freier
Märkte widerspiegelt.[257]

Dass Länder wie China, Russland und der Iran, deren Werte und Normen denen der USA zum Teil diametral widersprechen, zu den Hauptver-
fechtern der Forderung zählen, die Zuständigkeit für das globale Internet
solle einem internationalen Gremium übertragen werden, ist schon
Grund genug, sich vor diesem Vorschlag zu fürchten und die daraus entstehende Kontroverse sorgfältig zu verfolgen. Leider schließen sich Brasilien, Indien und Südafrika derzeit China und Russland an.[258]

Unternehmen und staatliche Behörden entwickeln zum Schutz ver-
traulicher und wichtiger Informationen mittlerweile sogenannte »Darknets«, geschlossene Netzwerke, die nicht online sind.[259] Einige Internetfirmen, allen voran Facebook, das mittlerweile eine Milliarde Nutzer hat
und Anonymität nicht zulässt, verfolgen den Ansatz eines »Walled Garden«, in dem ein Teil der Informationen vom Rest des Internets abge-
trennt ist.[260]

Zusätzlich versuchen einige Unternehmen, die einen Internetzugang
und gleichzeitig hochwertige Inhalte verkaufen, ähnliche Inhalte ihrer
Konkurrenten auszubremsen oder zu verteuern.[261] Natürlich muss über
eine Kostenumlage für den Breitbandausbau gesprochen werden, doch
auch dieser potenzielle Interessenkonflikt ist ein wichtiges Thema für die
Zukunft des Internets und zudem Anlass für den Ruf nach Gesetzen zur
Netzneutralität, die freie Meinungsäußerung und freien Wettbewerb gewährleistet.[262]

Die Versuche einiger Unternehmen, die Daten im Internet unter ihre
Kontrolle zu bringen, ließen viele befürchten, das Internet könnte sich
eines Tages in eine Vielzahl einzelner Netzwerke aufteilen. Das ist allerdings unwahrscheinlich, weil der Nutzen des Internets davon abhängt, ob
die große Mehrheit der Menschen, Firmen und Organisationen in der
Welt auf die eine oder andere Art daran teilhat. Aus eben diesem Grund
ist es zum Scheitern verurteilt, wenn Länder wie China und der Iran versuchen, ihre Bürger von den umstürzlerischen Kräften im globalen Internet abzuschotten.

Das Weltsystem als Ganzes löst sich aus einer alten Ordnung, die einst
auf der Grundlage der Nationalstaaten entwickelt wurde. Niemand be-

zweifelt, dass im Kontext staatlichen Handelns die Nation auch weiterhin die zentrale Einheit sein wird. Doch das Weltgehirn, das beherrschende Informationssystem, das mittlerweile von der gesamten Welt genutzt wird, bringt einen Einigungsdruck mit sich – genau wie die Druckerpresse zur Einigung von Nationalstaaten beitrug. Und die Entscheidungen, mit denen die Welt als Ganzes heute konfrontiert ist, können nicht mehr von einem einzelnen Staat oder einer kleinen Staatengruppe getroffen werden. Nachdem sich die USA zur Führung entschlossen hatten, folgte ihnen die Welt viele Jahrzehnte lang. Nun allerdings verteilt sich mit den digitalen Informationen auch die Macht zur Gestaltung der globalen Zukunft über den gesamten Erdball. Die Folge ist, dass sich das Weltgehirn nur schwer zu einer Entscheidung durchringen kann.

Machtfragen

Kriegführung verändert sich
- Cyberkrieg
- Drohnen und Roboter
- Privatisierung von Kampfhandlungen
- Abnehmende Zahl von Konflikten
- Weitergabe von Atomwaffen bleibt eine große Bedrohung
- Enorme Macht für Einzelpersonen und kleine Gruppen durch Technologie

Umverteilung auf viele neu entstehende Zentren
- Aufstrebende Volkswirtschaften
- Verfügbare technologische Produktivität
- Machtverschiebung von West nach Ost

Dysfunktionale Weltregierung
- Mangel an Führungskraft
- Keine eindeutige Alternative zu den USA
- Internationale Abkommen werden zu »Zombies«
- Nach dem Zweiten Weltkrieg entstandene Institutionen mit Problemen

Aufstieg der Unternehmen
- Unternehmen als natürliche Personen
- Die Demokratie wurde »gehackt«

Vermutlich drohendes Scheitern der EU
- Währungsunion ohne politische Union als Konstruktionsfehler
- Deutschland stimmt Transferzahlungen möglicherweise zu
- Zunahme von Herkunftsdenken und Neofaschismus
- Erneutes Konfliktpotenzial in Europa

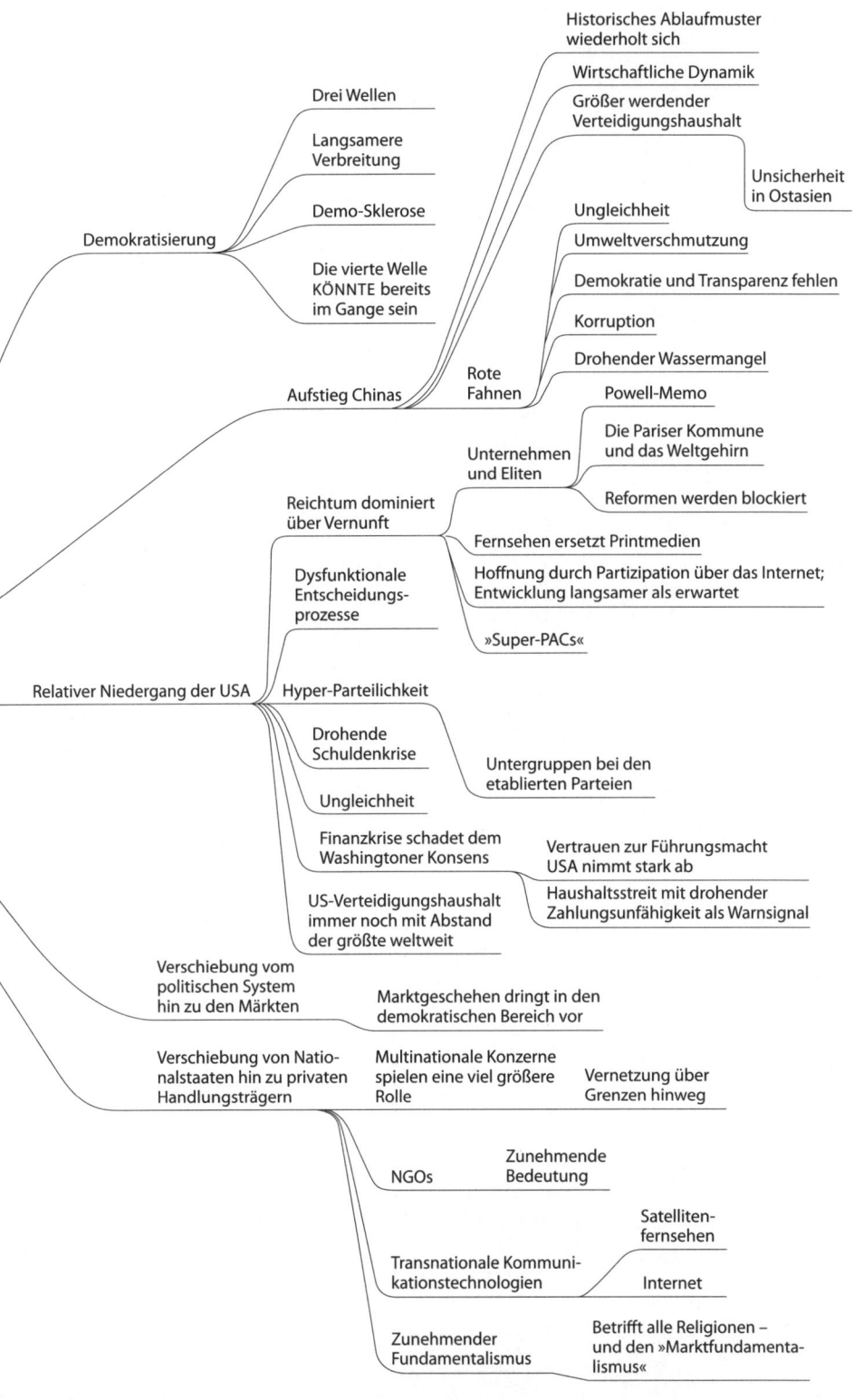

Demokratisierung
- Drei Wellen
- Langsamere Verbreitung
- Demo-Sklerose
- Die vierte Welle KÖNNTE bereits im Gange sein

Aufstieg Chinas
- Rote Fahnen
  - Historisches Ablaufmuster wiederholt sich
  - Wirtschaftliche Dynamik
  - Größer werdender Verteidigungshaushalt
  - Unsicherheit in Ostasien
  - Ungleichheit
  - Umweltverschmutzung
  - Demokratie und Transparenz fehlen
  - Korruption
  - Drohender Wassermangel

Relativer Niedergang der USA
- Reichtum dominiert über Vernunft
  - Unternehmen und Eliten
    - Powell-Memo
    - Die Pariser Kommune und das Weltgehirn
    - Reformen werden blockiert
- Dysfunktionale Entscheidungsprozesse
  - Fernsehen ersetzt Printmedien
  - Hoffnung durch Partizipation über das Internet; Entwicklung langsamer als erwartet
  - »Super-PACs«
- Hyper-Parteilichkeit
  - Untergruppen bei den etablierten Parteien
- Drohende Schuldenkrise
- Ungleichheit
- Finanzkrise schadet dem Washingtoner Konsens
  - Vertrauen zur Führungsmacht USA nimmt stark ab
- US-Verteidigungshaushalt immer noch mit Abstand der größte weltweit
  - Haushaltsstreit mit drohender Zahlungsunfähigkeit als Warnsignal

Verschiebung vom politischen System hin zu den Märkten
- Marktgeschehen dringt in den demokratischen Bereich vor

Verschiebung von Nationalstaaten hin zu privaten Handlungsträgern
- Multinationale Konzerne spielen eine viel größere Rolle
  - Vernetzung über Grenzen hinweg
- NGOs
  - Zunehmende Bedeutung
- Transnationale Kommunikationstechnologien
  - Satellitenfernsehen
  - Internet
- Zunehmender Fundamentalismus
  - Betrifft alle Religionen – und den »Marktfundamentalismus«

3

MACHTFRAGEN

WIR ERLEBEN DIE ENTSTEHUNG der ersten weltumspannenden Kultur mit einer fest verzahnten Weltwirtschaft und einem digitalen Netzwerk, das den ganzen Planeten umfasst. Das Wissen und die wirtschaftliche Macht sind verglichen mit dem Aufkommen des Buchdrucks und der industriellen Revolution vervielfacht und werden viel weiter und rascher verteilt. Deshalb unterliegt auch das politische Gleichgewicht in der Welt einem massiven Wandel in einem Ausmaß, das es seit der Verbindung Europas mit dem amerikanischen Doppelkontinent und Asien auf dem Seeweg vor fünfhundert Jahren nicht mehr gegeben hat.

Das Machtgleichgewicht zwischen den Nationen verändert sich deshalb dramatisch. So wie die industrielle Revolution Westeuropa und die Vereinigten Staaten die Weltwirtschaft dominieren ließ, verschiebt die Entstehung der Welt AG die wirtschaftliche Macht von West nach Ost und verbreitet sie in den neuen wachstumsorientierten Volkswirtschaften, die sich überall auf der Welt entwickeln. Das gilt ganz besonders für China, das die Vereinigten Staaten als Dreh- und Angelpunkt der Weltwirtschaft überholt. Was noch wichtiger ist: Die Entstehung des Weltgehirns verändert viele der sozialen und politischen Voraussetzungen, auf denen das System der Nationalstaaten beruhte, so wie sich einst mit dem Aufkommen der Druckerpresse diese Nationalstaaten als die dominierende Form politischer Organisation entwickelten. Einige Quellen der Macht, über die Nationalstaaten traditionell verfügten, befinden sich heute nicht mehr fest unter deren exklusiver Kontrolle. Unsere individuellen politischen Identitäten sind zwar vor allem national verankert, und das wird auch noch lange so bleiben, aber die gleichzeitig ablaufende Globalisierung von Informationen und Märkten gibt privaten Handlungsträgern – unter anderem auch multinationalen Unternehmen, vernetzten Unternehmern und Milliarden von Einzelpersonen aus der weltweiten Mittelschicht – Macht in die Hand, die früher nationalen Regierungen vorbehalten war.

Keine Nation kann diesen machtvollen Änderungswellen entgehen, indem sie einseitig ihr eigenes Konzept durchzusetzen versucht. Die Entscheidungen, die für unsere Zukunft am wichtigsten sind, betreffen heute die ganze Welt. Die Verhandlungen über das politische Vorgehen und dessen weltweite politische Umsetzung sind aber nach wie vor das exklusive Vorrecht der Nationalstaaten. Daher ist das Streben nach einem weltweiten Konsens innerhalb der internationalen Staatengemeinschaft, der das Ziel verfolgt, eine Politik zu verwirklichen, mit der menschliche Werte geschützt werden, der einzig gangbare Weg, mit dem wir die Kontrolle über unser eigenes Schicksal wiedererlangen können. Und der größte Teil der Welt hat sich seit dem Ende des Zweiten Weltkriegs – zumindest bis vor Kurzem – an der Führungskraft der Vereinigten Staaten orientiert, wenn ein solcher Konsens gefragt war.

Viele Menschen befürchten jedoch, dass die Führungsfähigkeit der USA in der Weltpolitik vergleichsweise abnimmt. China wurde im Jahr 2010 zur führenden Industrienation der Welt und beendete damit eine 110 Jahre anhaltende amerikanische Vorherrschaft. Robert Allen, ein Wirtschaftshistoriker am Nuffield College in Oxford, sagte, dieser Meilenstein markiere das »Ende eines fünfhundert Jahre umfassenden Zyklus der Wirtschaftsgeschichte«.[1] Wenn Chinas gesamte Wirtschaftskraft noch in diesem Jahrzehnt diejenige der Vereinigten Staaten übertrifft, bedeutet dies, dass zum ersten Mal seit dem Jahr 1890 eine andere Volkswirtschaft der Welt größer ist als die amerikanische.[2]

Schlimmer noch: Die Entscheidungen der US-Regierung waren seit 1890 nicht mehr so schwach, fehlgesteuert und unterwürfig gegenüber Unternehmens- und anderen Sonderinteressen wie in jüngerer Zeit. Das Ausmaß der Gefahr, die von diesem Niedergang der amerikanischen Demokratie ausgeht, wird von breiten Bevölkerungskreisen nach wie vor noch nicht verstanden. Bei Entscheidungen der US-Regierung hat die Unterordnung einer auf Vernunftgründen beruhenden Analyse unter den Einfluss von Reichtum und Macht zu katastrophal schlechten politischen Entschlüssen geführt, zu von geistiger Unbeweglichkeit geprägten Entscheidungen und einer erheblichen Schwächung des amerikanischen Gewichts weltweit.

Selbst ein relativer Verfall der herausragenden Stellung der USA im Weltsystem hat erhebliche Konsequenzen. Sie bleiben »die unverzichtbare Nation«, wenn es gilt, das Potenzial für vermeidbare Konflikte zu verringern – Schifffahrtswege offenzuhalten, Terrorgruppen zu überwachen und zu bekämpfen und eine Vermittlerrolle in Spannungsgebieten wie dem Nahen Osten und Ostasien sowie in Regionen zu spielen, in denen es (wie etwa in Europa) ohne starke amerikanische Führung zu neuen Spannungen kommen könnte. Die Vereinigten Staaten haben – neben vielen anderen Rollen – auch Verantwortung für die Aufrechterhaltung einer relativen Stabilität im internationalen Währungssystem übernommen und bei regelmäßig auftretenden Krisen des Marktes Gegenmaßnahmen organisiert.

Der Niedergang des politischen Systems der USA sorgt gegenwärtig jedoch für ein gefährliches Defizit bei der Regierungsführung im Weltsystem und für eine Handlungslücke bei den Problemen, die gelöst werden müssen. Und es fehlt an der für erfolgreiches Handeln benötigten Vorstellungskraft und Kooperation. Das ist der wirkliche Dreh- und Angelpunkt im weltweiten Mächtegleichgewicht von heute – und er ist dringend reparaturbedürftig. Da es an einer starken Führung durch die USA mangelt, ist die Staatengemeinschaft offensichtlich nicht mehr in der Lage, sich international zu einigen und zu koordinieren. Auf Regierungsebene bleiben Beschlüsse aus, die für die Lösung weltweiter Probleme vonnöten sind.

Die Konferenzen der G20 (die heute mehr Aufmerksamkeit finden als die G8) sind heute nicht viel mehr als eine Abfolge jährlicher Gelegenheiten zur Veröffentlichung von Pressemitteilungen für die führenden Vertreter der Mitgliedsnationen. Ihre Gewohnheit, aufeinander abgestimmte farbenfrohe Hemden zu tragen, die für das Modemotiv der Gastgebernation stehen, erinnert an das Andersen-Märchen, bei dem das Kind feststellt, dass der Kaiser keine Kleider trägt. In diesem Fall ist es nur so, dass es für die Kleider keinen Kaiser gibt.

Multilaterale Verhandlungsrunden, die einst mit großen Hoffnungen verbunden waren – zum Beispiel die Doha-Runde zum Welthandel (begonnen im Jahr 2001) und das Kyoto-Protokoll (begonnen 1997) –, werden heute mitunter als »Zombies« bezeichnet, und das liegt vor allem an Entscheidungen der US-Regierung, die sich an den Vorgaben mächtiger Unternehmensinteressen im eigenen Land orientierten. Das bedeutet, dass diese Gespräche weder lebendig noch tot sind. Sie taumeln nur noch vor sich hin und erschrecken die Menschen. Auch das Seerechtsübereinkommen der Vereinten Nationen befindet sich in einem solchen Zustand der Stagnation – die USA sind ihm bis heute nicht beigetreten.

Die globalen Institutionen, die nach dem Zweiten Weltkrieg unter Führung der USA gegründet wurden – die Vereinten Nationen, die Weltbank, der Internationale Währungsfonds und die Welthandelsorganisation (das ehemalige Allgemeine Zoll- und Handelsabkommen, GATT) –, sind heute weitgehend ineffektiv, weil der weltweite Wandel die geopolitischen Annahmen erschüttert hat, auf denen sie einst beruhten. Die wichtigste dieser Annahmen ging von einer weltweiten Führungsrolle der USA aus.

Diese Institutionen funktionierten oft gut, solange die Vereinigten Staaten die für ihren Betrieb notwendige Weitsicht beisteuerten und solange der größte Teil der Welt darauf vertraute, dass die US-Führungskraft die Weltgemeinschaft in eine für alle nutzbringende Richtung lenken werde. Die politische Macht eines Landes wird erheblich gestärkt, wenn die von ihr verfolgten Ziele als dem allgemeinen Interesse dienend wahrgenommen werden. Wenn jedoch der Eindruck entsteht, dass die als weltweite Führungsmacht auftretende Nation in erster Linie die eigenen, enger gefassten Interessen im Blick hat – zum Beispiel die wirtschaftlichen Zukunftsaussichten der eigenen Unternehmen –, schränkt das ihre Führungsfähigkeit ein.

Diese multilateralen Institutionen sehen sich knapp siebzig Jahre nach ihrer Gründung der Kritik von Entwicklungsländern, Umweltschützern und Fürsprechern der Armen ausgesetzt, die sich an dem festmacht, was viele Menschen als »Demokratiedefizit« empfinden. Die Weltbank wie auch der Internationale Währungsfonds brauchen die Unterstützung von 85 Prozent der Stimmrechte ihrer Mitgliedsländer.[3] Da die Vereinigten Staaten allein in beiden Organisationen über mehr als 15 Prozent der Stimmrechte verfügen, kommt ihnen bei allen Entscheidungen ein effektives Vetorecht zu.[4] Manche Länder fragen auch, warum Frankreich und Großbritannien immer noch zu den nur fünf ständigen Mitgliedern des Weltsicherheitsrats der Vereinten Nationen zählen, während das für Brasilien, dessen Bruttoinlandsprodukt größer ist als das beider Länder, und Indien, dessen Bruttoinlandsprodukt größer ist als das von Frankreich und Großbritannien zusammengenommen und das schon bald das bevölkerungsreichste Land der Erde sein wird, nicht gilt.[5]

Der erhebliche Vertrauensverlust der Führungsmacht USA hat, vor allem seit der Wirtschaftskrise von 2007/08, die Verschiebung des weltweiten Machtgleichgewichts beschleunigt. Manche Experten sagen die

Entstehung eines neuen Gleichgewichts voraus, in dessen Zentrum sich die Vereinigten Staaten und China die Macht teilen. Manche bezeichnen diese Konstellation vorauseilend bereits als die »G2«.[6]

Relativer oder absoluter Niedergang?

ANDERE EXPERTEN SAGEN DAGEGEN eine instabile und gefährlichere multipolare Welt voraus. Am wahrscheinlichsten ist wohl, dass die zunehmende Integration globaler Märkte und Informationsströme zu einer längeren Periode der Ungewissheit führt, bis sich in den weltweiten Machtverhältnissen ein neues, komplexeres Gleichgewicht herausgebildet hat, das sich überhaupt nicht mehr durch Machtzentren definieren lässt. Die alte Aufteilung der Welt in reiche und arme Nationen verändert sich, weil viele ehemals arme Nationen heute ein größeres Wirtschaftswachstum vorzuweisen haben als die wohlhabenden Industrieländer. Der Abstand zwischen diesen sich rasch entwickelnden und herausbildenden Volkswirtschaften auf der einen Seite und den wohlhabenden, gut entwickelten auf der anderen Seite verkleinert sich, und die wirtschaftliche wie auch die politische Macht verschieben sich nicht einfach von West nach Ost, sondern werden über die ganze Welt verteilt: auf São Paulo, Mumbai, Jakarta, Seoul, Taipeh, Istanbul, Johannesburg, Lagos, Mexiko-Stadt, Singapur und Beijing.

Wie auch immer das neue Machtgleichgewicht aussehen mag, die Konfiguration wird von der Klärung mehrerer wichtiger Ungewissheiten abhängen, die die Zukunft der Vereinigten Staaten, Chinas und der Nationalstaaten insgesamt betreffen: Erstens geht es darum, ob sich die USA wirklich in einer Zeit des Niedergangs befinden. Wenn dem so ist, wäre zu fragen: Ist der Niedergang umkehrbar? Und wenn nicht: Ist das nur ein relativer Vorgang im Vergleich zu anderen Nationen, oder besteht die Gefahr eines absoluten Niedergangs? Wird China zweitens die gegenwärtigen Wachstumsraten beibehalten, oder sind Schwächen in den Grundlagen feststellbar, auf denen sein Wohlstand gegenwärtig errichtet wird? Schließlich ist da noch die Frage, ob die Nationalstaaten insgesamt im Zeitalter von Welt AG und Weltgehirn relativ an Macht verlieren.

Unter Wissenschaftlern herrscht eine lebhafte Diskussion über die Frage, ob sich die Vereinigten Staaten überhaupt im Niedergang befinden.

Der geopolitische Machtverlust der USA ist schon sehr viel länger immer wieder diskutiert worden, als vielen Amerikanern bewusst ist. Schon bevor die USA zum mächtigsten Land der Erde wurden, gab es immer wieder Warnungen vor einem Schwinden der amerikanischen Macht.[7] Manche Menschen vertreten die Ansicht, dass die Besorgnis, China könnte die Vereinigten Staaten auch bei anderen Ausprägungen der Macht überholen, nicht nur bei der bloßen Wirtschaftsleistung, nur ein weiteres Beispiel für frühere Bedenken seien. Wie zum Beispiel jene, die in den 1970er- und 1980er-Jahren im Zusammenhang mit der Japan AG laut wurden, oder welche aus noch früheren Zeiten, als man die Sowjetunion in den 1950er- und 1960er-Jahren als Bedrohung der US-Vorherrschaft empfand.

Viele strategische Denker hatten nach dem Ende des Zweiten Weltkriegs über ein Jahrzehnt lang die Sorge, die USA könnten ihre Stellung als führende Weltmacht rasch wieder einbüßen.[8] Diese Befürchtungen wuchsen, als auch die UdSSR zur Atommacht wurde und ihren Zugriff auf Ost- und Mitteleuropa verstärkte. Der Start des Sputniks im Jahr 1957 machte die UdSSR zur ersten Nation im Weltraum, und die von den Theoretikern des Niedergangs betätigten Alarmglocken erklangen umso lauter.

Viele der Alarmrufe, die gegenwärtig zum Niedergang der amerikanischen Macht zu vernehmen sind, beruhen auf einem Vergleich zwischen unseren derzeitigen Schwierigkeiten und einem nur unzulänglich in Erinnerung gebliebenen Gefühl dafür, wie vollständig die USA in der zweiten Hälfte des 20. Jahrhunderts die weltweiten Entscheidungsprozesse vermeintlich dominierten. Eine realistischere und besser strukturierte Sichtweise würde berücksichtigen, dass es noch nie ein goldenes Zeitalter gab, in dem amerikanische Pläne ohne Widerstand und ohne zahlreiche Fehlschläge erfolgreich umgesetzt wurden. Man sollte sich auch daran erinnern, dass der US-Anteil an der weltweiten Wirtschaftsleistung zwar von 50 Prozent Ende der 1940er-Jahre auf rund 25 Prozent zu Beginn der 1970er zurückging,[9] aber in den letzten vierzig Jahren auf diesem Niveau verblieb.[10] Die Zunahme des chinesischen Anteils am weltweiten Bruttoinlandsprodukt und das wirtschaftliche Erstarken anderer sich herausbildender und entwickelnder Volkswirtschaften gingen weitgehend auf Kosten Europas und nicht der Vereinigten Staaten.[11]

Der Aufstieg der USA zur dominierenden Weltmacht begann im frühen 20. Jahrhundert, als sie erstmals zur größten Volkswirtschaft der Welt wurden,[12] als Präsident Theodore Roosevelt ihre diplomatische und militärische Macht in aggressiver Manier ausübte und als das Land unter Präsident Woodrow Wilson die entscheidende Rolle beim Ausgang des Ersten Weltkriegs übernahm. Und natürlich gingen die Vereinigten Staaten als Sieger aus dem europäischen wie auch aus dem pazifischen Kriegsschauplatz hervor und waren als führende Weltmacht anerkannt, nachdem sie im Zweiten Weltkrieg den entscheidenden wirtschaftlichen und militärischen Beitrag zum Sieg über die Achsenmächte geleistet hatten. Die Volkswirtschaften der europäischen Staaten waren durch den Krieg verwüstet und erschöpft, die Wirtschaft Japans und Deutschlands war zerstört worden. Die Sowjetunion, die hundertmal so viele Tote zu beklagen hatte wie die Vereinigten Staaten, war geschwächt worden.[13] Sie mochte noch unter Lenin nach der Rolle einer moralischen Autorität und Gegenspielerin gestrebt haben, aber all das war durch Stalins Pakt mit Hitler 1939 und seine außergewöhnliche Grausamkeit und Brutalität gegenüber dem eigenen Volk längst zerstört worden.[14]

Die Vereinigten Staaten handelten rasch und übernahmen in der Nachkriegszeit eine wichtige Führungsrolle bei der Gründung der Institutionen, die für eine Weltordnung und Weltregierung sorgen sollten. Dazu gehörten auch das Abkommen von Bretton Woods, mit dem der Dollar zur weltweiten Leitwährung erhoben wurde,[15] und eine Reihe regionaler Militärbündnisse zur Selbstverteidigung, deren wichtigstes die NATO war, das Nordatlantische Verteidigungsbündnis. Die USA wuchsen in eine von noch stärkerer Dominanz geprägte Rolle hinein, indem sie Hilfsleistungen und großzügige Handelsabkommen anboten, die den Zugang zu US-Märkten ermöglichten. Und die Vereinigten Staaten warben in den nichtkommunistischen Teilen der Welt für einen demokratischen Kapitalismus.

Sie beschleunigten die wirtschaftliche und politische Integration Europas durch ihre Vermittlerrolle bei der Gründung der Montanunion (der Europäischen Gemeinschaft für Kohle und Stahl, EGKS), die sich später dann zur Europäischen Wirtschaftsgemeinschaft und schließlich zur Europäischen Union weiterentwickelte.[16] Und der visionäre wie großzügige Marshallplan brachte den vom Zweiten Weltkrieg zerstörten Ländern Europas Wohlstand und förderte das Engagement für Demokratie und regionale Integration. Der US-Außenminister Cordell Hull, den Franklin D. Roosevelt als »Vater der Vereinten Nationen«[17] bezeichnete, war ein Befürworter eines freieren und grenzüberschreitenden Handels in

Europa und der Welt. Er war überzeugt, dass »Armeen zu Hause bleiben, wenn Waren die Grenzen überqueren«.[18] Die Vereinigten Staaten stärkten auch ihre Vormachtstellung in Asien, indem sie den Wiederaufbau, die Demokratisierung und die Entmilitarisierung Japans beaufsichtigten.

Die Sowjetunion wurde 1949 zur zweiten Atommacht der Welt, China wurde nach dem Sieg Mao Tse-tungs kommunistisch, und ein vier Jahrzehnte anhaltender Kalter Krieg erlegte allen Handlungen im Weltgeschehen eine eigene Dynamik auf. Das atomare Patt zwischen den USA und der UdSSR war begleitet von einer weltweiten Auseinandersetzung zwischen zwei Ideologien mit konkurrierenden Vorstellungen für die Gestaltung von Politik und Wirtschaftsleben.

Das weltweite Machtgleichgewicht war mehrere Jahrzehnte lang von ständigen Spannungen zwischen diesen beiden einander gegenüberstehenden Polen bestimmt. Auf der einen Seite führten die Vereinigten Staaten ein Bündnis von Nationen, das die sich erholenden Demokratien Westeuropas und ein wiederaufgebautes Japan umfasste, und all diese Länder vertraten eine Ideologie des demokratischen Kapitalismus. Den anderen Pol besetzte die Union der Sozialistischen Sowjetrepubliken, die eine zur Zwangsmitgliedschaft verpflichtete Gruppe von Ländern in Mittel- und Osteuropa bei der Propagierung der Ideologie des Kommunismus anführte. Hinter dieser verkürzten Darstellung verbirgt sich natürlich eine komplexere Dynamik, aber diese übergeordnete Auseinandersetzung prägte so gut wie jeden politischen und militärischen Konflikt auf der ganzen Welt.

Die Sowjetunion konnte letztlich mit der wirtschaftlichen Stärke der Vereinigten Staaten nicht mehr mithalten (und war nicht in der Lage, ihre Kommandowirtschaft und autoritäre politische Kultur an die Anfangsphase der IT-Revolution anzupassen) und brach zusammen. Mit dem Fall der Berliner Mauer 1989 und dem Auseinanderbrechen der Sowjetunion zwei Jahre danach (als sich Russland selbst von der UdSSR löste) verschwand der Kommunismus als ernsthafter ideologischer Konkurrent aus der Welt.

DIE WELTWEITE HEGEMONIE der USA erreichte ihren Höhepunkt, und die Ideologie des demokratischen Kapitalismus fand so weite Verbreitung, dass ein politischer Philosoph spekulierte, wir erlebten »das Ende der Geschichte«[19] – was mit dem Gedanken verbunden war, es sei nicht mehr mit dem Auftreten einer weiteren Herausforderung für die Demokratie oder den Kapitalismus zu rechnen.

Dieser ideologische und politische Sieg verschaffte den Vereinigten Staaten die einhellige Anerkennung als führende Macht in einer – zumindest für einen kurzen Zeitraum – scheinbar unipolaren Welt. Aber hinter der oberflächlichen Kennzeichnung verbargen sich einmal mehr komplexe Veränderungen, die mit einer Verschiebung des Machtgleichgewichts verbunden waren.

Der Sowjetkommunismus hatte lange vor dem Beginn des Zweiten Weltkriegs eine grundlegende Erkenntnis zum Thema Macht aus dem Blick verloren, die von den Gründervätern der Vereinigten Staaten eindeutig verstanden worden war: Wenn bei einer kleinen Gruppe von Personen zu viel Macht konzentriert ist, korrumpiert das deren Urteilskraft wie auch ihre Menschlichkeit.

Die amerikanische Demokratie beruhte im Gegensatz dazu auf einem hochdifferenzierten Verständnis der menschlichen Natur, auf der überlegenen Qualität der Entscheidungsfindung, die in einem Rahmen anzutreffen ist, der heute mitunter als die Weisheit der Menge bezeichnet wird, und auf den aus der Geschichte der römischen Republik gezogenen Lehren zu den Gefahren, die der Demokratie aus einer zentralisierten Macht erwachsen. Gefährliche Machtkonzentrationen galten als schädlich für den Fortbestand der Demokratie. Also wurde die Macht in konkurrierende Bereiche aufgeteilt, die sich gegenseitig überprüfen und ausbalancieren sollten. Das Ziel war ein sicheres Gleichgewicht, in dessen Rahmen die Einzelpersonen von ihrer Rede- und Versammlungsfreiheit Gebrauch machen und ihren Glauben ausüben konnten.

Die Überzeugungskraft, mit der eine Nation anderen ihre Führungsrolle schmackhaft machen kann, wird oft sehr stark von ihrer moralischen Autorität beeinflusst. Im Fall der Vereinigten Staaten trifft es unbestreitbar zu, dass die mit der Staatsgründung verbundenen Grundsätze seit der Ratifizierung der Verfassung und der Bill of Rights in den Jahren 1790/91 in den Herzen und im Denken von Menschen auf der ganzen Welt ihren Widerhall gefunden haben, ganz gleich, in welchem Land sie lebten und leben.

Die Demokratie verbreitete sich seit dem Ende des 18. Jahrhunderts in drei Wellenbewegungen über die Welt.[20] Aus der ersten, sich an die amerikanische Revolution anschließenden Welle gingen 29 Demokratien hervor.[21] Als Simón Bolívar, der »große Befreier«, in den zwei Jahrzehnten nach der amerikanischen Staatsgründung demokratische Revolutionen in Südamerika anführte, trug er ein Bild George Washingtons in der Brusttasche bei sich.[22]

Es folgte eine Zeit des Niedergangs, in der die Zahl der Demokratien bis zum Beginn des Zweiten Weltkriegs auf zwölf zurückging.[23] Die zweite Welle der Demokratisierung nach 1945 ließ die Zahl der Demokratien auf 36 anschwellen,[24] aber auf diese Expansion folgte ein abermaliger Rückgang auf 30 in der Zeit von 1962 bis Mitte der 1970er-Jahre.[25] Die dritte Welle setzte Ende der 1970er-Jahre ein und beschleunigte sich nach dem Zusammenbruch des Kommunismus im Jahr 1989.[26] In den Vereinigten Staaten selbst wurde eine Auseinandersetzung über politische Konzepte geführt, die für die in der amerikanischen Verfassung verankerten höheren Werte eintraten – zum Beispiel über die Freiheitsrechte des Einzelnen –, was oft zugunsten der Wirtschaftsinteressen und des Kalküls der Realpolitik ausging. Als die Länder Westeuropas ihren Kolonien in Übersee nach und nach die Unabhängigkeit gewährten und sich aus den Einflusssphären zurückzogen, die sie in der Zeit des Imperialismus aufgebaut hatten, füllten die Vereinigten Staaten das dadurch entstandene Machtvakuum teilweise wieder aus. Sie erweiterten ihre Hilfeleistungen und nahmen wirtschaftliche, politische sowie militärische Beziehungen zu vielen der eben erst unabhängig gewordenen Nationen auf. Als die USA befürchteten, der Rückzug Frankreichs aus seiner Kolonie Vietnam könnte zur Expansion einer – wie sie manche Beobachter kommen sahen – quasi-monolithischen kommunistischen Einflusssphäre führen, trug diese falsche Bewertung von Ho Chi Minhs zutiefst nationalistischer Motivation zu der tragischen Fehleinschätzung bei, die dann zum Vietnamkrieg führte.

Die Vereinigten Staaten festigten dennoch ihre Führungsrolle in der Welt, trotz des strategischen Fehlers in Vietnam (der auf das frühe, langfristige und kostspielige Patt im Koreakrieg folgte), trotz ungeschickter Militärinterventionen in Lateinamerika und anderer schwieriger Probleme. Das beispiellose Anwachsen des Wohlstands in den USA in den Jahrzehnten nach dem Zweiten Weltkrieg machte das Land – zusammen mit seinem beharrlichen Eintreten für die Freiheit – zu einem richtungsweisenden Vorbild für andere Nationen. Man kann sich kaum vorstellen, dass Menschenrechte und Selbstbestimmung in der Zeit nach dem Zweiten Weltkrieg auch ohne die dominierende Rolle der USA solche Fortschritte gemacht hätten.

In jüngerer Zeit hat sich die Ausbreitung der Demokratie verlangsamt. Seit der Finanzmarktkrise von 2007 bis 2008 hat die Zahl der demokratisch regierten Länder abgenommen,[27] und die Qualität sowie das Ausmaß der Demokratie in einigen weiteren Ländern haben sich verschlechtert – ebenso in den Vereinigten Staaten. Auch wenn die Welt sich immer noch in einer »demokratischen Rezession« befindet, glauben einige Beobachter, der Arabische Frühling und andere via Internet gestärkte demokratische Bewegungen könnten das Einsetzen einer vierten Welle der Demokratisierung anzeigen, obwohl die bisherigen Ergebnisse bestenfalls als unklar zu bezeichnen sind.[28]

Wer allerdings zum jetzigen Zeitpunkt einen absoluten Niedergang der Macht der USA vorhersagt, handelt auf jeden Fall voreilig. Zu den positiven Anzeichen dafür, dass die Vereinigten Staaten auch ihren relativen Niedergang bremsen können, zählt das amerikanische Universitätssystem – es ist nach wie vor das mit Abstand beste der Welt. Die Risiko-Investment-Kultur macht die USA weiterhin zur stärksten Quelle von Innovation und Kreativität. Der prozentuale Anteil des US-Verteidigungshaushalts am Bruttoinlandsprodukt ist derzeit zwar niedriger als in den meisten Jahren seit dem Ende des Zweiten Weltkriegs, aber in absoluten Zahlen ist er auf dem höchsten Niveau seit 1945.[29] Die Streitkräfte der USA sind noch immer die stärkste, (vom besten Offizierskorps) am besten ausgebildete und ausgerüstete und die am großzügigsten finanzierte Streitmacht, die die Welt je gesehen hat. Ihr jährliches Budget entspricht den addierten Budgets der 50 nächstgrößten Streitkräfte der Welt und ist fast so hoch wie die gesamten Militärausgaben aller übrigen Staaten der Welt zusammengenommen.[30]

WÄHREND MEINER AMTSZEITEN im Kongress und im Weißen Haus habe ich – als jemand, der oft als gegenüber den Streitkräften positiv eingestellter Demokrat bezeichnet wurde – gesehen, wie wertvoll es für die Vereinigten Staaten und die Sache der Freiheit gewesen ist, an einer unangefochtenen militärischen Überlegenheit festzuhalten. Die militärischen Ressourcen der USA sind allerdings nach einem Jahrzehnt mit Kampfeinsätzen in zwei scheinbar nicht enden wollenden Kriegen – bei gleichzeitigen umfangreichen Stationierungen in Europa und Asien – bis an die Grenze der Belastbarkeit beansprucht. Und der relative Niedergang der amerikanischen Wirtschaftsmacht und des Wohlstands im Land zwingt mit Blick auf einen so umfangreichen Verteidigungshaushalt allmählich zu einer Neubesinnung.

Die gleichen weltweiten Trends, die die produktiven Tätigkeiten über die ganze Welt AG verteilt und Menschen aller Länder zum Weltgehirn verbunden haben, streuen auch die kriegswichtigen Technologien, die früher von Nationalstaaten monopolisiert wurden. Zum Beispiel ist die Fähigkeit zu zerstörerischen Cyberattacken heutzutage im Internet weitverbreitet.

Einige der für eine gewaltsame Austragung von Konflikten benötigten Mittel werden heute Robotern übertragen und ausgelagert. Der Einsatz von Drohnen und anderen halbautonomen Roboterwaffen nahm im Verlauf der Kriege im Irak und in Afghanistan dramatisch zu. Die US-Luftwaffe bildet inzwischen mehr Piloten für unbemannte Kampfgeräte aus als für bemannte Kampfflugzeuge.[31] (Die Drohnen-Piloten leiden interessanterweise im gleichen Umfang unter posttraumatischen Belastungsstörungen wie die Kampfpiloten, obwohl die Fernsteuerer ihre Tausende von Kilometern entfernten Ziele nur auf einem Bildschirm sehen.)[32]

Streitkräften, die eigentlich das Zielobjekt waren, gelang es in mehreren Fällen, die Steuerung gegen sie eingesetzter Drohnen zu manipulieren. Geheimdienst-Experten stellten im Jahr 2010 fest, dass islamische Kämpfer im Irak sich mithilfe einer für 26 Dollar im Handel frei erhältlichen Software in die von US-Drohnen versendeten unverschlüsselten Videosignale gehackt hatten, sodass sie die gleichen Videobilder in Echtzeit mitverfolgen konnten, die auch an die Drohnen-Steuerer in den USA gesendet wurden. Aufständischen Kämpfern in Afghanistan gelang das gleiche Kunststück, und gegen Ende des Jahres 2011 hackte sich der Iran in das Steuerungssystem einer amerikanischen Tarnkappendrohne und ließ sie auf einem Flugplatz in der iranischen Stadt Kaschmar landen.[33]

Eine neue Generation von Roboterwaffen in der Luft, zu Lande und zu Wasser ist derzeit in der rasch voranschreitenden Entwicklung. Mehr als fünfzig Länder experimentieren momentan mit eigenen halbautonomen militärischen Robotern.[34] (US-Militärjuristen haben eine neue Rechtsauffassung von »Roboterrechten« entwickelt, auf deren Grundlage unbemannte Drohnen und Roboter das Recht erhalten, im Fall einer Bedrohung tödliche Geschosse abzufeuern, so wie ein Kampfpilot das

Recht hat, einen potenziellen Angreifer unter Feuer zu nehmen, sobald er bemerkt, dass ein Suchradar sein Flugzeug erfasst hat.)[35]
Gleichzeitig wird ein Teil der gefährlichen Kampfaufträge ausgelagert. Die Vereinigten Staaten vergaben während des Irakkriegs wichtige Operationen im Kriegsgebiet an private Unternehmen.* In den USA wurde nach dem unpopulären Vietnamkrieg die Wehrpflicht abgeschafft; man stützt sich seitdem auf eine Armee von freiwilligen Berufssoldaten, über die viele Leute sagen, dass sie das amerikanische Volk von einem Teil der Auswirkungen, die Kriege immer auch auf die Gesamtbevölkerung hatten, emotional isoliert.

Das China-Problem

UNTERDESSEN STEIGEN DIE MILITÄRAUSGABEN Chinas, die aber noch immer nur einen Bruchteil des US-Verteidigungsbudgets ausmachen. Doch es gibt Fragen zur Nachhaltigkeit von Chinas gegenwärtigem wirtschaftlichem Aufschwung. Viele Leute meinen, es sei voreilig, eine Zukunft vorauszusagen, in der China zur weltweit führenden Wirtschaftsmacht wird oder auch nur neben den USA im Zentrum des neuen Machtgleichgewichts steht. Diese Skeptiker bezweifeln, dass die sozialen, politischen und wirtschaftlichen Grundlagen Chinas von Dauer sind.[36] Experten verweisen darauf, dass trotz des wirtschaftlichen Fortschritts in China die Verweigerung des Rechts auf freie Meinungsäußerung,[37] die konzentrierte autokratische Macht in Beijing[38] und die ausgeprägte Korruption in Chinas politischem wie auch wirtschaftlichem System[39] Fragen zur Beständigkeit der gegenwärtigen Wachstumsraten aufwerfen.

Gegen Ende 2010 gab es in China zum Beispiel nach Schätzungen 64 Millionen leer stehende Wohnungen.[40] Die Blase in der Bauwirtschaft wurde mit einer Reihe von Gründen erklärt, aber Besucher des Landes haben seit mehreren Jahren auf die große Zahl subventionierter Hochhaus-Wohnblöcke hingewiesen, die rasch hochgezogen werden und anschließend lange Zeit unbewohnt bleiben. Nach Recherchen der amerika-

---

* Söldnerarmeen hat es in der Geschichte der Kriegführung immer gegeben, aber bei einigen langwierigen Konflikten ist ihre Präsenz auffälliger als je zuvor, zum Beispiel bei den Auseinandersetzungen, die zum Tod von 400 000 Menschen in der Demokratischen Republik Kongo geführt haben.

nischen Bank Morgan Stanley sind fast 30 Prozent der in China errichteten Windkraftgeneratoren nicht ans Stromnetz angeschlossen.[41] Viele dieser Anlagen entstanden an abgelegenen Orten, an denen zwar starke Winde wehen, aber keine rentable Möglichkeit für einen Anschluss ans Stromnetz besteht. Chinas Erfolge beim Aufbau der Kapazitäten für die Errichtung erneuerbarer Energiesysteme zu geringen Kosten waren für das Land selbst wie auch für den globalen Markt nützlich. Aber die Windkraftgeneratoren ohne Netzanschluss dienen – wie auch die vielen leer stehenden Wohnblocks – als Warnung dafür, dass einige Trends des chinesischen Wirtschaftswunders möglicherweise nicht im gleichen Tempo fortbestehen werden. Unter den gleichen Verzerrungen durch staatliche Eingriffe leidet auch Chinas Bankenwesen. Einige staatseigene Banken lenken ihre Kreditkontingente in Schwarzmarktdarlehen um, die zu unhaltbaren Wucherzinsen vergeben werden.

Es gibt auch Fragen zu Chinas sozialem und politischem Zusammenhalt in einer Phase, die sich bereits als brisante wirtschaftliche Übergangszeit erwiesen hat, begleitet von der größten Migrationsbewegung der Geschichte im Land selbst[42] und von Umweltverschmutzung in einem fürchterlichen Ausmaß. Exakte Statistiken sind zwar kaum zu bekommen, aber nach Schätzungen von Sun Liping, einem Professor der Tsinghua University, kam es im Jahr 2010 zu »180 000 Protesten, Unruhen und anderen Ereignissen, an denen große Menschenmengen beteiligt waren«.[43] Diese Zahl bedeutet eine Vervierfachung seit dem Jahr 2000.[44] Zahlreiche weitere Berichte bestätigen eine Zunahme sozialer Unruhen als Reaktion auf wirtschaftliche Ungleichheit,[45] unerträgliche Umweltbedingungen[46] sowie aus Opposition gegen die Beschlagnahmung von Eigentum und andere Fälle von Machtmissbrauch durch örtliche und regionale Funktionsträger.[47] Die Löhne wurden in den letzten beiden Jahren deutlich erhöht, zum Teil auch als Reaktion auf die Unzufriedenheit und Unruhe vor allem unter den Wanderarbeitern im Land.[48]

Einige Wissenschaftler haben vor einem westlichen Vorurteil gewarnt, das zu voreiligen Prognosen von Instabilität in Ländern neige, deren Regierungen nicht demokratisch legitimiert seien. Nach Ansicht mancher Experten kann Legitimität in China auch aus anderen Quellen abgeleitet werden als aus dem partizipatorischen Charakter des Systems, was so auch geschieht.[49] Seit der konfuzianischen Zeit wurde Legitimität aus der Sicht der Regierten dann erworben, wenn die praktizierte Politik erfolgreich war und die in Machtpositionen gelangten Personen nach allgemeinem Urteil durch eigenes Verdienst zu ihrer Macht gekommen waren und genügend Weisheit zeigten, um als gute Wahl zu gelten.

GENAU DIESE QUELLEN der Legitimität sind heute in den Vereinigten Staaten am meisten in Gefahr. Der massive Verlust an Vertrauen der Öffentlichkeit zur Regierung auf allen Ebenen – und Vertrauen der Öffentlichkeit zu nahezu allen großen Institutionen – beruht in erster Linie auf der Wahrnehmung, dass es ihnen allen nicht gelingt, eine erfolgreiche Politik mit entsprechenden Ergebnissen zu betreiben. Die früher praktizierte Entscheidungsfindung im demokratischen System der USA, die vor allem auf Vernunftbasis erfolgte, war dessen größte Stärke. Dass die Vereinigten Staaten mit nur 5 Prozent der Weltbevölkerung imstande waren, die Welt so lange zu führen, liegt zu einem erheblichen Grad in der Kreativität, der Kühnheit und der Effektivität begründet, mit der in der Vergangenheit Entscheidungen getroffen wurden.

Das Wirtschaftswachstum in China, das mit den 1978 begonnenen Reformen von Deng Xiaoping einsetzte, wurde nicht nur durch dessen Bekenntnis zu einer chinesischen Variante des Kapitalismus verwirklicht, sondern auch durch seinen intellektuellen Sieg im Zentralkomitee der Kommunistischen Partei Chinas. Dort machte er sich für eine auf Vernunftgründen beruhende Analyse als Rechtfertigung für die Abschaffung des unbrauchbaren kommunistischen Wirtschaftsdogmas stark. Und es hatte auch mit Dengs politischem Geschick zu tun, mit dem es ihm gelang, diesen dramatischen Kurswechsel als eine neuerliche Bestätigung der kommunistischen Doktrin darzustellen. Bei einer Rede vor der »Konferenz über die politische Arbeit in der ganzen Armee« am 2. Juni 1978, in dem Jahr, in dem die Reformen begannen, sagte Deng: »Überlegt mal, Genossen: Die Wahrheit in den Tatsachen zu suchen, bei allem von der Realität auszugehen und die Theorie mit der Praxis zu verbinden, ist das nicht die grundlegende Auffassung der Mao-Tse-tung-Ideen?«[50]

Im Verlauf der ersten beiden Jahrhunderte ihres Bestehens sind die USA zu einer überragenden Position unter den Staaten der Erde aufgestiegen – ein Grund für diese Entwicklung war, dass die amerikanische Demokratie eine enorme Begabung für das »Streben nach Wahrheit durch Tatsachen« bewies. Im Laufe der Zeit brachte sie bessere Entscheidungen und politische Konzepte zur Förderung der nationalen Interessen hervor als die Regierungen aller anderen Staaten. Die intensive Debatte, die sich entwickelt, wenn demokratische Institutionen stabil sind und gut funktionieren, führt zu ideenreicheren und weitsichtigeren Initiativen, als jedes andere Regierungssystem bisher hervorgebracht hat.

Die USA verfügen jedoch leider nicht mehr über eine gut funktionierende Selbstverwaltung. Um es mit einem in der Sprache der Software-Industrie beliebten Ausdruck zu sagen: Die amerikanische Demokratie wurde gehackt. Der Kongress der Vereinigten Staaten – die Verkörperung der demokratisch gewählten gesetzgebenden Körperschaft eines Landes in der modernen Welt – ist heute nicht mehr in der Lage, Gesetze ohne die Genehmigung der Unternehmenslobbys und anderer Interessengruppen zu verabschieden, die das Geld für Wahlkämpfe bereitstellen.

Der lange Arm der Unternehmen

ES IST HEUTZUTAGE ÜBLICH, dass Rechtsanwälte im Auftrag von Unternehmenslobbys bei der Ausarbeitung von Gesetzentwürfen dabei sind und exakte Sprachregelungen zu neuen Gesetzen beisteuern.[51] Das geschieht in der Absicht, Hindernisse für die geschäftlichen Vorhaben der Unternehmen aus dem Weg zu räumen – in der Regel durch die Abschwächung bestehender Gesetze und Bestimmungen, die die Öffentlichkeit vor nachgewiesenen Exzessen und Missbräuchen schützen sollen. In den US-Bundesstaaten werden heute oft routinemäßig Gesetze abgesegnet, die vollständig von Unternehmenslobbys verfasst worden sind.[52]

Als gewählter Volksvertreter und Mitglied der Bundesregierung im letzten Viertel des 20. Jahrhunderts und aufmerksamer Beobachter des politischen Geschehens vor und nach dieser Zeit war ich schockiert und entsetzt darüber, wie schnell Integrität und Effizienz der amerikanischen Demokratie nahezu vollständig zusammenbrachen. Es gab früher schon Zeiten in der amerikanischen Geschichte, in denen Reichtum und Unternehmensmacht die Handlungsweise der Regierung bestimmten, aber man darf besorgt sein, dass es sich diesmal um mehr als nur um ein zyklisch auftretendes Phänomen handelt. Diese Sorge speist sich vor allem aus aktuellen Gerichtsentscheidungen, mit denen die Dominanz und die Herrschaft der Reichen und der Unternehmen institutionalisiert werden.

Diese Verkrüppelung der Demokratie geschieht in einer Zeit radikaler und turbulenter Veränderungen der Weltordnung, in welcher der Bedarf an amerikanischer Fürsprache für demokratische Prinzipien und menschliche Werte so groß ist wie nie zuvor. Ohne mutige und kreative Führung vonseiten der USA werden die wichtigen Entscheidungen, vor denen die Welt steht, wohl kaum gut ausfallen – wenn sie überhaupt getroffen werden. Deshalb ist es ganz besonders wichtig, die Integrität der amerikanischen Demokratie wiederherzustellen. Wenn das gelingen soll, muss man herausfinden, warum sie auf so schlimme Art und Weise vom Weg abkommen konnte. Die Verlagerung der Macht, die von der Demokratie weg- und zu den Märkten und Unternehmen hinführte, hat eine lange Geschichte.

Politische und wirtschaftliche Freiheit haben sich bislang gegenseitig gestärkt. Das neue, im Zeitalter der Druckerpresse entstandene Paradigma beruhte auf dem Grundsatz, dass das Individuum seine eigene Würde besitzt und bei freiem Informationsfluss sein eigenes Schicksal im politischen und wirtschaftlichen Bereich mithilfe der versammelten Weisheit plant, die sich aus der regelmäßigen Wahl von Volksvertretern ergibt – und durch die »unsichtbare Hand« von Angebot und Nachfrage.

Der Kapitalismus hat im Laufe der Geschichte mehr zur politischen und religiösen Freiheit beigetragen als jede andere Wirtschaftsordnung. Doch in der komplexen Ideologie des demokratischen Kapitalismus hat es immer innere Spannungen und gegensätzliche Interessen gegeben, die oft schwer miteinander in Einklang zu bringen waren. Die Gründerväter der Vereinigten Staaten fürchteten die Konzentration politischer Macht, und viele von ihnen sorgten sich auch um die Auswirkungen von zu viel wirtschaftlicher Macht – vor allem in Gestalt von Kapitalgesellschaften – auf die Demokratie.

Die am längsten bestehende Kapitalgesellschaft wurde 1347 in Schweden gegründet,[53] die Rechtsform für Unternehmen wurde allerdings erst im 17. Jahrhundert üblich, als die Niederlande[54] und Großbritannien[55] eine Verbreitung konzessionierter juristischer Personen zuließen, was vor allem der Nutzung von Handelsverbindungen in die und aus den neuen Kolonien in Übersee diente. Nach einer Reihe spektakulärer Betrugsfälle und anderer Vergehen – darunter war der Skandal um die South Sea Company, bei dem der Begriff der (Spekulations-)»Blase«[56] zum ersten Mal in einem wirtschaftlichen Zusammenhang verwendet wurde – verbot das englische Parlament im Jahr 1720 die Kapitalgesellschaften.[57] (Das Verbot wurde erst 1825[58] wieder aufgehoben, als die industrielle Revolution die Kapitalisierung von Eisenbahngesellschaften und anderen gerade gegründeten Firmen, mit denen sich die neuen Technologien nutzen ließen, erforderlich machte.)

Die amerikanischen Revolutionäre kannten diese Vorgeschichte sehr genau und ließen Aktiengesellschaften ursprünglich meist für gemeinschaftliche und wohltätige Zwecke und nur für einen begrenzten Zeitraum zu.[59] Wirtschaftsunternehmen folgten erst später als Reaktion auf den Kapitalbedarf durch die Industrialisierung.

Thomas Jefferson schrieb 1816 an den amerikanischen Senator George Logan aus Pennsylvania und bezog sich dabei auf die Erfahrungen in England: »Ich hoffe, wir lassen uns dies als warnendes Beispiel dienen und zerschmettern bereits in der Entstehungsphase die Aristokratie unserer Kapitalgesellschaften, die heute schon unsere Regierung herausfordert und den Gesetzen unseres Landes Trotz bietet.«[60]

Bereits zwischen 1781 bis 1790 verzehnfachte sich die Zahl der Kapitalgesellschaften und nahm von 33 auf 328 zu.[61] Der Staat New York verabschiedete 1811 dann das erste von vielen Gesetzen,[62] das die Ausbreitung von Unternehmen ohne besondere und eng gefasste Einschränkungen vonseiten der Regierung erlaubte.

Solange die überwältigende Mehrheit der Amerikaner auf Farmen lebte und arbeitete, blieben die Unternehmen relativ klein, und ihr Einfluss auf die allgemeinen Lebens- und Arbeitsbedingungen war begrenzt. Aber während des Bürgerkriegs nahm die Macht der Unternehmen durch die Mobilisierung der Industrie des Nordens,[63] gewaltige Beschaffungsaufträge der Regierung[64] und den Eisenbahnbau erheblich zu.[65] In den Nachkriegsjahren wuchs die Bedeutung der Unternehmen im gesellschaftlichen Leben Amerikas rasch,[66] und dasselbe galt auch für die Bemühungen der Unternehmen um Einfluss auf die Entscheidungen des Kongresses und die staatliche Gesetzgebung.[67]

Die manipulierte Präsidentenwahl von 1876 (umstrittene Wahlmännerstimmen in Florida führten in der Wahlnacht zu einem Patt, was auch an die Präsidentschaftswahl vom 7. November 2000 erinnert)[68] wurde nach den Untersuchungen von Historikern durch Geheimverhandlungen entschieden, bei denen Geld und Einfluss von Unternehmen die entscheidende Rolle spielten.[69] Sie bereiteten die Bühne für eine Phase korrupter

Übereinkünfte, die den neuen Präsidenten Rutherford B. Hayes zu der Klage veranlassten, dass »dies keine Regierung des Volkes, durch das Volk und für das Volk mehr ist. Es ist eine Regierung von Unternehmen, durch Unternehmen und für Unternehmen.«[70]

Die industrielle Revolution gab Amerika ein neues Gesicht, und Arbeitsunfälle in den Fabriken wurden zu etwas Alltäglichem. In den Jahren von 1888 bis 1908 kamen 700 000 amerikanische Industriearbeiter bei Arbeitsunfällen ums Leben[71] – etwa hundert pro Tag.[72] Die Arbeitsbedingungen waren brutal, und die Arbeitgeber versuchten die Löhne so niedrig wie möglich zu halten. Die Bemühungen der Beschäftigten, ihre Lage durch die Organisation von Streiks und die Verabschiedung von Arbeitsschutzgesetzen zu verbessern, führte zu harten Reaktionen vonseiten der Unternehmensinhaber. Private Polizeikräfte gingen rücksichtslos gegen alle Personen vor, die Gewerkschaften zu organisieren versuchten, und Rechtsanwälte sowie Lobbyisten tauchten in Scharen im Washingtoner Kapitol und in den Parlamenten der Bundesstaaten auf.[73]

Als die Unternehmen damit begannen, Lobbyisten für die Einflussnahme auf die Gesetzgebung einzusetzen, führte das zunächst zu Abscheu und Widerwillen. Der Oberste Gerichtshof der Vereinigten Staaten erklärte 1853 einen Honorarvertrag für ungültig und nichtig, bei dem auch Lobbyarbeit eine Rolle spielte[74] – bei dieser Entscheidung war ebenfalls von Bedeutung, dass die Geldmittel geheim bereitgestellt wurden. Die Bundesrichter kamen zu dem Schluss, dass Lobbyarbeit dieser Art der Rechtsordnung Schaden zufüge, weil sie »dazu neigt, durch unangemessene Einflussnahme die Integrität unserer […] politischen Institutionen zu korrumpieren oder zu belasten«, und bei »denjenigen Personen, denen das hohe Gut der Gesetzgebung anvertraut ist, die Lauterkeit beschmutzt und das Urteilsvermögen in die Irre führt«, und zwar mit »unangebrachter Einflussnahme«, die »all die schädlichen Wirkungen eines direkten Betrugs an der Allgemeinheit«[75] hervorbringt.

Der Oberste Gerichtshof beschäftigte sich zwanzig Jahre später erneut mit dieser Frage und erklärte Honorarverträge für Lobbyisten mit diesen Worten für ungültig: »Sollte irgendeines der großen Unternehmen des Landes Abenteurer engagieren, die sich auf diese Weise vermarkten, um die Verabschiedung eines allgemeingültigen Gesetzes mit der Absicht zu bewirken, dass dadurch ihre privaten Interessen gefördert werden, würde das moralische Empfinden jedes rechtschaffenen Menschen den Auftraggeber wie auch den Beschäftigten als ganz und gar in Korruption verstrickt und die Beschäftigung selbst als niederträchtig anprangern. Wären die Beispiele dafür zahlreich und würden sie offen ausgeübt und toleriert, würden sie als Maßstab für den Niedergang der öffentlichen Moral und die Degeneration dieser Zeit gelten.«[76] Die neue Verfassung des Bundesstaates Georgia verbot ausdrücklich jede Lobbyarbeit bei Mitgliedern der gesetzgebenden Körperschaft.[77]

Dennoch nahm die »Förderung privater Interessen« bei der Gesetzgebung sprunghaft zu, weil auf dem Höhepunkt der industriellen Revolution immer größere Vermögen erworben wurden und die allgemeine Gesetzgebung immer stärkere Auswirkungen auf die geschäftlichen Möglichkeiten der Unternehmen hatte. Während der Ära der »industriellen Raubritter« (*robber barons*) der 1880er- und 1890er-Jahre entwickelte sich das Geschehen nach der Schilderung von Matthew Josephson so: »Die Flure der Legislative wurden in einen Markt verwandelt, auf dem um den Preis von Stimmen gefeilscht und auf Bestellung angefertigte Gesetze ge- und verkauft wurden.«[78]

In dieser korrupten Zeit bezeichnete der Oberste Gerichtshof in einem Urteil aus dem Jahr 1886 (*Santa Clara County vs. Southern Pacific Railroad Company*) erstmals Unternehmen als »Personen«, auf die einige der im 14. Zusatzartikel zur US-Verfassung niedergelegten Schutzbestimmungen anzuwenden seien.[79] Das Urteil selbst, das zugunsten der Southern Pacific ausfiel, befasste sich nicht ausdrücklich mit dem Thema des »Personenstatus« von Unternehmen. Aber eine Formulierung, die manche Historiker dem Bundesrichter Stephen Field zuordnen,[80] wurde in der »Kurzdarstellung« des Falles durch John Chandler Bancroft Davis eingefügt, den Reporter of Decisions (Herausgeber der als »United States Reports« in Buchform veröffentlichten Entscheidungen des Obersten Bundesgerichts), einen ehemaligen Generaldirektor einer Eisenbahngesellschaft.[81] Der Oberste Bundesrichter hatte noch vor der mündlichen Verhandlung durchblicken lassen, dass »das Gericht keine Debatte über die Frage zu hören wünscht,[82] ob [...] der 14. Zusatzartikel [...] auf diese Unternehmen zutrifft. Wir alle sind der Auffassung, dass dem so ist.«[83] (Auf diesen zweifelhaften Präzedenzfall stützten sich konservativ orientierte Supreme Courts Ende des 20. Jahrhunderts bei Erweiterungen der »Rechte von Einzelpersonen« auf Unternehmen – und beim *Citizens United*-Urteil im Jahr 2010.)

Dieser Rechtsfall von zentraler Bedeutung hat eine interessante Verbindung zu den ersten Nervenenden des weltweiten Kommunikationsnetzwerks, das später zum Weltgehirn wurde. Cyrus Field, der Bruder des Bundesrichters Stephen Field, verlegte im Jahr 1858 das erste transatlantische Telegrafenkabel.[84] Ein dritter Field-Bruder namens David (dessen hohe Wahlkampfspenden für Abraham Lincoln zu Stephens Ernennung zum Bundesrichter geführt hatten)[85] hielt sich mit seiner Familie während der Zeit der Pariser Kommune 1871 in der französischen Hauptstadt auf und sendete mithilfe des Telegrafenkabels Nachrichten über die Unruhen, das Durcheinander und das anschließende Massaker in Echtzeit in die Vereinigten Staaten.[86] Es war das erste Mal in der Geschichte, dass man in den Vereinigten Staaten die Entwicklung eines politischen Vorgangs in Übersee Tag für Tag mitverfolgen konnte.[87]

Die Pariser Kommune hatte zwar vielschichtige Ursachen (zu denen auch die Verbitterung nach der Niederlage Frankreichs im Deutsch-Französischen Krieg 1870/71 und die Auseinandersetzungen zwischen Republikanern und Monarchisten zählten),[88] doch sie entwickelte sich zum ersten symbolischen Zusammenstoß zwischen Kommunismus und Kapitalismus.[89] Karl Marx hatte nur vier Jahre zuvor den ersten Band seines Hauptwerks *Das Kapital* veröffentlicht und schrieb in den zwei Monaten des Bestehens der Kommune den Aufsatz *Der Bürgerkrieg in Frankreich*, an dessen Ende er erklärte, die Kommune werde »ewig gefeiert werden als der ruhmvolle Vorbote einer neuen Gesellschaft«.[90] Lenins Leichnam wurde ein halbes Jahrhundert später bei seiner Beerdigung in eine zerschlissene rot-weiße Flagge gehüllt, die die Pariser während der zwei Monate des Bestehens der Kommune gehisst hatten.[91]

Aber sosehr die Pariser Kommune die Kommunisten beflügelte, so sehr beunruhigte sie die Eliten in den Vereinigten Staaten, zu denen auch Bundesrichter Field zählte, die wie gebannt die täglichen Berichte seines Bruders David und der Journalisten in Paris verfolgten.[92] Die Pariser Kommune erfuhr mehr Berichterstattung durch die Presse – die fast ausnahmslos negativ ausfiel – als nahezu jedes andere Thema in jenem Jahr, mit Ausnahme der Korruption in der Regierung.[93] Arbeiterunruhen in den Vereinigten Staaten vergrößerten die von der Kommune ausgelöste Angst. Sie erfassten vor allem viele Menschen, die seit den 1830er-Jahren aus den ärmeren Ländern Europas auf der Suche nach einem besseren Leben nach Amerika gekommen waren, aber dort unter dem unkontrol-

lierten Missbrauch litten, der mit den schlecht bezahlten Industriearbeits-
plätzen einherging. Der Bankrott des Finanziers und Eisenbahnunterneh-
mers Jay Cooke stürzte die USA zwei Jahre später in eine Wirtschaftskrise.[94]
Die Löhne fielen dadurch noch weiter, und die Zahl der Arbeitslosen erreichte neue Höchstwerte. Die *New York Times* warnte: »In New York gibt
es, genauso wie in Paris, eine ›gefährliche Klasse‹, deren Angehörige nur
auf die Gelegenheit oder den Anreiz warten, der es ihnen ermöglicht, die
Anarchie und die Zerstörungskraft der Pariser Kommune im Ausland zu
verbreiten.«[95]

Nach der Einschätzung von Historikern wurde Richter Field durch
die Kommune so radikalisiert und fürchtete ihre Auswirkungen auf die
Klassenauseinandersetzungen in den USA so sehr, dass er die Stärkung
der Unternehmensmacht zu seiner Aufgabe machte.[96] Seine Strategie war,
sich dafür des 14. Zusatzartikels zu bedienen, mit dessen Formulierung
ursprünglich die verfassungsmäßigen Grundrechte des Individuums auf
die befreiten Sklaven übertragen werden sollten. Richter Field nutzte ihn
stattdessen als Mittel für die Erweiterung der Rechte von Einzelpersonen
auf die Unternehmen.

Die konzentrierte Unternehmensmacht hatte im letzten Jahrzehnt des
19. Jahrhunderts ein derart schockierendes Ausmaß an Kontrolle über die
amerikanische Demokratie erlangt, dass dies eine populistische Reaktion
auslöste. Die industrielle Revolution führte in Amerika zu einer massenhaften Wanderung vom Land in die Städte, und die öffentliche Besorgnis
wuchs angesichts damit verbundener Exzesse und Missstände wie Kinderarbeit, überlange Arbeitstage, Niedriglöhne, gefährliche Arbeitsbedingungen und schädliche Nahrungs- und Arzneimittel. Reformer setzten
sich innerhalb des demokratischen Systems für eine Neuausrichtung der
Regierungspolitik und für Schutzrechte im Marktgeschehen ein.

Das Progressive Movement sorgte um die Jahrhundertwende für neue
Gesetze, mit denen die Macht der Unternehmen gezügelt werden sollte.
Dazu zählte auch das erste umfassende Gesetz zur Einschränkung der
Marktmacht großer Kartelle: der Sherman Antitrust Act von 1890. Jedoch
grenzte der Oberste Gerichtshof seinen verfassungsrechtlichen Gültig-
keitsbereich scharf ein, so wie er auch die Anwendung und Durchsetzung
praktisch aller Gesetze des Progressive Movement einschränkte. Im Jahr
1901 gelangte Theodore Roosevelt unerwartet ins Präsidentenamt, nachdem der unternehmensfreundliche Präsident William McKinley nur

sechs Monate nach Beginn seiner zweiten Amtszeit ermordet worden war. Roosevelt unternahm bereits im darauffolgenden Jahr einen außergewöhnlichen Angriff auf Monopole und den Missbrauch übermäßiger Unternehmensmacht.[97]

Roosevelt richtete in seinem neuen Handels- und Arbeitsministerium ein Bureau of Corporations ein.[98] Er leitete ein Antitrust-Verfahren zur Zerschlagung der J.P. Morgan Northern Securities Corporation ein,[99] die zu Beginn des 20. Jahrhunderts 112 Unternehmen mit einem Gesamtwert von 571 Milliarden Dollar (nach dem Kurswert von 2012) umfasste.[100] Dieser Wert entsprach »dem doppelten Gesamt-Schätzwert aller Besitztümer in dreizehn Staaten im Süden der Vereinigten Staaten«.[101] Auf diesen Prozess folgten vierzig weitere Antitrust-Verfahren.[102] Roosevelt, der über unerschöpfliche Energien zu verfügen schien, sorgte außerdem für die Verabschiedung des Pure Food and Drug Act und stellte über 90 Millionen Hektar Land unter Naturschutz,[103] unter anderem den Grand Canyon, die Muir Woods und das Tongass-Waldgebiet. Außerdem ließ er noch den Panamakanal bauen und vermittelte einen Friedensschluss im Russisch-Japanischen Krieg (1904/05), wofür er 1906 den Friedensnobelpreis erhielt.[104]

Roosevelt traf zu Beginn seiner Präsidentschaft die schicksalhafte Entscheidung, 1908 nicht für eine zweite volle Amtszeit zu kandidieren. Er begründete das damit, dass er bis dahin fast die vollen acht Jahre im Amt sein würde, die George Washington als »weisen Brauch« von nur zwei Amtszeiten bezeichnet hatte.[105] Als der von Roosevelt selbst ausgewählte Nachfolger William Howard Taft viele der Reformen seines Vorgängers rückgängig machte, begann der Vormarsch der Konzernmacht von Neuem.[106] Roosevelt reagierte darauf mit der Organisation seines Bull-Moose-Party-Wahlkampfes zur Ablösung Tafts bei der Präsidentenwahl von 1912.

Roosevelt sagte im Oktober 1910: »So wie die Sonderinteressen von Baumwolle und Sklaverei vor dem Bürgerkrieg unsere politische Integrität bedrohten, so beherrschen und korrumpieren heute die großen geschäftlichen Sonderinteressen zu oft die Männer und die Handlungsweisen der Regierung zu ihrem eigenen Vorteil.«[107] Achtzehn Monate später erklärte er inmitten des Wahlkampfs, seine Partei kämpfe um ihre Seele:

Die Republikanische Partei steht heute vor einer großen Krise. Sie muss sich entscheiden, ob sie, wie noch zu Lincolns Zeiten, die Partei der einfachen Leute sein will, die Partei des Fortschritts, die Partei der sozialen und industriellen Gerechtigkeit, oder ob sie die Partei des Privilegs und der Sonderinteressen sein will, die Nachfolgerin von Lincolns erbittertsten Gegnern, die Partei, die die großen Interessen innerhalb und außerhalb der Wall Street vertritt, die durch ihre Kontrolle über die Diener der Allgemeinheit Immunität gegen Bestrafung genießen wollen, wenn sie sich etwas zuschulden kommen lassen, und nach Privilegien streben, zu denen sie nicht berechtigt sind.[108]

Roosevelt sprach sich auch nach seiner Wahlniederlage gegen Woodrow Wilson (Taft belegte den dritten Platz) weiterhin engagiert für progressive Reformen und eine Eindämmung der Unternehmensmacht aus. Er sagte, die wichtigste Prüfung für das Land bleibe »der Kampf freier Menschen um die Erlangung und Bewahrung des Rechts, sich selbst zu regieren, gegen die Sonderinteressen, die die Vorgehensweisen der freien Regierung zu einer Maschinerie für die Vereitelung des Volkswillens umgestalten«.[109] Er schlug vor, dass die Vereinigten Staaten »die direkte oder indirekte Verwendung der Geldmittel von Wirtschaftsunternehmen für politische Zwecke verbieten«[110] sollten, und in zahllosen Reden setzte er sich dafür ein, dass die Verfassung »keinem Unternehmen das Wahlrecht verleiht«.[111] Das Progressive Movement erstarkte teilweise auch durch Roosevelts massive Fürsprache und brachte einen Zusatzartikel zur Verfassung durch den Kongress, mit dem eine Entscheidung des Obersten Gerichtshofs gegen die Erhebung einer Einkommensteuer rückgängig gemacht wurde, verabschiedete ein Gesetz über die Erbschaftssteuer und erließ zahlreiche Bestimmungen, mit denen der Missbrauch von Unternehmensmacht eingedämmt werden sollte.

Die zahlreichen vom Progressive Movement ausgehenden Reformbestrebungen setzten sich während Woodrow Wilsons Präsidentschaft fort, aber unter dem Präsidenten Warren Harding schlug das Pendel dann wieder in Richtung einer Dominanz der Unternehmen über die Demokratie aus. Diese Regierung blieb wegen ihrer Korruption in Erinnerung, unter anderem aufgrund des Teapot-Dome-Skandals, bei dem führende Ölmanager insgeheim Beamte der Regierung Harding bestachen, um Zugang zu Ölvorkommen auf öffentlichem Gebiet zu erhalten.[112]

Als Nachfolger dreier unternehmensfreundlicher Präsidenten aus den Reihen der Republikaner leitete Franklin D. Roosevelt bei seinem Amtsantritt 1933 eine zweite Reformwelle ein, inmitten der von der Weltwirtschaftskrise verursachten Not, die auf den Börsenkrach von 1929 folgte. Roosevelts New Deal erweiterte die Macht der Regierung im Marktgeschehen in einem enormen Ausmaß und Umfang. Aber wieder einmal stoppte der konservative Oberste Gerichtshof viele der progressiven Initiativen, indem er sie als nicht verfassungskonform einstufte. Theodore Roosevelt hatte die Richter als »Bedrohung für das Wohlergehen der Nation«[113] bezeichnet, und Franklin D. Roosevelt hielt es im Wesentlichen genauso. Aber er ging noch weiter und legte einen Plan vor, der die Aufstockung der Zahl der Richter am Obersten Gerichtshof vorsah, um die Machtposition der unternehmerfreundlichen Mehrheit zu schwächen.

Doch einige Monate später änderte der Oberste Gerichtshof seinen Kurs – die Historiker sind sich nicht einig, ob Roosevelts Drohung der Auslöser war oder nicht[114] – und bestätigte die Verfassungsmäßigkeit der meisten im Rahmen des New Deal unterbreiteten Vorschläge.[115] Einige dem rechten Flügel angehörende Juristen bezeichnen dieses Umschwenken des Gerichts bis zum heutigen Tag als »Verrat«. Im 21. Jahrhundert versuchen rechtsgerichtete richterliche Aktivisten die Urteile des Gerichts zu der Philosophie zurückzubringen, die vor dem New Deal bestand.[116]

Die Vereinigten Staaten hatten trotz Franklin D. Roosevelts Initiativen große Mühe mit der Überwindung der Notzeit und rutschten 1938 erneut in eine Wirtschaftskrise. Sie endete erst, als Amerika seine Streitkräfte mobilisierte, um auf die totalitäre Bedrohung zu reagieren, die vom nationalsozialistischen Deutschland und von Japans imperialen Ambitionen ausging. Nach dem militärischen Sieg setzte sich die bemerkenswerte wirtschaftliche Expansion der USA mehr als drei Jahrzehnte lang fort. Gegen Ende dieser Phase unterstützte eine Mehrheit der Wählerinnen und Wähler quer durch das politische Spektrum die Position, dass der US-Bundesregierung eine größere Rolle bei der Lösung nationaler Probleme zufallen solle.

In den turbulenten 1960er-Jahren wurde jedoch die Saat für eine von den Unternehmen angeführte Gegenreform-Bewegung ausgebracht. Nach der Ermordung von Präsident John F. Kennedy im Herbst 1963 erfasste eine Vielzahl von sozialen Reformbewegungen das Land. Sie wurden teilweise angetrieben von der rastlosen Energie und dem Idealismus der riesigen Nachkriegsgeneration der Babyboomer, die jetzt ins junge Erwachsenenalter eintrat. Die Bürgerrechtsbewegung, die Frauenbewegung, die ersten Demonstrationen für die Rechte der Homosexuellen, die Verbraucherschutzbewegung, Lyndon Johnsons Krieg gegen die Armut und die eskalierenden Proteste gegen die Fortsetzung des unklugen Stellvertreterkriegs gegen den Kommunismus in Südostasien sorgten zusammengenommen für eine angstbesetzte Reaktion vonseiten wirtschaftlicher Interessengruppen und konservativer Ideologen.

So wie die Pariser Kommune hundert Jahre zuvor den Bundesrichter Stephen Field radikalisiert hatte, so weckten jetzt die neuen sozialen Bewegungen in den Vereinigten Staaten der 1960er-Jahre eine Furcht vor Unordnung, radikalisierten eine Generation rechtsgerichteter Markt-Fundamentalisten und verankerten ein Sendungsbewusstsein in dem kurz vor der Berufung ans Oberste Bundesgericht stehenden Richter Lewis Powell. Der aus Richmond in Virginia stammende Jurist, der damals vor allem als Anwalt der Tabakindustrie bekannt geworden war, nachdem der US-Gesundheitsminister 1964 eine Verbindung zwischen Zigarettenkonsum und Lungenkrebs hergestellt hatte,[117] verfasste 1971 eine ausführliche und historische Denkschrift für die US-Handelskammer. In diesem Papier entwarf er einen umfassenden Plan für einen nachhaltigen und finanziell massiv unterstützten Vorstoß zur Umgestaltung des US-Kongresses, der gesetzgebenden Körperschaften der Bundesstaaten und des Rechtswesens mit dem Ziel einer Verschiebung des Gleichgewichts zugunsten von Unternehmensinteressen.[118] Präsident Nixon berief Powell zwei Monate später ans Oberste Bundesgericht, doch sein für die Handelskammer verfasster Plan wurde erst lange nach seinem Bestätigungsverfahren öffentlich gemacht. Powell, ein ehemaliger Präsident des American College of Trial Lawyers, genoss einen breit gestreuten Respekt, auch vonseiten seiner ideologischen Gegner. Aber die aggressive Erweiterung der Befugnisse von Unternehmen war die folgenschwerste Entwicklung während seiner Amtszeit am Obersten Gerichtshof.

Richter Powell verfasste Urteile, mit denen der neue Begriff des *corporate speech* eingeführt wurde, den er vom ersten Zusatzartikel der Verfassung gedeckt sah.[119] Das Gericht bediente sich dann dieser Doktrin bei der Aufhebung zahlreicher Gesetze, die darauf abzielten, die Macht der Unternehmen zu begrenzen, wenn sie mit dem öffentlichen Interesse in Konflikt gerieten. Powell schrieb beispielsweise 1978 die Begründung zu einem mit fünf zu vier gefällten Urteil, das erstmals Gesetze von Bundesstaaten aufhob, mit denen Geldspenden von Firmen bei einer Wahl verboten wurden (hier bei einem Bürgerentscheid in Massachusetts), und führte dabei als Begründung an, das alte Gesetz verstoße gegen die freie Meinungsäußerung von »Unternehmenspersonen« (*corporate persons*).[120] Der Oberste Gerichtshof stützte sich 32 Jahre später auf Powells Urteilsbegründung, als er wohlhabenden Einzelspendern anonyme Wahlkampfspenden in unbegrenzter Höhe gestattete und den Präzedenzfall *Southern Pacific* von 1886 noch erweiterte, der Unternehmen zu Personen gemacht hatte.

Es trifft zwar zu, dass Unternehmen sich aus Einzelpersonen zusammensetzen, doch die Absurdität einer Rechtsauffassung, die Unternehmen zu »Personen« – im verfassungsrechtlichen Sinn – macht, ergibt sich ganz klar aus einem Vergleich zwischen der grundsätzlichen Beschaffenheit und den Motiven von Unternehmen sowie von Menschen aus Fleisch und Blut. Die meisten Unternehmen sind von staatlicher Seite mit der strikten Vorgabe zugelassen, sich eng an den finanziellen Interessen ihrer Anteilseigner zu orientieren. Sie sind theoretisch unsterblich und haben oft Zugang zu enormen Reichtümern. 25 in den Vereinigten Staaten ansässige multinationale Konzerne haben höhere Einnahmen als die meisten Staaten der Erde.[121] Mehr als die Hälfte (nämlich 53) der einhundert größten Wirtschaftseinheiten der Welt sind heute Unternehmen. ExxonMobil, nach den Kriterien Einnahmen und Gewinn einer der größten Konzerne der Welt, hat in wirtschaftlicher Hinsicht mehr Gewicht als ein Land wie Norwegen.

Einzelpersonen können Entscheidungen treffen, in die auch andere Faktoren eingehen als ihr unmittelbares finanzielles Eigeninteresse. Sie können sich Sorgen um die Zukunftsaussichten machen, die sie ihren Kindern und Enkeln hinterlassen – und nicht nur um das Geld, das sie ihnen testamentarisch vermachen. Die Gründerväter der Vereinigten Staaten beschlossen zum Beispiel als Einzelpersonen, »unser Leben, unser Gut und unsere heilige Ehre« für eine Sache einzusetzen, die sehr viel größer ist als Geld. Unternehmen als »Personen« wiederum scheinen sich heutzutage kaum Gedanken darüber zu machen, wie sie dem Land helfen können, in dem sie zu Hause sind. Ihre einzige Sorge gilt vielmehr der Frage, wie dieses Land ihnen helfen kann, mehr Geld zu verdienen.

Bei einer Versammlung von Ölindustriellen in der Hauptstadt Washington bat ein Vorstandsmitglied eines anderen Unternehmens Lee

Raymond, den damaligen Konzernchef von Exxon, wegen eines möglichen Benzinmangels »zur Sicherheit« über die Errichtung zusätzlicher
Raffinerie-Kapazitäten innerhalb der Vereinigten Staaten nachzudenken.
Raymond erwiderte nach den Berichten anderer Anwesender: »Ich bin
kein US-Unternehmen und treffe Entscheidungen nicht nach dem Kriterium, was gut für die Vereinigten Staaten ist.«[122] Raymonds Erklärung
erinnert an die Warnung von Thomas Jefferson, der 1809, kaum einen
Monat nachdem er das Weiße Haus verlassen hatte, in einem Brief an
John Jay über »den selbstsüchtigen Geist des Geschäftslebens« klagte,
»der kein Heimatland kennt und keine Leidenschaft und keinen Grundsatz empfindet, außer dem des Gewinns«.

Multinationale Konzerne haben mit der Entstehung der Welt AG
auch die Fähigkeit erworben, die Nationalstaaten gegeneinander auszu-
spielen und ihre Produktionsstätten in Rechtsräumen anzusiedeln, in denen die Löhne niedriger sind und ihre Freiheit, nach eigenem Gutdünken
vorzugehen, weniger lästigen Auflagen unterworfen ist. William Niska-
nen, der inzwischen verstorbene Leiter des libertären Cato Institutes,
sagte: »Die großen Konzerne besitzen genug Macht, um eine Bedrohung
für die Regierungen darzustellen«, und fügte hinzu: »Das gilt vor allem
für die multinationalen Konzerne, deren Abhängigkeit von den Positionen bestimmter Regierungen viel geringer ist, ganz zu schweigen von
ihrer Loyalität.«[123] Der indische Premierminister Manmohan Singh bat im
Jahr 2001 den US-Präsidenten George W. Bush, auf eine noch ausstehende
Entscheidung von ExxonMobil einzuwirken, bei der es um die Aufnahme
des staatlichen indischen Ölkonzerns in ein Joint Venture mit dem US-
Unternehmen und der russischen Regierung ging. Bush antwortete: »Diese
Leute lassen sich von niemandem sagen, was sie zu tun haben.«[124]

Die Befürworter einer Erweiterung des Marktgeschehens auf Kosten
der demokratischen Regierungsgewalt sind der Ansicht, dass Regierungen kaum die Macht haben sollten, Unternehmen sagen zu können, »was
sie zu tun haben«. Im Laufe der letzten vierzig Jahre haben sich Unternehmen und konservative Ideologen, die sich am Powell-Plan orientierten,
nicht allein auf die Auswahl von ihren Anliegen wohlwollend gegenüberstehenden Richtern und die Beeinflussung von Entscheidungen des
Obersten Bundesgerichts konzentriert, sie übten auch konsequent Einfluss auf die Formulierung von Gesetzestexten und die Entwicklung einer
Politik aus, mit der die Unternehmensmacht vergrößert werden sollte. Sie

steigerten auf dramatische Art die Unternehmenswerbung, um die öffentliche Meinung zu beeinflussen. Sie vergrößerten ganz erheblich die Zahl der Lobbyisten, die engagiert wurden, um ihre Interessen in Washington und in den Hauptstädten der Bundesstaaten zu vertreten. Und sie erhöhten massiv ihre Wahlkampfspenden für Kandidaten, die ihnen für ihre Anliegen Unterstützung zusicherten.

Innerhalb eines einzigen Jahrzehnts explodierte die Zahl der von Firmen gegründeten Political Action Committees von weniger als 90 auf 1500.[125] Die Zahl der Unternehmen mit registrierten Lobbyisten nahm von 175 auf 2500 zu.[126] Diese Zahl ist seitdem auf dramatische Art und Weise gewachsen. Die dokumentierten Ausgaben von Lobbyisten stiegen von 100 Millionen Dollar im Jahr 1975 auf 3,5 Milliarden Dollar im Jahr 2010.[127] (Die US-Handelskammer führt mit Ausgaben von mehr als 100 Millionen Dollar jährlich weiterhin die Lobbyisten-Ausgabenliste an[128] – der Betrag ist höher als alle Lobbyisten-Ausgaben zusammen zur Zeit der Niederschrift des Powell-Plans.)[129] Einen Hinweis auf den raschen Wandel der Einstellung gegenüber dem Lobbyismus in der politischen Kultur Washingtons gibt die Tatsache, dass sich noch in den 1970er-Jahren nur 3 Prozent der aus dem Kongress ausscheidenden Volksvertreter anschließend als Lobbyisten verdingten,[130] während heute über 50 Prozent der ausscheidenden Senatoren und über 40 Prozent der ehemaligen Mitglieder des Repräsentantenhauses als Lobbyisten tätig werden.[131]

Die Tresore der Unternehmen waren beileibe nicht die einzige Geldquelle für Tätigkeiten im Sinne des Powell-Plans. Eine Reihe von Stiftungen und konservativen wohlhabenden Einzelpersonen wurden ebenfalls in den 1960er-Jahren radikalisiert, eine Zeit, die Powell als »ideologische Kriegführung gegen das Unternehmertum und die Werte der westlichen Gesellschaft«[132] beschrieben hatte. Viele hochrangige konservative Wirtschaftsführer reagierten positiv auf Powells Aufruf zu einer organisierten, großzügig finanzierten Antwort der »Wirtschaft auf diesen massiven Angriff auf ihre wirtschaftlichen Grundlagen, auf ihre Philosophie, auf ihr Recht, sich selbst zu verwalten, ja sogar auf ihre Integrität«.

John M. Olin reagierte zum Beispiel auf die bewaffnete Besetzung eines Gebäudes auf dem Campus der Cornell University, seiner Alma Mater, durch militante schwarze Studenten mit einer Neuausrichtung seiner finanziell gut ausgestatteten Stiftung auf die Unterstützung rechtsgerichteter Denkfabriken sowie einer Reihe von rechtskonservativen Bestrebungen zur Veränderung des amerikanischen Regierungssystems.[133] Er verfolgte einen Plan, nach dem er nicht nur den jährlichen Zinsertrag seiner Stiftungssumme, sondern das gesamte Stiftungskapital so rasch wie möglich ausgeben wollte, um die größtmögliche Wirkung zu erzielen.[134] Auch viele weitere rechtsgerichtete Stiftungen finanzierten Bestrebungen, die sich vom Powell-Plan inspirieren ließen, unter anderem die Lynde and Harry Bradley Foundation[135] und die Adolph Coors Foundation.[136]

Die Konzentration auf die Berufung von ideologischen Verbündeten an die Bundesgerichte – und vor allem ans Oberste Bundesgericht – war vielleicht der effektivste Teil der mit erheblichen finanziellen Mitteln betriebenen konservativen Strategie. Im Powell-Plan war ausdrücklich festgehalten: »Das Gerichtswesen ist, vor allem bei einem von Tatkraft bestimmten Obersten Gerichtshof, vielleicht das wichtigste Instrument für den gesellschaftlichen, wirtschaftlichen und politischen Wandel. [...] Dies ist ein riesiger Bereich, in dem sich der Kammer Chancen bieten, [...] wenn die Wirtschaft ihrerseits gewillt ist, die Geldmittel dafür bereitzustellen.«[137]

Die Vertreter von Unternehmensinteressen betrieben in der Folge eine besonders aktive und ausdauernde Lobbyarbeit für die Berufung von Richtern mit Sympathien für konservative Rechtsauffassungen, zu denen die Beschneidung von Grundrechten, die Einschränkung der Sphäre der Demokratie und die Erweiterung des Spielraums und der Handlungsfreiheiten für Unternehmen zählen. Sie richteten auch konservative juristische Fakultäten ein, an denen eine ganze Generation gegenreformerischer Juristen ausgebildet werden sollte, und schufen ein Netzwerk von juristischen Stiftungen, mit denen sie die Ausrichtung der amerikanischen Jurisprudenz zu beeinflussen suchten. Zwei Richter des Obersten Bundesgerichts genehmigten sich sogar aus Unternehmenskassen finanzierte Urlaube an Ferienorten; dort nahmen sie an juristischen Seminaren teil, die von wohlhabenden Vertretern der Unternehmensinteressen organisiert wurden.[138]

Die bestens organisierte und finanziell gut ausgestattete Gegenreform-Bewegung schuf und finanzierte unterdessen auch Denkfabriken, die Forschung betreiben und politische Initiativen entwickeln sollten, und das jeweils mit dem Ziel, Unternehmensinteressen zu fördern. Außerdem finanzierten sie die Gründung politischer Bewegungen auf lokaler, bundesstaatlicher und nationaler Ebene. In den 1980er- und 1990er-Jahren focht die Bewegung heftige Kämpfe aus, um Gegner einer starken Regierung in die Legislative der Bundesstaaten, in den Kongress und ins Weiße Haus zu bringen. Ronald Reagans Wahlsieg über Jimmy Carter war ihr erster entscheidender Erfolg, und ihre Mehrheit in beiden Häusern des Kongresses stärkte ihre Möglichkeiten, die meisten progressiven Reformen zu stoppen.

Die Politik Franklin D. Roosevelts – die in ihren Grundzügen von Präsidenten und Kongressmitgliedern beider Parteien mehrere Jahrzehnte lang unterstützt worden war – wurde zum Opfer ihres eigenen Erfolgs. Dutzenden Millionen Menschen gelang zwar der Aufstieg in die Mittelschicht, aber vielen von ihnen kam die Begeisterung für anhaltende Interventionen von Regierungsseite abhanden, weil sie sich unter anderem gegen die Steuersätze zu wehren begannen, die für einen stärkeren Einfluss der Regierung auf die Wirtschaft notwendig waren. Die Gewerkschaften, eine der wenigen organisierten Kräfte, die für fortgesetzte Reformen eintraten, verloren Mitglieder, weil immer mehr Arbeitsplätze vom produzierenden Gewerbe in den Dienstleistungsbereich abwanderten und Outsourcing und Robosourcing der amerikanischen Mittelschicht zusetzten. Die Beschaffenheit und die Quellen der wirtschaftlichen Stärke Amerikas haben sich im Verlauf der letzten Jahrzehnte verändert, und die Fertigungsindustrie erlebte einen Niedergang. Die amerikanische Abteilung der Welt AG kann nicht allein von den Löhnen und Gehältern angetrieben werden – Investitionen sind natürlich von entscheidender Bedeutung –, aber der Umschwung ist bedeutsam und wird zu wenig beachtet.

Die in den Vereinigten Staaten vorherrschende Ideologie – der demokratische Kapitalismus – hat eine grundlegende Verschiebung ihres Koordinatensystems erlebt, zunächst langsam, aber dann mit zunehmender Dynamik. Der innere Zusammenhalt zwischen der demokratischen und der kapitalistischen Sphäre war während des jahrzehntelangen Konflikts mit dem Kommunismus besonders stark. Als jedoch der Kommunismus als ideologischer Konkurrent verschwand und der demokratische Kapitalismus im größten Teil der Welt zur Ideologie der Wahl avancierte, traten die inneren Spannungen zwischen der demokratischen und der kapitalistischen Sphäre erneut zutage. Die Globalisierung beschleunigte sich, und die multinationalen Konzerne folgten konsequent den wirtschaftlichen Sachzwängen. Unternehmerische und rechtsgerichtete Kräfte drängten mit triumphierendem Eifer und den enormen Ressourcen, die für eine nachhaltige Umsetzung des Powell-Plans bereitgestellt wurden, den Einfluss der Regierung auf die amerikanische Gesellschaft zurück, während sie die Unternehmensmacht stärkten.

Markt-Fundamentalisten befürworteten die Verlegung der Entscheidungsgewalt – weg von demokratischen Prozessen und hin zum Marktmechanismus. Es gab Vorschläge zur Privatisierung – und Umwandlung in Wirtschaftsunternehmen – von Schulen, Gefängnissen, öffentlichen Krankenhäusern, Autobahnen, Brücken, Flughäfen, Wasser- und Stromversorgern, Polizei, Feuerwehr und anderen Notdiensten, einigen Militäreinsätzen und anderen grundlegenden Diensten, die bis dahin von demokratisch gewählten Regierungen wahrgenommen worden waren.[139]

Im Gegensatz dazu wurde so gut wie jeder Vorschlag, für den die Ausübung von regierungsamtlicher Autorität erforderlich war – selbst wenn er in einem freien demokratischen Prozess vorgelegt, debattiert, entwickelt und beschlossen worden war –, oft als ein gefährlicher und abscheulicher Schritt in Richtung Totalitarismus bezeichnet. Befürworter von politischen Konzepten, die in einem demokratischen Umfeld entwickelt und mit den Mitteln der Selbstverwaltung umgesetzt worden waren, wurden mitunter als Agenten der diskreditierten kommunistischen Ideologie bezeichnet, die im Verlauf einer langen Auseinandersetzung triumphal besiegt worden war. Die bloße Vorstellung, dass so etwas wie das öffentliche Interesse überhaupt existierte, wurde lächerlich gemacht und als gefährliche Idee attackiert.

Das Vordringen des großen Geldes in den demokratischen Entscheidungsprozess hatte bis dahin viele Demokraten und nahezu alle Republikaner so weit gebracht, dass sie sich die neue Ideologie zu eigen machten, die das Schrumpfen der demokratischen Sphäre und die Erweiterung der Sphäre des Marktes propagierte. Während der gleichen Übergangszeit ersetzte bei einer Mehrheit der Wahlberechtigten das Fernsehen die Zeitung als Hauptinformationsquelle, und die Bedeutung des Geldes in Wahlkämpfen nahm zu. Spender aus Unternehmenskreisen und anderen besonderen Interessengruppen fiel so ein noch ungünstigeres Maß an Macht über die Beratungen des Kongresses der Vereinigten Staaten und die Legislative der Bundesstaaten zu.

Es kann für das amerikanische Volk zu verheerenden Ergebnissen kommen, wenn die Entscheidungen des Staates nicht durch demokratische Debatten, sondern durch mächtige Sonderinteressen geprägt werden. Eine unterfinanzierte und unzureichend durchdachte US-Sozialpolitik hat zu einer relativen Verschlechterung der Lebensbedingungen geführt. Die Vereinigten Staaten weisen im Vergleich zu 19 anderen entwickelten »industriellen Demokratien«, die der Organisation für wirtschaftliche Zusammenarbeit und Entwicklung (OECD) angehören, die größte Ungleichheit bei den Einkommen und die höchste Armutsrate auf.[140] Nach dem Index der Vereinten Nationen ist in den USA das »materielle Wohlergehen von Kindern«[141] auf dem niedrigsten Stand, und es bestehen die höchste Armutsrate unter Kindern[142] und die höchste Kindersterblichkeit.[143] Bei der Zahl der Inhaftierten und der Mordrate[144] belegt das Land ebenso den Spitzenplatz wie bei den Ausgaben für das Gesundheitswesen und bei der Prozentzahl seiner Einwohner, die sich keine Krankenversicherung leisten können.[145]

Die Erfolge der Unternehmen bei der Verringerung staatlicher Aufsicht und Regulierung schufen zugleich neue Risiken für die amerikanische Wirtschaft. Die Deregulierung im Bereich der Finanzdienstleistungen, die mit der massiven Zunahme der Handels- und Investitionsströme in aller Welt einherging, führte zum Beispiel direkt zu der Kreditkrise von 2007, die wiederum eine Weltwirtschaftskrise auslöste (die manche Ökonomen heute als »zweite große Kontraktion« oder als »kleinere Weltwirtschaftskrise« bezeichnen).

Die internationalen Konsequenzen dieses spektakulären Versagens der Finanzmärkte untergruben auf dramatische Weise das weltweite Vertrauen zur amerikanischen Führungsrolle in der Wirtschaftspolitik und standen für das Ende einer außergewöhnlichen Phase amerikanischer Dominanz. Die internationale Staatengemeinschaft hatte den sogenannten Washingtoner Konsens allgemein als bestes Rezept akzeptiert, mit dem sich ihre Volkswirtschaften auf eine solide Grundlage stellen ließen und die Fähigkeit zu einem nachhaltigen Wachstum aufzubauen war. Die meisten der in diesem Konsens enthaltenen politischen Empfehlungen galten zwar allgemein als Ergebnisse guten wirtschaftlichen Sachverstands, neigten aber zur Erweiterung des Marktbereichs in die einzelnen Volkswirtschaften hinein, weil sie Hindernisse für die weltweiten Handels- und Investitionsströme abbauten.

Zwei weitere Faktoren wirkten mit der Wirtschaftskrise von 2007 bis 2008 zusammen und untergruben die Führungsrolle der Vereinigten

Staaten: Zum einen war das der Aufstieg der chinesischen Wirtschaft, der nicht den Vorschriften des Washingtoner Konsenses folgte, obwohl sein Erfolg von der ganz besonderen, chinesischen Form des Kapitalismus angetrieben wurde. Zum anderen war das die katastrophale Invasion im Irak; die Gründe dafür erwiesen sich später als falsch und unehrlich.

In der Innenpolitik der Vereinigten Staaten ist es zu einem Gradmesser für die Verzerrung des »demokratischen Dialogs« geworden, dass infolge der wirtschaftlichen Katastrophe die bedeutendste »populistische« Reaktion im politischen System der USA keine progressive Forderung nach Schutzbestimmungen war, die eine Wiederholung des eben erst Vorgefallenen verhindern sollen. Stattdessen erhob die Tea-Party-Bewegung eine rechtsgerichtete, nur scheinbar populistische Forderung nach *weniger* Regulation vonseiten der Regierung. Diese Bewegung wurde von Wirtschaftslobbyisten und politischen Aktivisten finanziert und instrumentalisiert; sie nutzten den Missmut, um eine Liste von Forderungen durchzusetzen, die Unternehmensinteressen dienten und die Fähigkeit der Regierung zur Eindämmung von Missbrauch weiter verringerten. Das extrem parteiliche Agieren von Tea-Party-Anhängern unter den republikanischen Kongressabgeordneten führte 2011 fast zur Handlungsunfähigkeit der US-Regierung, und Ende 2012 drohte abermals eine ähnliche Entwicklung.

Der plötzliche Aufschwung der Tea Party war vor allem auch der Unterstützung durch Fox News zu verdanken, dem Sender, der unter seinem Eigentümer Rupert Murdoch und unter der Führung von Roger Ailes, einem ehemaligen Medienstrategen Richard Nixons, die kühnsten Träume eines Schwerpunkts des Powell-Plans übertroffen hat, mit dem eine Umgestaltung des amerikanischen Fernsehens angestrebt wurde. Powell hatte vorgeschlagen, dass »die nationalen Fernsehsender genauso überwacht werden sollten, wie Lehrbücher unter ständiger Beobachtung stehen sollten«.[146] Er rief dazu auf, »Unterstützern des amerikanischen Systems«[147] innerhalb des Mediums Fernsehen eine Chance zu bieten.

Die Unfähigkeit der amerikanischen Demokratie, schwierige Entscheidungen zu treffen, bedroht heute die wirtschaftliche Zukunft des Landes und damit auch die Fähigkeit der ganzen Welt, einen Weg in eine nachhaltige Zukunft zu finden. Die mit außergewöhnlicher Bitterkeit verbundene Kluft, die sich in den Vereinigten Staaten bei politischen Auseinandersetzungen auftut, besteht nach der Papierform zwischen den beiden großen politischen Parteien. Die Strukturen bei den Demokraten wie auch bei den Republikanern haben sich jedoch auf eine Art entwickelt, durch die sich die Unterschiede zwischen den beiden Parteien verschärften. Oberflächlich betrachtet sieht es so aus, als seien die Republikaner nach rechts gerückt, hätten ihre Partei von gemäßigten Kräften gesäubert und die Spezies der liberalen Republikaner ausgelöscht, die innerhalb der Partei immer eine bedeutende Minderheit waren. Die Demokraten haben sich nach dieser oberflächlichen Analyse nach links orientiert und dabei die überwiegende Mehrzahl der gemäßigten und konservativen Demokraten, die in der Partei stets eine wichtige Rolle spielten, aus ihren Reihen verdrängt.

Löst man sich jedoch von der oberflächlichen Betrachtung, sind die Veränderungen sehr viel komplexer. Beide politischen Parteien haben sich so stark von Wirtschaftslobbys abhängig gemacht, weil diese die hohen Geldbeträge liefern, mit deren Hilfe sie Fernsehspots kaufen können – und diese brauchen sie für ihre Wiederwahl. So können Sonderinteressen dienende Gesetzentwürfe, die von den Industrien gefördert werden, mit großen Mehrheiten beider Parteien rechnen. Besonders gut stehen Unternehmen da, die beim Ankauf von Einfluss am aktivsten sind: Finanzdienstleister, die auf fossile Energien setzenden Energiekonzerne, die Pharmaindustrie und andere. Die historische Verschiebung der internen Grenzlinie zwischen den sich überlappenden kapitalistischen und demokratischen Sphären, aus denen sich der demokratische Kapitalismus zusammensetzt – Amerikas herrschende Ideologie –, hat in beiden Parteien zu mehr Unterstützung für Maßnahmen geführt, die den Einfluss der Regierung beschneiden.

Diese Verschiebung hat inzwischen so weit nach rechts geführt, dass es für Demokraten nichts Ungewöhnliches mehr ist, wenn sie Gedanken vortragen, die erst vor einigen Jahren im Kreis der Republikaner entstanden sind, nur um sie dann als »sozialistisch« abgelehnt zu bekommen. Sie führt in eine Sackgasse, in der die Zukunft höchst populärer Sozialgesetze gefährdet ist, zum Beispiel von Social Security und Medicare (staatlicher Renten- und Krankenversicherung). Und sie verschärft den Parteienstreit in Fragen, die auf beiden Seiten als grundsätzlich und nicht verhandelbar gelten. Die Spannungen werden inzwischen mit größerer Leidenschaft und Erbitterung ausgetragen als zu jedem Zeitpunkt der amerikanischen Geschichte seit den Jahrzehnten, die zum Bürgerkrieg führten.

Der »Markt-Fundamentalismus« hat inzwischen nach Ansicht seiner Kritiker eine quasi-religiöse Leidenschaft angenommen. Sie erinnert an den Fanatismus, den viele Marxisten vor dem Scheitern des Kommunismus an den Tag legten – obwohl diejenigen, auf die diese Bezeichnung zutrifft, das Gefühl haben, dass Liberale und Fortschrittliche mit unbeirrbarer Hingabe einer Ideologie des Etatismus folgen. Die US-Selbstverwaltung ist mittlerweile nahezu vollständig dysfunktional und nicht imstande, wichtige Entscheidungen zu treffen, die notwendig sind, wenn man das eigene Schicksal wieder selbst in die Hand nehmen will.

James Madison, einer der wortmächtigsten unter den außergewöhnlichen Gründervätern der Vereinigten Staaten, warnte in seinem 10. *Federalist*-Artikel vor dem »Hang der Menschheit, sich feindselig gegeneinanderzustellen« und sich zu widerstreitenden Gruppen, Parteien oder Faktionen zusammenzutun:

> Die latenten Ursachen für Faktionen sind also in der menschlichen Natur angelegt, und sie werden den jeweils unterschiedlichen gesellschaftlichen Bedingungen entsprechend unterschiedlich stark aktiviert. Der Eifer, unterschiedliche Meinungen in Glaubensdingen, in Fragen des politischen Systems und zu vielen anderen Fragen theoretisch wie auch praktisch zu vertreten; die Bindung an bestimmte politische Führer, die ehrgeizig um Vorrang und Macht konkurrieren; oder die Bindung an andere Personen, deren Schicksal für die Menschen emotional interessant ist, haben die Menschen in Parteien gespalten, die sich feindselig gegenüberstehen und eher dazu tendieren, die anderen zu schikanieren und zu unterdrücken, als für das Gemeinwohl zusammenzuarbeiten.[148]

Madison schrieb, diese Neigung in der menschlichen Natur sei so stark, dass selbst »nichtige und eingebildete Unterschiede aus[reichen], um feindliche Leidenschaften zu entfachen und gewalttätige Konflikte auszulösen«.[149] Aber dann hob er noch hervor, »die vorherrschende und permanente Ursache für die Existenz unterschiedlicher Faktionen« liege »in der vielfältigen und ungleichen Eigentumsverteilung«.[150] Die Ungleichheit bei der Verteilung von Vermögen, Haus- und Grundbesitz sowie Einkommen in den Vereinigten Staaten ist heute größer als zu jedem beliebigen Zeitpunkt seit dem Jahr 1929.[151] Das Aufkommen der Occupy-

Bewegung wurde gefördert, weil die Mehrheit der Amerikaner sich der Tatsache bewusst wurde, dass die Praxis des demokratischen Kapitalismus in seiner gegenwärtigen Erscheinungsform ungerechte und unerträgliche Ergebnisse hervorbringt. Aber die Schwäche der demokratischen Entscheidungsfindung und die verstärkte Kontrolle, die reiche Leute und Unternehmenskreise über die amerikanische Demokratie erlangten, haben die Fähigkeit des Landes gelähmt, zu vernünftigen Entscheidungen für eine Politik zu kommen, die diese Probleme lösen würde.

Diese beiden Trends verstärken sich unglücklicherweise gegenseitig. Je fester die mächtigen und reichen Interessengruppen den demokratischen Entscheidungsprozess kontrollieren, desto leichter können sie sicherstellen, dass politische Entscheidungen ihren Reichtum und ihre Macht mehren. Diese klassische positive Feedbackschleife vergrößert die Ungleichheit konstant; demokratische Lösungen für das Ungleichheitsproblem rücken in immer weitere Ferne.

Das Problem der Ungleichheit ist zu einem politischen, ideologischen und psychologischen Streitpunkt geworden. Neurobiologen und Psychologen haben das Verständnis vertieft, das die Politikwissenschaft zur Trennung in »links« und »rechts« oder »liberal« und »konservativ« in der Politik eines jeden Landes entwickelt hat. Die Forschung zeigt, dass diese Unterschiede auch »in der Natur des Menschen angelegt« sind und dass es in jeder Gesellschaft einen grundlegenden Unterschied zwischen den Temperamenten derer gibt, die der Ungleichheit vergleichsweise toleranter gegenüberstehen, und anderen, die in dieser Hinsicht weniger tolerant sind.[152] Die gleiche Trennlinie scheidet diejenigen, für die es im Vergleich mehr oder weniger wichtig ist, sich um die Schwachen und Unterprivilegierten zu kümmern, Autoritäten Respekt zu erweisen – vor allem dann, wenn Unordnung droht –, die Loyalität zur eigenen Gruppe oder Nation hervorzuheben, Patriotismus zu zeigen und die Heiligkeit von Symbolen und Objekten zu ehren, die die Werte der Gruppe repräsentieren. Beiden Gruppen sind Freiheit und Gerechtigkeit wichtig, aber sie haben unterschiedliche Ansichten zu diesen Begriffen.[153] Die aktuelle Forschung zeigt, dass diese Unterschiede teilweise auch genetisch bedingt sein könnten, wichtiger ist in diesem Zusammenhang aber vielleicht, dass die Unterschiede von sozialen Feedbackschleifen verstärkt werden.[154]

Das Problem der Ungleichheit liegt auch auf der ideologischen Verwerfungslinie zwischen Demokratie und Kapitalismus. Ungleichheit gilt denjenigen, die dem Kapitalismus den Vorrang geben, als nahe liegende und notwendige Bedingung für einen Anreiz zu produktiver Tätigkeit. Wenn einige Menschen auf dem Marktplatz übermäßig belohnt werden, ist das nicht nur für sie, sondern auch für das kapitalistische System insgesamt ein nützliches Ergebnis, weil es den anderen zeigt, was geschehen kann, wenn auch sie selbst produktiver werden. Diejenigen, denen die Demokratie wichtiger ist, wird dagegen das Tolerieren anhaltender Ungleichheit sehr viel eher dazu bringen, Änderungen jener Grundzüge der Politik zu fordern, die dauerhaft ungleiche Ergebnisse hervorbringen. In der amerikanischen Politik sind die Erbschaftssteuern zu einem wichtigen Streitpunkt geworden. Warum, so fragen die Liberalen, ist es von gesellschaftlichem Wert, wenn es nicht gelingt, nach dem Tod einer wohlhabenden Person einen gewissen Teil des großen Vermögens umzuverteilen? Doch für die Konservativen ist die Möglichkeit, großen Reichtum nach dem eigenen Tod weiterzugeben, zunächst einmal nur ein weiterer Teilanreiz für den Erwerb solchen Wohlstands. Und sie sehen das Einfordern dessen, was sie als eine »Todessteuer« bezeichnen (den Begriff prägte ein konservativer Stratege nach intensivem Nachdenken über die Frage, welcher Sprachgebrauch die größtmögliche Empörung auslösen würde),[155] als eine Verletzung ihrer Freiheitsrechte an. Meiner Ansicht nach ist eine Aufhebung der Erbschaftssteuern absurd. Sie sollten stattdessen erhöht werden. Die extreme Konzentration von Reichtum schadet der wirtschaftlichen Lebenskraft und der Gesundheit der Demokratie.

Alle gesetzgeberischen Bemühungen, dem Problem der Ungleichheit mit Maßnahmen beizukommen, die auf irgendeine Art über Steuern finanziert werden, verweisen außerdem auf die politische Verwerfungslinie, die die Vereinigten Staaten in zwei widerstreitende Lager teilt. Die in den 1970er-Jahren einsetzende Gegenreform-Bewegung unter Führung der Unternehmen erhob die unter der Bezeichnung *starve the beast* (»das Biest aushungern«)[156] bekannte zynische Strategie zu einer ihrer wichtigsten Lehren. Die Bewegung propagierte die Bedeutung eines »ausgeglichenen Haushalts« sowie die »Verringerung von Defiziten« und förderte zugleich massive Steuersenkungen als ersten Schritt eines Plans, bei dem die sich daraus ergebende Finanzierungslücke als Rechtfertigung für starke Beschränkungen des Einflusses der Regierung diente. Dies war fest verbunden mit dem umfassenderen Bestreben, den demokratischen Bereich zu verkleinern und den Einfluss des Marktes zu stärken. Eines beunruhigt die Befürworter der amerikanischen Demokratie am meisten: Die radikal verstärkte Rolle des Geldes in der Politik hat die Kräfte, die den Reichtum und die Unternehmensmacht repräsentieren, so stark gemacht, dass sie ihre Anliegen auch dann noch vorantreiben können, wenn eine deutliche Mehrheit des amerikanischen Volkes dagegen ist. Letztlich sind diejenigen, die sich mit großem Eifer für die Erweiterung der Rolle des Marktes einsetzen, eine Bedrohung für die innere Logik des Nationalstaates. Diese Leute wollen die Möglichkeiten des Volkes in Demokratien beschränken, an einer Politik mitzuwirken, die etwas gegen Missbräuche und große Risiken unternimmt, wie sie oft mit einem ungezügelten Marktgeschehen einhergehen.

Die amerikanische Mittelschicht wurde – unter anderem – von der Entstehung der Welt AG, dem wachsenden Anteil pensionierter Amerikaner und den Fortschritten bei der Verfügbarkeit kostspieliger Medizintechnik ausgehöhlt. Das Ergebnis dieser Entwicklung ist eine sich rasch ausbreitende Finanzkrise, durch die wiederum die weltweite Führungsrolle der Vereinigten Staaten gefährdet wird. Das Ausmaß der Schuldenlast der US-Regierung im Vergleich zum Bruttoinlandsprodukt droht außer Kontrolle zu geraten. Nach einer Untersuchung des überparteilichen Congressional Budget Office, einer Behörde, die für die Prüfung und Schätzung der Ausgaben innerhalb eines Haushaltsjahres verantwortlich ist, machten die Schulden des Staates im Jahr 2013 bereits 70 Prozent des Bruttoinlandsprodukts aus.[157] Und sie übertreffen es bereits, wenn man zu den Schulden noch den Geldbetrag addiert, den die Regierung sich selbst schuldet.[158]

Experten warnten bereits, ein plötzlicher Verlust des Vertrauens auf den Dollar und die Zahlungsfähigkeit der Vereinigten Staaten könne im kommenden Jahrzehnt nicht ausgeschlossen werden, auch wenn eine vielbeachtete Herabstufung von US-Staatsanleihen durch die Ratingagentur Standard & Poor's im Jahr 2011 noch keine wahrnehmbaren Auswirkungen auf die Nachfrage nach solchen Anleihen hatte.[159] Der Dollar bleibt nach wie vor die weltweite Leitwährung, was wohl auch mit der Schwäche des Euro und mangelndem Vertrauen zum chinesischen Yuan (oder Renminbi, RMB) zu erklären ist. Die USA können sich aus diesem und anderen Gründen beim Rest der Welt nach wie vor zu extrem niedrigen Zinssätzen Geld leihen. Zum Zeitpunkt der Niederschrift dieses Buches lag der Zinssatz für auf zehn Jahre befristete Anleihen bei unter 2 Prozent.

Doch die drohenden finanziellen Probleme sind potenziell groß genug, um einen plötzlichen Verlust des Vertrauens auf die Zukunft des Dollars und einen raschen Anstieg der Zinssätze, den die US-Regierung ihren Gläubigern bezahlen müsste, zu provozieren. Bereits eine Zunahme von einem Prozent über den prognostizierten Anstieg der Schuldzinsen hinaus würde im Laufe des kommenden Jahrzehnts zusätzliche Zinszahlungen in Höhe von etwa einer Billion Dollar nach sich ziehen.[160]

Die Stärke der Volkswirtschaft eines Landes ist natürlich für die Ausübung von Macht auf vielerlei Weise von entscheidender Bedeutung. Sie liefert die Grundlage für die Finanzierung von Waffen und Armeen und für den Einsatz von Finanzhilfen und Handelskonzessionen zum Aufbau notwendiger Bündnisse. Sie ermöglicht den Aufbau einer hervorragenden Infrastruktur und die Bereitstellung öffentlicher Güter. Dazu zählen unter anderem das Bildungswesen, die berufliche Ausbildung, die öffentliche Sicherheit, Renten und Pensionen, die Durchsetzbarkeit von Verträgen, die Qualität des Rechtssystems, das Gesundheitswesen und der Umweltschutz. Sie ermöglicht außerdem die Schaffung herausragender Forschungs- und Entwicklungsstätten, die heutzutage von entscheidender Bedeutung sind, wenn man die Früchte einer sich stetig beschleunigenden wissenschaftlich-technischen Revolution ernten will.

Ganz allgemein gesprochen hängt die Fähigkeit eines Landes zur dauerhaften Ausübung von Macht – sei diese nun militärischer, wirtschaftlicher, politischer oder moralischer Natur – auch noch von einer Vielzahl weiterer Faktoren ab. Dazu zählen:

– die Fähigkeit zur Entwicklung intelligenter politischer Konzepte und deren wirksame und rechtzeitige Umsetzung. Dazu gehören üblicherweise auf Vernunft beruhende, transparente Entscheidungsprozesse sowie ein innenpolitischer Konsens zur Unterstützung einer solchen Politik, und das vor allem dann, wenn sie mit einem langfristigen Engagement verbunden ist. Der Marshallplan wäre zum Beispiel nicht möglich gewesen ohne die überparteiliche Unterstützung im Kongress und die Bereitschaft des amerikanischen Volkes, für einen zukunftsweisenden, auf Jahrzehnte angelegten Plan ganz erhebliche Mittel bereitzustellen;
– der gesellschaftliche Zusammenhalt, zu dem im Allgemeinen der Eindruck gehört, dass die Einkommen und Vermögenswerte gerecht

verteilt sind, sowie ein Gesellschaftsvertrag, in dessen Rahmen die tatsächlichen Bedürfnisse auf zufriedenstellende Weise erfüllt werden und die Regierungsmacht sich aus der vorbehaltlosen Zustimmung der Regierten ableitet. Soll der Zusammenhalt bestehen bleiben, erfordert dies auch Aufmerksamkeit und anhaltenden Respekt für die unterschiedlichen Erfahrungen und Perspektiven von Minderheiten und ein umfassendes Verständnis für die Vorteile, die sich aus der Aufnahme von Migranten ergeben;

- der Schutz von Eigentumsrechten, die Durchsetzung von Verträgen und Gelegenheiten, Geld zu investieren, ohne dabei unvernünftige Verlustrisiken eingehen zu müssen;
- die Entwicklung und Durchsetzung einer nachhaltigen Steuer- und Geldpolitik sowie von Vorschriften für Bankgeschäfte, die das Risiko von Markteinbrüchen minimieren und Schwankungen im Wirtschaftskreislauf nicht verstärken. Wirtschaftlicher Erfolg ist auch mit Investitionen in die Infrastruktur, in Forschung und Entwicklung und mit der angemessenen Durchsetzung von Antitrust-Gesetzen verbunden;
- die Entwicklung des eigenen Humankapitals durch adäquate Investitionen in Allgemein- und berufliche Bildung, Gesundheitswesen und psychiatrische Betreuung, Ernährung und Kinderbetreuung. Die IT-Revolution hat die Bedeutung von Investitionen ins Humankapital vergrößert, auch wenn in diesem Bereich eine regelmäßige Aktualisierung der angemessenen Strategien erforderlich ist;
- der Schutz, die Bewahrung und Verwaltung des Naturkapitals durch Umweltschutz und Energieeffizienz. Für die Anpassung an die großen Veränderungen durch die weltweite Klimakrise bedarf es umfassender Planungen und sehr viel mehr Aufmerksamkeit für die notwendige rasche Verringerung der Umweltverschmutzung, die zur globalen Erwärmung führt.

Die Vereinigten Staaten erfüllen gegenwärtig viele dieser Kriterien nicht. Aber sie laufen nicht als einziger Nationalstaat Gefahr, die eigene Fähigkeit zu vernünftigen Entscheidungen für die Zukunft zu verspielen. Die größere und bedeutendere Veränderung im weltweiten Machtgleichgewicht ist der allgemeine relative Niedergang der effektiven Macht von Nationalstaaten. Der Politologe und Harvard-Professor Joseph Nye formulierte das so: »Die Ausbreitung von Macht zum Nachteil der Regierungen ist eine der großen politischen Veränderungen dieses Jahrhunderts.«[161]

Nationalstaaten im Übergang

DER MACHTZUWACHS multinationaler Konzerne ist einer der Hauptgründe für den anhaltenden Niedergang der Macht von Nationalstaaten. Die Umverteilung wirtschaftlicher Macht und Initiative zugunsten multinationaler Konzerne, die zur gleichen Zeit in vielen nationalen Rechtssystemen tätig sind (und zugleich erhöhten Einfluss auf die Innenpolitik des Landes nehmen, in dem sie ihren Hauptsitz haben), hat die Bedeutung von Nationalstaaten erheblich vermindert.

Für viele Unternehmen, die ihre Arbeitskräfte auch durch Outsourcing oder Robosourcing ersetzen können, besteht heute nicht mehr der gleiche Anreiz, Verbesserungen im nationalen Bildungswesen oder andere Maßnahmen zu unterstützen, mit denen die Arbeitsproduktivität in ihrem Herkunftsland verbessert würde. Und die multinationalen Konzerne spielen aufgrund der erstaunlichen Zunahme der Handels- und Investitionsströme eine sehr viel bedeutendere Rolle als jemals zuvor. Manche Politologen haben erklärt, der Einfluss der Unternehmen auf die moderne Regierungstätigkeit entspreche heute fast dem Einfluss der mittelalterlichen Kirche zur Zeit des Feudalismus.

Durch die Integration der Weltwirtschaft ist den Märkten sehr viel Macht zugefallen. Die gewaltigen Kapitalströme über die digitalen Netzwerke der Welt AG haben manche Volkswirtschaften für den plötzlichen Abfluss »heißen Geldes« hochgradig anfällig gemacht, falls und sobald die weltweiten Märkte zu einem negativen Urteil über die Wirtschaftlichkeit ihrer Steuer- und Geldpolitik kommen. Internationale Banken und Ratingagenturen sind bei nationalen Debatten über Besteuerung und Ausgabenpolitik zu wichtigen Einflussfaktoren geworden. Griechenland ist nur das bekannteste von vielen Beispielen für Länder, die heute keine selbstständigen Entscheidungen mehr treffen können, weil sie vor wichtigen Beschlüssen zuerst die Erlaubnis der Europäischen Union (die das Land unterstützt) und der internationalen Banken (die seine Gläubiger sind) einholen müssen.

Der historische Niedergang von Macht, Einfluss und Zukunftsaussichten der Länder der Eurozone (jener europäischen Länder, die sich zu einer Währungsunion zusammengeschlossen haben) ergab sich zum größten Teil aus einer inzwischen allgemein erkannten fatalen Fehleinschätzung der europäischen Länder, die der Währungsunion beitraten. Sie setzten darauf, dass sie die enge Integration ihrer Finanzpolitik (ohne die eine Gemeinschaftswährung letztlich nicht realisierbar ist) so lange aufschieben könnten, bis die politische Dynamik in Richtung einer Einheit diesen schwierigen Schritt möglich machen würde.

Als die Eurozone gegründet wurde, war – vor allem in Deutschland – allgemein bekannt, dass die südeuropäischen Länder die finanzpolitischen Voraussetzungen, die das mit einer Einheitswährung verbundene Risiko verringert hätten, nicht einmal annähernd erfüllten.[162] Vor Kurzem veröffentlichte Dokumente belegen das. Dennoch entschieden Bundeskanzler Helmut Kohl und weitere führende europäische Politiker, die mit der europäischen Einheit verbundenen Vorteile seien das Risiko wert, das sich mit der Spekulation verband, der Zusammenhalt könne so lange gewahrt werden, bis es genügend europaweite Unterstützung für eine enge finanzpolitische Einheit gibt. Als die Finanzmarktkrise 2007/08 den fatalen Konstruktionsfehler offenlegte, hielten die internationalen Finanzmärkte beim Poker mit Europa mit.

Europa bleiben heute im Wesentlichen zwei Optionen. Es könnte zum einen das Scheitern des Eurozonen-Experiments einräumen und die Zahl der Länder deutlich verringern, die neben Deutschland und Frankreich in der Eurozone verbleiben. Europas wirtschaftliches Kernland wäre so definiert. Diese Option ist aus verschiedenen Gründen unattraktiv: Es gibt keine rechtlichen Bestimmungen für den Rückzug eines Landes aus der Eurozone; der Übergang vom Euro zurück zu einer nationalen Währung wird – zum Beispiel für ein Land wie Griechenland – außerordentlich schmerzhaft und teuer ausfallen; und Deutschland würde sich abermals durch wettbewerbsorientierte Abwertungen bedroht sehen – etwa in Ländern wie Italien –, sobald die deutsche Wirtschaftskraft diejenige der Nachbarländer erheblich übertrifft.

Die zweite Option besteht aus einem raschen und mutigen Übergang zu einer finanzpolitischen Vereinigung der Eurozone, trotz der bestehenden Ungleichheit hinsichtlich Stärke und Produktivität der deutschen Wirtschaft im Vergleich zu den südeuropäischen Ländern. Die einzige

Möglichkeit, in einem finanzpolitisch vereinten Europa auch nur annähernd zu einem vergleichbaren Lebensstandard zu kommen, bestünde aus Transferzahlungen Deutschlands (im Wesentlichen: Haushalts-Subventionen) an die schwächeren Länder Europas – mindestens für die Dauer einer Generation. Das könnte für Deutschland jedoch zu einem Geschäft mit langer Laufzeit werden, und die vergleichsweise wohlhabenderen Steuerzahler in den westdeutschen Bundesländern haben bereits die Last der Subventionen für die relativ schwächeren ostdeutschen Länder in den gut zwei Jahrzehnten seit der Wiedervereinigung geschultert – die geschätzten Kosten liegen bei etwa 1,5 Billionen Euro[163] –, deshalb ist ihre Bereitschaft zur Übernahme dieser neuen Last recht gering.

Den führenden Politikern Europas gelang es nicht, die notwendige finanzpolitische Integration herbeizuführen und sich schneller in Richtung eines vereinten Europa zu bewegen. Aus diesem Versäumnis entwickelte sich eine schwerwiegende politische und wirtschaftliche Krise, die einen der wichtigsten amerikanischen Erfolge nach dem Zweiten Weltkrieg zu vernichten droht. Die Schwächung des politischen Zusammenhalts und der wirtschaftlichen Dynamik in Westeuropa hat auch (neben der seit Langem anhaltenden politischen Lähmung und wirtschaftlichen Flaute in Japan) zu den neuen Schwierigkeiten beigetragen, mit denen es die Vereinigten Staaten in ihrer Rolle als führende Weltmacht zu tun bekommen.

Das politische Konzept eines Nationalstaates besteht, ebenso wie die aus mehreren Elementen zusammengesetzte Ideologie des demokratischen Kapitalismus, aus zwei Ideen, die sich gegenseitig überlappen. Die Idee einer Nation beruht auf der gemeinsamen Identität der Menschen, die ein nationales Territorium bewohnen. Üblicherweise teilen diese Menschen das Gefühl, dass sie einer nationalen Gemeinschaft angehören, ob sie nun eine gemeinsame Sprache sprechen oder nicht (oft ist das bei der großen Mehrheit der Fall). Der Staat wiederum ist eine administrative, rechtliche und politische Einheit, die die Infrastruktur, Sicherheit und juristische Grundlage für das Leben innerhalb des Staates bietet. Wenn sich diese Konzepte überlappen, entsteht darauf die Art von Nation, die wir meist als die wichtigste Form ansehen, in der sich die weltweite Zivilisation organisiert.

Über die Ursprünge des Nationalstaates gibt es eine anregende historische Debatte. Die ersten großen »Staaten« entstanden vor etwa 5400 Jahren, als die landwirtschaftliche Revolution in Gebieten, deren Pflanzenbestand für den Ackerbau besonders geeignet war, erstmals große Überschüsse an Nahrungsmitteln hervorbrachte:[164] im Niltal in Ägypten, im Tal des Gelben Flusses in China, im Industal auf dem indischen Subkontinent, in den Tälern von Euphrat und Tigris und im Fruchtbaren Halbmond (und auf der nicht weit davon entfernten Insel Kreta).[165] Staaten dieser Art bildeten sich auch in verschiedenen anderen Teilen der Welt, unter anderem in Mexiko, in den Anden und auf Hawaii.[166]

Die Verbindung von Staat und Nation erfolgte erst sehr viel später. Die modernen Nationalstaaten entstanden in einem sehr realen Sinn erst als Folge der Buchdruck-Revolution. Großreiche, Stadtstaaten, Staatenbünde und Stämme koexistierten jahrtausendelang in weiten Teilen der Erde. Es gibt zwar wenige Beispiele für Nationalstaaten, die bereits vor der Buchdruck-Revolution existierten, doch der Aufstieg von Nationalstaaten zur dominierenden Form politischer Organisation setzte ein, als die Verbreitung gedruckter Bücher und Druckerzeugnisse aller Art, die in einer von der Allgemeinheit geteilten Nationalsprache verfasst waren, die Entstehung eines Nationalbewusstseins begünstigte.[167]

Sprachgemeinschaften wie das Französische, Spanische, Englische und Deutsche, um nur einige Beispiele zu nennen, bestanden vor der Buchdruck-Revolution aus einer Vielzahl von Dialekten und Formen, die sich so stark voneinander unterschieden, dass Sprecher einer bestimmten Variante oft Mühe hatten, sich mit den Sprechern anderer Varianten zu verständigen.[168] Die mit der Buchdruck-Revolution verbundenen wirtschaftlichen Notwendigkeiten der massenhaften mechanischen Vervielfältigung von Texten sorgten dann für einen mächtigen Schub in Richtung einer gemeinsamen Variante jeder Sprache, die in der Folge auf dem jeweiligen Staatsgebiet als gemeinsame Amts- und Verkehrssprache übernommen wurde. Die Entwicklung von Gruppen-Identitäten in Regionen, in denen die Mehrheit der Menschen ein und dieselbe Sprache sprach, las und schrieb, schuf die Bedingungen, die zur Entstehung moderner Nationalstaaten führten.

Reformation und Gegenreformation entfesselten Leidenschaften, die zusammen mit diesem neuen Nationalbewusstsein für eine lange Abfolge blutiger Kriege sorgten; sie wurden schließlich mit dem Westfälischen Frieden von 1648 beendet. Mit diesem Vertrag wurde die Errichtung einer neuen politischen Ordnung in Europa besiegelt, die auf dem Primat der Nationalstaaten und dem Prinzip der gegenseitigen Nichteinmischung der Nationalstaaten in die inneren Angelegenheiten anderer Staaten beruhte.

Die Verbreitung von Nachrichten – die in Nationalsprachen geschrieben und gedruckt und in einem betont nationalen Bezugsrahmen angeboten wurden – sorgte schon bald für eine weitere Stärkung des Nationalbewusstseins.[169] Eine allgemeine Verfügbarkeit staatsbürgerlichen Wissens führte im Laufe der Zeit auch zur Entstehung der repräsentativen Demokratie und zu gesetzgebenden Körperschaften, die aus Wahlen hervorgingen. Sobald das Staatsvolk die politische Zuständigkeit für die Gesetzgebung und die Richtlinien der Politik erlangte, wurden die Aufgaben und Tätigkeiten des Staates mit denen der Nation verbunden.

Der Ausbau von Verkehrssystemen wie Eisenbahnen und Fernstraßen im Verlauf der industriellen Revolution stärkte und erweiterte die politische Rolle der Nationalstaaten und festigte das Nationalbewusstsein weiter. Die Art und der Umfang der industriellen Technologien vermehrten zugleich die potenziellen Konfliktpunkte zwischen den Wirkungsweisen des Marktes und den politischen Vorrechten des Staates.

Auch die Einführung landesweiter Lehrpläne in den Schulen stärkte den inneren Zusammenhalt moderner Nationalstaaten. Sie festigten nicht nur die Übernahme einer gemeinsamen nationalen Sprachvariante, sondern vermittelten auch ein gemeinsames Verständnis der nationalen Geschichte und Kultur. Meist geschah das auf eine Art, die die positivsten Geschichten oder Mythen der jeweiligen Nationalgeschichte hervorhob und dafür oft Darstellungen vernachlässigte, die auf nationale Gefühle mäßigend wirken könnten.[170] (Ein Beispiel hierfür sind japanische Geschichtsbücher, in denen die Invasion und Besetzung Chinas und Koreas stark heruntergespielt wird. Sie gaben regelmäßig Anlass für Spannungen im Nordosten Asiens.)[171]

Weltweit verwendete, nationale Grenzen überschreitende Technologien wie das Internet und das Satellitenfernsehen üben heutzutage Einfluss in Bereichen aus, die früher vor allem der Macht der Nationalstaaten unterlagen. Viele regionale Satelliten-Fernsehsender kommen bei ihrer Berichterstattung ohne einen nationalen Bezugsrahmen aus. Und vor allem das Internet unterläuft viele der Strategien, auf die Nationalstaaten früher beim Aufbau und bei der Wahrung des nationalen Zusammenhalts setzten. Die Druckerpresse band die Menschen einst an bestimmte Varianten der Nationalsprachen und festigte das Nationalbewusstsein, während heute das Internet das Wissen eines jeden Landes auch den Menschen in allen anderen Ländern zugänglich macht. Google Translate,[172] der größte unter den zahlreichen maschinellen Übersetzungsdiensten, arbeitet heute in 64 verschiedenen Sprachen und bietet an einem Tag mehr Übersetzungen von Dokumenten, Artikeln und Büchern von einer Sprache in die andere an, als alle Übersetzer aus Fleisch und Blut weltweit in einem ganzen Jahr bewältigen können.[173]

Die Zahl der von Computern übersetzten Texte nimmt natürlich exponentiell zu. 75 Prozent der übersetzten Webseiten werden aus dem Englischen in andere Sprachen übertragen.[174] In China nutzen mehr Menschen das Internet, als die Vereinigten Staaten Einwohner haben.[175] Aber die Inhalte, die heute über das Internet weltweit verbreitet werden, sind noch immer vor allem auf Englisch verfasst.

Die Darstellungen von Nationalgeschichten, die einst die Lehrpläne der staatlichen Pflichtschulsysteme dominiert haben, bekommen heutzutage Konkurrenz durch alternative Varianten der Geschichtsschreibung, die im Internet weite Verbreitung finden. Und diese klingen oft auf überzeugende Weise wahr, zum Beispiel für Minderheiten innerhalb eines Nationalstaates, deren historische Benachteiligung heute nicht mehr so leicht vertuscht oder beschönigt werden kann.

Das Bindemittel, das manche Nationen trotz ihrer ethnischen, sprachlichen, religiösen und konfessionellen, stammes- und allgemeingeschichtlichen Unterschiede zusammenhält, scheint aus diesem und anderen Gründen an Kraft zu verlieren. Belgien zum Beispiel hat die Machtbefugnisse, die einst der Staatsregierung übertragen worden waren, den Regionalregierungen zurückgegeben.[176] Flandern und Wallonien sind formell keine eigenen Nationalstaaten, könnten es aber ohne Weiteres sein.

Die von der Identitätsbestimmung motivierten subnationalen Bewegungen in vielen Teilen der Welt zeigen sich bei ihren Bestrebungen, von den Nationen unabhängig zu werden, denen sie gegenwärtig noch angehören, ungeduldiger und in einigen Fällen auch aggressiver. Nationalstaaten sind als »vorgestellte«, »imaginierte Gemeinschaften« beschrieben worden. Schließlich ist es den Bürgerinnen und Bürgern eines Nationalstaates unmöglich, sich mit allen anderen Angehörigen der nationalen Gemeinschaft auszutauschen. Die gemeinsame Identität liefert die Grundlage für ihre nationalen Bindungen. Wenn ihre Vorstellungskraft nicht mehr so stark von diesen Bindungen beansprucht wird, kann die Identität ohne Weiteres anderswo anknüpfen – oft an ältere Identitäten, die der Entstehung von Nationalstaaten vorausgingen.

Die Zunahme des Fundamentalismus hat in vielen Regionen auch damit zu tun, dass die psychologische Bindung der Identität an den Nationalstaat geschwächt ist. Der muslimische, hinduistische, christliche, jüdische, ja sogar der buddhistische Fundamentalismus, sie alle sorgen in der heutigen Welt für Konfliktstoff. Für die Historiker ist das keine Überraschung. Es war schließlich vor allem die dringende Notwendigkeit, Religionskriege und gewaltsam ausgetragene Konflikte zwischen den Konfessionen einzudämmen, die zur formellen Erhebung des Nationalstaates zur wichtigsten politischen Einheit führte.

Thomas Hobbes brachte mitten im englischen Bürgerkrieg des 17. Jahrhunderts eines der ersten und einflussreichsten Argumente für einen »Gesellschaftsvertrag« ins Gespräch, um den »Krieg eines jeden gegen jeden« zu verhindern. Er schlug vor, dem Nationalstaat ein Gewaltmonopol zu verleihen und dieses auf den Souverän des Staates zu übertragen – sei das nun ein Monarch oder eine »Versammlung von Menschen« –, die einzige Autorität mit dem Recht, »Krieg zu führen und Frieden zu schließen« und den »Oberbefehl über das Militär«[177] zu führen.

Der Nationalismus wurde in den drei Jahrhunderten zwischen dem Westfälischen Frieden und dem Ende des Zweiten Weltkriegs zu einem einflussreichen neuen Kriegsgrund. Die durch die Industrialisierung der Kriegswaffen – mit Maschinengewehren, Giftgas, Panzern, schließlich auch mit Flugzeugen, Raketen und Atomwaffen – entfesselte Zerstörungskraft führte in den Kriegen des 20. Jahrhunderts zu entsetzlichen Verlusten an Menschenleben. Und die Durchsetzung von Ordnungsvorstellungen innerhalb der eigenen Grenzen vonseiten der Nationalstaaten sorgte mitunter für innere Spannungen, die die politische Führung dazu veranlassten, die Projektion von Gewalt gegen Nachbarstaaten einzusetzen: Man dämonisierte »die anderen«, um den inneren Zusammenhalt im eigenen Land zu stärken. Das dem Staat übertragene Gewaltmonopol wurde tragischerweise manchmal auch brutal gegen benachteiligte Minderheiten innerhalb der eigenen Grenzen eingesetzt. Nach dem Ersten Weltkrieg entstand eine Reihe von Nationalstaaten nach den Vorstellungen der Vereinigten Staaten, Großbritanniens und anderer europäischer Nationen, die um Stabilität in Regionen wie dem Nahen Osten und Afrika bemüht waren. Dort rechnete man aufgrund von Stammeskonflikten sowie wegen ethnischer, religiöser und anderer Auseinandersetzungen mit anhaltender und destabilisierender Gewalt.

Eines der wichtigsten Beispiele für eine vorgestellte Gemeinschaft war Jugoslawien. Das Land funktionierte drei Generationen lang ziemlich gut, nachdem diesem Völkergemisch die einigende Ideologie des Kommunismus übergestülpt worden war. Aber mit dem Zusammenbruch des Kommunismus verlor das Bindemittel jener Nation seine Kraft. Der große russische Lyriker Jewgeni Jewtuschenko beschrieb das, was dann geschah, mit der Metapher eines prähistorischen Mammuts, das im sibirischen Eis entdeckt wurde. Als das Eis schmolz und der Kadaver des Mammuts auftaute, erwachten auch die urzeitlichen Mikroben im Fleisch des Tieres und begannen mit seiner Zersetzung. Die uralten Gegensätze zwischen serbisch-orthodoxen Christen, kroatischen Katholiken und bosnischen Muslimen zersetzten auf ähnliche Weise das Bindemittel, mit dessen Hilfe ein Land entstanden war, das heute als »ehemaliges Jugoslawien« bezeichnet wird.

Die Grenze zwischen Serbien und Kroatien war 1500 Jahre zuvor keineswegs zufällig auch die Grenze zwischen dem West- und dem Oströmischen Reich gewesen;[178] die Grenze zwischen Serbien und Bosnien bildete hingegen vor 750 Jahren zugleich die umkämpfte Trennlinie zwischen Islam und Christentum. Slobodan Milošević, der neue Staatspräsident des unabhängigen Serbien, begab sich nach dem Zerfall Jugoslawiens in die umstrittene Region Kosovo, um dort an den 600. Jahrestag der großen Schlacht auf dem Amselfeld zu erinnern, in der das Fürstentum Serbien dem Osmanischen Reich unterlag.[179] Mit einer demagogischen und kriegshetzerischen Rede ließ er den uralten Hass wieder aufleben, der sich mit der Erinnerung an jene historische Niederlage verband, und löste damit Völkermorde aus, die sich gegen Bosnier und Kroaten richteten.[180]

Das Erbe der großen Reiche hat die Gestaltung von Politik und Machtverteilung noch lange Zeit beeinträchtigt, auch als die Nationalstaaten zur dominierenden Form politischer Organisation geworden waren. Europäische Staaten kolonisierten in den letzten drei Jahrzehnten des 19. Jahrhunderts in Afrika und Asien eine Landfläche von 26 Millionen Quadratkilometern, 20 Prozent der gesamten Landfläche der Erde, und brachten 150 Millionen Menschen unter ihre Herrschaft.[181] (Mehrere moderne Nationalstaaten herrschten noch bis weit in die zweite Hälfte des 20. Jahrhunderts über ein Kolonialreich.) Um nur ein Beispiel unter vielen herauszugreifen: Die Zerschlagung des Osmanischen Reiches nach dem Ersten Weltkrieg ergab sich aus der Entscheidung der Westmächte, im Nahen Osten neue Nationalstaaten zu schaffen. In einigen dieser Staaten, zum Beispiel im Irak und in Syrien, wurden Völker, Stämme und Kulturen zusammengebracht, die noch niemals zuvor der gleichen »nationalen« Gemeinschaft angehört hatten. Es ist kein Zufall, dass diese beiden Nationen inzwischen Auflösungserscheinungen gezeigt haben.

Mit der Schwächung des Zusammenhalts in Nationalstaaten überall dort, wo Völker eine starke und einheitliche Identität empfinden, die sich von derjenigen unterscheidet, die in dem Land gepflegt wird, dessen Staatsbürger sie sind, entsteht eine neue Unruhe. Viele Völker verschieben ihre vorrangige politische Identität und entfernen sich von den Nationalstaaten, denen sie seit vielen Generationen angehört haben. Das ist zu beobachten von Kurdistan über Katalonien bis nach Schottland und von Tschetschenien über Syrien bis in den Südsudan. Die Gründe für diese Entwicklung sind vielfältig und komplex, und einige Staaten, zum Beispiel Somalia, haben sich zu »postnationalen Gebilden« entwickelt.

Nichtstaatliche Terrorgruppen und kriminelle Organisationen von der Art, die gegenwärtig in sogenannten Narco-Staaten Macht ausübt, fordern in weiten Teilen der Welt den Machtapparat der Nationalstaaten auf aggressive Weise heraus. Die Handlungsfelder dieser nichtstaatlichen Akteure überschneiden sich: Von den 43 weltweit bekannten Terrorgruppen unterhalten 19 Verbindungen zum Drogenhandel.[182] Der Markt für illegale Rauschmittel ist inzwischen größer als die Volkswirtschaften von 163 der insgesamt 184 Staaten der Welt.[183] Es ist von erheblicher Bedeutung, dass die folgenschwerste Bedrohung für die Vereinigten Staaten in den letzten drei Jahrzehnten von einem nichtstaatlichen Angreifer ausging, von Osama bin Ladens al-Qaida. Eine bösartige Variante des muslimischen Fundamentalismus war das Hauptmotiv für al-Qaidas Anschläge am 11. September 2001. (Nach zahlreichen Berichten entwickelte bin Laden Hassgefühle wegen der Stationierung von US-Soldaten in Saudi-Arabien, der Nation, die als Hüterin der heiligsten Stätten des Islam gilt.)

Der durch die Anschläge bewirkte Schaden – die Ermordung von mehr als 3000 Menschen – war schrecklich genug, aber die dadurch provozierte tragische Reaktion, der törichte Einmarsch in den Irak, der, was inzwischen niemand mehr bestreitet, mit Angriffen auf die USA nichts zu tun hatte, war letztlich ein noch schwererer Schlag für Amerikas Macht, Prestige und Ansehen. Hunderttausende Menschen starben einen sinnlosen Tod, drei Billionen Dollar wurden vergeudet, und die angegebenen Kriegsgründe erwiesen sich später als zynisch und irreführend.[184]

Die Regierung der Vereinigten Staaten entschied, das historische Verbot der Folter von Gefangenen und der unbegrenzten Inhaftierung von Personen ohne ordentliches Gerichtsverfahren abzuschaffen, was in aller Welt als Beschädigung ihrer moralischen Autorität wahrgenommen wurde. Moralische Autorität kann in einer Welt, die in verschiedene Kulturbereiche mit unterschiedlichen religiösen Traditionen und unterschiedlicher ethnischer Geschichte aufgeteilt ist, wohl als eine übergeordnete Quelle der Macht gelten. Die Völker aller Nationen schätzen die Werte der Gerechtigkeit, Fairness, Gleichheit und Nachhaltigkeit, auch wenn sie diese Werte oft auf unterschiedliche Art definieren und obwohl sich die Ideologien der Staaten sehr voneinander unterscheiden.

Der offensichtliche Aufstieg des Fundamentalismus in seinen vielen Spielarten mag teilweise auch auf das Tempo des gesellschaftlichen Wandels zurückzuführen sein. Er sorgt dafür, dass sich viele Menschen stärker an orthodoxe Glaubensgrundsätze anlehnen, um spirituellen und kulturellen Halt zu finden. Die Globalisierung der Kultur – nicht nur über das Internet, sondern auch über Satellitenfernsehen, CDs und andere Medien – ist ebenfalls zu einer Konfliktquelle zwischen westlichen und konservativ-fundamentalistischen Gesellschaften geworden. Wenn Kulturgüter aus dem Westen Geschlechterrollen und sexuelle Werte auf eine Art darstellen, die nicht zu den traditionellen Normen in fundamentalistischen Kulturen passt, wird das von führenden Geistlichen verurteilt, weil sie es als gesellschaftlich destabilisierend empfinden.

Aber die Wirkung der globalisierten Kultur geht weit über Fragen der Geschlechtergleichheit und Sexualität hinaus. Kulturgüter dienen als einflussreiche Werbeträger für die Lebensstile, die durch sie abgebildet werden, und als Werbung für das Land, aus dem solche Dinge kommen. Sie tragen auf gewisse Weise das kulturelle Erbgut des jeweiligen Landes in sich. Die weltweite Mittelschicht sieht sich auf diesem Weg Bildern von Wohnformen, Automobilen, technischen Geräten und anderen gemeinsamen Merkmalen des Lebens in Industriestaaten ausgesetzt, und der Veränderungsdruck, der davon auf die Innen- und Wirtschaftspolitik in den jeweiligen Ländern ausgeht, nimmt oft entsprechend zu.

Längerfristig könnte das durchaus dazu führen, dass Unterschiede eingeebnet werden. Eine aktuelle Untersuchung in Kairo kam zu dem

Ergebnis, dass zwischen dem Umfang des Fernsehkonsums und dem Nachlassen der Unterstützung für den Fundamentalismus ein starker Zusammenhang besteht.[185] Eine der Ursachen für den stärkeren Einfluss der Türkei im Nahen Osten ist die Beliebtheit der dort produzierten Filme und Fernsehsendungen.[186] Die Dominanz der amerikanischen Musik hat den Eindruck verstärkt, dass die Vereinigten Staaten eine dynamische und kreative Gesellschaft sind. Die Fähigkeit, das Denken der Menschen über die Verbreitung von Kulturgütern zu beeinflussen – zum Beispiel durch Filme, Fernsehsendungen, Musik, Bücher, Sport und Spiel –, nimmt in einer eng miteinander vernetzten Welt zu, in der zugleich der Medienkonsum Jahr für Jahr ansteigt.

Krieg und Frieden

IN DER ZWEITEN HÄLFTE des 20. Jahrhunderts kamen weniger Menschen durch Kriege ums Leben als in der Zeit davor,[187] und auch die Zahl der Kriege jedweder Art – solche zwischen Staaten wie auch Bürgerkriege – ging zurück.[188] Dennoch starben aufgrund des krankhaften Verhaltens von Diktatoren nach wie vor Millionen von Menschen. Der Rückgang der Opferzahlen setzte sich in diesem Jahrhundert fort, was manche Menschen zu der Feststellung veranlasste, die Menschheit werde reifer, menschliche Werte breiteten sich aus und militärische Macht sei in einer miteinander vernetzten Welt weniger wichtig. Ein Maßstab für diesen Wandel besteht darin, dass die Menschen in den Vereinigten Staaten einen deutlichen Machtverlust ihres Heimatlandes empfinden – und das in einer Zeit, in der dessen Verteidigungshaushalt größer ist als derjenige der folgenden fünfzig Staaten zusammengenommen. Die selbsternannten außenpolitischen »Realisten« (die der Ansicht sind, dass Nationalstaaten in einem von Natur aus anarchischen internationalen System *immer* im Wettbewerb miteinander stehen) weisen jedoch darauf hin, dass sich ähnliche Vorhersagen in der Vergangenheit als falsch erwiesen.

Die Geschichte liefert uns allzu viele Beispiele für ungerechtfertigten Optimismus in Bezug auf den Niedergang des Kriegswesens in vergangenen Epochen, wenn eine neue Wertschätzung für die Segnungen des Friedens Auftrieb zu bekommen schien. Das weltweit am häufigsten verkaufte Buch des Jahres 1910 war *The Great Illusion* (*Die große Täuschung*) von

Norman Angell, der 1933 den Friedensnobelpreis erhielt. Er vertrat die Ansicht, die zunehmende wirtschaftliche Integration, die mit der zweiten industriellen Revolution einherging, habe den Krieg überflüssig gemacht. Keine vier Jahre später, kurz vor Beginn des Ersten Weltkriegs, schrieb Andrew Carnegie, der Bill Gates jener Zeit, in einem Neujahrsgruß an Freunde: »Wir schicken diesen Neujahrsgruß am 1. Januar 1914 im festen Glauben, dass sich der Frieden schon bald auf internationaler Ebene durchsetzen wird, und zwar mithilfe mehrerer Großmächte, die sich darauf einigen, ihre Streitigkeiten durch eine Schlichtung beizulegen, sodass der Feder mehr Macht zukommen wird als dem Schwert.«[189]

Die menschliche Natur hat sich nicht geändert, und die Geschichte nahezu jeder Nation liefert ernüchternde Beispiele dafür, dass der Einsatz militärischer Gewalt ihrem Schicksal oft eine entscheidende Wende gegeben hat. Nationalistische Politiker werden natürlich in vielen Ländern – auch in den USA und in China – versuchen, sich Zukunftsängste (und die Furcht voreinander) zunutze zu machen, indem sie zur Stärkung des Militärs aufrufen. Einige chinesische Militärstrategen haben in jüngster Zeit geschrieben, eine gut geplante Cyberattacke auf die Vereinigten Staaten könne China mit den USA »gleichziehen lassen«, trotz der amerikanischen Überlegenheit bei der konventionellen und nuklearen Waffentechnik.[190] Und Furcht erzeugt neue Furcht, wie so oft im Laufe der Geschichte. Wer seine militärischen Kapazitäten aufstockt, lässt diejenigen, gegen die sie sich vielleicht richten könnten, vermuten, dass man die Absicht hat, Krieg zu führen.

Die Angst vor einem militärischen Überraschungsangriff hat in der Geschichte schon für sich genommen einen verzerrenden Einfluss auf die Prioritäten für die Militärausgaben gehabt. Die Menschen und die führenden Persönlichkeiten eines jeden Landes tun sich naturgemäß schwer damit, diese Angst richtig einzuordnen. Das ist einer der Gründe dafür, warum die nationale Sicherheit mehr denn je auf die hervorragende nachrichtendienstliche Beschaffung und Analyse von Informationen angewiesen ist, um sich vor strategischen Überraschungen zu schützen und die Wachsamkeit für strategische Chancen aufrechtzuerhalten.

Neue technische Entwicklungen haben schon oft die Art der Kriegführung so stark verändert, dass selbstgefällige Staaten überrascht wurden, die auf in früheren Kriegen vorherrschende Technologien fixiert waren. Frankreich errichtete nach dem Ersten Weltkrieg mit enormem

Aufwand und großer Sorgfalt die Maginot-Linie, die sich aber angesichts der vom nationalsozialistischen Deutschland eingesetzten äußerst beweglichen Panzereinheiten als völlig nutzlos erwies. Militärische Macht hängt heute mehr denn je von höchst effizienter Forschung und Entwicklung ab, über die eine sich nach wie vor beschleunigende wissenschaftlich-technologische Revolution nutzbar gemacht werden kann, die ihrerseits großen Einfluss auf die Entwicklung der Waffentechnik hat.

Der Nutzen, der sich aus der Anwendung militärischer Gewalt ziehen lässt, mag letztlich in einer Welt, in der die Menschen und Wirtschaftsunternehmen aller Länder enger miteinander verbunden sind als jemals zuvor, wirklich zurückgehen. Der jüngste Rückgang bei Kriegen aller Art in der Welt – vor allem bei den Kriegen zwischen Staaten – hat wohl weniger mit einem plötzlichen Ausbruch von Empathie zwischen den Menschen zu tun, als mit der Rolle, die die Vereinigten Staaten und ihre Verbündeten in der Ära nach dem Zweiten Weltkrieg gespielt haben. Dabei ging es um Vermittlung bei Konflikten, den Aufbau von Bündnissen und manchmal auch um Interventionen mit einer Kombination aus militärischer Gewalt und Wirtschaftssanktionen. Ein Beispiel hierfür ist das Vorgehen im ehemaligen Jugoslawien, mit dem die Ausbreitung von Gewalt zwischen Serbien, Kroatien und Bosnien begrenzt werden sollte.

Supranationale Institutionen haben ebenfalls eine immer größere Rolle gespielt. Sie intervenierten in Staaten, denen es nicht gelang, gewaltsame Konflikte zu stoppen und bei der Beilegung von Streitigkeiten zu vermitteln. Mit diesen internationalen Gruppen sind nicht nur von den Vereinten Nationen finanzierte weltweite Anstrengungen gemeint, sondern in zunehmendem Maß auch die Tätigkeiten regionaler supranationaler Organisationen wie etwa der Afrikanischen Union, der Arabischen Liga, der Europäischen Union, der NATO und anderer. Nichtregierungsorganisationen, religiös gebundene Wohltätigkeitsorganisationen und philanthropische Stiftungen spielen eine immer wichtigere Rolle bei der Grundversorgung der Bevölkerung in Gebieten, in denen nationalstaatliche Strukturen zusammenbrechen. Wenn ein dauerhaftes militärisches Eingreifen erforderlich wird und etablierte internationale Organisationen zu keiner Einigung kommen, sind »Koalitionen der Willigen« gebildet worden. Aber den Vereinigten Staaten fiel bei der Organisation und Koordination vieler dieser Interventionen eine Schlüsselrolle zu, vor allem dann, wenn die NATO und »Koalitionen der Willigen« beteiligt waren. Sie sorgten oft nicht nur für die Beschaffung und Analyse wichtiger Informationen, sondern auch für die entscheidende militärische Schlagkraft. Wird die vormalige Führungsrolle der USA durch weitere Verschiebungen im globalen Machtgleichgewicht fortdauernd geschwächt, könnte das ein Ende des Zeitalters bedeuten, das manche Historiker als *Pax Americana* bezeichnet haben.

Der aktuelle Rückgang von Kriegshandlungen könnte auch mit zwei Entwicklungen zu tun haben, die sich während des langen Kalten Kriegs zwischen den Vereinigten Staaten und der UdSSR abgespielt haben. Zunächst einmal nahmen die möglichen Konsequenzen eines mit allen vorhandenen Mitteln geführten Kriegs zwischen den beiden Supermächten – nach dem Aufbau eines riesigen Atombomben-Arsenals, das mit Interkontinentalraketen, U-Booten und Langstreckenbombern ins Ziel gebracht werden konnte – ein so offensichtliches und inakzeptables Ausmaß an, dass sowohl die USA wie auch die UdSSR vernünftigerweise vom Abgrund zurücktraten. Die steil ansteigenden Kosten für die Wartung und Modernisierung dieser Arsenale wurden für beide Supermächte ebenfalls zu einer großen Last. (Nach Berechnungen der Brookings Institution, einer Denkfabrik in Washington, haben die Vereinigten Staaten seit 1940 für ihre Nuklearstreitmacht 5,5 Billionen Dollar ausgegeben, mehr als für jedes andere Programm mit Ausnahme der staatlichen Rentenversicherung.)[191] Das Risiko eines Atomkriegs wurde zwar durch Abrüstungsverträge, die teilweise Verschrottung der Arsenale sowie verbesserte Kommunikation und Sicherungsmaßnahmen (einschließlich eines aktuellen bilateralen Abkommens zur nuklearen Cyberspace-Sicherheit) erheblich vermindert. Dennoch verlangt die Gefahr einer Eskalation der Spannungen nach ständiger Aufsicht und Kontrolle.

Zweitens machten sowohl die USA als auch die Sowjetunion im letzten Drittel des 20. Jahrhunderts bittere Erfahrungen mit dem gescheiterten Versuch, überwältigende konventionelle militärische Stärke gegen Guerilla-Armeen einzusetzen, die sich irregulärer Kriegstaktiken bedienten, sich unter die eigene Bevölkerung mischten und einen Zermürbungskrieg führten. Die Lehren, die die Supermächte daraus zogen, entgingen auch den Guerillakämpfern nicht. Die anhaltende Verbreitung irregulärer Kriegstaktiken – teilweise als Ergebnis solcher früherer Konflikte – untergräbt heute ernsthaft das Monopol des Nationalstaates auf den Einsatz von Kriegshandlungen als entscheidendes Mittel der Politik.

Der enorme überzählige Bestand von Gewehren und automatischen Waffen, der während früherer Kriege produziert wurde, steht heute in immer größerem Umfang nicht nur aufständischen Guerillakräften zur Verfügung, sondern auch Einzelpersonen, Terrorgruppen und kriminellen Organisationen. Kommt eine neu produzierte Generation von Waffen in Gebrauch, werden die Vorgängermodelle nicht zerstört. Sie gelangen eher in die Hände von anderen Benutzern und vergrößern oft das Blutvergießen bei regionalen bewaffneten Konflikten und Bürgerkriegen. Die Lobbymacht und der politische Einfluss von Waffen- und Munitionsherstellern sowie Rüstungskonzernen haben leider zur Verbreitung von Waffen über die ganze Welt beigetragen. Präsident Barack Obama revidierte die US-Politik 2009 und trat als Befürworter eines Vertrags zur Begrenzung dieses zerstörerischen Gewerbes auf.[192] Aber Fortschritte stellen sich im günstigsten Fall nur langsam ein, weil eine Reihe von Ländern sich gegen diesen Kurswechsel wendet und weil der weltweite Entscheidungsprozess dysfunktional ist.

Die USA dominieren nach wie vor den internationalen Handel mit Waffen aller Art – auch bei den Präzisionswaffen mit großer Reichweite und den Boden-Luft-Raketen –, von denen ein gewisser Teil schließlich auf dem Schwarzmarkt verkauft wird.[193] Dwight D. Eisenhower warnte die Vereinigten Staaten in seiner letzten Rede als Präsident vor dem »militärisch-industriellen Komplex«.[194] Eisenhower, den siegreichen Oberbefehlshaber der amerikanischen Streitkräfte in Europa im Zweiten Weltkrieg, konnte man in Fragen der nationalen Sicherheit wohl kaum der Nachlässigkeit bezichtigen. Die USA ziehen zwar unbestreitbare Vorteile aus dem Waffenhandel, der beispielsweise ihre Möglichkeiten zum Abschluss und zur Pflege nützlicher Bündnisse verbessert, aber es ist dennoch beunruhigend, dass mehr als die Hälfte (2010 lag der Anteil bei 52,7 Prozent) aller weltweit an Staaten verkauften Kriegswaffen aus den Vereinigten Staaten kamen.[195]

Noch wichtiger ist, dass die Aufteilung wissenschaftlich-technologischen Wissens und Sachverstands auf die gesamte Welt AG und das Weltgehirn auch das Monopol auf massenhaft ausgeübte Gewalt untergraben hat, das bisher die Nationalstaaten innehatten. Heutzutage stehen auch chemische und biologische Kampfstoffe, die als Massenvernichtungsmittel dienen können, auf der Liste der Waffen, auf die nichtstaatliche Gruppen theoretisch zugreifen können.

Das für die Herstellung von Massenvernichtungswaffen – einschließlich der Atomwaffen – benötigte Wissen ist bereits auf gefährliche Art und Weise auch in anderen Ländern vorhanden. Heute sind es nicht mehr nur die beiden Atommächte, die es zu Beginn des Kalten Kriegs miteinander zu tun bekamen, inzwischen verfügen 35 bis 40 Länder über das Potenzial für den Bau von Atombomben.[196] Nordkorea, das bereits eine Handvoll Atomwaffen besitzt, und der Iran, bei dem die meisten Experten davon ausgehen, dass er sich um solche bemüht, entwickeln derzeit Langstreckenraketen, die beiden Ländern im Laufe der Zeit international zu mehr Macht verhelfen werden.[197] Experten für die Weiterverbreitung von Massenvernichtungswaffen sind tief besorgt, denn die Ausbreitung von Atomwaffen auf einige dieser Länder könnte das Risiko deutlich erhöhen, dass Terrorgruppen die für die Herstellung einer eigenen Bombe benötigten Bauteile kaufen oder stehlen. Abdul Kadir Khan, der ehemalige Leiter des pakistanischen Atomprogramms, knüpfte enge Verbindungen zu militanten islamischen Gruppen. Nordkorea, stets knapp bei Kasse, hat bereits Raketentechnologie verkauft, und viele Fachleute sind der Ansicht, dass es zum Verkauf von Bauteilen für Atomwaffen in der Lage ist.[198]

Den Experten für nationale Sicherheit bereiten auch regionale Verbreitungsketten für Atomwaffen Sorgen, etwa am Persischen Golf und im Nordosten Asiens. Mit anderen Worten: Würde der Iran sich ein Arsenal von Atomwaffen zulegen, gerieten Saudi-Arabien und vermutlich auch weitere Länder in der Region unter den Druck, zur Abschreckung eigene Atomwaffenbestände aufzubauen. Wäre Nordkorea erwiesenermaßen imstande, einen Atomwaffenangriff auf Japan auszuführen, würde das Japan enorm unter Druck setzen, seinerseits Atomwaffen zu bauen – trotz der historischen Erfahrungen des Landes und dessen erklärter Ablehnung von Atomwaffen.

Es besteht ein dringender Bedarf, die Integrität des demokratischen Entscheidungsprozesses in den Vereinigten Staaten wiederherzustellen, denn die internationale Staatengemeinschaft braucht unbedingt eine Führungsmacht. Und es gibt hoffnungsvolle Entwicklungen, wobei besonders das Aufkommen eines reformerischen Aktivismus im Internet zu nennen ist. Das Internet ermöglicht es der rasch wachsenden Zahl von Angehörigen der Mittelschicht in aller Welt, von ihren Regierungen verantwortliches Handeln und Reformen in einem Umfang zu verlangen, wie es, historisch betrachtet, die Mittelschicht immer eher getan hat als die

Armen und Unterprivilegierten. Francis Fukuyama, Professor für Politologie an der Stanford University, ist der Ansicht, dass dies »in Ländern, die einen Grad an materiellem Wohlstand erreicht haben, der es einer Mehrheit der Bürgerinnen und Bürger gestattet, sich der Mittelschicht zuzurechnen, auf die breiteste Zustimmung stößt. Deshalb besteht in der Regel eine Korrelation zwischen einem hohen Entwicklungsniveau und einer stabilen Demokratie.«[199]

Die mit der Entstehung der Welt AG verbundenen Entwicklungen – vor allem das Robosourcing, die Übertragung der Arbeit von Menschen auf intelligente, untereinander vernetzte Maschinen – drohen den Aufstieg der weltweiten Mittelschicht zu verlangsamen, indem sie den Arbeitnehmeranteil am Volkseinkommen vermindern. Aber ein aktueller Bericht des European Strategy and Policy Analysis System (ESPAS) kommt zu dem Ergebnis, dass sich die globale Mittelschicht innerhalb der nächsten zwölf Jahre von zwei Milliarden auf vier Milliarden verdoppeln und dass sie im Jahr 2030 fast fünf Milliarden Menschen zählen wird.[200]

Der Bericht hält außerdem fest: »Die Forderungen und Sorgen der Menschen in vielen verschiedenen Ländern werden sich bis 2030 vermutlich einander annähern, und das wird erhebliche Auswirkungen auf die jeweilige Innenpolitik wie auch auf die internationalen Beziehungen haben. Diese Entwicklung wird hauptsächlich von einem in der Weltbevölkerung stärker ausgeprägten Bewusstsein beeinflusst werden, dass andere Menschen die eigenen Ambitionen und Beschwerden teilen. Dieses Bewusstsein entwickelt bereits eine weltbürgerschaftliche Tagesordnung, die grundlegende Freiheiten ebenso hervorhebt wie wirtschaftliche und soziale Rechte und – in zunehmendem Umfang – Umweltfragen.«[201]

Das Wissen um einen höheren Lebensstandard, ein größeres Maß an Freiheits- und Menschenrechten, bessere Umweltbedingungen und die Vorzüge bürgernäherer Regierungsarbeit werden sich im Weltgehirn weiter ausbreiten. Dieses neue weltweite Wissen um die vielfachen Möglichkeiten, mit denen sich das Leben von Milliarden Menschen verbessern lässt, wird mit Sicherheit das Verhalten führender Politikerinnen und Politiker in aller Welt sehr stark beeinflussen.

Die Ausbreitung von Unabhängigkeitsbewegungen, die dem demokratischen Kapitalismus verpflichtet sind, in den aus der Sowjetunion hervorgegangenen Staaten und die explosive Verbreitung des Arabischen Frühlings in den Ländern des Nahen Ostens und Nordafrikas dienen bereits als Beispiele dafür, dass sich solche Veränderungen in einer durch ihre Verbindungen mit dem Weltgehirn gestärkten Welt sogar noch schneller vollziehen können.

Die erste wahrhaft globale Kultur entwickelt sich weiter, und die Zukunft wird vom Ergebnis der heute beginnenden Auseinandersetzung zwischen den unverhüllten Zwängen der Welt AG und dem gewaltigen, im Weltgehirn angelegten Potenzial abhängen. Letzteres drängt die von ihrem Gewissen geleiteten Menschen zu der Forderung, dass Exzesse durch die Einführung und Durchsetzung von Standards und Grundsätzen eingedämmt werden müssen, die menschliche Werte hochhalten und respektieren.

Das ist keineswegs unerreichbar oder hoffnungslos idealistisch. Es sei hier daran erinnert, dass es viele Beispiele für neue, weltweit gültige Normen gibt, die bereits in der Vergangenheit durch diesen Mechanismus eingeführt wurden, und das deutlich vor dem verbesserten Potenzial, das uns durch die Nutzung des Internets beim Eintreten für neue weltweite Normen zur Verfügung steht. Die Bewegung für die Abschaffung der Sklaverei, die Anti-Apartheid-Bewegung, das Eintreten für die Rechte der Frauen, die Einschränkung der Kinderarbeit, die Bewegung gegen den Walfang, die Genfer Konventionen gegen die Folter, die rasche Ausbreitung der antikolonialen Befreiungsbewegungen in den 1960er-Jahren, das Verbot von Atomwaffentests in der Atmosphäre, im Weltraum und unter Wasser sowie erfolgreiche Wellen der Demokratiebewegung – sie alle erhielten Schwung durch das Teilen von Ideen und Idealen in Gruppen von engagierten Einzelpersonen in zahlreichen Ländern. Diese Menschen übten Druck auf ihre Regierungen aus, damit diese sich an der Ausarbeitung von Gesetzen und Verträgen beteiligten, die in weiten Teilen der Welt zu umfassenden Veränderungen führten.

Als Menschen haben wir alle heute die Wahl, und dabei spielt es keine Rolle, in welchem Land wir leben: Entweder lassen wir uns vom mächtigen Strom des technologischen Wandels und des ökonomischen Determinismus in eine Zukunft mitreißen, die unsere wichtigsten Werte gefährden kann, oder wir erarbeiten uns eine Fähigkeit zu kollektiven Entscheidungsprozessen im weltweiten Maßstab. Sie könnte es uns ermöglichen, die Zukunft auf eine Art zu gestalten, die die Menschenwürde schützt und den Ambitionen der Nationen und Völker entspricht.

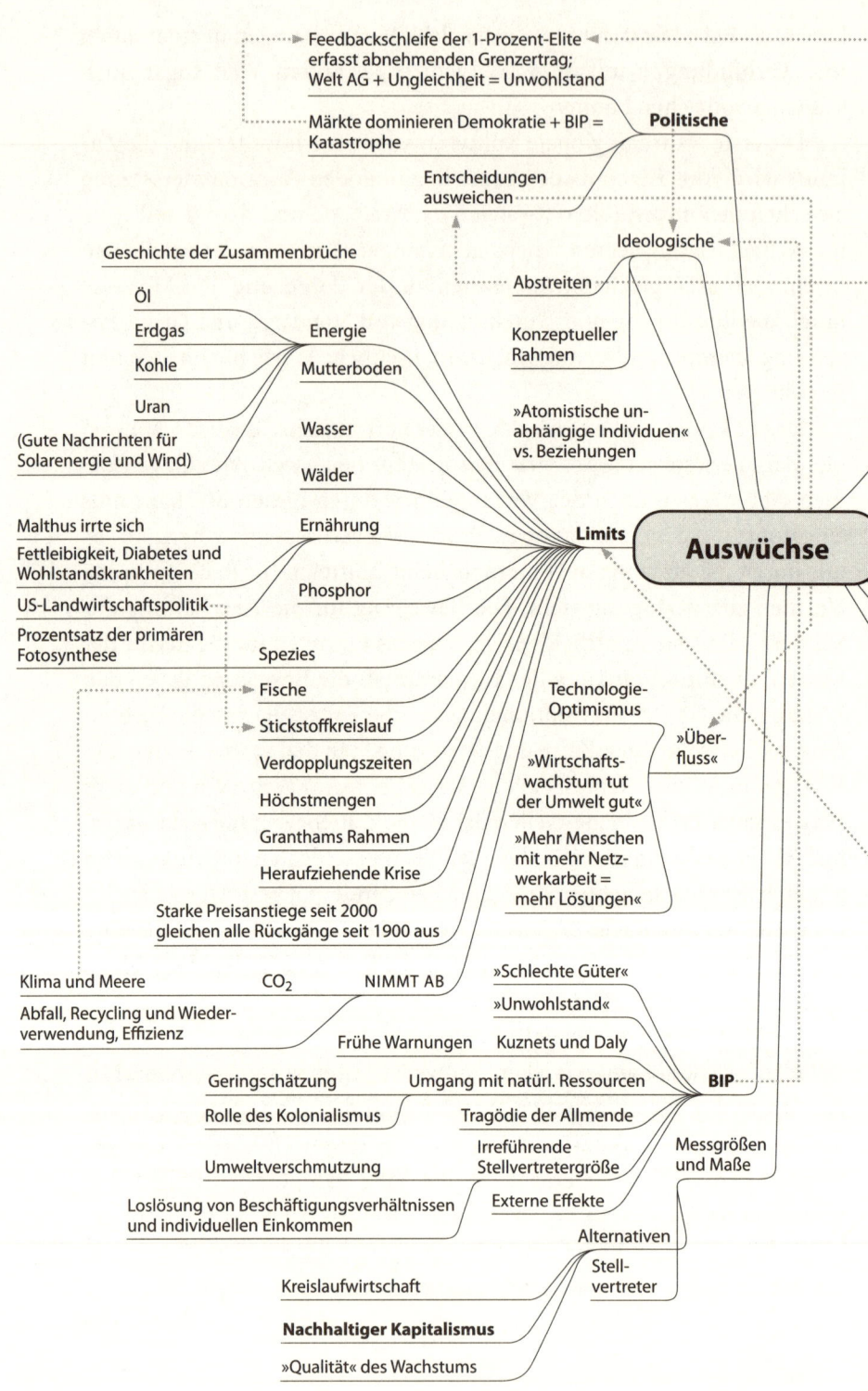

Feedbackschleife der 1-Prozent-Elite
erfasst abnehmenden Grenzertrag;
Welt AG + Ungleichheit = Unwohlstand

Märkte dominieren Demokratie + BIP = **Politische**
Katastrophe

Entscheidungen
ausweichen

Geschichte der Zusammenbrüche

Ideologische

Abstreiten

Öl

Erdgas   Energie   Konzeptueller
                             Rahmen
Kohle   Mutterboden

Uran   »Atomistische un-
                             abhängige Individuen«
(Gute Nachrichten für   Wasser   vs. Beziehungen
Solarenergie und Wind)
                        Wälder

Malthus irrte sich   Ernährung   **Limits**   **Auswüchse**

Fettleibigkeit, Diabetes und
Wohlstandskrankheiten

US-Landwirtschaftspolitik   Phosphor

Prozentsatz der primären
Fotosynthese   Spezies

                        Fische   Technologie-
                                         Optimismus
                        Stickstoffkreislauf
                                                          »Über-
                        Verdopplungszeiten   »Wirtschafts- fluss«
                                              wachstum tut
                        Höchstmengen   der Umwelt gut«

                        Granthams Rahmen   »Mehr Menschen
                                              mit mehr Netz-
                        Heraufziehende Krise werkarbeit =
                                              mehr Lösungen«
        Starke Preisanstiege seit 2000
        gleichen alle Rückgänge seit 1900 aus

Klima und Meere CO_2 NIMMT AB   »Schlechte Güter«

Abfall, Recycling und Wieder-   »Unwohlstand«
verwendung, Effizienz
                        Frühe Warnungen   Kuznets und Daly

        Geringschätzung   Umgang mit natürl. Ressourcen   **BIP**

        Rolle des Kolonialismus   Tragödie der Allmende

                                        Irreführende   Messgrößen
        Umweltverschmutzung   Stellvertretergröße   und Maße

        Loslösung von Beschäftigungsverhältnissen   Externe Effekte
        und individuellen Einkommen
                                            Alternativen
                                            Stell-
                                            vertreter
                Kreislaufwirtschaft

                Nachhaltiger Kapitalismus

                »Qualität« des Wachstums

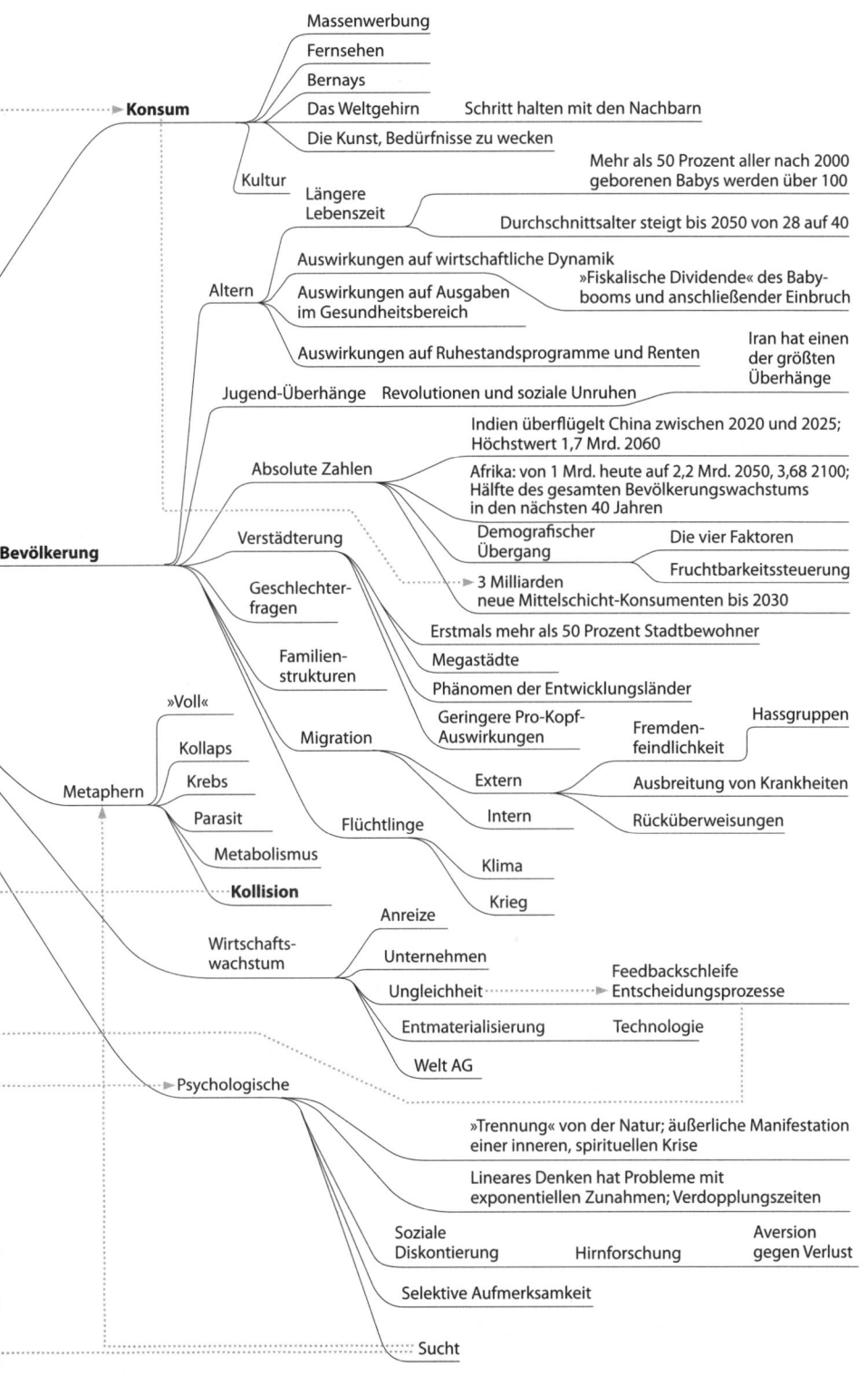

Konsum

Massenwerbung

Fernsehen

Bernays

Das Weltgehirn — Schritt halten mit den Nachbarn

Die Kunst, Bedürfnisse zu wecken

Kultur

Längere Lebenszeit — Mehr als 50 Prozent aller nach 2000 geborenen Babys werden über 100

Durchschnittsalter steigt bis 2050 von 28 auf 40

Altern

Auswirkungen auf wirtschaftliche Dynamik

Auswirkungen auf Ausgaben im Gesundheitsbereich — »Fiskalische Dividende« des Baby-booms und anschließender Einbruch

Auswirkungen auf Ruhestandsprogramme und Renten

Jugend-Überhänge — Revolutionen und soziale Unruhen — Iran hat einen der größten Überhänge

Absolute Zahlen — Indien überflügelt China zwischen 2020 und 2025; Höchstwert 1,7 Mrd. 2060

Afrika: von 1 Mrd. heute auf 2,2 Mrd. 2050, 3,68 2100; Hälfte des gesamten Bevölkerungswachstums in den nächsten 40 Jahren

Bevölkerung

Verstädterung

Geschlechter-fragen — Demografischer Übergang — Die vier Faktoren

Fruchtbarkeitssteuerung

3 Milliarden neue Mittelschicht-Konsumenten bis 2030

Familien-strukturen — Erstmals mehr als 50 Prozent Stadtbewohner

Megastädte

Phänomen der Entwicklungsländer

Migration — Geringere Pro-Kopf-Auswirkungen — Fremden-feindlichkeit — Hassgruppen

Metaphern

»Voll«

Kollaps

Krebs — Extern — Ausbreitung von Krankheiten

Parasit — Flüchtlinge — Intern — Rücküberweisungen

Metabolismus — Klima

Kollision — Krieg

Anreize

Wirtschafts-wachstum — Unternehmen

Ungleichheit — Feedbackschleife Entscheidungsprozesse

Entmaterialisierung — Technologie

Welt AG

Psychologische

»Trennung« von der Natur; äußerliche Manifestation einer inneren, spirituellen Krise

Lineares Denken hat Probleme mit exponentiellen Zunahmen; Verdopplungszeiten

Soziale Diskontierung — Hirnforschung — Aversion gegen Verlust

Selektive Aufmerksamkeit

Sucht

4

AUSWÜCHSE

DAS RASCHE WACHSTUM der menschlichen Zivilisation – es wachsen die Zahl der Menschen, die Macht der Technologie, der Umfang der Weltwirtschaft – kollidiert mit der näher rückenden Erschöpfung wichtiger natürlicher Ressourcen, von denen Milliarden von Menschenleben abhängen, zum Beispiel vom Mutterboden und vom Süßwasser. Außerdem gefährdet es ernsthaft den Bestand wichtiger Ökosysteme des Planeten. Aber »Wachstum« auf die ganz besondere und unsinnige Art, in der wir es definieren, bleibt nahezu ausnahmslos das wichtigste und vorrangige Ziel in der nationalen und weltweiten Wirtschaftspolitik und in fast allen Unternehmen.

Unsere wichtigste Methode zur Bestimmung von Wirtschaftswachstum – das Bruttoinlandsprodukt (BIP) – basiert auf absurden Berechnungen, die jede Überlegung zur Einkommensverteilung, zur fortdauernden Erschöpfung wichtiger Ressourcen und zur rücksichtslosen Abgabe gewaltiger Mengen von Schadstoffen in die Atmosphäre, Ozeane, Flüsse, in Boden und Biosphäre vollständig ausblenden.

Zwischen einem Wachstum des BIP und einer Zunahme der Arbeitsplätze und des durchschnittlichen Arbeitsentgelts bestand früher meist ein grober Zusammenhang. Als das amerikanische Modell des demokratischen Kapitalismus in der Zeit nach dem Zweiten Weltkrieg Verbreitung fand, waren viele Experten der Ansicht, das BIP sei der einfachste und genaueste Maßstab dafür, ob die Wirtschaftspolitik richtig lag. Doch selbst damals schon warnte Simon Kuznets, der Wirtschaftswissenschaftler, der dieses Konzept 1937 geschaffen hatte, es handele sich um eine potenziell gefährliche übermäßige Vereinfachung, die sich als irreführend erweisen könne und »Illusionen und sich daraus ergebendem Missbrauch« unterliege, weil sie die »individuelle Verteilung des Einkommens« oder »eine Reihe von Kosten, die berücksichtigt werden müssen«, außen vor lasse.[1]

Im 21. Jahrhundert hat – besonders seit der Entwicklung der Welt AG – eine Politik, die auf die Maximierung des BIP angelegt war, die Welt in Richtung einer weiteren Konzentration von Reichtum und Macht getrieben. Zugenommen haben auch die Unterschiede beim Einkommen, die langfristige Arbeitslosigkeit, die öffentliche und private Verschuldung, die gesellschaftliche und geopolitische Instabilität, die Unbeständigkeit des Marktgeschehens, die Umweltverschmutzung sowie das, was Biologen als »sechstes großes Artensterben« (*sixth great extinction*) bezeichnen. Einige dieser negativen Konsequenzen werden in der funktionell irrsinnigen Definition von Wachstum, die wir immer als Kompass benutzen, tatsächlich als *positive* Ergebnisse verbucht. Die Richtung, die uns dieser Kompass weist, führt geradewegs über die Felskante.

Im vollständigen Versagen der Welt, wenn es gilt, die Gefahren für die Zukunft der Zivilisation zu erkennen – und den Kurs zu ändern –, zeigt sich das Fehlen einer globalen Führungsmacht und das Machtungleichgewicht, denn die dringenden Notwendigkeiten der Welt AG dominieren die Entscheidungen auf Kosten der partizipatorischen Demokratie. Das weitere Wachstum des BIP mehrt heute zwar nicht mehr den Wohlstand oder das Wohlbefinden des Durchschnittsmenschen, korreliert aber nach wie vor mit dem Einkommen der Eliten.

Die Kombination der Welt AG mit dem Weltgehirn verschafft den Eliten heutzutage bessere Möglichkeiten, Zustimmung für politische Entscheidungen zu gewinnen, die eher ihrem eigenen als dem öffentlichen Interesse dienen. Und die Firmen erhalten so mehr Möglichkeiten, Bedürfnisse zu schaffen, um den Absatz ihrer Produkte zu steigern. Das Ergebnis ist ein höherer Pro-Kopf-Verbrauch mit Auswirkungen, die von der stetig zunehmenden Bevölkerungszahl noch vergrößert werden.

Die Mittelschicht wird in den kommenden siebzehn Jahren weltweit um die unglaubliche Zahl von drei Milliarden Menschen zunehmen.[2] Und die Globalisierung der Kultur über Fernsehen und Internet verbindet ihre Ambitionen bezüglich des Lebensstandards, der sich heute nicht mehr an den Nachbarn orientiert, sondern sich an den Standards misst, die in den reichsten Ländern üblich sind.[3] Das ist einer der Gründe dafür, warum die Zunahme im Pro-Kopf-Verbrauch von Lebensmitteln, Trinkwasser, Waren und Industrieprodukten die Wachstumsraten der Weltbevölkerung noch übersteigt.[4]

Die Welt AG und ihre Auswirkungen auf Ökosysteme und die Versorgung mit wichtigen Ressourcen werden durch diese Kombination von sehr viel mehr Menschen *und* sehr viel größerem Pro-Kopf-Verbrauch angetrieben. Die von der Werbung gesteuerte Ideologie, die das Weltgehirn beherrscht, setzt einen höheren Verbrauch mit gesteigertem Glück gleich. Das ist natürlich ebenso ein falsches Versprechen wie die Verheißung, dass ein höheres Bruttoinlandsprodukt mehr Wohlstand mit sich bringen wird.

Die Neigung, einen zunehmenden Warenverbrauch mit gesteigertem Glück zu verwechseln, war das Thema eines Briefes, den Thomas Jefferson im Frühjahr 1784 an George Washington schrieb: »Die ganze Welt wird in Handelsgüter verwandelt. Wäre es praktikabel, unser neues Reich von ihnen fernzuhalten, könnten wir darüber spekulieren, ob der Handelsverkehr zum Glück der Menschheit beiträgt. Aber wir können uns nicht von ihnen fernhalten. Unsere Bürger haben die umfassenden Vorzüge, die Kunsthandwerk und Fertigwaren zu bieten haben, zu umfangreich genossen, als dass ihnen ihr Gebrauch versagt werden könnte.«[5]

Die heutige umfangreiche Forschung zu den Quellen des Glücks wäre für Jefferson wohl keine Überraschung: Sie zeigt, dass die Vereinigten Staaten im Verlauf des letzten halben Jahrhunderts zwar ihre Wirtschaftsleistung verdreifacht haben, dass dies aber für Glück und Wohlbefinden der Allgemeinheit keinerlei Zugewinn mit sich brachte.[6] In anderen Ländern mit hohem Warenkonsum ist man zu ähnlichen Ergebnissen gekommen. Sind die Grundbedürfnisse erst einmal abgedeckt, sorgt ein höheres Einkommen nur bis zu einem Punkt für mehr Glück, ab dem eine weitere Steigerung des Konsums das Gefühl des Wohlbefindens nicht mehr stärkt.[7]

Die kumulative Wirkung eines stark zunehmenden Pro-Kopf-Verbrauchs, eines raschen Bevölkerungswachstums, einer Beherrschung aller Ökosysteme durch den Menschen sowie des Durchsetzens weltweiter biologischer Veränderungen, die alle Lebenssphären durchdringen, hat die sehr reale Möglichkeit geschaffen, dass wir schon bald einen gefährlichen »›Wendepunkt‹ im planetaren Ausmaß« erreichen könnten. So lautete die Einschätzung von mehr als zwanzig prominenten Biologen und Ökologen in einem 2012 in der Zeitschrift *Nature* veröffentlichten Beitrag.[8] James H. Brown, einer der Mitautoren des Aufsatzes, erklärt hierzu: »Wir haben diese gewaltige Bevölkerungs- und Wirtschaftsblase geschaffen. Beschafft man sich aussagekräftige Daten und rechnet nach, ist das alles einfach nicht nachhaltig. Entweder wird langsam die Luft abgelassen, oder die Blase platzt.«[9]

Es ist wie bei einem Jungen, der mehrmals grundlos vor einem Wolf warnt. Nach mehreren falschen Alarmen beginnt man, die Warnungen des Jungen zu ignorieren, bis es eines Tages zu einer wirklichen Gefahr kommt – und man sie ebenfalls nicht beachtet. Frühere Mahnungen, nach denen die Menschheit bei ihrem starken Wachstumsstreben schon bald an harte Grenzen stoßen sollte, wurden oft als falsch wahrgenommen: Von Thomas Robert Malthus' Warnungen vor dem Bevölkerungswachstum gegen Ende des 18. Jahrhunderts bis zu dem 1972 erschienenen Buch *Grenzen des Wachstums* von Donella und Dennis Meadows sowie Jørgen Randers.

Wir wehren uns gegen die Vorstellung, dass es Grenzen für die Wachstumsrate geben könnte, an die wir gewöhnt sind. Das lässt sich auch dadurch erklären, dass neue Technologien uns so häufig ermöglicht haben, mehr Dinge sehr viel effizienter und mit weniger Aufwand zu produzieren und eine knapp gewordene Ressource durch eine neue zu ersetzen. Einige der Ressourcen, die wir am dringendsten benötigen, zum Beispiel Mutterboden (und einige besonders wichtige chemische Elemente, etwa Phosphor für Düngemittel), sind allerdings nicht ersetzbar und werden durch Raubbau vermindert.

Zunehmender Druck, klarere Grenzen

DIE BEVÖLKERUNG und die Wirtschaft melden auf allen Kontinenten neuen Bedarf an mehr Nahrungsmitteln, Trinkwasser, Energie, an Waren und Industrieprodukten aller Art an. Beunruhigend dabei ist, dass im Laufe der letzten zehn Jahre eine Vielzahl von Indikatoren davor gewarnt haben, dass die tatsächlichen physischen Grenzen allmählich erreicht sind.

Die weltweiten Preise für Nahrungsmittel erreichten 2008 und abermals 2011 einen Rekordstand.[10] Beide Male kam es in einer Reihe von Ländern daraufhin zu Krawallen und politischen Unruhen.[11] Wichtige Grundwasserleiter (oft auch nach dem Fachbegriff als Aquifer bezeichnet) werden auf nicht mehr nachhaltige Weise abgeschöpft, vor allem im Norden Chinas, in Indien und im Westen der Vereinigten Staaten.[12] Der

Grundwasserspiegel fällt in Ländern, in denen 50 Prozent aller Menschen leben.[13] Die unwiederbringliche Erosion von Mutterboden und die Abnahme der Bodenfruchtbarkeit senken die Ernteerträge in einer Reihe wichtiger Anbauregionen.[14]

Die Preise für nahezu alle Waren in der Weltwirtschaft haben in der vergangenen Dekade steil angezogen,[15] nach einem stetigen Rückgang um durchschnittlich 70 Prozent im Verlauf des 20. Jahrhunderts – mit dem zu erwartenden Auf und Ab wegen der Wirtschaftskrise nach dem Ersten Weltkrieg, der Weltwirtschaftskrise Ende der 1920er- und Anfang der 1930er-Jahre und der beiden Weltkriege sowie der Ölpreisschocks von 1973 und 1979. Doch der Preisanstieg von 2002 bis 2012 machte all diese Preissenkungen hinfällig: Die Zunahme in diesem Zeitraum war größer als alle Preiserhöhungen, die mit dem Ersten oder dem Zweiten Weltkrieg verbunden waren.[16]

Zu den Handelswaren mit den schnellsten Preiserhöhungen zählen Eisenerz, Kupfer, Kohle, Mais, Silber, Sorghumhirse, Palladium, Gummi, Leinsamen, Palmöl, Sojabohnen, Kokosnussöl und Nickel. Der einflussreiche Investor Jeremy Grantham mahnt, dass durch die wachsende Nachfrage nach Waren aller Art die Gefahr entsteht, dass wir vielleicht schon bald ein *peak everything* (Förder- oder Produktionsmaximum in allen Bereichen) erreichen.[17]

Der Grund für diese anhaltenden Preisanstiege ist eine stark wachsende Nachfrage, in der sich das Bevölkerungswachstum spiegelt, und noch wichtiger ist der enorm zunehmende Pro-Kopf-Verbrauch. Das trifft besonders auf China und andere aufstrebende Volkswirtschaften zu, deren Wachstumsraten seit Mitte der 1990er-Jahre mindestens dreimal so hoch waren wie die Vergleichszahlen in den Industriestaaten.[18] Vor allem China ist hier hervorzuheben, das heute mehr als die Hälfte des weltweit hergestellten Zements verbraucht, fast die Hälfte des Eisenerzes, der Kohle, des Roheisens, Stahls und Bleis und rund 40 Prozent des Aluminiums und Kupfers.[19]

Nahezu ein Viertel der weltweiten jährlichen Autoproduktion entfällt heute auf China.[20] General Motors, der größte US-Autohersteller, verkauft inzwischen in China mehr Autos als in seinem Herkunftsland.[21] Der weltweite Bestand an Autos und Lastwagen vervierfachte sich in den letzten vier Jahrzehnten von 250 Millionen auf etwas über eine Milliarde Fahrzeuge im Jahr 2013.[22] Diese Zahl soll sich nach den Zukunftsprognosen in den kommenden dreißig Jahren abermals verdoppeln[23] und so zu stets neuen Höchstwerten im Erdölverbrauch führen. Die Produktion von Automobilen in den Entwicklungs- und Schwellenländern wird die Herstellungszahlen in den Industrieländern im Jahr 2015 erstmals übertreffen, und die Autoverkäufe in jenen Ländern werden die Zahlen aus den Industrieländern nach der Prognose der Internationalen Energieagentur (IEA) im Jahr 2020 überflügeln. Die IEA stellte außerdem fest, dass »das gesamte Nettowachstum aus dem Transportsektor in den Schwellenländern kommt«, wobei das IEA-Szenario davon ausgeht, dass neue politische Vorschläge zur Verringerung von Emissionen umgesetzt werden.[24]

In den letzten beiden Jahren gab es einige Anzeichen dafür, dass das Konsumniveau in den Vereinigten Staaten – nach wie vor das höchste weltweit – und in anderen Industrienationen sich möglicherweise verlangsamt und in einigen Fällen vielleicht sogar den Höchstwert überschritten hat.[25] Einige Optimisten sind deshalb der Ansicht, die Sorgen wegen anhaltend hoher Wachstumsraten seien möglicherweise übertrieben. Aber selbst wenn der Verbrauch der einen Milliarde Einwohner von Industrieländern zurückginge, gilt das für die übrigen sechs Milliarden von uns nicht einmal annähernd. Hätte der Rest der Welt einen ähnlichen Pro-Kopf-Verbrauch von Autos und Lastwagen wie die Einwohner der Vereinigten Staaten, läge der weltweite Bestand von Fahrzeugen dieser Art bei 5,5 Milliarden.[26] Der Ausstoß von klimaschädlichen Substanzen und der Erdölverbrauch würden dramatisch zunehmen und über das bereits heute schon nicht mehr nachhaltige Niveau hinausgehen. Der Druck, mit Ressourcen sparsam umzugehen, wird angesichts des Bevölkerungswachstums und des steigenden Lebensstandards in den Entwicklungsländern zunehmen, auch wenn die gesamtwirtschaftliche Nachfrage in den Industrieländern durch Robosourcing und Outsourcing zurückgeht.

Die Höchstfördermenge von Erdöl in den Vereinigten Staaten wurde etwa zu dem Zeitpunkt überschritten, als *Die Grenzen des Wachstums* erschien. Ein angesehener Geologe namens M. King Hubbert hatte bereits einige Jahre vorher umfangreiches Datenmaterial zur Erdölförderung in den USA gesammelt, aus dem hervorging, dass kurz nach 1970 ein nicht wiederholbarer Höchstwert erreicht sein würde. Diese Vorhersagen stießen zwar auf breite Ablehnung, doch das Fördermaximum wurde genau zum angekündigten Zeitpunkt erreicht. Die Erkundung neuer Vorkommen sowie die Bohr- und Fördertechnik haben seitdem ganz erhebliche

Fortschritte gemacht, und die US-Ölförderung könnte schon bald noch einmal leicht über den Spitzenwert von 1970 ansteigen, jedoch ist die Gewinnung der neuen Vorkommen sehr viel teurer.[27]

Das geopolitische Machtgleichgewicht verschob sich nach dem Meilenstein von 1970 etwas. Die OPEC (Organisation Erdöl exportierender Länder) ließ ein knappes Jahr nach dem Überschreiten der Höchstfördermenge in den USA erstmals die Muskeln spielen, und zwei Jahre später, im Herbst 1973, verhängten die arabischen OPEC-Mitglieder das erste Öl-Embargo.[28] Der weltweite Energieverbrauch hat sich seit jenen turbulenten Jahren, in denen in den USA das Fördermaximum erreicht wurde, verdoppelt, und die Wachstumsraten in China und auf anderen aufstrebenden Märkten lassen weitere erhebliche Steigerungen erwarten.[29]

Die Verwendung von Kohle ist in den Vereinigten Staaten zwar rückläufig, und auch in vielen anderen Industrienationen werden Kohlekraftwerke stillgelegt, aber die Kohleimporte Chinas sind dafür im letzten Jahrzehnt bereits um das Sechzigfache gestiegen[30] und werden sich bis zum Jahr 2015 nochmals verdoppeln.[31] Auch in vielen weiteren Entwicklungsländern hat die Kohleverbrennung erheblich zugenommen. Die Internationale Energieagentur geht davon aus, dass die gesamten weltweiten Nettozuwächse beim Kohle- und Ölverbrauch in den kommenden beiden Jahrzehnten auf die Märkte in den Entwicklungs- und Schwellenländern entfallen werden.[32]

Die Vorhersage eines *weltweiten* Ölfördermaximums ist von Kontroversen begleitet. Das liegt vor allem an der Ungewissheit hinsichtlich des Umfangs der Ölreserven, die in großer Tiefe unter dem Meeresgrund und in schwer zugänglichen Regionen noch zu entdecken sind. Hinzu kommen noch unkonventionelle Quellen wie die Teersande in Kanada mit ihrem außerordentlich hohen Mineralölgehalt sowie das kohlenstoffreiche Schweröl in Venezuela und die in großer Tiefe unter kontinentalen Schieferformationen entdeckten Tight-Oil-Vorkommen. Manche Experten sagen voraus, dass in den USA schon bald noch größere Ölvorkommen gefördert werden. Das soll mit der gleichen, von hohem Wasserverbrauch begleiteten (und meist nur mit der Kurzform »Fracking« bezeichneten) Technik des hydraulischen Aufbrechens – in Verbindung mit horizontalen Bohrungen – erreicht werden, das eingesetzt wird, um die in großer Tiefe neu entdeckten reichen Schiefergasvorkommen auszubeuten.[33] Doch selbst wenn die Ölvorkommen deutlich zunehmen: Die weltweite Nachfrage wächst noch schneller, und keine Kultur, die bei klarem Verstand ist, würde der ohnehin bereits übersättigten Atmosphäre des Planeten so viel zusätzliches CO_2 hinzufügen.

Die Weltwirtschaft wird bei den gegenwärtigen Wachstumsraten nach aktuellen Prognosen innerhalb von weniger als 25 Jahren 23,5 Prozent mehr Öl verbrauchen[34] – auch wenn die Grenzkosten* für die zusätzlichen Vorkommen Rekordhöhen erreichen und selbst wenn die politische Instabilität in der größten Ölförderregion der Welt zu Kriegen, Revolutionen und zur Unterbrechung von Versorgungswegen führen kann.

Die weltweite Ölförderung aus herkömmlichen Quellen an Land scheint bereits vor über dreißig Jahren ihren Höchstwert erreicht zu haben.[35] Die Zunahme der Ölförderung seit 1982 kam über teurere unkonventionelle Quellen, besonders aber über Offshorequellen zustande,[36] wo die Förderung in zunehmendem Umfang über riskante Tiefseebohrungen erfolgt – wie zum Beispiel über die vom BP-Konzern betriebene Bohrplattform *Deepwater Horizon* im Macondo-Ölfeld im Golf von Mexiko. Heute wird die gleiche unfallträchtige Tiefsee-Bohrtechnik rücksichtslos im ökologisch hochsensiblen Nordpolarmeer eingesetzt.[37] Die Ölkonzerne verschärfen leider auch den politischen Druck für die Ölförderung aus Teersanden mit außerordentlich hohem Kohlenstoffgehalt, durch die das Problem der weltweiten Klimaerwärmung weiter stark zunehmen würde.

Die geschätzten Ölreserven aus diesen schmutzigen Quellen liefern – ebenso wie die unter dem Meeresgrund lagernden Vorkommen – sehr viel mehr teures Öl, als die Welt in der Vergangenheit verbraucht hat.[38] Doch selbst wenn wir in naher Zukunft noch nicht das Maximum der Ölförderung erreichen, gilt: Die Preise, die wir künftig für Öl bezahlen, werden vermutlich dauerhaft höher sein als die Beträge, an die wir uns in den einenhalb Jahrhunderten der Ausbeutung preisgünstigerer, leichter zu fördernder Ölvorkommen gewöhnt haben.

Der höhere Ölpreis hat sich bereits erheblich auf die Lebensmittelpreise ausgewirkt, denn die moderne, mit industriellen Methoden praktizierte Landwirtschaft benötigt für ihren Fahrzeugpark erhebliche Mengen Diesel, und aus Erdgas (Methan) gewonnener Stickstoff macht

---

* Unter Grenzkosten versteht man in der Betriebswirtschaftslehre die Kosten je Produktmengeneinheit, die bei einer Erhöhung oder Verminderung der Produktmenge für ein Unternehmen zusätzlich entstehen oder aber wegfallen.

90 Prozent der Kosten für Kunstdünger aus.[39] Der Professor und Autor Michael Pollan von der University of California in Berkeley schreibt: »Es kostet gut eine Kalorie fossiler Brennstoffenergie, um eine Kalorie Nahrung zu produzieren.«[40] Deshalb ist es kein Wunder, dass die Nachfrage nach Öl wie auch nach Nahrungsmitteln weiterhin stark zunimmt – vor allem in den rasch wachsenden aufstrebenden Volkswirtschaften. Höhere Lebensmittelpreise wirken sich in Entwicklungsländern sehr viel stärker aus, wo Familien mit niedrigem Einkommen oft 50 bis 70 Prozent ihrer Einkünfte für Nahrungsmittel ausgeben.[41]

Trotz des eindrucksvollen Anstiegs der Nahrungsmittelproduktion in den letzten fünfzig Jahren und trotz voreiliger Warnungen, die in den vergangenen Jahrhunderten prophezeiten, dass die Menschheit bei der Steigerung der Nahrungsmittelproduktion für noch mehr Menschen an enge Grenzen stoßen werde, verweisen heute viele Experten nahezu einmütig auf eine Vielzahl von Bedrohungen für die weitere Zunahme des weltweiten Angebots von Nahrungsmitteln:

-   die Erosion von fruchtbarem Mutterboden in einem nicht mehr wettzumachenden Umfang; für jeden verloren gegangenen Zentimeter Mutterboden verringert sich der Ertrag um etwa 2,4 Prozent;[42]
-   der Verlust der Bodenfruchtbarkeit; jede Verringerung der organischen Bestandteile im Boden um 50 Prozent reduziert den Ertrag bei vielen Anbaufrüchten um 25 Prozent;[43]
-   die zunehmende Desertifikation von Grasland;[44]
-   die zunehmende Nutzungskonkurrenz beim in der Landwirtschaft benötigten Wasser durch Städte und Industriebetriebe, obwohl die Landwirtschaft nach vorliegenden Prognosen im Jahr 2030 45 Prozent mehr Wasser benötigen wird als heute;[45]
-   ein verlangsamter Produktivitätszuwachs in der Landwirtschaft seit der grünen Revolution in der zweiten Hälfte des 20. Jahrhunderts – von jährlich 3,5 Prozent noch vor drei Jahrzehnten sank die Rate bis heute auf wenig mehr als 1 Prozent;[46]
-   zunehmende Resistenzen bei Schädlingen, Unkräutern und Pflanzenkrankheiten gegen Pestizide, Herbizide und andere Produkte der Agrarchemie;
-   der Verlust eines bedeutenden Teils der noch verbliebenen genetischen Vielfalt der Pflanzenwelt; bis zu drei Viertel der gesamten

genetischen Vielfalt der Pflanzen sind unter Umständen bereits verloren gegangen;[47]

– ein erhöhtes Risiko von Exportverboten durch bedeutende Hersteller, die auf dem einheimischen Markt selbst mit Preisanstiegen zu kämpfen haben; aus Daten des Welternährungsprogramms der Vereinten Nationen ergibt sich nach Angaben des Council on Foreign Relations, dass »im Jahr 2008 mehr als vierzig Länder irgendeine Art von Exportverbot verhängten, um die Versorgung mit Nahrungsmitteln auf dem Binnenmarkt zu verbessern«;[48]

– wechselhafte und weniger vorhersagbare Regenfälle, deren Verlaufsmuster mit der Klimaerwärmung zusammenhängt; das wiederum führt zu selteneren, aber heftigeren Niederschlägen, die längere Perioden größerer Trockenheit unterbrechen;[49]

– die drohenden Auswirkungen katastrophaler Hitzebelastungen bei wichtigen Nahrungspflanzen, die den vorhergesagten weltweiten Temperaturanstieg von 6 Grad Celsius nicht überstehen können; Experten rechnen für jede Zunahme um 1 Grad Celsius mit einer Minderung der Ernteerträge um 10 Prozent;[50]

– ein wachsender Verbrauch von Nahrungsmitteln, der vom Bevölkerungswachstum und einem steigenden Pro-Kopf-Verzehr bewirkt wird, hinzu kommt noch eine zunehmende weltweite Präferenz für ressourcenintensiven Fleischkonsum;[51]

– die Umstellung weiterer Ackerlands vom Anbau von Nahrungspflanzen auf Pflanzen, aus denen sich Biotreibstoff gewinnen lässt,[52] sowie

– die Aufgabe von Ackerland zugunsten der Zersiedlung der Landschaft durch Großstädte und deren Vororte.[53]

Wir wissen heute schon, dass eine extreme Knappheit von Nahrungsmitteln, fruchtbarem Boden und Süßwasser in Ländern mit wachsender Bevölkerung zum völligen Zusammenbruch der gesellschaftlichen Ordnung und zu einer starken Zunahme der Gewalt führen kann. Überzeugende Studien wiesen nach, dass diese tödliche Kombination in den Jahren vor dem hundert Tage anhaltenden Völkermord in Ruanda von 1994 einen erheblichen Anteil an der gesellschaftlichen Entwicklung hatte. Das Land wies damals das fünftgrößte Bevölkerungswachstum weltweit auf, und 67 Prozent der Einwohner waren jünger als 24 Jahre.[54]

Jared Diamond schrieb im 10. Kapitel (»Malthus in Afrika: Der Völkermord von Ruanda«) seines Buches *Kollaps: Warum Gesellschaften überleben oder untergehen*: »Im Fall Ruanda […] wurde offensichtlich Malthus' schlimmstes Szenario Wirklichkeit. […] Bevölkerungs- und Umweltprobleme, die durch nicht nachhaltige Ressourcennutzung entstehen, werden irgendwann auf die eine oder andere Weise gelöst – entweder durch angenehme, selbst gewählte Mittel oder aber auf den unangenehmen, erzwungenen Wegen, die Malthus sich ursprünglich ausmalte.«[55]

Viele Experten zeigen sich inzwischen besorgt, dass mehrere große und bevölkerungsreiche Länder – unter anderem Indien und China – bei der Produktion von Nahrungsmitteln gegen eine Wand laufen könnten.[56] Käme es so weit, wären ein katastrophaler, weltweiter Nahrungsmangel und drastische Preiserhöhungen die Folgen. Tushaar Shah, der Leiter der Grundwasserstation des International Water Management Institute im indischen Bundesstaat Gujarat, sagte über die drohende Krise bei der Wasserversorgung in seiner Region: »Wenn der Ballon platzt, wird in den ländlichen Gebieten Indiens eine unsägliche Anarchie ausbrechen.«[57]

Indien bliebe kein Einzelfall. Ein rasches Bevölkerungswachstum und die starke Übernutzung von Mutterboden, Wasser und anderen natürlichen Ressourcen tragen beispielsweise zur Anarchie und zum zunehmenden Radikalismus im Jemen bei. In der Hauptstadt Sanaa gibt es nur an jedem vierten Tag fließendes Wasser.[58] Die Getreideernte ist, unter anderem wegen des Wassermangels und der Bodenerosion, in den letzten vier Jahrzehnten um mehr als 30 Prozent zurückgegangen.[59] Der Jemen wird nach der Einschätzung von Lester Brown, dem Präsidenten des Earth Policy Institute, »in hydrologischer Hinsicht zu einem hoffnungslosen Fall«.[60]

Das Wachstum der Städte

IM KOLLEKTIVEN VERSAGEN bei der Einschätzung der äußerst wahrscheinlichen Konsequenzen von Tatsachen, die sich nach leicht messbaren Trends entwickeln, zeigt sich auch die wohlbekannte menschliche Schwäche, über die Zukunft nachzudenken. Hirnforscher und Verhaltensökonomen haben gezeigt, dass es bei uns zu einer Art von Denkstörung kommt, wenn wir in der Jetztzeit eine Entscheidung treffen sollen, für die eine Einschätzung künftiger Entwicklungen erforderlich ist. Der törichte Be-

griff für diese Denkstörung lautet »soziale Diskontierung« – und das bedeutet schlicht, dass wir dazu neigen, die späteren Auswirkungen von
heute getroffenen Entscheidungen auf dramatische Weise herunterzuspie-
len.[61] Diese Schwäche wird für uns zu einem umso größeren Problem,
wenn die Veränderungen, aus denen wir unsere Schlüsse ziehen müssen,
zu einem Ablaufmuster exponentiellen Wandels gehören – zu der Art von
Wandel, die im Zeitalter von Welt AG und Weltgehirn üblich ist. Es fällt
uns eben leichter, den Wandel als langsamen, linearen Prozess zu sehen.
In den letzten paar Generationen war es besonders ein exponentiell ver-
laufender Veränderungsprozess, dessen Auswirkungen uns nur langsam
bewusst wurden: das weltweite Bevölkerungswachstum.

DIE ZAHL DER MENSCHEN hat sich allein im letzten Jahrhundert
vervierfacht. Unsere Spezies brauchte 200 000 Jahre, um auf eine Milliarde
Menschen anzuwachsen, doch allein in den ersten dreizehn Jahren dieses
Jahrhunderts kam die gleiche Zahl hinzu. In den kommenden dreizehn
Jahren wird die Weltbevölkerung um eine weitere Milliarde wachsen, und
weitere vierzehn Jahre später sind wir noch eine Milliarde mehr. Bis zur
Mitte dieses Jahrhunderts werden es dann neun Milliarden Seelen sein.
Die Menschheit wird innerhalb von nicht einmal vierzig Jahren um eine
Zahl anwachsen, die der Gesamtzahl aller zu Beginn des Zweiten Welt-
kriegs lebenden Menschen entspricht. Und mehr als 95 Prozent der neu
Hinzugekommenen werden in Entwicklungsländern leben.[62]

100 Prozent dieses gewaltigen Nettozuwachses der Weltbevölkerung
werden sich außerdem in Großstädten abspielen,[63] wobei die größten
Städte auch die größten Zuwächse aufweisen werden. Insgesamt wird die
Zahl der Großstadtbewohner bis dahin die gesamte Bevölkerung der Welt
zu Beginn der 1990er-Jahre übertreffen.[64] Die Gesamtbevölkerung der
Megastädte hat sich in den letzten vierzig Jahren verzehnfacht.[65] In dieser
Phase der Hyper-Verstädterung wird der Anteil der Städte mit weniger als
einer Million Einwohnern an der Weltbevölkerung abnehmen.[66] Dieser
neue Trend überraschte die Bevölkerungsexperten, nach ihrer Ansicht
handelte es sich hier um eine Umkehrung früherer Ablaufmuster der Verstädterung.

Dieser historische Wandel der menschlichen Zivilisation von einer
vornehmlich ländlichen hin zu einer in erster Linie städtischen Lebensweise hat ganz erhebliche Auswirkungen auf die Organisation von

Wirtschaft und Gesellschaft. Der Trend ist so stark, dass die ländliche Bevölkerung sich trotz der gegenwärtigen enormen Zunahme der Gesamtbevölkerung stabilisiert hat und nach vorliegenden Prognosen ab dem nächsten Jahrzehnt deutlich zurückgehen wird.

Um das nochmals zu verdeutlichen: Nahezu während der gesamten 10 000 Jahre seit der Errichtung der ersten Städte machte die Stadtbevölkerung nicht mehr als 10 bis 12 Prozent der Menschheit aus.[67] Mit der industriellen Revolution im 19. Jahrhundert nahm die Stadtbevölkerung dann zu, aber ihr Anteil lag zu Beginn des 20. Jahrhunderts immer noch bei nur 13 Prozent.[68] Im Jahr 1950 lebte bereits ein Drittel der Weltbevölkerung in Städten, und 2011 waren erstmals mehr als die Hälfte von uns Stadtbewohner.[69] In den Industriestaaten leben heute schon mehr als 78 Prozent der Bevölkerung in Städten, und bis zum Jahr 2050 wird erwartet, dass ihr Anteil auf 86 Prozent steigt, während der Anteil der Stadtbewohner in den weniger entwickelten Ländern bis dahin bei etwa 64 Prozent liegen wird.[70]

Noch vor vierzig Jahren hatten weltweit nur zwei Städte – New York und Tokio – mehr als zehn Millionen Einwohner. Heute gehören bereits 23 Städte zu dieser Größenordnung,[71] und bis zum Jahr 2025 wird es 37 Megastädte dieser Kategorie geben.[72] Die schiere räumliche Größe dieser Städte und ihre rasche Ausbreitung in die umgebenden ländlichen Gebiete, die früher vor allem landwirtschaftlich geprägt waren, sind in vielen Ländern außerdem ein Problem. Die Zersiedlung schreitet sogar noch rascher voran als das Bevölkerungswachstum – mit einer prognostizierten Zunahme von 175 Prozent in der Zeit von 2000 bis 2030.[73]

Lagos in Nigeria ist die neue Megastadt mit dem raschesten Wachstum, die von heute elf Millionen bis 2025 auf knapp neunzehn Millionen Einwohner zunehmen wird.[74] Die fünf am schnellsten wachsenden Städte liegen ausnahmslos in Entwicklungsländern. Neben Lagos sind das Dhaka (Bangladesch), Shenzhen (China), Karachi (Pakistan) und Delhi (Indien); letztere Metropole wird nach den Prognosen bis 2025 auf fast 33 Millionen Einwohner anwachsen.[75] Tokio, die größte Megastadt der heutigen Zeit, hat über 37 Millionen Einwohner und wird nach den Prognosen bis 2025 noch auf 38,7 Millionen anwachsen. Im Jahr 2050 werden fast 70 Prozent der Weltbevölkerung in Städten wohnen.[76]

Die Möglichkeiten der Stadtverwaltungen zur Bereitstellung angemessenen Wohnraums, von Wasserversorgung, Kanalisation und anderen

Grundbedürfnissen zählen zu den Problemen, die sich aus dieser Hyperurbanisierung ergeben. Etwa jeder dritte Stadtbewohner lebt heute in
einem Slum – weltweit mehr als eine Milliarde Menschen.[77] Die Zahl der
Slumbewohner wird sich in weniger als zwanzig Jahren auf zwei Milliarden
verdoppeln, wenn Politik, Regierungen und Stadtverwaltungen nicht
grundsätzlich umsteuern.[78] Der Anteil der Armen an der Stadtbevölkerung – derjenigen Menschen, die von 1,25 Dollar am Tag oder weniger leben müssen – nimmt schneller zu als die Gesamteinwohnerzahl der
Städte.[79]

Die Mehrheit der Neuankömmlinge in den Städten sucht – vor allem
in den Entwicklungsländern – nach besseren Verdienstmöglichkeiten.[80]
Zwar haben die Einkommensunterschiede in den meisten Ländern zugenommen, im weltweiten Maßstab – vor allem in Asien – ist es gleichzeitig
allerdings zu einem Aufstieg von Menschen aus der Armut in die Mittelschicht in einem historischen Ausmaß gekommen.[81] Und die überwiegende Mehrheit der wachsenden globalen Mittelschicht wird in Städten
leben.[82] Bereits heute stammen schon mehr als 80 Prozent der weltweiten
Produktion aus Städten.[83] Der Pro-Kopf-Ausstoß von CO_2 ist bei Stadt-
bewohnern zwar niedriger als bei den Bewohnern der Vororte, aber das
Gesamt-Verbrauchsniveau in Städten liegt trotz der verbesserten Effizienz
bei der Nutzung von Ressourcen erheblich höher als in ländlichen Gebieten, was vor allem an den höheren Einkommen der Städter liegt.[84]

Der Pro-Kopf-Verbrauch von Fleisch in den Entwicklungsländern hat
sich in den letzten dreißig Jahren verdoppelt, der von Eiern verfünffacht.[85]
Die Auswirkungen des steil ansteigenden Fleischverbrauchs auf Ackerboden, Entwaldung und Wasservorräte – und sein Beitrag zur Klimaerwärmung und Zunahme von Herz-Kreislauf-Erkrankungen – werden
noch von einem weiteren Einflussfaktor vergrößert: Für die Herstellung
von 1 Kilogramm Fleischprotein werden 9 Kilogramm Pflanzenprotein
verbraucht.[86]

Hunger und Fettleibigkeit

DER WELTWEITE WANDEL bei den Ernährungsgewohnheiten sorgt
auch für eine globale Epidemie der Fettleibigkeit – und in ihrem Gefolge
auch für eine globale Diabetes-Epidemie –, obwohl nach wie vor über

900 Millionen Menschen in aller Welt zugleich unter chronischem Hunger leiden.[87] In den Vereinigten Staaten, wo viele weltweite Trends ihren Ursprung haben, hat das Gewicht des Durchschnittsbürgers im Laufe der letzten vierzig Jahre um etwa neun Kilo zugenommen.[88] Eine aktuelle Studie sagt voraus, dass im Jahr 2030 die Hälfte der erwachsenen Bevölkerung der USA fettleibig sein wird, ein Viertel davon sogar »stark fettleibig«.[89]

In einer Zeit, in der es in den armen Ländern auf der ganzen Welt (und in einigen Nischen innerhalb der Industrieländer) immer noch Hunger und Unterernährung in einem völlig inakzeptablem Ausmaß gibt, wirkt es wie Ironie, dass zugleich die Fettleibigkeit in den Industrieländern einen Höchststand erreicht hat und auch in vielen Entwicklungsländern zunimmt. Wie kann das sein?

Zunächst einmal ist die Tatsache ermutigend, dass es der Weltgemeinschaft gelungen ist, die Zahl der unter chronischem Hunger leidenden Menschen langsam, aber stetig zu verringern.[90] Zweitens hat sich die Zahl der fettleibigen Menschen weltweit seit dem Jahr 1980 mehr als verdoppelt.[91] Nach Angaben der Weltgesundheitsorganisation (WHO) sind fast 1,5 Milliarden Menschen, die älter sind als zwanzig Jahre, übergewichtig, und mehr als ein Drittel davon ist als fettleibig einzustufen.[92] Zwei Drittel der Weltbevölkerung leben heute in Ländern, in denen mehr Menschen an Krankheiten sterben, die mit Fettleibigkeit und Übergewicht verbunden sind, als an Krankheiten, bei denen ein Zusammenhang mit Unterernährung und Untergewicht besteht.[93]

Fettleibigkeit ist ein bedeutender Risikofaktor bei der weltweit häufigsten Todesursache – den Herz-Kreislauf-Erkrankungen, und hier insbesondere bei Herzkrankheiten und Schlaganfällen –, und sie ist der größte Risikofaktor für Diabetes-Erkrankungen; Diabetes hat sich inzwischen zur ersten weltweiten Pandemie entwickelt, bei der es um eine nicht ansteckende Krankheit geht.*

Erwachsene Diabetiker haben ein zwei- bis viermal so hohes Risiko für Herzerkrankungen oder Schlaganfälle, und etwa zwei Drittel der

---

* Die Krankheit ist zumindest insofern nicht ansteckend, als keine Krankheitskeime von einer Person auf die andere übertragen werden. Die Forschung zeigt, dass sie im sozialen Umgang in Familien, Wohnumgebungen und Ländern übertragbar ist, in denen sich unter den Menschen, zu denen man im Alltag in Kontakt kommt, viele Personen befinden, die fettleibig und übergewichtig sind.

Diabetiker sterben entweder an einem Schlaganfall oder an einer Herz-erkrankung.[94]*

Besonders beunruhigend ist die tragische Zunahme von Fettleibig-keit bei Kindern. Fast 17 Prozent der amerikanischen Kinder sind heute fettleibig,[95] weltweit liegt der Anteil der stark übergewichtigen Kinder bei 7 Prozent.[96] Eine allgemein anerkannte Studie weist darauf hin, dass 77 Prozent der fettleibigen Kinder auch als Erwachsene an Fettleibig-keit leiden werden. Die einzige gute Nachricht in den aktuellsten Statis-tiken ist, dass die weite Verbreitung der Fettleibigkeit in den USA jetzt einen Plateauwert zu erreichen scheint, allerdings wird die zuneh-mende Fettleibigkeit unter Kindern dafür sorgen, dass die Epidemie auch in Zukunft weiterwächst, und zwar sowohl in den USA wie auch welt-weit.[97]

Die Gründe für die starke Zunahme der Fettleibigkeit sind einfach – die Menschen essen zu viel und bewegen sich zu wenig – und komplex zugleich, weil sich sowohl die Herstellung als auch die Vermarktung von Lebensmitteln auf dramatische Weise verändert haben. Dr. David Kessler, ehemaliger Direktor der Food and Drug Administration der USA (FDA), hat ausführlich dokumentiert, wie Nahrungsmittelhersteller sowie Res-taurant- und Fast-Food-Ketten sorgfältig Fette, Zucker und Salz in präzise ausgewogenen Mengen zusammenbringen, die zum »bliss point« führen, dem »Glückspunkt«. Das bedeutet, dass im Gehirn Systeme angesprochen werden, die das Verlangen steigern, mehr zu essen, auch wenn der Magen bereits voll ist.[98] Die Weltgesundheitsorganisation hat im weltweiten Maßstab ein Muster festgestellt, bei dem ein gesteigerter Konsum von »kalorienreichen Lebensmitteln, die einen hohen Anteil von Fett, Salz und Zucker aufweisen, aber nur wenig Vitamine, Mineralien und andere Mikronährstoffe enthalten«, vorliegt.[99]

---

* Fettleibigkeit ist auch ein bedeutender Risikofaktor für degenerative Gelenk- sowie Knochenskelett und Muskulatur betreffende Erkrankungen, einige Krebsarten – besonders Darm-, Brust- und Gebärmutterkarzinome – und Nierenversagen. Gesund-heitsexperten schätzen, dass die Behandlungskosten für diese mit der Fettleibigkeit zusammenhängenden Krankheiten etwa 10 bis 20 Prozent der jährlichen Ausgaben für das US-Gesundheitswesen ausmachen. Etwa 6,4 Prozent der erwachsenen Weltbevöl-kerung sind heute Diabetiker, und nach Angaben der Weltgesundheitsorganisation ist bis zum Jahr 2030 mit einer Zunahme auf 7,8 Prozent oder insgesamt 438 Millionen Diabetiker zu rechnen, von denen mehr als 70 Prozent in Ländern mit geringem oder mittlerem jährlichen Durchschnittseinkommen leben werden.

Die Hyperurbanisierung hat immer mehr Menschen von zuverlässigen Quellen für frisches Obst und Gemüse getrennt.[100] Hochwertige, in Obst und Gemüse enthaltene Kalorien kosten heute pro Gramm zehnmal so viel wie solche, die in Süßigkeiten und Nahrungsmitteln mit hohem Kohlehydratanteil enthalten sind.[101] Arielle Traub dokumentierte in einem Bericht für die Johns Hopkins Bloomberg School of Public Health, dass der Preis für frisches Obst und Gemüse zwischen 1985 und 2000 um 40 Prozent anstieg, während die Preise für Fette um 15 Prozent und die für zuckerhaltige alkoholfreie Getränke um 25 Prozent nachgaben.[102] Das Verhältnis zu Preisen anderer Produkte, der begrenzte Zugang zu gesunden Nahrungsmitteln, ein zunehmender Bewegungsmangel und die kumulative Wirkung massiver Nahrungsmittelwerbung – all diese Faktoren tragen zur Epidemie der Fettleibigkeit bei.

Mehrere Studien zeigen, dass man in Wohnvierteln mit niedrigem Durchschnittseinkommen weniger Einkaufsmöglichkeiten für frisches Obst und Gemüse findet, dass es dafür jedoch mehr Fast-Food-Lokale und Geschäfte gibt, die Salami-Snacks, zuckerhaltige Limonaden und Derartiges mehr verkaufen, als dies in den Vierteln der mittleren und höheren Einkommensschichten der Fall ist. Das relative Einkommen spielt ebenso eine Rolle wie die Tatsache, dass man über Zeit und Wissen verfügen muss, um Nahrung zuzubereiten.[103] Feste Essgewohnheiten sind nicht so leicht zu verändern. Als die US-Regierung im Jahr 2012 gesündere Nahrungsmittel ins Programm des Schulmittagessens einführte, kam es an vielen Schulen zu Protesten, die über die sozialen Medien verbreitet wurden und dazu führten, dass die Schüler das gesündere Essen wegwarfen.[104]

In vielen Ländern gibt es einen nahezu eindeutigen Zusammenhang zwischen der Einführung amerikanischer Fast-Food-Restaurants und zunehmender Fettleibigkeit.[105] Einer der Faktoren, die zum Nachfrage-Boom für Fast Food, Fertignahrung und größere Portionen führten, war ein historischer Kurswechsel in der amerikanischen Agrarpolitik in den 1970er-Jahren – genau zu der Zeit, als die Zahl der fettleibigen Menschen zuzunehmen begann. Anstatt die Farmer für die Stilllegung von Anbauflächen zu entschädigen, wie das in der Zeit von Franklin D. Roosevelts New Deal praktiziert worden war, subventionierte die Regierung jetzt die Farmer dafür, dass sie so viel wie nur möglich anbauten. Dieser politische Kurswechsel fiel mit neuen Fortschritten in der Agrartechnologie zusam-

men, zu denen, als Ergebnis der grünen Revolution, auch besseres Hy-
brid-Saatgut zählte. Als Konsequenz sanken die Preise für Nahrungsmittel erheblich.[106] Dr. Carson Chow, ein Mathematiker am National Institute
of Diabetes and Digestive and Kidney Diseases (Nationales Institut für
Diabetes und Krankheiten des Verdauungssystems und der Nieren), entwickelte ein ausgefeiltes mathematisches Modell, das deutliche Belege für
die These liefert, dass der Kurswechsel in der amerikanisches Agrarpolitik
exakt mit der starken durchschnittlichen Gewichtszunahme und dem
häufigeren Auftreten von Fettleibigkeit zusammenhängt.[107]

Die Werbeindustrie hat hierbei eine bedeutende Rolle gespielt. Eine
Fast-Food-Kette hat sich, um nur ein Beispiel herauszugreifen, bei ihrer
Fernsehwerbung eines spärlich bekleideten Sexsymbols bedient, das auf
suggestive Art und Weise ein Auto wäscht.[108] Der Werbeetat für Fertig-
nahrung-Produkte und Fast-Food-Ketten beträgt bereits zwei Drittel der
Summe, die für Autowerbung ausgegeben wird. Und um noch einmal
daran zu erinnern: Diese durch Querbeziehungen miteinander verbundenen Trends mögen zwar von den USA ausgegangen sein, sind inzwischen aber weltweit zu beobachten. Die Auswirkungen der Fettleibigkeit
auf die Ressourcen der Erde entsprechen einer weltweiten Bevölkerungs-
zunahme von rund einer Milliarde Menschen.[109]

Die Ursprünge des Massenmarketings

DIE WELTWEIT ZUNEHMENDE KONSUMRATE ist ein vergleichsweise
neues, noch keine hundert Jahre altes Phänomen, und auch dieser Trend
begann in den Vereinigten Staaten. Massenwerbung setzte zwar bereits
Ende des 19. und Anfang des 20. Jahrhunderts ein, doch die meisten Historiker datieren den eigentlichen Beginn der Konsumkultur auf die
1920er-Jahre. Zu diesem Zeitpunkt wurde in den Vereinigten Staaten das
Radio eingeführt, das erste elektronische Massenmedium, zugleich er-
schienen die ersten Zeitschriften mit landesweiter Verbreitung, und in
den Kinos waren die ersten Stummfilme zu sehen.[110] Besonders wichtig
war während der »Goldenen Zwanziger Jahre« (Roaring Twenties) auch
die größere Verbreitung von Kundenkrediten, mit denen die Käufer den
Erwerb relativ teurer neuer Produkte wie Automobile und Radios finanzieren konnten.[111]

Zu Beginn des 20. Jahrhunderts verfügte noch weniger als ein Prozent der amerikanischen Haushalte über elektrischen Strom, doch bis zum Ende der 1920er-Jahre stieg diese Quote auf knapp 70 Prozent.[112] Die Technologie der Massenproduktion mit austauschbaren Teilen und frühe Formen der Automatisierung (allesamt Vorläufer der heutigen Welt AG) sorgten für eine Abkopplung der Produktivität von zusätzlichen Arbeitsplätzen und brachten eine Vielfalt von Konsumgütern hervor, die bei Herstellern und Händlern ein starkes Interesse an der aufstrebenden Wissenschaft des Massenmarketings auslöste.[113] Die Werbeindustrie nahm im Marktgeschehen jetzt eine neue und deutlich veränderte Rolle ein.[114]

Genau zu diesem historischen Zeitpunkt wurden die Ideen Sigmund Freuds in den Vereinigten Staaten populär. Freud reiste erstmals 1909 in die USA, um an der Clark University in Worcester im Bundesstaat Massachusetts eine Reihe von fünf Vorlesungen über die Psychoanalyse zu halten. Im Publikum saßen neben William James (dessen junger Protegé Walter Lippmann von Freud stark beeinflusst wurde) viele der bekanntesten amerikanischen Intellektuellen.[115] Im darauffolgenden Jahrzehnt verbreiteten sich viele der von Freud popularisierten Ideen – etwa die Rolle des Unbewussten für das Verständnis der menschlichen Motivation, die Übertragung und andere psychoanalytische Einsichten – vor allem an der amerikanischen Ostküste, wo die Werbeindustrie damals ansässig war und heute noch ist. Zwei Jahre nach Freuds Besuch wurde die American Psychoanalytic Association gegründet.[116]

Als die Vereinigten Staaten 1917 in den Ersten Weltkrieg eintraten, wurden diese psychologischen Begriffe für Techniken der Massenbeeinflussung genutzt, die der Mobilisierung der Heimatfront dienten. Präsident Woodrow Wilson richtete ein Komitee zur Information der Öffentlichkeit (Committee on Public Information) ein.[117] Sigmund Freuds Neffe Edward Bernays gehörte diesem Komitee ebenso an wie der nur zwei Jahre ältere Walter Lippmann, der auf Bernays einen fast so großen Einfluss ausübte wie dessen Onkel Sigmund. Nach dem Krieg tat Bernays sein Erstaunen über die Wirkungsmacht der Massenpropaganda kund und verfolgte jetzt das Ziel, diese Techniken für das Massenmarketing zu nutzen.[118]

Bernays, den man als »Vater der Public Relations« kennt, wählte diesen Begriff eigentlich, um das Wort »Propaganda« zu vermeiden,[119] das in den USA einen negativen Beiklang erhalten hatte, weil es in Deutschland während des Kriegs oft zur Beschreibung der eigenen Strategie bei der Massenkommunikation verwendet worden war.[120] Bernays revolutionierte den Bereich der Marktforschung, indem er die damals geläufige Technik verwarf, bei der die Konsumenten befragt wurden, was ihnen an verschiedenen Produkten gefiel oder missfiel. Bernays arbeitete stattdessen mit Psychoanalytikern zusammen und führte Tiefeninterviews mit Probanden. Auf diese Weise wollte er aufdecken, welche unbewussten Assoziationen für die Vermarktung von Produkten und Markennamen wichtig sein könnten.[121] Bernays' Geschäftspartner Paul Mazur erklärte: »Wir müssen Amerika von einer Bedürfniskultur in eine Kultur des Begehrens umwandeln. […] Die Sehnsüchte der Menschen müssen geweckt werden, sie müssen sich neue Dinge wünschen, schon bevor die alten verbraucht sind. Wir müssen eine neue Einstellung formen. Die Wünsche des Menschen müssen seine Bedürfnisse übertreffen.«[122]

Bernays selbst schrieb später, im Jahr 1928:

> Die bewusste und zielgerichtete Manipulation der Verhaltensweisen und Einstellungen der Massen ist ein wesentlicher Bestandteil demokratischer Gesellschaften. Organisationen, die im Verborgenen arbeiten, lenken die gesellschaftlichen Abläufe. Sie sind die eigentlichen Regierungen in unserem Land. Wir werden von Personen regiert, deren Namen wir noch nie gehört haben. Sie beeinflussen unsere Meinungen, unseren Geschmack, unsere Gedanken. Doch das ist nicht überraschend, dieser Zustand ist nur eine logische Folge der Struktur unserer Demokratie. […] Tatsache ist, dass wir in fast allen Aspekten des täglichen Lebens, ob in Wirtschaft oder Politik, unserem Sozialverhalten oder unseren ethischen Einstellungen, von einer relativ kleinen Gruppe Menschen abhängig sind […], die die mentalen Abläufe und gesellschaftlichen Dynamiken von Massen verstehen. Sie steuern die öffentliche Meinung, stärken alte gesellschaftliche Kräfte und bedenken neue Wege, um die Welt zusammenzuhalten und zu führen.[123]

Mit einem seiner frühen Erfolge löste Bernays ein Problem seines Kunden American Tobacco Company: Wie konnte er das gesellschaftliche Tabu durchbrechen, das Frauen das Rauchen von Zigaretten verbot? Er engagierte eine Gruppe von Frauen, die sich als Suffragetten* verkleideten und am Ostersonntag 1929 in Gruppenformation auf der Fifth Avenue in New York City paradierten. Als die falschen Frauenrechtlerinnen die kleine für die Presseleute reservierte Tribüne erreichten, holten sie ihre Zigaretten heraus, zündeten sie an und erklärten sie zu »Freiheitsfackeln«. Die symbolträchtige Zigarettenwerbung, die auf die Frauen abzielte – »You've come a long way, baby« –, bediente sich noch Jahrzehnte später Bernays' innovativer, aber zugleich auch unheimlicher Verbindung von Rauchen und Frauenrechten.[124]

Edward Cowdrick, ein bekannter amerikanischer Unternehmensberater, schrieb 1927, dass das Stimulieren des Konsums wichtiger geworden sei als die Produktion selbst: »Der Arbeiter ist als Konsument inzwischen wichtiger denn als Produzent. [...] Das entscheidende Geschäftsproblem ist nicht, genügend Waren herzustellen, zu fördern und zu beschaffen, sondern genügend Menschen zu finden, die sie kaufen werden.« Er bezeichnete diese aktuelle landläufige volkswirtschaftliche Erkenntnis als »neues wirtschaftliches Evangelium des Konsums«.[125]

Sein Gebrauch des Wortes »Evangelium« war keineswegs so beiläufig, wie das heute vielleicht klingen mag. Die Auseinandersetzung zwischen Kapitalismus und Kommunismus hatte nach Lenins erfolgreicher Revolution in Russland zehn Jahre zuvor und nach der Gründung der Sowjetunion eine neue Bedeutung erhalten. Unbegrenztes *Wachstum* war während des langen Kampfes zwischen Kapitalismus und Kommunismus im 20. Jahrhundert der eine in beiden Ideologien fest verankerte Bestandteil, den niemand infrage stellte.

US-Präsident Calvin Coolidge wagte sich 1926 bei einer Rede vor Werbefachleuten auf das gleiche geheiligte Territorium vor, das Cowdrick als neues wirtschaftliches Evangelium bezeichnet hatte: »Die Werbung kümmert sich um die spirituelle Seite des Geschäfts. Sie ist eine starke Kraft, die Ihnen anvertraut ist und die Sie mit der großen Verantwortung betraut, die Welt des Handels zu inspirieren und zu veredeln. All dies gehört zu der umfassenderen Arbeit der Erneuerung und Erlösung der Menschheit.«[126]

Herbert Hoover, Coolidges Nachfolger im Präsidentenamt, veröffentlichte drei Jahre später – und zwei Monate vor dem Börsenkrach von 1929 – den Bericht seiner Kommission für aktuelle wirtschaftliche Ver-

---

* So bezeichnete man in den Vereinigten Staaten und in Großbritannien zu jener Zeit die in Gruppen organisierten Frauenrechtlerinnen.

änderungen (Committee on Recent Economic Changes), in dem auch
auf die gerade erkannte Macht der Psychologie beim Massenmarketing
eingegangen wurde: »Die Untersuchung hat auf schlüssige Art gezeigt,
was in der Theorie seit Langem als zutreffend galt: dass Wünsche nahezu
unstillbar sind; dass auf einen erfüllten Wunsch sogleich der nächste
folgt. Daraus ergibt sich, dass wir in wirtschaftlicher Hinsicht ein unbegrenztes Feld vor uns haben; dass es neue Wünsche gibt, auf die in end-
loser Reihe noch neuere folgen, so schnell, wie sie erfüllt werden [...]
durch Werbung und andere förderliche Mittel, durch wissenschaftliche
Feststellung von Tatsachen, durch einen sorgfältig vorab entwickelten
Konsum ist es zu einem nachweisbaren Produktionsschub gekommen
[...], es sieht ganz danach aus, dass wir mit gesteigerter Tätigkeit weiter-
machen können.«[127]

In den 1930er-Jahren wanderte Ernest Dichter, ein weiterer Psychoana-
lytiker freudscher Prägung aus Wien, in die USA ein und wandte sich dem
Massenmarketing zu. Er wusste sehr genau um die Popularität der Theorien Freuds in der Werbebranche und erzählte potenziellen Kunden in der
Madison Avenue und der Wall Street, er sei nicht nur ein »Psychologe aus
Wien«, sondern habe sogar in der gleichen Straße gewohnt wie Sigmund
Freud. Er versprach seinen Kunden, er könne ihnen helfen, »mehr zu verkaufen und besser zu kommunizieren«. Und wie Präsident Coolidge erkannte auch er, dass es wichtig war, den Massenkonsum anzukurbeln, um
so die amerikanische Wirtschaft im Kampf um den Triumph des Kapitalismus zu stärken. »Die Bedürfnisse und Wünsche der Menschen wurden
in einem gewissen Umfang andauernd geweckt«,[128] sagte Dichter.

Die neue Macht des auf psychologischen Erkenntnissen beruhenden
und über elektronische Massenmedien verbreiteten Marketings hatte unweigerlich enorme Auswirkungen auf die Demokratie und das Marktgeschehen. Bernays und Lippmann hatten das auch beide immer wieder
vorausgesagt. Aber diese neue Macht wurde in Europa in der verzweifelten und gefährlichen Zwischenkriegszeit in den Dienst des Totalitarismus
gestellt. Josef Stalin wurde 1922 Generalsekretär der KPdSU, und der Fa-
schist Benito Mussolini wurde in Italien in einer Koalitionsregierung zum
Ministerpräsidenten ernannt. Sechs Monate zuvor war Adolf Hitler in das
Amt des Vorsitzenden der NSDAP aufgestiegen.

Edward Bernays war fünfzehn Jahre später, nach den Nürnberger Gesetzen und der Einrichtung der ersten Konzentrationslager, entsetzt, als

ihm jemand, der gerade aus Berlin zurückgekehrt war, quasi als Augen-
zeuge dann berichtete, dass Joseph Goebbels sich bei der Organisation
von Hitlers Völkermord intensiv von seinem, Bernays', Buch *Propaganda*
inspirieren ließ.[129]

In den USA schrieb Walter Lippmann, Bernays' Freund und ehemaliger Kollege in Sachen Kriegspropaganda, ebenfalls im Jahr 1922:

> Zustimmung zu gewinnen [...] hielt man mit dem Erscheinen der
> Demokratie für tot. Sie ist jedoch keineswegs tot, sondern hat im
> Gegenteil ihre Technik ungemein verbessert, weil sie heute eher auf
> einer Analyse als auf einer Faustregel gründet. Daher hat die Praxis
> der Demokratie, als Ergebnis der psychologischen Forschung und
> gekoppelt mit den modernen Kommunikationsmitteln, einen Schritt
> vorwärts getan. Eine Revolution findet statt, der unendlich größere
> Bedeutung zukommt als einer Verschiebung der wirtschaftlichen
> Macht. [...] Das Wissen um die Kunst, wie man die Geneigtheit der
> Öffentlichkeit gewinnt, [wird] jede politische Berechnung verändern
> und jede politische Prämisse modifizieren. [...] Es ist zum Beispiel
> nicht länger möglich, an das ursprüngliche Dogma der Demokratie
> zu glauben, nämlich dass die Kenntnisse, die man für die Bewälti-
> gung der menschlichen Angelegenheiten braucht, spontan aus dem
> Herzen des Menschen kommen.[130]

Die Kombination von heimlichen Wahlkampfspenden in unbegrenzter
Höhe mit einem extrem teuren, aber verheerend wirksamen, von psycho-
logischem Wissen angeleiteten und über elektronische Massenmedien
betriebenen Marketing ist in der Tat, wie schon im vorhergehenden Kapitel festgehalten, eine tödliche Bedrohung für die Wahrung der Dynamik
und die gute Gesundheit der partizipatorischen Demokratie. Lippmanns
düstere Prophezeiung könnte sich noch erfüllen, wenn dem gegenwärtigen Angriff auf die Integrität der Demokratie kein Einhalt geboten wird;
wenn es den gesellschaftlichen Eliten unter Einsatz von Geld, Macht und
Massenbeeinflussung gelingt, die Politik der Vereinigten Staaten zu kontrollieren, könnte der Durchschnittsbürger schließlich an einen Punkt
gelangen, an dem es scheinbar, um es mit Lippmanns Worten zu sagen,
»nicht mehr vernünftig« ist, daran zu glauben, dass Amerika eine Demokratie ist.

Die Geldbeträge, die im Wirtschaftsleben ausgegeben wurden, um »Wünsche zu erzeugen« und den Konsum anzukurbeln, nahmen Jahr für Jahr zu. Die Anziehungskraft des auf freudschem Gedankengut beruhenden Massenmarketings ließ gegen Ende des 20. Jahrhunderts nach, aber in letzter Zeit machte die Entwicklung anspruchsvoller Techniken – wie etwa des Hirnscanners – den Einsatz von Analysen des Unbewussten im Bereich des Neuromarketings wieder zum Thema.[131] Das Massenmarketing zur Steigerung des Konsums ist heute so allgegenwärtig, dass wir es fast schon für einen normalen Bestandteil unserer Lebenswelt halten. Ein durchschnittlicher Stadtbewohner bekam noch vor 35 Jahren etwa 2000 Werbebotschaften pro Tag zu sehen[132] – nach Angaben der *New York Times* liegt diese Zahl heute bei durchschnittlich 5000 Werbebotschaften.[133]

Abfall und Umweltverschmutzung

DER GESTEIGERTE PRO-KOPF-VERBRAUCH einer immer größer werdenden Weltbevölkerung führt die Menschheit in einigen Bereichen an die Grenzen der vorhandenen Ressourcen. Die Zahl der Menschen und die Weltwirtschaft wachsen unbeirrt weiter, und deshalb verbrauchen wir für unsere Produkte nicht nur mehr natürliche Ressourcen, wir produzieren auch immer größere Mengen an Müll. Die tägliche durchschnittliche Abfallproduktion eines Stadtbewohners liegt im weltweiten Mittel nach einem aktuellen Bericht der Weltbank inzwischen bei knapp 1,2 Kilogramm; das gesamte Müllaufkommen soll nach den vorliegenden Prognosen innerhalb von zwölf Jahren um 70 Prozent zunehmen.[134]

Die Kosten für die Müllbeseitigung werden sich im gleichen Zeitraum fast verdoppeln und bei 375 Milliarden Dollar pro Jahr liegen, wobei der größte Teil des Zuwachses auf die Entwicklungsländer entfällt.[135] Nach den Erkenntnissen der OECD, der Organisation für wirtschaftliche Zusammenarbeit und Entwicklung, sorgt in den Entwicklungsländern jedes Prozent Wachstum beim Nationaleinkommen gleichzeitig für eine Zunahme des Mülls der Haushalte um 0,69 Prozent.[136]

Und das ist nur der Hausmüll. Rechnet man den Abfall, der bei der Energiegewinnung, der Produktion von Chemikalien, in Fertigungsbetrieben, bei elektrischen Geräten, in der Landwirtschaft und bei den Produkten der Papierindustrie anfällt, auf einer Pro-Kopf-Basis auf die sieben Milliarden Menschen um, die die Ergebnisse all dieser Herstellungsvorgänge verbrauchen, dann ist die täglich produzierte Abfallmenge größer als das Gesamtkörpergewicht all dieser sieben Milliarden Menschen.[137]

Für die illegale Müllentsorgung besteht ein blühender Schwarzmarkt, vor allem bei der Verschiffung aus Industrieländern in arme Regionen. Der Export von Plastikmüll nahm in der Europäischen Union im letzten Jahrzehnt um über 250 Prozent zu (fast 90 Prozent davon gingen nach China).[138] Die Medien berichteten wiederholt und ausführlich über den gewaltigen »Müllteppich«, der mitten im Pazifik treibt und größtenteils aus Plastikabfällen besteht. Aber viel größere Abfallmengen finden sich auf Millionen von Müllkippen an Land.[139]

Viele Unternehmen und Kommunen unternahmen zwar lobenswerte Anstrengungen zur Verbesserung des Abfallrecyclings, aber die Gesamtmenge des Müllaufkommens ist einfach zu viel für die gegenwärtigen Kapazitäten einer verantwortungsvollen Abfallwirtschaft. Biomüll kann zum Beispiel für die Herstellung wertvollen Methans genutzt werden, aber aufgrund von Trägheit und mangelndem Engagement wird ein großer Teil dieser Abfälle einfach auf Müllkippen entsorgt. Dort fehlt es jedoch an entsprechenden Einrichtungen, sodass der Biomüll einfach verrottet und mit einem Anteil von 4 Prozent an der Jahresproduktion von Klimaschadstoffen beteiligt ist.[140]

Die wachsende Menge an Elektronikschrott stand wegen der darin enthaltenen hochgiftigen Substanzen im Mittelpunkt eines zunehmenden Interesses. Und auch hier wächst das Problem schneller als die Lösungsstrategien, obwohl Recyclingbemühungen bereits angelaufen sind.

Giftiger chemischer und organischer Abfall ist ein ganz besonderes Problem. In den 1970er- und 1980er-Jahren nahm ich (zum Teil auch in der Rolle des Vorsitzenden) an vielen Befragungen des Kongresses zu Gefährdungen durch giftige chemische Abfälle teil. Die strengen Gesetze, die aus diesen und weiteren Anhörungen schließlich hervorgingen, wurden anschließend aufgrund der Lobbyarbeit der Chemieindustrie im Kongress und bei Regierungsbehörden erheblich abgeschwächt. Eine aktuelle Studie der US-Gesundheitsschutzbehörde Centers for Disease Control and Prevention wies in amerikanischen Durchschnittsbürgern Spuren von 212 chemischen Abfallstoffen nach, unter anderem Pestizide, Arsen, Cadmium und Flammschutzmittel.[141]

Flammschutzmittel? Mit ihrer Präsenz im Körpergewebe von Amerikanerinnen und Amerikanern verbindet sich eine interessante Vorgeschichte, die ein weiteres Beispiel dafür liefert, welches Machtungleichgewicht bei politischen Entscheidungen in den USA besteht und wie sich die Interessen der Unternehmen gegen die der Öffentlichkeit durchsetzen. Die *Chicago Tribune* wies 2012 mit einer umfassenden Recherche detailliert nach, wie die Zigarettenindustrie in korrupter Manier politische Entscheidungsträger beeinflusste, um ein Gesetz zur Beimischung giftiger Flammschutzmittel zum in den meisten Möbeln enthaltenen Möbelschaum zu erzwingen. Damit sollten Todesopfer bei den Tausenden von Feuern verhindert werden, zu denen es Jahr für Jahr durch brennende Zigaretten kommt, die einschlafende Raucher auf eine Couch oder einen Stuhl fallen lassen.[142]

Eine sehr viel logischere und weniger gefährliche – und seit dem Beginn des 20. Jahrhunderts vorgeschlagene – Lösung wäre gewesen, von den Zigarettenherstellern zu verlangen, die Chemikalien *wegzulassen*, die ihren Zigaretten routinemäßig beigemengt werden, um sie weiterbrennen zu lassen, auch wenn niemand daran zieht. Aber die Tabakindustrie wollte nicht die Schuld an Bränden auf sich nehmen und fürchtete gleichzeitig, jede Unbequemlichkeit für die Kunden könnte dem Verkauf schaden. Also entwickelte sie einen korrupten Plan und erkaufte sich Einfluss, um zu erreichen, dass stattdessen den meisten Möbeln gefährliche Chemikalien beigemischt wurden.[143]

Sobald die Hersteller der Flammschutzmittel erkannten, wie sie von dieser List profitieren konnten, unterstützten sie den Plan der Tabakindustrie mit eigenen Geldmitteln. Ein und derselbe Lobbyist vertrat die staatlichen Brandschutzbehörden und die Hersteller der Chemikalien – und blieb insgeheim auch auf der Gehaltsliste der Tabakindustrie. Kinder atmen unterdessen weiterhin den Staub der sich zersetzenden Flammschutzmittel ein, und Wissenschaftler verbinden nach wie vor den Kontakt mit solchen Substanzen mit Nachweisen für eine krebserregende Wirkung, eine Beeinträchtigung der Fruchtbarkeit und für die Schädigung von Föten.[144] Außerdem stellte die Consumer Product Safety Commission, eine für die Sicherheit von Produkten zuständige Regierungsbehörde, vor Kurzem auch noch fest, dass die dem Möbelschaum beigemengten Flammschutzmittel nichts zur Verhinderung von Bränden im Wohnbereich beitrugen.[145]

Gesundheitsexperten hoben die schädliche Wirkung einiger äußerst gefährlicher Chemikalien hervor, denen besondere Aufmerksamkeit zu widmen sei – zum Beispiel Bisphenol A (BPA) und Phthalate (die in ihrer chemischen Struktur den Flammschutzmitteln gleichen). Aber der 1976 in den USA verabschiedete Toxic Substances Control Act, ein Gesetz, das den Umgang mit solchen Chemikalien regeln sollte, wurde niemals effektiv umgesetzt.[146] Im Verzeichnis der zu überprüfenden Substanzen sind nach Schätzungen 83 000 Chemikalien aufgeführt, aber die US-Umweltschutzbehörde EPA verlangte nur bei 200 Substanzen Tests und verfügte nur in fünf Fällen Nutzungsbeschränkungen. Die Chemieunternehmen dürfen den Kontrolleuren den größten Teil der medizinisch relevanten Informationen über ihre Produkte mit der Behauptung vorenthalten, dass es sich hierbei um Betriebsgeheimnisse handle.[147]

DER BOOM BEI DER ENTWICKLUNG von Agrar- und Industriechemikalien nach dem Zweiten Weltkrieg beruhte in erheblichem Umfang auf den übrig gebliebenen Lagerbeständen von unbenutzten Nervengasen und Munition. (Fritz Haber, der Erfinder des Einsatzes von Giftgas als Angriffswaffe im Ersten Weltkrieg, war auch der Erfinder der Ammoniaksynthese und des Kunstdüngers.)[148] Diese neue Art chemischer Verbindungen kann Wasser stärker verschmutzen als in früheren Zeiten. Damals wurde das Wasser vor allem durch Fäkalien verunreinigt, was zu Typhus- und Choleraerkrankungen führte. Diese Probleme sind in den Industrieländern inzwischen weitgehend gelöst worden, aber von verunreinigtem Wasser ausgelöste Krankheiten gehören in den Entwicklungsländern nach wie vor zu den Haupttodesursachen, vor allem in Südasien, Afrika und Teilen des Nahen Ostens.[149]

Die Verschmutzung von Flüssen, Bächen und Grundwasserleitern ist ein ernstes Problem, das in weiten Teilen der Welt zur Wasserverknappung beiträgt. Die Weltkommission für Wasser im 21. Jahrhundert (World Commission on Water for the Twenty-First Century), in der zahlreiche Organisationen der Vereinten Nationen mitarbeiten, berichtete 1999, dass »mehr als die Hälfte der größten Flüsse der Welt durch Wasserentnahme und Verschmutzung schwer beeinträchtigt sind«.[150] Einer der Gründe für diese weltweite Tragödie besteht darin, dass beim überall vorherrschenden System für die Berechnung des Nationaleinkommens und der Produktivität – dem Bruttoinlandsprodukt (BIP) – weder die Wasserentnahme noch die Wasserverschmutzung berücksichtigt werden. Der Wirtschaftswissenschaftler Herman Daly stellte hierzu fest: »Wir bringen zum Beispiel Verschmutzungskosten nicht als schlechte Güter in Abzug, aber den Wert der Beseitigung der Verschmutzung nehmen wir als etwas Gutes in die Rechnung auf. Das ist asymmetrische Bilanzierung.«[151] In der Konsequenz werden Beschlüsse zur Reinigung der Umwelt routinemäßig – und unzutreffend – als Beeinträchtigung des Wohlstands bezeichnet.

Der stellvertretende Direktor des Stadtplanungsamtes in der chinesischen Millionenstadt Guangzhou fühlte sich zum Beispiel genötigt, eine Entscheidung zur Einschränkung des Autoverkehrs, mit der die Luftverschmutzung verringert werden sollte, mit diesen Worten zu rechtfertigen: »Wir verzichten so natürlich, aus der Sicht der Verwaltung, auf einen Teil des Wachstums, aber wenn es der Gesundheit unserer Bürgerinnen und Bürger dient, ist es uns das wert.«[152]

Die *New York Times* sammelte unlängst bei einer Recherche unter Berufung auf das Gesetz zum freien Zugang zu Informationen (Freedom of Information Act) Hunderttausende von Daten zur Wasserverschmutzung aus staatlichen und bundesstaatlichen Akten. Dabei zeigte sich, dass etwa jeder zehnte Amerikaner über das Trinkwasser Chemie-Abfällen oder anderen Gesundheitsgefahren ausgesetzt war.[153]

Die Vereinigten Staaten haben ab 1972 eine Vorreiterrolle beim Gewässerschutz übernommen, und der größte Teil der Industriestaaten ist diesem Beispiel seitdem gefolgt. Die Fortschritte in den Entwicklungsländern sind allerdings hinter den im Jahr 2000 veröffentlichten Millenniums-Entwicklungszielen zurückgeblieben. (Auf diesen Entwurf für eine weltweite Entwicklung einigten sich damals alle 193 Mitgliedsstaaten der Vereinten Nationen und 23 internationale Organisationen.) Die Weltgesundheitsorganisation beschrieb die tatsächliche Entwicklung so: »Im Zeitraum von 1990 bis 2010 erhielten mehr als zwei Milliarden Menschen Zugang zu einer besseren Wasserversorgung (definiert als ›liefert vermutlich sicheres Wasser‹), und 1,8 Milliarden erhielten einen Anschluss an ein besseres Kanalisationssystem. […] Allerdings sind immer noch mehr als 780 Millionen Menschen ohne Zugang zu besserem Trinkwasser, und 2,5 Milliarden sind ohne Anschluss an eine bessere Kanalisation.«[154]

Sollten sich die aktuellen Trends fortsetzen, werden diese Zahlen auch 2015 noch inakzeptabel hoch sein: Nach Angaben der Weltgesundheitsorganisation »werden 605 Millionen Menschen ohne sicheres Trinkwasser und 2,4 Milliarden ohne Anschluss an eine bessere Kanalisation sein«.[155] In China, wo 90 Prozent der obersten Grundwasserschichten Schadstoffe enthalten, unter anderem aus Chemie- und Industrieabfällen, erkranken jedes Jahr 190 Millionen Menschen wegen ihres Trinkwassers, und Zehntausende von ihnen sterben.[156]

Die Süßwasserversorgung ist ungleich verteilt, mehr als die Hälfte davon entfällt auf nur sechs Länder. In zahlreichen Ländern und Regionen ist immer weniger Süßwasser verfügbar und weist eine immer schlechtere Qualität auf; zugleich geht das mit dem Verlust von Mutterboden einher, einer der beiden am schwersten wiegenden Einschränkungen, die eine Steigerung der Nahrungsmittelproduktion hemmen. Der übermäßige Verbrauch und ein verschwenderischer Umgang mit Süßwasser – ein neuer Wettbewerb um Wasser vonseiten der Städte und die wachsende Nachfrage der Welt AG – drohen in vielen Teilen der Welt eine Krise der Nahrungsmittelversorgung auszulösen.

Die Zersiedlung der Landschaft durch die sich unkontrolliert ausbreitenden Städte, der »urban sprawl«, hatte Folgen für die Verfügbarkeit von landwirtschaftlich nutzbaren Flächen, und dasselbe gilt für den »energy sprawl«, die weit gestreute Nutzung von Flächen und Standorten zur Gewinnung regenerativer Energien, die ihrerseits drastische Folgen für die Verfügbarkeit von Wasser für die Landwirtschaft nach sich zieht. Die unkluge Entscheidung, das rasche Wachstum der ersten Generation von aus Palmöl gewonnen Ethanol-Treibstoffen und Biodiesel zu fördern, hat zu einer neuen Nutzung von Wasser- und Landressourcen geführt, die früher für den Anbau von Nahrungspflanzen verwendet wurden. Und die wachsende Begeisterung für Schiefergas aus tiefen Gesteinsschichten,[157] für das pro Bohrquelle rund 19 Millionen Liter Wasser aufgewendet werden müssen, hat in Regionen zu erheblichen Belastungen geführt, in denen zuvor schon Wassermangel herrschte.[158] Viele Städte und Countys in Texas mussten sich jetzt zum Beispiel entscheiden, ob sie Wasser für die Landwirtschaft verwenden oder für die Gewinnung von Erdgas und Öl durch Fracking einsetzen sollten. Die Verwendung von Wasser zur Energiegewinnung soll nach vorliegenden Prognosen im weltweiten Maßstab doppelt so schnell wachsen wie die Nachfrage nach Energie.[159]

Die Ausweitung des Öl- und Erdgas-Frackings führt zu weiteren Einleitungen von flüssigen Giftstoffen in Bereiche tief unter der Erde, die

noch bis vor Kurzem als sichere Lagerstätten galten. In den Vereinigten
Staaten sind nach Schätzungen in den letzten Jahrzehnten rund 115 *Billionen* Liter giftiger Flüssigkeiten in mehr als 680 000 unterirdische Lagerstätten gepresst worden, und das in einer Zeit, in der das Fracking-
Verfahren für geologische Verwerfungen sorgt, neue Bruchstellen öffnet
und unterirdische Fließmuster verändert.[160] Einige dieser unterirdischen
Lagerstätten haben leider durch Lecks Schadstoffe abgegeben, die dann in
den Bereich der grundwasserführenden Schichten aufgestiegen sind.[161]

Das Grundwasser macht etwa 30 Prozent der gesamten weltweiten
Süßwasserressourcen aus, während das gesamte Süßwasser an der Oberfläche nicht mehr als ein Prozent stellt.[162] Der Schwund in den Grundwasserleitern hat sich in den letzten fünfzig Jahren verdoppelt,[163] die
Grundwasserentnahme hat dagegen im gleichen Zeitraum stetig zugenommen und ist heute doppelt so hoch wie 1960. Aber in den letzten
fünfzehn Jahren (seit sich das Wirtschaftswachstum in China und anderen aufstrebenden Volkswirtschaften beschleunigt hat) ist diese Entwicklung noch viel schneller verlaufen.[164]

Auch die Einführung neuer Brunnenbohr- und Pumptechnologien
hat hierbei eine bedeutende Rolle gespielt. In Indien wurden zum Beispiel
12 Milliarden Dollar in neue Brunnen und Pumpen investiert; hundert
Millionen Bauern bohrten mehr als 21 Millionen Brunnen.[165] Das trug
seinen Teil dazu bei, dass in vielen Gemeinden die Grundwasserleiter
vollständig ausgetrocknet sind und Trinkwasser mit Fahrzeugen angelie-
fert werden muss, während die Bauern inzwischen auf zunehmend unre-
gelmäßige Regenfälle angewiesen sind.[166]

Das Wasser vieler wichtiger Flüsse ist weltweit wegen des Bevölkerungswachstums und des zunehmenden Verbrauchs so vielen Nutzungs-
arten ausgesetzt, dass einige der Flüsse immer wieder ungewöhnlich
wenig Wasser führen: der Colorado River, der Indus, der Nil, der Rio
Grande, der Murray-Darling in Australien, der Jangtsekiang sowie der
Gelbe Fluss in China und die Elbe in Deutschland.[167]

Eine wachsende Bevölkerung

DAS BEVÖLKERUNGSWACHSTUM hat sich in den letzten Jahrzehnten im größten Teil der Welt zwar verlangsamt, aber inzwischen gibt es so viele Menschen, dass selbst mit einer geringeren Wachstumsrate weitere Milliarden hinzukommen werden, bis sich unsere Zahl gegen Ende dieses Jahrhunderts bei einem schwer vorhersagbaren Höchstwert stabilisieren wird. Die Schätzungen bewegen sich zwischen zehn und fünfzehn Milliarden.[168] (Es gibt auch eine Mindestschätzung, die mit 6,1 Milliarden rechnet, und eine Ausreißer-Prognose von 27 Milliarden Menschen – das würde eintreten, wenn es zu keinen weiteren Rückgängen der Geburtenrate käme. Aber fast alle Experten gehen davon aus, dass die wahrscheinlichste Zahl bei knapp über zehn Milliarden liegen wird.)[169]

Indien wird China innerhalb der nächsten zwölf Jahre als bevölkerungsreichstes Land der Erde überflügeln, zumindest für den Rest des Jahrhunderts.[170] Noch innerhalb der nächsten *25 Jahre* werden in Afrika mehr Menschen leben als in Indien oder China, und bis zum Ende des Jahrhunderts werden nach den Prognosen auf dem afrikanischen Kontinent mehr Menschen leben als in Indien und China zusammen.[171] Die Hälfte des weltweiten Bevölkerungswachstums der kommenden vier Jahrzehnte wird nach den Vorhersagen auf Afrika entfallen, das sich jetzt anschickt, die gegenwärtige Bevölkerung bis zum Ende des Jahrhunderts auf erstaunliche 3,6 Milliarden Menschen zu verdreifachen.[172] Die Grenzen des Wachstums in Afrika werden vermutlich im verbleibenden Teil des Jahrhunderts im Zentrum der weltweiten Aufmerksamkeit stehen. Die gefährlich niedrige Bodenfruchtbarkeit in weiten Teilen des subsaharischen Afrikas, der Mangel an Süßwasser, die schlechte Regierungsführung in vielen Ländern des Kontinents und die prognostizierten Auswirkungen der Klimaerwärmung legen diesen Gedanken nahe.

Es ist schwer vorauszusagen, wie viele Kinder die Frauen durchschnittlich im Laufe der nächsten Jahrzehnte zur Welt bringen werden. Das ist auch der Grund dafür, warum es so schwierig ist, eine Höchstzahl für die Weltbevölkerung zu nennen, und deshalb variieren die Schätzungen auch um fünf Milliarden Menschen – um eine Größenordnung, die der gesamten Weltbevölkerung Ende der 1980er-Jahre entspricht! Eine Zunahme dieser entscheidenden Größe um auch nur ein halbes Kind (den Demografen bereiten solche Ausdrücke schon längst kein Unbehagen mehr) kann bis zum Jahr 2100 für die Weltbevölkerung einen Unterschied von mehreren Milliarden Menschen bedeuten. Auch die vielfältigen Einflussfaktoren, die für die Präferenzen von Frauen bedeutsam sind, lassen sich für einen so langen Zeitraum nur schwer vorhersagen.

In diese neuen, höheren Prognosen für einen Höchststand bei der Weltbevölkerung im zweiten Teil des 21. Jahrhunderts ist ein Rückgang der durchschnittlichen Fruchtbarkeitsrate in Dutzenden der weniger entwickelten Länder eingegangen, der langsamer verlief als erwartet. Und die Mehrzahl dieser Länder liegt in Afrika.[173] Der bedeutsamste Grund für die höher ausgefallenen Bevölkerungsschätzungen für Afrika und die Welt insgesamt ist das Versagen der Weltgemeinschaft, der es nicht gelingt, allen Frauen – wenn sie es wollen – Wissen über Empfängnisverhütung und die dazugehörigen Mittel zur Verfügung zu stellen.[174]

Demografen haben in den letzten paar Jahrzehnten sehr viel über die zahlreichen Faktoren gelernt, die für Änderungen in der Dynamik des Bevölkerungswachstums sorgen. Umfangreiche Forschungen wiesen überzeugend nach, dass vier Bestandteile des Bevölkerungspuzzles gut zusammenpassen und in ihrem Zusammenwirken das Muster des Bevölkerungswachstums in jedem Land von einem Gleichgewicht wegführen, das von hohen Sterbe- und Geburtenraten und großen Familien geprägt ist, und in Richtung eines zweiten Gleichgewichts verschieben, für das niedrige Sterbe- und Geburtenraten und kleine Familien typisch sind.

Die gute Nachricht ist, dass die weltweiten Bemühungen um eine Verlangsamung des Bevölkerungswachstums tatsächlich eine Erfolgsgeschichte sind, auch wenn diese sich nur im Zeitlupentempo entwickelt. Die absolute Bevölkerungszahl wird zwar noch viele Jahrzehnte lang zunehmen, aber fast jedes Land der Erde hat sich vom hohen Gleichgewicht weg- und zum niedrigen Gleichgewicht hinbewegt. In einigen Ländern vollzog sich dieser Wandel rasch, andere hängen dagegen nach. In den Vereinigten Staaten ist die Rate des Bevölkerungswachstums auf dem niedrigsten Wert seit der Weltwirtschaftskrise Ende der 1920er- und zu Beginn der 1930er-Jahre angekommen.[175]

Noch im 20. Jahrhundert war die vorherrschende Sichtweise jahrzehntelang, Zuwächse beim Bruttoinlandsprodukt – vor allem bei den Faktoren, die mit der industriellen Entwicklung verbunden waren – seien der Schlüssel zu einem Rückgang des Bevölkerungswachstums. Das war ein weiterer früher Beleg für die verführerische Bequemlichkeit und illusorische Schlichtheit des Bruttoinlandsprodukts als stellvertretende Messgröße für allgemeinen Fortschritt und dafür, wie diese Zahl die Aufmerksamkeit der politisch Verantwortlichen für sich gewinnen kann – auch wenn sie nur lose mit den tatsächlichen Zielen verbunden ist, die sie zu erreichen versuchen.

Das BIP gehört zwar *nicht* zu den oben erwähnten vier Faktoren, aber in vielen Ländern besteht ein lockerer Zusammenhang zwischen dem Wirtschaftswachstum und der Schaffung gesellschaftlicher Bedingungen, die sich auf die Bevölkerungsentwicklung auswirken können und das letztlich auch tun.[176] Und extreme Armut ist umgekehrt mit Sicherheit in den meisten Fällen mit einem höheren Bevölkerungswachstum verbunden – vor allem in Ländern mit Institutionen, die ihre Aufgaben nicht erfüllen, und einem Mangel an sauberem Wasser und Ackerboden. Alle vierzehn Länder, auf die diese Charakteristika zutreffen, haben extrem hohe Bevölkerungswachstumsraten, und dreizehn davon liegen im subsaharischen Afrika.[177]

Die vier relevanten Faktoren, die alle notwendig sind, aber von denen keiner für sich genommen ausreicht, sind:

– Erstens: Bildung für Mädchen – der wichtigste Einflussfaktor. Auch die Bildungsmaßnahmen für Jungen sind wichtig, aber die Bevölkerungsstatistiken zeigen eindeutig, dass es von entscheidender Bedeutung ist, wenn Mädchen die Möglichkeit haben, Lesen und Schreiben zu lernen und eine gute Schulbildung zu erhalten.[178]
– Zweitens: Die Stärkung der Frauen in der Gesellschaft, die so weit gehen muss, dass ihre Ansichten Gehör finden und respektiert werden und sie die Möglichkeit haben, gemeinsam mit ihren Ehemännern oder Partnern Entscheidungen über die Zahl der Kinder und andere Fragen zu treffen, die für ihre Familien wichtig sind.[179]
– Drittens: Die allgegenwärtige Verfügbarkeit von Wissen über und Mitteln zur Empfängnisverhütung, sodass Frauen frei über die Zahl ihrer Kinder und die Abstände zwischen den Geburten entscheiden können.[180]
– Viertens: Eine geringe Kindersterblichkeit. Julius K. Nyerere, einer der führenden Politiker Afrikas, sagte in der Mitte des 20. Jahrhunderts: »Das wirkungsvollste Verhütungsmittel ist die Zuversicht der Eltern, dass ihre Kinder überleben werden.«[181]

Die Auseinandersetzung über den Zugang zu Verhütungsmitteln und das Wissen zur Steuerung der Fruchtbarkeit ist nicht so günstig verlaufen, wie Sozialwissenschaftler und Demografen gehofft hatten. Die wohlhabenden Länder haben ihre Verpflichtungen zur Finanzierung eines besseren Zugangs zur Empfängnisverhütung in den armen Ländern nicht vollständig erfüllt. In einigen Industrieländern, in denen die Demokratie gegenwärtig geschwächt wird, wie zum Beispiel in den Vereinigten Staaten, waren Angriffe auf frauenorientierte Programme in den letzten Jahren erfolgreicher. Die politische Opposition gegen Empfängnisverhütung hat sich in den letzten beiden Jahren in den USA überraschenderweise wieder zu Wort gemeldet, obwohl die überwältigende Mehrheit der amerikanischen Frauen (darunter 98 Prozent der sexuell aktiven katholischen Frauen)[182] für Empfängnisverhütung ist und obwohl diese Frage bereits in den 1960er-Jahren vermeintlich geklärt worden war.

Die religiös motivierte Opposition gegen Empfängnisverhütung durch eine verschwindend kleine Minderheit in den Vereinigten Staaten hatte außerdem massive Auswirkungen auf amerikanische Beiträge zu den weltweiten Anstrengungen, Geburtenkontrolle auch in rasch wachsenden Entwicklungsländern verfügbar zu machen; das lag teilweise auch an der unaufrichtigen Vermischung von Empfängnisverhütung und Abtreibung. Die Auslandshilfe ist in den Vereinigten Staaten immer von Haushaltskürzungen bedroht, deshalb blieb der für diesen Zweck tatsächlich zur Verfügung gestellte Betrag weit hinter dem ursprünglich zugesagten Umfang zurück. Und wieder einmal haben das Machtungleichgewicht und die politische Lähmung in den USA der Welt einen dringend benötigten Anführer genommen, was im Gegenzug die Handlungsfähigkeit der Weltgemeinschaft schwer beeinträchtigt hat.

Die erwarteten Rückgänge bei den Fruchtbarkeitsraten sind dann auch aus diesem Grund nicht erreicht worden, vor allem nicht in Afrika, wo 39 der 55 Länder des Kontinents hohe Fruchtbarkeitsraten verzeichnen.[183] (In Asien gibt es neun Länder mit hoher Fruchtbarkeitsrate, sechs unter den Inselstaaten Ozeaniens, hinzu kommen noch vier Länder mit niedrigem Durchschnittseinkommen in Lateinamerika.) In 34 der weltweit 58 Länder mit hoher Fruchtbarkeitsrate wird sich die Bevölkerung im verbleibenden Teil dieses Jahrhunderts verdreifachen.[184]

Frauen bringen jetzt im weltweiten Durchschnitt im Verlauf ihrer fruchtbaren Jahre 2,5 Kinder zur Welt.[185] In Afrika liegt dieser Durchschnittswert allerdings bei fast 4,5 Kindern pro Frau.[186] In vier afrikanischen Ländern wird von den Frauen jedoch erwartet, mehr als sechs Kinder zu haben, was zu einem zerstörerischen und nicht nachhaltigen Bevölkerungswachstum führt.[187] Malawi zum Beispiel hat gegenwärtig noch fünfzehn Millionen Einwohner und soll nach Prognosen bis zum Ende des Jahrhunderts nahezu eine Verzehnfachung der Bevölkerung auf geschätzte 129 Millionen erleben.[188] Nigeria, das bevölkerungsreichste Land Afrikas, soll nach den Prognosen von derzeit etwas mehr als 160 Millionen Einwohnern bis 2100 auf 730 Millionen Menschen anwachsen.[189] Damit hätte Nigeria dann etwa so viele Einwohner wie China Mitte der 1960er-Jahre.[190]

Bevor sich das Verständnis der Dynamik der Bevölkerungsentwicklung verbesserte, gingen viele Menschen davon aus, dass höhere Sterberaten die Gesamtbevölkerung verringern würden. Aber die Auswirkungen hoher Sterberaten auf hohe Geburtenraten widerlegen diese frühere Annahme. Die Pestepidemien des 14. Jahrhunderts sorgten tatsächlich für einen Rückgang der Bevölkerung. Man geht heute davon aus, dass dies der letzte Bevölkerungsrückgang überhaupt war. Aber in der heutigen Welt wirkten sich nicht einmal mehr die gefürchtetsten Krankheiten auf die Bevölkerungszahl aus. Die Aids-Epidemie hatte zwar Auswirkungen auf die Gesamteinwohnerzahl in einigen afrikanischen Ländern, aber die Weltbevölkerung insgesamt nahm allein in den ersten fünf Monaten des Jahres 2011 um mehr Menschen zu, als der Aids-Epidemie seit deren erster rascher Ausbreitung vor dreißig Jahren zum Opfer fielen.

In Ländern mit hoher Kindersterblichkeitsrate neigen die Eltern meist dazu, mehr Kinder zu haben, weil sie sicherstellen wollen, dass zumindest einige von ihnen überleben, später dann für ihre alten Eltern sorgen und den Familiennamen und die Tradition weiterführen. Nimmt die Kindersterblichkeit dramatisch ab, sinkt in der gesellschaftlichen Praxis eine halbe Generation später meist auch die Geburtenrate, sofern die drei anderen Faktoren ebenfalls vorhanden sind. Nach dem Zweiten Weltkrieg führten revolutionäre Fortschritte im Gesundheitswesen – stark verbesserte hygienische Bedingungen, bessere Ernährung, Antibiotika, neue Impfstoffe und weitere Errungenschaften der modernen Medizin – in vielen Ländern auf der ganzen Welt zu einem erheblichen Rückgang der Kinder- und Säuglingssterblichkeit.[191] Dasselbe Zusammenwirken von

Verbesserungen im Gesundheitswesen und bei der Ernährung führte in den Industrieländern seit Beginn des 19. Jahrhunderts zu einer Verdopplung der Lebenserwartung: von 35 auf 77 Jahre.[192]

Ein Programm für Frauen und Mädchen

EINE SCHULBILDUNG FÜR MÄDCHEN ist inzwischen auf der ganzen Welt üblich, auch in den meisten Ländern, in denen man sich früher nur der Ausbildung von Jungen widmete. Gruppen wie die Taliban in Afghanistan wenden sich zwar nach wie vor gegen den Schulbesuch von Mädchen, aber in den meisten Ländern der Welt ist man sich schon lange der Wettbewerbsvorteile bewusst, die sich, ganz besonders im Informationszeitalter, mit einer Ausbildung für alle Kinder verbinden. Im Schulsystem von Saudi-Arabien wurden früher nur Jungen gefördert, aber nach den jüngsten verfügbaren Statistiken waren fast 60 Prozent der Studierenden an den Hochschulen des Landes Frauen. Noch im Jahr 1970 hatte der Frauenanteil an Universitäten bei nur 8 Prozent gelegen.[193]

Die aktuelle Vergleichszahl in Katar liegt bei 64 Prozent, in Tunesien und den Vereinigten Arabischen Emiraten beträgt sie 60 Prozent. Der Durchschnittswert in den arabischen Staaten liegt heute bei 48 Prozent, im Iran bei 51 Prozent.[194] In 67 der 120 Länder, für die Statistiken vorliegen, schlossen mehr Frauen als Männer ein Hochschulstudium ab.[195] Der weltweite Durchschnitt liegt bei 51 Prozent.[196] In den Vereinigten Staaten liegt der Frauenanteil bei Associate Degrees (Abschlüsse am Community oder Junior College nach zweijährigem Studium) heute bei 62 Prozent, beim Bachelorabschluss sind es 58, beim Master 61 und bei den Promotionen 51 Prozent.[197]

Die Stärkung der Frauen bleibt andererseits in zahlreichen traditionalistischen Gesellschaften ein mit Problemen verbundenes Ziel. Nicht eine dieser Hochschulabsolventinnen darf zum Beispiel in Saudi-Arabien Auto fahren – oder wählen –, obwohl ihr relativ fortschrittlicher König bereits von Plänen zur Einführung des Frauenwahlrechts ab dem Jahr 2015 sprach.[198] Auch wenn die Gender Gap, die Kluft zwischen den Geschlechtern, im Bereich Bildung weltweit zu 93 Prozent geschlossen worden ist, liegt die entsprechende Bilanz bei der Teilhabe am Wirtschaftsleben bei 60 Prozent, und bei der politischen Partizipation sind nur

18 Prozent erreicht worden.[199] Das Weltgehirn hat Forderungen nach der weltweiten Stärkung der Frauen Auftrieb gegeben. Frauen stellen mehr als die Hälfte der Teilnehmenden bei den sozialen Netzwerken und fast die Hälfte aller Internetnutzer. Wenn sie mit den günstigeren Verhältnissen der Geschlechtergleichheit in den weiter fortgeschrittenen Ländern vertraut gemacht werden, vergrößert das natürlich ihre nach Veränderungen strebende Ungeduld.

In fast allen Ländern der Welt sind Frauen in größerer Zahl in eine Erwerbsarbeit eingetreten als Männer, eine Tatsache, in der sich ein historischer Wandel in der weltweiten Einstellung zur Erwerbsarbeit von Frauen außerhalb des eigenen Haushalts zeigt. In den letzten vierzig Jahren haben doppelt so viele Frauen wie Männer ein Beschäftigungsverhältnis aufgenommen.[200] Die Frauen hatten einen besonderen Einfluss auf die Wettbewerbsfähigkeit der rasch wachsenden ostasiatischen Volkswirtschaften, wo auf hundert erwerbstätige Männer 83 Frauen kommen.[201] Die größte Wirkung erzielten sie in verschiedenen exportorientierten Wirtschaftszweigen, unter anderem in der Bekleidungs- und Textilbranche, wo sie 60 bis 80 Prozent der Beschäftigten stellen.[202]

Der *Economist* hat errechnet, dass im weltweiten Maßstab »die zunehmende Beschäftigung von Frauen in Industrieländern sehr viel mehr zum weltweiten Wachstum beigetragen hat als China«.[203] In den Industrieländern erarbeiten die Frauen insgesamt knapp 40 Prozent des Bruttoinlandsprodukts.[204] Ein weiterer Fehler bei der Berechnung des BIP – er fiel bereits Simon Kuznets auf, als er diesen Begriff 1937 einführte – ist jedoch, dass diese Messgröße der Arbeit im Haushalt, die Frauen (und einige Männer) leisten, keinerlei wirtschaftlichen Wert beimisst: Kinder aufziehen, Mahlzeiten zubereiten, den Haushalt führen und all die anderen Tätigkeiten. Würde die Hausarbeit in den Industrieländern nach den Löhnen bewertet, die Kindermädchen, Köchinnen und Hauswirtschafterinnen gezahlt werden, dann würde der Gesamtbeitrag der Frauen zum Bruttoinlandsprodukt bei deutlich über 50 Prozent liegen.[205]

Der Einstieg der Frauen in berufliche Tätigkeiten außer Haus hatte verblüffende gesellschaftliche Auswirkungen. Der Anteil der verheirateten Frauen mit Kindern unter sechs Jahren, die außerhalb des eigenen Haushalts einer Berufstätigkeit nachgehen, schoss in den drei Jahrzehnten von den 1960er- bis zu den 1990er-Jahren von 12 auf 55 Prozent in die Höhe.[206] Der Anteil aller Mütter mit kleinen Kindern, die sich für eine

Berufstätigkeit außerhalb des Haushalts entschieden, stieg im gleichen Zeitraum von 20 auf 60 Prozent.[207]

Die soziologischen Veränderungen zählen gleichzeitig zu den vielen Faktoren, die zur Epidemie der Fettleibigkeit beitragen. Weil viel mehr Mütter heutzutage außer Haus arbeiten und ein viel höherer Anteil von Kindern in Familien lebt, in denen beide Eltern berufstätig sind, essen mehr Menschen Fast Food, andere Restaurantmenüs und Fertiggerichte oder Vorgekochtes, das nur einen minimalen Zubereitungsaufwand erfordert, zum Beispiel in der Mikrowelle. Die Portionsgrößen haben parallel zur Körpermasse zugenommen. Das alles summiert sich zu dem, was David Kessler als »konditioniertes Hyper-Essen« bezeichnet.[208]

Untersuchungen zeigen außerdem, dass Eltern und Betreuer Kindern in ärmeren Wohnvierteln oft erlauben, ja sie sogar ermuntern, mehr fernzusehen als der Durchschnitt der Altersgenossen; sie haben bei Spielen im Freien größere Sicherheitsbedenken wegen einer, relativ gesehen, größeren Neigung zu Gewalt in diesem Umfeld.[209] Das zeigt einen weltweiten Trend bei Menschen aller Altersklassen, die mehr Zeit vor Bildschirmen von Geräten verbringen, die sie mit dem Weltgehirn verbinden, und die, durchschnittlich betrachtet, eher Tätigkeiten ausüben, die nicht mehr so viel körperliche Aktivität erfordern, wie das in der Vergangenheit der Fall war. Ein weiterer Faktor ist auch der Trend zu mehr Fahrten und weniger Wegen, die zu Fuß bewältigt werden.

Familien im Wandel

DIE ZUNEHMENDE BETEILIGUNG VON FRAUEN am Arbeitsleben, die dramatischen Veränderungen bei der Ausbildung von Frauen und der Wandel der sozialen Werte haben auch zu bedeutenden strukturellen Veränderungen der Institution Familie geführt. Die Zahl der Scheidungen hat nahezu überall auf der Welt dramatisch zugenommen, teils weil dies durch neue Gesetze erleichtert wurde, nach Ansicht von Experten aber auch aufgrund der zunehmenden Beteiligung der Frauen am Wirtschaftsleben.[210] Manche Experten verweisen auch auf die Rolle der Onlinebeziehungen. Nach mehreren Analysen spielt Facebook inzwischen bei 20 bis 30 Prozent aller Scheidungen in den USA eine Rolle.[211]

Das durchschnittliche Heiratsalter von Frauen liegt inzwischen ebenfalls deutlich höher, und ein größerer Prozentsatz von Männern und Frauen entscheidet sich gegen eine Heirat. Noch vor fünfzig Jahren waren zwei Drittel aller Amerikanerinnen und Amerikaner im Alter von 20 bis 29 Jahren verheiratet, heute trifft das nur noch auf ein Viertel zu.[212] Sehr viel mehr Paare leben ohne Trauschein zusammen und haben auch gemeinsame Kinder.[213] 41 Prozent der in den USA geborenen Kinder werden von unverheirateten Müttern zur Welt gebracht.[214] Noch vor fünfzig Jahren lag der Anteil der unverheirateten Mütter bei nur 5 Prozent.[215] Die Vergleichszahl bei Müttern unter dreißig Jahren liegt heute bei 50 Prozent.[216] Bei den afroamerikanischen Müttern aller Altersklassen[217] beträgt der Anteil der Unverheirateten heute 73 Prozent.[218]

Die Spitzenpositionen in der Länderliste zur Geschlechtergleichheit belegen Island, Norwegen, Finnland und Schweden. Schlusslicht ist hier der Jemen.[219] Die Teilnahme der Frauen am politischen Leben liegt jedoch weit hinter den meisten anderen Indikatoren der Geschlechtergleichheit zurück. Weltweit stellen die Frauen weniger als 20 Prozent der gewählten Parlamentsabgeordneten, wobei der höchste Prozentsatz (42 Prozent) in den nordischen Ländern und der Tiefstwert (11,4 Prozent) in den arabischen Staaten zu verzeichnen ist.[220] Die Vereinigten Staaten liegen nur knapp über dem weltweiten Durchschnitt. Nur in zwei Ländern der Welt gibt es eine weibliche Parlamentsmehrheit – in Andorra, einem der Zwergstaaten, und in Ruanda, einem der ärmsten Länder, das nach der Tragödie von 1994 eine Bestimmung in die Verfassung aufnahm, nach der mindestens 30 Prozent der Parlamentsabgeordneten Frauen sein müssen.[221] Der Frauenanteil in großen Wirtschaftsunternehmen ist noch niedriger. Nur 7 Prozent der Firmenvorstandsmitglieder weltweit sind Frauen.[222]

Alle vier Faktoren, die für eine Verringerung des Bevölkerungswachstums sorgen, sind mit der Erweiterung der partizipatorischen Demokratie und dem Wahlrecht für Frauen verbunden. In den Ländern, in denen ein großer Teil der Frauen zur Wahl geht, gibt es verständlicherweise mehr Unterstützung für Programme, die die Kindersterblichkeit verringern, Mädchen eine Schulbildung verschaffen, Frauen weiter stärken und einen guten Zugang zu Wissen über und Mitteln für die Empfängnisverhütung sichern.

In den meisten wohlhabenden Industrieländern sind die Geburtenraten so rasch zurückgegangen, dass deren Einwohnerzahl gegenwärtig

sinkt. Russland, Deutschland, Italien, Österreich, Polen und weitere Länder in Ost- und Südeuropa weisen heute Fruchtbarkeitsraten auf, die den
Bestandserhalt nicht sicherstellen. Auch in Japan, Südkorea, China und
mehreren Ländern Südostasiens sind die Geburtenzahlen deutlich unter
die gesellschaftliche Ersatzrate gefallen.[223] Die Geburtenrate in den USA
fiel im Jahr 2011 auf einen historischen Tiefstand.[224]

In einigen dieser Länder ist die Fruchtbarkeitsrate so weit zurückgegangen, dass für sie die Gefahr besteht, in das zu geraten, was die Demografen als »Fruchtbarkeitsfalle« bezeichnen: Weniger Frauen im gebär-
fähigen Alter werden weniger Kinder bekommen, was in der Summe zu
einem plötzlichen und deutlichen weiteren Rückgang der Bevölkerung
führt. Die Bevölkerung Japans wird nach den Prognosen von derzeit
127 Millionen bis zur Mitte des Jahrhunderts auf 100 Millionen und bis
2100 auf 64 Millionen zurückgehen.[225]

Schweden und Frankreich versuchen seit einigen Jahren durch politische Maßnahmen die Fruchtbarkeit zu steigern und der Fruchtbarkeitsfalle zu entgehen. Beide Länder geben etwa 4 Prozent des Nationaleinkommens für Programme aus, mit denen Familien unterstützt werden. Es
soll berufstätigen Eltern leichterfallen, ihre Kinder dann zu bekommen,
wenn sie es wollen: durch großzügigen Mutter- und Vaterschaftsurlaub,
kostenlose Vorschule, eine bezahlbare Kinderbetreuung von hoher Qualität, eine hervorragende medizinische Versorgung für Mutter und Kind,
Schutzbestimmungen für Frauen, die nach Geburten ihre berufliche Lauf-
bahn fortsetzen können, und andere Leistungen.[226] Beide Länder sind
bei den Fruchtbarkeitsraten inzwischen wieder fast beim Bestandserhalt
angekommen.[227]

Japan und Italien haben es dagegen versäumt, solche Leistungen anzubieten; es ist beiden Ländern bisher noch nicht gelungen, ihren Gebur-
tenrückgang aufzuhalten.[228] Aufgrund des dramatischen Wandels beim
Verhältnis der Zahl der Erwerbstätigen zur Zahl der bereits im Ruhestand
befindlichen Menschen werden deshalb auch beide Länder schon bald
große Schwierigkeiten bei der Finanzierung von Renten und Pensionen
bekommen. Sozialsysteme, deren Rentenfinanzierung auf der Besteuerung von Arbeitseinkommen beruht, sind eine sehr viel größere Belastung für arbeitende Menschen, wenn die Zahl der wirtschaftlich noch
aktiven Personen deutlich unter derjenigen der Ruheständler liegt.

Langes Leben

DIESE NEUE DEMOGRAFISCHE REALITÄT IST – in einem größeren oder geringeren Ausmaß – ein wesentlicher Grund für die Haushaltskrise in den meisten Industrieländern der heutigen Welt. Da ältere Menschen häufiger medizinische Leistungen in Anspruch nehmen, hat der gleiche demografische Wandel in den Industrieländern auch zu Haushaltskrisen bei Programmen zur Gesundheitsfürsorge beigetragen – am allermeisten in den Vereinigten Staaten, weil die Pro-Kopf-Ausgaben im dortigen Gesundheitswesen höher sind als in jedem anderen Land der Welt.[229]

Die relative Größe des im Ruhestand lebenden Teils der Bevölkerung nimmt auch zu, weil die durchschnittliche Lebenserwartung fast überall auf der Welt erheblich gestiegen ist. Mehr als die Hälfte der in den Industrieländern nach dem Jahr 2000 geborenen Kinder wird nach den Prognosen zur Entwicklung der Lebenserwartung über hundert Jahre alt werden.[230] In den Vereinigten Staaten wird mehr als die Hälfte der 2007 geborenen Babys älter als 104 Jahre werden.[231]

Diese Revolution bei der menschlichen Lebenserwartung sorgt weltweit für dramatische Umstellungsprozesse. Statistiken sind zwar schwer zu beschaffen, aber Anthropologen zufolge lag die durchschnittliche Lebenserwartung der Menschen während des größten Teils der vergangenen 200 000 Jahre möglicherweise bei unter dreißig Jahren. Manche Wissenschaftler setzen diese Zahl sogar noch deutlich niedriger an.[232] Nach der landwirtschaftlichen Revolution und der Errichtung von Städten stieg die durchschnittliche Lebensspanne langsam an, aber erst Mitte des 19. Jahrhunderts war der Mensch bei einem Durchschnitt von vierzig Jahren angelangt.[233] In den letzten 150 Jahren jedoch kletterte dieser Mittelwert weltweit auf 69 Jahre, und in den meisten Industrieländern liegt er heute im oberen Bereich der Siebziger.[234]

Fortschritte bei der Hygiene, Ernährung und medizinischen Versorgung – vor allem die Einführung von Antibiotika, Impfstoffen und anderen modernen medizinischen Errungenschaften – trugen am meisten zur Verlängerung der Lebenserwartung bei. Aber auch das Bildungsniveau, Lese- und Schreibfähigkeiten und die Verbreitung von Informationen zur Medizin und Gesundheitspflege waren bedeutende Einflussfaktoren. Der Zugang zu Online-Informationen über Gesundheit und Wohlbefinden spielt inzwischen sogar eine noch bedeutendere Rolle. Die

Globalisierung und die Verstädterung haben diese Faktoren in einigen
Ländern noch verstärkt, was zu einem noch rascheren Ansteigen der Lebenserwartung führt. In China wird sich nach den Prognosen der Anteil
der über 65-Jährigen an der Gesamtbevölkerung im kommenden Vierteljahrhundert verdoppeln.[235]

Der größere Anteil älterer Menschen in einigen Ländern ist nur ein
Beispiel dafür, wie Veränderungen in Gesellschaften nicht nur von der
Gesamtbevölkerungszahl, sondern auch von Verschiebungen bei den An-
teilen der einzelnen Altersgruppen angetrieben werden. Tritt eine Baby-
boom-Generation ins Erwerbsleben ein, können Gesellschaften, die
reichlich Arbeitsplätze anzubieten haben, einen enormen Produktivitäts-
schub erleben. Doch wenn dieselbe Generation viele Jahre später dann
altert, sind ihre Angehörigen mitunter weniger in der Lage, sich rasch auf
neue Technologien und neue Anforderungen an flexibles Arbeiten einzustellen, wie das jetzt im Zeitalter der Welt AG verlangt wird. Bringt ein
anschließender Rückgang der Geburtenrate dann nur eine kleinere Nach-
folgegeneration hervor, die an ihre Stelle treten kann, ruft genau die
Altersgruppe, die in ihrer Jugend einst revolutionäre Veränderungen verlangte, nach höheren Rentenzahlungen und besserer medizinischer Versorgung im Alter.

China erfreute sich in den letzten drei Jahrzehnten eines Wirtschafts-
booms, der von jungen Erwerbstätigen angetrieben wurde. Doch bereits
innerhalb der nächsten beiden Jahre wird die Zahl der erwerbstätigen
Menschen in China abnehmen, und im Jahr 2050 wird ein Drittel der
Chinesen älter als sechzig Jahre sein.[236] Im gleichen Zeitraum wird sich
auch in Indien der Anteil der über 65-Jährigen verdoppeln, allerdings ist
auch dann der Prozentsatz der älteren Menschen dort nur halb so groß
wie in China.[237]

Japan erlebte einen bemerkenswerten Wirtschaftsboom, als die überwiegende Mehrheit der erwerbstätigen Bevölkerung noch in jüngeren Jahren war; die Verlangsamung des Tempos in den letzten beiden Jahrzehnten
fiel mit der Zunahme des Altersdurchschnitts zusammen. Die Japaner
kauften 2012 mehr Windeln für Erwachsene als für Babys.[238] Zur Jahrhundertmitte wird das Durchschnittsalter der japanischen Bevölkerung bei
56 Jahren liegen – bereits 2012 gab es dort mit 43 Jahren den höchsten Wert
der Welt. Das weltweite Durchschnittsalter wird nach den Prognosen von
heute 28 Jahren bis zum Jahr 2050 auf 40 Jahre ansteigen.[239]

Der sogenannte Jugendüberhang kann, wann immer es eine im Vergleich zur übrigen Gesellschaft ungewöhnlich große Generation junger Menschen gibt, zu störenden, ja sogar zu revolutionären Entwicklungen führen. Dazu kommt es, wenn die Gesellschaft keine angemessene Zahl von Beschäftigungsmöglichkeiten anzubieten hat – vor allem für junge Männer im Alter von 18 bis 25 Jahren. Demografen sind der Ansicht, dass der relativ große Anteil junger Männer an der Gesamtbevölkerung in Frankreich vor mehr als 200 Jahren zum Ausbruch der Französischen Revolution beigetragen hat.[240] Dasselbe traf auch auf den englischen Bürgerkrieg im 17. Jahrhundert und die Mehrzahl der Revolutionen in Entwicklungsländern während des 20. Jahrhunderts zu.[241] Die kulturellen und politischen Umwälzungen der 1960er-Jahre in den Vereinigten Staaten fielen mit dem jungen Erwachsenenalter der Babyboomer-Generation nach dem Zweiten Weltkrieg zusammen.[242]

Nach Recherchen von Population Action International, einer in Washington ansässigen Nichtregierungsorganisation, waren schwere innere Konflikte in Ländern, in denen die Altersgruppe der 15- bis 29-Jährigen in den 1990er-Jahren mehr als 40 Prozent der erwachsenen Gesamtbevölkerung ausmachte, doppelt so häufig wie in allen untersuchten Ländern insgesamt.[243] Mehr als zwei Drittel der inneren Unruhen seit den 1970er-Jahren entwickelten sich in Ländern mit einem deutlichen Überhang an jungen Menschen.[244] Zu den vielen Faktoren, die 2011 den Arabischen Frühling auslösten, gehörte auch der überproportional hohe Bevölkerungsanteil junger Erwachsener in den meisten arabischen Ländern. Man sollte allerdings nicht vergessen, dass es ein junger Obst- und Gemüsehändler in Tunesien war, der durch seine Selbstverbrennung den Arabischen Frühling in einer Zeit auslöste, in der weltweit die Lebensmittelpreise anstiegen.[245]

Einen der größten Überhänge an jungen Menschen weltweit weist heute der Iran auf, und der Druck für einen sozialen Wandel scheint in diesem Land fortzubestehen, obwohl die Straßendemonstrationen und die Grüne Revolution brutal unterdrückt worden sind. Auch in Saudi-Arabien, wo abweichende politische Meinungen und Demonstrationen ebenfalls mit Repressionen beantwortet werden, besteht ein ähnlicher demografischer Druck, der nach gesellschaftlichen Veränderungen strebt: Der Anteil junger Menschen im Alter von 15 bis 29 Jahren an der Gesamtbevölkerung ist außergewöhnlich hoch, während die Zahl der für diese

Altersgruppe zur Verfügung stehenden Arbeitsplätze außergewöhnlich gering ausfällt.[246]

Die USA haben nach den meisten dieser demografischen Messgrößen günstigere Zukunftsaussichten als viele andere Industrienationen. Das Durchschnittsalter der Bevölkerung nimmt zu, wird aber erst zur Jahrhundertmitte auf vierzig Jahre angestiegen sein.[247] Die Fruchtbarkeitsrate liegt über der Richtgröße für den Bestandserhalt, was teilweise auf die Einwanderung und auf die Fruchtbarkeit der eingewanderten Bevölkerungsgruppen zurückzuführen ist.[248]

Migrationsbewegungen

DIE VEREINTEN NATIONEN berichteten im Jahr 2010, dass die weltweite Migrantenbevölkerung mittlerweile 214 Millionen Menschen umfasste, was den Anteil der Migranten an der Bevölkerung der Industrieländer auf 10 Prozent anhob,[249] zwanzig Jahre zuvor waren es noch 7,2 Prozent gewesen.[250] Im Jahr 2009, dem letzten Jahr, für das Statistiken zur Verfügung stehen, wechselten 740 Millionen Binnenmigranten in ihren Heimatländern die Region.[251] Das wichtigste Ziel aller Migranten sind die großen Städte, und das gilt für die Migranten, die Staatsgrenzen überschreiten, ebenso wie für diejenigen, die im Heimatland von einer Region in eine andere ziehen; fast ausnahmslos ziehen sie von ländlichen Gebieten in die großen Städte.

Ein neuer Trend ist heute, dass die Zahl der grenzüberschreitenden Migranten, die von einem Entwicklungsland in ein anderes gehen, in etwa der Zahl derjenigen entspricht, die aus einem Entwicklungsland in eine der industrialisierten Regionen der Welt wechseln.[252] Der Generalsekretär der Vereinten Nationen fasste das so zusammen:»Diejenigen, die ›aus dem Süden in den Süden‹ ziehen, sind fast so zahlreich wie diejenigen, die ›aus dem Süden in den Norden‹ gehen.«[253]

Von der Migration gehen natürlich viele nutzbringende Wirkungen aus – nicht zuletzt zählt dazu auch die Bereicherung des Talentpools in den Ländern und Regionen, in denen sie sich schließlich ansiedeln –, doch die Zahl der internationalen Migranten hat in vielen Ländern auch einige gefährliche Trends gefördert. Die allgemeine Fremdenfeindlichkeit und die damit verbundene Diskriminierung und Gewalt gegen Migranten – vor allem gegen diejenigen, die sich aufgrund ihrer ethnischen Zugehörigkeit, Nationalität, Kultur und Religion deutlich von der Mehrheitsbevölkerung ihres Zuzugslandes abheben – zeigten sich am ausgeprägtesten in Regionen, in denen auch unter den Einheimischen eine hohe Arbeitslosigkeit herrschte, und in Ländern, in denen der Bevölkerungsanteil der Migranten aus anderen Ländern als Bedrohung der Mehrheitskultur und -traditionen sowie des künftigen Wohlstands empfunden wurde.

Auf den Straßen Athens patrouillierten Schlägertrupps der rechtsextremen Partei Chrysi Avgi (»goldene Morgenröte«) und verübten brutale Angriffe auf die wachsende Zahl muslimischer Migranten aus verschiedenen Ländern, unter anderem aus Afghanistan, Pakistan und Algerien.[254] Neonazis, Skinheads und andere rechtsextreme Gruppen attackieren auch in Moskau und einigen anderen russischen Städten auf brutale Art und Weise Migranten, von denen viele aus Gebieten wie der im Nordkaukasus gelegenen autonomen Republik Tschetschenien kommen, wo es einen bedeutenden muslimischen Bevölkerungsanteil gibt.[255]

Migranten stellen heute in weltweit 41 Ländern einen Anteil von mehr als 20 Prozent der Gesamtbevölkerung. Drei Viertel von ihnen zählen weniger als eine Million Menschen.[256] In 38 größeren Ländern liegt der Bevölkerungsanteil der internationalen Migranten inzwischen bei mehr als 10 Prozent.[257]

Indien wird schon in nächster Zukunft einen rund 3400 Kilometer langen und 2,50 Meter hohen Metallzaun fertigstellen, mit dem die Grenze zu Bangladesch abgeschirmt werden soll.[258] Bangladesch, das Land, das von den frühen Auswirkungen des Klimawandels am stärksten betroffen ist, hat einen Zustrom internationaler Migranten aus den praktisch auf Meereshöhe liegenden Küstengebieten und von den Inseln im Golf von Bengalen erlebt,[259] wo gegenwärtig noch vier Millionen Menschen leben.[260] Die Gesamtbevölkerung von Bangladesch soll in den kommenden Jahrzehnten nach vorliegenden Schätzungen von heute 150 auf bis zu 242 Millionen Menschen anwachsen.[261]

Bangladesch war seit der Invasion der USA in Afghanistan auch das Ziel einer großen Zahl internationaler Migranten aus diesem Land. Die Präsenz zahlreicher Dschihadisten und Mitglieder der Taliban unter diesen Migranten hat in Indien Besorgnisse wegen eines möglichen Aufschwungs des islamischen Extremismus im Zufluchtsland genährt. Aber der anhaltende wirtschaftliche Druck in Bangladesch ist die wichtigste Ursache für die Tendenz zur grenzüberschreitenden Migration in Richtung Indien und, mit Indien als Transitland, zu anderen Bestimmungsorten.

Der Zustrom von Migranten mit und ohne gültige Papiere sorgte selbst in den Vereinigten Staaten, wo die Einwanderung, historisch betrachtet, eine Erfolgsgeschichte gewesen ist, in den Anfangsjahren des 21. Jahrhunderts für soziale Spannungen. 20 Prozent aller grenzüberschreitenden Migranten leben heute in den USA, obwohl das Land nur 5 Prozent der Weltbevölkerung stellt.[262] In dem zwölf Monate umfassenden Zeitraum, der im Juli 2011 zu Ende ging, übertraf die Zahl der im Land geborenen »nicht weißen« Babys erstmals die Zahl der Kinder mit weißer Hautfarbe.[263] Amerikanische Terrorismus-Experten betrachten die Sorgen wegen der illegalen Einwanderung aus Mexiko und anderen Ländern im gleichen Zeitraum als einen wesentlichen Faktor für den Aufschwung fremdenfeindlicher und rassistischer Gruppen.[264]

EINE AKTUELLE STUDIE der Brookings Institution weist darauf hin, dass »Minderheiten im 2010 zu Ende gegangenen Jahrzehnt für 92 Prozent des Bevölkerungswachstums im Land sorgten«.[265] Die Zahl der weißen Kinder in den USA ging um 4,3 Millionen zurück, während die Zahl der Kinder hispanoamerikanischer und asiatischer Herkunft um 5,5 Millionen zunahm.[266] In mehr als der Hälfte der amerikanischen Städte stellen die Minderheiten insgesamt bereits die Mehrheit. Die beiden größten Gruppen sind die Hispano- (26 Prozent) und die Afroamerikaner (22 Prozent).[267] Die Hispanoamerikaner sind inzwischen die größte ethnische Minderheit in den Vereinigten Staaten.[268]

Die Zahl der Terrorgruppen im eigenen Land erreichte in den USA in den 1990er-Jahren unmittelbar vor dem Bombenanschlag von 1995 auf das Regierungsgebäude in Oklahoma City einen Höchststand.[269] Über einen Zeitraum von zwölf Jahren ging die Zahl dieser Gruppen dann stark zurück, und zwar bis zur Amtseinführung von Barack Obama, die in der Zeit von 2009 bis 2012 für einen neuerlichen Aufschwung zu sorgen schien, bis hin zu Zahlen, die deutlich über dem früheren Spitzenwert lagen.[270] Die Bürgerrechtsorganisation Southern Poverty Law Center führt dieses neuerliche Anwachsen auf die Veränderungen in der demografischen Struktur der USA zurück: »Diese sehr handfeste und sehr bedeutsame Veränderung zeigt sich in der Person von Barack Obama. Wir haben natürlich die bemerkenswerteste Zunahme der radikalen Rechten seit 2008 erlebt, die genau mit Obamas ersten drei Jahren im Präsidenten-amt zusammenfiel.«[271]

Die Netto-Einwanderung aus Mexiko fiel im Jahr 2012 ironischer-weise auf den Nullpunkt, auch wenn die Einwanderung aus mehreren anderen Ländern weiterging.[272] Der Zustrom asiatischer Einwanderer in die Vereinigten Staaten übertraf die Zugänge von Hispanoamerikanern erstmals im Jahr 2009.[273] In der Studie der Brookings Institution wird festgehalten: »Selbst wenn die Einwanderung bereits morgen enden würde, werden die aus Minderheitengruppen stammenden Kinder im Jahr 2050 in der Mehrheit sein (und wenn die gegenwärtigen Einwande-rungstrends sich fortsetzen, tritt das bereits um das Jahr 2023 ein).«[274]

Die im Vergleich zur Geburtenrate bei den Juden in Israel relativ hö-here Geburtenrate in den Palästinensergebieten sorgt in den politischen Analysen von Palästinensern wie auch von Israelis, die über mögliche Optionen für eine Beseitigung – oder zumindest für die Verwaltung – der Spannungen in der Region nachdenken, für eine Neubewertung. Die glei-che unterschiedliche Geburtenrate hat für eine Versiebenfachung der ara-bischen Minderheit innerhalb der Grenzen Israels seit der Gründung des modernen jüdischen Staates gesorgt. Das wiederum löste bei manchen Israelis die oft geäußerte Sorge aus, dass demografische Trends eines Tages eine Entscheidung zwischen der Prägung des Staates Israel durch das Judentum und dem demokratischen Prinzip der Mehrheitsherrschaft herbeiführen könnten.[275]

Länder, die eine große Zahl von Migranten abgeben, haben auch oft unter negativen Konsequenzen der Abwanderung zu leiden. An erster Stelle ist hier das Problem des *Braindrain* zu nennen, das durch die Ab-wanderung von sehr gut ausgebildeten Personen aus ihrem Herkunfts-land entsteht – zum Beispiel von Ärzten und Krankenschwestern. Ein Grund für diese Abwanderung besteht darin, dass die entsprechenden Personen durch ihre Qualifikation in den Industrieländern viel leichter eine lukrative Beschäftigung finden und einen höheren Lebensstandard erwerben können.[276] Verlassen Mittelschichtfamilien ihr Heimatland, verringert das dort oft die Unterstützung für kontinuierliche Investitionen in öffentliche Güter wie Bildung und Gesundheitswesen. Gleichzeitig scheint der zunehmende Bevölkerungsanteil von Migranten und einhei-mischen Minderheiten in den Industrieländern mitunter die gesellschaft-liche Übereinkunft geschwächt zu haben, die die Bereitstellung öffentlicher Güter – und hier ganz besonders: öffentlicher Schulen – vorsah, wenn solche Phänomene wie die Flucht der Weißen an Privatschulen die finanzielle Unterstützung für öffentliche Schulen verringern.[277]

Viele Aufnahmeländer haben sich dennoch politische Konzepte zu eigen gemacht, mit denen höherqualifizierte Migranten angelockt werden sollen. Und der Bedarf an Niedriglohnarbeitern in vielen Industrieländern, in denen ein gewisser Arbeitskräftemangel herrscht, hat zu einer erheblichen Ausweitung von Zeitarbeitsprogrammen geführt – das gilt vor allem für die Vereinigten Staaten, Australien und Großbritannien.[278] Colleges und Universitäten haben die Anwerbung von Studierenden aus dem Ausland ebenfalls erheblich ausgeweitet.

Viele Herkunftsländer und -regionen von Migranten erleben auch positive Auswirkungen der Wanderungsbewegung. Hier sind vor allem die Geldüberweisungen zu nennen – und ganz besonders die Zahlungen von Migranten, die aus Ländern mit einem Einkommensniveau im unteren mittleren Bereich stammen. In den USA beliefen sich diese sogenannten Rücküberweisungen von Migranten an ihre in der Heimat verbliebenen Familien 2011 auf insgesamt 351 Milliarden Dollar und sollen nach den Prognosen bis 2014 auf jährlich 441 Milliarden ansteigen.[279]

Experten gehen davon aus, dass die Rücküberweisungen von Binnenmigranten in ihre Herkunftsgebiete noch viel größer sind. In China schicken die aus ländlichen Gebieten stammenden Wanderarbeiter jährlich im Durchschnitt 545 Dollar aus ihren Arbeitsorten nach Hause.[280] In Bangladesch überweisen die Zuwanderer, die aus ländlichen Gebieten in die Hauptstadt Dhaka gekommen sind, nach Berechnungen der Coalition for the Urban Poor regelmäßig bis zu 60 Prozent ihres Einkommens in die Herkunftsregion.[281] Die regelmäßigen Überweisungen der indischen Arbeitsmigranten aus den armen Bundesstaaten Uttar Pradesh, Bihar und Westbengalen, die aus Mumbai in deren Heimatgemeinden geschickt werden, machen den größeren Teil der gesamten Geldmenge aus, die in diese Bundesstaaten fließt.[282]

Flüchtlinge

NEBEN DEN WANDERUNGSBEWEGUNGEN von internationalen und Binnenmigranten gibt es auch noch eine wachsende Zahl von Flüchtlingen. Ein Flüchtling ist laut der Definition der Genfer Flüchtlingskonvention von 1951 ein Mensch, der, im Unterschied zum Migranten, das eigene Heimatland aus Furcht vor Gewalt oder Verfolgung verlässt. Fast 44 Millionen Menschen sind weltweit durch Konflikte oder Verfolgung aus ihren Heimatländern vertrieben worden, und 15,4 Millionen von ihnen gelten als Flüchtlinge. Weitere 27,5 Millionen Menschen hat es, ebenfalls durch Gewalt und Verfolgung, innerhalb ihres Heimatlands an neue Orte verschlagen.[283]

António Guterres, der UN-Hochkommissar für Flüchtlinge, hält fest, dass 70 Prozent der derzeit als Flüchtlinge registrierten Menschen diesen Status seit mehr als fünf Jahren innehaben, weshalb »es immer schwieriger wird, Lösungen für sie zu finden«.[284] Zwölf Millionen Flüchtlinge sind staatenlos, was bedeutet, dass sie keinen Heimatort und kein Land haben, in das sie zurückkehren könnten.[285] Innerhalb der letzten fünf Jahre zogen erstmals mehr Flüchtlinge in Städte als in Flüchtlingslager.[286] Die Flüchtlinge verteilten sich zwar gleichmäßig auf Industrie- und Entwicklungsländer, doch 80 Prozent der Flüchtlinge leben in armen Regionen der Welt.[287]

Alle Länder, aus denen ein großes Flüchtlingskontingent stammt, sind in gewaltsame Konflikte verstrickt, unter anderem Somalia, die Demokratische Republik Kongo, Myanmar, Kolumbien und der Sudan.[288] Die beiden größten Flüchtlingskontingente stammen aus Afghanistan und dem Irak.[289] Die unglückliche Entscheidung der USA, 2002 in den Irak einzumarschieren – auf diese Weise verlängerte sich auch der Konflikt in Afghanistan, denn es wurden dort voreilig Truppen abgezogen, die Osama bin Laden bereits eingekreist hatten –, sorgte für Folgeeffekte in der gesamten Region, und eine große Zahl von Flüchtlingen machte sich in die Nachbarländer auf.

Die drei Millionen Afghanen, die wegen des Kriegs ihre Heimat verließen, flohen zum größten Teil nach Pakistan (1,9 Millionen) und in den Iran (eine Million).[290] Auch die 1,7 Millionen Flüchtlinge aus dem Irak suchten zum größten Teil Schutz in den Nachbarländern.[291] Dem *Weltentwicklungsbericht* (*World Development Report*) der Weltbank ist zu entnehmen, dass drei Viertel der Flüchtlinge weltweit in den Nachbarstaaten ihres Heimatlandes eine Zuflucht gefunden haben.[292] Die größte Zahl von Flüchtlingen lebt heute in Asien und im pazifischen Raum (zwei Millionen, die meisten davon in Südasien), im subsaharischen Afrika (2,2 Millionen, davon allein 403 000 in Kenia!) sowie im Nahen und Mittleren Osten und in Nordafrika (weitere 1,9 Millionen).[293]

Mehr als 1,6 Millionen Flüchtlinge, die überwiegende Mehrzahl davon Muslime, haben allerdings den Weg nach Europa gefunden, wo sich fremdenfeindliche Spannungen verschärft und Ängste vor der Radikalisierung einer nur unzureichend assimilierten jungen muslimischen Bevölkerung weiter gesteigert haben.[294] Die Muslime stellen bereits 5 Prozent der Bevölkerung Europas. Der Zustrom internationaler Migranten aus Nordafrika und Südasien hat eine neuerliche Fremdenfeindlichkeit ausgelöst, und das auch in Ländern, die zuvor für ihr Engagement in Sachen Toleranz bekannt waren. In mehreren europäischen Ländern hat die Verbindung von wirtschaftlichen Problemen und einer wachsenden Zahl von Einwanderern – besonders wenn es um muslimische Einwanderer ging – das politische Gleichgewicht gestört, weil rechtsextreme und fremdenfeindliche Gruppen das Unbehagen der Öffentlichkeit für ihre Zwecke ausbeuten.[295]

KLIMAFLÜCHTLINGE SIND DIE AM SCHNELLSTEN anwachsende neue Kategorie von Flüchtlingen. Im juristischen Sinn gelten sie zwar nicht als Flüchtlinge (denn nach der Definition im »New Yorker Protokoll über die Rechtsstellung der Flüchtlinge« von 1967 muss als Fluchtmotiv die Furcht vor Gewalt oder Verfolgung durch andere Menschen vorliegen), werden aber dennoch routinemäßig als solche bezeichnet, weil ihr Ortswechsel nicht freiwillig erfolgte. Im *UN-Flüchtlingsbericht* (*State of the World's Refugees*) vom Juni 2012 schrieb Ban Ki-moon, der Generalsekretär der Vereinten Nationen, dass »Konflikte und Menschenrechtsverletzungen«, die traditionellen Gründe für einen erzwungenen Ortswechsel, heutzutage »zunehmend mit anderen Faktoren verflochten und vermischt sind«, und viele davon seien »mit dem unaufhörlichen Fortschreiten des Klimawandels«[296] verbunden.

Israel informierte im Mai 2012 über einen umfangreichen nationalen Plan in Sachen Klimawandel, der auch eine Empfehlung zur Errichtung von »Meeres-Zäunen« an den maritimen Grenzen am Roten sowie am

Mittelmeer vorsah. Diese sollten wiederum mit unüberwindlichen Barrieren an den Landgrenzen verbunden sein, um so das Land vor einer prognostizierten Welle von Klimaflüchtlingen zu schützen.[297] »Der Klimawandel hat bereits eingesetzt und erfordert umfassende Vorbereitungen«, sagte Gilad Erdan, der israelische Minister für Umweltschutz.[298] »Wassermangel, die globale Erwärmung und das Ansteigen des Meeresspiegels werden, auch wenn dies im Einzelnen in unterschiedlichen Phasen verläuft, in allen verarmten Regionen Migrationsbewegungen auslösen. Sie werden an jeden Ort der Welt führen, der ein Entkommen verspricht«,[299] hieß es in der Studie.

Professor Arnon Soffer von der Geografischen Fakultät der Universität Haifa, eines der beiden federführenden Mitglieder des Autorenteams, das diesen Bericht erarbeitete, fügte noch hinzu:»Die Migrationswelle ist kein zukünftiges Problem. Es ist von heute, es ist bereits im Gang. [...] Es wird von Tag zu Tag zunehmen.« Soffer hielt fest, dass die europäischen Marinen die meisten Boote mit Migranten abfangen, bevor sie Europas Küsten erreichen, deshalb seien die Menschen gezwungen, sich andere Ziele zu suchen, aber »in Indien schießen sie, in Nepal schießen sie, in Japan schießen sie«.[300] Das Team schrieb, aus Afrika sei mit Klimaflüchtlingen zu rechnen. Dort seien im letzten Jahrzehnt rund 800 Seen vollständig ausgetrocknet, darunter auch der Tschadsee, der ehemals größte See Afrikas, dessen Rückgang viele Klimaflüchtlinge nach Osten in die Region Darfur weiterziehen ließ.[301]

Auch anhaltende Dürreperioden und die allmähliche Ausbreitung der Wüstengebiete haben zu dem gewaltsamen Konflikt dort beigetragen. Weitere Klimaflüchtlinge, mit deren Zuwanderung man in Israel rechnet, könnten aus Jordanien, den Palästinensergebieten, Syrien und aus dem Nildelta kommen.[302] Außerdem rechnet man noch mit Binnenflüchtlingen aus der Negev-Wüste, von wo bereits viele Beduinen in die Städte im Herzen Israels umgezogen sind. Soffer fügte noch hinzu:»Wenn wir Israel als jüdischen Staat erhalten wollen, werden wir uns gegen die Menschen verteidigen müssen, die ich als ›Klimaflüchtlinge‹ bezeichne, so wie das Europa heute schon tut.«[303]

Im November 2007 schrieb Kurt Campbell, ein Abteilungsleiter im US-Außenministerium, dass die Auswirkungen des Klimawandels auf Afrika und Südasien, unter anderem auch »der erwartete Rückgang der Nahrungsmittelproduktion und des Trinkwassers im Zusammenwirken

mit vermehrten Konflikten, die durch Ressourcenmangel ausgelöst werden«, vermutlich »eine starke Zunahme der Zahl der muslimischen Einwanderer in die Europäische Union« bewirken werden. Europas muslimische Bevölkerung werde sich innerhalb der nächsten zwölf Jahre
verdoppeln, »und sie wird noch viel größer sein, wenn, womit wir rechnen, die Auswirkungen des Klimawandels für zusätzliche Migration aus
Afrika und Südasien sorgen werden«.[304]

Vor einigen Jahren besuchte ich das südlichste Gebiet der Europäischen Union, die vor der Westküste Afrikas gelegenen Kanarischen Inseln. Viele meiner Gespräche dort wurden von den Sorgen der Inselbe-
wohner wegen des Zustroms von Flüchtlingen dominiert, die versuchten,
sich per Boot aus Afrika den am leichtesten erreichbaren Zugang zur
Europäischen Union zu verschaffen. Innerhalb weniger Jahre haben
mehr als 20 000 Afrikaner die gefährliche Überfahrt zu den Kanaren
gewagt.[305]

Die Weltgemeinschaft kann im Verlauf des nächsten Jahrhunderts mit
Millionen von Klimaflüchtlingen rechnen. Fast 150 Millionen Menschen
leben heute in Tieflandgebieten, die nur einen Meter oder sogar noch
weniger über dem aktuellen Meeresspiegel liegen.[306] Bei jedem weiteren
Meter, den der Meeresspiegel ansteigt, werden noch rund 100 Millionen
Menschen mehr sich gezwungen sehen, ihren gegenwärtigen Wohnort
aufzugeben.[307] Und diese Zahl schließt natürlich noch nicht die Flüchtlinge aus den von der Desertifikation betroffenen Trockengebieten ein.

Die Ausmaße der Klimakrise werden im Kapitel 6 dieses Buches beschrieben, zusammen mit schwierigen, aber ebenso rentablen wie notwendigen Antworten darauf. Heute schon, noch in einem frühen Stadium
der Klimaerwärmung, ist jedoch klar, dass das weitere Wachstum der
menschlichen Zivilisation bereits an harte Grenzen stößt, die es uns
erschweren, Milliarden von Menschen eine Lebensgrundlage zu bieten.

Grundwasser und Mutterboden in Gefahr

BEIM MUTTERBODEN UND BEIM GRUNDWASSER besteht eine Kluft
zwischen der rasenden Ausbeutung einerseits und der extrem langsamen
natürlichen Erneuerung dieser für unser Leben grundlegenden Ressourcen andererseits. Erneuerbare Grundwasserleiter füllen sich durchschnitt-

lich mit einem Tempo von einem halben Prozent pro Jahr wieder auf.[308] Auch der Mutterboden regeneriert sich auf natürliche Weise wieder – allerdings nur in einem quälend langsamen Umfang von etwa einem halben Zentimeter pro Jahrhundert.[309]

Die Übernutzung des Mutterbodens hat allein in den letzten vierzig Jahren zu einem erheblichen Produktivitätsverlust auf fast einem Drittel der landwirtschaftlich nutzbaren Flächen der Erde geführt.[310] Wenn nicht bald gehandelt wird, könnte der größere Teil des Mutterbodens weltweit noch vor dem Ende dieses Jahrhunderts stark erodiert oder ganz verloren gegangen sein. In China geht Mutterboden 57-mal schneller verloren, als er auf natürliche Weise erneuert wird, in Europa 17-mal schneller. Nach Angaben der National Academy of Sciences wird er in den Vereinigten Staaten zehnmal schneller abgetragen, als er erneuert werden kann.[311] In Äthiopien gehen derzeit fast 2 Milliarden Tonnen Mutterboden durch Regen verloren, der die fruchtbaren Böden die steilen Abhänge des Landes hinunterspült.[312]

In Sachen Grundwasser haben inzwischen die nahezu vollständige Erschöpfung einiger wichtiger Grundwasserleiter und das starke Absinken des Grundwasserspiegels an anderen Orten die Aufmerksamkeit der Experten in vielen Ländern auf die Zukunft dieser Ressource gerichtet. Die Verdopplung der weltweiten Entnahme von Grundwasser im Laufe der letzten fünfzig Jahre – und die Prognose, dass sich die Entnahme künftig sogar noch beschleunigen wird – lässt bei vielen Experten allmählich große Sorgen aufkommen.[313] Die Entnahmen aus den Grundwasserleitern übersteigen heute in vielen Gebieten das Maß der Erneuerung bei Weitem, und der Wasserspiegel vieler Grundwasserleiter fällt heute um mehrere Meter pro Jahr.[314]

ES SIEHT GANZ DANACH AUS, als verhielten wir uns wissentlich blind gegenüber der grundlegenden Realität unserer Beziehung zu den begrenzten Ressourcen der Erde. Aber diese scheinbare Blindheit wird noch verstärkt durch die weltweit vorherrschende Buchführungsmethode für natürliche Ressourcen: Deren Nutzung wird als Einkommen verbucht, nicht als Kapitalentnahme. Nach der Auffassung des Ökonomen Herman Daly ist das »ein kolossaler Fehler in der Bilanzierung. [...] Zumindest sollten wir Kosten und Nutzen in getrennten Rechnungen zum Vergleich darstellen.«[315]

Die grundlegende Unterscheidung von Betriebsertrag und Kapitalentnahme ist von größter Wichtigkeit, ob man nun die Bücher eines Unternehmens oder eines ganzen Landes führt. Wenn diese Unterscheidung
falsch verstanden und unsachgemäß vorgenommen wird, führt das, wie
man in einem klassischen Text zur Buchführung nachlesen kann, zur
»praktischen Verwechslung von Einkommen und Kapital«.[316]

Ein anderer grundlegender Text zur Buchführung hält fest, dass »das
Nettoeinkommen eines Unternehmens für einen beliebigen Zeitraum der
maximale Betrag ist, der während dieses Zeitraums an die Eigentümer
verteilt werden kann, sodass das Unternehmen am Ende dieses Zeitraums
nach wie vor den gleichen Wert hat wie zu dessen Beginn. [...] Mit anderen Worten: Das Kapitel muss erhalten werden, bevor das Unternehmen
Einkünfte erzielen kann.«[317]

Das gleiche Prinzip gilt für Nationen wie auch für die Welt insgesamt.
Die Statistik-Kommission der Vereinten Nationen machte sich 2012 dieses
Prinzip zu eigen und richtete mit einem ersten Schritt in Richtung einer
Integration umweltbezogener externer Effekte ein »System umweltwirtschaftlicher Konten«[318] ein. Die Europäische Union startete 2007 eine
Initiative, die »über das Bruttoinlandsprodukt hinaus« denken will. Alle
Mitgliedsstaaten sollen 2014 eine Bewertung ihres »natürlichen Kapitals«
vorlegen.

Als Simon Kuznets im Jahr 1937 warnte, ein falscher Gebrauch des
Bruttoinlandsprodukts mache uns anfällig für solche Buchhaltungsfehler
und könne zu einer Art wissentlicher Blindheit führen, hielt er auch fest,
dass Konflikte um Ressourcen ohne Weiteres das Risiko erhöhen könnten, das im zugestandenermaßen fehlerhaften Zuschnitt seines ausgefeilten Buchhaltungssystems enthalten sei:

Die wertvolle Fähigkeit des menschlichen Verstands, eine komplexe
Situation in einer kompakten Charakterisierung darstellen zu können, wird zur Gefahr, wenn sie nicht über definitiv anerkannte Kriterien kontrolliert wird. Die Eindeutigkeit des Ergebnisses suggeriert
besonders bei quantitativen Messungen oft auf irreführende Art und
Weise eine Präzision und Einfachheit in den Grundzügen des gemessenen Gegenstands. Messungen des Volkseinkommens unterliegen
dieser Art von Illusion, [...] vor allem, weil sie sich mit Dingen beschäftigen, die im Mittelpunkt von Konflikten zwischen unterschied-

lichen gesellschaftlichen Gruppen stehen, bei denen die Wirksamkeit eines Arguments oft durch eine übermäßige Vereinfachung bedingt ist.[319]

Ein aktuelles, weltweit erörtertes Beispiel für genau dieses Problem, das Kuznets vorhersah, sind Berechnungen zu den Auswirkungen von Grundwasserentnahmen, die oft »im Mittelpunkt von Konflikten zwischen unterschiedlichen gesellschaftlichen Gruppen stehen«.[320] Für die politisch Verantwortlichen in Regionen, in denen Wasservorräte mit anderen Regionen oder Ländern geteilt werden – und deren Bauernhöfe und Unternehmen durch jede Veränderung bei der Aufteilung des Wassers geschädigt würden –, ist es sehr verlockend, die Ernsthaftigkeit des Problems möglichst kleinzureden. Auf diese Weise verschieben sie ein Problem in die Zukunft, um sich damit möglichst nicht kurzfristig auseinandersetzen zu müssen. Für alle Menschen, die sich mit der globalen Erwärmung beschäftigen, ist das ein allzu vertrautes Problem.

Ein weiteres aus der langen Reihe von Beispielen für diese besondere Variante des Wegschiebens von Problemen: Luo Yiqi, ein Wissenschaftler der University of Oklahoma, bereiste vor einigen Jahren die Innere Mongolei im Norden Chinas, um sich dort über die Desertifikation zu informieren. Er staunte, als er Reisfelder sah (Reis gehört zu den Feldfrüchten, die am meisten Wasser benötigen), die mit Erlaubnis der Behörden aus tiefen Grundwasserleitern und mit eindeutig nicht nachhaltigen Wassermengen unterhalten wurden. »Die Bauern erhielten offensichtlich nicht genügend wissenschaftliche Anleitung«,[321] notierte der Experte trocken.

Die bedauerliche Entscheidung, die Verminderung der natürlichen Ressourcen zu ignorieren, aber zugleich über die Verminderung von Kapitalgütern sehr genau Buch zu führen, mag unterschwellig vom Zustand der Welt beeinflusst worden sein, als dieser Richtwert in den 1930er-Jahren ersonnen wurde. Wir befanden uns damals noch in der Endphase der Kolonialzeit, in der die begrenzte Verfügbarkeit natürlicher Ressourcen keine Bedeutung zu haben schien. Die Industrieländer konnten aus ihren kolonialen Besitztümern immer noch mehr herausholen, der Nachschub schien praktisch unbegrenzt verfügbar zu sein. Die Weltbevölkerung hat sich allerdings inzwischen verdreifacht, seit die nationale Buchführung ihren Anfang nahm, und die gefährliche Illusion, vor der Kuznets einst warnte, steht heute im Mittelpunkt des Versagens einer Welt, die die doppelte Gefahr einer nicht nachhaltigen Erschöpfung von Mutterboden und Grundwasser nicht erkennt.

Seit dem Beginn der landwirtschaftlichen Revolution waren diese beiden strategischen Ressourcen für die Produktion von Nahrungsmitteln unentbehrlich. Die Bewässerung von Feldfrüchten setzte vor etwa 7000 Jahren ein, und die grüne Revolution des 20. Jahrhunderts steigerte die Abhängigkeit der Landwirtschaft von der Bewässerung erheblich. Das gilt vor allem für China, wo die Getreideernte zu 80 Prozent von der Bewässerung abhängt, und für Indien, wo diese Quote bei 60 Prozent liegt. (In den USA ist die Abhängigkeit von der Bewässerung wesentlich geringer, sie liegt bei etwa 20 Prozent.)[322]

Große Staudämme zur Speicherung von Wasser wurden gegen Ende des 19. und zu Beginn des 20. Jahrhunderts populär. Inzwischen gibt es weltweit 45 000 große Staudämme, unter anderem auch an den 21 größten Flüssen der Erde.[323] Franklin D. Roosevelts Programm zur Ankurbelung der Wirtschaft in den 1930er-Jahren führte auch zu den groß angelegten Staudammprogrammen der Tennessee Valley Authority in meiner Heimatregion und der Bonneville Power Administration an der Pazifikküste im Nordwesten des Landes. Und, natürlich, zum Bau der gewaltigen Hoover-Talsperre am Colorado River, die zum Zeitpunkt ihrer Fertigstellung vor über siebzig Jahren die höchste Talsperre der Welt war.[324]

Vor der industriellen Revolution und dem raschen Anwachsen der städtischen Bevölkerung wurden mehr als 90 Prozent des weltweiten Süßwasserverbrauchs für die Landwirtschaft genutzt.[325] In jüngerer Zeit hat das Konkurrieren um Wasser zwischen Landwirtschaft, produzierendem Gewerbe und den schnell wachsenden, durstigen Städten zu vermehrten Auseinandersetzungen über die Verteilung des Wassers geführt – zu Konflikten, bei denen die Landwirtschaft häufig verliert. Heutzutage werden mehr als 70 Prozent des weltweiten Wasserverbrauchs für den Anbau von Nahrungsmitteln verwendet, obwohl weltweit 780 Millionen Menschen nach wie vor keinen Zugang zu sauberem Trinkwasser haben.[326] Wie wir bereits festgestellt haben, hat die Welt bei der Verringerung der Zahl der Menschen, die keinen Zugang zu sicheren Wasserquellen haben, erhebliche Fortschritte gemacht. (Allerdings gab es nur geringe Fortschritte hinsichtlich einer verringerten Verschmutzung von Süßwasserquellen – Oberflächen- wie Grundwasser-Ressourcen – durch menschliche und tierische Ausscheidungen und andere Schadstoffe.)

Einige tiefe Grundwasservorräte waren über einen langen Zeitraum hinweg vom Oberflächenwasser abgeschottet. Untersuchungen ergaben, dass ein vor Kurzem angezapftes Grundwasservorkommen im Nordosten der Vereinigten Staaten (der Patapsco-Aquifer unter dem Staat Maryland) eine Million Jahre alt ist.[327] Der Nubische Aquifer (unter der Sahara), das Große Artesische Becken (unter dem Nordosten Australiens) und das Alberta-Becken (unter dem Westen Kanadas) enthalten allesamt Wasser, das über eine Million Jahre alt ist.[328] Diese »fossilen« Grundwasservorkommen sind nicht erneuerbar, und die meisten Wissenschaftler sind der Ansicht, dass die dort enthaltene Wassermenge begrenzt ist; die große Mehrheit der Grundwasserleiter wird durch nachsickerndes Regenwasser langsam wieder aufgefüllt.

Die Informationen über das Ausmaß der Erschöpfung der Grundwasservorräte fielen bis vor Kurzem bestenfalls bruchstückhaft aus, und nach Ansicht eines Experten sind die Gefahren, die dieser Ressource drohen, ein klassischer Fall von »aus den Augen, aus dem Sinn«.[329] Den Grundwasserleitern wird heute so viel Wasser entnommen, dass dieser Vorgang nach Ansicht von Experten für 20 Prozent des Meeresspiegelanstiegs in den letzten Jahrzehnten verantwortlich ist. (Wissenschaftler sagen allerdings voraus, dass das sich beschleunigende Abschmelzen der Eisschicht auf Grönland und in der Antarktis noch im Verlauf dieses Jahrhunderts die Meeresspiegel dramatisch ansteigen lassen wird.)[330] Die höchsten Werte der Erschöpfung von Grundwasservorräten werden im Nordwesten Indiens, im Nordosten Pakistans, im Kalifornischen Längstal und im Nordosten Chinas erreicht.[331] Ein chinesischer Grundwasser-Experte stellte fest, dass ein 30 000 Jahre altes Wasser enthaltender Grundwasserleiter in nicht mehr nachhaltigem Umfang angezapft wurde, um Felder in Trockengebieten zu bewässern.[332] China hat das größte Wasserprojekt der Menschheitsgeschichte begonnen, das Süd-Nord-Wassertransferprojekt, an dem schon seit Jahrzehnten mit dem Ziel gebaut wird, die Wasserknappheit im Norden des Landes zu beheben.[333] Asien verfügt über 29 Prozent der weltweiten Süßwasserreserven, verbraucht aber inzwischen über 50 Prozent der weltweiten Vorräte. In einer Veröffentlichung des Umweltprogramms der Vereinten Nationen (United Nations Environment Programme, UNEP) ist zu lesen: »Im Jahr 2000 erfolgten etwa 57 Prozent der weltweiten Entnahme von Süßwasser und 70 Prozent des Verbrauchs in Asien, wo auch die größten bewässerten Landflächen der Welt liegen.«[334]

Afrika verfügt nur über 9 Prozent des weltweit vorhandenen Süßwassers, verbraucht aber 13 Prozent und wird nach Einschätzung von UN-Experten in den kommenden Jahrzehnten den intensivsten Anstieg bei der Wasserentnahme erleben.[335] Europa verbraucht im Vergleich zu den eigenen Vorräten nur einen geringfügig höheren Prozentsatz.[336] Nord- und Südamerika haben das Glück, dass die eigenen Wasservorräte größer sind als der Verbrauch, aber in ausgedehnten Regionen – vor allem in Mexiko und im Südwesten der USA – kommt es heute schon zu erheblichem Wassermangel.[337] Über eine Million Rinder wurden 2011 von Texas aus nach Norden getrieben, auf feuchtere, kühlere Weiden. Nur wenige Beobachter des Geschehens rechnen damit, dass sie jemals zurückkehren werden.[338]

Nach einer Untersuchung des Scripps Institute besteht eine 50-Prozent-Chance dafür, dass der Lake Mead – der größte von Menschenhand geschaffene See der westlichen Hemisphäre, der durch den Bau der Hoover-Talsperre entstand – noch vor dem Ende dieses Jahrzehnts komplett austrocknet.[339] Und nach Angaben des US-Landwirtschaftsministeriums ist der Grundwasserspiegel unter den drei bedeutendsten Getreide produzierenden Bundesstaaten – Kansas, Texas und Oklahoma – um mehr als dreißig Meter gesunken, was viele Farmer zur Aufgabe der Bewässerung zwang.[340] Auch die Wasserspeicher im Bundesstaat Georgia sind jetzt bereits seit mehreren Jahren auf ein gefährlich niedriges Niveau abgesunken.

Eine effizientere Nutzung des vorhandenen Wassers ist in manchen Gebieten eine kostengünstige Option zur Linderung des Mangels. In den USA bricht zum Beispiel Tag für Tag im Durchschnitt alle zwei Minuten eine wichtige städtische Wasserleitung.[341] Manche Teile älterer städtischer Wasserversorgungssysteme wurden vor über 160 Jahren errichtet und waren seitdem – wie die Grundwasserressourcen – »aus den Augen, aus dem Sinn«.[342] Die Reparatur städtischer Wasserleitungen ist eine teure Angelegenheit, aber einige Städte erkennen jetzt mit Verzögerung, dass dieses Vorhaben notwendig ist.

Nach Ansicht des Ökologen Peter Gleick sollten wir eine effiziente Nutzung als gigantische Quelle betrachten, die riesige neue Mengen des benötigten Süßwassers liefern könnte.[343] Leider scheint auch diese Quelle »aus den Augen, aus dem Sinn« zu sein, wie so viele der Grundwasservorräte, die heutzutage rücksichtslos ausgebeutet werden. Die Mehrzahl der landwirtschaftlichen Bewässerungstechniken geht mit diesem Rohstoff immer noch extrem verschwenderisch um.[344] Eine Umstellung auf die wissenschaftlich fundierten Techniken der Tröpfchenbewässerung ist bei den meisten landwirtschaftlichen Tätigkeiten kostengünstig, aber viele Bauern lassen sich bei dieser Neuerung Zeit.[345] Ein weiterer Nutzeffekt des Übergangs zu effizienteren und genaueren Bewässerungsmethoden besteht darin, dass die verschwenderische und exzessive Bewässerung von Nutzpflanzen die Versalzung der Böden fördert, weil das Wasser aus den Bewässerungsanlagen meist einen kleinen Salzanteil enthält, der sich bei andauerndem Einsatz im Boden vergrößert.[346]

Das Wasser-Recycling erfreut sich zunehmender Beliebtheit. Manche Kommunen verlangen heute bereits die Verwendung von »Grauwasser«, gering verschmutztem Abwasser, das sich nicht mehr als Trinkwasser eignet, aber für das Bewässern von Pflanzen bedenkenlos einsetzbar ist.[347] Die umstritteneren Recycling-Vorschläge verwenden Abwasser, aus dem alle Verunreinigungen entfernt werden, bereiten es auf und speisen es wieder in die Trinkwasserversorgung ein.[348] Von der Verbraucherseite gibt es nach wie vor erhebliche Widerstände gegen diese Pläne, aber einige Kommunen in verschiedenen Ländern der Welt haben dieses Verfahren bereits erfolgreich umgesetzt.[349] In Regionen, in denen sich der Niederschlag stärker auf große Regengüsse konzentriert, die von längeren Trockenperioden unterbrochen werden, rufen viele Experten nach einem vermehrten Einsatz von Zisternen, in denen ein größerer Teil des Regenwassers aufgefangen und als Trinkwasser gespeichert werden kann.[350] Dieses ehemals gängige Verfahren geriet mit der Erweiterung in der Erde verlegter Rohrleitungen, die aus Wasserspeichern versorgt werden, außer Gebrauch. Ich erinnere mich noch an die Zisterne, die wir auf der Farm unserer Familie hatten, als ich noch ein Junge war. Wir nutzten sie nicht mehr, als wir »Wasser von der Stadt« bekamen.

DER MUTTERBODEN IST WELTWEIT von der gleichen wissentlich blinden übermäßigen Ausbeutung bedroht, die auch den Süßwassermangel verursacht hat. Im überall vorherrschenden Buchführungssystem wird weder dem Wasser noch dem Mutterboden irgendein Wert beigemessen. Verschwenderische und zerstörerische Praktiken, die den Bestand beider Ressourcen vermindern, bleiben deshalb in den wirtschaftlichen Berechnungen weltweit unsichtbar. Aber die Muttererde bietet, neben dem Was-

ser, praktisch die Grundlage für alles menschliche Leben auf unserem
Planeten. Mehr als 99,7 Prozent der von Menschen verbrauchten Nahrungsmittel wachsen auf landwirtschaftlichen Anbauflächen oder, noch
genauer, auf den 15 bis 20 Zentimetern Mutterboden, die rund 10 Prozent
der Erdoberfläche bedecken.[351]

Wir betreiben an dieser unentbehrlichen Ressource auf nicht nachhaltige Art und Weise und im weltweiten Maßstab Raubbau, indem wir
für Erosion anfällige Böden bedenkenlos umpflügen, Grasland über-
weiden, landwirtschaftlich nutzbare Flächen für Gebäude und Straßen
beanspruchen, um die unkontrollierte Ausbreitung von Städten und Vor-
orten zu ermöglichen. Wir dulden rücksichtslose Abholzung und schaffen es nicht, erprobte Techniken der Bodenbearbeitung einzusetzen, die
den Ackerboden mit frischem Kohlenstoff und Stickstoff versorgen.

Gegenwärtig führt jedes Kilogramm Mais, das im amerikanischen
Mittelwesten produziert wird, zum Verlust von mehr als einem Kilogramm Mutterboden. In einigen Bundesstaaten, zum Beispiel in Iowa,
liegt die Verlustquote noch höher: 1,5 Kilogramm Mutterboden pro Kilogramm Getreide. Dieses Ausmaß an Bodenverlust ist nicht mehr nachhaltig. Der Kohlenstoffgehalt des Bodens geht zurück, was allmählich die
Erträge sinken lässt und die Abgabe von Kohlendioxid an die Atmosphäre
beschleunigt.[352]

Wir wissen bereits, wie wir die Bodenerosion bremsen und umkehren
können, allerdings wäre dazu eine weltweite Führungsmacht nötig, die
die Weltgemeinschaft auf die gleiche Art mobilisiert, wie das Franklin D.
Roosevelt in den 1930er-Jahren in den Vereinigten Staaten getan hat. Öko-
logischer Landbau mit schonender oder ohne Bodenbearbeitung (Direkt-
saat) kann Bodenverluste deutlich reduzieren und dabei auch noch die
Fruchtbarkeit des Mutterbodens erhöhen. Fruchtwechsel, eine Anbaume-
thode, die vor dem Aufkommen der industriell betriebenen Landwirtschaft weitverbreitet war, kann dem Boden neuen Kohlenstoff und Stickstoff zuführen.[353]

Die Wiederverwertung von Tierdung als Dünger für Feldfrüchte ist
eine weitere einst gebräuchliche Technik, die seitdem in weiten Teilen
der Welt aufgegeben wurde. Fabrikmäßig betriebene Landwirtschaft –
das Zusammenpferchen Tausender Tiere auf engem Raum in Feedlots*,

---

* Als Feedlots bezeichnet man Einrichtungen in den USA, in denen Schlachtvieh gemäs-
  tet wird, insbesondere Rinderherden.

wo Mais verfüttert wird[354] – hat diesen natürlichen Dünger in hochgradig sauren Giftmüll verwandelt, der den Anbaupflanzen schadet und so von einem geschätzten Wertstoff zu einer teuren Belastung geworden ist.[355]

Eine große Untersuchung führender Wissenschaftler der University of Minnesota, der Iowa State University sowie der Forschungsabteilung des US-Landwirtschaftsministeriums zeigte im Jahr 2012, dass die Verwendung nicht toxischen Tierdungs als Düngemittel und ein im Dreijahresrhythmus betriebener Fruchtwechsel zur Verbesserung der Bodenfruchtbarkeit den Bedarf an Herbiziden und Kunstdünger um fast 90 Prozent verringerten, ohne die Gewinne zu schmälern.[356] Einer der Forscher aus dieser Gruppe, Matt Liebman von der Iowa State University, erklärte, einer der Gründe, warum die Farmer die in der Studie empfohlene Arbeitsweise nicht praktizierten, sei, dass »mit umweltbezogenen externen Effekten keine Kosten verbunden sind«.

Die moderne Landwirtschaft des letzten Jahrhunderts beruhte auf dem massiven Einsatz von Stickstoff-Kunstdünger. 90 Prozent der dafür anfallenden Kosten entstehen aus der Verwendung von Erdgas, aus dem praktisch der gesamte Stickstoff gewonnen wird.[357] Die Produktivitätssteigerung in der Landwirtschaft verlangsamte sich trotz der dramatischen Zunahme des Kunstdüngereinsatzes pro Hektar.[358] Der massive Einsatz von Stickstoff in der Landwirtschaft führte außerdem zu erheblichen Problemen mit der Wasserverschmutzung in aller Welt, weil der Kunstdünger vom Regen aus den Anbauflächen ausgewaschen wurde und in den Küstengebieten der Meere ein unkontrollierbares Algenwachstum auslöste. So entstanden tote Zonen ohne jedes Leben, die in einigen Meeresregionen noch anwachsen,[359] unter anderem in dem Teil des Golfes von Mexiko, in den der Mississippi mündet. In China erhöhte sich der Einsatz von Stickstoffkunstdünger in den letzten beiden Jahrzehnten um 40 Prozent, die Getreideproduktion blieb dabei allerdings relativ stabil. Die Auswaschung von Stickstoff hat in jüngster Zeit zu einem spektakulären Algenwachstum in chinesischen Flüssen, Seen und Küstengebieten geführt.[360]

Zusätzliche Stickstoffemissionen durch die Verbrennung fossiler Energien in Fabriken, auf Farmen und in Autos und Lastwagen haben für große Probleme mit der Luftverschmutzung gesorgt, vor allem in den USA, China, Südostasien und Teilen Lateinamerikas.[361] Das Problem kann durch effizienteren und gezielteren Einsatz von Stickstoff-Kunst-dünger und strengere Richtlinien für die Emissionen von Fabriken und Fahrzeugen behoben werden.

Zwar sind die Stickstoffvorräte nicht begrenzt, aber es gibt eine poten-ziell ernste, sich allmählich zeigende Einschränkung für die Versorgung mit einem weiteren wichtigen Bestandteil von Kunstdünger – Phosphor, ein auf der Erde relativ seltenes Element. Die konventionellen Phosphor-vorräte gehen allmählich zur Neige, aber die moderne Landwirtschaft hat den Verlust von Phosphor auf den Anbauflächen verdreifacht.[362]

Ein Phosphorkartell?

DIE ERSTE WARNUNG vor einem Phosphormangel sprach Präsident Roosevelt 1938 in einer Mitteilung an den Kongress aus; sie führte zu einer erfolgreichen weltweiten Suche nach weiteren Reserven, unter anderem auch zur Entdeckung von Phosphaten in der Nähe von Tampa in Florida, einem Standort, an dem heute 65 Prozent der US-Produktion gewonnen werden.[363] Aber während auf die USA 40 Prozent der weltweiten Mais- und Sojabohnenernte entfallen, liegt der Anteil des Landes an der gesam-ten Phosphorproduktion nur bei 19 Prozent. Für die Landwirtschaft ist dieses Element langfristig unentbehrlich, und deshalb beginnt die Suche nach weiteren Reserven aufs Neue.[364]

40 Prozent der gegenwärtigen Phosphatvorräte der Welt (Phosphate sind die häufigste Form, in der das Element Phosphor vorkommt) liegen in Marokko, das auch schon als »Saudi-Arabien des Phosphors«[365] be-zeichnet wurde. Die zweitgrößten Reserven finden sich in China, das Phosphatexporte während der Lebensmittel-Preiskrise von 2008 mit einem Ausfuhrzoll von 135 Prozent belegte.[366] Viele Experten befürchten, dass es bei einem weiteren Anstieg der Lebensmittelpreise zu einem ver-gleichbaren Horten der Phosphatvorräte kommen könnte. Andere Fach-leute sind in diesem Punkt allerdings zuversichtlicher, sie halten es für möglich, neue Vorräte in ungewöhnlichen Lagerstätten aufzuspüren, zum Beispiel auf dem Meeresgrund.

Phosphor ist ein grundlegender Baustein des Lebens, auch des menschlichen Lebens. Er ist unter anderem ein wichtiger Bestandteil der DNA und macht ein ganzes Prozent des menschlichen Körpergewichts aus. Die sieben Milliarden Menschen auf der Erde scheiden über den Urin täglich große Mengen Phosphor aus. Einige Länder erkunden gegenwärtig aktiv Recyclingmöglichkeiten für Urin mit dem Ziel, die Phosphorvorräte für Kunstdünger zu vergrößern.[367]

Den Böden bei der Aussaat Knöllchenbakterien (Rhizobien) und Mykorrhizapilze beizumengen kann die Ernteerträge erhöhen, die Erholung der Böden beschleunigen und die Einlagerung von Kohlenstoff verbessern.[368] Das Pflanzen von Hülsenfrüchtlern in Abständen von etwa zehn Metern, die auf diese Weise als Ackerrandstreifen und Windschutzhecke zugleich dienen, fördert die Stickstoffanreicherung im Boden und schützt auch gegen Erosion.[369] Lässt man den größten Teil der Pflanzenabfälle – zum Beispiel Maisstängel – während und nach der Ernte auf dem Acker zurück, kann das ebenfalls die Bodenfruchtbarkeit wiederherstellen und zugleich die Erosion verringern.[370] Die sorgfältig geplante Verwendung von Pflanzenkohle (aus erneuerbaren Quellen) kann ebenfalls die Erträge wie auch die Bodenqualität verbessern.[371] Und wenn der Fleischkonsum im Rahmen einer gesunden Ernährung reduziert wird, kann das auch den landwirtschaftlichen Ertragsdruck vermindern. Die Erweiterung kleiner, nach ökologischen Gesichtspunkten bewirtschafteter Gärten in Ländern mit einem Überschuss an landwirtschaftlich nutzbaren Flächen könnte der weltweiten Versorgung erhebliche Mengen frisch geernteter Nahrungsmittel hinzufügen, wie das in einigen westlichen Ländern einst während des Zweiten Weltkriegs durch das Anlegen von *victory gardens* (»Siegesgärten«) geschah.[372]

Die vielleicht wirksamste Einzelmaßnahme zum Schutz des Mutterbodens wäre allerdings der Einsatz von Emissionszertifikaten: Bauern, die sorgfältig auf den Schutz und die Verbesserung des Kohlenstoffgehalts und der Fruchtbarkeit ihrer Böden achten, könnten sich dadurch ein zusätzliches Einkommen verschaffen.

Solange die Welt bei den ständigen Berechnungen von Wachstum und Produktivität den Wert des Mutterbodens ignoriert, werden die Anforderungen, die durch eine wachsende Bevölkerung in Verbindung mit einem zunehmenden Pro-Kopf-Verbrauch an die Landwirtschaft gestellt werden, den Erhalt des Mutterbodens weiterhin stark gefährden. Bei den gegenwärtigen (und nach wie vor zunehmenden) Verbrauchsraten brauchen wir Jahr für Jahr weitere 15 Millionen Hektar, um für eine wachsende Bevölkerung auch mehr Lebensmittel produzieren zu können[373] – doch stattdessen zerstören und verlieren wir jährlich etwa 10 Millionen Hektar.[374] Ein großer Teil der Anbauflächen, die derzeit hinzugewonnen werden, entsteht durch Abholzungen, oft in Waldgebieten mit einer sehr dünnen Mutterbodenschicht, die von Wind und Regen rasch abgetragen wird, wenn die Bäume erst einmal weg sind. Und der Verlust an Artenvielfalt ist umso größer, je mehr Waldflächen zu Ackerland umgewandelt werden.

Die weltweite Bodenkrise ist in einigen Aspekten ein Widerhall des Geschehens in den Vereinigten Staaten im ersten Drittel des 20. Jahrhunderts. Dort brachen die ersten Traktoren aus günstiger Serienfertigung – sie zogen bessere Pflüge, die bereits rund 75 Jahre früher erfunden worden waren – die Böden in erosionsanfälligen Graslandgebieten im Mittelwesten auf, um neue Ackerflächen zu schaffen. Der empfindliche Mutterboden wurde innerhalb der folgenden drei Jahrzehnte ausgewaschen und weggeweht, und es entstand die *Dust Bowl* (»Staubschüssel«) der 1930er-Jahre. In den USA und anderswo weniger bekannt ist die noch größere Tragödie, die sich in Zentralasien in den 1950er-Jahren entwickelte, wo die UdSSR ein gewaltiges Graslandgebiet umpflügte – den größten Teil davon in Kasachstan (1954) – und sich ihre eigene Staubschüssel schuf.[375]

Zu einer weiteren Landnutzungs-Katastrophe von gewaltigen Ausmaßen kam es in den 1960er-Jahren ebenfalls in Zentralasien, als in der UdSSR ein kurzsichtiger Plan umgesetzt wurde, der vorsah, Baumwollplantagen, die große Wassermengen benötigen, in regenarmen Gebieten in Usbekistan und Turkmenistan anzulegen. Dafür leitete man so viel Wasser aus dem Amudarja und dem Syrdarja ab, den beiden wichtigsten Zuflüssen des Aralsees, dass der nach der Wasserfläche viertgrößte See der Welt fast vollständig austrocknete.[376] Ich reiste zu Beginn der 1990er-Jahre an den Aralsee und sah mit eigenen Augen die Tragödie, die sich dort für die vom See lebenden Menschen entwickelte.

Drohende Staubstürme

DIE KRISE UM DIE BODENEROSION motivierte die Generation meines Vaters, neue Techniken der Bodenbewirtschaftung zu übernehmen. Eine der großen Errungenschaften von Franklin D. Roosevelts New Deal

waren das massive Programm zur Rückverwandlung erodierter Ackerflächen in Grasland und die damit verbundene nationale Anstrengung
zur Bekämpfung der Bodenerosion.[377] Ich erinnere mich bis heute, wie
mir mein Vater, als ich noch ein kleiner Junge war, erklärte, wie man die
Entwicklung von Wasserrinnen aufhalten kann, bevor sie sich tief in den
Boden eingraben, und wie man den fruchtbarsten Boden erkennt – der
hohe Kohlenstoffgehalt hat ihn schwarz gefärbt.

Die Staubstürme von heute sind wieder größer und häufiger, weil Tro-
ckengebiete überweidet werden und erosionsempfindliche Böden höheren Temperaturen und stärkeren Winden ausgesetzt sind. »Die Trocken-
gebiete stehen bei den Problemen mit dem Klimawandel an vorderster
Front«,[378] sagte Luc Gnacadja, Exekutivsekretär des Sekretariats der
Übereinkunft der Vereinten Nationen zur Bekämpfung der Wüstenbildung (UN Convention to Combat Desertification, UNCCD). Das Umweltprogramm der Vereinten Nationen berichtet, dass die Verminderung
der Bodenqualität in Trockengebieten die Lebensweise von rund einer
Milliarde Menschen in hundert Ländern bedroht.[379] Die Ausbreitung der
Wüstengebiete beeinträchtigt den Mutterboden und zerstört landwirtschaftlich nutzbare Flächen – vor allem in afrikanischen Regionen nördlich und südlich der Sahara, überall im Nahen und Mittleren Osten, in
Zentralasien und in großen Teilen Chinas, wo Überweidung, unzurei-
chende Techniken der Bodenbearbeitung und die unkontrollierte Ausbreitung der Städte erheblich zu diesem Phänomen beitragen.

Phoenix, die Hauptstadt des US-Bundesstaates Arizona, verschwand
im Juli 2011 in einer Staubwolke, als, so beschrieb es der Nationale Wet-
terdienst, »ein sehr großer Staubsturm von historischen Ausmaßen durch
einen großen Teil Arizonas fegte«.[380] Staubstürme (auch unter der Bezeichnung »Habub« bekannt) sind im Südwesten der USA zwar nichts
Neues, aber Phoenix musste in den letzten Jahren eine ungewöhnlich
hohe Zahl von ihnen ertragen – allein im Jahr 2011 waren es sieben.[381]

Der United States Geological Survey prognostizierte nach einer Untersuchung im Jahr 2011 »zunehmende Staubemissionen durch Winderosion« als Ergebnis der Klimawandels im Südwesten der Vereinigten
Staaten. Der Klimaexperte Joseph Romm schlug zur Beschreibung dessen, was viele Regionen mit Trockengebieten erwartet, die der Desertifikation ausgesetzt sind, den Begriff »dustbowlification« vor – Umwandlung in eine Staubschüssel.[382]

Lester Brown, seit vielen Jahren einer der weltweit führenden Umweltexperten, weist darauf hin, dass die beiden auffälligsten Desertifikationsgebiete, in denen sich Staubstürme bilden, in der nördlichen Landesmitte Chinas und in den Gebieten Zentralafrikas am südlichen Rand der Sahara liegen. Brown beschreibt das so: »Es bilden sich zwei riesige Staubschüsseln; die eine erstreckt sich über den Nordwesten Chinas, den Westen der Mongolei und Zentralasien, die andere liegt in Zentralafrika.«[383]

Nach Angaben des Geografen Andrew Goudie in Oxford hat sich die Zahl der Staubstürme in der Sahara in den letzten fünfzig Jahren verzehnfacht.[384] Jean Ping, Vorsitzender der Kommission der Afrikanischen Union, sagt: »Das Phänomen der Desertifikation betrifft 43 Prozent der produktiven Landflächen oder 70 Prozent der wirtschaftlichen Tätigkeit und 40 Prozent der Bevölkerung des Kontinents.«[385] Der Kohlenstoffgehalt der Böden ist heute in weiten Teilen des subsaharischen Afrika geringer als damals im Mittleren Westen der Vereinigten Staaten unmittelbar vor der Entstehung der Dust Bowl.[386]

Die Einwohnerzahl Nigerias vervierfachte sich in den letzten sechzig Jahren, und der Viehbestand explodierte im gleichen Zeitraum von sechs auf über hundert Millionen Tiere.[387] Der nördliche Teil Nigerias leidet gegenwärtig, zum Teil aufgrund dieser Entwicklung, unter der Desertifikation, was zu immer häufigeren Zusammenstößen zwischen Christen und Muslimen beiträgt, die aus dem Norden in nicht muslimische Gebiete im Süden des Landes ziehen.[388] Bevölkerungswachstum bei den Menschen und die Zunahme des Viehbestands verschärfen auch die Konkurrenz um die Landnutzung in anderen unter zunehmender Trockenheit leidenden Teilen Afrikas, und dies hat zu tödlichen Konflikten zwischen Viehzüchtern und Ackerbauern geführt (die sich auch in der ethnischen Zugehörigkeit und der Religion unterscheiden). Solche gewaltsamen Auseinandersetzungen gab es im Sudan, in Mali und an anderen Orten.

Eine ähnliche Explosion des Viehbestands schädigt die überweideten Graslandschaften, die in China die Wüste Gobi umgeben;[389] dort nehmen Zahl und Stärke der Staubstürme ebenfalls dramatisch zu. Die Vereinigten Staaten und China verfügen in etwa über gleich viel Weideland und ungefähr gleich große Rinderbestände (zwischen achtzig und hundert Millionen), aber in China gibt es insgesamt 284 Millionen Schafe und Ziegen, in den USA sind es dagegen weniger als zehn Millionen.[390] China verliert nach den aktuellsten verfügbaren Statistiken jährlich fast 3600 Quadratkilometer Ackerland an die Wüsten.[391]

Die US-Botschaft in China illustrierte mithilfe von Satellitenfotos die »Wüstenverschmelzung und -erweiterung« in der nördlichen Landesmitte Chinas, wo zwei Wüsten in der Inneren Mongolei und in der Provinz Gansu zusammenwachsen und sich vergrößern.[392] Dasselbe geschieht im Nordwesten Chinas in der Provinz Xinjiang, dort verschmelzen die Wüsten Taklamakan und Kumtag und vergrößern sich.[393] In diesen nördlichen und westlichen Regionen Chinas mussten die Bewohner von über 24 000 Dörfern ihre Heimatorte und das umgebende Ackerland zumindest teilweise aufgeben.[394] Ähnliche Tragödien entwickeln sich im Iran und in Afghanistan, wo bereits viele Dörfer der vorrückenden Wüste preisgegeben werden mussten.[395]

Während derzeit die schweren Sandstürme in China und Afrika große Aufmerksamkeit beanspruchen, warnt Lester Brown: »Eine dritte massive Ausweitung der Anbaugebiete findet heute im brasilianischen Amazonastiefland und im Cerrado statt, einer savannenartigen Region, die im Süden ans Tiefland angrenzt.«[396] Diese Böden sind sehr erosionsanfällig, und die Ergebnisse sind vorhersagbar: geringere Erträge, auf die eine massive Bodenerosion folgt. Zu der damit verbundenen Kettenreaktion zählt auch die weitere Expansion der Viehwirtschaft in den Amazonas-Regenwald hinein, was für den Fortbestand dieses Ökosystems von weltweiter Bedeutung noch mehr Risiken mit sich bringt.[397] Das Amazonasgebiet hatte in den letzten sieben Jahren bereits unter zwei »Jahrhundert-Dürreperioden« zu leiden.[398] Die Abholzung und die Brandrodung gehen in dieser Großlandschaft weiter, und zahlreiche Experten äußerten bereits ihre Besorgnis: Im Amazonastiefland bestehe die Gefahr, dass das größte tropische Regenwaldgebiet der Erde im Laufe der Zeit in eine massive Trockenregion umgewandelt wird.[399]

Es ist bemerkenswert, dass die Welt dem Problem der Desertifikation so wenig Aufmerksamkeit gewidmet hat, und das angesichts des starken Bevölkerungswachstums in Afrika und im Nahen und Mittleren Osten sowie einer drohenden Lebensmittelknappheit. Nach Ansicht des UNCCD-Exekutivsekretärs Luc Gnacadja erhält das Thema Desertifikation keine höhere Priorität, weil 90 Prozent der davon betroffenen Menschen in Entwicklungsländern leben.[400] Das ist ein weiteres Beispiel für das Machtungleichgewicht in der Welt – und für das Fehlen einer Führungskraft. Gnacadja fügte noch hinzu: »Die obersten 20 Zentimeter der Bodenschicht sind alles, was zwischen uns und dem Untergang steht.«[401] Der Verlust von Ackerland ist im bevölkerungsreichsten Land Nordafrikas ein besonders akutes Problem. Ägypten verliert im Nildelta nach Angaben der Vereinten Nationen gegenwärtig fruchtbares Ackerland mit der unglaublichen Geschwindigkeit von 1,4 Hektar pro Stunde – oder 123 Quadratkilometern pro Jahr –, hauptsächlich durch die unkontrollierte Ausbreitung von Städten und Neubauten, mit denen zusätzlicher Wohnraum für Ägyptens rasch wachsende Bevölkerung geschaffen werden soll.[402]

Die steigenden Meeresspiegel im Mittelmeerraum drücken außerdem bereits salzwasserhaltige Grundwasserleiter aufwärts und in küstennahe Gebiete, was zum Verlust von Ackerflächen durch Versalzung führt.[403] Zu diesem Problem kommt es auch im fruchtbaren Ganges-Delta, im Mekong-Delta und in weiteren sogenannten Mega-Deltas.[404] Ein Ansteigen des Meeresspiegels um einen Meter – das wäre weniger, als für den Verlauf dieses Jahrhunderts bereits vorhergesagt wurde – würde einen erheblichen Teil der fruchtbarsten Böden im Nildelta überfluten, in einem Gebiet, in dem 40 Prozent der ägyptischen Nahrungsmittel angebaut werden.[405]

Der Druck, der durch die Ausweitung bewässerungsintensiver Landwirtschaft, durch Bevölkerungswachstum und wirtschaftliche Expansion entsteht, vermehrt die Spannungen um die Aufteilung von Flusswasser in mehreren Regionen der Welt, in denen die Verwaltung von Flüssen und Staudämmen Stromgebiete betrifft, die unter mehreren Ländern aufgeteilt sind. Im Stromgebiet des Nils nimmt das Konfliktpotenzial zu, denn dort profitiert Ägypten, das größte vom Nil abhängige Land, derzeit von der Nutzung des größten Teils des Nilwassers. Doch 85 Prozent des Quellwassers kommen aus Äthiopien, wo aber bis heute sehr wenig davon verbraucht wird; das wird sich allerdings ändern, denn die Bevölkerung wird sich bis zur Jahrhundertmitte verdoppeln, und im ebenfalls vom Nil abhängigen Sudan wird im gleichen Zeitraum ein Bevölkerungswachstum von 85 Prozent erwartet.[406]

Die Entscheidung der Türkei, einen größeren Teil des Wassers am Oberlauf von Euphrat und Tigris für eigene Zwecke zu entnehmen, hat zu zunehmenden Beschwerden vonseiten des Irak und Syriens geführt. Beide Länder klagten über ungerechte Behandlung.[407] Während der Irak wie auch Syrien versuchten, das Versorgungsproblem zu lösen, entnahmen sie zu viel Wasser aus unterirdischen Grundwasserleitern. Chinas Bestreben, für sich selbst einen größeren Teil des Wassers der aus dem eigenen Staatsgebiet nach Südostasien und Indien fließenden Flüsse zu entnehmen, sorgt für Spannungen, die sich wegen des Bevölkerungswachstums der betroffenen Länder noch verschärfen werden.[408] Im Westen der Vereinigten Staaten werden die zunehmenden Konflikte um die Verteilung des Wassers aus dem Flusssystem des Colorado River vor Gericht ausgetragen.[409] Aber die Grundlage für sämtliche Konflikte ist in allen vier riesigen Stromgebieten die gleiche: Die Nachfrage nach Wasser nimmt zu, das Angebot geht zurück.

Konflikte zwischen Staaten über den Zugang zu Süßwasser haben in der Geschichte nur zu sehr wenigen Kriegen geführt, aber die innerstaatlichen Konflikte um Wasser waren oft die Ursache für soziale Spannungen und zuweilen auch für gewaltsame Zusammenstöße. Auseinandersetzungen um den Besitz von Land waren dagegen in der Vergangenheit eine häufige Ursache für Kriege.

Ein neuer Wettlauf in Afrika

EINIGE LÄNDER MIT WACHSENDER BEVÖLKERUNG und schrumpfenden Ressourcen an Mutterboden und Wasser für die Landwirtschaft verfolgen in unserer neuen globalisierten Weltwirtschaft langfristige Projekte zum Ankauf riesiger Anbauflächen im Ausland – vor allem in Afrika, wo nach Schätzungen ein Drittel der bisher noch nicht bewirtschafteten landwirtschaftlich nutzbaren Flächen liegt. Afrikanische Regierungen – und die Eliten, die viele dieser Regierungen stellen – üben in weiten Teilen des Kontinents, in denen alte stammesrechtliche Besitztitel aus vorkolonialer Zeit allzu leicht ignoriert werden, eine sehr viel stärkere Kontrolle über Eigentumsrechte aus.

China, Indien, Südkorea, Saudi-Arabien und andere Länder kaufen, ebenso wie multinationale Konzerne und Hedgefonds, die Gelder von US-Universitäten investieren, große Landflächen in Afrika auf, um dort Weizen und andere Feldfrüchte für den eigenen Verbrauch wie auch für den Verkauf auf dem Weltmarkt zu produzieren. »Das ist eine neue Art von Kolonialismus, es ist wie der Wettlauf um Afrika im 19. Jahrhundert, durch den unsere Ressourcen ausgebeutet wurden, um die Entwicklung der westlichen Welt voranzutreiben«, sagte Makambo Lotorobo, Repräsentant der Friends of Lake Turkana, einer kenianischen NGO.[410]

»Es besteht kein Zweifel, dass es dabei nicht nur um Land geht, hier geht es um Wasser«,[411] sagte Philip Woodhouse von der Universität of Manchester. Devlin Kuyek, ein Wissenschaftler in Diensten von GRAIN, einer NGO, die sich auf Themen im Bereich Nahrungsmittel und Landwirtschaft spezialisiert hat, fügte hinzu: »Die reichen Länder haben Afrika im Blick, und das nicht nur wegen einer kräftigen Kapitalrendite, sondern auch als Versicherungsschein.«[412]

Das hat zu einem landwirtschaftlichen Grundstücksboom in Afrika geführt.[413] Mehr als ein Drittel der Landfläche Liberias wurde zum Beispiel an private Investoren verkauft.[414] Nach einer Analyse der Rights and Resources Initiative, einem in Washington ansässigen internationalen Bündnis von NGOs, hat die Demokratische Republik Kongo Verträge mit ausländischen Eigentümern abgeschlossen, die 48,8 Prozent der landwirtschaftlichen Flächen des Landes umfassen. Mosambik hat Verträge mit ausländischen Bewirtschaftern, die 21,1 Prozent seines Landes betreffen.[415] Norwegischen Experten zufolge wurden fast 10 Prozent des Landes im Südsudan – und 25 Prozent der besten Flächen in der Umgebung der Hauptstadt Juba – an Investoren verkauft, nachdem das Land 2011 seine Unabhängigkeit erlangt hatte.[416] China schloss mit der Demokratischen Republik Kongo ein Abkommen, um auf einer Fläche von 28 000 Quadratkilometern (das entspricht in etwa der Größe Brandenburgs) Palmöl für Biosprit anzubauen.[417] Experten sind sich nicht einig, wie viel von dem Land, das von massiven Aufkäufen in Afrika betroffen ist, für den Anbau von Energiepflanzen genutzt wird. Die Weltbank berechnete diesen Anteil 2009 mit 21 Prozent, die International Land Coalition kam dagegen auf einen Anteil von 44 Prozent.[418]

Der multinationale Konzern Daewoo aus Südkorea versuchte, fast die Hälfte der landwirtschaftlich nutzbaren Flächen in Madagaskar aufzukaufen, aber Unruhen im Land führten zu einer Stornierung des Vertrags. (Südkoreanische Unternehmen kauften nach Recherchen der britischen Tageszeitung Guardian 700 000 Hektar Land im Norden des Sudan für den Anbau von Weizen, und die Vereinigten Arabischen Emirate sicherten sich noch etwas mehr: 750 000 Hektar.)[419]

In Äthiopien gingen 8,2 Prozent der landwirtschaftlichen Flächen an ausländische Käufer über. Nyikaw Ochalla aus der Region Gambela, die ganz im Westen Äthiopiens, an der Grenze zum Südsudan liegt, lebt inzwischen in Großbritannien und sagte dem *Guardian:* »Die ausländischen Unternehmen kommen in großer Zahl und vertreiben Menschen von dem Land, das sie seit Jahrhunderten bewirtschaftet haben. Es gibt keine Unterredungen mit der einheimischen Bevölkerung. Die Geschäfte werden im Geheimen abgewickelt. Die Einheimischen bekommen nur Menschen mit vielen Traktoren zu sehen, die ihr Land in Besitz nehmen. Das ganze Land in der Umgebung von Illia, dem Heimatdorf meiner Familie, wurde übernommen und wird nun gerodet. Die Dorfbewohner müssen jetzt für ein indisches Unternehmen arbeiten. Ihr Land wurde zwangsweise enteignet, und sie erhielten keine Entschädigung. Die Leute können nicht glauben, was da geschieht. Das betrifft Tausende von Menschen, und manche von ihnen werden hungern.«[420]

Die Weltbank analysierte Berichte über internationale Geschäfte mit landwirtschaftlichen Nutzflächen in den Jahren 2008 und 2009 und kam zu dem Ergebnis, dass ausländische Staaten und Unternehmen in diesem Zeitraum von zwei Jahren fast 80 Millionen Hektar Land kauften – was etwa der Fläche von Pakistan entspricht – und dass zwei Drittel dieser Geschäfte in Afrika abgewickelt wurden.[421] Neben dem schieren Ausmaß der internationalen Landaufkäufe und langfristigen Verpachtungen in Afrika heben afrikanische und internationale NGOs noch andere Probleme hervor. Sie haben mit der Nutzung von Wasser zu tun, mit der Landbewirtschaftung und den Auswirkungen auf die einheimischen Bauern, deren noch aus vorkolonialer Zeit stammende Besitzrechte oft nichts mehr wert sind. In Uganda, wo 14,6 Prozent der landwirtschaftlichen Flächen an ausländische Nutzer übergeben wurden, erklärten 20 000 Menschen, sie seien unrechtmäßig von ihrem eigenen Land vertrieben worden[422] – dieser Fall ist vor ugandischen Gerichten noch nicht abgeschlossen.

Das International Institute for Environment and Development in London kam nach einer Prüfung von mehr als dreißig Studien zu diesem Thema zu dem Schluss, dass viele der groß angelegten ausländischen Investitionen bereits gescheitert sind. Der Grund waren falsche Berechnungen, die sich aus Schwierigkeiten bei der Projektfinanzierung oder aus unrealistischen Geschäftskonzepten ergaben.[423] Eine der Ursachen dieser Entwicklung ist das enorme Ungleichgewicht bei der Verteilung politischer Macht. Die Eliten in den undemokratischen Regierungen machen

Geschäfte mit multinationalen Konzernen und anderen Staaten und orientieren sich dabei an kurzfristigen Gewinnen. Das geht dann auf Kosten der Nachhaltigkeit bei der Lebensmittelproduktion im eigenen Land und oft auch auf Kosten der armen Bauern, die bei einem Eigentümerwechsel von ihrem Land vertrieben werden.

Mehrere Länder, die unter dem Verlust von Mutterboden, stark zurückgehenden Ernteerträgen und Süßwassermangel litten, sahen sich gezwungen, mehr Nahrungsmittel zu importieren. Saudi-Arabien könnte 2013 seine letzte Weizenernte erlebt haben. Das Land hatte zuvor bereits angekündigt, dass es ab 2016 ganz auf Weizenimporte angewiesen sein werde.[424] In Riad hatte man in den 1970er-Jahren befürchtet, dass man aufgrund der eigenen zentralen Rolle beim Erdölembargo der OPEC von 1973 einem Gegenembargo bei Getreideimporten ausgesetzt sein könnte, auf die man aber für die Ernährung der eigenen Bevölkerung sehr stark angewiesen war. Deshalb startete das Land ein Sofortprogramm für den (mit fast 1000 Dollar pro Tonne) subventionierten Anbau von Weizen, der mit Wasser aus einem tiefen und nicht erneuerbaren Grundwasserleiter unter der Arabischen Halbinsel bewässert wurde.[425] Jahre später – mit einiger Verzögerung – erkannte die saudische Regierung, dass sich der Grundwasserleiter auf diese Weise rasch leerte, und kündigte die Einstellung des Weizenanbauprogramms an. »Die Entscheidung für den Import bedeutet die Erhaltung des Wassers«, sagte Abdullah al-Obaid, der für Forschung und Entwicklung zuständige stellvertretende Landwirtschaftsminister. Die Landwirtschaft verbraucht 85 bis 90 Prozent des Wassers von Saudi-Arabien, und 80 bis 85 Prozent dieses Wassers stammen aus unterirdischen Grundwasserleitern.[426] Ein anderes Beispiel in der Großregion ist Israel, das die Bewässerung von Weizen im Jahr 2000 verbot.

Die Meere

VIELE MENSCHEN RICHTETEN angesichts des wachsenden Bedarfs an Süßwasser und Nahrungsmitteln (vor allem an Protein) den Blick auf die Meere, von denen sie sich Abhilfe versprachen. Saudi-Arabien gehört zu den zahlreichen Ländern, die lange davon geträumt haben, eine logische Lösung unserer Wasserprobleme werde schließlich auch die Entsalzung von Meerwasser einbeziehen.[427] Schließlich bestehen 97,5 Prozent der gesamten Wassermenge der Erde aus Salzwasser, und die meisten Pläne zur Lösung des gegenwärtigen und des für die Zukunft prognostizierten Wassermangels beschäftigen sich mit der Nutzung und Aufteilung der übrigen 2,5 Prozent – wobei 70 Prozent davon im Eis und Schnee der Antarktis und Grönlands gebunden sind.[428]

Leider ist der Energieaufwand für die Entfernung von Salz und anderen Mineralien aus dem Meerwasser auch mit der besten derzeit verfügbaren Technologie so groß, dass es sich selbst das an Energieträgern reiche Saudi-Arabien nicht leisten kann.[429] Nach saudischer Einschätzung ist es einträglicher, das Öl zu verkaufen, das man sonst in den Entsalzungsanlagen verbrennen müsste, und sich mit dem Erlös dann die Nutzung wasserreichen Ackerlands in Afrika zu sichern.[430] Es gibt in der Welt natürlich viele Anlagen zur Meerwasserentsalzung, auch in Saudi-Arabien.[431] Die dort produzierten Mengen sind jedoch relativ klein, und die Betriebskosten zeigen, dass eine Nutzung der Entsalzung im größeren Stil, um so den wachsenden Wasserbedarf der Welt zu decken, nicht nachhaltig finanzierbar ist.

Dennoch arbeiten zahlreiche Wissenschaftler und Ingenieure weiterhin an der Entwicklung neuer, kostengünstigerer Entsalzungstechniken. Einige von ihnen sind der Ansicht, dieses Problem sei ein weiterer Grund für ein massives, groß angelegtes und weltweites Bemühen um eine beschleunigte Reduzierung der Kosten, wie sie bei der Solarenergie eingeleitet wurde. Ich habe viele faszinierende Geschäftskonzepte für die Lösung dieses Problems gesehen, aber keines von ihnen reicht bisher an den Bereich der finanziellen Machbarkeit heran.

Der saudische Prinz Mohammed al-Faisal lieferte ein Beispiel für den Grad der Verzweiflung, den Wassermangel auslösen kann: Er stellte dem französischen Ingenieur Georges Mougin Geldmittel für die Entwicklung eines Geschäftsplans zur Verfügung, der es möglich machen sollte, Eisberge aus dem Nordatlantik in Regionen mit großer Trockenheit zu schleppen.[432] Nach den dabei angestellten Berechnungen könnte ein Eisberg mit einem Gewicht von 30 Millionen Tonnen 500 000 Menschen ein Jahr lang mit Süßwasser versorgen.[433]

Für die Produktion von Feldfrüchten braucht man normalerweise natürlich Süßwasser *und* Mutterboden. Einige technische Optimisten haben allerdings massiv Werbung für den Anbau von Nutzpflanzen ohne Mutterboden gemacht. Das soll in Hydrokulturanlagen geschehen, in denen die Pflanzen an Gestellen aufgehängt sind und ganz gezielt mit Wasser, Nährstoffen und Sonnenlicht versorgt werden.[434] Leider ist die Hydrokultur das Pendant der Entsalzung in der Nahrungsmittelproduktion: Sie ist unerschwinglich teuer, was vor allem daran liegt, dass sie so viel Energie benötigt.

Es gibt allerdings eine Quelle für hochwertiges Protein, die ohne Mutterboden auskommt – Meeresfrüchte. Mehr als 4,3 Milliarden Menschen decken gegenwärtig rund 15 Prozent ihres Bedarfs an tierischem Eiweiß mit dem Verzehr von Fischen.[435] Aber die Nachfrage nach Fisch übersteigt das Angebot inzwischen leider ganz erheblich. Der Fischverbrauch hat aufgrund zweier wohlbekannter Trends erheblich zugelegt: Bevölkerungswachstum und Zunahme des Pro-Kopf-Verbrauchs. Der durchschnittliche Fischverbrauch erhöhte sich im letzten halben Jahrhundert weltweit von rund 10 Kilogramm auf etwas mehr als 18 Kilogramm pro Person und Jahr.[436] Die Mehrzahl der maritimen Fanggebiete wurde deshalb weltweit überfischt, und fast ein Drittel der Fischbestände ist nach Angaben der Vereinten Nationen gefährdet.[437] Die Bestände großer Fischarten – zum Beispiel Thun- und Schwertfisch, Marlin, Kabeljau, Heilbutt und Flunder – haben seit den 1960er-Jahren um 90 Prozent abgenommen.[438]

Dabei spielen zwar noch andere Faktoren eine Rolle – unter anderem auch die Zerstörung der Korallenriffe und Veränderungen der Meerestemperatur und des Säuregrades, die auf die Umweltbelastung durch die Klimaerwärmung zurückzuführen sind –, aber die Überfischung der Fanggründe ist die Hauptursache für den Niedergang. Die Welt erreichte das »Fischfang-Maximum« (*peak fish*) bereits Ende der 1980er-Jahre.[439] Das Sekretariat der Vereinten Nationen für das Übereinkommen über die biologische Vielfalt schreibt zu diesem Thema: »Etwa 80 Prozent der Hochsee-Fischbestände, zu denen Bewertungsmaterial verfügbar ist, werden vollständig ausgebeutet oder überfischt. [...] Die durchschnittliche Maximalgröße der gefangenen Fische ging weltweit für alle bewerteten Bestände seit 1959 um 22 Prozent zurück. Im Laufe der Zeit ist auch ein zunehmender Trend des Zusammenbruchs von Beständen zu beobachten, 14 Prozent der begutachteten Bestände brachen 2007 zusammen.«[440]

Die gute Nachricht lautet, dass sich sorgsam bewirtschaftete Fanggründe in den Meeren erholen *können* und das auch tun. Die Vereinigten

Staaten verhielten sich bei solchen Schutzmaßnahmen richtungsweisend, und viele der amerikanischen Fischbestände verbessern sich jetzt; sie sind gesünder und weisen einen größeren Fischreichtum auf. Präsident George W. Bush erließ ausgezeichnete Schutzbestimmungen für ein großes Seegebiet im Pazifik nordwestlich von Hawaii.[441] Die meisten Fischfangnationen sind bisher allerdings nicht dem amerikanischen Beispiel der Einschränkung von Überfischung gefolgt, und der weltweite Fischverbrauch nimmt weiterhin stetig zu. Den Großteil des zunehmenden Verbrauchs decken heute Fischzuchtfarmen ab. Die rasche Expansion der Aquakultur, im Laufe der kommenden sieben Jahre wird sie zu 61 Prozent auf China entfallen, löst jedoch eine wachsende Besorgnis aus.[442] Zuchtfische sind nicht so gesund wie wild lebende Artgenossen, und oft können sie durch Umweltverschmutzung, Antibiotika und Fungizide geschädigt sein, vor allem, wenn sie aus China oder anderen Staaten mit unzureichenden Umweltschutzmaßnahmen eingeführt wurden.[443] An die meisten Zuchtfische werden außerdem große Mengen kleinerer, zu Fischmehl verarbeiteter Wildfische verfüttert. Zuchtlachse werden zum Beispiel so ernährt, dass mit fünf Pfund Futter aus Wildfischen ein Pfund Zuchtlachs produziert wird.[444] Das Abfischen enormer Mengen von Kleinfischen in den Meeren sorgt deshalb folgerichtig für weitere Störungen in der maritimen Nahrungskette.

Im Jahr 2012 sprach ich bei einer Antarktis-Expedition mit Wissenschaftlern, die wegen der Überfischung der Krill-Population – die Kleinkrebse werden hauptsächlich zu Fischmehl und Tierfutter verarbeitet – im Südpolarmeer zutiefst besorgt sind. Das US-Landwirtschaftsministerium hat mitgeteilt, dass die übermäßige Ausbeutung sogenannter industrieller Spezies, die nicht für den direkten Verzehr durch Menschen, sondern zur Herstellung von Fischmehl verwendet werden, der Produktion von Fischmehl und Fischöl für die Aquakultur allmählich Grenzen setzt. Mehr als die Hälfte des verwendeten Fischfutters wird heute aus Pflanzenproteinen hergestellt,[445] und einige Betreiber versuchen diesen Anteil noch zu erhöhen, aber es ist nach wie vor schwierig, wichtige Nährstoffe kostengünstig zu verfüttern, ohne Fischmehl einzusetzen.

Außerdem würde jede größere Steigerung der für Aquakulturen genutzten Menge an Pflanzenprotein einer weiteren Umwidmung landwirtschaftlicher Flächen gleichkommen – weg von der Herstellung von Nahrungsmitteln, die von Menschen direkt verbraucht werden können.

Die Überfischung der Meere hat, ebenso wie der rücksichtslose Raubbau an den Ressourcen Wasser und Boden, das Interesse an der genetischen Veränderung von Pflanzen und Tieren erhöht. Das Ziel ist dabei, ihnen Merkmale zu verleihen, mit denen sie unter den neuen Bedingungen gedeihen können, die wir in der Welt schaffen. Es werden bereits mehr als 10 Prozent der gesamten Anbauflächen mit genetisch veränderten Pflanzen bestückt,[446] aber die damit verbundenen Probleme sind komplex, wie wir im Folgenden sehen werden.

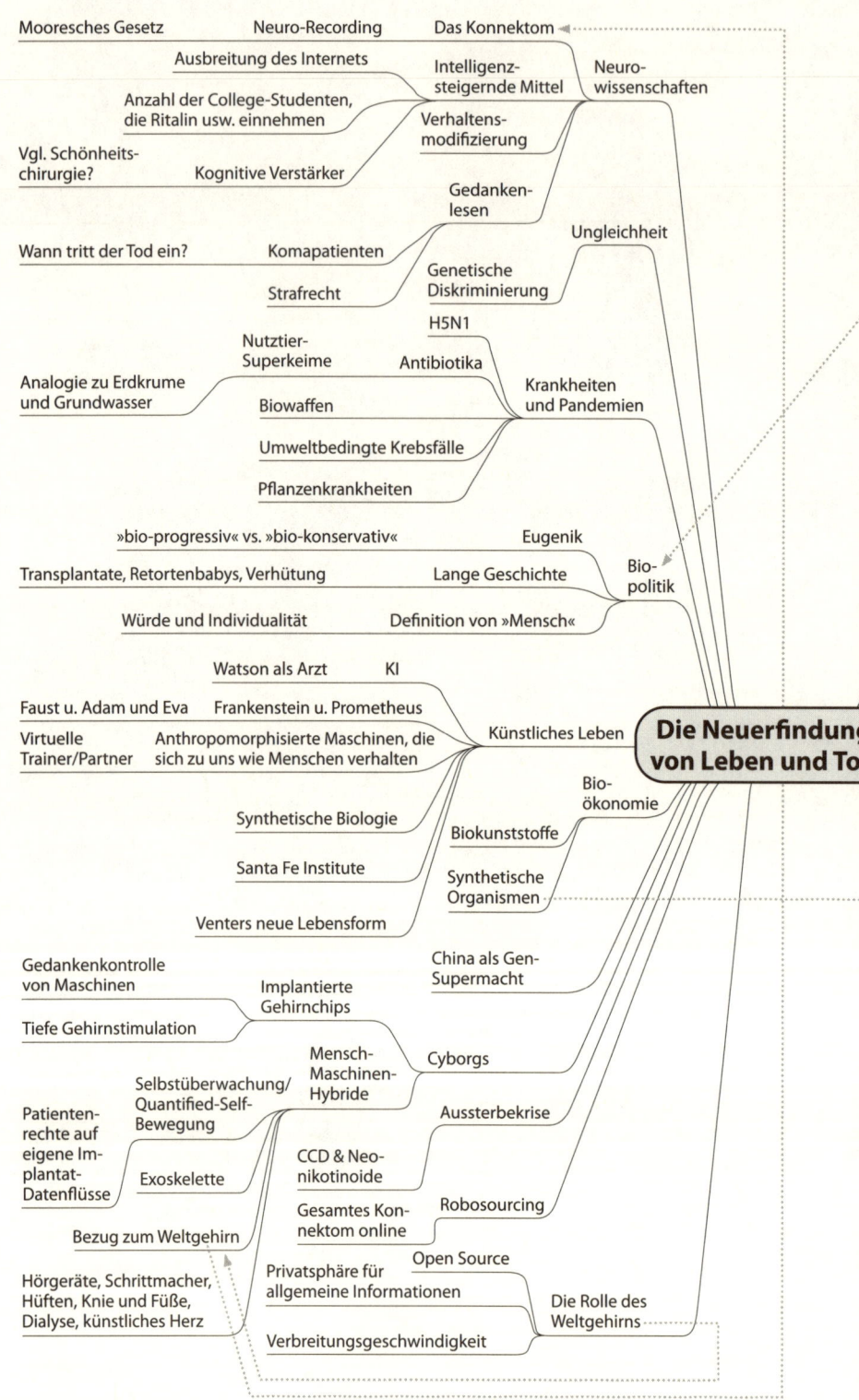

Mooresches Gesetz   Neuro-Recording   Das Konnektom

Ausbreitung des Internets

Anzahl der College-Studenten, die Ritalin usw. einnehmen

Intelligenzsteigernde Mittel

Neurowissenschaften

Verhaltensmodifizierung

Vgl. Schönheitschirurgie?

Kognitive Verstärker

Gedankenlesen

Ungleichheit

Wann tritt der Tod ein?   Komapatienten

Strafrecht

Genetische Diskriminierung

H5N1

NutztierSuperkeime

Antibiotika

Analogie zu Erdkrume und Grundwasser

Biowaffen

Krankheiten und Pandemien

Umweltbedingte Krebsfälle

Pflanzenkrankheiten

»bio-progressiv« vs. »bio-konservativ«

Eugenik

Transplantate, Retortenbabys, Verhütung

Lange Geschichte

Biopolitik

Würde und Individualität   Definition von »Mensch«

Watson als Arzt   KI

Faust u. Adam und Eva   Frankenstein u. Prometheus

Virtuelle Trainer/Partner   Anthropomorphisierte Maschinen, die sich zu uns wie Menschen verhalten

Künstliches Leben

Die Neuerfindung von Leben und Tod

Bioökonomie

Synthetische Biologie

Biokunststoffe

Santa Fe Institute

Synthetische Organismen

Venters neue Lebensform

China als Gen-Supermacht

Gedankenkontrolle von Maschinen

Implantierte Gehirnchips

Tiefe Gehirnstimulation

Mensch-Maschinen-Hybride

Cyborgs

Selbstüberwachung/Quantified-Self-Bewegung

Patientenrechte auf eigene Implantat-Datenflüsse

Aussterbekrise

Exoskelette

CCD & Neonikotinoide

Robosourcing

Gesamtes Konnektom online

Bezug zum Weltgehirn

Open Source

Hörgeräte, Schrittmacher, Hüften, Knie und Füße, Dialyse, künstliches Herz

Privatsphäre für allgemeine Informationen

Die Rolle des Weltgehirns

Verbreitungsgeschwindigkeit

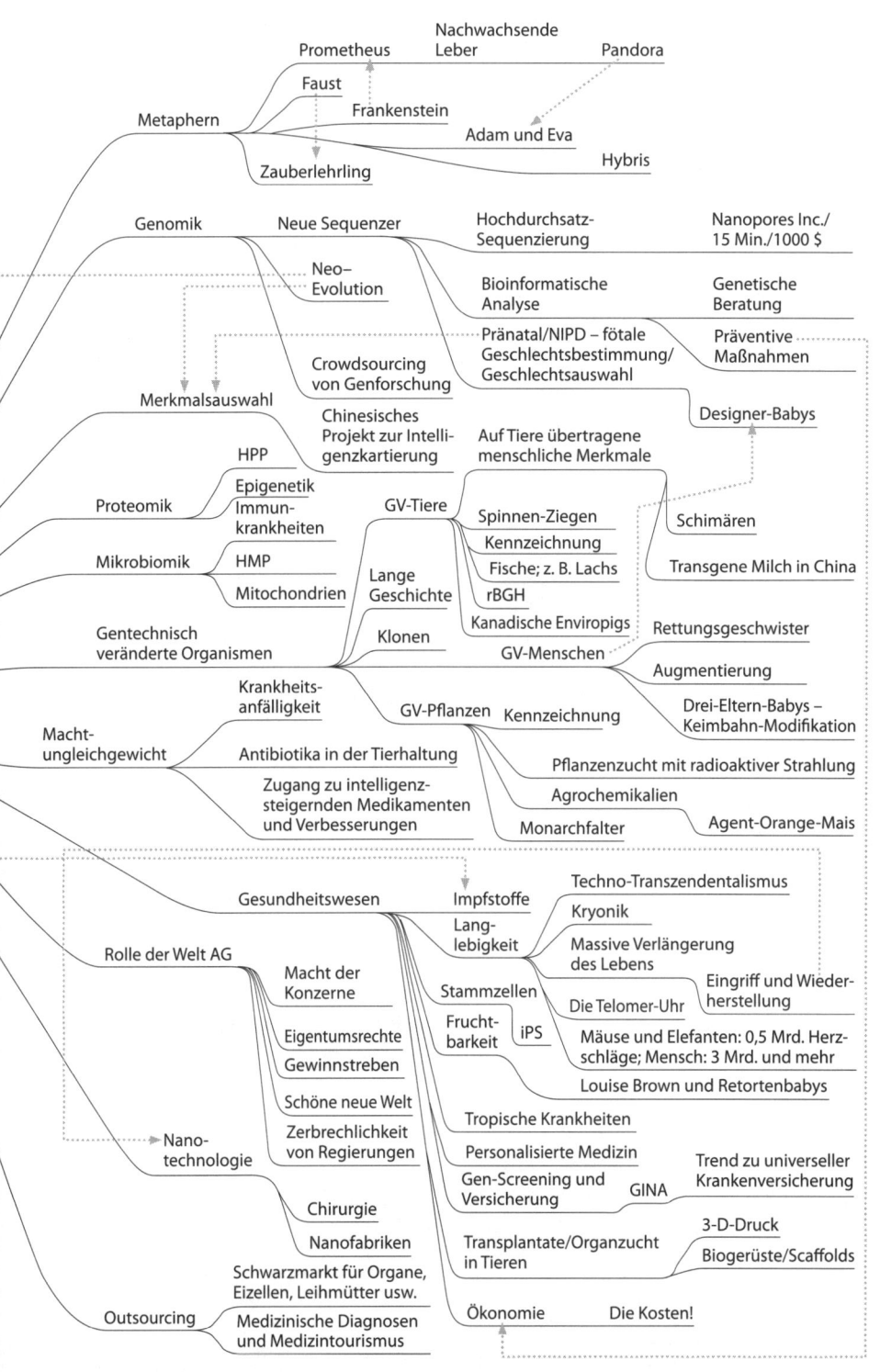

5

DIE NEUERFINDUNG VON
LEBEN UND TOD

ZUM ERSTEN MAL IN DER GESCHICHTE haben wir mit der Digitalisierung des Menschen die Möglichkeit, das *Sein* im Menschsein zu verändern. Die Annäherung der digitalen Revolution und der Revolution in den Biowissenschaften verändert nicht nur, was wir wissen und wie wir miteinander kommunizieren, und nicht nur, was wir tun und wie wir es tun – sie ist auch im Begriff, uns selbst zu verändern.

Bereits heute führen das Outsourcing und Robosourcing der genetischen, biochemischen und strukturellen Bausteine des Lebens zur Entstehung neuer mikrobieller, pflanzlicher, tierischer und menschlicher Lebensformen. Wir sind dabei, seit Menschengedenken geltende Grenzen zu überschreiten: die Grenzen, die zwischen verschiedenen Arten verlaufen, die Schranke zwischen Mensch und Tier und die Unterscheidung zwischen lebenden Wesen und vom Menschen erschaffenen Maschinen.

In der Mythologie war die Grenze zwischen den Kräften, die den Göttern vorbehalten waren, und denen, an denen sich auch der Mensch versuchen durfte, mit Warnungen versehen – Übertretungen zogen schwere Strafen nach sich. Doch kein Zeus hat uns verboten, menschliche Gene in das Erbgut anderer Lebewesen einzuschleusen,[1] durch die Kombination der Gene von Spinnen und Ziegen Hybridwesen zu erschaffen,[2] auf chirurgischem Wege Mikrochips in die graue Substanz menschlicher Gehirne einzupflanzen[3] oder Eltern, die sich ihre Wunschkinder designen wollen, ein Menü an wünschenswerten genetischen Merkmalen zur Auswahl anzubieten.[4] Durch den rasanten wissenschaftlichen und technologischen Fortschritt haben wir die Fähigkeit, den Menschen zu optimieren, was uns weit über die Gebiete hinausführt, die auf den von früheren Generationen an uns überlieferten moralischen, ethischen und religiösen Landkarten verzeichnet sind. Wir haben eine Terra incognita betreten, eine Welt, die in den alten Karten manchmal mit dem Warnhinweis »Hier leben Monster« versehen wurde.[5] Andererseits wurde der Wagemut derjenigen, die diese Regionen allen Gefahren zum Trotz befuhren, oftmals mit großen Reichtümern belohnt. Und auch heute versichert uns die wissenschaftliche Gemeinde voller Überzeugung, dass uns in der Medizin und auf vielen anderen Feldern große Entdeckungen und Fortschritte bevorstehen – auch wenn die Entscheidung darüber, wie wir auf diesem Weg voranschreiten, natürlich große Weisheit und Weitsicht erfordern wird.

Wenn sich die Menschheit eine neue und zuvor unvorstellbare Macht aneignet, geht das oftmals mit einer Mischung aus Enthusiasmus und Beklemmung einher. In den Lehren der abrahamitischen Religionen wurden der erste Mann und die erste Frau, die auf dem Antlitz der Erde wandelten, zu einem Leben in Mühsal und Plackerei verdammt, weil sie nach einem Wissen griffen, das ihnen verboten war.[6] Als Prometheus das Feuer von den Göttern stahl, wurde er zu ewigen Qualen verurteilt. Tag für Tag hackten Adler Stücke aus seinem Leib und fraßen seine Leber, aber jede Nacht wuchs ihm eine neue Leber nach, sodass er am nächsten Tag wieder dasselbe Schicksal erleiden musste.[7]

Ironie der Geschichte: Wissenschaftler an der Wake Forest University in North Carolina können in ihren Bioreaktoren inzwischen Ersatzlebern auf gentechnischem Wege produzieren[8] – und natürlich zweifelt niemand daran, dass ihre bahnbrechende Arbeit allein dem Wohl der Menschen dient. Die bis dato erzielten atemberaubenden Fortschritte in der Medizinforschung und damit auch in der Gesundheitsversorgung – und die Aussichten auf noch spannendere Entwicklungen – sorgen für nahezu einhellige Begeisterung. Dabei liegt auf der Hand, dass Kultur und Praxis in der Medizin sowie in sämtlichen Gesundheitsberufen und -institutionen ebenso radikal verändert werden, wie dies vor nicht allzu langer Zeit beispielsweise der Schreibmaschinen- und Schallplattenindustrie widerfuhr.

»Präzisionsmedizin«

ANGESICHTS DER SICH AM FORSCHUNGSHORIZONT abzeichnenden revolutionären und fast schon wundersam erscheinenden neuen Heilmethoden für tödliche Krankheiten und eine Vielzahl schwerer Leiden halten es viele Gesundheitsexperten für unausweichlich, dass die medizi-

nische Praxis vor radikalen Veränderungen steht. Die »personalisierte
Medizin« oder, wie manche inzwischen dazu sagen, »Präzisionsmedizin«,
basiert auf spezifischen digitalen und molekularen Modellen der Gene,
Proteine und mikrobiotischen Besiedlung jedes Individuums sowie auf
anderen Quellen medizinisch relevanter Informationen über die Person –
und sie wird sich nach Einschätzung der meisten Experten als Modell der
Gesundheitsversorgung durchsetzen.[9]

Die Möglichkeit, die Gesundheit und die körperliche Entwicklung
von Individuen zu überwachen und kontinuierlich zu aktualisieren, wird
die präventive Gesundheitsversorgung sehr viel effektiver machen. Wegen
der gigantischen Menge detaillierter Informationen, die in diesem System
über jedes Individuum erhoben und gesammelt wird, könnten die von
dieser Revolution angetriebenen neuen Ökonomien in der Gesundheitsversorgung die bisherigen, auf großen Risikopools basierenden traditionellen Versicherungsmodelle überflüssig machen.[10] Schon heute arbeiten
die Versicherungsgesellschaften daran, sich neu zu erfinden, entwickeln
digitale Gesundheitsmodelle und werten – Stichwort »Big Data« – die
dabei gesammelten gewaltigen Datenmengen aus.

Zielten Arzneimittel bislang hauptsächlich auf große Gruppen von
Individuen mit denselben Symptomen, werden sie in naher Zukunft auf
die genetischen und molekularen Signaturen individueller Patienten abgestimmt werden. In der Krebsbehandlung und bei der Therapie seltener
Krankheiten (den sogenannten *orphan diseases*, in den USA alle Krankheiten, die weniger als 200 000 Personen betreffen; die Definition unterscheidet sich von Land zu Land) findet diese Revolution bereits heute
statt, und in dem Maße, wie unser Wissen über Krankheiten zunimmt,
wird sich dieser Trend verstärken.

Der Einsatz künstlicher Intelligenz – wie beispielsweise des Watson-
Systems von IBM – unterstützt Ärzte dabei, Diagnosen zu erstellen sowie
Behandlungswege festzulegen, und verspricht, die Zahl medizinischer
Fehler zu reduzieren sowie die Fähigkeiten der Ärzte zu verbessern.[11]
Ebenso wie künstliche Intelligenz die Arbeit von Anwälten revolutioniert,
wird sie die Tätigkeiten von Medizinern von Grund auf verändern. Wie
der US-Mediziner Eric Topol in seinem Buch *The Creative Destruction of
Medicine* schreibt: »Hier handelt es sich um weitaus mehr als einen blo-
ßen Wandel; wir haben es vielmehr im Kern mit der von [dem österrei-
chischen Ökonomen Joseph] Schumpeter konzeptualisierten kreativen

Zerstörung zu tun, von der auf lange Sicht kein einziger Aspekt im Bereich Gesundheit und Medizin verschont bleiben wird. Ärzte, Krankenhäuser, die biowissenschaftliche Industrie, Staaten und ihre regulativen Organe: Ihnen allen steht eine radikale Transformation ins Haus.«[12]

Auch die Rolle der Individuen in ihrer eigenen Gesundheitsversorgung wird sich grundlegend verändern. Rund um die Welt arbeiten Mediziner mit Softwareingenieuren an der Entwicklung noch leistungsfähigerer Programme zur Selbstüberwachung, die den Einzelnen mehr Möglichkeiten in die Hand geben, ungesunde Verhaltensweisen effektiver verändern und auf diese Weise chronische Krankheiten besser in den Griff bekommen zu können.[13] Einige dieser Programme ermöglichen eine regelmäßigere Kommunikation zwischen Ärzten und Patienten; im Mittelpunkt stehen dabei Daten, die kontinuierlich auf dem – und im – Körper des Patienten digital erfasst und dann übertragen und interpretiert werden.[14] Dies ist Teil eines umfassenderen Trends zur »Selbstverbesserung«, der sogenannten Quantified-Self-Bewegung.

Andere Programme und Apps legen soziale Netzwerke von Individuen an, die mit denselben gesundheitlichen Herausforderungen konfrontiert sind – zum Teil, um von dem zu profitieren, was Wissenschaftler als den Hawthorne-Effekt bezeichnen: Allein das Wissen darum, dass der eigene Fortschritt von anderen beobachtet wird, führt dazu, dass man sich mehr anstrengt und eher Fortschritte macht.[15] Manche Leute (ich zähle mich nicht dazu) etwa sind überaus angetan von den neuen Waagen, die ihr Gewicht automatisch bei Twitter veröffentlichen, sodass all ihre Freunde dort über die Diätfortschritte – oder deren Ausbleiben – informiert sind.[16] Neue Unternehmen entstehen, die auf der Grundlage bahnbrechender klinischer – und ressourcenintensiver – Studien wie etwa dem US-amerikanischen Diabetes Prevention Program auf sozialen und digitalen Medien basierende Anwendungen entwickeln. Manche Experten glauben, dass der globale Zugang zu digitalen Programmen, die darauf ausgelegt sind, destruktive Verhaltensweisen zu verändern, es in naher Zukunft ermöglichen wird, die Häufigkeit chronischer Krankheiten wie Diabetes oder Fettleibigkeit signifikant zu reduzieren.[17]

DIE NEUEN FÄHIGKEITEN der Wissenschaftler zum Erkennen, Studieren, Kartieren, Modifizieren und Manipulieren von Zellen in lebenden Systemen werden auch auf das menschliche Gehirn angewendet.[18] So können Amputierte beispielsweise inzwischen spezielle, mit neuronalen Implantaten verbundene Arm- und Beinprothesen per Gedankenkontrolle so steuern, als ob sie ihre natürlichen Gliedmaßen benutzen würden.[19] Und gelähmte Affen, denen man ein mit den entsprechenden Muskeln verbundenes Steuergerät ins Gehirn implantiert hat, können ihre Arme und Hände bewegen. Diese Durchbrüche eröffnen auch neue Wege, bestimmte Erkrankungen des Gehirns zu heilen.[20]

So wie die Entdeckung der DNA zur Kartierung des menschlichen Genoms führte, wird das Wissen über die Art und Weise, wie Neuronen im Gehirn miteinander verbunden sind und kommunizieren, unweigerlich zur vollständigen Kartierung dessen führen, was Neurologen als »Konnektom« bezeichnen – die Gesamtheit der Verbindungen im Nervensystem eines Menschen.[21] Obwohl der dafür erforderliche Aufwand zur Datenverarbeitung um den Faktor zehn höher veranschlagt wird als für die Kartierung des menschlichen Genoms[22] und obwohl sich mehrere der für eine vollständige Kartierung erforderlichen Technologien noch in der Entwicklung befinden,[23] sind die Neurowissenschaftler sehr zuversichtlich, innerhalb der nächsten Jahre die erste »großformatige Karte der neuronalen Verdrahtung« vorlegen zu können.[24]

Die Bedeutung eines vollständigen Verdrahtungsdiagramms des menschlichen Gehirns lässt sich kaum überschätzen. Wie Teilhard de Chardin vor über sechzig Jahren sagte: »Das Denken könnte das Organ des Denkens selbst künstlich vervollkommnen.«[25]

Manche Ärzte setzen Parkinson-Patienten neuronale Implantate als eine Art Hirnschrittmacher ein,[26] die über tiefe Gehirnstimulationen eine Linderung der Krankheitssymptome bewirken. Andere arbeiten mit ähnlichen Verfahren, um Epileptiker auf die ersten Anzeichen eines bevorstehenden Anfalls hinzuweisen und durch gezielte Stimulierung des Gehirns die Folgen zu minimieren.[27] Seit Längerem im Einsatz sind auch an externe Mikrofone angeschlossene Cochlea-Implantate, die Töne an den Hörnerv und ins Gehirn weiterleiten. Interessanterweise müssen diese Geräte schrittweise aktiviert werden, damit das Gehirn sich an sie anpassen kann.[28] In Boston haben Wissenschaftler am Massachusetts Eye and Ear Infirmary eine künstliche Linse an den Sehnerv eines blinden Mannes angeschlossen, der mit ihrer Hilfe jetzt Farben wahrnehmen und sogar großgedruckte Buchstaben lesen kann. Einerseits gibt es viel Begeisterung und große Hoffnungen, die mit solchen wundersam anmutenden Fortschritten in der Medizin einhergehen. Andererseits aber beschleicht manche Beobachter angesichts der Bandbreite, der Größenordnung und der Geschwindigkeit der multiplen Revolutionen in der Biotechnologie und in den Biowissenschaften insgesamt eine gewisse Besorgnis, werden diese von uns doch in naher Zukunft fast schon gottähnliche Unterscheidungen darüber abverlangen, was aller Wahrscheinlichkeit nach gut oder schlecht für die Zukunft der gesamten menschlichen Spezies sein wird – insbesondere dann, wenn es um dauerhafte Veränderungen des menschlichen Genpools geht. Sind wir bereit und in der Lage, solche Entscheidungen zu treffen? Wie es aussieht, sind wir es nicht. Aber treffen werden wir diese Entscheidungen trotzdem.

Eine schwierige ethische Abwägung

DASS WIR GEGENWÄRTIG noch lange nicht über die Weisheit verfügen, um mit einigen dieser neuen Fähigkeiten verantwortungsvoll umzugehen, ist uns intuitiv bewusst. Natürlich, in den meisten Fällen wird sich dieses Problem erst gar nicht stellen, da es angesichts des offenkundigen Nutzens der meisten gentechnologischen Interventionen unmoralisch wäre, sie *nicht* einzusetzen. Die Aussicht darauf, Krebs, Diabetes, Alzheimer, Multiple Sklerose und andere tödliche und furchterregende Krankheiten ausmerzen zu können, ist ein Garant dafür, dass diese neuen Fähigkeiten immer schneller weiterentwickelt werden.

In anderen Fällen dagegen dürfte die Sache weniger eindeutig sein. Die voraussichtliche Fähigkeit, Eigenschaften wie Haar- und Augenfarbe, Größe und Intelligenz vorab auszuwählen und so auf gewisse Weise »Designer-Babys« zu erschaffen, wird wohl auf zahlreiche Paare mit Kinderwunsch sehr verlockend wirken.[29] Es fehlt schließlich nicht an an Beispielen dafür, was ehrgeizige Eltern mitunter tun, um ihrem Nachwuchs einen Vorsprung zu verschaffen.[30] Und wenn der Eindruck entsteht, manche Eltern würden ihren Kindern durch die Einschleusung nützlicher genetischer Eigenschaften in ihr Erbgut zu einem entscheidenden Vorteil verhelfen, könnten andere Paare das Gefühl haben, dasselbe tun zu müssen.[31]

Allerdings werden manche genetischen Modifikationen an künftige Generationen weitervererbt und könnten unvorhergesehene genetische Veränderungen auslösen, deren Tragweite bislang kaum abschätzbar ist.[32]

Sind wir bereit, die Kontrolle über die Erbmasse und damit die Verantwortung für die aktive Steuerung der zukünftigen Evolution des Menschen zu übernehmen? Wie der Präsident des amerikanischen Institute of Medicine, Harvey Fineberg, es 2011 formulierte: »Wir sind dabei, die Evolution alten Stils in eine Neo-Evolution zu verwandeln.«[33] Sind wir in der Lage, *diese* Entscheidungen zu treffen? Wieder scheint die Antwort Nein zu lauten, und dennoch treffen wir sie.

Überhaupt, wer ist denn das »Wir«, das diese Entscheidungen treffen wird? Diese unglaublich massiven Veränderungen übersteigen die heutigen Möglichkeiten der Menschheit zur bewussten kollektiven Entscheidungsfindung. Die Schwäche der amerikanischen Demokratie und die daraus resultierende Abwesenheit einer Führungsmacht in der globalen Gemeinde haben just zu dem Zeitpunkt ein Machtvakuum erzeugt, da die menschliche Zivilisation die Imperative dieser Revolution so gestalten sollte, dass sie menschliche Werte schützen. Statt die Chance zu ergreifen, die Gesundheitskosten zu senken und die Ergebnisse zu verbessern, reduzieren die Vereinigten Staaten ihre Investitionen in die biomedizinische Forschung.[34] Das Budget für die National Institutes of Health ist über die vergangenen zehn Jahre hinweg kontinuierlich gesunken, und was Naturwissenschaften, Mathematik und das Ingenieurwesen angeht, fällt das US-Bildungssystem immer weiter zurück.

Nach Ansicht von Jeffrey Steinberg, Leiter des Los Angeles Fertility Institutes und einer der frühen Pioniere der In-vitro-Fertilisation, stehen wir am Beginn des Zeitalters der aktiven Auswahl genetischer Eigenschaften. »Es ist an der Zeit, dass wir alle endlich die Köpfe aus dem Sand ziehen«, fordert Steinberg.[35] Marcy Darnovsky ist eine seiner Kolleginnen an dem Institut und meint, dass das 2012 entwickelte nicht invasive Verfahren zur Sequenzierung – Entschlüsselung – des vollständigen fötalen Genoms bereits heute »eine Reihe höchst beunruhigender Szenarien« möglich erscheinen lässt. Eine der Fragen, die eine breitere Anwendung solcher Testverfahren aufwerfen dürfte, könnte, fügt sie hinzu, die Frage danach sein, wer es verdient hat, geboren zu werden.[36]

Richard Hayes, Geschäftsführer des Center for Genetics and Society, kritisiert, dass die Debatte über die ethischen Fragen im Zusammenhang mit dem fötalen Gen-Screening und der Auswahl von Erbanlagen bislang hauptsächlich innerhalb einer kleinen Expertengemeinde geführt wird und »normale Menschen von den technischen Details erschlagen werden und sich machtlos fühlen«.[37] Er sieht auch die Gefahr, dass eine breite Anwendung der Selektion von Merkmalen eine »Verdinglichung von Kindern quasi zu Rohstoffen« nach sich ziehen könnte. »Wir unterstützen die Anwendung der PGD [präimplantative Gendiagnostik], um vorbelasteten Paaren zu gesunden Kindern zu verhelfen. Was aber nicht medizinische, sondern rein kosmetische Zwecke betrifft, glauben wir, dass dies allen Regeln der Humanität widersprechen und einen techno-eugenischen Konkurrenzkampf heraufbeschwören würde.«[38]

Auch Staaten konkurrieren auf diesem Feld miteinander. In China hat das Beijing Genomics Institute (BGI) in seinen Einrichtungen in Hongkong und Shenzhen 167 der weltweit leistungsfähigsten Genomsequenzierer installiert, und Experten gehen davon aus, dass allein die am BGI eingerichteten Kapazitäten zur Sequenzierung schon bald die der gesamten USA übertreffen werden.[39]

Das Hauptaugenmerk der chinesischen Forscher liegt zunächst darauf, mit höherer Intelligenz assoziierte Gene zu finden und in Abhängigkeit ihrer jeweiligen individuellen Anlagen den für jeden Schüler am besten geeigneten Studiengang oder Beruf zu ermitteln.[40]

Manchen Schätzungen zufolge hat die chinesische Regierung allein in den letzten drei Jahren deutlich über 100 Milliarden Dollar in die biowissenschaftliche Forschung investiert und rund 80 000 an westlichen Universitäten ausgebildete chinesische Biowissenschaftler zurück in die Volksrepublik gelockt.[41] Die in Boston ansässige Beratungsgesellschaft Monitor Group meldete 2010, China sei auf bestem Wege, »binnen der nächsten zehn Jahre zum globalen Führer in der biowissenschaftlichen Forschung und Innovation aufzusteigen«.[42] Der chinesische Staatsrat hat angekündigt, die Genforschungsindustrie des Landes zu einem der Pfeiler des industriellen Wachstums Chinas auszubauen,[43] und wie manche Forscher berichten, werden in Beijing bereits Pläne diskutiert, auf lange Sicht das Erbgut aller Kinder in China zu entschlüsseln.[44]

Eine wichtige Rolle spielen auch die multinationalen Konzerne, die die zahlreichen Fortschritte aus den Forschungslabors mit kommerziell profitablen Anwendungen schnellstmöglich ausbeuten. Nachdem die Marktsphäre die Demokratiesphäre erobert hat, schickt sie sich nun an, auch die Biosphäre zu dominieren. So wie die Welt AG aus der Vernetzung vieler Milliarden Computer und intelligenter Geräte entstanden ist, die quer über alle Grenzen hinweg problemlos miteinander kommunizieren, entsteht die

Leben AG aus der Fähigkeit der Wissenschaftler und Ingenieure, quer über alle Artengrenzen hinweg den Fluss genetischer Informationen zwischen lebenden Zellen miteinander zu verbinden.

Die Fusion der Welt AG mit der Leben AG ist bereits in vollem Gange. Seit der Oberste Gerichtshof in Washington 1980 das erste Patent auf ein Gen gewährt hat,[45] sind in den USA über 40 000 Genpatente ausgestellt worden, die 2000 menschliche Gene betreffen.[46] Dasselbe gilt für Körpergewebe, darunter zum Teil auch Gewebe, das Patienten entnommen und – ohne ihre Zustimmung – für kommerzielle Anwendungen verwendet worden ist.[47] (Formell muss derjenige, der ein solches Patent beantragt, das Gen beziehungsweise Gewebe auf irgendeine Weise transformieren, isolieren oder reinigen. In der Praxis jedoch wird das Gen oder Gewebe vom Inhaber des Patents selbst kommerziell kontrolliert.)

Es gibt naheliegende Gründe, die Macht des Gewinnstrebens und des privaten Sektors zur Nutzbarmachung der Revolution in den Biowissenschaften einzusetzen. 2012 hat die EU-Kommission mit Glybera das erste Gentherapiemedikament der westlichen Welt zugelassen,[48] ein Mittel zur Behandlung eines seltenen Gendefekts, der dazu führt, dass Fette aus der Nahrung im Körper nicht richtig abgebaut werden.[49] Im August 2011 erteilte die amerikanische Food and Drug Administration die Zulassung des als Crizotinib bezeichneten Medikaments für die gezielte Behandlung einer durch eine Genmutation ausgelösten seltenen Lungenkrebsform.[50]

Dieselbe ungleiche Machtverteilung, die für die gefährliche Ungleichheit bei den Einkommen verantwortlich ist, manifestiert sich auch im ungleichen Zugang zur ganzen Bandbreite der durch die Revolution der Biowissenschaften erzeugten Innovationen, die für die Menschheit wichtig sind. So hält ein einziges Biotechnologieunternehmen – Monsanto – die Patente auf die große Mehrzahl des weltweit landwirtschaftlich genutzten Saatguts. »Unseren Schätzungen zufolge«, erklärte 2010 der amerikanische Saatgutexperte Neil Harl von der Iowa State University, »kontrolliert Monsanto bis zu 90 Prozent der Saatgutgene.«[51]

Das Wettrennen um Patente auf Gene und Gewebe steht in krassem Widerspruch zu der Haltung, die Jonas Salk*, der Entdecker des Polio-

---

* Jonas Salk entwickelte 1952 den ersten wirksamen Polio-Impfstoff, der 1955 zugelassen wurde. Die erste Polio-Schluckimpfung wurde von einem Forscherteam unter Albert Sabin entwickelt und 1962 zugelassen.

Impfstoffes, in einem Gespräch mit Edward R. Murrow vertrat. »Die Nachfrage nach diesem Impfstoff wird gewaltig sein«, meinte Murrow. »Alle werden ihn haben wollen, und damit ist er potenziell überaus lukrativ. Wer hält das Patent darauf?« Salks Antwort: »Das amerikanische Volk, nehme ich an. Oder kann man etwa die Sonne patentieren?«[52]

Die Digitalisierung des Lebens

ZU SALKS ZEITEN ERSCHIEN DEN LEUTEN die Vorstellung absurd, biowissenschaftliche Entdeckungen zu patentieren, die für das Wohl der Menschheit gedacht waren. Ein paar Jahrzehnte später, die Begeisterung für die Genforschung begann gerade erst, läutete einer von Salks herausragendsten Kollegen, Norman Borlaug, mithilfe herkömmlicher Kreuzungs- und Hybridisierungsverfahren die grüne Revolution ein.[53] Gegen Ende seiner Karriere kommentierte der Agrarwissenschaftler den Wettlauf in den USA um die Patentierung gentechnisch veränderter Pflanzen mit folgenden Worten: »Gott möge uns beistehen. Sollte sich das durchsetzen, werden wir alle Hunger leiden.«[54] Borlaug, der das Übergreifen des Marktes auf die Pflanzengenetik ablehnte, erklärte einem Publikum in Indien: »Wir haben gegen die Patentierung gekämpft [...] und uns immer für den freien Austausch von Keimplasma eingesetzt.«[55] Sowohl die USA wie auch die Europäische Union erkennen Patente auf isolierte und gereinigte Gene und Gensequenzen an, und in jüngerer Vergangenheit haben amerikanische Berufungsgerichte in mehreren Fällen die grundsätzliche Patentierbarkeit von Genen bestätigt.[56]

Zunächst einmal ist die Digitalisierung des Lebens lediglich die im 21. Jahrhundert spielende Fortsetzung der Geschichte darüber, wie der Mensch sich die Erde untertan macht. Unter allen Lebensformen verfügen allein wir über die Fähigkeit, komplexe informationelle Modelle der Realität zu erstellen. Dann, indem wir von den Modellen lernen und sie manipulieren, erlangen wir die Fähigkeit, die Realität zu verstehen und zu verändern.[57] So wie die Informationen, die durch das Weltgehirn fließen, in Nullen und Einsen ausgedrückt werden – den binären Bausteinen der digitalen Revolution –, wird die von allen Lebewesen gesprochene Sprache der DNA in vier Buchstaben ausgedrückt: A, T, C und G.[58]

Von ihren anderen wundersamen Eigenschaften einmal ganz abgesehen, grenzt die Integrationsspeicherkapazität der DNA ans Unglaubliche. 2012 hat ein von George Church geleitetes Forscherteam an der Harvard University ein Buch mit über 50 000 Wörtern in DNA-Strängen codiert und anschließend fehlerfrei wieder ausgelesen. Man könne, sagte der Molekularbiologe Church, eine Milliarde Kopien des Buchs in einem Reagenzglas speichern und auf Jahrhunderte hinaus wieder abrufen. »In einem Speicher von der Größe eines menschlichen Daumens«, fuhr er fort, »könnte man auf diese Weise ebenso viele Informationen speichern wie im gesamten Internet.«[59] Auf einer tieferen Ebene aber markiert die Entdeckung, wie das Design des Lebens selbst manipuliert werden kann, den Beginn einer völlig neuen Geschichte. In dem Jahrzehnt nach dem Zweiten Weltkrieg entdeckten James Watson, Francis Crick und Rosalind Franklin die Doppelhelix-Struktur der DNA. (Wie Wissenschaftshistoriker heute wissen, wurde Franklin die Anerkennung für ihren entscheidenden Beitrag zu dem wissenschaftlichen Aufsatz verweigert, in dem die Entdeckung 1953 publiziert wurde. Als Watson und Crick 1962 mit dem Nobelpreis für Medizin ausgezeichnet wurden, war Franklin schon tot.)[60] 2003, genau fünfzig Jahre später, wurde das menschliche Erbgut entschlüsselt.[61]

Während die Wissenschaftsgemeinde noch mit den Herausforderungen kämpft, vor die sie die mit der DNA-Sequenzierung einhergehende immense Datenfülle stellt, wird bereits die Entschlüsselung der RNA (Ribonukleinsäure) vorangetrieben.[62] Die RNA spielt, wie man feststellt, eine weitaus komplexere Rolle als bloß die eines Botensystems zur Übermittlung der Informationen, die zu Proteinen synthetisiert werden.[63] Die Proteine wiederum – die neben anderen Dingen die Zellen bauen und kontrollieren, aus denen alle Lebensformen bestehen[64] – werden im Human Proteome Project analysiert, für das nochmals deutlich größere Datenmengen bewältigt werden müssen.[65] Proteine nehmen zahlreiche unterschiedliche Formen an und sind in Mustern »gefaltet«, die ihre Funktion und Rolle beeinflussen.[66] Nachdem sie synthetisiert worden sind, können Proteine auf chemischem Wege auf eine Weise modifiziert werden, die die Bandbreite ihrer Funktionen erweitert und ihr Verhalten steuert.[67] Die Komplexität dieser analytischen Herausforderung übertrifft die der Genomsequenzierung bei Weitem.

Die Epigenetik befasst sich mit Erbeigenschaften, die *nicht* in der zugrunde liegenden DNA festgeschrieben sind, ein Prozess, für dessen

Verständnis wir dem Human Epigenome Project wichtige Erkenntnisse verdanken.[68] Bereits heute werden mehrere auf epigenetischen Durchbrüchen basierende pharmazeutische Produkte bei der Krebsbehandlung angewendet, andere Therapieansätze werden in klinischen Studien am Menschen getestet.[69] Die Entschlüsselung der Fundamente des Lebens sowie von Gesundheit und Krankheit wird uns viele aufregende diagnostische und therapeutische Durchbrüche bescheren.

Auf dieselbe Weise, wie der von Computern benutzte digitale Code sowohl informationelle Inhalte wie auch Betriebsanleitungen enthält, erlauben uns die komplexen universellen Codes der Biologie, die jetzt dechiffriert und katalogisiert werden, nicht nur die Blaupausen von Lebensformen zu verstehen, sondern auch ihren Aufbau und ihre Funktionen zu verändern. Durch die Übertragung von Genen von einer Art auf eine andere und die Erzeugung neuartiger DNA-Stränge nach eigenen Entwürfen können Wissenschaftler sie in Lebensformen einschleusen, um diese zu verändern und dazu zu bringen, sich so zu verhalten, wie sie das möchten.[70] Wie Viren sind solche DNA-Stränge genau betrachtet nicht »lebendig«, da sie sich nicht selbst vermehren können. Allerdings können sie, ebenfalls wie Viren, die Kontrolle über lebende Zellen übernehmen und diese auf bestimmte Verhaltensweisen programmieren, zum Beispiel auf die Produktion spezieller Chemikalien mit kommerziellem Wert.[71] Nicht zuletzt können sie die Zellen auch auf die Nachbildung der DNA-Stränge programmieren, die in sie eingeschleust worden sind.

Bereits heute verdanken wir der Einfügung synthetischer DNA-Stränge in lebende Organismen eine ganze Reihe von segensreichen Fortschritten. Einer der ersten Durchbrüche, erzielt vor über dreißig Jahren, war die Synthese menschlichen Insulins, durch das das aus Schweinen und anderen Tieren gewonnene und weniger effektive Insulin ersetzt werden konnte.[72] Für die nahe Zukunft erwarten Wissenschaftler große Fortschritte bei der Herstellung von künstlicher Haut[73] sowie synthetischem Blut.[74] Andere sind zuversichtlich, Cyanobakterien so verändern zu können, dass sie so unterschiedliche Dinge wie Treibstoff für Fahrzeuge[75] oder Protein für den menschlichen Konsum produzieren.[76]

Gleichzeitig wirft die rasante Ausbreitung dieser Technologie Fragen auf, die Bioethikern erhebliches Kopfzerbrechen bereiten. »Die synthetische Biologie stellt möglicherweise die bislang größte Herausforderung für die staatliche Technologie-Aufsicht in der Geschichte der Menschheit dar und birgt erhebliche ökonomische, juristische, sicherheitstechnische und ethische Implikationen, die weit über die Sicherheit und die Fähigkeiten der Technologien selbst hinausreichen«, warnt etwa die Leiterin einer Denkfabrik, die sich mit den Biowissenschaften befasst. »Doch aufgrund des ökonomischen Imperativs sowie des schieren Volumens der weltweit unternommenen wissenschaftlichen und kommerziellen Aktivitäten auf diesem Feld ist der Prozess funktionell nicht mehr aufhaltbar [...], ein Moloch, der bereits heute jenseits des staatlichen Zugriffs liegt.«[77]

Weil die Digitalisierung des Lebens mit der Entstehung des Weltgehirns zusammenfällt, können, wann immer irgendwo ein neues Teil des großen Puzzles gelöst wird, Forscherteams rund um die Welt sofort damit beginnen, es in Verbindung zu den Puzzleteilen zu setzen, an denen sie arbeiten. Je mehr Gene entschlüsselt sind, umso leichter und schneller können Wissenschaftler das Netzwerk der Verbindungen zwischen diesen Genen und anderen kartieren, von denen man weiß, dass sie in vorhersagbaren Mustern auftreten.

»Es besteht«, sagt BGI-Geschäftsführer Jun Wang, »ein starker Netzwerkeffekt. [...] Das Gesundheitsprofil und die persönlichen genetischen Informationen eines Individuums liefern uns in gewissem Maße Hinweise zum besseren Verständnis der Genome anderer Menschen und deren medizinischen Folgen. In diesem Sinne gehört ein persönliches Genom nicht nur einem einzigen Menschen, sondern der gesamten Menschheit.«[78]

2012 erzielten 500 Wissenschaftler, verteilt auf 32 Forschungslabore rund um die Welt, in einem beispiellosen Gemeinschaftsprojekt einen entscheidenden Durchbruch für das Verständnis von DNA-Schnipseln – der sogenannten nicht kodierenden DNA –, die man lange Zeit als funktions- und damit bedeutungslos abgetan hatte. Sie entdeckten, dass diese »Junk-« beziehungsweise »Schrott-DNA« in Wahrheit Millionen von in extrem komplexen Netzwerken angeordneten »Ein-Aus-Schaltern« enthält, die eine entscheidende Rolle für die Steuerung der Funktion und Interaktion von Genen spielen.[79] Das wegweisende Projekt führte zwar einerseits dazu, dass die Funktion von 80 Prozent unserer DNA identifiziert wurde, aber andererseits beschämte die Wissenschaftler zugleich die Erkenntnis, dass sie noch sehr weit davon entfernt sind, umfassend zu verstehen, wie die genetische Regulation des Lebens tatsächlich funktioniert. Nach dieser Entdeckung erklärte Job Dekker, ein Molekular-Biophysiker an der Medical

School der University of Massachusetts, dass jedes Gen von einem »Ozean regulierender Elemente« umgeben ist, organisiert in einer »sehr komplizierten dreidimensionalen Struktur«, von denen erst 1 Prozent beschrieben ist.[80]

Das Weltgehirn hat zudem einen internetbasierten globalen Markt für sogenannte Biobricks hervorgebracht – Genbausteine mit bekannten Eigenschaften und verifizierten Einsatzmöglichkeiten –, die Forscher der synthetischen Biologie problemlos und kostengünstig ordern können. Auf Initiative von Biowissenschaftlern am Massachusetts Institute of Technology (MIT), darunter auch Ron Weiss, Gründer der BioBricks Foundation, wurde das Registry of Standard Biological Parts aufgebaut, das als eine Art weltweiter Fundus beziehungsweise Universalbibliothek für viele Tausend DNA-Segmente dient – Segmente, die als aus Gencode bestehende Bausteine genutzt werden können und kostenlos verfügbar sind. Auf dieselbe Weise, wie das Internet die Verteilung der industriellen Produktion auf viele Hunderttausend Standorte weltweit ausgebreitet hat, sorgt es auch dafür, dass die grundlegenden Werkzeuge und Rohstoffe der Gentechnik an Forschungslabore auf der ganzen Welt verteilt werden.

Der Genom-Effekt

DIE ANNÄHERUNG der digitalen und der biowissenschaftlichen Revolution beschleunigt diese Entwicklungen auf eine Geschwindigkeit, die selbst das Tempo in den Schatten stellt, mit dem Computer immer leistungsfähiger werden. Wie rasant dieser Wandel voranschreitet, illustrieren die folgenden Zahlen: Die Kosten für die Entschlüsselung des ersten Humangenoms vor zehn Jahren beliefen sich auf rund 3 Milliarden Dollar.[81] Es wird erwartet, dass man ein detailliertes digitales Genom heutzutage schon für 1000 Dollar pro Person bekommt.[82]

Bei diesem Preis dürften, erwarten Experten, Genome routinemäßig eingesetzt werden in der medizinischen Diagnostik, zur Anpassung von Medikamenten und Therapien an die genetische Ausstattung eines Individuums sowie für eine Vielzahl anderer Zwecke.[83] Das wird, wie ein Genomexperte erwartet, »an einen ganzen Haufen gesellschaftspolitischer Themen – Privatsphäre, Sicherheit, Offenlegung, Kostenerstattung, Auswertung, Beratung und so weiter – rühren, samt und sonders wichtige

Fragen für noch zu führende Diskussionen«.[84] Im Jahr 2012 hat ein britisches Unternehmen angekündigt, dass es einen kleinen Einweg-Gensequenzierer für unter 900 Dollar auf den Markt bringen wird.[85]

In den ersten Jahren folgte die Kostenreduzierungskurve für die Sequenzierung des Erbguts eines Individuums mehr oder weniger dem seit Langem vom Mooreschen Gesetz beschriebenen Rückgang um 50 Prozent alle 18 bis 24 Monate.[86] Doch seit Ende 2007 hat sich der Rückgang der Sequenzierungskosten deutlich beschleunigt[87] – zum Teil wegen des Netzwerkeffekts, aber auch weil dank der Fortschritte in mehreren für die Entschlüsselung von Genen relevanten Technologien die Länge der rasch analysierbaren DNA-Stränge signifikant erhöht werden konnte.[88] Die Experten gehen davon aus, dass sich die Kostenreduktion auf absehbare Zeit weiter in demselben halsbrecherischen Tempo fortsetzen wird.[89] Mit der Folge, dass einige Unternehmen – wie zum Beispiel Life Technologies aus Kalifornien – aufgrund der erwarteten Beschleunigung der Innovationsrate in der Gentechnik jetzt schon synthetische Genome produzieren.[90]

Normalerweise aber ist die Destillation von Wissen ein Prozess, der beträchtliche Zeit in Anspruch nimmt, und die Umformung von Wissen in allgemein anerkannte Regeln, nach denen wir unsere Entscheidungen ausrichten können, dauert noch länger. Seit nahezu 4000 Jahren, seit Hammurabi um das Jahr 1780 v. Chr. den ersten schriftlichen Gesetzeskodex niedergelegt hat, haben wir auf der Grundlage von Präzedenzfällen, die unserer Auffassung nach die Weisheit früherer Richtsprüche angemessen verkörpern, Rechtsgrundlagen entwickelt.[91] Doch die von der Digitalisierung des Lebens vorangetriebene große Konvergenz der Wissenschaften – mit den überlappenden und sich weiter beschleunigenden Revolutionen in der Genetik, Epigenetik, Genomik, Proteomik, Mikrobionik, Optogenetik, regenerativen Medizin, Neurowissenschaft, Nanotechnologie, Materialwissenschaft, Kybernetik, Bioinformatik, Entwicklung von Supercomputern und in anderen Gebieten – gibt uns weitaus schneller neue Fähigkeiten in die Hand, als wir in der Lage sind, die tiefere Bedeutung und die wahren Folgen der Entscheidungen zu erfassen, die wir zu fällen haben.

So sollte die unmittelbar bevorstehende Erschaffung völlig neuer – und zur Selbstreplikation fähiger – künstlicher Lebensformen eigentlich Anlass für eine umfassende Diskussion und Debatte sein, nicht nur über die damit verbundenen Risiken, Chancen und angemessenen Absicherungen, sondern auch über die weitreichenden Folgen, die die Überschreitung einer solch epochalen Schwelle mit sich bringen wird. Um mit den von Teilhard de Chardin Mitte des 20. Jahrhunderts geäußerten prophetischen Worten zu sprechen: »Wird uns die bevorstehende synthetische Herstellung der Eiweißstoffe nicht eines Tages befähigen, eine Wirkung hervorzurufen, die der sich selbst überlassenen Erde versagt scheint: eine neue Woge von Organismen – ein künstlich hervorgebrachtes Neu-Leben?«[92]

Die Wissenschaftler, die so unermüdlich für diese Durchbrüche arbeiten, sind verständlicherweise begeistert, und die über die Maßen vielversprechenden Segnungen, die sie uns mit ihren Forschungsarbeiten zu bescheren hoffen, erscheinen ihnen Grund genug, weiter mit voller Kraft voranzustürmen. Umso unangemessener hört sich deshalb die despektierliche Frage danach an, was dabei denn schiefgehen könnte.

NUN, WIE ES AUSSIEHT, gar nicht so wenig. Zumindest scheint es ein Gebot der Vernunft zu sein, sich ernsthaft mit dieser Frage auseinanderzusetzen. Craig Venter, der schon mit der Sequenzierung seines eigenen Erbguts Geschichte schrieb,[93] tat das nochmals 2010, als er aus rein synthetischer DNA das erste lebende Bakterium erschuf.[94] Auch wenn einige Wissenschaftler Venters Leistung mit dem Verweis darauf kleinredeten, dass er lediglich den Bauplan eines bekannten Bakteriums kopiert[95] und die entkernte Hülle eines anderen Bakteriums als Gerüst für seine neue Lebensform benutzt habe,[96] sprachen viele andere von einem wichtigen Wendepunkt.[97]

Im Juli 2012 gaben Venter und seine Kollegen gemeinsam mit einem Wissenschaftlerteam von der Stanford University bekannt, dass sie ein Softwaremodell der gesamten Gene (525, die kleinste bekannte Anzahl), Zellen, RNA, Proteine und Metaboliten (kleine, in den Zellen generierte Moleküle) eines Organismus erstellt hatten – genauer gesagt, einer frei lebenden Mikrobe namens *Mycoplasma genitalium*.[98] Venter arbeitet derzeit im Rahmen eines Projekts, mit dem die für eine Selbstreplikation erforderliche Mindestmenge an Erbgutinformationen ermitteln werden soll, an der Erzeugung einer einzigartigen künstlichen Lebensform.[99] »Wir versuchen die fundamentalen Prinzipien für den Bauplan des Lebens zu verstehen, sodass wir es nachbauen können – und zwar auf die Art und Weise, wie es, hätte es einen solchen denn gegeben, ein intelligenter Schöpfer von vornherein getan hätte«, sagte Venter.[100] Seine Anspielung auf einen »intelligenten Schöpfer« scheint als expliziter Seitenhieb auf die Kreationisten gedacht und spiegelt eine neue, kämpferische Haltung wider, die viele Wissenschaftler in Reaktion auf die von einigen Fundamentalisten geführten aggressiven Attacken gegen das Evolutionsprinzip inzwischen – verständlicherweise – für angemessen erachten.

Man muss aber gar nicht an eine wie auch immer geartete Gottheit glauben, um die Möglichkeit in Erwägung zu ziehen, dass dem Gewebe des Lebens eine ganzheitliche Integrität zu eigen ist, die wir noch nicht in ihrer Gänze begriffen haben und die, täten wir es denn, wir möglicherweise nicht riskieren würden zu zerstören. Auch wenn unsere Sicht auf die Hybris in uralten Geschichten über Menschen gründet, die für sich den Göttern vorbehaltene Kräfte anmaßten und darüber stürzten, wurzelt ihre eigentliche Bedeutung – und die damit einhergehende Gefahr – in der Arroganz und dem Stolz der Menschen, unabhängig davon, ob damit ein Angriff auf die Gottheit verbunden ist oder nicht. Wie schon Shakespeare Cassius sagen ließ: »Nicht durch die Schuld der Sterne, lieber Brutus,/ Durch eigne Schuld nur sind wir Schwächlinge.«[101] Die Hybris ist Teil der menschlichen Natur, und in ihrem Kern gehört dazu das hochmütige und übersteigerte Selbstvertrauen darauf, die Folgen von Machtausübung in einem Feld ganz und gar erfassen zu können – auch wenn es mit einiger Wahrscheinlichkeit Komplexitäten birgt, welche den Horizont eines jeden Menschen nach wie vor übersteigen.

Dabei ist der Fundamentalismus keineswegs eine auf das Religiöse beschränkte Geisteshaltung. Der Reduktionismus – die Überzeugung, der beste Weg zu wissenschaftlicher Erkenntnis bestehe im Normalfall darin, Phänomene in ihre einzelnen Bestandteile und Unterbestandteile zu zerlegen – geht mitunter mit einer gewissen selektiven Wahrnehmung einher, die Beobachter daran hindert, sich in komplexen Systemen und in ihren Interaktionen mit anderen komplexen Systemen emergente, also sich neu herausbildende, Phänomene wahrzunehmen.

Einer der angesehensten Evolutionsbiologen der Welt, E. O. Wilson, wurde von vielen seiner Fachkollegen heftig angegriffen, als er die These in den Raum stellte, dass die darwinistische Selektion nicht nur auf der Ebene individueller Mitglieder einer Spezies operiert, sondern auch auf der Ebene von »Superorganismen«. Damit ist gemeint, dass Anpassungen, von denen eine Spezies als solche profitiert, unter Umständen selbst dann selektiert werden, wenn sie die Überlebenschancen der Individuen, in denen sie sich manifestieren, nicht verbessern.[102] Wilson, der früher einmal Christ war, redet damit keineswegs einer Art »intelligenten Schöpfung« das Wort, an die zum Beispiel die Kreationisten glauben. Vielmehr vertritt er die Ansicht, dass es eine weitere Schicht der Komplexität in der Evolution gibt, die auf einem »emergenten Niveau« operiert.[103]

Francis Collins, ein tiefgläubiger Christ und Leiter des von der US-Regierung eingesetzten Human Genome Project (das seine Ergebnisse zur selben Zeit veröffentlichte wie Craig Venter), beklagt die »zunehmende Polarisierung zwischen wissenschaftlichen und spirituellen Weltsichten, die meiner Auffassung nach zu großen Teilen von jenen vorangetrieben wird, die sich von den Alternativen bedroht sehen und nicht bereit sind, die Möglichkeit in Betracht zu ziehen, dass es hier Übereinstimmungen geben könnte [...] Wir müssen anerkennen, dass unser Verständnis der Natur etwas ist, das Jahrzehnt um Jahrzehnt und Jahrhundert um Jahrhundert wächst.«[104]

Venter seinerseits ist fest davon überzeugt, dass das, was wir wissen, ausreichend ist, um ein umfassendes Projekt zur Neuerfindung des Lebens nach einem Entwurf des Menschen zu rechtfertigen. »Das Leben hat sich über drei Milliarden Jahre hinweg in chaotischer Weise durch zufällige Veränderungen entwickelt«, sagt er. »Wir entwerfen es so, dass es Moleküle für unterschiedliche Funktionen gibt, beispielsweise für die Chromosomen-Replikation und Zellteilung, und dann entscheiden wir, was für einen Metabolismus wir haben möchten.«[105]

Künstliches Leben

WIE BEI SO VIELEN der erstaunlichen neuen Fortschritte in den Biowissenschaften eröffnet die Möglichkeit, künstliche Lebensformen zu entwerfen und zu erschaffen, die Aussicht auf Durchbrüche in der Gesundheitsversorgung,[106] der Energieerzeugung,[107] der Wiederherstellung der Umwelt[108] und einer Vielzahl anderer Bereiche.[109] Eines der neuen Produkte, das Venter und andere Wissenschaftler auf diese Weise zu erzeugen hoffen, sind synthetische Viren, die darauf ausgelegt sind, antibiotikaresistente Bakterien zu vernichten oder zu schwächen.[110] Diese synthetischen Viren – oder Bakteriophagen – können so programmiert werden, dass sie nur die Krankheitserreger attackieren und andere Zellen in Ruhe lassen. Dabei nutzen diese Viren ausgeklügelte Strategien, um das angegriffene Bakterium nicht nur zu töten, sondern es auch dazu zu bringen, bis zu seinem Tod die synthetischen Viren zu replizieren, welche dann weitere Erreger angreifen, bis die Infektion abklingt.[111]

Auch auf dem Einsatz neuer synthetischer Organismen zur beschleunigten Impfstoffentwicklung ruhen große Hoffnungen.[112] Diese synthetischen Impfstoffe werden im Rahmen der weltweiten Vorbereitung auf potenzielle neue Pandemien wie die Vogelgrippe (H5N1) von 2007 oder die sogenannte Schweinegrippe (H1N1) von 2009 entwickelt.[113] Besonders beunruhigt sind die Wissenschaftler von der Tatsache, dass das Vogelgrippevirus H5N1 nur noch einige wenige Mutationen davon entfernt ist, die Fähigkeit zu entwickeln, durch die Luft von einem Menschen zum anderen übertragen zu werden.[114]

Der herkömmliche Prozess der Impfstoffentwicklung erfordert einen aufwendigen Entwicklungs-, Produktions- und Testzyklus, der nicht in Tagen, sondern in Monaten gerechnet wird. Das bedeutet, dass die Ärzte, wenn sich eine neue Mutation des Virus ausbreitet, nahezu keine Möglichkeit haben, auf angemessene Impfstoffvorräte zuzugreifen.[115] Nun jedoch nutzen Wissenschaftler die Werkzeuge der synthetischen Biologie, um die Evolution der verschiedenen existierenden Grippevirenstränge im Labor zu beschleunigen und auf diese Weise, so die Hoffnung, vorhersagen zu können, welche neuen Stränge mit der größten Wahrscheinlichkeit entstehen werden.[116] Durch die Analyse der künstlich erzeugten neuen Virenstränge hoffen die Forscher, vorab Impfstoffe synthetisieren zu können, die einen Schutz vor jeder anschließend in der Natur vorkommenden neuen Mutation des Virus bieten; noch vor dem Auftreten eines neuen Virus möchte man auf diese Weise ausreichend Vorräte an Impfstoffen anlegen. Außerdem ist es jetzt möglich, eine Biofabrik direkt dort einzurichten, wo das Impfserum benötigt wird, zum Beispiel in einem abgelegenen Dorf auf dem Land, und so die Ausbreitung eines neu entdeckten Viren- oder Bakterienstrangs rasch einzudämmen.[117]

Nach Einschätzung mancher Experten dürfte die synthetische Biologie, die viele chemische Stoffe günstiger produzieren kann, als ihre Gewinnung aus natürlichen Quellen kostet, innerhalb der nächsten Jahre 15 bis 20 Prozent der weltweiten Produktion der chemischen Industrie ersetzen und dann beispielsweise pharmazeutische Produkte, Biokunststoffe und andere, neue Materialien auf den Markt bringen.[118] Andere gehen sogar davon aus, dass dieser neue Ansatz der chemischen und pharmazeutischen Produktion – in Kombination mit der in Kapitel 1 beschriebenen 3-D-Drucktechnologie – durch eine Strategie der »weltweit verteilten« Produktion die traditionellen Produktionsprozesse revolutionieren wird.[119] Da der größte Wert in den Informationen liegt, die problemlos an jeden beliebigen Standort übertragen werden können, kann der tatsächliche Produktionsprozess, durch den die Informationen in biosynthetische Produkte umgesetzt werden, praktisch überall stattfinden.

Diese und andere verlockende Aussichten, die dank der rasanten Fortschritte in der synthetischen Biologie und bei der Erschaffung künstlicher Lebensformen in greifbarer Nähe scheinen, haben dazu geführt, dass Warnungen vor möglichen unerwünschten Folgen vielfach ungeduldig abgetan werden. Vor knapp neunzig Jahren schrieb der britische Biochemiker J. B. S. Haldane einen einflussreichen Essay, der unzählige Spekulationen über eine Zukunft nährte, in der der Mensch die Kontrolle über den weiteren Verlauf der Evolution in seine Hände nimmt. In dem Bemühen, das weitverbreitete Unbehagen angesichts solcher Szenarien in den Kontext zu setzen – und im Prinzip als unbegründet abzutun –, schrieb Haldane damals:

In der Chemie oder Physik ist der Erfinder stets ein Prometheus. Es gibt keine große Erfindung, vom Feuer bis zum Fliegen, die nicht als Beleidigung irgendeiner Gottheit bejubelt worden ist. Wenn aber jede physikalische oder chemische Erfindung eine Blasphemie ist, dann ist jede biologische Erfindung eine Perversion. Es gibt kaum eine, die, kommt sie zum ersten Mal einem Beobachter aus irgendeiner Nation zur Kenntnis, in der sie bis zu diesem Zeitpunkt unbekannt ist, ihm nicht als unanständig und unnatürlich erscheinen würde.[120]

Im Gegensatz dazu fordert Leon Kass, von 2001 bis 2005 Vorsitzender des U.S. Council on Bioethics, die Intuition beziehungsweise das Gefühl, etwas sei in bestimmter Hinsicht abstoßend, nicht automatisch als unwissenschaftlich zu verurteilen: »In manchen entscheidenden Fällen jedoch kann intuitive Abneigung die emotionale Manifestation einer tiefen Weisheit sein, die zu artikulieren vollkommen jenseits der Macht der

Vernunft liegt. [...] Wir erkennen intuitiv und wir fühlen, sofort und ohne Zweifel, die Verletzung von Dingen, die uns zu Recht lieb und teuer sind.«[121]

In Kapitel 2 haben mehrere Beobachter der sich in der digitalen Welt entfaltenden Trends den Begriff »unheimlich« verwendet, etwa wenn es um die flächendeckende Erfassung umfangreicher Informationen über die meisten Internetnutzer geht. Andere haben eingewendet, dass »unheimlich« ein unpräzises Wort sei, weil es ein Gefühl beschreibt, das selbst unpräzise ist – nicht Angst, sondern ein vages Unbehagen über etwas, dessen Natur und Folgen uns so wenig vertraut sind, dass wir gar nicht anders können, als die Möglichkeit in Betracht zu ziehen, etwas Angstvolles oder Schädliches könnte daraus resultieren.[122] Eine vergleichbare diffuse »Vorangst« befällt viele Menschen, wenn sie über die rasanten Fortschritte in der Welt der Gentechnologie nachdenken.

Ein Beispiel: Genforscher aus den USA haben eine neue Methode zur Produktion von Spinnenseide entwickelt, bei der sie Gene von Webspinnen in das Erbgut von Ziegen integrierten, die über ihre Euter neben Milch nun auch Seidenmoleküle abgeben.[123] Spinnenseide ist ein begehrtes Material, da es nicht nur elastisch, sondern auf das Gewicht umgerechnet fünf Mal stärker als Stahl ist.[124] Spinnen eignen sich wegen ihrer antisozialen, kannibalistischen Natur nicht für die Massenzucht,[125] ein Problem, das durch die Übertragung der für die Spinnenseidenproduktion verantwortlichen Gene auf Ziegen umgangen werden kann, die zudem auch eine größere Produktion von Spinnenseide ermöglichen.*

Es kann jedenfalls kein Zweifel daran bestehen, dass der weitverbreitete Einsatz der synthetischen Biologie – und hierbei insbesondere der Einsatz sich selbst reproduzierender künstlicher Lebensformen – tiefgreifende Veränderungen in der Welt bewirken könnte, auch solche, die man lieber sorgfältig überwachen sollte. Immerhin gibt es mehr als genug Beispiele von Pflanzen und Tieren, deren Wachstum, nachdem der Mensch

* Andere Wissenschaftler wiederum bauen das molekulare Design der Spinnenseide nach; sie synthetisieren Spinnenseide aus einer im Handel erhältlichen Substanz (einem Polyurethan-Elastomer), die sie mit Tonplättchen von gerade einmal einem Nanometer (einem Milliardstelmeter) Dicke und einem Durchmesser von 25 Nanometern behandeln. Im nächsten Schritt wird das daraus entstehende Gemisch mit großem Aufwand weiterverarbeitet. Finanziert wird das Projekt vom Institute for Soldier Nanotechnologies am Massachusetts Institute of Technology – ein Zeichen dafür, für wie wichtig die militärischen Anwendungsmöglichkeiten ermessen werden.

sie gezielt in neue, artfremde Lebensräume eingeführt hatte, rasch außer Kontrolle geriet und die in der Folge das lokale Ökosystem massiv schädigten. Die japanische Rankpflanze Kudzu etwa, die im Süden der USA zur Bekämpfung der Bodenerosion eingeführt wurde, hat sich rapide ausgebreitet und ist zu einer Gefahr für die einheimischen Baum- und Pflanzenarten geworden – man bezeichnet sie inzwischen sogar als »die Rebe, die die Südstaaten überwuchert«.[126] Müssen wir vor einer Art »mikrobiellem Kudzu« Angst haben, wenn eine zur Selbstreplikation fähige synthetische Lebensform aus bestimmten, nützlichen Gründen in die Biosphäre eingeführt wird, sich dann aber auf Wegen, die nicht vorhergesehen oder erst gar nicht in Betracht gezogen worden waren, rapide ausbreitet? In der Vergangenheit haben sich oft diejenigen, die im Zusammenhang mit neuen wissenschaftlichen teleologischen Durchbrüchen durchaus berechtigte Bedenken geäußert haben, vor allem auf Schreckensszenarien konzentriert – Szenarien, die mehr auf Angst als auf Vernunft basierten, wie sich später zeigte, während die Fragen, denen man eigentlich hätte nachgehen müssen, viel diffusere Folgen betrafen. 1954 warnten einige Wissenschaftler am Vorabend des weltweit ersten Wasserstoffbombentests im Bikini-Atoll davor, dass die Explosion theoretisch eine Kettenreaktion in den Ozeanen auslösen und die Welt in ein jegliche Vorstellungskraft sprengendes ökologisches Armageddon stürzen könnte.[127]

Diese fast schon paranoide Spekulation wurde von ihren Physikerkollegen zurückgewiesen, die felsenfest überzeugt waren, dass ein solches Szenario unmöglich eintreten konnte.[128] Und natürlich tat es das auch nicht. Andere Fragen aber, die sich auf tiefere und relevantere Bedenken bezogen, wurden so gut wie gar nicht behandelt. Etwa die Frage, ob diese thermonukleare Explosion nicht ganz massiv zur Investition vieler Billionen Dollar Steuergelder in die Rüstung[129] beitragen und einen atomaren Rüstungswettlauf weiter beschleunigen würde, der das Überleben der menschlichen Zivilisation bedrohte?[130]

Die Befürchtungen vor einem mikrobiellen Kudzu (oder ihren mikroskopisch kleinen mechanischen Gegenstücken – sich selbst vervielfältigende Nanobots, die sogenannte graue Schmiere) sind wahrscheinlich zum größten Teil übertrieben,[131] auch wenn Helen Wallace, die Geschäftsführerin der NGO GeneWatch, die die Gentech-Industrie überwacht, im *New York Times Magazine* erklärte: »Dass es in einem bestimmten Umfang zu Freisetzungen kommt, ist praktisch unvermeidbar. Die Frage ist:

Werden diese Organismen überleben und sich reproduzieren? Ich glaube nicht, dass irgendjemand das wissen kann.«[132]

Aber was ist mit anderen Fragen, die vielleicht weniger drängend erscheinen, sich auf lange Sicht jedoch als noch wichtiger erweisen könnten? Was, wenn wir das Leben selbst »robosourcen« und Lebensformen synthetisieren, die unseren Vorstellungen mehr entsprechen als diejenigen, die nach dem Muster entstanden sind, dem das Leben in den vergangenen dreieinhalb Milliarden Jahren gefolgt ist? Wie wird diese neue Fähigkeit unsere Beziehung zur Natur verändern? Wie wird sie die Natur selbst verändern? Können wir uns vorstellen, einfach so mit voller Kraft weiter voranzupreschen, ohne jeden Versuch, möglicherweise unliebsame Resultate zu identifizieren und zu vermeiden?

Eine Gefahr, auf die Technologen und Antiterrorspezialisten wiederholt hingewiesen haben, ist die Möglichkeit einer ganz neuen Generation biologischer Waffen.[133] Mit die ersten Forschungen im Bereich der Gentechnik wurden, wie wir heute wissen, vor rund vierzig Jahren von der Sowjetunion im Rahmen eines geheimen Biowaffenprogramms betrieben.[134] Nachdem schon die erstaunlichen Instrumente der digitalen Revolution für den Cyberkrieg militarisiert worden sind, warum sollten wir dann nicht einige Schutzvorkehrungen treffen, um zu verhindern, dass die synthetische Biologie für Biowaffen verwendet wird?

»Die Möglichkeit, ein neues Virus oder Bakterium *à la carte* zu entwerfen, könnte von Bioterroristen dazu benutzt werden, neue resistente pathogene Stränge oder Organismen zu erschaffen, möglicherweise sogar darauf ausgerichtet, genetisch spezifische Subpopulationen anzugreifen«, heißt es in dem 2005 veröffentlichten Abschlussbericht einer hochrangigen Expertengruppe der Europäischen Kommission mit dem Namen New and Emerging Science and Technology (NEST).[135] 2012 versuchte in den USA der National Science Advisory Board for Biosecurity die Veröffentlichung von zwei wissenschaftlichen Aufsätzen – einer in *Nature*, der andere in *Science* – zu verhindern, die Details zum genetischen Code eines mutierten Strangs des Vogelgrippeerregers enthielten. Der Erreger war eigens modifiziert worden, um herauszufinden, welche genetischen Veränderungen die Direktübertragung des Virus zwischen Säugetieren begünstigen könnten.

Mit dem Hinweis darauf, dass der detaillierte Bauplan des modifizierten Virus nur ein paar Mutationen von einer Form entfernt sei, die sich durch die Übertragung von Mensch zu Mensch verbreiten könnte, versuchten die Bioterrorismus-Beamten die Wissenschaftler von einer Veröffentlichung der in ihren Aufsätzen enthaltenen vollständigen genetischen Sequenz des Virus abzubringen.[136] Nach einer ausführlichen Sicherheitsüberprüfung wurde die Publikation der Aufsätze zwar genehmigt, doch überwacht die US-Regierung weiterhin aktiv sämtliche genetischen Forschungen, die zu neuen Biowaffen führen könnten.[137] Und gemäß amerikanischem Recht unterzieht das FBI alle Mitglieder von Forschergruppen, die an als militärisch sensibel eingestuften Projekten arbeiten, gründlichen Sicherheitsüberprüfungen.[138]

Menschliches Klonen

ZU DEN WENIGEN gentechnologischen Forschungslinien, die nach geltendem amerikanischem Recht explizit *verboten* sind, gehören mit Bundesmitteln finanzierte Forschungen im Bereich des menschlichen Klonens.[139] In meiner Zeit als Vizepräsident, nicht lange nachdem 1996 »Dolly«, das erste Klonschaf, das Licht der Welt erblickt hatte und sich immer klarer abzeichnete, dass auch das Klonen von Menschen technisch machbar war, unterstützte ich dieses befristete Verbot. Es sollte so lange gelten, bis in einer weitaus umfangreicheren Untersuchung die sich aus einer Fortführung der Klontechnik für die Menschheit ergebenden Folgen erkundet werden, und ich forderte die Einsetzung einer nationalen Beratungskommission für Bioethik, die sich mit den ethischen, moralischen und rechtlichen Implikationen des menschlichen Klonens befasste.[140]

Einige Jahre zuvor, als Vorsitzender des Unterausschusses im Senat für Wissenschaft, hatte ich mit Erfolg darauf gedrungen, dass drei Prozent der für das Human Genome Project ausgegebenen Mittel für die Untersuchung der damit einhergehenden ethischen, gesetzlichen und gesellschaftlichen Implikationen bereitgestellt werden. Auf diese Weise sollte dafür gesorgt werden, dass die komplexen Fragestellungen, die schneller auftauchten, als wir Antworten darauf fanden, mit der gebotenen Sorgfalt studiert werden. Dieses Finanzierungsmodell ist inzwischen das größte staatlich finanzierte ELSI-Forschungsprogramm (ELSI steht für *ethical, legal and social implications*, also »ethische, rechtliche und gesellschaftliche Aspekte«).[141] James Watson, der zum Leiter des Human Genome Project berufene Mitentdecker der Doppelhelix, hat das Ethikprogramm enthusiastisch unterstützt.

Die Ethik des menschlichen Klonens wird fast seit Beginn der DNA-Ära heftig debattiert. Der von Watson und Crick 1953 publizierte Originalaufsatz enthielt unter anderem folgenden Satz: »Es ist unserer Aufmerksamkeit nicht entgangen, dass die von uns postulierte spezifische Paarung unmittelbar auf einen möglichen Kopiermechanismus für das genetische Material schließen lässt.«[142] Als Vorsitzender des Unterausschusses für wissenschaftliche Forschung im US-Repräsentantenhaus führte ich Anfang der 1980er-Jahre eine Reihe von Anhörungen über den sich neu herausbildenden Wissenschaftsbereich, der Klonen, Gentechnologie und Gen-Screening umfasste.[143] Damals konzentrierten sich die Forscher noch auf das Klonen von Tieren, und nur fünfzehn Jahre später hatten sie mit Dolly ihren ersten großen Erfolg.[144] Seitdem haben sie zahlreiche andere Nutz- und sonstige Tiere geklont.[145]

Von ihren ersten Experimenten an aber ließen die Wissenschaftler keinen Zweifel daran aufkommen, dass sämtliche Fortschritte, die sie beim Klonen von Tieren erzielten, direkt auf das Klonen von Menschen übertragbar waren – und dass es ausschließlich ethische Bedenken waren, die sie davon abgehalten hatten, derartige Versuche zu unternehmen.[146] Seit 1996 ist das Klonen von Menschen in so gut wie allen europäischen Ländern verboten,[147] und der frühere Generaldirektor der Weltgesundheitsorganisation bezeichnete das Verfahren als »ethisch inakzeptabel, da es gegen eine ganze Reihe der Grundprinzipien verstoßen würde, die für die medizinisch unterstützte Reproduktion gelten. Dazu gehören die Achtung der Würde des Menschen und der Schutz der Sicherheit des menschlichen Erbguts.«[148]

Trotzdem gehen die meisten Beobachter davon aus, dass im Laufe der Zeit und der Weiterentwicklung sowie Verfeinerung der Technik irgendwann Menschen geklont werden – zumindest in Situationen, in denen ein klarer medizinischer Nutzen zu erwarten ist und keine eindeutigen Gefahren für das geklonte Individuum oder die Gesellschaft insgesamt zu befürchten sind.[149] 2011 gaben Wissenschaftler der New York Stem Cell Foundation bekannt, dass sie menschliche Embryonen geklont hatten, indem sie eine adulte menschliche Eizelle so umprogrammiert hatten, dass sie in ihren embryonalen Zustand zurückkehrte. Anschließend erzeugten sie daraus eine Linie identischer embryonaler Stammzellen, die sich reproduzierten. Obwohl die DNA dieser Zellen nicht identisch ist mit der der Patientin, die die Eizelle spendete, sind sie doch untereinander identisch, was die Effektivität der an ihnen durchgeführten Forschungen erheblich verbessert.[150]

Zahlreiche Länder, darunter Brasilien, Mexiko und Kanada, haben das Klonen menschlicher Embryonen für Forschungszwecke verboten. Die Vereinigten Staaten haben das nicht getan, und mehrere asiatische Länder hegen anscheinend noch weniger Bedenken, die Forschungen zum Klonen menschlicher Embryonen – wenn nicht von Menschen – aggressiv voranzutreiben.[151] Von Zeit zu Zeit sind Berichte zu lesen, wonach der eine oder andere Fortpflanzungsarzt in einem geheimen Labor irgendwo in einem Land, in dem das menschliche Klonen nicht illegal ist, das moderne Tabu gegen das Klonen von Menschen gebrochen haben soll.[152] Die meisten, wenn nicht alle diese Meldungen stehen allerdings im Verdacht, gefälscht zu sein. Bislang gibt es noch keine bestätigte Geburt eines menschlichen Klons.[153]

Im Allgemeinen argumentieren diejenigen, die sich für eine Fortführung der Experimente auf dem Feld des menschlichen Klonens aussprechen, dass das Verfahren sich gar nicht so sehr von anderen Formen des technologischen Fortschritts unterscheide,[154] dass es abgesehen davon sowieso unvermeidlich sei[155] und dass es schließlich angesichts der zu erwartenden medizinischen Vorteile bedeutend mehr Nutzen verspreche als die meisten anderen Experimente.[156] Die endgültige Entscheidung darüber, ob der Prozess des Klonens in einem konkreten Fall fortgeführt wird oder nicht, sollte – wie die Entscheidung über eine Abtreibung – den Eltern überlassen bleiben.

Diejenigen, die das Klonen von Menschen ablehnen, befürchten, das Verfahren könnte die Würde des Individuums aushöhlen und der erste Schritt auf dem Weg zu einer »Standardisierung« des Menschen sein.[157] Theoretisch stößt das Klonen die Tür zur Massenproduktion zahlloser genetischer Kopien ein und desselben Originals auf – ein Prozess, der sich von der natürlichen Reproduktion ebenso sehr unterscheiden würde wie die industrielle Fertigung von der Handwerkskunst.

Einige begründen ihre Argumente mit religiösen Ansichten der Rechte und des Schutzes, die jeder Person unveräußerlich zustehen,[158] viele andere aber rechtfertigen ihren Widerstand gegen das menschliche

Klonen nicht mit religiösen Überzeugungen, sondern mit einer umfassenderen humanistischen Gewährleistung der Würde des Einzelnen. Vor allem befürchten sie, dass über kurz oder lang die Definition geklonter Personen als vollwertige menschliche Wesen ausgehöhlt werden könnte. Allerdings steht hinter dieser Befürchtung die Annahme, ein Mensch ließe sich auf seine genetische Zusammensetzung reduzieren – eine Sichtweise, die normalerweise unvereinbar ist mit der Ideologie derjenigen, die den Schutz der Würde des Individuums ganz oben auf ihre Prioritätenliste setzen.[159]

Sowohl der vorübergehende Verzicht auf die Veröffentlichung von Details dazu, wie sich die gefährlichen Mutationen im H5N1-Vogelgrippevirus erzeugen lassen, als auch das befristete Verbot staatlich finanzierter Forschungen im Bereich des menschlichen Klonens sind seltene Beispiele für eine aufmerksame – wenn auch umstrittene – Aufsicht über potenziell problematische Entwicklungen mit dem Ziel, ihre Auswirkungen auf die Menschheit insgesamt besser bewerten zu können. Beides waren Beispiele für eine amerikanische Führerschaft, die in einen zumindest zeitweiligen globalen Konsens mündete. Und in keinem der Fälle gab es eine mächtige Industrie, die gegen sämtliche von Vertretern der Öffentlichkeit geäußerten Bedenken auf eine ungebremste Weiterentwicklung drängte.

Antibiotika vor die Säue

LEIDER VERHÄLT ES SICH ABER SO, dass in den Fällen, in denen ein starkes kommerzielles Interesse daran *vorhanden ist*, die Regierung auf einen Kurs einzuschwören und dabei rücksichtslos über das öffentliche Interesse hinwegzugehen, die Industrielobbyisten häufig ihren Willen durchsetzen können. Das stellt einmal mehr die Frage danach, wer das »wir« ist, das Entscheidungen über den weiteren Verlauf der biowissenschaftlichen Revolution trifft, Entscheidungen, die zentrale Werte der Menschheit infrage stellen. Im Zeitalter der Welt AG, der Leben AG und des Weltgehirns finden sich zahlreiche beunruhigende Beispiele für die willfährige Unterordnung der Politiker unter die Interessen multinationaler Konzerne und eine fahrlässige Missachtung der Regeln guter Wissenschaft.

Was ist etwa davon zu halten, dass der US-Kongress stillschweigend das absurde Ausmaß duldet, mit dem in der amerikanischen Tiermastindustrie Antibiotika eingesetzt werden? Wie gefährlich groß das Ungleichgewicht in der politischen Entscheidungsfindung heute ist, illustriert ein weiteres erschreckendes Beispiel:[160] Ungeachtet der massiven Risiken für die menschliche Gesundheit dürfen in der amerikanischen Landwirtschaft nach wie vor 80 Prozent aller zugelassenen Antibiotika ganz offiziell dem Tierfutter beigemengt oder Nutztieren injiziert werden.[161] Erst 2012 unternahm die Food and Drug Administration erste Bemühungen, den Einsatz von Antibiotika in der Tierzucht durch eine neue Regel zu begrenzen, nach der zukünftig eine Verordnung von einem Tierarzt notwendig ist.[162]

Seit Alexander Fleming 1929 das Penizillin entdeckte, gelten Antibiotika als eine der wichtigsten Innovationen in der Geschichte der Medizin.[163] Obwohl Fleming seine Entdeckung als »zufällig« bezeichnete,[164] hatte schon 1875 der legendäre irische Wissenschaftler John Tyndall (der auch als Erster entdeckt hatte, dass CO_2 Wärme absorbiert)[165] in einem Bericht an die Royal Society in London darauf hingewiesen, dass eine bestimmte *Penicillium*-Spezies einige der Bakterien, mit denen er arbeitete, getötet hatte. Und der französische Militärarzt Ernest Duchesne schrieb 1897 seine Doktorarbeit über die Abtötung von Bakterien durch eine *Penicillium*-Art. Duchesne drängte zwar auf die weitere Erforschung des von ihm entdeckten Phänomens, konnte wegen des Militärdienstes aber selbst nicht weiter daran forschen. 1904 erkrankte er an Tuberkulose, an der er drei Jahre nach seiner Entlassung aus der Armee 1912 starb, ohne seine Forschungen je wiederaufgenommen zu haben.[166]

Im Kielwasser des Penizillins, das erst ab Anfang der 1940er-Jahre in größerem Maßstab zum Einsatz kam, wurden in den 1940er- und 1950er-Jahren zahlreiche andere hochwirksame Antibiotika entdeckt.[167] In den letzten Jahrzehnten ist die Zahl der neu entdeckten Antibiotika jedoch rapide zurückgegangen.[168] Gleichzeitig verliert das begrenzte Arsenal an lebensrettenden Antibiotika, über das wir verfügen, wegen des unangemessenen und unverantwortlichen Einsatzes rasch an Wirksamkeit.[169] Krankheitserreger, die auf Antibiotika ansprechen, mutieren und entwickeln im Laufe der Zeit Resistenzen, sodass die Stoffe weniger oder gar nicht mehr gegen sie wirken.[170]

Kein Wunder, dass Ärzte und andere Medizinexperten fast vom ersten Einsatz dieser Wunderheilmittel an gefordert haben, sie sparsam und nur dann anzuwenden, wenn ihre Verabreichung eindeutig erforderlich ist.[171] Je häufiger sie schließlich eingesetzt werden, umso mehr Möglichkeiten bieten sich den Krankheitserregern, über aufeinanderfolgende Generationen hinweg zunehmende Resistenzen gegenüber den einzelnen Antibiotika auszubilden – bis schließlich ein neuer Strang auftaucht, der gegenüber dem Mittel völlig unempfindlich ist.[172] Bereits heute sind bestimmte Antibiotika bei manchen Krankheiten nicht mehr wirksam.[173] Während immer weniger neue Antibiotika entdeckt werden, nimmt die Wirksamkeit derjenigen, über die wir heute verfügen, mit einer Geschwindigkeit ab, die viele Gesundheitsexperten entsetzt.[174] Die Wirksamkeit unseres Antibiotika-Arsenals kann – wie der Mutterboden oder die Grundwasservorräte – zwar schnell erschöpft, aber nur mit quälend langsamer Geschwindigkeit regeneriert werden.

Einer der bedrohlichsten dieser neuen »Superkeime« ist die multiresistente Tuberkulose (MDR-Tb), deren Behandlung nach Aussage von Margaret Chan, Generaldirektorin der Weltgesundheitsorganisation, extrem schwierig und sehr kostspielig ist. Gegenwärtig sterben pro Jahr weltweit rund 1,34 Millionen Menschen an Tuberkulose. Von den 12 Millionen Krankheitsfällen, die 2010 insgesamt gezählt wurden, entfielen nach Chans Schätzungen 650 000 auf mehrfachresistente Erregerstämme. Sollte das Szenario einer »post-antibiotischen Welt« Realität werden, warnte Chan, könnten uns »so simple Dinge wie eine Halsentzündung oder ein aufgeschürftes Knie wieder das Leben kosten«.[175] Alarmiert durch solche Szenarien hat die Food and Drug Administration 2012 eine neue Taskforce mit dem Auftrag eingesetzt, die Erforschung und Entwicklung neuer antibakterieller Wirkstoffe zu fördern.[176] Ungeachtet dieser eindeutigen medizinischen Faktenlage aber ist in vielen Ländern der massive Einsatz von Antibiotika als Mittel zur Wachstumsförderung in der Nutztierhaltung nach wie vor erlaubt[177] – auch in den Vereinigten Staaten.[178] Die Mechanismen, durch die Antibiotika ein beschleunigtes Wachstum bei Nutztieren bewirken, sind zwar noch nicht vollständig enträtselt, ihre Auswirkungen auf die Profite allerdings sind eindeutig und höchst beträchtlich.[179] Die Krankheitserreger im Verdauungstrakt von Tieren, denen Antibiotika als Wachstumsförderer zugefüttert werden, mutieren rasch zu Superkeimen, die auf Antibiotika nicht mehr ansprechen.[180] Da die Mittel in geringsten Dosen verabreicht werden[181] und die Tiermastbetriebe sie nicht in erster Linie zur Krankheitsbekämpfung einsetzen, kümmert sie das allerdings wenig.[182] Und natürlich reden die Lobbyisten der Tiermastindustrie auf der einen Seite alle ihnen nicht genehmen wissenschaftlichen Erkenntnisse klein, während sie sich auf der anderen die Politiker mit Wahlkampfzuschüssen gewogen stimmen.[183]

2012 haben Wissenschaftler bestätigt, dass ein auf Antibiotika reagierender Staphylokokken-Keim von Menschen auf Schweine übergesprungen war, deren tägliche Futterration Tetracyclin und Methicillin enthielt. Die Wissenschaftler konnten auch bestätigten, dass derselbe Keim, nachdem er in den Schweinen eine Antibiotikaresistenz ausgebildet hatte, den Sprung zurück zum Menschen schaffte.[184]

Der untersuchte Staphylokokken-Keim – CC398 – hat sich in Schweine-, Hühner- und Rinderpopulationen verbreitet. Wie eine Untersuchung der genetischen Struktur ergab, handelt es sich dabei um einen direkten Vorgänger eines ursprünglich beim Menschen vorkommenden antibiotikaempfindlichen Keims. Inzwischen wird er laut Angaben der American Society for Microbiology in knapp der Hälfte aller in den USA entnommenen Fleischproben nachgewiesen. Der Erreger lässt sich zwar durch starkes Erhitzen des Fleisches abtöten, kann aber durch kontaminierte Küchengeräte, Arbeitsplatten oder Pfannen dennoch Menschen infizieren.

Auch hier steht die häufig unterwürfige Haltung der US-Regierung im regulatorischen Entscheidungsprozess, sobald eine mächtige Industrie ihren Einfluss geltend macht, in eklatantem Gegensatz zu ihrem Vorgehen, wenn kommerzielle Interessen (noch) nicht aktiv beteiligt sind. Während die Regierung in letzterem Fall eher dem Prinzip der Vorsicht den Vorzug gibt, illustriert das Beispiel der Antibiotika-Futtermittelzusätze ersteren Fall: Diejenigen, die von dem massiven und fahrlässigen Antibiotika-Einsatz in der Tierhaltungsindustrie profitieren, haben mit ihren Verzögerungstaktiken seit mehreren Jahrzehnten erfolgreich ein Verbot[185] und, bis vor Kurzem, sogar jegliche Regulierung[186] dieser wahnwitzigen Praktik zu verhindern gewusst.

In der Europäischen Union hingegen ist die Verwendung von Antibiotika als Futtermittelzusatz seit mehreren Jahren schon verboten,[187] in vielen Ländern aber wird das Verfahren weiter ohne jegliche Einschränkungen angewendet.[188] Der Staphylokokken-Keim, der vom Menschen auf Nutztiere und von diesen zurück auf den Menschen gesprungen ist, ist nur eines von vielen Bakterien, die gegen Antibiotika resistent werden, weil unsere Tierhaltungsindustrie behauptet, es sei absolut kein Problem, wenn sie zum Zwecke der weiteren Kostenreduzierung ihre Ställe in Zuchtstätten von antibiotikaresistenten Killerbakterien verwandelt – und weil wir so töricht sind, das hinzunehmen. In einer Demokratie, die so funktioniert, wie sie das sollte, stünde so etwas vollkommen außer Frage.[189]

Der US-Kongress hat auch wiederholt einen Gesetzesantrag abgewiesen, der den Verkauf von an Rinderwahnsinn[190] erkrankten Tieren verboten hätte. Bei der, so ihr korrekter Name, Bovinen Spongiformen Enzephalopathie (BSE) handelt sich um eine neurodegenerative Gehirnerkrankung, die durch den Verzehr von Fleisch übertragen wird, das bei der Schlachtung durch Kontakt mit Hirn- oder Rückenmarksgewebe eines mit dem Krankheitserreger (einem falsch gefalteten Protein beziehungsweise Prion) infizierten Tieres kontaminiert wurde.[191] Bei Tieren in einem fortgeschrittenen Stadium der Krankheit können die Prione auch in anderem Gewebe vorkommen.[192] Wenn ein Tier auf dem Weg zum Schlachthof stolpert, schwankt oder gar stürzt, leidet es mit einer fünfzigfach erhöhten Wahrscheinlichkeit an BSE.[193]

Der Hauptstreitpunkt bei den Abstimmungen im amerikanischen Kongress war die Frage, ob die Tiere, die diese Symptome aufweisen, aus der Nahrungsmittelkette ausgesondert werden sollten.[194] Mindestens drei Viertel aller in Nordamerika bestätigten Fälle von BSE ließen sich auf Tiere zurückverfolgen, die kurz vor der Schlachtung ebendiese Symptome zeigten.[195] Doch die politische Macht und der Lobbyeinfluss der Tiermastindustrie haben die gewählten Volksvertreter in den Vereinigten Staaten in einem Maße eingeschüchtert oder verblendet, dass sie wiederholt dafür gestimmt haben, die Öffentlichkeit einem unwägbaren Risiko auszusetzen, nur um der Industrie einen kleinen Teil ihrer Profite zu bewahren.[196] Die Regierung Obama hat zwar eine Regulation erlassen, die im Kern dem vom Kongress abgewiesenen Gesetz entspricht,[197] da es sich dabei aber lediglich um eine Verordnung handelt, könnte sie vom nächsten Präsidenten sang- und klanglos wieder rückgängig gemacht werden.[198] Auch das ist eine Frage, die sich in einer funktionierenden Demokratie kaum stellen würde.

DIE UNFÄHIGKEIT DES US-KONGRESSES, sich vom Einfluss der Sonderinteressen zu befreien, wirkt sich auch darauf aus, wie die Vereinigten Staaten die von der Revolution in den Biowissenschaften aufgeworfenen schwierigen und höchst heiklen Entscheidungen angehen werden. Wenn den gewählten Vertretern des Volkes nicht zugetraut werden kann, ganz offenkundige Fragen im Sinne des öffentlichen Gemeinwohls zu entscheiden – wie beispielsweise bei den Abstimmungen über das Gesetz gegen den Verkauf von BSE-Rindern oder die Unterwürfigkeit, mit der im Profitinteresse der Tierhaltungsindustrie zugelassen wird, dass immer mehr Krankheitserreger Resistenzen gegen Antibiotika ausbilden –, wo können diese Entscheidungen dann getroffen werden? Wer sonst sollte sie treffen? Doch selbst wenn derartige Entscheidungen in einem Land mit Umsicht und Verantwortungsbewusstsein getroffen werden, wie lässt sich verhindern, dass anderswo ganz anders entschieden wird? Und wenn die Zukunft der menschlichen Erbmasse unwiderruflich verändert werden würde, wäre das ein akzeptables Resultat?

Eugenik

DIE BILANZ DER BISHERIGEN ENTSCHEIDUNGEN von Ländern und Regierungen zur Genetik gibt wenig Anlass zur Zuversicht. Der Lauf der Geschichte erinnert gelegentlich an die griechische Mythologie: Die Fehler, die wir in der Vergangenheit begangen haben, markieren oftmals wichtige, mit Warnungen versehene Grenzen. Die Geschichte der Eugenik vor gut einem Jahrhundert hält genau eine solche Warnung für uns bereit. Damals lieferte ein fundamentales Missverständnis der Darwinschen Evolutionstheorie die Grundlage für irrige staatliche Bemühungen, die genetische Zusammensetzung der eigenen Bevölkerung entsprechend rassischer und anderer inakzeptabler Kriterien »aufzuwerten«.

Rückblickend betrachtet hätte die Eugenikbewegung in den USA schon damals nachdrücklich verurteilt werden müssen – umso mehr in Anbetracht der Stellung einiger eher unerwarteter Fürsprecher. Eine ganze Anzahl ansonsten durchaus verständiger Amerikaner hielt es für richtig, die Anstrengungen ihrer Regierung zu unterstützen, die genetische Zukunft der US-Bevölkerung durch die Zwangssterilisation von Individuen zu gestalten, die, wie man befürchtete, andernfalls unerwünschte Eigenschaften an künftige Generationen weitervererben würden.

1922 veröffentlichte Harry Laughlin, der Leiter des gerade erst eingerichteten »Eugenics Record Office« des Bundesstaates New York, sein (ursprünglich bereits 1914 verfasstes) Gesetz zur eugenischen Sterilisation, das »Model Eugenical Sterilization Law«, das die Sterilisation der folgenden Bevölkerungsgruppen autorisierte:

1) Schwachsinnige, 2) Geisteskranke (einschließlich der Psychopathen), 3) Kriminelle (Straffällige ebenso wie Verwahrloste), 4) Epileptiker, 5) Alkoholiker und Drogensüchtige, 6) Kranke (Tuberkulose, Syphilis, Lepra und andere chronische, ansteckende und daher nach dem Gesetz abzusondernde Leiden), 7) Blinde (einschließlich der stark Sehbehinderten), 8) Taube (einschließlich der stark Gehörgeschädigten), 9) Missgebildete (einschließlich Krüppel) und 10) Abhängige (Waisen, Taugenichtse, Obdachlose, Bettler, Landstreicher).[199]

Zwischen 1907 und 1963 wurden in den USA insgesamt 64 000 Personen gemäß Gesetzen sterilisiert, die Laughlins Entwurf entsprachen.[200]

Abgesehen von der Bürde, die derartige Individuen nach Laughlins Ansicht dem Staat wegen der Kosten ihrer Versorgung auflasteten,[201] führten er und andere Eugenikbefürworter ins Feld, dass die im vorangegangenen Jahrhundert erzielten Fortschritte in der sanitären Versorgung, der öffentlichen Gesundheit sowie der Ernährung zum Überleben von mehr »unerwünschten« Menschen geführt hatten, die sich nun mit einer Rate fortpflanzten, die in der Vergangenheit undenkbar gewesen wäre.[202]

Eines macht die von Laughlin in seinem »Mustergesetz« angeführten Eigenschaften so bizarr wie anstößig: Offenkundig war er davon überzeugt, sie seien vererbbar.[203] Dabei litt Laughlin selbst unter Epilepsie und wäre seinem eigenen Mustergesetz zufolge ein Kandidat für die Zwangssterilisation gewesen.[204] Die von ihm formulierten aberwitzigen Theorien wirkten sich sogar auf die amerikanischen Einwanderungsgesetze aus, und seine Studien an gerade ins Land gekommenen Einwanderern aus Süd- und Osteuropa waren mitverantwortlich für das 1924 eingeführte, höchst restriktive Quotensystem.[205]

Wie Jonathan Moreno in seinem Buch *The Body Politic* betont, gab es in der Eugenikbewegung eine fundamentale Verwirrung über das, was Evolution wirklich bedeutete.[206] Das Leitwort »Survival of the fittest« – das »Überleben des Stärkeren« – stammte keineswegs von Charles Darwin, sondern von seinem Cousin Sir Francis Galton, und populär gemacht hat es Herbert Spencer.[207] Dessen rivalisierende Evolutionstheorie beruhte auf den abstrusen Ideen Jean-Baptiste Lamarcks,[208] der unter anderem die Ansicht vertrat, dass Individuen auch Eigenschaften, die sie nach ihrer Geburt erwarben, an ihre Nachkommen in der nächsten Generation weitervererben würden.[209]

Eine ähnlich verschrobene Variante der Evolutionstheorie wurde in der Sowjetunion von Trofim Lyssenko vertreten.[210] Er sorgte in den drei Jahrzehnten, die er die sowjetische Wissenschaft dominierte, dafür, dass die Hauptströmung der Vererbungslehre nicht gelehrt wurde.[211] Genetiker, die Lyssenko widersprachen, wurden heimlich verhaftet,[212] manche kamen sogar unter niemals geklärten Umständen ums Leben.[213] Nach Lyssenkos verdrehter Ideologie hatte die biologische Theorie mit den landwirtschaftlichen Bedürfnissen der Sowjetunion konform zu gehen[214] – es erinnert durchaus an manche US-Politiker unserer Zeit, die die Klimawissenschaften reformieren wollen, damit sie ihrem Wunsch nach unbeschränkter Öl- und Kohlenutzung nicht entgegenstehen.

Darwin selbst war der Meinung, dass nicht notwendigerweise die »Stärksten« am ehesten überlebten, sondern vielmehr diejenigen, die am besten an ihre Umgebung angepasst sind.[215] Dennoch trug die verzerrte und entstellte Version der darwinschen Theorie, so wie sie sich in der Formulierung seines Cousins widerspiegelte, ihren Teil zum Aufstieg des sogenannten Sozialdarwinismus bei, der wiederum zu einer ganzen Reihe fehlgeleiteter politischer Debatten führte, die in gewisser Hinsicht bis heute anhalten.

Einige der frühen Progressiven verleitete diese entstellte Version von Darwins Theorie zu der Überzeugung, der Staat habe eine positive Pflicht, mit allen ihm zur Verfügung stehenden Mitteln die Weitergabe der von Lamarck benannten ungünstigen Eigenschaften zu unterbinden. Diese traten, wie sie irrigerweise annahmen, aufgrund früherer sozialstaatlicher Eingriffe nun häufiger auf, weil dadurch den »Unerwünschten« das Leben leichter gemacht und es ihnen ermöglicht wurde, sich in größerer Zahl zu reproduzieren.[216]

Auf der politischen Rechten zog man aus denselben irrigen Annahmen einen anderen Schluss: Der Staat sollte alle sozialpolitischen Interventionen einstellen, die im Namen eines, wie sie meinten, fehlgeleiteten Mitgefühls überhaupt erst die Voraussetzungen für die rapide Vermehrung dieser »Unerwünschten« geschaffen hatten.[217] Unter den amerikanischen Reaktionären fand sich eine beträchtliche Anzahl an Fürsprechern der Eugenik,[218] und mindestens eine der von ihnen gegründeten Organisationen ist heute noch aktiv – der Pioneer Fund, der vom Southern Poverty Law Center als Hassgruppe geführt wird[219] und dessen Gründungspräsident, nebenbei bemerkt, niemand anderes als Harry Laughlin war.[220]

Nach Ansicht von Historikern verdankte die Eugenik ihre Popularität nicht zuletzt den sozioökonomischen Umwälzungen in den ersten Jahrzehnten des 20. Jahrhunderts. Die Zeit war geprägt von einer rasanten Industrialisierung und Urbanisierung, der Auflösung altvertrauter gesellschaftlicher Muster, der massiven Zuwanderung und einer wiederkehrenden, durch niedrige Löhne und zeitweilig hohe Arbeitslosigkeit ausgelösten wirtschaftlichen Not.[221] Zusammen mit einem neu erweckten Eifer für progressive Reformen begünstigten diese Faktoren eine grotesk verzerrte Auffassung dessen, was an staatlichen Interventionen zur Verbesserung der nationalen Erbmasse angemessen war.[222]

Auch wenn diese Episode der Weltgeschichte heute als zutiefst unmoralisch verurteilt wird – zum Teil, weil dreißig Jahre nach ihrem Beginn die deutschen Verbrechen unter Adolf Hitler sämtliche rassenbasierten und viele erbgutbasierte Theorien diskreditierten, die auch nur entfernt an die des Nationalsozialismus erinnerten[223] –, haben einige der Lehren aus der Eugenikbewegung vom Anfang des 20. Jahrhunderts noch nicht Eingang gefunden in die aufkommende Debatte über das, was manche als »Neo-Eugenik« bezeichnen.[224]

Eine der größten Herausforderungen für die Demokratien in dieser neuen Ära besteht darin, sicherzustellen, dass politische Entscheidungen, die neueste wissenschaftliche Fortschritte betreffen, auf einem klaren und umfassenden Verständnis der jeweiligen Wissenschaft beruhen. Im Falle der Eugenik mündete das auf Lamarck zurückgehende grundlegende Missverständnis darüber, was vererbbar ist und was nicht, in einer beschämenden und zutiefst unmoralischen Politik. Es wäre möglicherweise vermeidbar gewesen, hätten die Politiker und die Öffentlichkeit damals auf Basis einer exakten Wissenschaft debattiert. Es lohnt sich, an dieser Stelle darauf hinzuweisen, dass nahezu ein Jahrhundert nach der Eugenik-Tragödie immer noch ungefähr die Hälfte aller Amerikaner die Evolutionslehre für falsch hält.[225] Die Entscheidungen, die in naher Zukunft innerhalb des politischen Systems der Vereinigten Staaten – und in anderen Ländern – getroffen werden müssen, sind selbst dann schon schwer genug, wenn sie auf einer akkuraten Leseart der Wissenschaft gründen. Erhöht sich diese Schwierigkeit aber noch durch fehlerhafte Annahmen bezüglich der Wissenschaft, aus der heraus sich die Notwendigkeit für diese Entscheidungen ergibt, steigt das Risiko von Fehlentscheidungen entsprechend an.

Wie ich im nächsten Kapitel zeigen werde, sind auch die Entscheidungen, mit denen unsere Zivilisation sich in Sachen Klimaerwärmung konfrontiert sieht, schon schwer genug, wenn die wissenschaftlichen Grundlagen präzise erkannt werden. Sobald aber die Argumente von Politikern auf stark verzerrten Darstellungen der Wissenschaft basieren, nimmt der Schwierigkeitsgrad ganz erheblich zu. Und wenn von großen CO_2-Verursachern absichtlich grobe Missdeutungen der Wissenschaft in die Welt gesetzt und wiederholt werden – weil sie auf diese Weise die Debatte über die globale Reduzierung der CO_2-Emissionen sabotieren wollen –, dann begehen sie damit meiner Meinung nach ein nahezu unverzeihliches Verbrechen gegen die Demokratie und gegen das zukünftige Wohlergehen der menschlichen Art.

In einer 1927 von Richter Oliver Wendell Holmes Jr. verfassten Stellungnahme bestätigte der Oberste Gerichtshof in Washington die Rechtmäßigkeit eines der zu dem Zeitpunkt über zwei Dutzend einzelstaatlichen Eugenik-Gesetze in den USA.[226] In dem verhandelten Fall, *Buck vs. Bell*, ging es um die Zwangssterilisation einer vorgeblich »schwachsinnigen« und promiskuitiven jungen Frau aus Virginia. Den dem Gericht vorgelegten Akten zufolge hatte besagte junge Frau, Carrie Buck, bereits im Alter von siebzehn Jahren ein Kind bekommen.[227] Das Recht des Bundesstaates Virginia bekräftigend, die Sterilisation vorzunehmen, schrieb Holmes, dass »die Gesellschaft diejenigen, die nachweislich untauglich sind, von der Vermehrung ihresgleichen abhalten darf. [...] Drei Generationen Schwachköpfe sind genug.«[228]

Ein halbes Jahrhundert nach der Entscheidung des Obersten Gerichtshofs, die übrigens bis heute nicht revidiert worden ist,[229] suchte der Direktor des Krankenhauses, in dem Carrie Buck damals zwangssterilisiert worden war,[230] die inzwischen achtzigjährige Frau auf. Er traf eine Dame an, die seiner Meinung nach keineswegs »schwachsinnig«, sondern bei klarem Verstand und von normaler Intelligenz war.[231] Wie eine genauere Überprüfung der Fakten ergab, verhielten diese sich ganz anders, als sie seinerzeit im Gericht dargestellt wurden. Die junge Carrie Buck war ein Pflegekind. Nachdem ein Neffe ihrer Pflegeeltern sie vergewaltigt hatte,[232] schoben diese sie aus Angst vor einem ansonsten drohenden Skandal in eine Nervenheilanstalt ab, die Virginia State Colony for Epileptics and Feebleminded.[233]

Wie sich zeigte, war schon Carries Mutter, Emma Buck – die erste Vertreterin der drei von Richter Holmes als schwachköpfig bezeichneten Generationen –, in dieselbe Anstalt eingewiesen worden. Die Umstände, unter denen das Ganze geschah, ließen sich zwar nicht mehr genau klären, aber eine Zeugenaussage deutet darauf hin, dass sie an Syphilis litt und unverheiratet war, als Carrie auf die Welt kam.[234] So oder so, der damalige Direktor der Virginia Colony, Albert Priddy, suchte nach einem geeigneten Fall, mit dem er bis zum Obersten Gerichtshof gehen konnte – und von dem er dann hoffentlich juristische Rückendeckung für die Zwangssterilisationen erhalten würde, die man in seiner und in anderen Anstalten bereits durchführte. Nachdem Priddy Buck für »von Geburt an und unheilbar defekt« erklärt hatte, wählte Bucks Vormund für ihre Gerichtsverhandlung einen Anwalt namens Aubrey Strode, Eugenik- und Sterilisationsbefürworter (und selbst vormaliger Direktor der Colony), der Priddy sehr nahestand und zudem seit seiner Kindheit mit dem Anwalt befreundet war, der die Virginia Colony vor Gericht vertrat.[235]

Nach Meinung des Historikers Paul Lombardo von der Georgia State University, der ein sehr gut recherchiertes Buch zu dem Fall verfasst hat, basierte das gesamte Verfahren »auf Täuschung und Verrat [...] und war die Sache von hinten bis vorne abgekartet«.[236] Der Buck zugewiesene Pflichtverteidiger, der keinen einzigen Zeugen aufrief und nicht einen Beweis präsentierte, stufte seine Klientin als »mittelgradig schwachsinnig« ein. Und Harry Laughlin, der weder Carrie Buck noch ihre Mutter oder Tochter jemals zu Gesicht bekommen hatte, äußerte in einer schriftlichen Stellungnahme für das Gericht, alle drei Bucks gehörten der »trägen, ignoranten und wertlosen Klasse der antisozialen Weißen des Südens« an.[237] Zur Beurteilung der dritten Generation der Bucks wurde Carries Tochter Vivian im Alter von ein paar Wochen von einer Krankenschwester untersucht, die zu folgendem Urteil gelangte: »Das Kind hat etwas an sich, das nicht ganz normal ist.«[238] Das Baby wurde ihrer Mutter weggenommen und in die Obhut der Familie von Carries Vergewaltiger gegeben.[239] In der Schule war Vivian unter den Klassenbesten, starb dann aber in der zweiten Klasse an Masern. Wie der Zufall es wollte, wurde auch Carries Schwester Doris in der Virginia Colony sterilisiert (insgesamt führte man in der Anstalt über 4000 Sterilisationen durch), wobei in ihrem Fall die Ärzte sie über den Zweck der Operation belogen und behaupteten, man würde sie wegen einer Blinddarmentzündung operieren. Wie Carrie erfuhr auch Doris erst sehr viel später in ihrem Leben den wahren Grund dafür, warum sie keine Kinder bekommen konnte.[240]

Das von Laughlin verfasste »Modellgesetz«, an dem sich das vom Obersten Gerichtshof bestätigte Sterilisationsgesetz von Virginia ausrichtete, wurde kurze Zeit später vom »Dritten Reich« als Grundlage für die Sterilisation von über 350 000 Menschen benutzt – ebenso wie Edward Bernays' psychologisch fundierter Marketingtext von Goebbels bei der Gestaltung des Propagandaprogramms herangezogen wurde, das die Vorbereitung und die Durchführung von Hitlers Genozid flankierte. 1936 verliehen die Nazis Laughlin in Anerkennung seiner Leistungen auf dem Gebiet der »Wissenschaft der Rassensäuberung« die Ehrendoktorwürde der Universität Heidelberg.[241]

Leider muss man eingestehen, dass die Eugenikbewegung in den USA unter anderem von Präsident Woodrow Wilson,[242] Alexander Graham Bell,[243] Margaret Sanger[244] (der Begründerin der amerikanischen Bewegung für Geburtenkontrolle, ein Konzept, das zu der Zeit weitaus umstrittenerer war als die Eugenik) und, nach seinem Abschied aus dem Weißen Haus, von Theodore Roosevelt unterstützt wurde, der sich 1913 in einem Brief an den Biologen und Eugeniker Charles Davenport folgendermaßen äußerte:

Es ist in der Tat unerhört, wenn unsere Bürger sich dagegen sträuben, dasselbe grundlegende Wissen auf menschliche Wesen anzuwenden, das jeder erfolgreiche Farmer bei der Viehzucht anzuwenden nicht umhinkommt. Ein Farmer, der zuließe, dass seine besten Tiere sich nicht vermehren und stattdessen der gesamte Zuwachs seines Bestands aus dem schlechtesten Vieh kommt, würde als ein Mann behandelt werden, der reif für die Irrenanstalt wäre. Dabei verkennen wir, dass ein solches Verhalten noch vernünftig zu nennen wäre im Vergleich zu dem einer Nation, die die unbeschränkte Vermehrung ihrer – körperlich wie moralisch – untauglichsten

Glieder zulässt und dabei jene kalte Selbstsucht oder verdrehte Sentimentalität fördert oder duldet, in deren Folge eben diejenigen Männer und Frauen, die heiraten und, wenn verheiratet, große Familien zeugen sollten, zölibatär bleiben oder keine Kinder oder nur eines oder zwei Kinder bekommen.[245]

Sanger lehnte die Methoden der Eugeniker zwar ab, schrieb aber dennoch, dass diese auf ein Ziel hinarbeiteten, welches sie guthieß: »Die Rasse bei der Ausmerzung der Untauglichen unterstützen.«[246] Eines der Ziele, die Sanger mit ihrem Einsatz für die Geburtenkontrolle verfolgte, beschrieb sie 1919 mit folgenden Worten: »Mehr Kinder von den Tauglichen, weniger von den Untauglichen – das ist das Hauptanliegen der Geburtenkontrolle.«[247]

Die Vereinigten Staaten sind beileibe nicht die einzige demokratische Nation, die Zwangssterilisationen durchführte. In Schweden beispielsweise wurden im Zeitraum von 1935 bis 1976 über 60 000 Menschen zwangssterilisiert, darunter »gemischtrassige Individuen, alleinerziehende Mütter mit vielen Kindern, von der Norm abweichende Personen, Zigeuner und andere ›Vagabunden‹«.[248] Außerdem ist Schweden eines von siebzehn europäischen Ländern, in denen immer noch eine Sterilisation vorgeschrieben ist, bevor eine Person nach einer Geschlechtsumwandlung seine beziehungsweise ihre Geschlechtsangabe in den offiziellen Ausweispapieren umändern darf.[249] Derzeit wird im schwedischen Parlament darüber debattiert,[250] das aus dem Jahr 1972 stammende Gesetz zu ändern.[251] Für die Beibehaltung des Gesetzes gibt es zwar keinerlei wissenschaftliche oder medizinische Gründe, doch haben die in kleinen konservativen Parteien grassierenden Ängste und Missverständnisse eine Reform der überholten Regelung bislang verhindert.[252]

Auch in anderen Staaten spielt das Thema eine Rolle. Zum Beispiel hat Usbekistan, wo Zwangssterilisationen offenbar seit 2004 durchgeführt werden,[253] das Verfahren 2009 gar zur offiziellen Politik erhoben. Die Gynäkologen erhalten Vorgaben, wie viele Frauen pro Woche sie zu sterilisieren haben. »Wir gehen von Haus zu Haus und versuchen die Frauen zu dem Eingriff zu überreden«, erklärte ein usbekischer Landarzt. »Es ist einfach, arme Frauen dazu zu überreden. Ebenso einfach ist es, sie auszutricksen.«[254] In China sind Zwangssterilisationen seit den Anfang 2012 erhobenen Vorwürfen des geflohenen Aktivisten Chen Guangcheng zwar

wieder verstärkt in den Fokus gerückt, doch hat der scheidende Premierminister Wen Jiabao öffentlich nicht nur ein Verbot von Zwangssterilisationen gefordert, sondern auch der »fötalen Geschlechtsbestimmung«.
Dessen ungeachtet werden in China nach wie vor viele Frauen, die eine
Abtreibung durchführen lassen, dabei auch gegen ihren Willen sterilisiert.[255] Obwohl in Indien Zwangssterilisationen per Gesetz verboten
sind, erhalten Ärzte und Regierungsbeamte eine Prämie für jede durchgeführte Sterilisation; ein Anreizsystem, das offenbar zu weitverbreitetem
Missbrauch einlädt, insbesondere in ländlichen Gebieten, wo viele Frauen
unter Vortäuschung falscher Tatsachen sterilisiert werden.[256]

Angesichts der globalen Dimension der Revolution in den Biowissenschaften und der Biotechnologie muss man davon ausgehen, dass die in
einem Land geltenden moralischen, ethischen und gesetzlichen Standards
sich kaum auf die in anderen Ländern getroffenen praktischen Entscheidungen auswirken werden. Es werden zwar größtenteils einige allgemeine
Faustregeln beachtet, die besagen, was akzeptabel ist, wo besondere Vorsicht angebracht ist und was verboten sein sollte, aber wir verfügen derzeit über keinerlei Instrumentarium, mit dessen Hilfe wir allgemeingültige
moralische Urteile über diese neuen und sich rasant weiterentwickelnden
Fähigkeiten fällen könnten.

China und die Biowissenschaften

WIE WEITER OBEN BEREITS ERWÄHNT, scheint China entschlossen,
sich zur globalen Supermacht in der Anwendung der genetischen und
biowissenschaftlichen Analyse aufzuschwingen. Das Beijing Genomics
Institute, Chinas führende Einrichtung in Sachen Genomanalyse, hat bereits die vollständigen Genome von fünfzig Tier- und Pflanzenarten entschlüsselt, unter anderem von Seidenraupen, Pandas, Honigbienen, Reis
und Sojabohnen – zusammen mit den Genomen von über tausend Bak-
terienarten.[257] Das Hauptaugenmerk der Chinesen liegt aber offenbar auf
dem wohl wichtigsten und faszinierendsten Teil des menschlichen Körpers, der dank der neuen Durchbrüche in den Biowissenschaften und
damit verbundenen Feldern modifiziert werden kann: dem menschlichen
Gehirn und der Verbesserung und produktiveren Nutzung der menschlichen Intelligenz.[258]

Zu diesem Zweck hat das BGI 2011 in Shenzhen die National Gene Bank eingerichtet, in der es gezielt die an der Bestimmung der Intelligenz beteiligten Gene zu identifizieren versucht.[259] Das BGI führt eine vollständige Genomanalyse von 2000 chinesischen Schulkindern durch (die Hälfte davon Hochbegabte aus den besten Schulen des Landes, die andere Hälfte sind Kinder mit einem durchschnittlichen Intelligenzquotienten), um anschließend die Resultate mit ihren schulischen Leistungen abzugleichen.[260]

In den USA wäre eine derartige Studie extrem umstritten, was teils an der immer noch vorhandenen Empörung über den Eugenik-Skandal liegt, teils aber auch an einem generellen Widerwillen aller Gesellschaften, die egalitäre Prinzipien vertreten, individuelle Intelligenz auf familiäre Erbanlagen zu beziehen. Außerdem haben zahlreiche Biologen gesagt, darunter auch Francis Collins, James Watsons Nachfolger als Leiter des Human Genome Project, es sei gegenwärtig wissenschaftlich so oder so ein Ding der Unmöglichkeit, genetische Informationen über ein Kind mit seiner Intelligenz in Beziehung zu setzen.[261] Es gibt allerdings auch Wissenschaftler, die das weniger skeptisch sehen und überzeugt sind, dass wir über kurz oder lang in der Lage sein könnten, mit der Intelligenz assoziierte Gene zu identifizieren.[262]

Unterdessen nimmt die Geschwindigkeit, mit der bei der Kartierung der neuronalen Verbindungen im menschlichen Gehirn Fortschritte erzielt werden, weiterhin deutlich schneller zu, als es vom Mooreschen Gesetz für die Entwicklung immer leistungsfähigerer integrierter Schaltkreise beschrieben wird.[263] Das Konnektom – die Gesamtheit aller Verbindungen im Nervensystem eines Lebewesens – einer Fadenwurm-Art, die über 302 Neuronen verfügt, ist bereits vollständig erfasst.[264] Dennoch, bei geschätzten hundert Milliarden Neuronen[265] und mindestens 100 Billionen synaptischen Verbindungen[266] im Gehirn eines Erwachsenen ist das Unterfangen, das menschliche Nervensystem komplett zu kartieren, wahrhaft Ehrfurcht gebietend. Und selbst dann hätten wir auf dem Weg zu dem Verständnis, wie das menschliche Gehirn funktioniert, kaum mehr als den ersten Schritt getan.

In diesem Zusammenhang sollte man sich daran erinnern, dass die Wissenschaftler unmittelbar nach Abschluss der ersten vollständigen Entschlüsselung des menschlichen Erbguts erkennen mussten, mit der Kartierung der Gene lediglich die Eintrittskarte zu einer weitaus umfangreicheren Aufgabe gelöst zu haben: die Gesamtheit der Proteine zu kartieren, deren Baupläne in den Genen festgelegt sind[267] – Proteine, die ihrerseits wiederum multiple geometrische Formen annehmen können[268] und nach ihrer Synthese durch die Gene weiteren biochemischen Modifikationen unterzogen werden.[269] Ist das Konnektom einmal vollständig erfasst, müssen die Neurowissenschaftler außerdem die Rolle der Proteine im Gehirn unter die Lupe nehmen. Oder mit den Worten David Eaglemans, eines Neurowissenschaftlers am Baylor College of Medicine in Houston: »Die Neurowissenschaften sind besessen von Neuronen, weil wir sie mit unseren besten Technologien messen können. Tatsächlich aber ist jede einzelne Nervenzelle so kompliziert wie eine Stadt und enthält viele Millionen Proteine, die sich in außerordentlich komplexen biochemischen Ebenen bewegen und miteinander interagieren.«[270]

Dennoch haben die Wissenschaftler bereits in dieser frühen Phase der neurowissenschaftlichen Revolution gelernt, wie sie spezifische Systeme innerhalb des Gehirns punktuell aktivieren können. Dank der Fortschritte in dem noch jungen Feld der Optogenetik[271] haben Wissenschaftler sogenannte Opsine – lichtempfindliche Proteine – in Grünalgen (und Bakterien) identifiziert, die entsprechenden Gene in Zellen eingebaut und diese damit in eine Art optischen Schalter für Neuronen verwandelt.[272] Nachdem sie zusätzlich Gene mit den Bauplänen für Proteine einfügten, die in grünem Licht *leuchten*, war es den Wissenschaftlern möglich, das Neuron mit blauem Licht ein- beziehungsweise auszuschalten und anschließend unter grünem Licht seine Auswirkungen auf andere Neuronen zu beobachten.[273] Inzwischen ist die Wissenschaft der Optogenetik schon so weit fortgeschritten, dass die Forscher mithilfe derartiger Schalter das Verhalten und die Gefühle von Mäusen manipulieren können, und zwar indem sie den Fluss von Ionen (geladenen Partikeln) zu den Neuronen regulieren und sie auf diese Weise nach Belieben ein- beziehungsweise ausschalten. Eine der möglichen vielversprechenden Anwendungen dieses Verfahrens könnte es sein, die mit der Parkinsonkrankheit einhergehenden Symptome zu beeinflussen.[274]

Andere Wissenschaftler haben Gene aus Quallen und Korallen, die verschiedene fluoreszierende Farben erzeugen – Rot, Blau, Gelb und Zwischenstufen davon –, so in Neuronen eingeschleust, dass Nervenzellen unterschiedlicher Kategorien in anderen Farben aufleuchten und auf diese Weise identifiziert werden können.[275] Mithilfe dieses als »Brainbow«

bezeichneten Verfahrens – in Anlehnung an die in den Farben des Regenbogens aufleuchtenden Gehirnzellen – lassen sich weitaus detailliertere visuelle Karten der neuronalen Verbindungen erstellen.[276] Und einmal mehr hat das Weltgehirn die Entstehung eines starken Netzwerkeffekts in der Hirnforschung gefördert. Sobald ein weiteres Element in der hochkomplexen Verschaltung des Gehirns entziffert ist, werden die neuen Erkenntnisse an andere Forscherteams weitergegeben und dadurch deren Arbeit an der Dekodierung anderer Teile des Konnektoms beschleunigt.[277]

Dem Gehirn beim Denken zusehen

PARALLEL DAZU BESCHERT UNS ein neuer und völlig anderer Ansatz zur Untersuchung des Gehirns aufregende neue Erkenntnisse: die funktionelle Magnetresonanztomografie, kurz fMRT. Dieses Verfahren, das auf der seit Längerem eingeführten Magnetresonanztomografie von Körperteilen beruht, bildet den Blutfluss zu Neuronen im Gehirn ab, wenn diese feuern.[278] Aktive Neuronen nehmen Blut auf, das Sauerstoff und Glukose enthält, um Energie zu erzeugen.[279] Da sich die Magnetisierung von sauerstoffreichem (oxygeniertem) Blut und deoxygeniertem Blut leicht unterscheidet,[280] kann der Scanner erfassen, welche Gehirnareale gerade aktiv sind.[281]

Durch die Korrelation der fMRT-Aufnahmen mit den von den gescannten Personen berichteten subjektiven Beschreibungen ihrer Gedanken oder Gefühle konnten die Wissenschaftler bahnbrechende neue Erkenntnisse darüber gewinnen, in welchen Gehirnarealen bestimmte Funktionen ansässig sind. Das Verfahren ist inzwischen so weit ausgereift, dass erfahrene Teams in der Lage sind, konkrete *Gedanken* anhand des mit diesem speziellen Gedanken assoziierten *Brainprints* – »Gehirnabdrucks« – zu identifizieren. Das Wort »Hammer« etwa weist einen charakteristischen Brainprint auf, der bei nahezu allen Menschen unabhängig von Nationalität oder Kultur äußerst ähnlich aussieht.[282] Eine der eindrucksvollsten Demonstrationen für das Potenzial dieses neuen Verfahrens lieferte 2010 der damals an der University of Cambridge tätige Neurowissenschaftler Adrian Owen.[283] Owen führte fMRT-Scans an einer jungen Frau durch, die sich im Wachkoma befand, also keine wahrnehmbaren Zeichen für Bewusstsein aufwies. Während der Scans forderte er sie auf, an bestimmte Situationen zu denken. Zunächst sollte sie sich vorstellen, sie würde Tennis spielen, anschließend, wie sie durch ihre Wohnung ging. Wissenschaftler konnten zeigen, dass Menschen, die ans Tennisspielen denken, verstärkte Aktivitäten in einem bestimmten Teil des Motorkortex im Gehirn aufweisen, genauer gesagt im supplementär-motorischen Kortex. Und wenn jemand sich vorstellt, er würde durch seine Wohnung gehen, ruft das ein typisches Aktivitätsmuster in einem im Zentralgehirn gelegenen Areal namens *Gyrus parahippocampalis* hervor. Owen fiel auf, dass die im Wachkoma liegende Frau auf jede dieser Fragen mit exakt derselben Hirnaktivität reagierte, wie man sie von jemandem erwarten würde, der wach und bei Bewusstsein ist. Er benutzte diese beiden Fragen, um der jungen Frau zu ermöglichen, ihm mit Ja oder Nein zu »antworten« – indem sie entweder ans Tennisspielen dachte (Ja) oder daran, durch ihre Wohnung zu gehen (Nein). Anschließend stellte er ihr eine Reihe von Fragen über ihr Leben, deren Antworten niemand aus dem an dem Versuch beteiligten Teams kennen konnte. Die Frau beantwortete praktisch alle Fragen korrekt, woraus Owen schloss, dass sie tatsächlich bei Bewusstsein war. Nachdem er dieses Experiment mit vielen weiteren Komapatienten durchgeführt hatte, kam er zu dem Schluss, dass bis zu 20 Prozent jener Menschen bei Bewusstsein sein könnten, ohne jedoch über die Möglichkeit zu verfügen, mit der Außenwelt zu kommunizieren. Inzwischen führen Owen und sein Team ihre Arbeit mithilfe der nicht invasiven Elektroenzephalografie (EEG) fort.

Am Dartmouth College im Bundesstaat New Hampshire nutzen Wissenschaftler EEG-Headsets, um Gedanken zu interpretieren, und verbinden sie mit einem iPhone, was es dem Nutzer erlaubt, Bilder auszuwählen, die anschließend auf dem Display des Smartphones dargestellt werden. Mit außen am Kopf angebrachten EEG-Sensoren, wie bei diesem Ansatz, ist es zwar noch deutlich schwieriger, die im Gehirn erzeugten elektrischen Signale zu interpretieren, aber die erzielten Fortschritte sind beeindruckend.[284]

DAS VOR EINIGEN JAHREN von der australischen PC-Spielefirma Emotiv entwickelte kostengünstige EEG-Headset übersetzt Hirnsignale, mit deren Hilfe die Anwender zum Beispiel Objekte auf einem Computerbildschirm steuern können.[285] Viele Neurowissenschaftler glauben zwar, dass solche vergleichsweise billigen Geräte »nicht so sehr echte neuronale

Aktivitäten als vielmehr Muskelrhythmen« messen,[286] dennoch haben
Wissenschaftler und Ingenieure am Emerging Technologies Lab von IBM
in Großbritannien das Emotiv-Headset so angepasst, dass Anwender damit per Gedankenkontrolle andere elektronische Geräte steuern können,
unter anderem Modellautos, Fernseher und Schalter.[287] In der Schweiz
haben Wissenschaftler von der Ecole Polytechnique Fédérale de Lausanne
(EPFL), die einen ähnlichen Ansatz verfolgen, Rollstühle und Roboter
gebaut, die über Gedanken gesteuert werden.[288] Und vier andere Unternehmen, darunter Toyota, haben bekannt gegeben, dass sie an der Entwicklung von Fahrrädern mit Gangschaltungen arbeiten, die der Fahrer
mittels seiner Gedanken steuern kann.[289]

Am Albany Medical Center im Bundesstaat New York arbeiten Ger-
win Schalk und Anthony Ritaccio – ausgestattet mit einem millionen-
schweren Forschungsstipendium des US-Militärs – an der Entwicklung
von Geräten, mit deren Hilfe Soldaten in einigen Jahren auf telepathi-
schem Wege miteinander kommunizieren können sollen.[290] Obwohl sich
das wie etwas aus einem Science-Fiction-Film anhört, ist das Pentagon
von der Machbarkeit dieser sogenannten Telepathie-Helme offenbar
hinreichend überzeugt, um das Projekt mit über 6 Millionen Dollar zu
unterstützen.[291] Ein erster Prototyp des Helms soll 2017 fertig sein.[292]

»*Transhumanismus*« *und die* »*Singularität*«

SOLLTE DIESE TECHNOLOGIE tatsächlich funktionieren und weiter
perfektioniert werden, lässt es sich nur schwer vorstellen, wohin uns künftige, leistungsfähigere Versionen solcher Geräte führen könnten. Einige
Theoretiker sagen seit Langem voraus, dass die Entwicklung einer brauch-
baren Methode zur Übersetzung menschlicher Gedanken in digitale, von
Computern entschlüsselbare Muster unweigerlich zu einer umfassenderen,
weit über alle herkömmlichen Vorstellungen von einem Cyborg hinaus-
gehenden Konvergenz zwischen Menschen und Maschinen führen würde.
Das Tor zu einer neuen Ära würde aufgestoßen werden, zu einer Ära, die
vom, wie sie dazu sagen, »Transhumanismus«, geprägt sein wird.

Laut Nick Bostrom, dem führenden Historiker des Transhumanismus, wurde der Begriff offenbar von Aldous Huxleys Bruder Julian geprägt, einem angesehenen britischen Biologen, Umweltschützer und

Humanisten, der 1957 schrieb: »Die menschliche Spezies kann, so sie es wünscht, sich selbst transzendieren – nicht nur sporadisch, ein Individuum hier auf diese Weise, ein Individuum dort auf eine andere Weise –, sondern in ihrer Gesamtheit, als Menschheit. Wir benötigen einen Begriff für diesen neuen Glauben. Vielleicht eignet sich ja *Transhumanismus*: Der Mensch bleibt Mensch, aber transzendiert sich, indem er neue Möglichkeiten aus seiner und für seine menschliche Natur realisiert.«[293]

Die Vorstellung, dass wir als Menschen keineswegs an einem evolutionären Endpunkt angelangt, sondern vielmehr dazu bestimmt seien, uns weiterzuentwickeln – und zwar durch einen von uns selbst aktiv gesteuerten Prozess –, hat ihre Wurzeln in dem intellektuellen Aufruhr, der auf die Veröffentlichung von Darwins *Über die Entstehung der Arten* folgte. Ein Aufruhr, der sich ins 20. Jahrhundert hinein fortsetzte und einige Jahrzehnte später in einer Diskussion über einen neuen möglichen Endpunkt der menschlichen Evolution mündete, der sogenannten »Singularität«.[294]

Der erstmals von Teilhard de Chardin benutzte Begriff beschreibt eine zukünftige Schwelle, jenseits derer die künstliche Intelligenz die des Menschen übersteigt.[295] Vernor Vinge, ein kalifornischer Mathematiker und Computerwissenschaftler, fasste den Gedanken in einem vor zwanzig Jahren unter dem Titel *Die kommende technologische Singularität* veröffentlichten Aufsatz zusammen, in dem er unter anderem schrieb: »Innerhalb der nächsten dreißig Jahre werden wir über die technologischen Mittel zur Erschaffung übermenschlicher Intelligenz verfügen. Kurz danach wird die Ära des Menschen vorüber sein.«[296]

In neuerer Zeit wird das Konzept der Singularität vor allem von Ray Kurzweil, seines Zeichens Universalgelehrter, Autor, Erfinder und Futurist (sowie zusammen mit Peter Diamandis Mitbegründer der Singularity University am NASA Research Park im kalifornischen Moffett Field) popularisiert und nach Kräften gefördert. Kurzweil sieht unter anderem eine rasante Entwicklung von Technologien voraus, die eine reibungslose und vollständige Übertragung menschlicher Gedanken in eine Form ermöglichen werden, sodass sie von weiterentwickelten Computern nicht nur verstanden, sondern auch *auf sie übertragen* werden können.[297] Sollte es dazu tatsächlich kommen, wird es, so glaubt Kurzweil, nur eine Frage von Jahrzehnten sein, bis eine Konvergenz der menschlichen Intelligenz – und selbst des menschlichen Bewusstseins – mit künstlicher Intelligenz erreicht werden kann. »Es wird«, schrieb Kurzweil vor einigen Jahren, »in der Post-Singularität keinen Unterschied mehr geben zwischen Mensch und Maschine oder zwischen physischer und virtueller Realität.«[298] Kurzweil scheut selten davor zurück, provokante Ideen zu vertreten, nur weil die meisten anderen Technologen sie als abstrus abtun. Mitch Kapor, mit Kurzweil gut befreundet und selbst eine Legende in der Computerszene, hat mit ihm eine Wette um 20 000 Dollar (vom Verlierer an eine vom Gewinner zu benennende Stiftung zu bezahlen) abgeschlossen, in der es um die vielleicht interessanteste Dauerdebatte bezüglich der zukünftigen Fähigkeiten von Computern geht: die Debatte um den Turing-Test.[299] Benannt wurde dieser Test nach Alan Turing, dem legendären Pionier der Computerwissenschaften, der damit 1950 erstmals an die Öffentlichkeit ging. Der Turing-Test definierte über lange Zeit das Kriterium dafür, ob Computer über ein Denkvermögen verfügen, das mit dem menschlichen vergleichbar ist. Falls eine Person nach einer schriftlich geführten Unterhaltung mit zwei Gesprächspartnern, einem Menschen und einem Computer, nicht feststellen kann, welcher der beiden Mensch und welcher Maschine ist, dann hat der Computer den Turing-Test bestanden. Kurzweil hat behauptet, dass bis Ende 2029 ein Computer den Turing-Test bestanden haben wird, und Kapor hat dagegengewettet, getreu seiner Überzeugung, dass die menschliche auf immer organisch unterscheidbar sein wird von maschinenbasierter Intelligenz. Die Singularität jedoch stellt eine andere Herausforderung dar.

Inzwischen nämlich gibt es eine konkurrierende Alternative zur Silicion-Valley-Version der Singularität, ins Spiel gebracht von einigen Biologen, die glauben, dass mithilfe der neurologischen Gentechnologie eine »organische Singularität« erschaffen werden könnte, lange bevor eine auf Computern basierende »technologische Singularität« erreicht wird.[300] Ich halte weder das eine noch das andere für erstrebenswert, auch wenn mein Unbehagen schlicht auf die immensen gedanklichen Herausforderungen zurückzuführen sein mag, vor welche diese sich immer schneller entfaltenden multiplen Revolutionen uns alle stellen.

AUCH WENN DIE FUSION VON MENSCH und Maschine auf absehbare Zeit hinaus noch dem Reich der Science-Fiction vorbehalten sein mag, die Verwendung mechanischer Elemente als Ersatz für Teile des menschlichen Körpers schreitet rasch voran. Prothesen und Implantate werden inzwischen nicht mehr nur als Ersatz für Hüften,[301] Knie,[302] Beine[303] und Arme[304] eingesetzt, sondern auch für Augen[305] und andere Körperteile, die bislang nicht durch künstliche Substitute ersetzbar waren.[306] So stellen Cochlea-Implantate, wie bereits erwähnt, die Hörfähigkeit wieder her,[307] und gleich mehrere Forschergruppen haben mechanische Exoskelette entwickelt,[308] mit deren Hilfe Querschnittsgelähmte wieder gehen können und die Soldaten und anderen, die schwere Lasten bewegen müssen, zusätzliche Kraft verleihen.[309] Die meisten nach Maß gefertigten Im-Ohr-Hörgeräte werden bereits heute mit 3-D-Druckern hergestellt.[310] Und angesichts der Geschwindigkeit, mit der sich die 3-D-Drucktechnologie weiterentwickelt, kann man davon ausgehen, dass auch viele andere Körperprothesen in naher Zukunft gedruckt werden.

2012 haben in den Niederlanden Ärzte und Techniker mit einem 3-D-Drucker (wie in Kapitel 1 beschrieben) aus Titanpulver einen Unterkiefer für eine ältere Frau gedruckt, bei der die herkömmliche wiederaufbauende Chirurgie nicht infrage kam. Der Unterkiefer wurde komplett mit Gelenkabschnitten, Hohlräumen zur Befestigung der Muskeln und Aussparungen für nachwachsende Nerven und Blutgefäße am Computer entworfen und natürlich von Größe und Form her perfekt auf das Gesicht der Frau abgestimmt.[311] Anschließend wurde der dreidimensionale digitale Bauplan an den 3-D-Drucker geschickt, in dem das Titanpulver in ultradünnen Schichten (33 Schichten pro Millimeter Höhe) aufgetragen und mit einem Laserstrahl verschmolzen wurde, ein Vorgang, der lediglich ein paar Stunden in Anspruch nahm. Nach Auskunft des behandelnden Arztes, Jules Poukens von der belgischen Universität Hasselt, konnte die Frau den 3-D-gedruckten Unterkiefer bereits kurz nach dem Aufwachen aus der Narkose normal bewegen und einen Tag später schon wieder Essen schlucken.

Menschliche Organe können mit dem Verfahren zwar noch nicht hergestellt werden, aber allein schon die sich abzeichnende Möglichkeit hat wegen des akuten Mangels an Spenderorganen in der Transplantationsmedizin für Begeisterung gesorgt.[312] Doch bevor der 3-D-Druck von Organen irgendwann technisch machbar sein wird, hoffen Biomediziner, ein brauchbares Verfahren zu entwickeln, mit dem sie menschliche Ersatzorgane nachzüchten können. In den Labors der Regenerationsmediziner an der Wake Forest University in North Carolina wachsen heute schon erste Versionen sogenannter exosomatischer Nieren und Lebern heran,[313] und sollten wir tatsächlich einmal unsere eigenen Ersatzorgane im Labor nachzüchten können, dürfte das das Feld der Organtransplantation von Grund auf verändern.

Am Stockholmer Karolinska-Institut ist es Ärzten bereits gelungen, eine Luftröhre nachzubauen und erfolgreich einzupflanzen, indem sie im Labor Körperzellen des Patienten dazu brachten, auf einem speziellen, der zu ersetzenden Luftröhre exakt nachgebildeten Kunststoffgerüst zu wachsen.[314] Mit einem ähnlichen Verfahren hat ein Medizinerteam in Pittsburgh den Quadrizepsmuskel – »vierköpfiger Oberschenkelmuskel« – eines Soldaten nachgebaut, der bei einer Explosion in Afghanistan seinen Muskel verloren hatte. Die Ärzte implantierten dem Mann ein aus der (von lebenden Zellen gereinigten) Harnblase eines Schweins angefertigtes Gerüst in den Oberschenkel, das seine Stammzellen in dem Maße zur Neubildung von Muskelgewebe anregte, wie die Matrix des von der Immunabwehr des Körpers aufgelösten Gerüsts freigelegt wurde.[315] Derzeit arbeiten Wissenschaftler am MIT an der Entwicklung von Nanodrähten aus Silizium, die tausendmal dünner als ein menschliches Haar sind. Eingebettet in derartige biologische Gerüste, können diese Drähte dazu benutzt werden, die Funktionsfähigkeit des nachwachsenden Körpergewebes zu überwachen.[316]

Als einer der Mitverfasser des 1984 vom US-Kongress verabschiedeten National Organ Transplant Act erfuhr ich in den Anhörungen zu dem Gesetz davon, wie schwer es ist, ausreichend Spenderorgane für den wachsenden Transplantationsmarkt zu erhalten. Und als Unterstützer des Verbots des kommerziellen Handels mit Organen war und bin ich nicht überzeugt von den Argumenten, die für eine Aufhebung dieses Verbots (das abgesehen vom Iran weltweit in allen Ländern gilt)[317] vorgebracht wurden und werden. Wie groß die Gefahr eines Missbrauchs ist, beweist der schauerliche Schwarzmarkthandel mit Organen von Menschen aus armen Ländern, die Patienten in den reichen Ländern implantiert werden.[318]

Bis es so weit ist, dass künstliche und regenerierte Ersatzorgane in größerem Umfang verfügbar sind, könnten internetbasierte Instrumente einschließlich sozialer Medien dabei helfen, mehr Spenderorgane zu finden und die für eine Transplantation der Organe infrage kommenden Kandidaten zu identifizieren. 2012 schilderte der Journalist Kevin Sack in der *New York Times* eine bewegende Geschichte von sechzig Menschen, die Glieder der »längsten je geformten Kette von Nierentransplantaten« wurden,[319] und vor Kurzem gab Facebook bekannt, »Organspender« als Kategorie zur Aktualisierung der Nutzerprofile hinzuzufügen.[320]

Bespoke Innovations, ein in San Francisco angesiedelter Hersteller von 3-D-Druckern, setzt die Technik zum Druck fortschrittlicher künstlicher Gliedmaßen ein,[321] und auch etliche andere Unternehmen stellen mit dem Verfahren eine Vielzahl unterschiedlicher Implantate her.[322] Darüber hinaus wird intensiv an Verfahren geforscht, Impfstoffe und Medikamente nach Bedarf aus Grundchemikalien zu drucken. Professor Lee Cronin von der University of Glasgow leitet ein mit dem 3-D-Druck von Medikamenten befasstes Team und erklärte unlängst, dass sie bei ihrem Verfahren die Moleküle von bei der Herstellung von Medikamenten häufig verwendeten Elementen und Verbindungen in das Äquivalent der Druckerpatronen füllen, wie man sie von konventionellen 2-D-Farbdruckern kennt. Mit einer überschaubaren Anzahl derartiger Patronen kann man laut Cronin »praktisch jedes beliebige organische Molekül herstellen«.[323]

Einer der Vorteile dieses Verfahrens besteht natürlich darin, dass man die digitalen 3-D-Rezepturen für Medikamente und Impfstoffe an überall auf der Welt aufgestellte 3-D-Drucker übertragen kann, um die Mittel vor Ort herzustellen. Dabei könnte man diese mit vernachlässigbaren zusätzlichen Kosten exakt auf die individuellen Patienten abstimmen.

Bislang hat die Pharmaindustrie auf große, zentralisierte Produktionsstätten gesetzt; ihr Geschäftsmodell basiert auf dem Prinzip eines Massenmarktes, mit dem sie eine Vielzahl von Menschen mit weitgehend standardisierten Produkten versorgt.[324] Die Digitalisierung des Menschen und molekularbasierter Grundstoffe jedoch erzeugt eine dermaßen große Masse an unterschiedlichen Daten von Menschen und Dingen, dass es nicht länger sinnvoll erscheint, die Menschen zu großen Gruppen zusammenzufassen und medizinisch signifikante Informationen über die Unterschiede zwischen ihnen zu ignorieren.

Dank unserer neuen Fertigkeiten zur Manipulation des mikroskopischen Gewebes der Welt sind wir jetzt auch in der Lage, nanoskalige Maschinen zu konstruieren, die in den menschlichen Körper eingeschleust werden – darunter Geräte von der Größe lebender Zellen, die mit dem menschlichen Gewebe koexistieren können. Ein Team von Nanotechnologen am MIT hat 2012 bekannt gegeben, dass ihm der Bau von »Nanofabriken« gelungen sei. Diese sind theoretisch dazu fähig, innerhalb des menschlichen Körpers Proteine zu erzeugen, wenn sie mit einem von außen auf den Körper gerichteten Laserstrahl aktiviert werden.[325]

Inzwischen werden auch spezielle Implantate für das Gehirn entwickelt. Es gibt Geräte, die an Herzschrittmacher erinnern und ins Gehirn implantiert werden, um auf diese Weise organische Schäden oder Störungen zu beheben.[326] Ärzte implantieren Computerchips und digitale Geräte auf die Oberfläche des Gehirns und in manchen Fällen auch in tiefer gelegene Areale.[327] Mithilfe eines durch ein Loch im Schädel direkt auf die Gehirnoberfläche implantierten und mit einem Computer verdrahteten Chips etwa waren gelähmte Patienten in der Lage, mit ihren Gedanken die Bewegungen von Robotern zu steuern.[328] Auf diese Weise konnte, wie in einer Demonstration vorgeführt, eine gelähmte Frau einen Roboterarm so steuern, dass er eine Tasse Kaffee ergriff, an ihre Lippen führte und einen Strohhalm so positionierte, dass sie daraus trinken konnte. Experten zufolge ist es nur noch eine Frage der Zeit, bis es dank der stetig steigenden Leistungsfähigkeit und voranschreitenden Miniaturisierung von Computerchips möglich sein wird, auf die Drähte zu verzichten, die Chips und Computer miteinander verbinden.[329] Wissenschaftler und Ingenieure an der University of Illinois, der University of Pennsylvania und der New York University entwickeln gerade ein neuartiges Interface mit dem Gehirn, das extrem flexibel ist und sich an die Konturen der Gehirnoberfläche anpasst.[330] »In akademischen Zentren rund um die Welt schreiten die Wissenschaften, auf denen die Bioelektronik aufbaut, mit erstaunlicher Geschwindigkeit voran«, so der Leiter der Forschungs- und Entwicklungsabteilung bei GlaxoSmithKline, Moncef Slaoui. »Doch das passiert an verschiedenen Orten, und die Herausforderung besteht darin, die Arbeit – etwa zu Gehirn-Computer-Schnittstellen – in der Materialwissenschaft, der Nanotechnologie oder der Mikroenergieerzeugung zu integrieren, damit wir daraus therapeutischen Nutzen ziehen können.«[331]

Forscher an der Universität von Tel Aviv haben Ratten mit einem an den Hirnstamm der Tiere angeschlossenen künstlichen Kleinhirn ausgestattet, um Informationen aus dem Körper zu interpretieren. Mithilfe dieser Informationen können die Wissenschaftler Neuronen im motorischen Kortex stimulieren, um gezielt die Gliedmaßen der Ratte zu bewegen. Obwohl sich die Arbeiten noch in einem sehr frühen Stadium befinden, gehen Experten davon aus, dass es nur eine Frage der Zeit ist, bis ganze Subsysteme des Gehirns künstlich nachgebaut werden können.[332] Die Komplexität der Aufgabe sei zwar immens, meint Francisco Sepulveda von der University of Essex in Großbritannien, doch sehe man deutlich, wie sie sich meistern lasse. »Wir werden wahrscheinlich mehrere Jahrzehnte brauchen, bis wir so weit sind«, erklärt Sepulveda, »aber ich wette darauf, dass es für bestimmte, klar strukturierte Teile des Gehirns wie den Hippocampus oder den visuellen Kortex noch vor Ende des Jahrhunderts synthetische Entsprechungen geben wird.«[333]

Auch wenn wir noch weit von synthetischen neuronalen Teilsystemen entfernt sind, die es an Komplexität mit dem Hippocampus oder der Sehrinde aufnehmen könnten, kommen bereits heute sogenannte Neuroprothesen zum Einsatz, darunter Implantate für die Blasenkontrolle,[334] zur Linderung von Schmerzen der Wirbelsäule[335] oder bei bestimmten Formen von Blindheit[336] und Taubheit.[337] Andere Neuroprothesen, deren Einführung für die nahe Zukunft erwartet wird, werden Wissenschaftlern zufolge in der Lage sein, bestimmte Teile des Gehirns zu stimulieren, um die Fähigkeit zur Fokussierung und Konzentration zu verbessern[338] – Implantate, die per Knopfdruck etwa die mit »Übung« assoziierten neuronalen Verbindungen stimulieren und beispielsweise Schlaganfallopfern so dabei helfen, das Laufen wieder zu erlernen.

»Die Kinder modifizieren«

VOR DEM HINTERGRUND beständig leistungsfähiger werdender Implantate, Prothesen, Neuroprothesen und anderer kybernetischer Anwendungen hat sich die Diskussion über die Folgen ihres Einsatzes zu therapeutischen, heilenden und wiederherstellenden Zwecken ausgeweitet: Nun steht die Frage im Vordergrund, wie die Prothesen genutzt werden können, um den Menschen zu *verbessern*. Zum Beispiel können die oben beschriebenen Gehirnimplantate – Opfer von Schlaganfällen können durch sie schneller wieder laufen lernen – bei gesunden Menschen dazu benutzt werden, um ihnen das Erlernen einer neuen Fähigkeit zu erleichtern oder in für sie besonders wichtigen Situationen ihre Konzentrationsfähigkeit zu steigern.[339]

Die vorübergehende Steigerung der geistigen Leistungsfähigkeit mithilfe von Medikamenten ist bereits heute weit verbreitet; in den USA etwa schätzt man, dass rund 4 Prozent aller College-Studenten regelmäßig konzentrationsfördernde Mittel wie Adderall, Ritalin und Provigil einnehmen, um bei Examen besser abzuschneiden. Studien haben gezeigt, dass dieser Anteil an manchen Bildungseinrichtungen bis zu 35 Prozent beträgt.[340] Nach einer umfangreichen Recherche zur Verbreitung dieser Medikamente an weiterführenden Schulen kam die *New York Times* zu dem Schluss, dass es zwar »keine zuverlässigen Erhebungen« gibt, auf die sich eine landesweite Schätzung stützen ließe, bei einer Umfrage an über fünfzehn Schulen mit einem hohen akademischen Standard aber schätzten die befragten Ärzte und Schüler den Anteil derjenigen, die zu solchen Mitteln greifen, »auf Werte von 15 bis 40 Prozent«.[341]

»Eine Übereinstimmung«, hieß es in dem Artikel weiter, »war deutlich: dass die Zahl der Nutzer steigt [...] und dass manche Schüler, die auf diese Medikamente eigentlich lieber verzichten würden, sich genötigt fühlen könnten, wegen des Wettbewerbs um Noten und der Anforderungen der Colleges doch zu ihnen zu greifen.« In den USA sind etliche Ärzte, die mit einkommensschwachen Familien arbeiten, dazu übergegangen, den Kindern aus diesen Familien Adderall zu verschreiben – als eine Art Ausgleich für die zahlreichen Vorteile, die Kinder aus wohlhabenderen Familien genießen. Einer dieser Ärzte, Michael Anderson aus Canton im Bundesstaat Georgia, sagte gegenüber der *New York Times*, er verstehe das als einen »kleinen Beitrag für mehr Chancengleichheit [...] Wir als Gesellschaft haben beschlossen, dass es zu kostspielig ist, die Lebensumwelt der Kinder zu modifizieren. Also müssen wir eben die Kinder modifizieren.«[342]

Vor einigen Jahren wurde eine Umfrage unter Wissenschaftlern an Forschungseinrichtungen in über sechzig Ländern durchgeführt, bei der es um die Nutzung von Medikamenten zur Steigerung der geistigen Leistungen ging. Knapp 1500 Wissenschaftler antworteten auf die Umfrage; von ihnen gaben rund 20 Prozent an, solche Mittel schon einmal benutzt zu haben. Die Mehrzahl sagte, sie hätten das Gefühl, die Einnahme würde ihre Gedächtnis- und Konzentrationsfähigkeit steigern.[343] Obwohl Ärzte insbesondere bei unangemessener und übermäßiger Nutzung dieser Substanzen vor Risiken und Nebenwirkungen warnen, arbeiten Forscher mit Hochdruck an neuen chemischen Verbindungen, die mit dem Versprechen einhergehen, die Intelligenz selbst zu steigern.[344] Nach Ansicht mancher Experten könnte die Verwendung der derzeit in der Entwicklung befindlichen intelligenzsteigernden Mittel eines Tages zum Alltag werden und nicht verpönter sein als beispielsweise die Schönheitschirurgie heute.[345] Die Defense Advanced Research Projects Agency, eine dem US-Verteidigungsministerium unterstellte Forschungsbehörde, verfolgt einen anderen Ansatz, um die Konzentrationsfähigkeit zu verbessern und das Erlernen neuer Fertigkeiten zu beschleunigen: Durch außen am Schädel angelegte schwache Stromflüsse werden die für die Objekterkennung zuständigen Gehirnareale stimuliert. Die Ausbildung von Scharfschützen ist dafür ein Beispiel.[346]

Die Leistung steigern

BEI DEN OLYMPISCHEN SPIELEN 2012 in London schrieb der Südafrikaner Oscar Pistorius Geschichte: Er war der erste zweifach beinamputierte Sprinter, der bei einem olympischen Wettbewerb an den Start ging.[347] Pistorius, der ohne Wadenbeine auf die Welt gekommen war und dem im Alter von elf Monaten beide Unterschenkel amputiert worden waren, hatte gelernt, mit Prothesen zu rennen. Er trat im 400-Meter-Lauf an, wo er das Halbfinale erreichte, sowie im 4-mal-400-Meter-Staffellauf, in dem das südafrikanische Team bis ins Finale vorstieß.[348]

Einige von Pistorius' Konkurrenten kritisierten vor den Spielen, dass seine flexiblen Karbonprothesen ihm einen unfairen Vorteil verschafften. Michael Johnson, der nicht mehr aktive amtierende Weltrekordhalter der 400-Meter-Strecke, etwa sagte: »Da wir nicht genau wissen, ob ihm seine Prothesen einen Vorteil verschaffen, ist es gegenüber nicht behinderten Konkurrenten unfair.«[349]

Wegen seiner Courage und seiner Entschlossenheit drückten die meisten Zuschauer Pistorius die Daumen und wünschten ihm den Sieg. Dennoch ist unverkennbar, dass wir uns bereits inmitten einer ethischen

Diskussion darüber befinden, ob künstliche Verbesserungen menschlicher Fähigkeiten nicht zu unfairen Vorteilen unterschiedlicher Art führen. Als Pistorius zwei Wochen später bei den Paralympics antrat, legte er selbst Protest gegen einen anderen Sprinter ein, da dessen Karbonprothesen im Vergleich zu seiner Körpergröße zu lang seien und ihm damit einen unfairen Vorteil verschafften.[350]

Ein weiteres Beispiel aus der Welt des Sports ist der Einsatz eines Hormons namens Erythropoietin (EPO), das die Neubildung von roten Blutkörperchen reguliert[351] und Athleten einen deutlichen Leistungsvorteil verschafft, indem es dafür sorgt, dass die Muskulatur über einen längeren Zeitraum hinweg mit mehr Sauerstoff versorgt wird.[352] 2007 wurde einem ehemaligen Gewinner der Tour de France der Titel aberkannt, nachdem man in seinem Blut erhöhte EPO-Werte nachgewiesen hatte. Später gestand der Radrennfahrer neben EPO-Doping auch die Einnahme weiterer illegaler leistungssteigernder Mittel.[353] Und 2012 wurden dem siebenmaligen Tour-Gewinner Lance Armstrong sämtliche Titel aberkannt und er lebenslänglich für alle Sportarten gesperrt.[354] Die amerikanische Antidopingagentur USADA hatte zuvor einen Bericht veröffentlicht, der detailliert Armstrongs Doping mit EPO, Steroiden und Bluttransfusionen, das Doping anderer Mitglieder seines Rennstalls sowie ein ausgeklügeltes Vertuschungssystem darlegte.[355]

Die für die Olympischen Spiele und andere Sportwettbewerbe zuständigen Verbände und Institutionen befinden sich in einem genetischen und biochemischen Wettrüsten um die Entwicklung immer besserer Möglichkeiten zum Nachweis neuer regelwidriger leistungssteigernder Mittel oder Verfahren.[356] Was, wenn ein Gen, das eine erhöhte körpereigene EPO-Produktion bewirkt, in das Genom eines Athleten eingeschleust würde? Wie könnte man das nachweisen?

Bei mindestens einem mehrfachen Olympiagoldgewinner, dem finnischen Skilangläufer Eero Mäntyranta, diagnostizierte man später eine *natürliche* Mutation, die bewirkte, dass sein Körper überdurchschnittlich viel EPO – und damit auch rote Blutzellen – produzierte.[357] So etwas kann selbstredend nicht als Verstoß gegen das olympische Regelwerk gewertet werden, zumal Mäntyranta in den 1960er-Jahren als Langläufer aktiv war, also lange bevor die Technologie des Spleißens von Genen verfügbar war. Falls aber künftige Olympioniken dieselbe Mutation aufweisen, könnte es sich als unmöglich erweisen festzustellen, ob sie natürlichen Ursprungs ist oder künstlich in ihr Erbgut eingefügt wurde. Gegenwärtig lässt sich das Spleißen noch aufzeigen, aber wenn das Verfahren perfektioniert wird, droht nach Ansicht mancher Wissenschaftler die Gefahr, dass die Dopingkontrolleure die Manipulation ohne Gentests bei Blutsverwandten der Athleten nicht mehr nachweisen können.[358]

Und noch ein Beispiel: Wissenschaftler haben einen Weg gefunden, ein Protein namens Myostatin zu beeinflussen, das den Muskelaufbau reguliert. Tiere, bei denen dieses Protein blockiert ist, bilden im gesamten Körper ungewöhnlich große und starke Muskeln aus.[359] Wenn Sportler genetisch so manipuliert werden, dass ihr Muskelwachstum zunimmt, erschleichen sie sich damit dann nicht einen unfairen Vorteil? Ist das nicht einfach eine neue Spielart des Dopings, vergleichbar mit der Einnahme von Steroiden oder sauerstoffangereicherten Eigenbluttransfusionen? Doch auch in diesem Fall gibt es einige Menschen – darunter zumindest ein junger, hoffnungsvoller Leistungsturner – mit einer seltenen, aber *natürlichen* Mutation, durch die ihr Körper weniger Myostatin als normal produziert und die zu einem überdurchschnittlichen Muskelwachstum führt.

Auch die Annäherung von Gentechnik und Prothetik dürfte uns neue Durchbrüche bescheren. So haben Anfang 2012 Wissenschaftler in Kalifornien ein neues Projekt vorgestellt, dessen Ziel die Herstellung eines künstlichen Hodens ist, einer, wie sie dazu sagen, »Sperma produzierenden biologischen Maschine«.[360] Einmal implantiert, wollen die Forscher dem künstlichen Hoden – im Prinzip entspricht er einer Prothese – alle zwei Monate gentechnisch erzeugte Samenzellen aus adulten Stammzellen des Prothesenträgers injizieren. Einige der ersten Anwendungen der Genforschung dienten der Behandlung von Unfruchtbarkeit. Tatsächlich hat sich ein Großteil der Arbeit seit Beginn der Revolution in den Biowissenschaften auf den Anfang und das Ende des menschlichen Lebens konzentriert – auf die Neuerfindung von Leben und Tod.

Die neue Ethik der Fruchtbarkeit

ALS 1978 IN GROSSBRITANNIEN das erste sogenannte Retortenbaby auf die Welt kam, Louise Brown,[361] löste das eine globale Debatte über die ethischen und sittlichen Implikationen des Verfahrens aus – eine Debatte, die in vielerlei Hinsicht mustergültig dafür war, wie die Öffentlichkeit auf derartige Durchbrüche reagiert.[362] Die erste Phase ist geprägt von einer Mischung aus Schrecken und Ehrfurcht, begleitet von wilden Spekulationen und dem Bemühen von Experten (und solchen, die sich dafür halten), die Konsequenzen des Durchbruchs auszuloten. Einige Bioethiker äußerten damals die Befürchtung, In-vitro-Befruchtungen würden auf irgendeine Weise die elterliche Liebe mindern und die Beziehung zwischen den Generationen schwächen.[363] Der konfusen Angst und der gerunzelten Stirn entgegen steht die überbordende Freude der frischgebackenen Eltern, deren Traum von einem Kind endlich Wirklichkeit geworden ist. Wenig später dann flaut die anfängliche Aufregung ab und legt sich schließlich ganz. »Die Leute wollen«, wie das die amerikanische Bioethikerin Debra Mathews ausdrückte, »eben Kinder haben, und niemand will einem anderen sagen, dass er das nicht kann.«[364] Seit 1978 sind über fünf Millionen Kinder durch In-vitro-Fertilisation und ähnliche Verfahren auf die Welt gekommen.[365]

Bei unzähligen Kongressanhörungen zu den Fortschritten der biowissenschaftlichen Forschung in den 1970er- und 1980er-Jahren sah ich dieses Muster sich viele Male wiederholen.[366] Schon 1967 hatte die erste Herztransplantation für heftige Kontroversen gesorgt, die damals von dem südafrikanischen Arzt Christiaan Barnard durchgeführt wurde. Damals hatten jedoch die Freude und das Erstaunen über eine Operation, die als medizinisches Wunder galt, der Debatte ein Ende gesetzt, bevor sie richtig Schwung aufnehmen konnte.[367] Der Arzt Warwick Peacock, der bei der Operation assistierte, erzählte mir, dass Barnard in dem Moment, als das transplantierte Herz zu schlagen anfing, ausrief: »Mein Gott, es funktioniert!«[368] Später dann entzündeten sich nach dem ersten erfolgreichen Klonen eines Säugetiers sowie wegen der Kommerzialisierung der Leihmutterschaft ebenfalls Kontroversen mit einer sehr kurzen Halbwertszeit.

Heute jedoch eröffnet die Flut an wissenschaftlichen Durchbrüchen neue Fertilitätsoptionen, die weniger schnell wieder abflauende Kontroversen provozieren könnten. Bei einem dieser neuen Verfahren werden Embryonen in vitro gezeugt, und anschließend wird mithilfe der Präimplantationsdiagnostik (PID)[369] das am besten passende »Rettungsgeschwister«[370] selektiert, das später als Spender für Organe,[371] Gewebe,[372] Knochenmark[373] oder Nabelschnurstammzellen[374] dienen kann. Während manche Bioethiker warnen, dass der instrumentelle Zweck solcher Zeugungen das daraus hervorgehende Kind entwertet,[375] halten andere das keineswegs für unausweichlich. Theoretisch können die Eltern beide Kinder gleichermaßen lieben und wertschätzen, selbst wenn sie mit der Zeugung des zweiten Kindes eine medizinisch wichtige Behandlung für das erste Kind zu ermöglichen suchen.[376] Ob eine informierte Einwilligung seitens des Spenderkindes in diesem Szenario plausibel ist, steht natürlich auf einem anderen Blatt.

Wissenschaftler und Ärzte der Abteilung für Reproduktive Medizin an der Newcastle University in Großbritannien haben ein Verfahren für die Zeugung von »Drei-Eltern-Kindern« vorgeschlagen.[377] Es soll Paaren ermöglichen, gesunde Kinder zu bekommen, auch wenn bei ihnen das Risiko besteht, dass sie über die mitochondriale DNA der Mutter übertragene unheilbare Erbkrankheiten an ihre Nachkommen weitergeben könnten. Wenn eine dritte Person (es muss sich um eine Frau handeln), bei der die Erbanlage nicht vorhanden ist, einwilligt, dass ihre Gene anstelle des entsprechenden Abschnitts in das Genom des Embryos eingefügt werden, bleibt dem Kind der ansonsten drohende Gendefekt erspart. 98 Prozent der DNA des Babys würden von seiner Mutter und seinem Vater stammen und nur etwa 2 Prozent von der Genspenderin. Da diese genetische Modifikation nicht nur das Baby selbst, sondern auch alle seine Nachfahren betreffen würde, haben die Forscher die Regierung um eine offizielle Überprüfung der Prozedur gebeten, um festzustellen, ob sie nach britischem Recht zulässig ist.[378]

Wenn Entscheidungen wie diese in den Händen der Eltern liegen statt in denen der Regierung, legen die meisten Menschen eine andere Messlatte hinsichtlich der Frage an, wie die fragliche Prozedur zu bewerten ist. Die große Ausnahme von dieser Regel ist die anhaltende Debatte über die Ethik der Abtreibung. So leidenschaftlich viele Menschen auch gegen die Praxis der Abtreibung protestieren und sie ablehnen mögen, in den meisten Ländern der Welt scheint die Mehrheit der Bevölkerung ihr mehr oder weniger großes Unbehagen der Überzeugung unterzuordnen, dass es sich dabei um eine Entscheidung handelt, die – zumindest in den ersten Schwangerschaftsmonaten – der schwangeren Frau allein überlassen bleiben sollte.[379]

Dennoch sehen sich manche Länder angesichts der zunehmenden Zahl gentechnischer Optionen, die ihren Bürgern zugänglich werden, veranlasst, per Gesetz zu regeln, was Eltern tun dürfen und was nicht. In Indien beispielsweise hat die Regierung embryonale Gentests (und selbst Blutuntersuchungen) verboten, die zur Geschlechtsbestimmung des Fötus dienen.[380] Wegen der ausgeprägten Präferenz vieler indischer Eltern dafür, dass ihr nächstes Kind ein Junge wird, insbesondere wenn sie schon eine Tochter haben, werden dort bereits heute pro Jahr 500 000 weibliche Föten abgetrieben. Dadurch leidet das Land unter einem eklatanten Ungleichgewicht des Geschlechterverhältnisses.[381] (Zu den zahlreichen kulturellen Gründen für die Präferenz von Söhnen gehört auch die hohe Mitgift, die indische Brauteltern bei der Heirat entrichten müssen.) Nachdem die 2011 in Indien durchgeführte Volkszählung eine weitere drastische Verschlechterung des Geschlechterverhältnisses bei Kindern ergab, startete die Regierung in Neu-Delhi eine Kampagne, um das Verbot der pränatalen Geschlechtsselektion wirksamer durchzusetzen.[382]

Die pränatale Geschlechtsbestimmung wird in Indien in den meisten Fällen per Ultraschall durchgeführt, nicht mit riskanteren Methoden wie der Fruchtwasseruntersuchung, und die vielen Anzeigen, in denen Kliniken kostengünstige Ultraschalluntersuchungen anpreisen, sind ein Indiz für die große Popularität solcher Untersuchungen.[383] Obwohl in Indien geschlechtsselektive Abtreibungen illegal sind, scheiterten bislang alle Vorstöße zum Verbot von Ultraschallgeräten, zum Teil auch wegen ihrer zahlreichen anderen medizinischen Einsatzmöglichkeiten. Seit einiger Zeit reisen immer mehr Paare aus Indien – und anderen Ländern – nach Thailand, dessen boomende »medizintouristische« Industrie Paaren, die unbedingt einen Sohn bekommen wollen, problemlosen Zugang zur Präimplantationsdiagnostik anbietet. Noch nie, erklärte ein an einer dieser Kliniken tätiger Arzt, habe ein Paar einen weiblichen Embryo verlangt.[384]

Inzwischen gibt es ein neues Verfahren, mit dem die fötale DNA anhand von Blutproben untersucht werden kann, die der schwangeren Frau entnommen werden. Nach Angaben von Experten kann mit dieser Methode bereits sieben Wochen nach der Empfängnis das Geschlecht des Fötus mit einer Genauigkeit von 95 Prozent bestimmt werden – und noch genauer, je weiter die Schwangerschaft fortgeschritten ist. Eines der Unternehmen, das solche Test-Sets herstellt, Consumer Genetics Inc. aus dem kalifornischen Santa Barbara, verlangt von seinen Kunden eine schriftliche Bestätigung, dass sie die Testergebnisse nicht zur Geschlechtsselektion verwenden. Darüber hinaus hat das Unternehmen erklärt, keine Test-Sets nach Indien oder China zu liefern.[385]

2012 haben Wissenschaftler der University of Washington eine bahnbrechende neue Methode entwickelt, mit der nahezu das vollständige Erbgut eines Fötus allein aus einer Blutprobe der schwangeren Frau und einer Speichelprobe des Vaters entschlüsselt werden kann.[386] Das Verfahren ist mit geschätzten 20 000 bis 50 000 Dollar pro Erbgutanalyse zwar noch relativ teuer,[387] doch kann man davon ausgehen, dass die Kosten (die anfänglich noch bei 200 000 Dollar lagen)[388] weiter rasch fallen werden.[389] Kurze Zeit nach Bekanntgabe der neuen Methode stellte ein medizinisches Forscherteam an der Stanford University ein verbessertes Verfahren vor, für das keine Genprobe des Vaters erforderlich ist und das nach Ansicht von Fachleuten innerhalb der nächsten zwei Jahre zu einem Preis von um die 3000 Dollar auf den Markt kommen könnte.[390]

Parallel zu der rasanten Entwicklung auf dem Feld der pränatalen Geschlechtsbestimmung haben, von der Öffentlichkeit weit weniger beachtet, Forscher auch beim Screening auf genetische Marker für schwere, bei frühzeitiger Diagnose aber möglicherweise behandelbare Erkrankungen große Fortschritte erzielt.[391] Von den rund vier Millionen pro Jahr in den USA geborenen Babys weisen schätzungsweise 5000 eine genetische oder funktionelle Erkrankung auf, die relativ erfolgreich behandelt werden kann, wenn sie frühzeitig erkannt wird. In den USA werden Neugeborene am Tag ihrer Geburt inzwischen routinemäßig auf über zwanzig verschiedene Krankheiten untersucht; so einfach, wie embryonale Gen-Screenings heute durchgeführt werden können, wäre ein solches Screening in gewisser Hinsicht lediglich eine Ergänzung des Verfahrens, das schon jetzt unmittelbar nach der Geburt standardmäßig vorgenommen wird.

Von der ethischen Seite her betrachtet stellt sich die Sache allerdings ganz anders dar: Schließlich kann das Wissen um eine bestimmte angeborene Krankheit oder Erbanlage des Embryos die Eltern zu einer Abtreibung veranlassen. In der Tat sind Schwangerschaftsabbrüche bei Föten mit schweren Gendefekten weltweit an der Tagesordnung. Laut einer neueren Studie entscheiden sich in den USA 90 Prozent aller Schwangeren für einen Schwangerschaftsabbruch, wenn sie erfahren, dass der Fötus vom Downsyndrom betroffen ist.[392] Der Autor eines in der *New York Times* unter der provokanten Überschrift »Die Zukunft der Neo-Eugenik«

abgedruckten Artikels, Armand Leroi vom Imperial College in London, schrieb dazu: »Die weitverbreitete Akzeptanz des Aborts als Methode der Eugenik deutet darauf hin, dass neue, effektivere Methoden der eugenischen Selektion auf wenig Widerstand stoßen, und im Allgemeinen ist dies bisher auch der Fall.«[393]

Wir werden, sagen Wissenschaftler, noch in diesem Jahrzehnt in der Lage sein, Embryonen auf Eigenschaften wie Haar-,[394] Augen-[395] und Hautfarbe[396] sowie eine ganze Reihe weiterer Merkmale zu analysieren – einschließlich einiger Eigenschaften, von denen man bislang glaubte, sie wären eine Folge von Erziehung und Sozialisation, von denen manche Wissenschaftler inzwischen aber annehmen, dass sie in hohem Maße genetisch bedingt sind. Wie der am Baylor College of Medicine in Houston tätige Neurowissenschaftler David Eagleman sagt: »Wenn Sie Träger eines bestimmten Gensets sind, ist die Wahrscheinlichkeit, dass Sie ein Gewaltverbrechen begehen, im Vergleich zu jemandem, der diese Gene nicht hat, um bis zu vier Mal höher. [...] Die überwältigende Mehrheit der Gefängnisinsassen in den USA ist Träger dieser Gene, im Todestrakt liegt ihr Anteil sogar bei 98,1 Prozent.«[397]

Angenommen, ein Paar würde erfahren, dass der Embryo, den sie für eine Implantation in Betracht ziehen, Träger eben dieser spezifischen Gene ist, was wäre wahrscheinlicher: dass sie die Ärzte bitten, die Gene auszuspleißen? Oder dass sie stattdessen einen anderen Embryo auswählen? Oder anders gefragt, werden wir demnächst über »individualisierte Eugenik« debattieren? Als Folge dieser und ähnlicher Entwicklungen befürchten manche Bioethiker, dass uns das, was Leroi unter »Neo-Eugenik« zusammenfasst, in naher Zukunft mit einer neuerlichen Runde ethisch höchst heikler Entscheidungen konfrontieren wird.[398]

Schon heute nutzen Fruchtbarkeitskliniken bei In-vitro-Fertilisationen routinemäßig die Präimplantationsdiagnostik, um Embryonen vor dem Einsetzen in den Mutterleib auf mehrere Hundert Krankheiten zu untersuchen.[399] Obgleich die medizinische Forschung in den Vereinigten Staaten stärker reguliert ist als in den meisten anderen Ländern, unterliegt die PID dort bislang keinerlei Einschränkungen. Insofern dürfte es nur noch eine Frage der Zeit sein, bis amerikanische Fruchtbarkeitskliniken ihren Kunden beim Screening eine weitaus umfassendere Liste von Kriterien zur Auswahl anbieten – einschließlich kosmetischer oder ästhetischer Merkmale.

Eine der Fragen, die sich bereits heute stellen, betrifft den Umgang mit Embryonen, die nicht zur Implantation ausgewählt werden. Eine Möglichkeit besteht darin, die überzähligen Embryonen einzufrieren und für eine eventuelle spätere Implantation aufzubewahren[400] – ein Weg, den viele Frauen wählen, die sich für eine In-vitro-Fertilisation entscheiden.[401] Um die Erfolgsaussichten zu verbessern, werden den Frauen allerdings oftmals mehrere Embryonen auf einmal implantiert[402] – was auch der Hauptgrund dafür ist, dass Mehrlingsgeburten nach In-vitro-Fertilisationen sehr viel häufiger vorkommen als im allgemeinen Durchschnitt.[403] Um die Zahl der Mehrlingsgeburten zu verringern und die damit verbundenen Komplikationen für die Mütter und Babys zu begrenzen (sowie die zusätzlichen Kosten für das Gesundheitssystem), gilt in Großbritannien seit Längerem schon eine gesetzliche Höchstgrenze für die Zahl der Embryonen, die implantiert werden dürfen.[404] Dies ist einer der Gründe dafür, warum der britische Anbieter Auxogyn ein bildgebendes Verfahren (in Verbindung mit einem speziellen Algorithmus) einsetzt, mit dem der Entwicklungsstand der Embryonen vom Moment der Befruchtung der Eizelle an bis zur Selektion eines Embryos alle fünf Minuten erfasst und ausgewertet wird.[405] Das soll gewährleisten, dass genau der Embryo für eine Implantation ausgewählt wird, der sich mit der größten Wahrscheinlichkeit gesund weiterentwickeln wird.[406]

Was die praktische Seite angeht, ist den meisten bewusst, dass früher oder später der weitaus größte Teil der eingefrorenen Embryonen entsorgt werden wird – ein Umstand, der dieselbe grundlegende Frage aufwirft, die auch die Abtreibungsgegner motiviert: Von welchem Zeitpunkt nach der Befruchtung an hat ein Embryo Anspruch auf denselben gesetzlichen Schutz wie ein Individuum nach seiner Geburt? Auch hier ist – unabhängig von dem damit möglicherweise verbundenen Unbehagen – in nahezu allen Ländern die Mehrheit der Bevölkerung zu der Ansicht gelangt, dass der Embryo zwar die erste Entwicklungsstufe des menschlichen Lebens darstellt, die Unterschiede zwischen einem Embryo (oder Fötus) und einem Individuum aber signifikant genug sind, um schwangeren Frauen das Recht auf eine Abtreibung zuzugestehen.[407] Diese Sichtweise entspricht der von einer Mehrheit in fast allen Ländern vertretenen Ansicht, dass der Staat kein Recht hat, eine schwangere Frau zu einer Abtreibung zu zwingen.[408] Der Aufruhr, den die embryonale Stammzellenforschung verursacht, geht auf eine ähnliche Frage zurück: Wenn man es für angemessen erachtet, dass Frauen – unter bestimmten Umständen – das Recht haben, eine Schwangerschaft vorzeitig zu beenden, ist es dann auch akzeptabel, Eltern die Erlaubnis für »Experimente« mit Embryonen zu erteilen, denen sie den Anfang eines Lebens geschenkt haben? Obwohl wir noch weit von einer Antwort auf diese Frage entfernt sind, scheint doch die Mehrheit der Menschen in den meisten Ländern den wissenschaftlichen und medizinischen Nutzen der Entnahme von Stammzellen aus Embryonen für so gewichtig zu beurteilen, dass er solche Experimente rechtfertigt.[409]

Die Entdeckung nichtembryonaler Stammzellen (induzierte pluripotente Stammzellen, kurz iPS-Zellen) durch Shinya Yamanaka[410] von der Universität Kyoto (der dafür 2012 den Nobelpreis für Medizin erhielt)[411] hat angesichts der Vielzahl neuer Therapien und Verbesserungen bei der Entwicklung und klinischen Prüfung von Medikamenten, die dank der nichtembroynalen Stammzellen ein großes Stück näher gerückt sind, weltweit Forscher und Mediziner elektrisiert. Dennoch könnte sich zeigen, wie viele Wissenschaftler argumentieren, dass embryonale Stammzellen einzigartige Eigenschaften und Potenziale besitzen, die ihre weitere Verwendung rechtfertigen.[412] Am University College London etwa haben Forscher mithilfe von Stammzellen bei Mäusen mit einem angeborenen Defekt der Retina einen Teil der Sehfähigkeit wiederhergestellt,[413] ein Verfahren, von dem sie annehmen, dass damit in naher Zukunft auch beim Menschen bestimmte Formen der Blindheit behandelt werden können.[414] Und an der University of Sheffield haben Wissenschaftler Stammzellen benutzt, um Nervenbahnen in den Gehörgängen von Rennmäusen nachzubauen, und auf diese Weise ihre Hörfähigkeit wiederhergestellt.[415]

2011 sorgten japanische Wissenschaftler von der Universität Kyoto für Aufsehen, als sie bekannt gaben, embryonale Stammzellen von Mäusen dazu gebracht zu haben, Sperma zu produzieren, nachdem sie sie in die Hoden von unfruchtbaren Mäusen transplantiert hatten.[416] Anschließend hatten sie das Sperma extrahiert, in Mäuse-Eizellen injiziert und die befruchteten Eizellen in die Gebärmutter von Mäusen eingesetzt, wo sich aus ihnen ganz normale Mäuse entwickelten, die sich später auf natürlichem Wege fortpflanzen konnten. Ihre Arbeit basiert auf einem 2006 von britischen Biologen an der University of Newcastle upon Tyne erzielten Durchbruch, denen es erstmals gelungen war, Stammzellen in funktionsfähige Samenzellen umzuwandeln und aus diesen – wenn auch mit

Gendefekten behaftete – lebende Nachkommen zu züchten.[417] Dass diese Forschungen so große Aufmerksamkeit erregen, hängt unter anderem damit zusammen, dass das ihnen zugrunde liegende Verfahren, wenn es erst weiterentwickelt und perfektioniert ist, unfruchtbaren Männern erlauben könnte, biologische Kinder zu zeugen[418] – und homosexuellen Paaren, Kinder zu bekommen, die genetisch und biologisch ihre eigenen sind.[419] Die Tatsache, dass Frauen, zumindest in der Theorie, mithilfe dieses Verfahrens eigene Samenzellen produzieren können, gab in den Medien Anlass zu wilden Spekulationen und reißerischen Schlagzeilen: »Werden Männer jetzt überflüssig?« Auf der beständig wachsenden Rangliste potenziell beunruhigender Folgen der Genforschung scheint mir dieses Szenario dazu bestimmt, am unteren Ende zu verharren. Aber natürlich ist meine Prognose in dieser Sache nicht ganz unvoreingenommen.

Lebensspannen und Gesundheitsspannen

WÄHREND SICH DIE WISSENSCHAFTLER mit dem Schwerpunkt Fertilität auf den Beginn des Lebens konzentrieren, beschäftigen sich andere mit dem Ende – und haben riesige Fortschritte beim Verständnis der Faktoren gemacht, die die Langlebigkeit beeinflussen. Sie entwickeln neue Strategien, von denen sie sich nicht nur eine beträchtliche Ausweitung der durchschnittlichen Lebensspanne des Menschen erhoffen, sondern auch der, wie viele Experten dazu sagen, »Gesundheitsspanne« – der Anzahl an Jahren, die wir ein gesundes, von keinerlei ernsthaften Behinderungen oder Krankheiten eingeschränktes Leben führen.

Einige Außenseiter unter den Forschern behaupten sogar, man könne mit den Mitteln der Gentechnik die durchschnittliche Lebenserwartung des Menschen gleich um mehrere Jahrhunderte verlängern.[420] Der Konsens unter den Experten liegt allerdings eher im Bereich einer möglichen Verlängerung der Lebensspanne um bis zu 25 Prozent.[421] Nach Erkenntnissen aus der Evolutionstheorie[422] und unzähligen genetischen Studien am Menschen[423] und an Tieren[424] gehen die meisten Wissenschaftler heute davon aus, dass Umweltfaktoren und durch den individuellen Lebensstil bedingte Faktoren grob geschätzt zu drei Vierteln für den Alterungsprozess verantwortlich sind,[425] während sie den Einfluss der Gene mit 20 bis 30 Prozent deutlich bescheidener veranschlagen.[426]

Wie eine der berühmtesten Studien zum Einfluss des Lebensstils auf die Langlebigkeit zeigte, verlängert eine extreme Reduzierung der Kalorienaufnahme die Lebenserwartung von Nagetieren ganz erheblich.[427] Ob eine derart radikale Diät beim Menschen in gleichem Maße lebensverlängernd wirken würde, ist allerdings heftig umstritten.[428] Wie neuere Studien gezeigt haben, leben Rhesusaffen *nicht* länger, wenn ihre Kalorienaufnahme drastisch reduziert wird.[429] Außerdem gibt es, wie Experten aller Fachrichtungen betonen, einen feinen, jedoch wichtigen Unterschied zwischen Alterung und Langlebigkeit. Obwohl zwischen beiden natürlich ein enger Zusammenhang besteht, gibt Langlebigkeit die Lebensdauer an, während Alterung den Prozess beschreibt, durch den Zellschädigungen im Laufe der Zeit dazu beitragen, dem Leben ein Ende setzen.[430]

Etliche höchst fragwürdige Therapien, zum Beispiel die Verabreichung von menschlichen Wachstumshormonen mit dem Ziel, unerwünschte Auswirkungen des Alterungsprozesses aufzuhalten oder umzukehren, stehen im Verdacht, Nebenwirkungen zu haben, die die Lebensdauer verkürzen, etwa indem sie Diabetes auslösen oder das Wachstum von Tumoren fördern.[431] Auch an anderen im Kampf gegen die Alterung häufig eingesetzten Hormonen – insbesondere Testosteron und Östrogen – haben sich Kontroversen zu Nebenwirkungen entzündet, die bei bestimmten Personen die Lebenserwartung vermindern können.[432]

Ebenfalls für große Aufregung sorgte eine 2010 an der Harvard University durchgeführte Studie, der zufolge sich der Alterungsprozess bei Mäusen mithilfe eines Enzyms namens Telomerase aufhalten und sogar *umkehren* lässt – wobei das Enzym die als eine Art Schutzkappen dienenden Endstücke von Chromosomen wiederherstellt, die sogenannten Telomere. Diese Telomere werden, wie man seit Längerem weiß, bei jeder Zellteilung kürzer, bis irgendwann ein Punkt erreicht ist, an dem keine weitere Zellteilung mehr möglich ist. Angestoßen durch die Harvard-Studie wird inzwischen an Strategien zum Schutz der Telomere geforscht, um auf diese Weise den Alterungsprozess aufzuhalten oder zu verlangsamen.

Manche Wissenschaftler sind zuversichtlich, anhand der Analyse der vollständigen Genome extrem langlebiger Menschen genetische Faktoren identifizieren zu können, um mit diesem Wissen auch anderen Menschen zu einer längeren Lebenserwartung zu verhelfen.[433] Den Großteil der im letzten Jahrhundert stark gestiegenen durchschnittlichen Lebenserwartung allerdings verdanken wir den Fortschritten bei der sanitären Versorgung und der Ernährung sowie medizinischen Durchbrüchen wie der Entdeckung der Antibiotika und der Entwicklung von Impfstoffen.[434] Und Wissenschaftler gehen davon aus, dass die anhaltenden Fortschritte auf diesen Gebieten dafür sorgen werden, dass sich unsere Lebenserwartung auch in Zukunft mit derselben Rate vergrößert, an die wir uns fast schon gewöhnt haben – um ungefähr ein Jahr pro Jahrzehnt.[435]

Darüber hinaus tragen auch die weltweiten Bemühungen im Kampf gegen Infektionskrankheiten zu einer höheren durchschnittlichen Lebenserwartung bei, da durch sie die Zahl der vorzeitigen Todesfälle zurückgeht. Ein Großteil dieses Kampfes konzentriert sich heute auf Malaria und Tuberkulose,[436] HIV/Aids und Influenza,[437] virale Lungenentzündung[438] sowie mehrere sogenannte vernachlässigte Krankheiten, die in den Industrieländern kaum bekannt sind, unter denen in tropischen und subtropischen Entwicklungsländern aber über eine Milliarde Menschen leiden.[439]

Die Krankheitsfront

GROSSE FORTSCHRITTE SIND DABEI ERZIELT WORDEN, die Anzahl der alljährlich an Aids sterbenden Menschen zu verringern. 2012 lag sie bei 1,7 Millionen; deutlich weniger als der 2005 verzeichnete Rekord von 2,3 Millionen Todesfällen.[440] Der Hauptgrund für diesen Erfolg ist der bessere Zugang zu – insbesondere antiretroviralen – Medikamenten, die die Lebenserwartung verlängern und die Gesundheit der mit HIV/Aids lebenden Menschen verbessern. Um die Neuinfektionsrate zu verringern, stehen nach wie vor die präventive Aids-Aufklärung,[441] die Verteilung von Kondomen in Hochrisikogebieten[442] und die Arbeit an der Entwicklung eines Aids-Impfstoffes im Vordergrund.[443]

Auch die Malaria konnte im vergangenen Jahrzehnt durch eine Kombination sorgfältig aufeinander abgestimmter Strategien deutlich zurückgedrängt werden. Dabei wurde in Afrika in absoluten Zahlen ausgedrückt zwar der größte Rückgang erreicht, dennoch entfallen nach Angaben der Vereinten Nationen nach wie vor 90 Prozent aller Malaria-Opfer auf das subsaharische Afrika – die meisten davon sind Kinder unter fünf Jahren.[444] Obwohl eine in den 1950er-Jahren gestartete ehrgeizige Kampagne zur Ausmerzung der Malaria ohne Erfolg blieb, sind einige der Leute, die heute dasselbe Ziel verfolgen, darunter auch Bill Gates, zuversichtlich, dass die Krankheit innerhalb der nächsten Jahrzehnte ausgerottet wird.[445]

Dass Infektionskrankheiten besiegt werden können, belegt das Beispiel der Pocken, eine hochansteckende Viruserkrankung, für die seit 1980 kein einziger Fall mehr belegt ist.[446] Und 2011 meldete die Ernährungs- und Landwirtschaftsorganisation der Vereinten Nationen (FAO) die Ausmerzung einer weiteren Krankheit: der Rinderpest. Sie wurde von einem mit dem Masernvirus verwandten Erreger ausgelöst und befiel Rinder sowie andere Paarhufer.[447] Weil es sich um eine Tierkrankheit handelte, fand die Rinderpest nie dieselbe globale Beachtung wie die Pocken, dabei gehörte die in 90 Prozent der Fälle tödlich verlaufende Krankheit zu den schlimmsten Bedrohungen für alle, deren Familien und Gemeinschaften von der Viehzucht abhängig sind.

So angemessen die Aufmerksamkeit für Infektionskrankheiten auch ist, die führenden Todesursachen heutzutage sind nach Angaben der Weltgesundheitsorganisation nichtinfektiöse chronische Krankheiten. Im Jahr 2008, hierfür liegen die derzeit neuesten Statistiken vor, starben weltweit ungefähr 57 Millionen Menschen, davon annähernd 60 Prozent an den Folgen chronischer Krankheiten, insbesondere Herz-Kreislauf-Erkrankungen, Diabetes, Krebs und chronischen Atemwegserkrankungen.[448]

Dabei stellt Krebs eine besondere Herausforderung dar, unter anderem, weil es sich nicht um eine, sondern um viele verschiedene Krankheiten handelt. In den USA investieren das National Cancer Institute und das National Human Genome Research Institute pro Jahr 100 Millionen Dollar in ein groß angelegtes Projekt zur Erstellung eines »Cancer Genome Atlas«. 2012 wurden in der Fachzeitschrift *Nature* die ersten Ergebnisse dieses Projekts von über 200 Wissenschaftlern publiziert, die genetische Eigenarten von Dickdarmkrebs untersucht hatten. Die Studie an über 224 Tumoren wird als möglicher Wendepunkt in der Entwicklung neuer Medikamente betrachtet, die gezielt an den in Tumorzellen gefundenen Schwachpunkten ansetzen.[449]

Neben der vielversprechenden Genomanalyse von Tumoren verfolgen Wissenschaftler und Mediziner eine Vielzahl anderer innovativer Strategien zur Heilung von Krebserkrankungen. Sie befassen sich mit neuen Ansätzen, wie Krebszellen von der Blutversorgung abgeschnitten,[450] wie ihre Verteidigungsmechanismen geknackt[451] und wie die Fähigkeiten der körpereigenen Immunzellen gestärkt werden können, um die entarteten

Zellen zu erkennen und zu bekämpfen.[452] Besonders große Hoffnungen werden auf neue Strategien im Zusammenhang mit der Proteomik gesetzt[453] – die Dekodierung aller von den Krebsgenen der unterschiedlichen Krebsarten synthetisierten Proteine und die Suche nach epigenetischen Auffälligkeiten.[454]

Auch wenn das menschliche Genom häufig als eine Art Blaupause beschrieben wird, entspricht es, wie Wissenschaftler erklären, in Wahrheit vielmehr einer Art Teile- oder Zutatenliste.[455] Die eigentliche Arbeit – die Steuerung zellulärer Funktionen – wird von Proteinen ausgeführt, die sozusagen eine »Konversation« innerhalb von und zwischen Zellen führen. Und eben diese Konversationen sind entscheidend für das Verständnis von »Systemkrankheiten« wie beispielsweise Krebs.

Eine der Strategien für die Behandlung systemischer Störungen wie Krebs und chronischer Herzerkrankungen, auf die große Hoffnungen gesetzt werden, besteht darin, die Wirksamkeit der natürlichen Abwehrsysteme des Körpers zu verbessern. Und in einigen Fällen scheint es, als ob neue Gentherapien uns eben diesem Ziel näherbringen könnten. Wissenschaftler des Gladstone Institute of Cardiovascular Disease an der University of California in San Francisco konnten die Herzfunktion bei erwachsenen Mäusen durch die Reprogrammierung von Zellen immens verbessern.[456]

IN VIELEN, WENN NICHT DEN MEISTEN FÄLLEN besteht die effektivste Strategie im Kampf gegen chronische Krankheiten darin, seinen Lebensstil zu ändern: den Tabakkonsum reduzieren, die Aufnahme krebserregender Stoffe und anderer schädlicher Chemikalien aus der Umwelt minimieren, Übergewicht durch eine gesunde Ernährung und regelmäßige körperliche Betätigung bekämpfen und – zumindest für salzempfindliche Personen – zur Verminderung des Bluthochdrucks den Konsum von Natriumchlorid einschränken.[457]

Die Fettleibigkeit – ein wichtiger kausaler Faktor im Zusammenhang mit zahlreichen chronischen Krankheiten – war Gegenstand einer wenig ermutigenden Serie von Studien, die das britische Medizinfachblatt *The Lancet* 2012 veröffentlichte, denen zufolge körperliche Inaktivität und ein sitzender Lebensstil – zwei der wichtigsten Ursachen für die zunehmende Übergewichtigkeit – sich von Nordamerika und Westeuropa auf den Rest der Welt ausbreiten.[458] Anhand der Analyse von Statistiken der

Weltgesundheitsorganisation konnten die Forscher nachweisen, dass inzwischen mehr Menschen an den Folgen mangelnder körperlicher Aktivität als am Rauchen sterben.[459] Jeder zehnte Todesfall geht auf das Konto von Krankheiten, die auf dauerhafte körperliche Inaktivität zurückgeführt werden.[460] Trotz allem sprechen gute Gründe dafür, dass neue Strategien, die die Fortschritte aus der biowissenschaftlichen Revolution mit innovativen digitalen Geräten zum Überwachen von Körperfunktionen und körperlichen Aktivitäten verbinden, in dem Maße auch in weniger entwickelten Ländern populär werden, wie die Preise für Smartphones sinken und sie rund um die Welt mehr Verbreitung finden. Die Nutzung intelligenter digitaler Assistenten bei der Behandlung chronischer Krankheiten (sowie als Fitnesstrainer) könnte einen extrem positiven Effekt haben.

In den entwickelten Ländern gibt es bereits heute zahllose Smartphone-Anwendungen, die den Menschen zeigen, wie viele Kalorien sie konsumieren, welche Art Nahrungsmittel sie zu sich nehmen, wie viel Sport sie treiben, wie viel Schlaf sie bekommen (einige neue Stirnbänder erfassen auch, wie viel Zeit sie im Tief- und im REM-Schlaf verbringen)[461] und selbst welche Fortschritte sie im Kampf gegen die Abhängigkeit von Substanzen wie Alkohol, Tabak oder rezeptpflichtigen Medikamenten erzielen.[462] Auch affektive Störungen und andere psychische Leiden können mithilfe sogenannter Self-Tracking-Programme angegangen werden.[463] Während der Olympischen Sommerspiele 2012 erklärten sich auf Betreiben von Biotechfirmen, die ihre Geräte zur Gesundheitsüberwachung verbessern wollten, mehrere Athleten bereit, Glukose- und Schlafmonitore zu verwenden und sich Genanalysen zu unterziehen, um ihre individuellen Ernährungsbedürfnisse genauer identifizieren und ihre Ernährung optimieren zu können.[464]

Derartige Überwachungssysteme kommen nicht nur bei Olympioniken zum Einsatz. Persönliche digitale Geräte zur Erfassung des Herzschlags, des Blutzuckergehalts, des Blutsauerstoffgehalts, des Blutdrucks, der Körpertemperatur, der Atemfrequenz, des Körperfettanteils, der Schlafmuster, der Arzneimitteleinnahme, der sportlichen Aktivität und so weiter setzen sich zusehends durch.[465] Neuere Entwicklungen in der Nanotechnologie und der synthetischen Biologie versprechen eine effektivere kontinuierliche Überwachung durch in den Körper implantierte Sensoren, und derzeit wird bereits an der Entwicklung von Nanobots gearbeitet, die Veränderungen im Blutkreislauf und in lebenswichtigen Organen erfassen und konstant über die Ergebnisse berichten.[466]

Manche Experten, darunter H. Gilbert Welch vom Dartmouth College, Autor von *Die Diagnosefalle: Wie Gesunde zu Kranken erklärt werden*, warnen, dass Leute, die ihre Körperfunktionen und anderes mehr erfassen, Gefahr laufen, es mit der Überwachung und Datenanalyse allzu weit zu treiben: »Konstantes Überwachen ist ein sicheres Rezept für jeden von uns, der es darauf anlegt, sich als ›krank‹ zu definieren. Und wenn wir meinen, krank zu sein, fordern wir eine Behandlung.«[467] Behandlungen, die sich, glauben Welch und etliche andere, in vielen Fällen als kostspielig und überflüssig erweisen werden. 2011 sprachen Medizinexperten eine Empfehlung an Ärzte aus, auf die routinemäßige Durchführung eines neuen Antigentests auf Prostatakrebs zu verzichten, eben weil die daraufhin vorgenommenen Eingriffe offenkundig mehr Schaden anrichteten als Gutes bewirkten.[468] Auch hinsichtlich der in Kapitel 2 diskutierten Fragen der Privatsphäre und der Informationssicherheit müssen wir die Digitalisierung des Menschen betrachten, die umfangreiche Datensätze voller detaillierter Angaben zu dessen genetischen und biochemischen Charakteristika und zu seinem Verhalten mit sich bringt. Aus denselben Gründen, aus denen die auf diese Weise gewonnenen Daten so hilfreich dabei sind, die Gesundheitsversorgung effizienter zu machen und die medizinischen Kosten zu reduzieren, werden sie auch von Versicherungsgesellschaften[469] und Arbeitgebern[470] sehr geschätzt. Jene legen es vielfach darauf an, Kunden oder Angestellte mit hohen Krankheitsrisiken – und damit einhergehend hohen Fehlzeiten beziehungsweise Behandlungskosten – loszuwerden. Bereits heute sperrt sich ein Großteil der Personen, die von einem Gentest profitieren könnten, gegen die Erhebung entsprechender Informationen, weil sie fürchten, ansonsten ihre Arbeit und/oder ihre Krankenversicherung zu verlieren.[471]

Vor einigen Jahren wurde in den Vereinigten Staaten mit dem sogenannten Genetic Information Nondiscrimination Act (GINA) ein Bundesgesetz erlassen, das die Offenlegung oder unlautere Verwendung personenbezogener genetischer Informationen verbietet.[472] Allerdings erweist sich die praktische Durchsetzung als schwierig[473] und ist das Vertrauen in den Schutz, den das Gesetz bieten soll, entsprechend gering.[474] Die Tatsache, dass in den USA die Versicherungsgesellschaften und Arbeitgeber üblicherweise den Löwenanteil der Gesundheitsleistungen –

darunter auch Gentests – bezahlen, bestärkt Patienten und Arbeitnehmer in der Angst, dass ihre genetischen Daten nicht vertraulich bleiben.[475] Sowieso gilt der Austausch von Informationen im Internet vielen als höchst anfällig für Missbrauch. Dem Health Insurance Portability and Accountability Act nach, der den Umgang mit personenbezogenen Gesundheitsdaten regelt, haben in den USA Patienten keinen gesetzlich garantierten Anspruch auf Zugang zu den von ihren eigenen medizinischen Implantaten gesammelten Daten – während auf der anderen Seite Unternehmen versuchen, von den personalisierten medizinischen Informationen zu profitieren.[476]

Dessen ungeachtet eröffnen diese Self-Tracking-Technologien – essenzieller Bestandteil der sogenannten Quantified-Self-Bewegung – die Möglichkeit, auf Verhaltensveränderungen abzielende Therapien, die traditionell stationär durchgeführt werden, zu individualisieren und außerhalb institutioneller Umgebungen umzusetzen.[477] Die Gesundheitsausgaben für Gentests steigen rapide an, während zugleich die Kosten pro Test weiter rasant sinken und der Trend zur personalisierten Medizin zunehmend an Geschwindigkeit gewinnt.[478]

Wegen der ungleichen Machtverteilung und des, wie in Kapitel 3 dargelegt, ungesund starken Einflusses der Gesundheitsindustrie auf den politischen Entscheidungsprozess könnten sich die Vereinigten Staaten mit dem Übergang zur Präzisionsmedizin schwerer tun als andere Länder. In diesem Kapitel geht es zwar nicht um das amerikanische Gesundheitssystem, aber es ist interessant zu sehen, wie die krassen Ineffizienzen, Ungleichheiten und absurden Kosten des US-Systems durch die sich entfaltenden Entwicklungen in den Biowissenschaften beleuchtet werden. Viele Krankenversicherer etwa kommen für die Kosten für präventive Maßnahmen und Wellness-Angebote nicht auf, weil sie hauptsächlich auf die Übernahme der (oftmals sehr hohen) Behandlungskosten *nach* Eintritt eines Schadensfalls des Versicherten (sprich einer Gesundheitsgefährdung) ausgerichtet sind.[479] Die neue, von Präsident Obama beschlossene Gesundheitsreform schreibt den amerikanischen Krankenversicherern zum ersten Mal überhaupt die Kostenübernahme für vorbeugende Maßnahmen ins Pflichtenheft.[480]

Wie allgemein bekannt, geben die USA pro Kopf weit mehr für die Gesundheitsversorgung aus als irgendein anderes Land,[481] erzielen damit aber schlechtere Resultate als viele Länder mit deutlich niedrigeren

Gesundheitsausgaben.[482] Hinzu kommt, dass nach wie vor viele Zehnmillionen Amerikaner keinen angemessenen Zugang zur Gesundheitsversorgung haben.[483] Da sie keine anderen Möglichkeiten haben, warten diese Leute oftmals, bis ihr Zustand sich so sehr verschlechtert hat, dass sie in die Notaufnahme gehen müssen – wo die Behandlungskosten am höchsten[484] und die Erfolgschancen am schlechtesten sind.[485] Die unlängst beschlossenen Reformen werden wohl bei einigen dieser Missstände für spürbare Abhilfe sorgen,[486] die zugrunde liegende Problematik allerdings dürfte sich noch weiter zuspitzen – insbesondere weil Versicherungsgesellschaften, Pharmakonzerne und andere Gesundheitsanbieter nach wie vor praktisch die alleinige Kontrolle über die Ausgestaltung der Gesundheitsversorgungspolitik in den USA ausüben.[487]

Eine kurze Geschichte der Krankenversicherung in den USA

DAS GESCHÄFT MIT VERSICHERUNGEN datiert zurück bis in die Zeiten der alten Griechen[488] und Römer,[489] wo es Lebensversicherungen gab, die ungefähr unseren heutigen Sterbeversicherungen entsprachen.[490] Moderne Lebensversicherungen, wie wir sie kennen, kamen dagegen erstmals im 17. Jahrhundert in England auf.[491] Im Zuge des rasanten Ausbaus des Eisenbahnnetzes in den USA in den 1860er-Jahren wurden erste Spezialversicherungen gegen Unfälle auf Eisenbahnen und Dampfschiffen angeboten,[492] aus denen sich in den 1890er-Jahren wiederum die ersten Versicherungen zum Schutz vor Krankheiten entwickelten. Als dann in den frühen 1930er-Jahren die Fortschritte in der Gesundheitsversorgung die Kosten über das hinaus in die Höhe trieben, was viele Patienten aus der eigenen Tasche finanzieren konnten,[493] boten gemeinnützige Verbände die ersten ernst zu nehmenden Gruppenkrankenversicherungen an: Blue Cross für Krankenhaus-, Blue Shield für Arztkosten.[494] Alle Patienten bezahlten den gleichen Beitragssatz, unabhängig von Alter und Vorerkrankungen.[495] Der Erfolg der »Blues« führte zum Markteintritt privater, profitorientierter Krankenversicherungsgesellschaften, die von ihren Versicherten auf Grundlage von Risikokalkulationen jedoch individuell unterschiedliche Beitragssätze erhoben – und denjenigen, die ein inakzeptabel hohes Risiko darstellten, den Versicherungsschutz verweigerten. Angesichts der privaten Konkurrenz mussten bald darauf auch

Blue Cross und Blue Shield nachziehen und nach Risiko gestaffelte Beitragssätze einführen.

Als Präsident Franklin D. Roosevelt das Paket an Wirtschafts- und Sozialreformen schnürte, mit dem er den New Deal begründete, spielte er zwei Mal – 1935 und nochmals 1938 – mit dem Gedanken, eine allgemeine Krankenversicherung in seine Gesetzesvorhaben aufzunehmen.[496] Beide Male jedoch fürchtete er die politische Opposition des mächtigen Ärzteverbandes, der American Medical Association (AMA), und strich das Vorhaben wieder aus seinen Plänen,[497] um nicht seine, wie er fand, in Zeiten der großen Wirtschaftskrise dringenderen Vorhaben zu gefährden: die Einführung von Arbeitslosenleistungen und den Aufbau einer Sozialversicherung.[498] Mit dem Gesetzesvorschlag, den der demokratische Senator Robert Wagner aus New York 1939 einbrachte, eröffnete sich unverhofft eine dritte Chance für eine nationale Krankenversicherung, doch Roosevelt beschloss, Wagners Antrag nicht zu unterstützen.[499]

Während des Zweiten Weltkriegs, als die Löhne (und Preise) vom Staat kontrolliert wurden, ging die Privatwirtschaft im Wettbewerb um die kriegsbedingt knappen Arbeitskräfte dazu über, ihren Mitarbeitern eine bessere Krankenversicherung anzubieten.[500] Nach dem Krieg dann forderten die Gewerkschaften im Rahmen ihrer Tarifverhandlungen mit den Arbeitgebern umfangreichere Krankenversicherungsleistungen für ihre Mitglieder.[501]

Roosevelts Nachfolger Harry Truman wollte das Projekt einer nationalen Krankenversicherung wiederbeleben, doch die – einmal mehr von der AMA befeuerte – Opposition im Kongress sorgte dafür, dass das Vorhaben sang- und klanglos begraben wurde.[502] In der Folgezeit etablierte sich in den Vereinigten Staaten das Hybridsystem einer arbeitgeberbasierten Krankenversicherung als vorrangiges Absicherungsmodell für den Krankheitsfall.[503] Weil insbesondere ältere und behinderte Amerikaner sich innerhalb dieses Systems eine ausreichende Krankenversicherung kaum leisten konnten, wurden im Laufe der Zeit mehrere staatliche Programme zur Unterstützung dieser beiden Gruppen eingeführt.[504]

Für den Rest der Amerikaner galt, dass diejenigen, die am dringendsten auf eine Krankenversicherung angewiesen waren, die größten Probleme hatten, in eine Krankenversicherung aufgenommen zu werden – oder falls sie das schafften, die Beiträge dafür aufzubringen.[505] Zu der Zeit, als die dem Modell innewohnenden Fehler und Widersprüche offenkundig wurden, war das amerikanische politische System bereits derart verkümmert und verfügten die Unternehmen, die ein Interesse am Fortbestand des alten Systems hatten, über so viel Macht und Einfluss, dass es nicht mehr möglich war, seine grundlegende Struktur zu verändern.

Mit wenigen Ausnahmen ist die Mehrheit der amerikanischen Kongressabgeordneten nicht mehr in der Lage, im öffentlichen Interesse zu handeln; sie sind in hohem Maße von den Wahlkampfspenden der wirtschaftlichen Interessengruppen abhängig und können ihrem pausenlosen Lobbying nichts entgegensetzen. Die allgemeine Öffentlichkeit ist gewissermaßen von der Debatte ausgeschlossen, einmal abgesehen davon, dass sie einen pausenlosen Strom an Botschaften seitens eben dieser wirtschaftlichen Interessengruppen verkraften darf – Botschaften, die darauf ausgelegt sind, ihre Empfänger auf Unterstützung der Positionen zu trimmen, die die Unternehmenslobbyisten durchzusetzen wünschen.

Gentechnisch veränderte Lebensmittel

DIESELBE SKLEROSE DER DEMOKRATIE verhindert heute sinnvolle Anpassungen an die vielen durch die biowissenschaftliche Revolution ausgelösten Veränderungen. Obwohl sich beispielsweise in unzähligen Umfragen an die 90 Prozent der US-Bürger dafür aussprechen, gentechnisch veränderte Lebensmittel entsprechend zu kennzeichnen,[506] hat der Kongress sich die von den großen Agrarkonzernen vertretene Position zu eigen gemacht – sprich, dass eine Etikettierung unnötig und dem »Vertrauen in die Nahrungsmittelversorgung« abträglich sei.[507]

Dabei verlangen die meisten europäischen Länder längst schon eine Kennzeichnung gentechnisch veränderter Lebensmittel.[508] Auch in den USA hat die jüngst erteilte Genehmigung für den Anbau gentechnisch veränderter Luzerne[509] für einen weit größeren Aufschrei gesorgt als erwartet. Die »Just Label it«-Kampagne wurde zum Dreh- und Angelpunkt einer neuen Basisbewegung, die in den Vereinigten Staaten auf eine Kennzeichnung drängt – dort, wo auf über doppelt so viel Hektar Fläche gentechnisch veränderte Feldfrüchte angebaut werden wie in irgendeinem anderen Land.[510] 2012 haben die kalifornischen Wähler in einem Referendum zwar gegen die Einführung einer entsprechenden Kennzeichnungspflicht gestimmt – allerdings hatten die Agrarkonzerne mit 46 Millionen

Dollar für ihre gegen die Vorlage gerichtete Werbekampagne über fünfmal mehr ausgegeben als die Befürworter.[511] Da bereits heute schätzungsweise 70 Prozent aller verarbeiteten Lebensmittel in den USA einen mehr oder weniger großen Anteil an gentechnisch veränderten Feldfrüchten enthalten, dürfte diese Auseinandersetzung damit noch lange nicht beendet sein.[512] Übrigens handelt es sich, wie vonseiten der Agrarkonzerne gerne erklärt wird, bei der genetischen Modifikation von Pflanzen und Tieren keineswegs um etwas Neues.[513] Die meisten Feldfrüchte und Nutztiere, von denen die Menschheit abhängig ist, sind das Resultat einer seit der Steinzeit betriebenen selektiven Züchtung, mit der unsere Vorfahren schon lange vor Beginn der landwirtschaftlichen Revolution über unzählige Generationen hinweg die genetische Struktur der von ihnen angebauten Pflanzen und gehaltenen Tiere so modifizierten, dass sie bevorzugt die für Menschen nützlichen Eigenschaften ausbildeten.[514] Oder, wie der Agrarwissenschaftler Norman Borlaug es ausdrückte: »Mittels der Domestizierung unserer wichtigsten Feldfruchtarten haben die neolithischen Frauen genetische Veränderungen in den Pflanzen beschleunigt.«[515]

Mit neuen Technologien wie dem Spleißen von Genen und anderen gentechnischen Verfahren beschleunigen wir – laut dieser Sichtweise – den Prozess lediglich nur noch weiter und steigern die Effizienz einer seit Langem bewährten Vorgehensweise mit erwiesenem Nutzen und, wenn überhaupt, nur geringen unerwünschten Nebenwirkungen.[516] Außerhalb von Europa (und Indien) besteht unter den meisten Landwirten, Agrarunternehmen und in der Politik ein Konsens darüber, dass gentechnisch veränderte Feldfrüchte sicher sind und einen unerlässlichen Bestandteil der globalen Strategie im Umgang mit drohenden Nahrungsmittelknappheiten darstellen.

Allerdings ist es, wie die Kritiker in der laufenden Debatte über gentechnisch veränderte Organismen (GVOs) immer wieder betonen, bislang nicht gelungen, durch gentechnische Eingriffe einen Anstieg des intrinsischen, also artspezifischen Ertrags von Feldfrüchten herbeizuführen.[517] Darüber hinaus führen die Gentechnik-Gegner eine Reihe von Ökosystemrisiken ins Feld, die sich nicht so einfach von der Hand weisen lassen.[518] Sie argumentieren, dass die Einfügung artfremder Gene in ein Genom etwas gänzlich anderes als eine selektive Zuchtwahl ist, weil dadurch das natürliche Muster des genetischen Codes der Organismen gestört wird und unvorhersehbare Mutationen ausgelöst werden können.[519]

Bei der ersten tatsächlich auf den Markt gebrachten gentechnisch veränderten Nutzpflanze handelte es sich um eine Tomatensorte namens Flavr Savr,[520] die so modifiziert ist, dass sie nach Reifung länger fest bleibt[521] – sich aber wegen der hohen Kosten nicht durchsetzen konnte. Und auch die aus diesen Tomaten hergestellte Tomatensoße (die deutlich erkennbar als gentechnisch verändertes Produkt, »GV-Produkt«, etikettiert war) scheiterte am Widerstand der Verbraucher.[522]

Zuvor schon hatte man, noch durch selektive Züchtung, eine neue Tomatensorte mit einer flachen, weniger stark gerundeten Unterseite geschaffen, die der Automatisierung im Ernteprozess entgegenkam. Die neue Sorte blieb auf den Transportbändern liegen, ohne herunterzurollen, ließ sich einfacher in Kisten packen und besaß eine härtere Haut, die verhinderte, dass sie von den Maschinen eingedrückt wurde[523] – was ihr, auch wenn sie nicht wirklich eckig war, den Beinamen »Würfel-Tomate« einbrachte.

Eine noch frühere Abwandlung der Tomate, im Jahr 1930 ebenfalls durch selektive Züchtung erreicht, ist verantwortlich für den von den meisten Tomatenliebhabern beklagten katastrophalen Geschmacksverlust moderner Tomaten im Vergleich zu alten Sorten. Die Veränderung, mit der man die massenhafte Vermarktung und Verteilung von Tomaten fördern wollte, bewirkte, dass die Tomaten gleichmäßig reiften und durchgängig rot waren, ohne den grünen »Kragen«, der den Verbrauchern als Anzeichen dafür galt, dass sie noch nicht reif waren. Als dann Forscher 2012 das frisch entschlüsselte Tomatengenom unter die Lupe nahmen, stellten sie fest, dass die Eliminierung des mit dem grünen Kragen assoziierten Gens die Pflanze auch der Fähigkeit beraubt hatte, eben die Aromastoffe zu erzeugen, denen Tomaten ihren köstlichen Geschmack verdankten.[524]

Trotz solcher Erfahrungen, die zeigen, dass Veränderungen im Interesse der einfacheren Handhabung und höheren Profite der Industrie hin und wieder andere genetische Veränderungen bewirken, die den meisten Menschen zuwider sind, nimmt – mit Ausnahme der Europäischen Union – rund um die Welt die Ackerfläche immer schneller zu, auf der gentechnisch veränderte Feldfrüchte angebaut werden. 2011 wuchsen nach Angaben des International Service for the Acquisition of Agri-Biotech Applications, eines Interessenverbandes, der sich für die landwirtschaftliche Nutzung von GVOs einsetzt, auf fast 11 Prozent der weltweiten Anbauflächen gentechnisch veränderte Nutzpflanzen.[525] Im Laufe von sieben Jahre explodierte die mit GV-Feldfrüchten bepflanzte Fläche weltweit um fast das Hundertfache, und die rund 162 Millionen Hektar, auf denen 2011 solche Pflanzen wuchsen, stellten gegenüber dem Vorjahr einen Anstieg von 8 Prozent dar.[526]

Die Vereinigten Staaten sind zwar weltweit der mit Abstand größte Produzent von GV-Feldfrüchten, aber auch Brasilien und Argentinien setzen ganz massiv auf die landwirtschaftliche Gentechnik. Insbesondere Brasilien, das ein beschleunigtes Verfahren für die Zulassung von GVOs eingeführt hat, verfolgt eine Strategie, die voll auf eine flächendeckende Anwendung biotechnologischer Verfahren in der Landwirtschaft ausgerichtet ist. Insgesamt wächst die mit GV-Pflanzen bestellte Nutzfläche in den Entwicklungsländern derzeit doppelt so schnell wie in den entwickelten Volkswirtschaften, und von den rund 16,7 Millionen Bauern, die derzeit rund um die Welt in nahezu dreißig Ländern gentechnisch modifizierte Feldfrüchte anbauen, sind 90 Prozent Kleinbauern in sich entwickelnden Märkten.[527]

Genmanipulierte Sojabohnen, die das vom Konzern Monsanto hergestellte Herbizid Roundup tolerieren, sind die weltweit am häufigsten angebauten gentechnisch veränderten Nutzpflanzen,[528] gefolgt von genmanipuliertem Mais[529] (der auf amerikanischen Feldern am häufigsten zu finden ist). In den USA werden 95 Prozent der Sojabohnen sowie 80 Prozent des Maises aus patentiertem Saatgut gezogen,[530] das die Landwirte von Monsanto oder einem seiner Lizenznehmer erwerben müssen.[531] Baumwolle ist die am dritthäufigsten angebaute genmodifizierte Nutzpflanze, die viertwichtigste ist Raps.[532]

Obwohl die Forschung auf dem Gebiet der gentechnisch veränderten Pflanzen rasant voranschreitet, entstammt der weitaus größte Teil der heute angebauten genmanipulierten Nutzpflanzen noch der ersten Generation (von bislang drei Generationen) gentechnisch veränderter Pflanzen.[533] Die bei dieser ersten Generation zum Einsatz gekommenen Verfahren wiederum lassen sich in drei Kategorien unterteilen:

– Die Einfügung von Genen, die Mais- und Baumwollpflanzen die Fähigkeit verleihen, eigene Insektizide zu erzeugen.[534]
– In Mais, Baumwolle, Raps und Sojabohnen eingefügte Gene, die die Pflanzen immun machen gegen zwei chemische Verbindungen, die

in häufig verwendeten Herbiziden enthalten sind; Herbizide, die von derselben Firma – Monsanto – hergestellt werden, die auch den Markt für gentechnisch verändertes Saatgut dominiert.[535]

– Die Einfügung von Genen mit dem Ziel, die Dürreresistenz der Pflanzen zu erhöhen.[536]

Im Allgemeinen verzeichnen die Bauern, die gentechnisch veränderte Pflanzen der ersten Generation anbauen, einen anfänglichen Rückgang der Produktionskosten – zum Teil aufgrund des vorübergehend niedrigeren Einsatzes von Insektiziden – und zunächst geringere Verluste durch Schädlinge und Unkraut.[537] Ökonomisch bei Weitem am meisten profitiert hat bislang die Baumwollindustrie durch den Anbau einer gentechnisch veränderten Baumwolle, die ihr eigenes Insektizid erzeugt (bei dem es sich um dasselbe als Bt bekannte Protein handelt, das auch vom *Bacillus thuringiensis* produziert wird).[538] Indien, das dank der neuen Bt-Baumwolle vom Importeur zum Exporteur von Baumwolle aufgestiegen ist, konnte wegen der zunächst niedrigeren Verluste durch Schädlinge und Unkräuter seine Baumwollproduktion verdoppeln.[539] Allerdings protestieren inzwischen viele indische Baumwollbauern gegen die hohen Kosten des GV-Saatguts, das sie jedes Jahr neu kaufen müssen, und die teuren Herbizide, die sie in umso größeren Mengen einsetzen müssen, je mehr Unkräuter Resistenzen entwickeln.[540] 2012 legte ein Untersuchungsausschuss des indischen Parlaments einen kontroversen Bericht vor, in dem von »einem Zusammenhang zwischen Bt-Baumwolle und den sich häufenden Selbstmorden unter Bauern« die Rede ist und der empfiehlt, sämtliche Freilandversuche mit gentechnisch veränderten Pflanzen »gleich unter welchem Vorwand« einzustellen.[541]

Neue wissenschaftliche Studien – darunter ein umfassender Bericht des U.S. National Research Council aus dem Jahr 2009 – stützen den von Kritikern vorgebrachten Einwand, dass die *intrinsischen* Erträge der Pflanzen nicht gestiegen sind.[542] Im Gegenteil, manche Landwirte haben wegen unerwarteter Veränderungen im genetischen Code der GV-Pflanzen sogar leichte Einbußen der artspezifischen Erträge verzeichnet.[543] Die selektive Zuchtwahl dagegen war verantwortlich für die eindrucksvollen und lebensrettenden Ertragssteigerungen der grünen Revolution. Neue Forschungen des israelischen Unternehmens Kaiima haben zu einem nicht genmanipulativen Verfahren namens »verbesserte Ploidie« geführt (die Veranlassung, selektive Züchtung und natürliche Verstärkung einer Eigenschaft, die mehr als zwei Chromosomensätze in jedem Zellkern erzeugt), das bei einer ganzen Reihe von Nahrungsmittel- und anderen Nutzpflanzen sowohl für höhere intrinsische Erträge sorgt als auch ihre Dürreresistenz verbessert. Bei neueren, von Kaiima durchgeführten Feldversuchen wurden Ertragssteigerungen von 20 Prozent bei Mais und über 40 Prozent bei Weizen erzielt.[544]

Durch die genetische Modifikation von Feldfrüchten dagegen sind bislang keine nennenswerten Verbesserungen der Dürreresistenz erreicht worden. Einige experimentelle gentechnisch veränderte Sorten versprechen zwar zumindest theoretisch höhere Erträge in Trockenperioden, doch ist davon bislang keine kommerziell eingeführt. Außerdem haben sie auf den Versuchsfeldern bislang lediglich geringe Ertragssteigerungen demonstriert – und auch das nur bei *mäßigen* Dürrebedingungen.[545] Wegen der zunehmenden Häufigkeit von Dürren im Zuge der globalen Erwärmung besteht ein großes Interesse an dürreresistenten Pflanzensorten, insbesondere bei Mais, Weizen und anderen in den Entwicklungsländern weitverbreiteten Feldfrüchten.[546] Unglücklicherweise handelt es sich bei der Dürreresistenz um eine extrem komplexe Herausforderung für die Pflanzengenetiker, bei der es um eine Kombination zahlreicher Gene geht, die auf komplizierten (und längst noch nicht ausreichend verstandenen) Wegen miteinander interagieren.[547]

Bei einer umfassenden Analyse der Fortschritte bei der gentechnischen Herstellung dürreresistenter Feldfrüchte fand die Union of Concerned Scientists (UCS), ein US-amerikanischer Wissenschaftlerverband, »nur wenige Hinweise auf Fortschritte in Richtung wassereffizienterer Feldfrüchte. Wie sich außerdem gezeigt hat, sind die Aussichten der Gentechnik insgesamt bestenfalls begrenzt, einen signifikanten Beitrag für die durch Dürre und Wassernutzung definierten Herausforderungen der Landwirtschaft zu leisten.«[548]

Bei der zweiten Welle gentechnisch veränderter Pflanzen geht es um die Einfügung von Genen, die den Nährstoffgehalt der Pflanzen verbessern sollen.[549] In diese Kategorie der GV-Pflanzen fallen eine Maissorte mit einem höheren Proteingehalt, die vorrangig als Futtermittel Einsatz findet,[550] sowie eine neue Reissorte, die zusätzlich Vitamin A erzeugt – Teil einer Kampagne zur Bekämpfung des Vitamin-A-Mangels, von dem weltweit ungefähr 250 Millionen Kinder betroffen sind.[551] Diese zweite

Welle umfasst auch den Einbau von Genen, die die Widerstandsfähigkeit von Pflanzen gegen Pilze und Viren stärken sollen.[552]

Die dritte Welle von gentechnisch veränderten Pflanzen, die gerade erst kommerzialisiert wird, betrifft die Einfügung von Genen, durch die Pflanzen auf die Produktion von Substanzen programmiert werden, die als Grundstoffe für andere Prozesse dienen. Ein Beispiel hierfür sind pharmazeutische Ausgangsstoffe oder Biopolymere für die Herstellung von Biokunststoffen, die biologisch abbaubar sind und problemlos recycelt werden können.[553] Außerdem zählen hierzu auch die Bemühungen, Gene einzuschleusen, die Pflanzen mit hohem Zellulose- und Ligningehalt so modifizieren, dass sie besser für die Herstellung von Zellulose-Ethanol geeignet sind.[554] Die sogenannten grünen Kunststoffe eröffnen fantastische Möglichkeiten, aber wie im Falle der zur Herstellung von Biosprit angebauten Pflanzen steht die Frage im Raum, wie viel Ackerland wir in einer Welt, deren Bevölkerung und Bedarf an Nahrungsmitteln weiter wächst und in der fruchtbarer Boden und Wasser für die landwirtschaftliche Nutzung zusehends knapper werden, der Nahrungsmittelproduktion entziehen können, ohne drastisch steigende Lebensmittelpreise und Hungersnöte zu riskieren?[555]

Wissenschaftler sind überzeugt, dass innerhalb der nächsten zwei Jahrzehnte eine vierte Welle gentechnisch veränderter Pflanzen folgen wird; dabei werden fotosynthetisierende Gene aus Mais und anderen sogenannten C4-Pflanzen, die Licht effizienter in Energie umwandeln können, genutzt und in C3-Pflanzen wie Weizen oder Reis eingefügt. Sollte das gelingen – was wegen der beispiellosen Komplexität der Herausforderung jedoch alles andere als sicher ist –, könnten dadurch tatsächlich beträchtliche Ertragssteigerungen erreicht werden.[556] Insgesamt betrachtet aber beschränkt sich der Nettonutzen aus gentechnisch veränderten Feldfrüchten zumindest bislang auf eine vorübergehende Reduzierung der Verluste durch Schädlinge und einen vorläufigen Rückgang der Ausgaben für Insektizide.[557]

2012 stellte die Regierung Obama mit ihrem National Bioeconomy Blueprint eine Art Masterplan vor, mit dem sie gezielt den Anbau von gentechnisch veränderten Pflanzen (und ihre Beschaffung durch staatliche Einrichtungen) stimulieren will. Zwei Monate zuvor hatte die Europäische Kommission eine vergleichbare Strategie angekündigt.[558] Aufgrund der wachsenden Bedenken wegen der Umwidmung von Ackerland, auf dem ursprünglich Nahrungspflanzen wuchsen und nun Pflanzen für andere Zwecke angebaut werden sollen, sowie der fortschreitenden Vernichtung tropischer Wälder zur Erschließung neuer landwirtschaftlicher Nutzflächen haben Umweltgruppen die von den USA und der EU präsentierten Pläne scharf kritisiert.

Die grüne Gentechnik, argumentieren ihre Gegner, hat bislang nicht nur keine artspezifischen Ertragssteigerungen bewirkt, auch die Schadpflanzen und -insekten, die durch GV-Pflanzen unter Kontrolle gebracht werden sollten, mutieren rasch und bilden ihrerseits Resistenzen gegen die jeweiligen Herbizide und Insektizide aus.[559] Insbesondere sind Nutzpflanzen, die gentechnisch so manipuliert sind, dass sie ihr eigenes Insektizid (*Bacillus thuringiensis*) produzieren, inzwischen so weit verbreitet, dass die konstante Bt-Diät, denen Schädlinge in den großen Monokulturen der Landwirtschaft ausgesetzt sind, dasselbe mit den Insekten macht, was der massive und konstante Einsatz von Antibiotika mit den Bakterien im Gedärm von Nutztieren tut: Sie erzwingt geradezu die Mutation neuer, in hohem Maße gegen die Mittel resistenter Varietäten.[560]

Dasselbe passiert offenbar auch bei Unkräutern, die zum Schutz von gentechnisch mit einer Resistenz gegen bestimmte Herbizide ausgestatteten Feldfrüchten (hauptsächlich Roundup von Monsanto, dessen Wirkstoff Glyphosat praktisch jede Grünpflanze abtötet) konstant mit den Herbiziden besprüht werden.[561] Bereits heute sind zehn verschiedene Unkräuter bekannt, die Resistenzen gegen diese Herbizide ausgebildet haben, eine Entwicklung, die die Bauern zwingt, andere, noch toxischere Unkrautvernichtungsmittel einzusetzen. Tatsächlich scheint, wie von Kritikern der landwirtschaftlichen Gentechnik vorgelegte Untersuchungen zeigen, im Laufe der Zeit und mit dem zunehmenden Auftreten von Resistenzen der Gesamtverbrauch sowohl von Herbiziden wie auch von Insektiziden sogar anzusteigen[562] – eine Analyse, die von den Befürwortern der Technologie allerdings vehement angezweifelt wird.[563]

Weil so viele Unkräuter resistent gegen Glyphosat sind, steigt in jüngster Zeit die Nachfrage nach anderen – und gefährlicheren – Herbiziden wieder an.[564] Es stehen genügend einschlägige Produkte zur Auswahl bereit. Der globale Markt für Pestizide summiert sich auf einen Gesamtumsatz von 40 Milliarden Dollar pro Jahr, wovon 17,5 Milliarden auf Herbizide und jeweils 10,5 Milliarden auf Insektizide und Fungizide entfallen.[565]

Der US-Konzern Dow AgroSciences hat die Zulassung für eine neue genmanipulierte Maissorte beantragt, die gegenüber dem Pestizid 2,4-D tolerant ist, einem der wichtigsten Inhaltsstoffe von Agent Orange, dem von der amerikanischen Luftwaffe während des Vietnamkriegs zur Entlaubung großer Waldflächen eingesetzten tödlichen Herbizid, das sowohl die vietnamesische Bevölkerung leiden ließ als auch Gesundheitsprobleme bei den dem Mittel ausgesetzten amerikanischen Soldaten verursachte.[566] Gesundheitsexperten von über 140 NGOs haben Protest gegen die Zulassung des, wie sie es nennen, »Agent-Orange-Maises« eingelegt. Sie zitieren sowohl Untersuchungen, die eine Verbindung zwischen Kontakt mit 2,4-D und »schwerwiegenden Gesundheitsproblemen wie Krebs, verminderter Spermienzahl, Leberschäden und der Parkinsonkrankheit« nahelegen, als auch »Laborstudien, laut denen 2,4-D hormonelle Störungen und Fortpflanzungsprobleme auslöst sowie neurotoxisch und immunsuppressiv wirkt«.[567]

Auf Feldfrüchte gesprühte Insektizide werden zudem für negative Auswirkungen auf Nutzinsekten und andere Tiere verantwortlich gemacht. Der Bestand der Wolfsmilchgewächse, von denen der Monarchfalter fast ausschließlich abhängig ist, ist im Landwirtschaftsgürtel der Vereinigten Staaten in den letzten zehn Jahren um 60 Prozent geschrumpft,[568] hauptsächlich,weil die Anbauflächen für Feldfruchtvarietäten mit einer gentechnisch erzielten Toleranz für das Monsanto-Herbizid Roundup ausgeweitet wurden.[569] Andere Studien belegen einen direkten schädlichen Einfluss von Bt-Pflanzen (also solchen, die das Insektizid selbst erzeugen) auf mindestens eine Unterart des Monarchfalters, auf Florfliegen (als höchst nützlich betrachtete Insekten), auf Marienkäfer sowie auf nutzbringende Tiere, Pflanzen, Pilze und Bakterien im Boden.[570] Auch wenn die Fürsprecher von gentechnisch veränderten Nutzpflanzen diese Nebeneffekte als unbedeutend abtun, verdienen sie wegen der weiter wachsenden Rolle dieser Pflanzen für die globale Ernährung eine genauere Untersuchung.[571]

In jüngster Zeit haben Wissenschaftler den höchst beunruhigenden und bislang mysteriösen Kollaps ganzer Bienenvölker auf eine neue Gruppe von Pflanzenschutzmitteln zurückgeführt, die als Neonikotinoide bezeichnet werden.[572] Der nach dem englischen Begriff *colony collapse disorder* als CCD abgekürzte sogenannte Völkerkollaps hat unter Imkern und anderen seit seinem erstmaligen Auftreten im Jahr 2006 größte

Besorgnis ausgelöst. In der Folgezeit wurden zwar zahllose Theorien über die Ursachen für den massenhaften Zusammenbruch von Bienenvölkern aufgestellt, doch erst im Frühjahr 2012 verwiesen mehrere Studien auf den wahren Grund.[573]

Die Neonikotinoide, von ihrem Aufbau her dem Nikotin ähnelnde Neurotoxine, werden häufig zur Beizung von Maissamen verwendet, aus denen das Gift später von der wachsenden Pflanze aufgenommen wird. Darüber hinaus verabreichen viele Berufsimker ihren Bienenvölkern seit Langem schon Maissirup als Futtermittel. Nach Angaben des Agricultural Research Service des US-Landwirtschaftsministeriums »summiert sich der zusätzliche Ernteertrag durch die Bienenbestäubung auf 15 Milliarden Dollar pro Jahr, insbesondere bei Sonderkulturen wie Mandeln und anderen Nüssen, Beeren und Früchten sowie bei Gemüse. Ungefähr ein Drittel dessen, was wir essen, hat direkt oder indirekt von der Bestäubung durch Honigbienen profitiert.«[574]

Für die Fortpflanzung von GV-Pflanzen sind Bienen natürlich unerheblich, da die Bauern das gentechnisch veränderte Saatgut für diese Pflanzen sowieso jedes Jahr neu kaufen müssen[575] – ganz abgesehen davon, dass die lästige Angewohnheit der Bienen, wahllos alle Pflanzen zu bestäuben, zur Einfügung von Genen führen könnte, die den Absichten der Saatguthersteller zuwiderlaufen.[576] So wollten laut *Wall Street Journal* Plantagenbetreiber, die gentechnisch veränderte samenlose Mandarinen anbauen, auf benachbarten Zitrusplantagen arbeitende Imker verklagen, weil diese es zuließen, dass ihre Bienen sich »widerrechtlich Zugang« zu den Plantagen verschafften, in denen die samenlosen Mandarinen wuchsen – mit der Folge, argumentieren die Klageführer, dass ihre Mandarinen mit dem Pollen von Zitrusfrüchten bestäubt werden, die Samen besitzen. Verständlicherweise wandten die Imker ein, dass sie keinen Einfluss darauf haben, wohin ihre Bienen fliegen und welche Pflanzen sie bestäuben.[577]

Mit dem weltweiten Vormarsch der industriellen Landwirtschaft haben auch die Flächen zugenommen, auf denen Monokulturen angebaut werden, und das wiederum hat die Ausbildung von Resistenzen gegenüber Pflanzenschutzmitteln bei Unkräutern, Insekten und Pflanzenkrankheiten beschleunigt. In vielen Ländern, auch den Vereinigten Staaten, werden die wichtigsten kommerziellen Feldfrüchte – Mais, Sojabohnen, Baumwolle und Weizen – aus einer Handvoll genetischer Varietäten gezogen.[578] Das hat zur Folge, dass auf dem Großteil der Felder praktisch alle Pflanzen genetisch identisch sind. Dabei sind Monokulturen, wie Experten seit Langem schon warnen, in hohem Maße anfällig für Schädlinge und Krankheiten, die dort ideale Bedingungen für eine rasche Mutation vorfinden und die jeweilige genetische Varietät, die in solcher Vielzahl angepflanzt wird, umso effektiver attackieren können.[579]

Mutierende Pflanzenkrankheiten

JEDENFALLS WERDEN LANDWIRTE weltweit mit neuen Varianten herkömmlicher Pflanzenkrankheiten konfrontiert. 1999 etwa tauchte auf ugandischen Weizenfeldern ein mutierter Stamm des Getreideschwarzrosts auf, eines altbekannten Pilzes, der Pflanzenkrankheiten verursacht. Von Uganda aus gelangten Sporen des Pilzes mit dem Wind zuerst ins angrenzende Kenia, später über das Rote Meer in den Jemen und über die gesamte arabische Halbinsel und von dort aus in den Iran. Wissenschaftler befürchten, der mutierte Stamm könnte sich nach und nach über ganz Afrika und Asien und möglicherweise sogar darüber hinaus ausbreiten. Das ist vor allem deshalb besorgniserregend, da nach Ansicht von zwei Experten auf dem Gebiet, Peter Njao und Ruth Wanyera, der unter dem Kürzel *Ug99* geführte neue Stamm potenziell 80 Prozent aller bekannten Weizenvarietäten vernichten könnte. Hatte man vor einem halben Jahrhundert noch geglaubt, die Gefahr durch Getreideschwarzrost sei weitgehend gebannt, so scheint sie durch die neue Mutation tödlicher denn je geworden zu sein.[580]

Auch der vor allem in Afrika, Südamerika und Asien angebaute Maniok (auch unter den Bezeichnungen Yucca oder Kassave bekannt), die nach Reis und Weizen drittwichtigste pflanzliche Kalorienquelle für Menschen, ist massiv durch ein mutiertes Virus bedroht.[581] Seit das sogenannte Braunstreifen-Virus im Jahr 2005 in Ostafrika erstmals nachgewiesen wurde, hat es sich, wie Claude Fauquet bemerkt, Direktor der Maniok-Forschungsabteilung am Donald Danforth Plant Science Center in St. Louis, »explosionsartig und in der Art einer Pandemie ausgebreitet. [...] Die Geschwindigkeit, mit der neue Gebiete befallen werden, ist absolut beispiellos und lässt die Bauern dort völlig verzweifeln.«[582] Manche Experten vergleichen das Braunstreifen-Virus mit der Kartoffelfäule in Irland Mitte der

1840er-Jahre, deren verheerendes Ausmaß zum Teil darauf zurückgeführt wird, dass auf den irischen Feldern fast ausschließlich Kartoffeln aus einer einzigen, aus den Anden stammenden Varietät wuchsen.[583]

1970 wurden in den USA 60 Prozent der Maisernte durch eine neue Varietät der »Southern corn leaf blight« vernichtet, einer von einem Pilz verursachten Blattfleckenkrankheit – ein klares Indiz dafür, dass, um mit den Worten der Union of Concerned Scientists zu sprechen, »eine genetisch uniforme Feldfruchtbasis eine Einladung zur Katastrophe darstellt«.[584] Die »Landwirtschaft der USA ruht«, schreiben die UCS-Experten weiter, »auf einer dünnen genetischen Basis. Anfang der 1990er-Jahre stellten gerade einmal sechs Mais-Varietäten 46 Prozent der in den USA angebauten Maispflanzen, beim Weizen entfielen bis zu 50 Prozent auf neun Varietäten und bei Erbsen waren zwei Sorten für 96 Prozent der Ernte verantwortlich. Noch schlimmer ist es um die Kartoffel bestellt: Heute wächst – als Folge des globalen Siegeszugs der Fast-Food-Ketten im Zeitalter der Welt AG – weltweit auf über der Hälfte der mit Kartoffeln bebauten Fläche nur noch eine einzige Varietät: die von McDonald's bevorzugte Sorte Russet Burbank.«[585]

So heftig die Debatte über gentechnisch veränderte Pflanzen für die Nahrungs- und Futtermittelproduktion geführt wird, so überraschend wenig Aufsehen haben bislang die weltweit betriebenen intensiven Bemühungen erregt, Bäume wie etwa Pappeln oder Eukalyptus gentechnisch zu manipulieren.[586] Dabei wird der Pollen gentechnisch veränderter Bäume, wie Wissenschaftler warnen, in einem weit größeren Umkreis verbreitet, als das bei Pflanzen wie zum Beispiel Soja, Mais oder Baumwolle der Fall ist – aus dem simplen Grund, weil Bäume höher sind.

In China wachsen bereits heute auf geschätzten tausend Hektar gentechnisch veränderte Pappeln, die zum Schutz vor Insektenbefall in ihren Blättern das Bt-Toxin produzieren. In den USA und Brasilien bemühen sich Biotechfirmen um die Zulassung für gentechnisch veränderte Eukalyptusbäume. Die Eingriffe ins Erbgut könnten, argumentieren die Forscher, den Bäumen helfen, Dürreperioden leichter zu überstehen und zugleich die Struktur des Holzes so zu verändern, dass es sich besser zur Biospritproduktion eignet.

Ein weiteres Thema neben gentechnisch veränderten Nutzpflanzen, an dem sich heftige Kontroversen entzünden, sind für die Nahrungsmittelerzeugung bestimmte gentechnisch veränderte Nutztiere. Seit 1981 ein neues Verfahren entdeckt wurde, wie man Gene einer Spezies in das Genom einer anderen übertragen kann, haben Wissenschaftler mehrere gentechnisch veränderte Varietäten von Nutztieren erschaffen, unter anderem von Rindern, Schweinen, Hühnern, Schafen, Ziegen und Kaninchen. Obwohl frühere Experimente, bei denen eine verringerte Krankheitsanfälligkeit bei GV-Mäusen erreicht wurde, für großen Optimismus sorgten, ist es bei gentechnisch veränderten Nutztieren bislang nur in einem einzigen Fall gelungen, die Krankheitsanfälligkeit zu reduzieren.

Dessen ungeachtet haben uns die Gentechniker, die weiter an der Erschaffung von GV-Nutztieren arbeiten, inzwischen unter anderem Ziegen beschert, die (wie weiter oben beschrieben) Spinnenseide herstellen, und ein synthetisches Wachstumshormon erzeugt, das den Milchausstoß von Kühen ankurbelt.[587] Das zu diesem Zweck in Milchkühe injizierte rekombinante bovine Wachstumshormon (rBGH) ist Gegenstand heftigster Kontroversen. Die Kritiker des Verfahrens monieren weniger, dass rBGH der menschlichen Gesundheit direkt abträglich ist, sondern vielmehr, dass es laut vorliegenden Erkenntnissen die Produktion eines weiteren Hormons stimuliert, nämlich des insulinähnlichen Wachstumsfaktors IGF-1, der in der Milch von rBGH-Kühen im Vergleich zu normaler Milch in bis zu zehnfacher Konzentration nachgewiesen worden ist.[588]

Untersuchungen haben eine Verbindung zwischen erhöhten IGF-1-Konzentrationen und einem signifikant höheren Risiko für Prostatakrebs sowie einigen Formen von Brustkrebs belegt. Obwohl offenkundig auch andere Faktoren an der Entstehung dieser Tumore beteiligt sind und es sich bei IGF-1 um ein vom menschlichen Körper auch selbst produziertes Hormon handelt, ist nach den vorgebrachten Bedenken der Kritiker in den USA eine höchst erfolgreiche Verbraucherinitiative für die Kennzeichnung von rBGH-haltiger Milch entstanden[589] und der Absatz dieser Milch deutlich zurückgegangen.[590]

Chinesische Genforscher haben ein mit der Produktion von menschlichem Milchprotein assoziiertes humanes Gen in Milchkuh-Embryonen eingeführt und diese anschließend in Ersatzmutterkühe implantiert, die sie austrugen. Als die genmanipulierten Tiere später anfingen Milch zu geben, zeigte sich, dass die Milch zahlreiche Proteine und Antikörper enthielt, die zwar in menschlicher Milch enthalten sind, nicht aber in der Milch von normalen Kühen. Darüber hinaus können diese gentechnisch veränderten Kühe sich fortpflanzen und die ihnen eingefügten genetischen Merkmale weitergeben. An der China Agricultural University wird eine Herde von 300 solcher Kühe gehalten, deren Milch weitaus stärker menschlicher Milch ähnelt als normaler Kuhmilch[591] – ein Verfahren, das argentinische Wissenschaftler am National Institute of Agribusiness Technology in Buenos Aires nach eigenen Angaben noch weiter verbessert haben.[592]

2012 haben Wissenschaftler in den USA die Zulassung für das erste direkt für den menschlichen Konsum bestimmte gentechnisch veränderte Tier beantragt[593] – einen Lachs, der über ein zusätzliches Wachstumshormon-Gen sowie einen Genschalter verfügt, durch den die Produktion des Wachstumshormons selbst dann ausgelöst wird, wenn die Wassertemperatur unterhalb der Schwelle liegt, ab der das Hormon normalerweise erzeugt wird.[594] Dieser genmodifizierte Lachs wächst doppelt so schnell heran wie normaler Lachs und erreicht seine Schlachtreife nicht erst wie üblich nach dreißig, sondern bereits nach sechzehn Monaten.[595]

Gentechnik-Kritiker verweisen auf die Möglichkeit, dass dieser »Superlachs« erhöhte Konzentrationen desselben insulinähnlichen Wachstumsfaktors enthalten könnte, der schon in der Milch von mit rekombinanten bovinen Wachstumshormonen behandelten Kühen nachgewiesen wurde.[596] Außerdem sehen sie die Gefahr, dass die genmanipulierten Lachse aus den Zuchtkäfigen entkommen und sich mit ihren wild lebenden Verwandten kreuzen. Dadurch könnte es zu denselben unbeabsichtigten Mutationen kommen,[597] vor denen auch im Zusammenhang mit der Fremdbefruchtung nicht gentechnisch veränderter Feldfrüchte gewarnt wird. Abgesehen davon werden, wie in Kapitel 4 erwähnt, pro Kilo Zuchtfisch aus Aquakulturen im Durchschnitt drei Kilo Fischmehl verfüttert, das aus wild lebenden Meeresfischen gewonnen wird.

In Kanada wollten Wissenschaftler von der University of Guelph in Ontario gentechnisch veränderte Schweine auf den Markt bringen, in deren Genom sie ein DNA-Segment aus Mäusen eingefügt hatten, um den Phosphorgehalt in ihren Ausscheidungen zu vermindern.[598] Die Wissenschaftler tauften ihre Schöpfung auf den Namen »Enviropig«[599] – »Umweltschutzschwein« –, weil der über das Abwasser in die Flüsse eingeleitete Phosphor mit für die Entstehung von Algenblüten verantwortlich ist und in den Meeren, in die die Flüsse münden, zum Fischsterben führt.[600] Später jedoch stellten sie das Projekt ein und töteten die Schweine,[601] teils wegen des Widerstands gegen, wie manche Kritiker sich angewöhnt haben zu sagen, »Frankenfood« – also aus gentechnisch veränderten Tieren erzeugte Nahrungsmittel –, aber auch, weil es zwischenzeitlich anderen Wissenschaftler gelungen ist, ein Enzym namens Phytase herzustellen,[602] das, wenn es dem Schweinefutter hinzugefügt wird, denselben Effekt hat, den sie mit ihren Enviropigs zu erzielen hofften.[603]

Zusätzlich zu den Bemühungen, Nutztiere und Fische genetisch zu modifizieren, hat es in den letzten fünfzehn Jahren auch mehrere Initiativen gegeben, Insekten wie Schmetterlinge aus der Familie der Eulenfalter[604] und Moskitos gentechnisch zu verändern.[605] Das britische Biotechnologieunternehmen Oxford Insect Technologies (Oxitec) hob vor einigen Jahren ein Projekt mit dem Ziel aus der Taufe, die Männchen der hauptsächlich (aber nicht allein) für die Übertragung des Denguefiebers verantwortlichen Moskitoart gentechnisch so zu verändern, dass ihre Nachkommen zum Überleben auf das Antibiotikum Tetracyclin angewiesen sind.[606]

Ohne Zugang zu Tetracyclin sterben die Larven ab, bevor sie zu fertigen Moskitos reifen.[607] Wenn die männlichen Moskitos, die im Gegensatz zu den Weibchen nicht stechen, die Weibchen monopolisieren und mit Spermien befruchten, aus denen nicht überlebensfähige Eier heranwachsen, dann sollte das, so die Überlegung, die Moskitopopulation drastisch reduzieren. Die ersten Feldversuche mit den genmanipulierten Moskitomännchen auf den Kaimaninseln, in Malaysia und im brasilianischen Juazeiro verliefen erfolgreich, doch als Oxitec 2010 nach einem Ausbruch des Denguefiebers in Key West, Florida, vor Ort genmanipulierte Moskitos in großer Zahl freisetzen wollte, stieß das Vorhaben auf heftigen öffentlichen Widerstand.[608]

Die transgenen Moskitos könnten, befürchteten Gegner des Projekts, unvorhergesehene und potenziell katastrophale Auswirkungen auf die Ökosysteme haben, in denen sie eingesetzt werden.[609] Da in Labortests bereits nachgewiesen worden ist, dass eine kleine Anzahl der Nachkommen doch überlebt,[610] besteht die reale Gefahr, dass diejenigen, die in freier Wildbahn überleben, im Laufe der Zeit ihre Anpassung an den Rest der Moskitopopulation weitergeben.[611]

Weitere Studien könnten durchaus zu dem Ergebnis kommen, dass der Oxitec-Ansatz eine nützliche und lohnenswerte Strategie im Kampf gegen die Ausbreitung des Denguefiebers darstellt. In ihrer Ausrichtung auf die gentechnische Veränderung der hauptsächlich für die Übertragung verantwortlichen Moskitoart allerdings ignoriert sie die eigentliche Hauptursache für die rapide Ausbreitung des Denguefiebers: die Störung des klimatischen Gleichgewichts der Erde und der daraus folgende weltweite Anstieg der Durchschnittstemperaturen, wodurch die den Denguevirus in sich tragenden Moskitos ihren Lebensraum auf ihnen bislang unzugängliche Regionen der Welt ausweiten.

Laut einer 2012 von Forschern an der Texas Tech University erstellten Studie zur Ausbreitung des Denguefiebers »könnten sich durch den globalen Klimawandel ausgelöste Verschiebungen der Temperaturzonen und der Niederschlagsmuster massiv auf die Ökologie bestimmter Infektionskrankheiten auswirken«. Bezüglich des zu diesen Krankheiten zählenden Denguefiebers erwarten die Autoren der Studie, dass die auf dem nordamerikanischen Kontinent bislang hauptsächlich auf Mexiko beschränkte Krankheit – von gelegentlichen kleineren Ausbrüchen im Süden der US-Bundesstaaten Texas und Florida abgesehen – mit der globalen Erwärmung immer weiter nach Norden vordringen wird.[612]

Das Denguefieber, mit dem sich pro Jahr bis zu hundert Millionen Menschen infizieren[613] und das mehrere Tausend Todesopfer fordert,[614] wird wegen der extremen Gelenkschmerzen, die mit der Krankheit einhergehen,[615] auch als »Knochenbrecherfieber« bezeichnet.[616] Im 18. Jahrhundert kam es in den tropischen Zonen Asiens, Nord- und Südamerikas und Afrikas wiederholt zu schweren Ausbrüchen des Denguefiebers,[617] doch blieb die Krankheit bis zum Zweiten Weltkrieg weitgehend auf diese Regionen beschränkt.[618] Während des Zweiten Weltkriegs und danach breitete sich, so nehmen Wissenschaftler heute an, das Virus über infizierte Personen weiter aus.[619] 2012 wurde allein in Indien die Zahl der Fälle auf 37 Millionen geschätzt.[620]

Nachdem die Krankheit Mitte des letzten Jahrhunderts den Sprung auf andere Kontinente geschafft hatte, blieb sie zunächst auf tropische und subtropische Regionen beschränkt.[621] Doch nun erschließen sich Moskitos, die das Virus übertragen, dank der steigenden Temperaturen neue Lebensräume, daher halten die Experten es für sehr wahrscheinlich, dass das Denguefieber auf den gesamten Süden der Vereinigten Staaten übergreift und es während der Sommermonate auch in den nördlichen Regionen der USA zu Ausbrüchen kommt.[622]

AM ANFANG DIESES KAPITELS stand die Feststellung, dass wir zum ersten Mal in der Geschichte dabei sind, das *Sein* im Menschsein zu verändern. Gleichzeitig aber verändern wir auch die anderen Lebewesen, mit denen wir ökologisch verbunden sind. Wenn wir das ökologische System zerstören, in dem wir uns entwickelt haben, und das Klima und die Umwelt, auf die sich unsere Zivilisation über viele Jahrtausende eingestellt hat, sollten wir uns nicht wundern, wenn dies zu biologischen Konsequenzen führt, die gewaltiger sind als alles, was wir mit Technologien wie zum Beispiel der Gentechnik wieder zu richten hoffen können.

Immerhin ist die Erschließung bislang unberührter Regionen verantwortlich für 40 Prozent aller für den Menschen gefährlichen neuen Infektionskrankheiten, einschließlich HIV/Aids, der Vogelgrippe und Ebola. Sie alle lassen sich auf wild lebende Tiere zurückverfolgen,[623] die vom Menschen aus ihrem natürlichen Lebensraum vertrieben wurden oder durch die Ausweitung der Landwirtschaft in vormals unberührte Regionen in engen Kontakt zu Nutztieren kamen.[624] »Wenn man das Gleichgewicht zerstört«, erklärte der Epidemiologe Jonathan Epstein unlängst, »forciert man damit die Übertragung von Pathogenen wild lebender Tiere auf Nutztiere und weiter auf den Menschen.« Insgesamt haben 60 Prozent der neuen, für den Menschen gefährlichen Infektionskrankheiten ihren Ursprung in Tieren.[625]

Das Mikrobiom

DOCH DAMIT NICHT GENUG, wir sind auch auf dem besten Wege, das ökologische System *innerhalb* unseres Körpers aus dem Gleichgewicht zu bringen. Neuere Forschungen belegen die zentrale Rolle der mikrobiellen Gemeinschaften, die in (und auf) dem Körper jedes Menschen siedeln. Jeder von uns besitzt ein Mikrobiom, das hauptsächlich aus Bakterien (sowie zu einem deutlich geringeren Anteil aus Viren, Hefen und Amöben) besteht, deren Gesamtzahl die der Zellen in unserem Körper im Verhältnis von zehn zu eins übersteigt.[626] Mit anderen Worten: Jeder Mensch teilt sich seinen Körper mit rund hundert Billionen Mikroben,[627] die drei Millionen nicht menschliche Gene in sich tragen[628] – Mikroorganismen, die symbiotisch in und mit unserem Körper leben und arbeiten und eine adaptive Gemeinschaft bilden, von der wir ein Teil sind.

Anfang 2012 haben die 200 im Human Microbiome Project (HMP) zusammengeschlossenen Wissenschaftler das Genom dieser Bakteriengemeinschaft entschlüsselt[629] und dabei drei grundsätzliche Enterotypen – vergleichbar den Blutgruppen – identifiziert. Sie existieren in Menschen jeder Herkunft und in sämtlichen Populationen unabhängig von Geschlecht, Alter, Körpermasse oder irgendwelchen anderen wahrnehmbaren Kennzeichen.[630] Insgesamt hat das HMP-Team in den Mikroorganismen, aus denen sich unser Mikrobiom zusammensetzt, acht Millionen proteinkodierende Gene gefunden; die Hälfte davon hat eine Funktion, die den Forschern noch unbekannt ist.[631]

Eine der bekannten Funktionen dieses Mikrobioms ist die »Schulung« des erworbenen Immunsystems, insbesondere während des Säuglingsalters und der frühen Kindheit.[632] Für Gary Huffnagle von der University of Michigan ist die »mikrobielle Darmflora ein wichtiger Teil des Immunsystems«,[633] und viele Wissenschaftler argwöhnen seit Langem, dass die wiederholte massive Gabe von Antibiotika in diesen Lernprozess eingreift und den Vorgang beeinträchtigt, durch den das adaptive Immunsystem zwischen fremden und körpereigenen Zellen zu unterscheiden lernt. Wenn das Immunsystem nicht lernt, zwischen Eindringlingen und körpereigenen Zellen zu unterscheiden, kann es, wie bei allen Autoimmunerkrankungen, zu überschießenden Reaktionen des Immunsystems gegen gesunde körpereigene Zellen kommen.[634] Unter »autoimmun« ist eine Immunität gegen sich selbst zu verstehen.

Wie eine wachsende Zahl von Studien nahelegt, kann die unangemessene und wiederholte Behandlung von Kleinkindern mit Antibiotika die Entwicklung und den Lernprozess ihres Immunsystems behindern – ein Umstand, der mit für den beobachteten rapiden Anstieg von Immunsystem-Erkrankungen[635] wie Typ-1-Diabetes,[636] multipler Sklerose,[637] Morbus Chron und Colitis ulcerosa verantwortlich gemacht wird.[638]

Das menschliche Immunsystem ist zum Zeitpunkt der Geburt nicht voll ausgebildet.[639] Wie das Gehirn und andere Organe reift und entwickelt es sich nach der Passage durch den Geburtskanal noch weiter.[640] Der Mensch weist übrigens im Vergleich zu allen anderen Tieren die längste Phase der Kindheit und Hilflosigkeit auf,[641] was ein schnelles Wachstum und eine rasante Weiterentwicklung des Gehirns nach der Geburt ermöglicht[642] – und dafür verantwortlich ist, dass der Großteil der Entwicklung und Lernprozesse in Interaktion mit der Umwelt stattfindet.[643] Unser

Immunsystem verfügt über die angeborene Fähigkeit, weiße Blutzellen zu aktivieren, damit diese körperfremde Viren und Bakterien angreifen und vernichten. Aber wir haben auch ein erworbenes – beziehungsweise adaptives – Immunsystem, das lernt, sich an Eindringlinge zu erinnern, um diese bei späteren Angriffen effektiver bekämpfen zu können. Das erworbene Immunsystem produziert Antikörper, die sich an die Einbrecher anheften und es bestimmten Arten weißer Blutzellen ermöglichen, die Fremdkörper zu erkennen und zu attackieren.[644]

Das eigentliche Problem besteht darin, dass Antibiotika nicht zwischen schädlichen und nützlichen Bakterien unterscheiden.[645] Wenn wir Antibiotika nehmen, um eine Krankheit zu bekämpfen, vernichten wir dabei, ohne es zu wollen, auch Bakterien, auf die unser Körper zur Aufrechterhaltung eines gesunden Gleichgewichts angewiesen ist. »Ich würde«, erklärte Julie Segre, leitende Wissenschaftlerin am National Human Genome Research Institute in Maryland, »die Terminologie des Kriegs am liebsten abschaffen, da sie den unzähligen Bakterien, die sich zusammen mit uns entwickelt haben und die Gesundheit unseres Körpers aufrechterhalten, einen schlechten Dienst erweist«.[646]

Helicobacter pylori (oder *H. pylori*) etwa ist ein wichtiges Bakterium im menschlichen Mikrobiom und spielt eine zentrale Rolle bei der Regulierung von zwei Schlüsselhormonen im Magen, die für den Energiehaushalt und das Appetitempfinden mitverantwortlich sind.[647] Genetischen Untersuchungen zufolge wird der menschliche Körper seit 58 000 Jahren in großer Zahl von *H. pylori* besiedelt[648] und war das Bakterium bis vor rund einem Jahrhundert der am häufigsten im Magen der allermeisten Menschen vorkommende Mikroorganismus.[649] Laut einem wichtigen, 2011 in der Fachzeitschrift *Nature* publizierten Artikel von Martin Blaser, Professor für Mikrobiologie und Vorsitzender der medizinischen Fakultät an der School of Medicine der New York University, haben Studien jedoch ergeben, dass »weniger als 6 Prozent aller Kinder in den Vereinigten Staaten, Schweden und Deutschland den Organismus in sich tragen. Dafür können auch andere Faktoren mitverantwortlich sein, aber allem Anschein nach sind Antibiotika der hauptsächliche Übeltäter. Eine einzige Behandlung mit Amoxicillin oder einem Makrolidantibiotikum, den bei Mittelohrentzündungen oder Infektionen des Atemwegs bei Kindern am häufigsten verabreichten Mitteln, führt in 20 bis 50 Prozent der Fälle auch zur Ausmerzung von *H. pylori*.«[650]

Dabei darf nicht vergessen werden, dass *H. pylori* sowohl bei Gastritis wie auch bei Magengeschwüren eine wichtige Rolle spielt. Der australische Biologe Barry Marshall etwa, der *H. pylori* entdeckt und dafür 2005 den Nobelpreis für Medizin erhalten hat, sagte einmal:»Menschen sind gestorben, weil sie nicht mit Antibiotika behandelt worden sind, um das Bakterium loszuwerden.«[651] Andererseits haben mehrere Studien deutliche Hinweise darauf ergeben, dass Menschen, in deren Körper *H. pylori* nicht präsent ist,»in der Kindheit mit höherer Wahrscheinlichkeit an Asthma, Heuschnupfen oder Hautallergien erkranken«.[652] Seine Abwesenheit wird zudem mit einem verstärkten sauren Rückfluss aus dem Magen und einem erhöhten Risiko für Speiseröhrenkrebs assoziiert.[653] Und Wissenschaftler in Deutschland und der Schweiz haben festgestellt, dass die Einbringung von *H. pylori* in den Verdauungstrakt von Mäusen diese gegen Asthma schützt.[654] Unter Menschen ist in den vergangenen zwei Jahrzehnten aus noch nicht ganz geklärten Gründen die Zahl der Asthmaerkrankungen weltweit um rund 160 Prozent in die Höhe geschnellt.[655]

Zu den von *H. pylori* regulierten Hormonen gehört Ghrelin, das eine entscheidende Rolle bei der Appetitregulierung spielt.[656] Normalerweise fällt der Ghrelinspiegel im Blut nach der Nahrungsaufnahme deutlich ab, was dem Gehirn signalisiert, dass es an der Zeit ist, mit dem Essen aufzuhören. Bei Leuten jedoch, in deren Verdauungstrakt *H. pylori* nicht präsent ist, fällt der Ghrelinspiegel nach dem Essen nicht ab – und das Signal, mit dem Essen aufzuhören, wird nicht gesendet. In dem von Martin Blaser an der School of Medicine geleiteten Labor legten Mäuse, denen ausreichend Antibiotika verabreicht wurden, um *H. pylori* in ihrem Körper abzutöten, anschließend bei unveränderter Ernährung deutlich an Körperfett zu. Interessanterweise vermochten Wissenschaftler lange nicht zu erklären, warum Nutztiere, denen subtherapeutische Dosen an Antibiotika verabreicht werden, an Gewicht zulegen; nach den jetzt gewonnenen neuen Erkenntnissen könnten dafür Veränderungen in ihrem Mikrobiom verantwortlich sein.

Bei einigen Krankheiten und Zuständen, die durch normalerweise von nützlichen Bakterien in Schach gehaltenen schädlichen Mikroorganismen ausgelöst werden, hat sich die Wiederbesiedlung mit eben solchen Bakterien, die infolge einer Antibiotika-Behandlung ausgemerzt wurden, als sehr wirksam erwiesen. Die Behandlung mit Probiotika, wie solche Mittel genannt werden, die lebensfähige Mikroben enthalten, ist nicht neu, aber inzwischen gibt es Ärzte, die bei mit einem schädlichen Bakterium namens *Clostridium difficile* infizierten Patienten per Einlauf eine Art »Fäkal-Transplantation« durchführen.[657]

Auch wenn allein schon die Vorstellung bei vielen Menschen Ekelgefühle auslösen dürfte, das Verfahren hat sich als völlig sicher und in hohem Maße wirksam erwiesen. Nach Angaben von Wissenschaftlern an der University of Alberta, die in einer Studie 124 Fäkal-Transplantationen untersuchten, stellte sich bei 83 Prozent der Patienten eine unmittelbare Verbesserung des Zustands ein, nachdem das Gleichgewicht ihres Mikrobioms wiederhergestellt war.[658] Andere Wissenschaftler arbeiten intensiv an der Entwicklung probiotischer Arzneimittel, mit deren Hilfe sie spezifische, im Mikrobiom eines Patienten fehlende nützliche Bakterien wieder einführen.

So wie wir mit den hundert Billionen Mikroorganismen verbunden und von ihnen abhängig sind, die in und auf jedem von uns von der Geburt bis zum Tod leben, so sind wir auch verbunden mit und abhängig von den um uns herum auf und in der Erde existierenden Lebensformen. Nicht anders als die in und auf unseren Körpern siedelnden Mikroben übernehmen auch sie für uns lebensnotwendige Aufgaben. Und ebenso, wie die künstliche Zerrüttung der mikrobiellen Gemeinschaften in uns ein unsere Gesundheit unmittelbar schädigendes Ungleichgewicht in der Ökologie des Mikrobioms erzeugen kann, kann auch die Störung des ökologischen Systems, in und von dem wir leben, ein Ungleichgewicht erzeugen, das uns alle bedroht.

Welche Konsequenzen der Menschheit durch die umfassende Zerrüttung des ökologischen Systems der Erde drohen – und was wir tun können, um das zu verhindern –, ist Gegenstand des nächsten Kapitels.

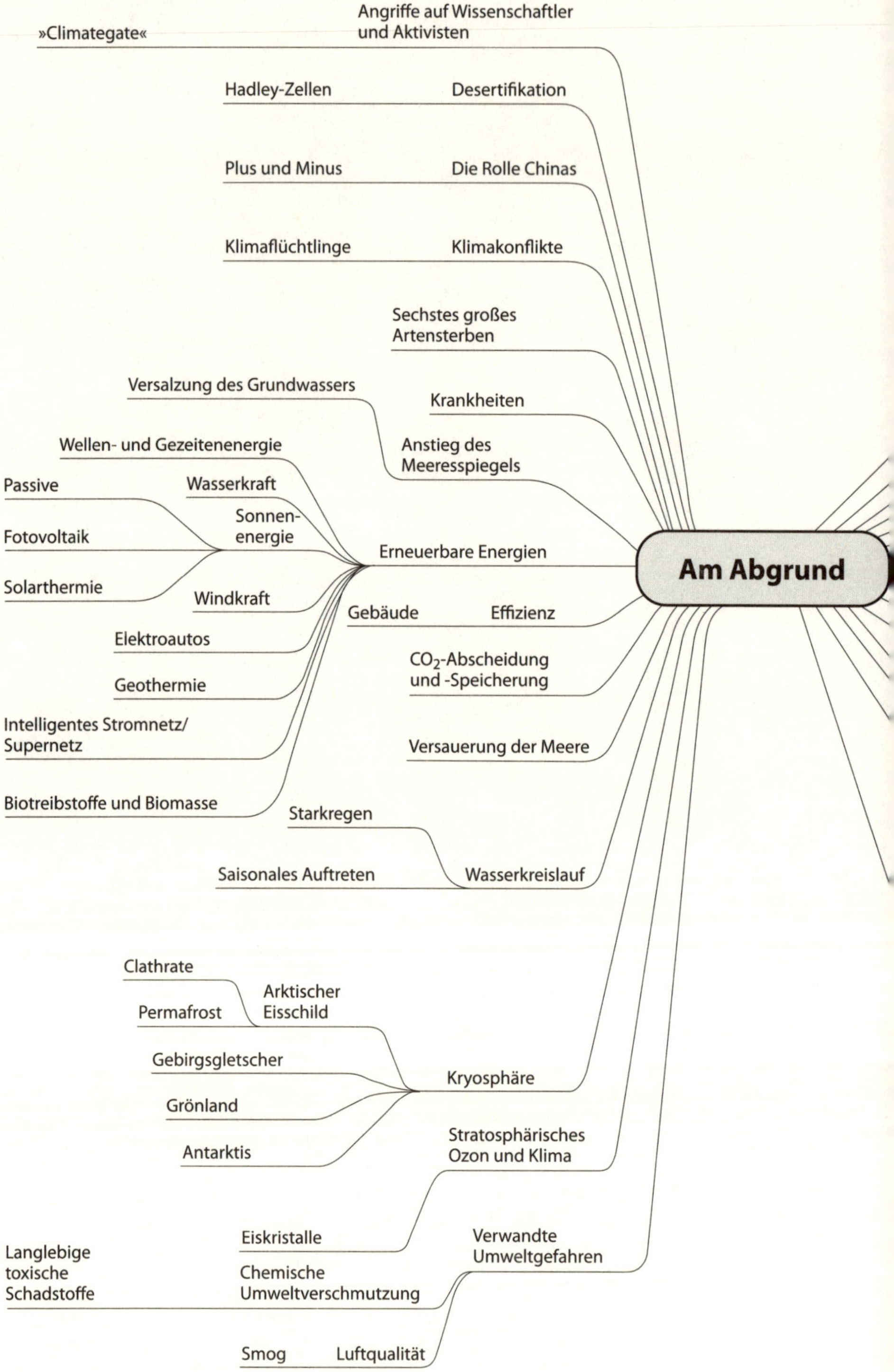
Am Abgrund
»Climategate«
Angriffe auf Wissenschaftler und Aktivisten
Hadley-Zellen
Desertifikation
Plus und Minus
Die Rolle Chinas
Klimaflüchtlinge
Klimakonflikte
Sechstes großes Artensterben
Versalzung des Grundwassers
Krankheiten
Anstieg des Meeresspiegels
Wellen- und Gezeitenenergie
Passive
Wasserkraft
Sonnen-energie
Fotovoltaik
Erneuerbare Energien
Solarthermie
Windkraft
Gebäude
Effizienz
Elektroautos
CO_2-Abscheidung und -Speicherung
Geothermie
Intelligentes Stromnetz/ Supernetz
Versauerung der Meere
Biotreibstoffe und Biomasse
Starkregen
Saisonales Auftreten
Wasserkreislauf
Clathrate
Arktischer Eisschild
Permafrost
Gebirgsgletscher
Kryosphäre
Grönland
Antarktis
Stratosphärisches Ozon und Klima
Eiskristalle
Verwandte Umweltgefahren
Langlebige toxische Schadstoffe
Chemische Umweltverschmutzung
Smog
Luftqualität

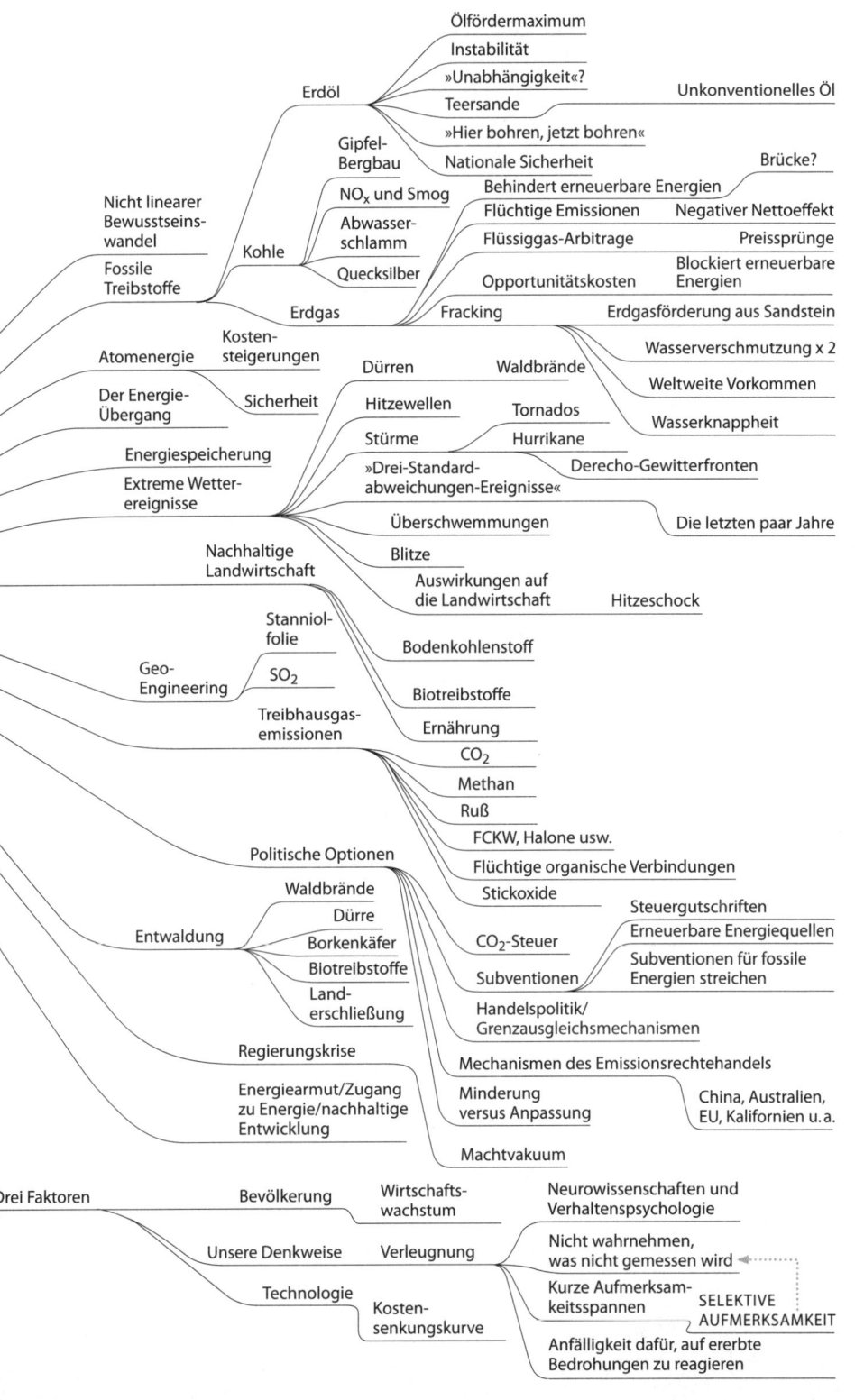

6

AM ABGRUND

DIE AUFSTREBENDE MACHT und die sich beschleunigende Dynamik der Welt AG, die rapide Ausweitung destruktiver Muster beim Verbrauch von Ressourcen, das Fehlen einer globalen Führerschaft und die dysfunktionale Regierungsführung innerhalb der Nationengemeinschaft haben zusammen dazu geführt, dass die Integrität der für das Fortbestehen unserer Zivilisation unerlässlichen planetaren Klimabilanz ernsthaft geschädigt wird.

Wir haben die extreme Gefahr nur zögerlich erkannt, die wir heraufbeschwören. Zum Teil liegt das daran, wie plötzlich die Beziehung zwischen der Menschheit und dem Ökosystem der Erde durch das noch nicht lange zurückliegende Zusammenkommen dreier grundlegender Faktoren radikal verändert worden ist: Erstens hat sich die Erdbevölkerung in weniger als einem Jahrhundert vervierfacht und wächst weiter an. Zweitens wird unser Denken – sowohl individuell als auch kollektiv – von kurzfristigen Zeithorizonten dominiert. Obendrein wird es durch von unseren prähistorischen Vorfahren ererbten Denkgewohnheiten verzerrt; sie hatten einst Bedrohungen zu meistern, die sich sehr stark von denen unterscheiden, mit denen wir es heute zu tun haben. Und drittens sind die heute weitverbreiteten und allgemein genutzten Technologien um ein Vielfaches mächtiger als die, über die die Menschheit noch vor wenigen Generationen verfügte.

Insbesondere die weiter zunehmende Verbrennung kohlenstoffreicher fossiler Energieträger – 85 Prozent der Energie, die die Welt AG antreibt, wird durch sie erzeugt – pumpt alle 24 Stunden 90 Millionen Tonnen Treibhausgas in die außerordentlich dünne atmosphärische Hülle, die unseren Planeten umgibt, als handle es sich dabei um eine große Kloake.[1] Mit anderen Worten: An *jedem einzelnen Tag* vergrößern wir die sowieso schon gefährlich hohe Konzentration an atmosphärischen Treibhausgasen, die sich seit Beginn der industriellen Revolution mit einer Rate in der Atmosphäre ansammeln, die im letzten halben Jahrhundert dramatisch zugelegt hat. Und sie beschleunigt sich weiter, pro Tag um eine Menge, die vom Gewicht her mehr als dem 5000-fachen der Ölmenge entspricht, die sich während der Katastrophe auf der Ölplattform *Deepwater Horizon* in den Golf von Mexiko ergossen hat.[2]

Als Folge davon prallt die menschliche Zivilisation mit der natürlichen Welt aufeinander und fügt ihr schwere Schäden zu, obschon unser weiteres Bestehen als Spezies von ihr abhängt. Dieses Aufeinandertreffen zeigt sich auf vielfältige Weise: in der voraussichtlichen Ausrottung von 20 bis 50 Prozent aller auf der Erde lebenden Spezies noch in diesem Jahrhundert, in der Abholzung der größten und wichtigsten Wälder der Welt, in der Versauerung der Meere, der Erschöpfung wichtiger Fischbestände und dem bevorstehenden Verlust der Korallenriffe, in der Anhäufung immer größerer Mengen langlebiger giftiger Chemieabfälle, von denen eine dauerhafte Bedrohung für Menschen und andere Lebensformen ausgeht, in der weltweiten Verarmung der Mutterböden, der exzessiven, nicht nachhaltigen Nutzung der Grundwasservorkommen und in vielem anderen mehr.[3] Das für sich genommen wichtigste und bedrohlichste Zeugnis dieses Aufeinandertreffens aber ist die Klimakrise. Die Atmosphäre um unseren Planeten ist so dünn, dass sie in hohem Maße durch die drastische Veränderung ihrer chemischen Zusammensetzung gefährdet ist, die wir bewirken, wenn wir sie rücksichtslos und unablässig mit gigantischen Mengen an chemischen Abgasen verschmutzen. In diesem immer dickeren Nebel der Verschmutzung droht die Fähigkeit der Atmosphäre zu ersticken, das Strahlungsgleichgewicht zwischen der Erde und der Sonne zu bewahren; in den unteren Schichten der Atmosphäre wird jeden Tag mehr Wärmeenergie zusätzlich absorbiert, als bei der Explosion von 400 000 Hiroshima-Atombomben freigesetzt werden würde.[4] Ohne es zu wollen, verändern wir dadurch auf fundamentale Weise den Wasserkreislauf der Erde, bringen wir lebenswichtige ökologische Gleichgewichte zum Kippen und vertiefen all die anderen Wunden, die wir der Natur zufügen – und damit auch den Tieren und Pflanzen, auf die wir für unser Überleben unmittelbar angewiesen sind.

Die gute Nachricht lautet: Wir haben die Fähigkeit, eine Lösung für die Klimakrise zu finden – vorausgesetzt, wir verstehen den Ernst unserer Lage und machen die Rettung der menschlichen Zivilisation zur Priorität. Das bedeutet, nicht nur die Gefahr, sondern auch die Chance zu erkennen, die in dieser Krise liegt. Es bedeutet, sich von der Illusion zu verabschieden, es könnte irgendein cleveres technologisches Allheilmittel für einen planetaren Notfall geben, der eine mehrgleisige globale Strategie zur Umstellung nicht nur unserer Energiesysteme – insbesondere der Stromerzeugung – auf kohlenstoffarme, hocheffiziente Muster verlangt, sondern auch eine Umstellung der Industrie, der Landwirtschaft, der Forstwirtschaft, der Bautechnik, des Verkehrswesens, des Bergbaus und anderer Sektoren der globalen Ökonomie.

Und ja, wenn wir uns die Komplexität und Größe der erforderlichen Antwort vor Augen führen, dann kann das ziemlich einschüchternd wirken. Andererseits haben wir in der jüngeren Vergangenheit in zahlreichen Technologien atemberaubende Fortschritte erzielt, die uns in die Lage versetzen, diese Aufgabe mit Erfolg zu meistern. Die Technologien werden immer effizienter und kommen weitaus schneller zum Einsatz als erwartet. Das rasante Wachstum des Marktes für erneuerbare Energien hat die Kosten weitaus schneller sinken lassen, als irgendjemand hätte vorhersagen können, und in einigen Regionen der Welt sind die Erzeugungskosten für Wind- und Solarstrom so massiv gesunken, dass beide im Vergleich zum durchschnittlichen Netzpreis für Strom schon heute konkurrenzfähig sind.[5] Für das Jahr 2015 wird erwartet, dass die erneuerbaren Energiequellen dann weltweit an die zweite Stelle bei der Stromerzeugung vorrücken.[6]

Echte Alternativen

JE MEHR ENERGIE wir aus Sonnen- und Windkraft erzeugen, umso billiger wird sie; je mehr Energie wir aus Öl und Kohle beziehen, umso teurer wird sie. Abgesehen davon ist der »Treibstoff« für Sonnen- und Windkraft praktisch unerschöpflich. So erhält die Erde in jeder einzelnen Stunde mehr potenziell nutzbare Energie von der Sonne, als notwendig wäre, um den Energiebedarf der gesamten Menschheit für ein Jahr zu decken.[7] Auch die Leistungskraft der Windenergie übertrifft den weltweiten Energiebedarf um ein Mehrfaches.[8]

Im Sommer 2012 gab es in Deutschland Phasen, in denen das Land über die Hälfte seines Stroms aus erneuerbaren Energiequellen bezog.[9] Selbst wenn man eine konservative Schätzung des anhaltenden Kostenrückgangs für Solarstrom zugrunde legt, wird das, so prognostizieren inzwischen mehrere erfahrene Investmentexperten, in den nächsten Jahren einen massiven Anstieg des globalen Marktanteils der Solarenergie an der neu installierten Erzeugungskapizität zur Folge haben. Und wenn sich dieser Trend fortsetzt, wird bis Mitte des nächsten Jahrzehnts fast die Hälfte der weltweit neu installierten Stromerzeugungskapazitäten auf die Fotovoltaik-Technik entfallen.[10]

2010 wurde zum ersten Mal in der Geschichte weltweit mehr in erneuerbare Energien investiert als in fossile Energieträger (187 im Vergleich zu 157 Milliarden Dollar).[11] Im selben Jahr schnellten die Fotovoltaik-Installationen in den USA um 102 Prozent gegenüber der im Vorjahr installierten Kapazität in die Höhe.[12] Derweil wurde im ersten Jahrzehnt des neuen Jahrtausends allein in den USA der Bau von 166 Kohlekraftwerken abgesagt, überwiegend wegen des Widerstands in der Öffentlichkeit.

Architekten und Bauherren setzen zunehmend auf neue Formen und Technologien, die den Energieverbrauch und die Betriebskosten von Gebäuden reduzieren. Das ist deshalb von so besonderer Bedeutung, weil Gebäude für schätzungsweise 30 Prozent aller CO_2-Emissionen verantwortlich sind[13] und von den bis 2050 benötigten Gebäuden zwei Drittel erst noch gebaut werden müssen.[14] Laut einem Bericht der amerikanischen Umweltbehörde EPA zu dem Thema werden »30 Prozent der in kommerziell genutzten Gebäuden verbrauchten Energie verschwendet. Die Energieeffizienz zu verbessern trägt am meisten von allen Maßnahmen dazu bei, diese Verschwendung zu beseitigen, die Emissionen zu reduzieren und Geld zu sparen.«[15]

Schon heute haben viele Hundert Millionen Menschen ihr Einkaufsverhalten verändert und entscheiden sich bewusst für weniger CO_2-intensive Produkte und Dienstleistungen. Das hat viele Unternehmen und Branchen veranlasst, ihre CO_2-Emissionen noch schneller zu reduzieren und auf profitable Strategien umzusteigen, die auf Nachhaltigkeit und erneuerbaren Energien basieren. Gleichzeitig werden in großem Stil Maßnahmen zur Verbesserung der Energieeffizienz ergriffen. Unter dem Strich aber ändert das nichts daran, dass die globalen Treibhausgasemissionen weiterhin rapide zunehmen, solange nicht staatliche Maßnahmen ergriffen werden, die den Übergang zu einer kohlenstoffarmen Welt beschleunigen.

Damit dieser Übergang sehr viel schneller voranschreitet, so schnell, wie es notwendig ist, um die drohende Klimakrise noch abzuwenden, müssen wir zuerst einen globalen politischen Konsens schaffen – und damit am besten gleich in den Vereinigten Staaten beginnen –, der robust genug ist, eine entsprechende Politik zu stützen. Konkret würde das die Einführung einer wie auch immer gearteten CO_2-Steuer beinhalten, die den für die globale Erwärmung verantwortlichen Treibhausgasemissionen einen angemessenen Marktpreis zuweist. Gekoppelt werden sollte das mit sukzessive niedrigeren Grenzwerten für diese Emissionen sowie mit Marktmechanismen, die eine maximale Effizienz der Ausgabenverteilung sicherstellen, um die angestrebten Gesamtreduktionen zu gewährleisten.

Die Zivilgesellschaften müssen zudem einen politischen und gesellschaftlichen Preis auf die Verbreitung falscher Informationen über diese existenzielle Krise durch zynische Leugner des Klimawandels erheben. Von denen wissen es eigentlich viele besser, aber dennoch versuchen sie, ihre zwar destruktiven, dafür aber höchst profitablen Geschäftsmodelle zu bewahren, indem sie für Verwirrung sorgen, falsche Zweifel streuen und politische Konflikte schüren, um so den Blick auf die Realität zu verschleiern und eine Konsensbildung zu verhindern.

Schlussendlich bleiben uns zwei Möglichkeiten: Wir können die Lösung der Klimakrise zum zentralen Organisationsprinzip der globalen Zivilisation machen. Oder aber wir können die feindseligen Bedingungen, die wir schaffen, sich weiter rapide verschlechtern und die unseren Planeten erstickende Hülle aus Treibhausgasen immer dichter werden lassen und die Zivilisation, wie wir sie kennen, zerstören.

Seit Anbeginn der Geschichtsschreibung haben wir unser Leben und unsere Zivilisationen so eingerichtet, dass sie sich exakt in ein relativ schmales Band vertrauter Schwankungen der Temperaturen, Windverhältnisse, Niederschlagsmuster, Küstenverläufe, Pegelstände von Flüssen, Frostgrenzen und Schneehöhen einfügen. Wir haben Dörfer und Städte an Orten errichtet, die wir Heimat nennen – in der Nähe von zuverlässigen Wasservorkommen und fruchtbaren Böden, die uns Nahrung schenken –, und in einer Welt, deren natürliche Konturen sich seit über 300 Generationen kaum verändert haben.

Seit dem Rückzug der Gletscher am Ende der letzten Eiszeit, nicht lange, bevor die ersten Städte entstanden und die Erfindung der Schrift den Beginn der Geschichtsschreibung markierte, hat die Menschheit diese relativ stabilen Muster als gegeben hingenommen. Jetstreams und Meeresströmungen, Warm- und Kaltzeiten, Regen- und Trockenzeiten, die Aussaat im Frühjahr und die Ernte im Herbst, Kaulquappen und Schmetterlinge und all die anderen natürlichen Phänomene, die stets wiederkehren, prägen unsere Lebenswelt seit nahezu zehn Jahrtausenden. So wenig, wie der sprichwörtliche Fisch weiß, dass er im Wasser ist – weil er nichts *außer* Wasser kennt –, so wenig kennen wir andere als die planetaren Bedingungen, die den Aufstieg der Menschheit begünstigt haben.

All diejenigen, die uns vorangegangen sind, haben ihren Teil zu dem gewaltigen Vermächtnis beigetragen, das das menschliche Unterfangen bis in unsere Zeit getragen hat. Und jede Generation wiederum ist von den Gaben der Natur selbst erhalten worden: der Bestäubung von Nutz- und Wildpflanzen durch Insekten und andere Tiere, der natürlichen Reinigung des Wassers durch die Böden und zahllose andere ökologische Segnungen, die die Ökonomen heute gern als »Dienstleistungen des Ökosystems« bezeichnen. All das und noch vieles mehr erscheint uns selbstverständlich – doch wir setzen all das und noch vieles mehr aufs Spiel. Vom Menschen verursachte, fundamentale Veränderungen der uns seit jeher vertrauten und lange Zeit hindurch vorhersagbaren Klimamuster könnten unsere natürliche Umwelt so radikal umgestalten, dass wir uns kaum auszumalen vermögen, welche Herausforderungen auf unsere Spezies zukommen. Nimmt man einen Fisch aus dem Wasser, kann er nicht überleben. Ebenso wäre es, sollten wir die Umweltbedingungen von Grund auf verändern, auf denen unsere Zivilisation basiert – nicht nur für ein paar Jahre, sondern auf viele Tausend Jahre hinaus –, sehr unwahrscheinlich, dass wir in einem der jetzigen Form annähernd vergleichbaren Zustand überdauern würden.

Sicherheit und Stabilität

EINE DER VIELEN FOLGEN massiver Störungen des Klimas, die uns seit jeher vertraut sind, wäre ein weitaus höheres Risiko für politische Instabilität. In der Tat ist dieses Risiko einer der vorrangigen Gründe dafür, warum Militär- und nationale Sicherheitsexperten in den Vereinigten Staaten seit Langem deutlich besorgtere Töne angesichts der globalen Erwärmung anschlagen als die meisten unserer gewählten Politiker.[16] In vielen Regionen der Welt stehen die Regierungen bereits heute unter enormem Druck, und gleich mehrere gescheiterte Staaten – Somalia, der Jemen und Simbabwe beispielsweise – stellen ihre Nachbarländer vor große Probleme. Die zusätzlichen Belastungen, die massive Klimaveränderungen unweigerlich mit sich bringen würden, könnten noch weit mehr Länder ins Chaos stürzen.

Nach einem an der National Defense University in den USA durchexerzierten Kriegsspiel, bei dem die geopolitischen Konsequenzen einer Massenmigration von Klimaflüchtlingen aus tief liegenden Regionen in Bangladesch simuliert wurden, erklärte der Leiter des Bangladesh Institute of Peace and Security Studies, Generalmajor A. N. M. Muniruzzaman: »Bis Mitte des Jahrhunderts werden Millionen vertriebener Menschen nicht nur unser begrenztes Land und unsere begrenzten Ressourcen sprengen, sondern auch unsere Regierung, unsere Institutionen und unsere Grenzen.«[17]

Die wenigen Ausnahmen von der relativen Klimastabilität, derer wir uns seit jeher erfreuen, belegen die Regel. In einer Anfang 2011 in der renommierten US-Fachzeitschrift *Proceedings of the National Academy of Sciences* veröffentlichten Studie zum Zusammenhang zwischen vergleichsweise kleinen Klimaschwankungen in der Vergangenheit und gesellschaftlichen Umwälzungen etwa heißt es: »Im vorindustriellen Europa und der nördlichen Hemisphäre bewirkten klimabedingte wirtschaftliche Abschwünge unmittelbar menschliche Krisen in großem Umfang.«[18] Und in der Tat zeigt ein Blick in die Geschichte, wie massiv sich in der Vergangenheit schon vergleichsweise kleine Abweichungen von den vorherrschenden Klimabedingungen auf das Wohlergehen der menschlichen Zivilisation ausgewirkt haben:

– Die mittelalterliche Warmzeit wird in Verbindung gebracht mit dem Verschwinden der Mayakultur in Mittelamerika und der vorübergehenden Besiedlung Südgrönlands durch skandinavische Bauern.[19]
– Während der Kleinen Eiszeit paddelten in Felle gehüllte Eskimos mit ihren Kajaks bis nach Schottland; weiter im Süden starben bei einer europaweiten Hungersnot, die vor allem Frankreich betraf, Millionen von Menschen.[20]
– Die extremen Niederschläge, die im 14. Jahrhundert über China niedergingen, lösten eine ganze Kette von Ereignissen aus, die am Ende

dazu führten, dass die Pest ein Viertel der europäischen Bevölkerung auslöschte.[21]

– Bei der gewaltigen Eruption des Vulkans Tambora im Jahr 1815 wurde so viel vulkanisches Material in die Atmosphäre geschleudert, dass 1816 als »das Jahr ohne Sommer« in die Geschichte einging; es kam rund um die Welt zu schweren Missernten, eine Welle von Revolutionen fegte über Europa hinweg, und in vielen Regionen kam es zu Massenwanderungen von Menschen, die nach Nahrungsmitteln und Wärme suchten.[22]

Natürlich handelte es sich bei allen oben angeführten Ereignissen um seltene Extremfälle – Extremfälle, die aber dennoch innerhalb der natürlichen und mit den uns vertrauten langfristigen Klimamustern konsistenten Schwankungsbreite lagen. Und so schrecklich die daraus resultierenden Katastrophen für die Betroffenen auch gewesen sein mochten, handelte es sich dabei doch nur um vorübergehende – und zumeist relativ kurzlebige – Phänomene. Die weitaus umfassenderen klimatischen Verwerfungen dagegen, die wir heute verursachen, drohen uns in eine auf sehr lange Zeiträume hinaus andauernde, unsere Vorstellungskraft sprengende globale Notlage zu stürzen. Schätzungsweise ein Viertel des Kohlendioxids, das wir heute innerhalb eines Jahres in die Atmosphäre blasen, wird noch in 10 000 Jahren zu höheren Temperaturen beitragen.[23] Wenn unser Verhalten zum Abschmelzen der gigantischen Eispanzer der Antarktis und Grönlands führt, werden die kaum innerhalb eines Zeitrahmens zurückkehren, der für unsere Spezies auf irgendeine Weise bedeutsam wäre.

Neun der zehn heißesten Jahre, die seit dem Beginn systematischer Temperaturaufzeichnungen in den 1880er-Jahren je verzeichnet wurden, sind in den letzten zehn Jahren aufgetreten.[24] Schon heute wirkt sich die zusätzliche Wärmeenergie in der Atmosphäre auf das Leben vieler Millionen Menschen aus. Extreme und zerstörerische Wetterereignisse, die früher nur selten vorkamen, treten immer häufiger auf und entwickeln immer mehr Zerstörungskraft. Gelegentlich als Ereignisse bezeichnet, die sich einmal in tausend Jahren ereignen, fordern viele von ihnen enorme wirtschaftliche und menschliche Opfer. Und wenn die Experten recht behalten, werden sie noch viel häufiger auftreten und sehr viel zerstörerischer werden.

Um nur ein paar Beispiele aus der jüngsten Vergangenheit zu nennen: die gewaltige Überschwemmungskatastrophe in Pakistan, die zwanzig Millionen Menschen zur Flucht zwang und das Land mit seinem Atomwaffenarsenal noch weiter destabilisierte;[25] die beispiellosen Hitzewellen in Europa im Jahr 2003, die 70 000 Menschenleben forderten,[26] sowie in Russland 2010, als 55 000 Menschen ums Leben kamen,[27] Waldbrände weite Gebiete verwüsteten und Ernteausfälle die globalen Nahrungsmittelpreise auf Rekordniveau stiegen ließen;[28] die Überschwemmungen in Nordostaustralien 2011, die eine Fläche so groß wie Frankreich und Deutschland zusammengenommen unter Wasser setzten;[29] die schweren Dürren in Südchina und im Südwesten der USA im selben Jahr;[30] die noch schlimmere Dürre, die 2012 mehr als die Hälfte der Vereinigten Staaten heimsuchte;[31] der Supersturm Sandy, der im Herbst 2012 über Teile von New Jersey und New York City hinwegfegte;[32] und die vielen historischen Stürme und Extremregen in vielen Regionen der Welt.

Der globale Wasserkreislauf – bei dem durch Verdunstung Wasser aus den Meeren aufsteigt, als Regen oder Schnee auf die Landoberfläche niedergeht und schließlich durch Bäche und Flüsse in die Ozeane zurückfließt – wird durch die globale Erwärmung angeheizt und beschleunigt. Zum einen steigt aus den wärmeren Ozeanen deutlich *mehr* Wasserdampf in die Atmosphäre auf, vor allem aber kann die wärmere Luft deutlich *mehr* Feuchtigkeit aufnehmen.[33] Wenn Sie eine kalte Dusche nehmen, beschlägt der Badezimmerspiegel nicht, aber er tut es, wenn Sie heiß duschen. Durch das viele zusätzliche Wasser in der Atmosphäre steht auch mehr Energie zur Verfügung, die dafür sorgt, dass Stürme größer und stärker werden.

Wissenschaftler haben bereits einen Anstieg des Wasserdampfgehalts in der Atmosphäre über den Ozeanen um 4 Prozent gemessen, und auch wenn sich 4 Prozent nach wenig anhören mag, wirkt sich dieser Anstieg massiv auf den Wasserkreislauf aus.[34] Weil Stürme oftmals bis zu 2000 Kilometer Durchmesser aufweisen, sammeln sie Wasserdampf aus einem riesigen Gebiet der Atmosphäre ein und leiten ihn in die inneren Regionen, wo es unter Sturmbedingungen dann zu Starkregen kommt.[35]

Wenn Sie den Stöpsel aus der Badewanne ziehen, kommt das Wasser, das den Abfluss hinunterströmt, nicht nur von dem direkt über dem Abfluss gelegenen Teil der Wanne, es kommt aus der gesamten Wanne. Auf dieselbe Weise werden die gewaltigen »Wasserdampfbecken« in der

Atmosphäre zu den »Abflüssen« geleitet, die Regen- und Schneestürme über der Landoberfläche (und den Meeren) öffnen. Wenn diese Becken weitaus mehr Wasserdampf enthalten als bisher, hat das ergiebigere Niederschläge zur Folge. Die heftigeren Niederschläge führen zu größeren Überschwemmungen, die Wassermassen strömen über das Land und waschen die Böden aus. Und von diesem Wasser versickert weniger im Boden, um die Grundwasserleiter wieder aufzufüllen.[36]

Der Klimawandel treibt auch die Wüstenbildung an, indem er atmosphärische Zirkulationsmuster verändert und die Böden sowie die Vegetation austrocknet. Dieselben höheren Temperaturen, die mehr Wasser aus den Ozeanen verdunsten lassen, beschleunigen auch die Bodenverdunstung – mit der Folge, dass es zu längeren, schwereren und großflächigeren Dürren kommt. Da die Wiederauffüllung der atmosphärischen »Feuchtigkeitsbecken« nach wie vor viel Zeit in Anspruch nimmt, werden in vielen Regionen der Welt längere niederschlagslose Perioden zwischen den Starkregenereignissen verzeichnet. Diese längeren Perioden höherer Temperaturen zwischen den Niederschlägen führen zu großflächigeren und noch schlimmeren Dürren. Einmal ihrer schützenden Vegetation beraubt, speichert die Landoberfläche mehr Wärmeenergie. Wenn die Bodenfeuchtigkeit verschwunden ist, wird der Boden sozusagen gebacken, die lokalen Temperaturen steigen noch weiter an,[37] und die Erdkrume wird anfälliger für die Winderosion.[38]

In dem Maße, wie die produktivsten landwirtschaftlichen Brotkörbe der Welt austrocknen und verdorren, steigt die Gefahr einer weltweiten Nahrungsmittelkrise mit humanitären und politischen Konsequenzen, die jede Vorstellungskraft sprengen. Wie es Marianne Bänziger, die in führender Position für das internationale Mais- und Weizenforschungszentrum in Mexiko arbeitet, formulierte: »Wir haben es hier mit einer unglaublichen Blindheit zu tun, die Leute wollen die extrem gefährliche Situation, in der wir uns befinden, einfach nicht wahrhaben.«[39]

Die Folgen für die Produktion von Nahrungsmitteln und die Verfügbarkeit von Wasser sind bereits heute unübersehbar. Größtenteils infolge klimabedingter Ereignisse, die die Ernten niedriger ausfielen ließen – in den USA etwa litten 65 Prozent des Landes unter Dürren[40] –, stiegen die globalen Nahrungsmittelpreise 2012 in einem Monat so schnell an wie noch nie zuvor,[41] und für 2013 wurden weitere Rekordpreissteigerungen erwartet.[42] Zusätzlich zu den Auswirkungen auf die industrielle Landwirtschaft in Nordamerika, Russland, der Ukraine, Australien und Argentinien ist in vielen tropischen und subtropischen Ländern die Subsistenzlandwirtschaft schwer von massiv veränderten Niederschlagsmustern in Mitleidenschaft gezogen worden, die aus den durch die globale Erwärmung verursachten Störungen des Wasserkreislaufs resultieren. Wie Ram Khatri Yadav, ein Reisbauer im Nordosten Indiens, zu Justin Gillis von der *New York Times* sagte: »Es regnet nicht in der Regenzeit, aber dafür regnet es in der Trockenzeit. Und der Winter wird auch immer kürzer.«[43]

Zusammen mit den in Kapitel 4 diskutierten Folgen – darunter die Erosion des Mutterbodens, die Erschöpfung der Grundwasserreserven und die Konkurrenz um Land und Wasser seitens der rasch wachsenden Städte, der Industrie und der Biotreibstoffbranche, mit der die Bauern zu kämpfen haben – drohen uns allein wegen des mit den steigenden Temperaturen zunehmenden Hitzeproblems katastrophale Ernteeinbußen bei vielen Nahrungsmittelpflanzen. David Lobell von der Stanford University, der gemeinsam mit Wolfram Schlenker von der Columbia University unlängst eine Studie zu den Auswirkungen höherer Temperaturen auf die Ernteerträge vorgelegt hat, sagte kürzlich: »Ich glaube, dass wir unterschätzt haben, wie empfindlich Nutzpflanzen auf höhere Temperaturen reagieren und wie rasch der Hitzestress zunimmt.«[44]

In jüngster Zeit haben neue wissenschaftliche Erkenntnisse die von Landwirtschaftsexperten lange vertretene Auffassung widerlegt, dass Nahrungsmittelpflanzen relativ wenig unter steigenden Temperaturen leiden, solange ausreichend Wasser vorhanden ist. Viele hatten sogar angenommen, dass die höhere CO_2-Konzentration in der Atmosphäre das Pflanzenwachstum ausreichend stimulieren würde, um durch den Hitzestress ausgelöste eventuelle Ertragsminderungen auszugleichen. Wie jedoch intensive Forschungsbemühungen gezeigt haben, die eigentlich darauf ausgelegt waren, diese Hypothese zu bestätigen, gehen die Erträge bei steigenden Temperaturen weitaus schneller zurück als bislang angenommen. Und auch der CO_2-Düngungseffekt ist weitaus geringer als erwartet.[45] Zudem profitieren Unkräuter offenbar deutlich mehr von höheren CO_2-Konzentrationen als Nahrungsmittelpflanzen.[46]

Dabei scheint gerade Mais – die weltweit am häufigsten angebaute Nahrungsmittelpflanze – am stärksten auf extreme Hitze zu reagieren. Die Maiserträge fangen in einem Temperaturbereich an zu sinken, der in den Sommermonaten in vielen Anbauregionen bereits heute regelmäßig erreicht wird. Pro Tag, den die Temperaturen während der Wachstumszeit (auf der Nordhalbkugel etwa von Anfang März bis Ende August) auf über 29 Grad Celsius steigen, fällt der Maisertrag um 0,7 Prozent.[47]

Und mit jedem Grad, den das Thermometer über 29 Grad Celsius klettert, nehmen die Ertragseinbußen weiter zu.[48] Wenn wir zulassen, dass die Temperaturen in den Vereinigten Staaten auf das Niveau steigen, das derzeit als Folge des Klimawandels vorhergesagt wird, könnten bis Ende des Jahrhunderts die Maiserträge allein aus diesem Grund um gut ein Drittel zurückgehen – von den Auswirkungen der längeren und schwereren Dürren und der veränderten Niederschlagsmuster ganz zu schweigen.[49] Bei Sojabohnen liegt die Schwelle zum Hitzestress zwar etwas höher (bei 30 Grad Celsius) als bei Mais, aber sobald die Temperaturen dieses Niveau erreichen und übersteigen, werden auch bei Soja zunehmende Ertragseinbußen verzeichnet.[50]

Die warme Jahreszeit wird länger; sowohl auf der Nord- wie auch der Südhalbkugel beginnt der Frühling rund eine Woche früher – und der Herbst eine Woche später.[51] Darüber hinaus spitzt sich wegen der abschmelzenden Gletscher und der schwindenden Schneedecke in den Bergen in mehreren wichtigen Regionen die Wasserknappheit in der Landwirtschaft noch weiter zu, setzen die Frühjahrsfluten früher ein und fallen stärker aus und fehlt das Wasser dann in den heißen Sommermonaten, wenn es am dringendsten benötigt wird.[52] Und während üblicherweise die Tageshöchsttemperaturen im Fokus stehen, sind die nächtlichen Temperaturen mindestens ebenso wichtig.[53] Wie Computermodelle und tatsächliche Wetteraufzeichnungen belegen, steigen im Zuge der Klimaerwärmung die Nachttemperaturen stärker an als die Tagestemperaturen.[54]

Laut mehreren Studien gehen die Weizenerträge in dem Maße zurück, wie die nächtlichen Durchschnittstemperaturen ansteigen.[55] Eine groß angelegte Untersuchung zu den Auswirkungen des Klimawandels auf die Ernteerträge zwischen 1980 und 2010 etwa ergab, dass die globale Weizenproduktion in diesem Zeitraum aufgrund klimabedingter Faktoren um 5,5 Prozent schrumpfte.[56] Shaobing Peng vom International Rice Research Institute auf den Philippinen veröffentlichte in den *Proceedings of the National Academy of Sciences* Forschungsergebnisse, denen zufolge pro Grad Celsius, um das die nächtlichen Temperaturen in der Trockenzeit höher lagen, die Reiserträge um 10 Prozent zurückgingen, während

ein Anstieg der maximalen Tagestemperaturen keine signifikanten Auswirkungen auf die Erträge hatte.[57]

Mit der Klimaerwärmung gibt es auch mehr Pflanzenkrankheiten
und -schädlinge. Die höheren Temperaturen führen zu einer starken Expansion des Lebensraums von Insekten, die für Nutzpflanzen schädlich
sind, und lassen sie in immer höhere Lagen und höhere Breitengrade vordringen. »Diese Ausdehnung der Lebensräume könnte«, warnte ein Team
von Wissenschaftlern in einem Beitrag in der Fachzeitschrift *Environmental Research Letters*, »durch höhere Saatgut- und Insektizidkosten, sinkende Erträge und die langfristigen Folgen der höheren Ertragsvariabili-
tät mit substanziellen ökonomischen Konsequenzen einhergehen.«[58]

Darüber hinaus fördern, wie andere Wissenschaftler festgestellt haben, höhere CO_2-Konzentrationen auch das Wachstum von Insekten-
populationen. Als Evan DeLucia, ein Pflanzenbiologe, der mit einem
Team von Entomologen an der University of Illinois arbeitet, den Effekt
höherer Kohlendioxidkonzentrationen auf Sojapflanzen untersuchte,
stellte er fest, dass Blattläuse und Japankäfer bevorzugt in CO_2-reichen
Umgebungen gezogene Sojapflanzen befielen, mehr von den Pflanzen
fraßen, länger lebten und mehr Eier legten.[59] »Das bedeutet, dass die Ertragseinbußen in Zukunft höher ausfallen könnten«, schloss DeLucia.[60]

Mehr noch, wie andere Wissenschaftler in DeLucias Team entdeckten, führen höhere CO_2-Konzentrationen dazu, dass in den Sojapflanzen
Gene deaktiviert werden, die eine entscheidende Rolle in der Produktion
chemischer Stoffe spielen, mit denen sich die Pflanzen gegen Schadinsek-
ten zur Wehr setzen – indem sie bestimmte Enzyme im Verdauungstrakt
von Käfern blockieren, die Sojapflanzen befallen.[61] Darüber hinaus werden auch Gene blockiert, mit deren Hilfe die Pflanzen die natürlichen
Feinde der Käfer anlocken. Mit der Folge, dass, wie es eine an den Forschungen beteiligte Wissenschaftlerin formulierte, in einer Umgebung
mit höheren CO_2-Konzentrationen aufgezogene Sojapflanzen »Pflanzen-
fressern gegenüber offenbar schutzlos sind«.[62]

Höhere Temperaturen haben in den meisten Regionen der Welt denselben stimulierenden Effekt auf Schädlingspopulationen. »Mit dem Klimawandel einhergehende wärmere Bedingungen und längere Trockenzeiten könnten sich als der perfekte Katalysator für Schädlings- und
Krankheitsausbrüche erweisen«, erklärte Pramod K. Agrawal, leitendes
Mitglied einer internationalen agrarwissenschaftlichen Forschungs-

gruppe in Asien. »Bereits heute gehören sie zu den schlimmsten Feinden der Nutzpflanzen.«[63] Weil Insekten wechselwarm sind, könnte, wie ein Team indischer Wissenschaftler warnte, »die Temperatur der wichtigste ihr Verhalten, ihre geografische Verteilung, ihre Entwicklung, ihre Überlebensraten und ihre Fortpflanzung bestimmende Umweltfaktor sein. [...] Ein Temperaturanstieg um 2 Grad Celsius könnte, wird geschätzt, Insekten zwischen einem und fünf zusätzlichen Lebenszyklen pro Saison ermöglichen.«[64]

Wissenschaftler am International Center for Tropical Agriculture etwa haben herausgefunden, dass der Maniokanbau in Südostasien – mit einem geschätzten Umsatz von 1,5 Milliarden Dollar jährlich – massiv durch Schädlinge und Pflanzenkrankheiten bedroht ist, die ihren Lebensraum mit steigenden Temperaturen ausdehnen.[65] »Was Maniok angeht, ist die Schädlingslage in Asien schon heute ziemlich bedenklich«, erklärte der auf Maniok-Schädlinge spezialisierte Entomologe Tony Bellotti. »Und laut unseren Forschungen könnten höhere Temperaturen die Situation ganz erheblich verschlimmern. Ein einzelner Ausbruch einer invasiven Spezies ist schon schlimm genug, aber unsere Resultate zeigen, dass der Klimawandel mehrfache und gleichzeitige Ausbrüche in Südostasien, Südchina und in den Maniokanbaugebieten im Süden Indiens auslösen könnte.«[66]

Mit den steigenden Temperaturen weitet sich auch der Lebensraum von Mikroben aus – und der Arten, die sie übertragen –, die für den Menschen schädlich sind. In den dicht besiedelten gemäßigten Zonen der Welt waren die vorherrschenden Klimabedingungen – eben die, unter denen sich die Zivilisation entwickelte – vielen dieser Krankheiten verursachenden Organismen nicht zuträglich. Doch nun, da die wärmeren Klimazonen näher an die Pole rücken, wandert ein Teil dieser Krankheitserreger mit ihnen.

Laut einer im Wissenschaftsmagazin *Science* abgedruckten Studie von Andrew Dobson und anderen an der Princeton University tätigen Forschern ist die Klimaerwärmung für das Vordringen von krankheitserregenden Bakterien, Viren und Pilzen in Gebiete verantwortlich, in denen sie früher nicht überleben konnten. »Der Klimawandel verändert natürliche Ökosysteme auf eine Weise, die Infektionskrankheiten das Leben leichter macht«, sagte Dobson. »Die Menge an Beweisen dafür lässt uns das Schlimmste befürchten.« Richard S. Ostfeld, ein Mitautor der Studie, fügte hinzu: »Wir sind besonders alarmiert, weil wir bei der Auswertung der Forschungsergebnisse zu einer Reihe unterschiedlicher Organismen auffallend ähnliche Muster in der Ausbreitung und dem Vorkommen von Krankheiten im Zusammenhang mit der Klimaerwärmung beobachten.«[67] Auch wenn durch den boomenden internationalen Reiseverkehr hin und wieder unabsichtlich Krankheiten übertragende Insekten aus den Tropen und Subtropen in andere Regionen gelangen, sind es die sich verändernden klimatischen Bedingungen, die der Ausbreitung von Krankheiten wie dem Denguefieber, dem West-Nil-Fieber und anderen Vorschub leisten.[68] »Der Klimawandel«, heißt es in einem Bericht der Union of Concerned Scientists, »beeinflusst die Populationsgröße und Anzahl der Wirte und Pathogene, die Dauer der Übertragungszeiten und den Zeitpunkt sowie die Intensität von Ausbrüchen und wirkt sich so auf das Auftreten und die Ausbreitung von Krankheiten aus.«[69]

Weiter heißt es in dem Bericht: »Extreme Wetterereignisse wie Überschwemmungen oder Dürren lösen häufig Krankheitsausbrüche aus, insbesondere in ärmeren Regionen, wo das Vorsorge- und Behandlungsangebot häufig unzureichend ist. Vor allem Moskitos sind in hohem Maße temperaturempfindlich.« Bessere öffentliche Gesundheitssysteme sind von entscheidender Bedeutung, um die Ausbreitung dieser invasiven Krankheiten einzudämmen, aber viele Länder mit niedrigen Einkommen haben große Probleme, die für die Ausbildung und Einstellung von mehr Ärzten, Krankenschwestern und Epidemiologen erforderlichen Ressourcen aufzubringen. Die Autoren des Berichts warnen auch davor, dass in vielen der Gebiete, in die diese Krankheitserreger und ihre Wirte mit den steigenden Temperaturen vordringen, »die Menschen keine oder nur eine geringe Immunität besitzen und Epidemien mit hohen Erkrankungs- und Sterberaten einhergehen könnten«.[70]

Im Sommer 2012 kam es in den Vereinigten Staaten zum schlimmsten Ausbruch des West-Nil-Fiebers, seit das Virus 1999 an der Küste von Maryland zum ersten Mal nachgewiesen wurde und sich, begünstigt durch eine Periode mit ungewöhnlich warmem Wetter, innerhalb von vier Jahren rasch auf alle fünfzig Bundesstaaten ausbreitete.[71] Dallas in Texas war 2012 die erste Großstadt, die den Gesundheitsnotstand ausrief und zum ersten Mal seit 1966 Insektizide aus der Luft auf das Stadtgebiet sprühen ließ.[72] Als die Angst ihren Höhepunkt erreichte, riefen die Behörden die Einwohner der Stadt auf, nicht mehr jedes Mal den Notruf zu wählen, wenn sie von einem Moskito gestochen wurden.[73] Bis Ende 2012 hatte der Ausbruch 48 Bundesstaaten erfasst und mindestens 234 Menschenleben gefordert.[74]

Der inzwischen leider verstorbene Paul Epstein, Professor an der Harvard Medical School und ein enger Freund von mir, befasste sich schon 2001 mit dem Zusammenhang zwischen dem West-Nil-Virus und der Klimakrise. »Uns liegen«, schrieb er damals, »überzeugende Hinweise darauf vor, dass es sich bei den Bedingungen, die den Lebenszyklus der Krankheit ausweiten, um milde Winter in Verbindung mit längeren Dürren und Hitzewellen handelt – eben den langfristigen extremen Wetterphänomenen, die mit dem Klimawandel in Zusammenhang gebracht werden.«[75]

Christie Wilcox kommentierte in *Scientific American* den Ausbruch des West-Nil-Fiebers im Sommer 2012 mit folgenden Worten:

Sie [die Wissenschaftler] haben seit über zehn Jahren vor den Auswirkungen des Klimawandels auf das West-Nil-Virus gewarnt. Sollten sie recht behalten, muss sich das Land auf noch schlimmere Epidemien einstellen. [...] Wie Untersuchungen gezeigt haben, steigt bei höheren Temperaturen die Wahrscheinlichkeit, dass Moskitos das Virus aufnehmen. Gleichzeitig nimmt mit höheren Temperaturen auch die Wahrscheinlichkeit einer Übertragung zu. Je wärmer es also draußen ist, umso eher trägt ein Moskito, der einen infizierten Vogel sticht, das Virus in sich und umso eher wird er das Virus an einen Menschen weitergeben. Man hat einen engen Zusammenhang zwischen den Epizentren der Übertragung in den Vereinigten Staaten und überdurchschnittlichen Sommertemperaturen nachgewiesen. Der in den USA vorkommende West-Nil-Virustyp breitet sich während Hitzewellen besser aus, und auch die Ausbreitung des West-Nil-Fiebers in Richtung Westen korrelierte mit für die Jahreszeit ungewöhnlich hohen Temperaturen. Darüber hinaus sind die hohen Temperaturen auch dafür verantwortlich, dass das Virus von einer Moskitoart auf eine andere überspringen konnte, die sehr viel häufiger in urbanen Gebieten vorkommt und Ausbrüche im ganzen Land verursacht hat. [...] Die Rekordzahlen an West-Nil-Fällen hängen eng mit globalen Klimamustern und den direkten Auswirkungen von Kohlendioxidemissionen zusammen.[76]

2010 ging mit dem heißesten Jahr seit Beginn der Aufzeichnungen zugleich das heißeste jemals gemessene Jahrzehnt zu Ende.[77] Dann kam das Jahr 2012, in dem noch mehr Hitzerekorde gebrochen wurden. Der Oktober 2012 war der 332. Monat in Folge, in dem die globalen Temperaturen über dem Durchschnitt des 20. Jahrhunderts lagen.[78] In den USA vernichtete die schlimmste Dürre seit Mitte der 1930er-Jahre die Ernten und legte in vielen Gemeinden die Wasserversorgung lahm. Viele Farmer sind bereits gezwungen, sich an die immer trockeneren Böden anzupassen; so hat der Wassermangel bei Mais und anderen Feldfrüchten, die Stickstoffdünger nicht verarbeiten können, zu einer Anreicherung von Toxinen geführt.[79]

Die Erde hat Fieber

UM DEN UNTERSCHIED zwischen globaler Erwärmung und natürlichen Klimaschwankungen zu illustrieren, hat James Hansen, der wohl einflussreichste Klimaexperte in der wissenschaftlichen Gemeinde, gemeinsam mit seinen Kollegen Makiko Sato und Reto Ruedy eine bahnbrechende statistische Analyse extremer Temperaturereignisse aus allen Teilen der Welt im Zeitraum von 1951 bis 2010 erstellt. Die Wissenschaftler haben den »normaleren« Basiszeitraum von 1951 bis 1980 den drei folgenden Jahrzehnten und insbesondere den letzten Jahren bis 2010 gegenübergestellt, in denen sich die Folgen der Klimaerwärmung immer deutlicher offenbart haben.[80]

Indem Hansen die Oberflächentemperaturen fast der gesamten Erde in Blöcken zu je 150 Quadratmeilen (rund 390 Quadratkilometer) auflöste, konnte er die Häufigkeit extrem hoher Temperaturen (und aller anderen Temperaturen) für die vergangenen sechzig Jahre ermitteln. Seine Ergebnisse – die weder auf Klimamodellen noch auf klimawissenschaftlichen Annahmen oder wie auch immer gearteten Ursachentheorien beruhen – belegen eindeutig, dass in den letzten Jahren die Häufigkeit extremer Temperaturen im Vergleich zu früheren Jahrzehnten um das Hundertfache zugenommen hat.

Wie die statistischen Analysen zeigen, sind in den letzten Jahren auf etwa 10 Prozent der Erdoberfläche regelmäßig Extremtemperaturen verzeichnet worden, während solche Ereignisse in den weiter zurück-

liegenden Jahrzehnten nur auf 0,1 bis 0,2 Prozent der Erdoberfläche auf-
traten.[81] Hansens bevorzugte Metapher zur Erklärung des Unterschieds
sind zwei Würfel mit, wie es sich gehört, jeweils sechs Seiten. Der erste
Würfel, der die Bandbreite der Temperaturen für den Zeitraum von 1951
bis 1980 repräsentiert, hat zwei Seiten, die für »normale«, Jahreszeiten
stehen, zwei für Jahreszeiten, die »wärmer als normal« und zwei für Jahreszeiten, die »kälter als normal« sind. Das entspricht der »normalen«
Temperaturverteilung. Der zweite Würfel jedoch, der die Bandbreite der
Temperaturen in den letzten Jahren repräsentiert, weist nur jeweils eine
Seite für »normale« Jahreszeiten respektive für solche auf, die »kälter als
normal« sind; von den restlichen vier Seiten stehen drei für »wärmer als
normale« Jahreszeiten und eine, die »extrem heiße Jahreszeiten« repräsentiert – Jahreszeiten, deren Durchschnittstemperaturen weit außerhalb
der gewohnten statistischen Bandbreite liegen.[82]

In der Sprache der Statistiker gibt eine Standardabweichung an, um
wie viel die Bandbreite beziehungsweise Streuung einer gegebenen Beob-
achtungsreihe von der durchschnittlichen Streuung abweicht. Extreme –
in diesem Fall entweder ungewöhnlich heiße oder ungewöhnlich kalte –
Jahreszeiten sind normalerweise sehr viel seltener als durchschnittliche
oder leicht vom Durchschnitt abweichende Jahreszeiten. Weil Jahreszeiten mit extremen Temperaturen früher so viel seltener waren, erregten sie
zwar großes Aufsehen, lagen aber dennoch deutlich innerhalb der üblichen Erwartungen. Jahreszeiten mit Temperaturen, die um *drei* Standard-
abweichungen über dem Durchschnittswert entfernt liegen, sind zwar
noch seltener, dennoch ist auch ihr Auftreten im Rahmen der Normalverteilung von Zeit zu Zeit zu erwarten.

Selbst wenn die Durchschnittstemperaturen insgesamt steigen,
kommt es immer noch zu Wetterereignissen mit extremer Kälte, allerdings nur höchst selten. Mit anderen Worten: Die Verteilung der Temperaturen hat sich in den wärmeren Bereich verschoben, und die Glocken-
kurve der Normalverteilung ist – ein Zeichen für die heute im Vergleich
zu früher deutlich höhere Temperaturvariabilität – etwas flacher und
breiter geworden. Die wichtigste Erkenntnis aber ist darin zu sehen, dass
die Häufigkeit, mit der extrem hohe Temperaturen gemessen werden,
dramatisch zugenommen hat.[83]

Hansen schließt daraus, dass die Klimaerwärmung für diese Veränderung verantwortlich ist – und in der Tat passen seine Ergebnisse perfekt

mit dem zusammen, was die Klimaforscher seit Langem voraussagen. In umfangreichen anderen Studien haben Hansen und Wissenschaftler aus aller Welt den Zusammenhang in einem Maße bewiesen, dass er von praktisch der gesamten globalen Wissenschaftsgemeinde als »eindeutig« und »unbestreitbar« beurteilt wird. Die Ergebnisse von Hansens Studie selbst aber basieren auf Beobachtungen realer Temperaturwerte in der realen Welt. An ihnen gibt es nichts herumzurechnen, und die Konsequenzen sind überdeutlich.

Wie es in einem alten Sprichwort aus Tennessee heißt: Wenn du eine Schildkröte auf einem Zaunpfosten siehst, kannst du davon ausgehen, dass sie nicht von allein dorthin gekommen ist.* Und heute sehen wir, um in diesem Bild zu bleiben, weltweit auf jedem zehnten Zaunpfosten am Rande der Felder eine Schildkröte hocken. Und die sind nicht von allein dorthin gekommen. Es ist inzwischen überdeutlich, dass es sich mit den extremen Temperaturen und den mit ihnen einhergehenden extremen Wetterereignissen nicht anders verhält als früher in Tennessee mit den Schildkröten auf den Zaunpfählen. Ohne die Eingriffe des Menschen in das globale Klimasystem gäbe es sie nicht.

2012 gab der neue Präsident der Weltbank, Jim Yong Kim, eine Studie heraus, der zufolge die Temperaturen aller Wahrscheinlichkeit nach um bis zu 4 Grad Celsius ansteigen werden,[84] wenn wir nicht ehrgeizigere Maßnahmen zur Reduzierung der CO_2-Emissionen ergreifen – und laut der es »keine Garantie dafür gibt, dass eine Anpassung an eine um 4 Grad wärmere Welt möglich ist«.[85] Gerald Meehl vom National Center for Atmospheric Research in Boulder, Colorado, verwendet eine andere Metapher, um den Sachverhalt zu veranschaulichen: Wenn ein Baseballspieler, der Steroide nimmt, einen Homerun erzielt, ist es natürlich möglich, dass er den Homerun auch ohne Steroide geschafft hätte. Doch die Tatsache, dass er illegale leistungssteigernde Mittel eingenommen hat, erhöht die Wahrscheinlichkeit, dass er beim nächsten Mal wieder einen Homerun erzielt. In Meehls Metapher wirken die 90 Millionen Tonnen Klima-

---

* In früheren Zeiten, bevor es Pestizide gab, wussten die Farmer noch, dass Schildkröten, Vögel und Fledermäuse ihre Freunde waren. Damit die Schildkröten nicht unter den Pflug kamen, liefen in vielen Gegenden die Kinder der Farmer vor dem Pflügen die Felder auf der Suche nach Schildkröten ab. Fanden sie welche, setzten sie sie auf Zaunpfosten, um sie dann, nachdem die Felder gepflügt waren, meistens um die Zeit des Sonnenuntergangs herum, wieder herunterzunehmen und laufen zu lassen.

gase, die wir Tag für Tag in die Atmosphäre blasen, auf das globale Klima wie Steroide. Wie eine 2012 vorgelegte innovative Studie zu den im vergangenen Jahrzehnt erstellten Klimaprognosen gezeigt hat, sind es gerade die Worst-Case-Zukunftsszenarien, die am wahrscheinlichsten eintreten.[86]

Die steigenden globalen Durchschnittstemperaturen und die größere Häufigkeit extrem hoher Temperaturen, die Hansen und andere dokumentiert haben, bewirken auch ein Abschmelzen aller eisbedeckten Regionen auf der Erde. Wie Sie sich vielleicht erinnern werden, war das Nordpolarmeer vor gerade einmal drei Jahrzehnten sowohl im Winter wie auch im Sommer komplett von Eis bedeckt. Manche sprachen von der arktischen Eiskappe. Ihre Enkelkinder werden bestimmt große Augen machen, wenn Sie ihnen von den Eismassen erzählen, die früher einmal das ganze Jahr hindurch Eurasien von Nordamerika und den Nordatlantik vom Nordpazifik trennten. Der 2011 gemessene Rekordrückgang des arktischen Meereises sowohl seinem Volumen als auch der von ihm bedeckten Fläche nach ist ein deutliches Indiz für die Beschleunigung eines Prozesses, in dessen Verlauf die Eismassen in den letzten drei Jahrzehnten um 49 Prozent geschrumpft sind[87] – und der nach Ansicht zahlreicher Experten schon in zehn Jahren mit ihrem völligen Verschwinden enden könnte.[88]

Zur großen Freude vieler Reedereien ist die legendäre Nordwestpassage nun mehrere Monate im Jahr offen. Im Sommer 2012 fuhr die *Snow Dragon*, ein chinesisches Schiff, über den Nordpol nach Island und wieder zurück.[89] Derzeit wird im Nordpolarmeer ein Hochgeschwindigkeits-Glasfaserkabel verlegt, das die Tokioter Aktienmärkte mit den New Yorker Börsen verbinden und eine noch schnellere Ausführung computerbasierter Börsengeschäfte ermöglichen soll.[90] Fangflotten werden aufgerüstet, um die reichen Fischvorkommen in den bisher vom Eis geschützten Fanggründen des Nordpolarmeeres auszubeuten,[91] und während einerseits die Seestreitkräfte mehrerer Nationen den Aufbau einer militärischen Präsenz in der Region erwägen, werden andererseits schon Gespräche über mögliche Abkommen zu einer friedlichen Lösung der die Sicherheit, Souveränität und wirtschaftliche Nutzung eines sommereisfreien Nordpolarmeeres betreffenden Fragen und Streitpunkte geführt.[92]

Die Aussicht auf den Zugang zu neuen Erdölvorkommen beflügelt auch die Fantasie der Ölkonzerne, und einige sind schon dabei, Bohranlagen in die Region zu schaffen.[93] Dabei wären die Folgen eines Blow-outs in der Größenordnung der von BP 2010 verantworteten Ölkatastrophe im

Golf von Mexiko bei einer Tiefseebohrung im Nordpolarmeer weitaus fataler und sehr viel schwieriger in den Griff zu bekommen als jene oder viele andere Bohrungen, bei denen es schon zu Unfällen gekommen ist.[94] Das relativ neue und keineswegs perfektionierte Verfahren, das bei Tiefseebohrungen zum Einsatz kommt, ist auch deswegen weitaus riskanter als konventionelle Bohrungen, weil der Druck am Meeresboden so gewaltig ist. Am Grund des Nordpolarmeeres nach Öl zu bohren und damit die Gefahr einer großen Ölkatastrophe in einem bislang weitgehend unberührten Ökosystem heraufzubeschwören, in dem Reparatur- und Rettungseinsätze über einen Großteil des Jahres hinweg unmöglich sind, ist ein geradezu absurd fahrlässiges Unterfangen. Der Geschäftsführer des französischen Konzerns Total scherte 2012 aus der Front der Ölindustrie aus, als er öffentlich bekundete, dass eine Ölsuche im Nordpolarmeer nicht hinnehmbare ökologische Risiken birgt und man deshalb darauf verzichten sollte.[95]

In der Ökologie des Nordpolarmeeres kommt es auch so schon zu erheblichen Veränderungen. Wissenschaftler reagierten schockiert, als 2012 im Nordpolarmeer die größte bislang registrierte Algenblüte entdeckt wurde; sie erstreckte sich vom offenen Meer bis unter die verbliebene Eisdecke – ein Phänomen, das nie zuvor beobachtet worden war und eigentlich als unmöglich gegolten hatte. Der wahrscheinlichste Grund für das ungewöhnliche Phänomen sei, erklärten die Wissenschaftler, der Umstand, dass die noch bestehende Eisdecke inzwischen so dünn und ihre Oberfläche mit so vielen wassergefüllten Becken gesprenkelt ist, dass die durch das Eis dringende Menge an Sonnenlicht genügend Energie für das Wachstum der Algen liefert.[96]

Das Abschmelzen der nordpolaren Eiskappe wird massive Wetteränderungen nach sich ziehen, die bis weit nach Süden in die dicht besiedelten gemäßigten Zonen reichen. Die sehr viel höhere Wärmeabsorption eines im Sommer eisfreien Nordpolarmeeres wird sich nicht nur auf den Verlauf des Jetstreams und der Sturmbahnen über dem Nordatlantik im Herbst und Winter auswirken,[97] sondern Meeresströmungen und Wettermuster auf der gesamten Nordhalbkugel und vielleicht sogar darüber hinaus verändern.[98] Und ist das uns seit Langem vertraute System der globalen Wind- und Meeresströmungen erst einmal in völlig neue Bahnen umgeleitet, könnte es gut sein, dass das alte System nie wieder zurückkehrt.

Auf den Landflächen rund um das Nordpolarmeer, die sich ebenfalls aufheizen, tauen die Dauerfrostböden der Tundren auf, in denen in Form abgestorbener Pflanzenreste gewaltige Mengen an Kohlenstoff gespeichert sind. Wenn der Boden taut, beginnen diese Pflanzenreste sich zu zersetzen, und je nachdem, wie viel Feuchtigkeit der Boden enthält, verwandeln Mikroben den Kohlenstoff in Kohlendioxid oder Methan.[99] Zudem finden sich am Grund der zahllosen flachen zugefrorenen Seen und Tümpel der arktischen Tundren – sowie in einigen Gebieten des arktischen Meeresbodens – gewaltige Mengen an Methan, das in Eiskristallformationen, sogenannten Clathraten, eingeschlossen ist.[100] Das ausgasende Methan transportiert Wärmeenergie nach oben und taut das Eis von unten her auf – was wiederum die Wärmeabsorption durch das Wasser verstärkt, wenn die Sonnenstrahlen nicht mehr durch das Eis reflektiert werden.[101]

Die Wissenschaftler tun sich schwer damit, die Menge an CO_2 und Methan abzuschätzen, die freigesetzt werden könnte, aber wegen des gewaltigen Ausmaßes der von diesen Vorgängen betroffenen Gebiete ist das auch extrem schwierig. Bekannt ist jedoch, dass das aktuelle Ausmaß der Ausgasung alles übertrifft, was man für dieses frühe Stadium der Klimaerwärmung erwartet hat.[102]

Darüber hinaus befinden sich, wie Forscher 2012 entdeckt haben, wohl auch unter dem antarktischen Eisschild gewaltige Methanvorkommen, und zwar in einer Größenordnung, die der Menge an Methan entspricht, welche gegenwärtig noch in den arktischen Tundren und Küstensedimenten eingeschlossen ist. Da die methanhaltigen Clathrate – beziehungsweise Methanhydrate – durch den hohen Druck und die niedrigen Temperaturen stabil gehalten werden, könnte, fürchten Wissenschaftler, durch die fortschreitende Ausdünnung der antarktischen Eisdecke der Druck unter dem Eis so weit abnehmen, dass Methan freigesetzt wird.[103]

Die Veränderungen, die derzeit in der Antarktis und auf Grönland im Gange sind, stehen im Fokus intensiver wissenschaftlicher Untersuchungen, mit denen ermittelt werden soll, um wie viel und wie schnell der Meeresspiegel ansteigen wird. Beide Eiskappen sind destabilisiert und verlieren mit zunehmender Geschwindigkeit an Masse, mit der Folge, dass der Meeresspiegel sehr viel schneller als noch vor einem Jahrzehnt prognostiziert ansteigt.[104]

Aufgrund der durch die höheren Temperaturen der aktuellen zwischeneiszeitlichen Periode verursachten thermalen Expansion der Meere und des Abschmelzens eines Teils der Landeismassen steigt der Meeresspiegel zwar seit Anbeginn der urbanen Zivilisation langsam an. Doch durch die rapide Zunahme der Konzentration von CO_2 und anderen Treibhausgasen in der Atmosphäre während des letzten halben Jahrhunderts hat sich die globale Erwärmung deutlich beschleunigt und damit auch der Rückgang der Eisschilde und Gletscher fast überall auf der Welt.

Vorhersagen darüber, wie schnell der Meeresspiegel ansteigt, sind überaus schwierig. Zum Teil liegt das daran, dass viele Wissenschaftler mit Modellen arbeiten, die unter Zuhilfenahme von Daten aus Studien über den Rückgang der Gletscher am Ende der letzten Eiszeit entworfen wurden; damals herrschten Bedingungen, die sich sehr stark von den heutigen unterscheiden. Die Analyse neuer Echtzeit-Satellitenmessungen der Eismassen auf Grönland und in der Antarktis wird uns bald zu einem besseren wissenschaftlichen Verständnis dieser Prozesse verhelfen, allerdings laufen diese Messungen erst seit ein paar Jahren, und es ist noch mehr Zeit erforderlich, bis man daraus zuverlässige Schlüsse ziehen kann. Neuere Beobachtungen der Entwicklung in jenen Regionen allerdings bestätigen einen rapiden und sich beschleunigenden Rückgang der Eismassen.[105] Nach einer höchst ungewöhnlichen Eisschmelze im Juli 2012, die 97 Prozent der Oberfläche Grönlands erfasste, bekundete Bob Corell, Leiter des Arctic Climate Impact Assessment: »Das hat uns einen Höllenschrecken eingejagt.«[106]

James Hansen jedenfalls geht davon aus, dass wir es mit einem exponentiell verlaufenden Eismassenverlust zu tun haben und deshalb die statistische Angabe mit der höchsten Aussagekraft die Verdoppelungszeit des beobachteten Verlustes ist.[107] Auf der Basis einer vorläufigen Analyse der Daten hält Hansen es für wahrscheinlich, dass wir in diesem Jahrhundert einen »Multimeter«-Anstieg des Meeresspiegels erleben werden.[108] Andere Experten verweisen darauf, dass das letzte Mal, als auf der Erde durchgängig so hohe Temperaturen wie heute herrschten, der Meeresspiegel um sieben bis zehn Meter höher lag – wobei es allerdings Jahrtausende dauerte, bis das Meer diese Höhe erreicht hatte.[109]

Weil so viele Länder von Menschen (und in manchen Fällen Kolonisten) besiedelt wurden, die auf dem Seeweg kamen – und weil ein großer Teil des Handels- und Versorgungsverkehrs von seetüchtigen Schiffen abhängt –, liegt ein überproportionaler Prozentsatz der größten Städte der Welt direkt am oder in unmittelbarer Nähe zum Meer. Insgesamt lebt heute die Hälfte der Weltbevölkerung maximal dreißig Kilometer von der nächsten Küste entfernt, und dieser Anteil dürfte weiter zunehmen.[110] »Rund um die Welt weist die Küstenbevölkerung eine phänomenale Wachstumsrate auf«, heißt es etwa in einer Studie der amerikanischen National Academy of Sciences zu dem Thema. Und: »Bereits heute leben zwei Drittel der globalen Bevölkerung – das sind nahezu 4,7 Milliarden Menschen – nicht weiter als hundert Kilometer von der nächsten Küste entfernt. Schätzungen zufolge werden in drei Jahrzehnten schon sechs Milliarden, umgerechnet knapp 75 Prozent der Weltbevölkerung, in Küstennähe leben, und insbesondere in großen Teilen der sich entwickelnden Welt explodiert die küstennahe Bevölkerung regelrecht.«[111]

Dabei sind tief liegende Küstengebiete – also solche, die sich maximal zehn Meter über den Meeresspiegel erheben – besonders stark von dem hauptsächlich durch das Abschmelzen und Abbrechen der großen Eissockel in der Antarktis und auf Grönland ausgelösten Anstieg des Meeresspiegels bedroht. Einer von Deborah Balk und ihren Kollegen am CUNY Institute für Demographic Research vorgelegten neueren Studie zufolge leben weltweit rund 634 Millionen Menschen in tief liegenden Küstenzonen und sind die zehn Länder mit den meisten in solchen gefährdeten Gebieten siedelnden Menschen China, Indien, Bangladesch, Vietnam, Indonesien, Japan, Ägypten, die Vereinigten Staaten, Thailand und die Philippinen. Zudem liegen weltweit zwei Drittel aller Städte mit über fünf Millionen Einwohnern zumindest teilweise in gefährdeten tief liegenden Küstenzonen.[112]

Schon heute sehen sich viele Menschen, die auf gefährdeten Inseln im Pazifik und im Indischen Ozean oder in Küstendeltas leben, gezwungen, ihre Heimat zu verlassen.[113] Auch auf den Philippinen und in Indonesien sind große Inselbevölkerungen vom Anstieg des Meeres bedroht.[114] Man geht davon aus, dass die Zahl der Klimaflüchtlinge weiter anschwellen wird[115] und noch in diesem Jahrhundert die 200-Millionen-Marke übersteigen könnte,[116] vor allem wegen der vielen Menschen, die aus den Megadeltas in Süd- und Südostasien, China und Ägypten werden wegziehen müssen.[117] In Bangladesch drängen sich jetzt schon zahllose Flüchtlinge aus den Küstengebieten in der Hauptstadt Dhaka. Viele andere sind weiter nach Norden über die Grenze ins nordöstliche Indien geflohen, wo ihre Ankunft bereits bestehende lokale religions- und stammesbedingte Konflikte noch weiter eskalieren ließ,[118] die sich 2012 in einer durch SMS und

E-Mails übertragenen Epidemie auf Städte in ganz Indien ausweiteten.[119] Außerdem sind diese – und viele andere – Regionen durch tropische Wirbelstürme bedroht, die aus den wegen des Klimawandels wärmeren Ozeanen mehr Energie ziehen und entsprechend stärkere Sturmfluten vor sich hertreiben.[120] Pressen diese Stürme das Wasser dann noch in Flussdeltas, kann bereits ein vergleichsweise kleiner Anstieg des Meeresspiegels verheerende Konsequenzen nach sich ziehen.[121] Schon heute richten diese stärkeren Stürme und die von ihnen verursachten Überschwemmungen immer mehr Zerstörungen an. 2011 etwa wurde in New York City Katastrophenalarm ausgerufen, nachdem es so aussah, als würde ein Hurrikan das städtische U-Bahn-Netz unter Wasser setzen.[122] Was dieser Hurrikan nicht tat, holte 2012 Supersturm Sandy nach. In London hat man schon vor vielen Jahren ein komplexes System aus Dämmen und Schleusen entlang der Themse bis zu ihrer Mündung in die Nordsee errichtet, die geschlossen werden können, um die Stadt gegen derartige Flutkatastrophen zu schützen – wenigstens eine Zeit lang. Inzwischen jedoch werden in der Stadt schon wieder Pläne für einen Ausbau des Schutzsystems diskutiert.[123]

Wie in Kapitel 4 erwähnt, wird sich das künftige globale Bevölkerungswachstum fast ausschließlich auf urbane Gebiete konzentrieren. Die am stärksten von dem steigenden Meeresspiegel bedrohten Großstädte sind – nach dem Grad ihrer Gefährdung geordnet – Kalkutta, Mumbai, Dhaka, Guangzhou, Ho-Chi-Minh-Stadt, Shanghai, Bangkok, Rangun, Miami und Haiphong.[124] Die Städte mit den meisten von einem höheren Meeresspiegel bedrohten Vermögenswerten sind: Miami, Guangzhou, New York/Newark, Kalkutta, Shanghai, Mumbai, Tianjin, Tokio, Hongkong und Bangkok.[125]

Darüber hinaus sind, wie der oberste wissenschaftliche Berater der britischen Regierung, Sir John Beddington, unlängst anmerkte, viele Klimaflüchtlinge in tief liegende Küstenstädte umgezogen, die von klimawandelbedingt stärkeren Sturmfluten und dem steigenden Meeresspiegel bedroht sind. Ohne sich dessen bewusst zu sein, suchen sie an Orten Zuflucht, aus denen sie der Klimawandel bald schon wieder vertreiben könnte.[126]

Entgegen allgemein üblicher Annahme steigt der Meeresspiegel nicht überall auf der Welt mit der gleichen Geschwindigkeit an. Das liegt daran, dass sich einige der tektonischen Platten, auf denen die Landmassen

ruhen, seit Ende der letzten Eiszeit immer noch in einer Phase der langsamen Wiederanhebung befinden.* Skandinavien und Ostkanada etwa,
die von dem Gewicht der auf ihnen lastenden Eismassen nach unten gedrückt wurden, heben sich auch heute, lange nach dem Rückzug des
Eises, immer noch langsam an. Im Gegenzug sinken die entgegengesetz-
ten Enden derselben tektonischen Platten – die westeuropäischen Küsten-
regionen und die mittelatlantischen Bundesstaaten der USA – in einer Art
Wippeffekt langsam ab.[127] Städte wie Venedig und Galveston, Texas, sinken – ausgelöst durch eine Reihe komplexer Ursachen – ebenfalls ab.[128]

Weil Wassermoleküle sich bei höheren Temperaturen stärker voneinander abstoßen, nimmt das Volumen bei steigenden Temperaturen zu
(diese thermische Expansion der Ozeane ist zu einem beträchtlichen Teil
für den vergleichsweise geringen Anstieg des Meeresspiegels verantwortlich, den wir bisher beobachtet haben) – und hebt sich der Meeresspiegel
in Gebieten mit großen Ansammlungen von wärmerem Wasser schneller,
beispielsweise entlang der US-Küste zwischen South Carolina und Rhode
Island.[129] Doch alles, was wir bisher an steigenden Meeresspiegeln erlebt
haben, verblasst im Vergleich zu dem, was, wie Wissenschaftler warnen,
der Menschheit bevorsteht, wenn der jetzt schon unausweichliche Anstieg
der Temperaturen mit voller Wucht auf Grönland und die Antarktis
durchschlägt.

Viele landwirtschaftlich genutzte Gebiete in tief liegenden Küsten-
regionen und entlang von Flussmündungen leiden schon heute unter dem
steigenden Meeresspiegel, der bewirkt, dass Salzwasser in die für die
Landwirtschaft lebensnotwendigen Grundwasserschichten eindringt.
2012 führte die Kombination aus steigendem Meeresspiegel und einem
wegen der Dürre in den USA stark reduzierten Wasserstand im Mississippi River dazu, dass im südlichen Bundesstaat Mississippi Salzwasser in
Trinkwasserbrunnen und Grundwasserleiter einsickerte.[130]

Auch die Eigenschaften des Meerwassers selbst werden durch die
Klimaerwärmung fundamental verändert. Geschätzte 30 Prozent der vom
Menschen verursachten CO_2-Emissionen werden von den Ozeanen auf-
genommen, wo sie sich zu einer schwachen Säure verdünnen;[131] dennoch

---

* Darüber hinaus können auch Schwankungen in der Gravitationskraft von Eismassen
  Klimaveränderungen bewirken und in manchen Gebieten einen nachweisbaren Einfluss auf den relativen Anstieg des Meeresspiegels haben.

sammelt sich das CO_2 in solch enormen Mengen in den Meeren an, dass sie heute schon saurer sind als zu irgendeinem Zeitpunkt in den letzten 55 Millionen Jahren.[132] Das letzte Mal, dass die Ozeane so sauer wie heute waren, war gegen Ende des letzten der bisher fünf großen Aussterbeereignisse auf der Erde. Und die *Geschwindigkeit*, mit der die Versauerung der Weltmeere derzeit voranschreitet, übertrifft sogar alles, was in den letzten 300 Millionen Jahren verzeichnet worden ist.[133]

Eine der größten Gefahren dieser Entwicklung liegt darin, dass durch den höheren Säuregrad die Konzentration an Karbonat-Ionen abnimmt, die für schalen- und korallenbildende Spezies unerlässlich sind. Ausnahmslos alle diese Strukturen werden aus verschiedenen Formen von Kalziumkarbonat aufgebaut, welche die Korallenpolypen und Schalentiere aus dem Meerwasser aufnehmen. Doch die zunehmende Versauerung der Ozeane behindert den Aufbau dieser harten Strukturen. Jane Lubchenco, Direktorin der US-amerikanischen National Oceanic and Atmospheric Administration, bezeichnet die Versauerung der Weltmeere auch als den »bösen Zwilling« der Klimaerwärmung.[134]

Besonders belastend sind die – ebenfalls durch die vom Menschen verschuldete globale Erwärmung verursachten – höheren Wassertemperaturen der Ozeane für die spezialisierten Algen, die die leuchtend bunten Oberflächen der Korallenriffe bilden und in einer engen Symbiose mit den Korallenpolypen leben. Steigt die Wassertemperatur zu sehr an, werden diese – Zooxanthellen oder kurz Zoox genannten – spezialisierten Algen von den Korallen abgestoßen, woraufhin diese transparent werden und den Blick auf das darunter liegende weiße Kalkskelett freigeben; ein Vorgang, der als Korallenbleiche bezeichnet wird. Korallenriffe können sich von einer Bleiche erholen – und tun das auch –, aber wenn sie innerhalb weniger Jahre mehrmals ausbleichen, kann das zu ihrem Absterben führen, was zumeist auch geschieht.[135]

Korallenriffe spielen eine besonders wichtige Rolle, weil, wie Meeresbiologen schätzen, ein Viertel aller im Meer lebenden Arten wenigstens einen Teil ihres Lebenszyklus in, auf oder an diesen Riffen verbringen.[136] Umso schockierender ist die Warnung von Wissenschaftlern, dass die Welt Gefahr läuft, binnen einer Generation sämtliche Korallenriffe in den Ozeanen zu verlieren.[137] Zwischen 1977 und 2001 sind allein in der Karibik 80 Prozent der Korallenriffe abgestorben – und die restlichen 20 Prozent dürften nach Meinung von Experten noch vor Mitte des Jahrhunderts ebenfalls verschwunden sein.[138] Dasselbe Schicksal droht sämtlichen Riffen in allen Ozeanen, darunter auch dem größten Korallenriff der Welt, dem Great Barrier Reef vor der Ostküste Australiens,[139] das, wie das Australian Institute of Marine Science 2012 meldete, allein in den letzten knapp dreißig Jahren 50 Prozent seiner Korallen verloren hat.[140]

Die sichtbarsten und uns am besten vertrauten Korallenriffe sind Warmwasserriffe in vergleichsweise geringen Wassertiefen. Tatsächlich aber finden sich in den Weltmeeren ebenso viele oder noch mehr Kaltwasserriffe in größeren Tiefen. Eben weil sie in größeren Tiefen vorkommen, sind sie bislang weniger gut untersucht und dokumentiert worden. Dabei könnten, wie Wissenschaftler warnen, viele diese Kaltwasserriffe noch stärker gefährdet sein, da kaltes Wasser im Vergleich zu wärmerem mehr CO_2 absorbiert[141] – so, wie kalte Limonade mehr Kohlensäure enthält als warme Limonade.[142] Manche Wissenschaftler glauben zwar, dass die Korallenriffe doch überleben könnten, allerdings sind die meisten ihrer Kollegen inzwischen davon überzeugt, dass die Kombination aus versauerndem Meerwasser, höheren Wassertemperaturen, mehr Wasserverschmutzung und der Überfischung von für die Gesundheit von Korallen wichtigen Spezies zum Verschwinden der Korallen aus den Weltmeeren führen wird. Die steigende CO_2-Aufnahme durch die Ozeane beeinträchtigt zudem die Reproduktion mancher Spezies. Zu den gefährdeten schalenbildenden Spezies gehören unter anderem winzige Zooplanktonarten, die sehr dünne Kalziumschalen bilden und eine Schlüsselrolle am Anfang der ozeanischen Nahrungskette spielen.[143]

In einigen Meeresgebieten, unter anderem vor der Küste Südkaliforniens, aus denen Proben entnommen worden sind, ist das Wasser inzwischen so stark versauert, dass es *korrosiv* wirkt,[144] und in den Küstengebieten vor dem Bundesstaat Oregon wird das dort neuerdings ebenfalls korrosive Meerwasser für das Absterben kommerziell wertvoller Schalentiere verantwortlich gemacht.[145] Selbst wenn der Mensch es in naher Zukunft irgendwie schaffen sollte, die CO_2-Emissionen auf null herunterzufahren, würde es den Wissenschaftlern zufolge mehrere Zehntausend Jahre dauern, bis die chemischen Verhältnisse in den Ozeanen wieder in einen Zustand zurückgekehrt sind, der mit dem vergleichbar ist, welcher bis vor einem Jahrhundert vorherrschte.[146]

Die globale Erwärmung und die durch Kohlendioxid verursachte Versauerung der Meere verschärfen den durch andere menschliche Aktivitä-

ten wie Überfischung bereits heute alarmierenden Rückgang der Fischbe-
stände und der marinen Artenvielfalt noch weiter. Laut den Vereinten
Nationen ist derzeit über ein Drittel aller Fischarten von Überfischung
betroffen.[147] Die Bestände großer Fischarten wie Thun- und Schwertfisch,
Marlin und Kabeljau sind, wie in Kapitel 4 dargelegt, infolge der massiven
Überfischung seit den 1960er-Jahren um bis zu 90 Prozent geschrumpft.[148]

Bestimmte Fangmethoden wie das Dynamitfischen (das in den Korallenriffen einiger Entwicklungsländer nach wie vor praktiziert wird) und
die Grundschleppnetzfischerei (durch die vor allem der Nordostatlantik
schwer in Mitleidenschaft gezogen wird) wirken sich auf die für das marine Leben wichtigen ozeanischen Ökosysteme besonders verheerend aus.
Obwohl hinsichtlich einiger Fischbestände bemerkenswerte Erfolge erzielt
worden sind, ist die Situation insgesamt nach wie vor äußerst besorgniserregend – und die Kombination zahlreicher negativer Faktoren stellt eine
massive Bedrohung für die Gesundheit der Ozeane dar.

Neben den Korallenriffen sind weitere wichtige marine Lebensräume
wie Mangrovenwälder in vielen Küstengebieten[149] und die sogenannten
Seegras-Matten stark gefährdet.[150] Zugleich verdoppelt sich alle zehn
Jahre die Zahl der vor den Mündungen vieler großer Flüsse liegenden
toten Meereszonen.[151] Verantwortlich dafür sind die in den landwirtschaftlichen Abflüssen und dem Abwasser enthaltenen hohen Konzentrationen an Stickstoff und Phosphor, die das massenhafte Wachstum von
Algen fördern; werden diese Algen nach ihrem Absterben von Bakterien
zersetzt, wird dem Wasser fast der gesamte Sauerstoff entzogen, wodurch
im Meer sauerstoffarme tote Zonen entstehen.

Ironie der Geschichte: Wegen der historischen Dürre, die 2012 Nord-
amerika heimsuchte, führte der Mississippi River so viel weniger – mit
Stickstoff, Phosphor und anderen normalerweise darin enthaltenen
Chemikalien belastetes – Wasser, dass die riesige Todeszone, die vor seiner
Mündung im Golf von Mexiko entstanden ist, vorübergehend ver-
schwand.[152]

Im gemeinsamen Abschlussbericht der Ozeanologen, die im Sommer
2011 zu einer Konferenz an der University of Oxford zusammenkamen,
heißt es: »Aufgrund der von uns untersuchten synergetischen Bedrohungen kommen wir zu dem Schluss, dass wir die Gesamtrisiken unterschätzt
haben und die Schädigung der marinen Ökosysteme nicht nur größer ist
als die Summe ihrer Teile, sondern dass diese Schädigung erheblich

schneller voranschreitet als prognostiziert. […] In der Gesamtschau der
Entwicklungen wird deutlich, dass wir uns in einer Situation befinden, die
ein massenhaftes Aussterben von Meeresorganismen nach sich ziehen
könnte. […] Die traditionellen ökonomischen und konsumorientierten
Werte, die der Gesellschaft früher gute Dienste geleistet haben, sind in
Verbindung mit den derzeitigen Bevölkerungswachstumsraten ganz
offenkundig nicht nachhaltig.«[153]

Klimawandel: Minderung versus Anpassung?

SEIT MINDESTENS DREI JAHRZEHNTEN wird in der internationalen
Gemeinschaft eine Debatte darüber geführt, was relativ gesehen wichtiger
ist: die Treibhausgasemissionen zu reduzieren und so eine *Minderung* der
Klimakrise zu erreichen – oder Strategien zur *Anpassung* an den Klimawandel zu entwickeln. Aufseiten derjenigen, die die Bedeutung des
Klimawandels kleinzureden bemüht sind und sich den meisten Maßnahmen zu seiner Minderung widersetzen, wird die Anpassung an den
Klimawandel oft als Alternative propagiert. Nachdem die Menschheit es
bislang verstanden hat, sich an praktisch jede ökologische Nische auf der
Erde anzupassen, spricht nach Ansicht der Skeptiker des Klimawandels
nichts dagegen, uns einfach damit abzufinden, dass die Erde wärmer
wird, und unsere Anstrengungen darauf zu konzentrieren, uns an die Folgen dieser Entwicklung so gut wie möglich anzupassen. So bekundete der
Geschäftsführer von ExxonMobil, Rex Tillerson, unlängst in einem von
dem langjährigen Aktivisten David Fenton angestoßenen Wortwechsel:
»Hey, wir haben unser gesamtes Dasein damit verbracht, uns anzupassen!
Also werden wir uns auch daran anpassen können.«[154]

WAS MICH BETRIFFT, habe ich vor vielen Jahren die Meinung vertreten,
dass alle Ressourcen und Anstrengungen, die in die Anpassung an den
Klimawandel investiert werden, nur von der alle unsere Kräfte erfordern-
den Aufgabe ablenken, die Klimaerwärmung zu begrenzen und möglichst
schnell den politischen Willen zu einer drastischen Reduzierung der globalen Treibhausgasemissionen aufzubauen. Ich habe mich geirrt – nicht in
meiner Warnung, dass die Leugner des Klimawandels die Anpassung als
Alternative zur Minderung darstellen würden. Vielmehr habe ich nicht

unmittelbar die moralische Pflicht erkannt, beide Strategien gleichzeitig zu verfolgen, ungeachtet aller Schwierigkeiten, die damit verbunden sind.

In der globalen Debatte um Anpassung und Minderung müssen wir zwei fundamentale Wahrheiten beachten: erstens, dass einkommensschwache Länder von den jetzt schon offenkundigen Folgen der Klimaerwärmung sowie von denen, die sich auf das Klimasystem bereits ausgewirkt haben, in besonderem Maße betroffen sind. In manchen Ländern, wo extreme Niederschläge und die dadurch ausgelösten Überschwemmungen und Erdrutsche Straßen, Brücken und Versorgungseinrichtungen zerstört haben, sind die Ausgaben für den Wiederaufbau der Infrastruktur explodiert; andere sind von mit dem Klimawandel zusammenhängenden Dürren schwer in Mitleidenschaft gezogen worden.[155]

Gleichzeitig haben die durch Überschwemmungen und Dürren verursachten Ernteausfälle in der Subsistenzwirtschaft in vielen Entwicklungsländern die Ausgaben für Lebensmittelimporte drastisch in die Höhe schnellen lassen.[156] Zudem müssen, wie bereits erwähnt, manche Länder schon jetzt Flüchtlinge aus tief liegenden und vom Anstieg des Meeresspiegels bedrohten Küstengebieten umsiedeln, während andere Länder vor der Aufgabe stehen, neu eintreffende Flüchtlingsgruppen in ihre ohnehin schon rasch wachsende Bevölkerung einzugliedern.[157]

Da diese und andere Entwicklungen sich nicht nur fortsetzen, sondern weiter zuspitzen werden, steht die internationale Gemeinschaft in der Tat in der moralischen Pflicht, den betroffenen Ländern bei der Anpassung an die Folgen des Klimawandels zu helfen – ganz abgesehen davon, dass diese Hilfe auch aus rein ökonomischen Erwägungen geboten ist. Selbst wenn wir die Treibhausgasemissionen umgehend drastisch reduzieren würden: Ein Temperaturanstieg um 0,6 Grad befindet sich sozusagen schon »in der Pipeline« und wird in den kommenden Jahren unweigerlich eintreten.[158] Mit anderen Worten: Durch den enormen Anstieg der Treibhausgasemissionen und insbesondere die höhere *Konzentration* dieser Gase in der Atmosphäre sind im Klimasystem der Erde schon heute so viele schädliche Veränderungen festgeschrieben, dass Anpassungsmaßnahmen absolut unerlässlich sind – selbst während wir weiter auf den globalen politischen Konsens hinarbeiten, der erforderlich ist, um das Schlimmste zu verhindern. Uns bleibt keine andere Wahl, als beides zu tun – uns an den Klimawandel anpassen und gleichzeitig versuchen, ihn möglichst zu begrenzen.

Aber zum Handeln zwingt uns vor allem die zweite grundlegende Wahrheit, der wir uns in dieser Debatte stellen müssen: Wenn wir nicht schnellstmöglich darangehen, die globalen Treibhausgasemissionen zu reduzieren, werden die Folgen so verheerend ausfallen, dass sich eine Anpassung daran in den meisten Regionen der Welt schlussendlich als unmöglich erweisen wird. Die höheren Treibhausgasemissionen stoßen schon heute großräumige Veränderungen in den atmosphärischen Zirkulationsmustern an und werden den Voraussagen nach in vielen landwirtschaftlich genutzten und teils dicht besiedelten Regionen in einem heute kaum vorstellbaren Ausmaß schwerere und längere Dürreperioden auslösen – angefangen von ganz Süd- und Südosteuropa, dem Balkan und der Türkei über das südliche Afrika, den größten Teil Patagoniens und den australischen Südosten, über weite Teile Zentralasiens und Chinas bis hin zum gesamten Südwesten der Vereinigten Staaten, fast ganz Mexiko und Mittelamerika, Venezuela und einen Großteil des nördlichen Amazonasbecken.[159]

Die klimawissenschaftlichen Annahmen, auf denen dieses in der Tat verheerende Szenario basiert, sind komplex und bedürfen der Erklärung: Als Ganzes gesehen und seiner grundlegenden Natur nach handelt es sich bei unserem globalen Klimasystem um einen Mechanismus zur Verteilung von Wärmeenergie – vom Äquator zu den Polen, zwischen den Ozeanen und den Landmassen sowie aus den unteren Schichten der Atmosphäre in ihre höheren Schichten und wieder zurück. Die starke Zunahme der in der unteren Atmosphäre gefangenen Wärmeenergie bedeutet – um das Offenkundige zu benennen –, dass das atmosphärische System energiereicher wird.

Auf der Nordhalbkugel transportiert die Klimamaschine durch den Golfstrom große Mengen an Wärmeenergie vom Süden in den Norden. Er ist das bekannteste Teilstück des sogenannten globalen Förderbands beziehungsweise der, so der Fachausdruck, thermohalinen Zirkulation, einem Strömungssystem, das alle Ozeane der Welt miteinander verbindet. Zu diesem Förderband gehören Tiefenströmungen, die am Grund der Meere verlaufen und kaltes Wasser von den Polen zurück zum Äquator transportieren, wo sie wieder an die Oberfläche aufsteigen. Die größten davon sind zum einen der antarktische Zirkumpolarstrom, der um die Antarktis herum verläuft und den flacheren Humboldtstrom speist, der entlang der südamerikanischen Westküste nach Norden strömt und –

reich beladen mit Nährstoffen – vor der Küste Perus aufsteigt und die dortigen üppigen Fischgründe nährt; und zum anderen das weniger bekannte sogenannte nordatlantische Tiefenwasser, eine kalte Tiefenströmung, die im Nordatlantik vor der grönländischen Südküste absinkt und *unter* dem Golfstrom südwärts in die tropischen Gewässer des Atlantiks verläuft.[160]

Wärmeenergie wird auch von tropischen Wirbelstürmen, Gewittern und langjährigen Mustern wie den alternierenden Strömungen El Niño und La Niña verteilt (in der Klimawissenschaft als »ENSO« bezeichnet, was für »El Niño/Südliche Oszillation« steht). Darüber hinaus werden alle diese Energietransfersysteme durch die von der West-Ost-Drehung der Erde um ihre Achse bewirkte Corioliskraft beeinflusst.

Die Hadley-Zellen

BIS VOR KURZEM IST DER BEZIEHUNG zwischen der globalen Erwärmung und den atmosphärischen Mustern, die für den Austausch von Wärmeenergie zwischen den verschiedenen Schichten der Atmosphäre verantwortlich sind, wenig Aufmerksamkeit geschenkt worden. Bei den sogenannten Hadley-Zellen, die die Tropen und Subtropen umspannen, handelt es sich um gewaltige Luftzirkulationen, die den gesamten Planeten zu beiden Seiten des Äquators umlaufen und wie riesige Pipelines wirken, durch die die Passatwinde von Osten nach Westen strömen.[161]

Warme und feuchte Windströmungen steigen an den zum Äquator hin gelegenen Seiten der Zellen vertikal in die Höhe auf. Wenn die Luftmassen die Obergrenze der Troposphäre erreichen (die oberste Schicht der unteren Atmosphäre, die in den Tropen bis sechzehn Kilometer hinaufreicht), strömen sie jeweils polwärts vom Äquator weg – sprich, auf der Nordhalbkugel nord- und auf der Südhalbkugel südwärts. Bei ihrem Aufstieg kühlen die Luftmassen ab, und bis sie die Troposphäre erreichen, ist der Großteil der in ihnen enthaltenen Feuchtigkeit schon in Form von Regen über den Tropen niedergegangen.[162]

Am Scheitelpunkt ihrer Aufwärtsbewegung strömen die Luftmassen in der obersten Schicht der Troposphäre über 3000 Kilometer in Richtung der Pole (ungefähr bis zum 30. Breitengrad), bis sie den Großteil der in ihnen gespeicherten Wärmeenergie abgegeben haben, woraufhin die nun

kühlere und deutlich trockenere Luft vertikal nach unten sinkt. In Boden-
nähe strömen die zirkulierenden Luftmassen zurück in Richtung Äquator
und laden sich erneut mit Wärmeenergie und Feuchtigkeit auf, bis der
Kreislauf in Äquatornähe abgeschlossen ist und die einmal mehr mit
Wärme und Wasserdampf befrachtete Luft wieder vertikal aufsteigt.[163]

Infolge der trockenen Abwinde an den polwärts gelegenen Seiten der
Hadley-Zellen sind die Gebiete um den 30. Breitengrad nördlich und südlich des Äquators stark von Wüstenbildung gefährdet. Die meisten der
weltweit niederschlagsärmsten Regionen, darunter auch die größte Wüste
der Erde, die Sahara, liegen in der Zone dieser trockenen Abwinde.[164] Zu
den anderen für die Entstehung von Wüsten verantwortlichen Faktoren
gehört der »Regenschatten«, der auf der windabgewandten Seite von Ge-
birgszügen auftritt, weil die von Bergen in die Höhe gezwungenen Luftmassen abkühlen und abregnen, bevor sie auf der Leeseite als trockene
Fallwinde wieder absinken. Darüber hinaus wird die Entstehung von
Wüsten durch einen von den Geografen als Kontinentalität bezeichneten
Faktor beeinflusst – der besagt, dass im Zentrum großer Kontinente gelegene Regionen üblicherweise weniger Niederschläge erhalten, weil sie
weiter von den Ozeanen entfernt sind.[165] Global gesehen aber ist der Ab-
wind der Hadley-Zellen das wichtigste für die Wüstenbildung verantwortliche Klimaphänomen.[166]

Das – von Klimaforschern mit Computermodellen seit Langem vor-
hergesagte und nun auch in der Realität beobachtete – Problem liegt
darin, dass sich durch die massive Erwärmung der Atmosphäre diese
globalen Abwindzonen vom Äquator weg weiter in Richtung der Pole
verlagern – mit der Folge, dass die subtropische Zone breiter und trocke-
ner wird. Auf der Nordhalbkugel hat sich der Rand der Hadley-Zelle
bereits um bis zu drei Breitengrade – umgerechnet rund 330 Kilometer –
nach Norden verschoben, obgleich exakte Messungen dazu bislang noch
nicht vorliegen.[167] Auch die Abwindzone der südlichen Hadley-Zelle hat
sich offenbar in Richtung des Südpols verschoben.[168] Es gibt unterschiedliche Theorien darüber, warum die Klimaerwärmung eine Ausdehnung der Hadley-Zellen verursacht; von denen konnte jedoch bislang
noch keine bestätigt werden.[169] Die untere Atmosphäre wird in den Tropen und Subtropen durch die Sonneneinstrahlung weitaus stärker aufge-
heizt als anderswo auf der Erde, und der Grund dafür liegt auf der Hand:
Das Sonnenlicht trifft hier das ganze Jahr hindurch in einem steilen

Winkel auf die Erdoberfläche. Prozentual ausgedrückt dagegen steigen die Oberflächentemperaturen in den höheren Breiten schneller an, weil das Abschmelzen der Eis- und Schneeflächen die Reflektivität der Oberfläche drastisch verringert und somit deutlich mehr Wärmeenergie absorbiert wird.* Das hat unter anderem zur Folge, dass die Differenz der Durchschnittstemperaturen in den Tropen und den polaren Regionen immer mehr abnimmt – was ebenfalls Folgen für das Klimagleichgewicht hat.[170]

Doch die Gesamtmenge der in den mittleren Breiten absorbierten Wärmeenergie ist immer noch um ein Vielfaches größer und bewirkt, dass die wärmere (und daher weniger dichte) Luft in den Tropen höher aufsteigt. Dadurch wird die Obergrenze der Troposphäre angehoben, also der Bereich, in dem die Luftströmungen im rechten Winkel von ihrer vertikalen Bahn abgelenkt werden und ihre Reise polwärts antreten.

Durch die Ausdehnung der Hadley-Zellen verlagert sich die Zone, in der die Luftmassen wieder absteigen – auf der Nordhalbkugel weiter nach Norden und auf der Südhalbkugel weiter nach Süden. Wie viele andere mit der globalen Erwärmung zusammenhängende Phänomene klingt auch dieses hier eher technisch und abstrakt, doch die realen Konsequenzen für Menschen, Tiere und Pflanzen sind extrem schwerwiegend.[171]

Für die Regionen, die jetzt in eine Abwindzone geraten, ist das ungefähr so, als würde am Himmel ein riesiger Föhn auf sie gerichtet. Das hat nicht nur häufigere und schwerere Dürren zur Folge, sondern erzeugt *dauerhafte* Dürrebedingungen, die in vielen der betroffenen Länder zur Wüstenbildung führen werden. Dazu kommt, dass die meisten dieser Gebiete – etwa Südeuropa, Australien, das südliche Afrika, der amerikanische Südwesten und Mexiko – schon heute permanent unter Wasserknappheit leiden.[172]

Der englische Begriff für Wüste – *desert* – leitet sich übrigens von der Beziehung der Menschen zu diesen Gebieten ab: Wüsten – *deserts* – sind von Menschen *deserted* – verlassen. Malen Sie sich einmal aus, was es für Folgen hat, wenn Griechenland, Italien und der Fruchtbare Halbmond – die Wiegen der Zivilisation – durch eine vom Menschen verursachte Ver-

---

* Ein weiterer Grund ist, dass in tieferen Breiten ein deutlich höherer Anteil der einstrahlenden Sonnenenergie in die Evaporation (d. h. evaporative bzw. Verdunstungskühlung) fließt als in die Erwärmung der Luft.

änderung desselben natürlichen Klimaphänomens in Wüsten verwandelt werden, das vor 7300 Jahren zur Entstehung der Sahara führte.[173]

Auch der Jetstream, der den Verlauf der Sturmbahnen in den überwiegenden Teilen Nordamerikas und Eurasiens bestimmt, wird von den Auswirkungen der Klimaerwärmung auf die atmosphärischen Zirkulationsmuster und den in den letzten Jahren in diesen Breiten ungewöhnlich chaotischen Wettermustern beeinflusst. Tatsächlich gibt es in beiden Hemisphären jeweils zwei – auch als Strahlströme bezeichnete – Jetstreams: die subtropischen Jetstreams, die von Ost nach West entlang der polwärts gelegenen Seite der Hadley-Zellen strömen (Passatwinde), und die polaren Jetstreams, die von West nach Ost entlang der polwärts gelegenen Seite eines zweiten zirkulären atmosphärischen Strömungssystems verlaufen, der sogenannten Ferrel-Zelle.[174]

Der Verlauf des nördlichen polaren Jetstreams (von den Bewohnern Nordamerikas und des nördlichen Eurasiens üblicherweise *der* Jetstream genannt) wird zum Teil von der Wand aus kalter Luft bestimmt, die sich vom Polarkreis aus nach Süden erstreckt. Doch in den vergangenen Jahren hat durch das Abschmelzen der arktischen Eiskappe die Region so viel zusätzliche Wärmeenergie absorbiert, dass es offenbar zu einer massiven Verlagerung der über Nordamerika und Eurasien verlaufenden nördlichen Grenze des Jetstreams gekommen ist – wodurch Sturmbahnen verändert, im Winter arktische Kaltluftmassen nach Süden geleitet und die vorherrschenden Niederschlagsmuster unterbrochen werden.[175]

Zusammengenommen definieren diese Energietransfermechanismen – Wind- und Meeresströmungen, Stürme und atmosphärische Zellen – die Gestalt und Struktur des Klimamusters auf der Erde, das seit der Zeit der landwirtschaftlichen Revolution vergleichsweise stabil und konstant geblieben ist. Die Klimaerwärmung jedoch verändert sämtliche Energieausgleichssysteme, die diesen klimatischen Rahmen geformt haben, und verstärkt sowie verlagert Wetterphänomene, an die wir uns gewöhnt haben.

Einige dieser Ausgleichssysteme verändern sich in einem solchen Maße, dass Wissenschaftler befürchten, sie könnten so weit über das uns vertraute Muster hinausgetrieben werden, dass sie in ein völlig neues umschlagen und Wetterphänomene mit einer Intensität, Verteilung und zeitlichen Abfolge erzeugen, die uns vollkommen fremd und unvereinbar sind mit den Voraussetzungen, auf denen unsere Zivilisation beruht.

NEHMEN SIE ZUR ILLUSTRIERUNG einen Ledergürtel so in die Hände, dass Sie ein etwa vierzig Zentimeter langes Stück vor sich halten, und drücken Sie es zusammen, bis sich eine nach oben gerichtete Schlaufe bildet. Wenn Sie nun die Hände bewegen und die Handgelenke leicht verdrehen, wird die Schlaufe zwar ihre Form ändern, aber weiterhin nach oben zeigen. Wenn Sie die Handgelenke jedoch noch stärker verdrehen, wird die Schlaufe irgendwann plötzlich kippen und nicht mehr nach oben, sondern nach unten zeigen. Die Schwankungen im Klima, die wir seit jeher kennen, entsprechen, so groß sie auch sein mögen, den Bewegungen der nach oben gerichteten Schlaufe. Strapazieren wir die Randbedingungen der Schlaufe aber bis zu dem Punkt, an dem sie plötzlich nach unten kippt, dann wären die Folgen – in unserem Fall für das Klima – in der Tat extrem.

Unser leichtfertiges Herumspielen mit der chemischen Zusammensetzung der Erdatmosphäre hat uns bereits mehrere unwillkommene Überraschungen beschert. Als in den 1980er-Jahren plötzlich ein Ozonloch von kontinentalen Ausmaßen über der Antarktis auftauchte, beschwor es das Schreckgespenst einer tödlichen Bedrohung für zahlreiche Lebensformen auf der Erde herauf, weil die starke ultraviolette Strahlung, die normalerweise von der Ozonschicht in der Stratosphäre blockiert wird, nun die Erdoberfläche erreichen konnte. Und wenn es nicht gelungen wäre, die fortschreitende Zerstörung der stratosphärischen Ozonschicht aufzuhalten, hätte sich das Ozonloch, sagen Wissenschaftler, bis über dicht besiedelte Regionen ausgeweitet.

Obwohl das antarktische Ozonloch jedes Jahr nur für rund zwei Monate bestand, hatte es bereits zu einer leichten Ausdünnung der den gesamten Planeten einhüllenden Ozonschicht geführt.[176] Damals warnten die Wissenschaftler davor, dass sich, sollten die Konzentrationen der ozonabbauenden chemischen Stoffe in der Stratosphäre weiter zunehmen, dieser Prozess beschleunigen würde und ein für die Menschheit weitaus gefährlicheres Ozonloch über der Arktis entstehen könnte.[177]

Glücklicherweise unterstützten fast unmittelbar nach dieser beängstigenden Entdeckung US-Präsident Ronald Reagan und die britische Premierministerin Margaret Thatcher 1987 die Einberufung einer internationalen Konferenz, auf der ein internationales Abkommen (das Montreal-Protokoll) zum stufenweisen Verbot mehrerer industriell genutzter chemischer Verbindungen ausgehandelt und schließlich auch verabschiedet wurde – einschließlich der sogenannten Fluorchlorkohlenwasserstoffe (FCKW). Für diese hatten die Chemiker Frank Sherwood Roland und Mario Molina schon 1974 schlüssig nachgewiesen, dass sie unter den speziellen atmosphärischen Bedingungen, die in der kalten Stratosphäre über der Antarktis herrschen, einen Prozess auslösen, der die uns und alles Leben auf der Erde vor der tödlichen ultravioletten Strahlung schützende Ozonschicht zerstört.[178]

OBWOHL DAS MONTREAL-PROTOKOLL einen historischen Erfolg darstellt, ist es wichtig, dass wir die Mechanismen verstehen, mittels derer diese chemischen Verbindungen das stratosphärische Ozonloch erzeugt haben – wichtig wegen der von der Klimaerwärmung ausgehenden neuerlichen Bedrohung der schützenden Ozonschicht. Zunächst ist anzumerken, dass es eine dritte und letzte Spielart atmosphärischer Zirkulationszellen gibt, die sogenannten Polarzellen am Nord- und Südpol, innerhalb derer die vorherrschenden Winde eine Art Wirbel um den jeweiligen Pol bilden.

Dabei ist der südpolare Wirbel sehr viel stärker und stabiler als sein nordpolares Pendant, vor allem im Winter, weil die Antarktis vom Ozean umgeben ist, anders als die von Landmassen umgebene Arktis. Außerdem ist das Nordpolarmeer, zumindest im Winter, von einer dünnen, nur wenige Meter messenden Eisdecke überzogen, während fast die gesamte Antarktis das ganze Jahr hindurch unter einer bis zu zwei Kilometer mächtigen Eisschicht liegt. Aus diesem Grund ist die Antarktis auch der Kontinent mit der höchsten Durchschnittshöhe über dem Meer, was bedeutet, dass seine Oberfläche wegen der höheren Lage einen höheren Anteil des einstrahlenden Sonnenlichts in den Weltraum reflektiert – mit der Folge, dass die Luftmassen über der Antarktis viel kälter sind als irgendwo sonst auf der Erde und sich in der südpolaren Stratosphäre überdurchschnittlich viele Eiskristalle bilden.[179]

Der durch die antarktischen zirkumpolaren Windströmungen in den Wintermonaten gebildete Wirbel hält Fluorchlorkohlenwasserstoffe und Eiskristalle – auf deren Oberfläche die FCKW mit dem Ozon reagieren – quasi wie in einer Schüssel über dem Kontinent gefangen. Allerdings muss ein weiteres entscheidendes Element hinzukommen, um die das Ozon zerstörende chemische Reaktion in Gang zu setzen: Sonnenlicht. Ungefähr Mitte September, wenn sich der Winter auf der Südhalbkugel dem Ende zuneigt und die ersten Sonnenstrahlen auf die in dieser »Schüssel« eingefangenen Eiskristalle treffen, setzt eine chemische Reaktion ein, die sich rasch ausbreitet und praktisch das gesamte innerhalb der Schüssel befindliche Ozon zerstört. In dem Maße, wie die Atmosphäre mehr Wärme aufnimmt, schwächt sich der von den Windströmungen geformte Wirbel ab, bis die Schüssel zerspringt und das Ozonloch sich auflöst. Manchmal wandern große Blasen ozonfreier Luft nordwärts, ähnlich wie die Farbblasen in einer Lavalampe aus den 1960ern aufsteigen, und setzen – weil die ozonarme Luft einen Teil ihrer schützenden Funktion einbüßt[180] – besiedelte Regionen wie Australien und Patagonien einer starken ultravioletten Strahlung aus.[181]

Der stratosphärische Ozonabbau und die Klimaerwärmung galten lange Zeit als zwei praktisch nicht miteinander verbundene Phänomene. Aber 2012 entdeckten Wissenschaftler, dass von der globalen Erwärmung eine unerwartete und unliebsame Bedrohung für die stratosphärische Ozonschicht ausgeht – und zwar ausgerechnet über den dicht besiedelten Regionen in der gemäßigten Zone der Nordhalbkugel.

So wie die in den Tropen aufgenommene zusätzliche Wärmeenergie dazu führt, dass die in den Hadley-Zellen aufsteigenden Luftmassen die Obergrenze der Troposphäre anheben, bewirkt die in den gemäßigten Zonen der Nordhalbkugel aufgenommene zusätzliche Wärmeenergie die Entstehung stärkerer Gewitter, welche die Obergrenze der Troposphäre durchstoßen und Wasserdampf in die Stratosphäre injizieren, wo er gefriert und Eiskristalle bildet. Da die Eiskristalle die Oberfläche zur Verfügung stellen, auf denen die immer noch in der Stratosphäre enthaltenen FCKW mit Ozon und Sonnenlicht reagieren können, entstehen dort die für einen Abbau des stratosphärischen Ozons erforderlichen Bedingungen.[182] Dieses neue Phänomen hat sich in einer Phase herausgebildet, in der die Stratosphäre zugleich kälter wird – im umgekehrten Verhältnis zu der Erwärmung der unteren Atmosphäre. Wie von Klimamodellen seit Langem vorhergesagt, wird die stratosphärische Abkühlung durch das Streben der Erdatmosphäre nach Aufrechterhaltung ihres »Energiegleichgewichts« angetrieben.[183] Es wartet zwar noch viel Arbeit auf uns, bis wir diese besorgniserregende Entwicklung voll und ganz verstehen, doch bereits jetzt illustriert sie die grobe Fahrlässigkeit dieses von der Menschheit inszenierten »planetaren Experiments«. Wir spielen nicht nur mit Feuer, sondern auch mit Eis. Wie der amerikanische Dichter

Robert Frost schrieb: »So mancher sagt, die Welt vergeht in Feuer, so mancher sagt, in Eis.« Um hinzuzufügen, dass das eine wie das andere »sicher reicht«.[184]

Das riskanteste Experiment aller Zeiten

DER GEDANKE, DASS WIR DABEI SIND, ein ungeplantes Experiment mit dem gesamten Planeten als Versuchsobjekt zu inszenieren, wurde erstmals von Roger Revelle formuliert, meinem einstigen Lehrer und Mentor in Sachen globale Erwärmung. »Die Menschheit betreibt heute ein groß angelegtes geophysikalisches Experiment«, schrieb Revelle 1957 in einem zusammen mit Hans Suess verfassten Aufsatz. Und weiter: »Die Zunahme des atmosphärischen CO_2-Gehalts ist aus diesem Grund [wegen der Verbrennung fossiler Energieträger] derzeit noch gering, könnte aber, wenn die industrielle Verbrennung fossiler Energieträger weiterhin exponentiell ansteigt, in den kommenden Jahrzehnten signifikante Ausmaße annehmen.«[185]

Das Wort »Experiment« verdient es, ein wenig genauer unter die Lupe genommen zu werden. Es gibt ethisch begründete Verbote von Experimenten an Menschen, die eine Gefahr für das Leben oder die körperliche Unversehrtheit der Versuchspersonen darstellen könnten. Da dieses »ungeplante Experiment«, das die Atmosphäre der Erde radikal verändert und die Zukunft der menschlichen Zivilisation bedroht, viele Millionen Menschenleben gefährdet, sollte man dieses ethische Prinzip zweifelsohne auch hier anwenden.

Die Klimawissenschaft nahm vor über 150 Jahren ihren Anfang, als der legendäre irische Wissenschaftler John Tyndall entdeckte, dass Kohlendioxid Wärme zurückhält.[186] Der eigentliche Mechanismus, auf dem dieses Phänomen beruht, ist erheblich komplexer, als es die geläufige Metapher vom »Treibhauseffekt« nahelegt. Die Bindekräfte, die die Atome innerhalb der CO_2-Moleküle zusammenhalten, absorbieren Energie und strahlen sie auf Infrarotwellenlängen ab, wodurch sie den Energiefluss von der Erdoberfläche hinaus in den Weltraum ähnlich wie eine Decke behindern.

Die Folgen jedoch sind dieselben – wie die Glasscheiben eines Treibhauses hält das CO_2 in der Atmosphäre die von der Sonne einstrahlende Wärme zurück. Übrigens machte Tyndall seine historische Entdeckung

1859, im selben Jahr, in dem Colonel Edwin Drake in Pennsylvania den weltweit ersten Ölbrunnen bohrte.[187]

37 Jahre später, 1896, wurde Tyndall von dem schwedischen Chemiker Svante Arrhenius in einem bahnbrechenden Aufsatz zitiert, in dem es um folgende Frage ging: »Wird die Durchschnittstemperatur am Boden in irgendeiner Weise durch die Gegenwart von wärmeabsorbierenden Gasen in der Atmosphäre beeinflusst?« Arrhenius führte von Hand über 10 000 Berechnungen durch, bis er zu der Schlussfolgerung gelangte, dass bei einer Verdoppelung der CO_2-Konzentration in der Atmosphäre die globalen Durchschnittstemperaturen um mehrere Grad Celsius ansteigen würden.[188]

In der zweiten Hälfte des 20. Jahrhunderts, vor dem Hintergrund der gewaltigen Industrialisierungswelle der Nachkriegszeit, nahm das Interesse der Wissenschaftler an der globalen Erwärmung erheblich zu. Im Rahmen des Internationalen Geophysikalischen Jahres 1957/1958 begannen Roger Revelle und Charles David Keeling ein historisches Projekt mit dem Ziel der systematischen Langzeitbeobachtung der CO_2-Konzentrationen in der globalen Atmosphäre – mit erstaunlichen Ergebnissen. Bereits ein paar Jahre nach Beginn der Messungen zeigte sich, dass der CO_2-Gehalt in der Atmosphäre kontinuierlich und signifikant anstieg, ein Trend, der in den darauffolgenden Jahren durch rund um die Welt installierte Messstationen bestätigt wurde.[189]

Weil sich der Großteil der kontinentalen Landmassen und der sommergrünen Vegetation auf der Nordhalbkugel befindet, ist die CO_2-Konzentration einem jahreszeitlichen Zyklus der CO_2-Aufnahme und -Ausgasung durch die terrestrische Biosphäre unterworfen, der nördlich des Äquators deutlich stärker ausgeprägt ist als auf der Südhalbkugel. Die Folge ist, dass die CO_2-Konzentration in der nördlichen Hemisphäre im Winter ansteigt (wenn die CO_2-Aufnahme durch die Vegetation gering ist) und im Sommer abfällt (wenn Bäume und Gräser wieder CO_2 aus der Luft aufnehmen).

Doch wie die Messreihen ebenfalls ganz eindeutig belegten, stieg der CO_2-Gesamtgehalt in der Atmosphäre unabhängig von diesen jahreszeitlichen Schwankungen unaufhaltsam an.[190] Nach den ersten sieben Jahren der Messungen, deren Ergebnisse in der, wie sie heute genannt wird, Keeling-Kurve abgebildet sind, lag der Tiefpunkt des jahreszeitlichen Zyklus bereits über dem zu Beginn der Messreihe verzeichneten Maximalwert.

Auch heute noch, nahezu sechzig Jahre später, werden jeden Tag neue Messungen vorgenommen – etwa auf dem Gipfel des Mauna Loa auf Hawaii, am Südpol, auf Amerikanisch-Samoa, im kalifornischen Trinidad Head und in Barrow, Alaska. Ergänzt werden die Ergebnisse aus diesen Messstationen durch sechzig weitere »verteilte unterstützende« Messreihen, die an Bord von Flugzeugen, Schiffen und Zügen sowie mit Ballons vorgenommen werden.[191] Die Aufsicht über das Projekt liegt, nebenbei bemerkt, bei Ralph Keeling, der Sohn David Keelings und selbst ein herausragender Wissenschaftler. Keeling junior verzeichnet inzwischen auch einen leichten, jedoch kontinuierlichen Rückgang des Sauerstoffgehalts in der Atmosphäre. Das ist an sich zwar kein Grund zur Sorge, bestätigt aber klimawissenschaftliche Theorien, die seit Langem eben einen solchen Rückgang vorhersagen, und liefert somit einen überzeugenden Beleg für die Genauigkeit der CO_2-Messungen.[192]

Zehn Jahre nachdem Revelle und Keeling mit ihren Messungen des CO_2-Gehalts in der Atmosphäre begonnen hatten, hatte ich das Privileg, am College Seminare bei Revelle nehmen zu dürfen. Ich war zutiefst beeindruckt von der Klarheit, mit der er dieses Phänomen beschrieb, und von der Weitsicht, mit der er darlegte, was uns in Zukunft blühen würde, sollte sich der exponentielle Anstieg der Verbrennung fossiler Energieträger und der daraus resultierenden CO_2-Emissionen fortsetzen.

Ein Jahrzehnt nach meinem College-Abschluss hielt ich im US-Kongress die ersten Anhörungen zur globalen Erwärmung ab. Dann, 1987/1988, bewarb ich mich zum ersten Mal um das Präsidentenamt, weil ich mehr Aufmerksamkeit auf die Notwendigkeit lenken wollte, etwas gegen die Klimakrise zu unternehmen. Im Juni 1988 sagte der NASA-Wissenschaftler James Hansen bei einer Anhörung aus, dass die aus der Beobachtung der weltweit steigenden Temperaturen gewonnenen Hinweise auf eine von Menschen verursachte globale Klimaerwärmung statistisch signifikant seien. Sechs Monate später, im Dezember 1988, setzten die Vereinten Nationen einen weltweiten Expertenausschuss – den Zwischenstaatlichen Ausschuss für Klimaänderung (Intergovernmental Panel on Climate Change, IPCC) – mit dem Auftrag ein, maßgebliche Zusammenfassungen der in wissenschaftlichen Studien rund um die Welt gewonnenen Erkenntnisse zum Klimawandel zu erstellen.

Heute, ein Vierteljahrhundert nachdem der IPCC seine Arbeit aufgenommen hat, ist der internationale Konsens über die zentrale Rolle menschlicher Aktivitäten als Verursacher der globalen Erwärmung so stark, wie kaum ein innerhalb der wissenschaftlichen Gemeinde geformter Konsens je war. Die Bedrohung ist real, sie hängt in erster Linie mit menschlichen Aktivitäten zusammen, sie ist schwerwiegend und sie erfordert eine sofortige Reaktion in Form drastisch reduzierter Treibhausgasemissionen. Jede nationale Akademie der Wissenschaften und jede wichtige wissenschaftliche Gesellschaft auf der Welt unterstützt diese Sichtweise.

In einer 2009 veröffentlichen gemeinsamen Erklärung verdeutlichten die nationalen Wissenschaftsakademien der G8-Länder und fünf weiterer Nationen:[193] »Die Notwendigkeit für sofortige Maßnahmen im Hinblick auf den Klimawandel ist inzwischen unbestreitbar.«[194] In den USA unterstützen laut einer 2010 in den *Proceedings of the National Academy of Sciences* abgedruckten Studie »97 bis 98 Prozent der Klimaforscher, die zu dem Thema am häufigsten publizieren, die vom IPCC veröffentlichten Aussagen zu einem anthropogenen Klimawandel«.[195] Bedeutend ist außerdem die Tatsache, dass praktisch alle von Wissenschaftlern in den vergangenen Jahrzehnten erstellten Prognosen über die Folgen des Klimawandels von den später tatsächlich eingetretenen Auswirkungen übertroffen worden sind. Wie schon von vielen Seiten angemerkt, sind Wissenschaftler im Allgemeinen und ist der wissenschaftliche Prozess im Speziellen von sich aus vorsichtig – um nicht zu sagen konservativ –, wenn es darum geht, konkrete Schlussfolgerungen zu treffen. Konservativ nicht im politischen Sinne des Begriffs, sondern konservativ in ihren Methodologien und Ansätzen. Diese Tradition und die seit Langem bestehende Kultur der Vorsicht werden noch verstärkt durch den Prozess der Peer-Review, also der Begutachtung durch unabhängige Kollegen, der überzeugende Beweise für die publizierten Behauptungen erfordert. Eben diese Kultur steht auch Behauptungen selbst über scheinbar auf der Hand liegende Folgen entgegen, die zwar dem gesunden Menschenverstand einsichtig erscheinen mögen, sich aber nicht in einem Maße belegen lassen, wie es für die Publikation in einem Wissenschaftsmagazin notwendig ist, das eingesandte Artikel dem Peer-Review-Prozess unterzieht.

Dennoch und trotz dieser ausgeprägt konservativen Kultur hat die globale wissenschaftliche Gemeinde die Politik nachdrücklich und öffentlich gewarnt, dass wir schnellstmöglich handeln müssen, wenn wir eine Katastrophe planetaren Ausmaßes noch verhindern wollen. Ungeachtet

der wachsenden Opferzahlen, die Naturkatastrophen infolge des Klimawandels fordern, und der offenkundigen Erwärmung der Erde, die inzwischen praktisch jeder hautnah spüren kann, sind auf politischer Ebene
bislang jedoch kaum Maßnahmen ergriffen und Veränderungen eingeleitet worden, die gegen diese existenzielle Bedrohung angehen.

In einer Situation, in der die Zukunft der menschlichen Zivilisation
auf dem Spiel steht, versagen die Demokratie und der Kapitalismus gleichermaßen kläglich darin, in den Dienst der ureigensten Interessen der
Menschheit zu treten. Beide sind schwerfällig, und beide befinden sich in
einem Zustand des Niedergangs. Wenn wir aber die Schwachstellen in
unseren gegenwärtigen Versionen der Demokratie und des Kapitalismus
beheben, sie von den Übeln der Korruption, der Übermacht der Konzerne und der Vorherrschaft der Eliten befreien, dann werden diese Systeme von unschätzbarem Wert dafür sein, die globale Zivilisation in die
richtige Richtung zu lenken, bevor es zu spät ist. Doch dieser schwierige
politische Übergang setzt Führungswillen und politische Courage voraus – Eigenschaften, an denen es derzeit eher mangelt, zumal in den Vereinigten Staaten.

Will man verstehen, warum so viele politische Führer darin versagen,
auf diese existenzielle Krise zu reagieren, sollte man sich vor allem mit der
Frage befassen, wie die öffentliche Wahrnehmung des Klimawandels von
den Leugnern des Klimawandels manipuliert wurde und wird und wie die
besondere Psychologie des Gegenstands den Manipulatoren das Spiel
noch leichter macht. Mächtige Wirtschaftsgruppen, die daran interessiert
sind, mögliche Maßnahmen hinauszuzögern, haben Unsummen in eine
zynische und verlogene PR-Kampagne gepumpt, um falsche Zweifel über
die Realität der Klimakrise zu streuen und so die öffentliche Meinung zu
manipulieren. Dabei machen sie sich das verständliche Bedürfnis von uns
allen zunutze, jedem Hinweis darauf Glauben zu schenken, dass die Erde
sich in Wahrheit gar nicht erwärmt und die Wissenschaftler irgendwie
alle einem grandiosen Irrtum aufgesessen sind.

Weil die Komplexität der Klimakrise, ihr schieres Ausmaß und ihr
Zeitrahmen die öffentliche Debatte über sie selbst, ihre Ursachen und
über mögliche Lösungen nur noch komplizierter machen, ist sie schon
von vielen als »das Thema aus der Hölle« bezeichnet worden. Weil ihre
Folgen über die ganze Welt verteilt auftreten, ist es leicht, sie als eine Ab-
straktion zu sehen. Weil jede Lösung für die Krise damit einhergeht, einen

neuen Weg in die Zukunft zu suchen, uns bestens vertraute Technologien zu verbessern und seit Langem bestehende Verhaltensmuster zu modifizieren, regt sich unsere natürliche Abneigung gegen Veränderungen. Und weil die schlimmsten Schäden weit in der Zukunft liegen und unsere Aufmerksamkeitsspanne naturgegeben kurz ist, sind wir höchst anfällig für den Trugschluss, uns bliebe noch jede Menge Zeit, bevor wir uns daranmachen müssen, etwas zu ihrer Lösung zu unternehmen.

Das »Verleugnen« oder »Nicht wahr haben wollen« einer unangenehmen Wahrheit ist eine psychologische Schutzreaktion, für die wir alle anfällig sind. Mit zu den Ersten, die sich mit diesem Phänomen auseinandersetzten, gehörte Elisabeth Kübler-Ross, die nach Auskunft der von ihr gegründeten Organisation lehrte, dass es sich beim »Nicht wahr haben wollen um eine bewusste oder unbewusste Weigerung handeln kann, Tatsachen, Informationen oder die Realität einer Situation zu akzeptieren. Das Verleugnen ist ein Abwehrmechanismus, und manche Menschen laufen Gefahr, in dieser Haltung zu verharren.«[196] Die moderne psychiatrische Definition des Zustandes lautet: »Ein unbewusster Schutzmechanismus, charakterisiert durch die Weigerung, schmerzhafte Wahrheiten, Gedanken oder Gefühle anzunehmen.«[197]

Die Vorstellung einer katastrophalen Bedrohung der gesamten menschlichen Zivilisation dürfte ohne Weiteres als ein »schmerzhafter Gedanke« durchgehen. Und uns allen gemeinsam ist die Neigung, darauf zu hoffen, dass der wissenschaftliche Konsens zur Klimaerwärmung kein zutreffendes Bild der realen Gefahr abgibt, der wir gegenüberstehen. Diejenigen, die in dieser psychologischen Strategie stecken bleiben, reagieren auf die immer überzeugenderen Belege für die globale Erwärmung typischerweise mit einer immer stärkeren Ablehnung des gesamten Konzepts und immer heftigeren Angriffen auf diejenigen, die uns drängen, endlich aktiv zu werden.[198]

Wir haben im letzten Jahrhundert viel über die menschliche Natur herausgefunden. Wir wissen zum Beispiel, dass der »rationale Mensch«, den die Denker der Aufklärung postulierten – und die Vorstellung menschlichen Verhaltens, das aus den Arbeiten Adam Smiths und anderer klassischer Ökonomen hervorgegangen ist und heutzutage im Begriff des *Homo oeconomicus* mitschwingt –, keineswegs dem entspricht, was beziehungsweise wie wir wirklich sind. Ganz im Gegenteil, wir sind die Erben von Verhaltensmustern, die sich über den langen Zeitraum der

Entwicklung unserer Spezies hinweg herausgebildet haben. Neben unserer Fähigkeit zur Vernunft sind wir auch fest darauf programmiert, unmittelbare und instinktive Faktoren stärker zu beachten und heftiger darauf zu reagieren als auf langfristige Bedrohungen, die von uns verlangen, unsere Fähigkeit zu rationalem Denken zu nutzen.

In einem aufschlussreichen Experiment haben die beiden Sozialwissenschaftler Jane Risen von der University of Chicago und Clayton Critcher von der University of California in Berkeley zwei gleich großen Gruppen von Probanden dieselben Fragen zur Klimaerwärmung gestellt. Der einzige Unterschied zwischen beiden Gruppen war die Temperatur in dem Raum, in dem die Fragen gestellt wurden. Die Antworten derjenigen, die in dem (um einige Grad) wärmeren Raum saßen, deuteten auf eine signifikant höhere Unterstützung für Maßnahmen zur Bekämpfung der Klimaerwärmung hin als die Antworten der Gruppe aus dem kühleren Raum. Dabei trat dieser Unterschied unabhängig davon auf, ob die Befragten politisch eher liberal oder konservativ eingestellt waren. In einer zweiten Studie wurden zwei Gruppen zu ihrer Meinung über die Bedrohung durch Dürren befragt. Die Antworten unterschieden sich in der Gruppe, deren Mitglieder zuvor salzige Brezeln zu essen bekommen hatten, ganz deutlich von denen der anderen Gruppe, deren Mitglieder keine Salzbrezeln bekommen hatten und daher nicht so durstig waren.[199]

In einer Zeit, in der die Welt jene dramatischen Veränderungen durchläuft, die von den in diesem Buch besprochenen Faktoren angetrieben werden – der Globalisierung, der Entstehung der Welt AG, der digitalen, der Internet- und der Computer-Revolution, der Revolution in den Biowissenschaften und in der Biotechnologie, der beispiellosen Transformation der globalen politischen und ökonomischen Machtbalance und dem Beharren auf einem »Wachstum«, das menschliche Werte ignoriert und die für unsere Zukunft überlebensnotwendigen Ressourcen zu erschöpfen droht –, wird die Klimakrise in den meisten Ländern auf der Rangliste der politischen Prioritäten schnell nach unten durchgereicht.

Die pervertierte Definition von Wachstum, wie sie in Kapitel 4 beschrieben wurde, steht im Kern der fatalen Fehlkalkulation von Kosten und Nutzen, die mit der fortgesetzten Abhängigkeit von kohlenstoffbasierten Energieträgern einhergeht. Die Aktien börsennotierter Energiekonzerne etwa, deren Geschäft vor allem auf fossilen Energieträgern beruht, werden auf Grundlage zahlreicher Faktoren bewertet, insbesondere aber nach dem Wert der Energiereserven, die sie kontrollieren. Bei der Ermittlung des Wertes dieser unterirdischen Lagerstätten gehen die Analysten davon aus, dass sie zu Marktpreisen gefördert und verkauft werden, um dann verbrannt zu werden. Dabei ist jedem halbwegs vernunftbegabten Menschen, der mit dem globalen wissenschaftlichen Konsens zum Klimawandel vertraut ist, klar, dass diese Vorkommen *unmöglich* alle verbrannt werden können. Allein die Vorstellung ist absurd. Und doch werden die mit ihrer Verbrennung einhergehenden ökologischen Konsequenzen in der Marktbewertung dieser Unternehmen komplett ausgeblendet.

Über das »Nicht wahr haben wollen« und unser fatales blindes Vertrauen auf einen in die völlig falsche Richtung weisenden ökonomischen Kompass hinaus gibt es noch etwas, was tief in uns allen angelegt ist: Wir alle wollen glauben, dass mit und in der Welt oder doch zumindest mit und in dem Teil der Welt, in dem wir selbst leben, alles in Ordnung ist. Sozialpsychologen sprechen in diesem Zusammenhang von der Theorie der Systemrechtfertigung. Sie besagt, dass alle Menschen gut von sich selbst denken wollen, von den Gruppen, mit denen sie sich identifizieren, und von der sozialen Ordnung, innerhalb derer sie ihr Leben leben. Weil die zur Begrenzung des Klimawandels erforderlichen Veränderungen so umfassend sind, lässt sich jeder Vorschlag, diese unerlässliche Reise anzutreten, ohne Schwierigkeiten als eine Herausforderung des Status quo darstellen. Wir neigen dann dazu, ihn dadurch bewahren zu wollen, indem wir automatisch jede potenzielle Alternative zum Ist-Zustand zurückweisen.[200]

Konfrontiert mit einer existenziellen Bedrohung, die eine rasche Massenmobilisierung erfordert – wie etwa der japanische Luftangriff auf Pearl Harbor 1941 –, wird die natürliche Abneigung dagegen, aus unseren vertrauten Mustern auszubrechen, von dem Gefühl der unmittelbaren Notlage überwältigt. Die meisten dieser Beispiele aber wurzeln in denselben Szenarien von Gruppenkonflikten, die für den langen Zeitraum charakteristisch waren, in dem wir uns als Spezies entwickelt haben. Abgesehen vom Ozonloch gibt es keinen einzigen Präzedenzfall für eine rasche weltweite Reaktion auf eine unmittelbare globale Bedrohung – vor allem wenn die erforderliche Reaktion den gewohnten Gang der Dinge grundsätzlich infrage stellt. Angesichts der Notwendigkeit, den nuklearen Rüstungswettlauf zu begrenzen, sprach der frühere US-Präsident Ronald Reagan diese Vorstellung wiederholt an, so auch in einer Rede vor der

Vollversammlung der Vereinten Nationen: »In unserer Besessenheit mit unseren momentanen Gegensätzen vergessen wir oftmals, wie viel uns allen, die wir der Menschheit angehören, gemeinsam ist. Vielleicht bedarf es einer äußeren, universellen Bedrohung, damit wir dieses uns einende Band erkennen. Manchmal überlege ich mir, wie schnell sich wohl im Angesicht einer fremden Bedrohung, einer Bedrohung von jenseits dieser Welt, unsere Differenzen in Nichts auflösen würden.«[201] Viele meiner Parteifreunde machten sich damals über Reagans UN-Rede lustig, ich dagegen fand schon immer, dass darin eine wichtige Erkenntnis enthalten war.

Die Politik der Spaltung

WIR STEHEN, NATÜRLICH, vor einer gemeinsamen Bedrohung der gesamten Menschheit – und damit meine ich die Klimakrise. Aber diese Bedrohung geht nicht von Außerirdischen aus, sondern von *uns selbst*. Mit anderen Worten: Unsere Fähigkeit, diese Bedrohung zu überwinden, indem wir uns zusammenschließen, kann durch die »momentanen Gegensätze« geschwächt werden. Die Gründer der Vereinigten Staaten waren sich der Bedeutung dieser in der menschlichen Natur verwurzelten Eigenschaft bewusst. Und heute, über zwei Jahrhunderte später, hören wir von Wissenschaftlern, dass die Neigung, einander widerstreitende Fraktionen zu bilden, tief in der Geschichte unserer Spezies verwurzelt ist.

Wie der amerikanische Biologe Edward O. Wilson unlängst schrieb: »Jeder, ohne Ausnahme, braucht einen Stamm, eine Allianz, mit der er um Macht und Territorium streitet, um den Feind dämonisieren, Versammlungen organisieren und Flaggen hissen zu können. Und so ist es seit jeher gewesen. [...] Die menschliche Natur hat sich nicht verändert. Unsere modernen Gruppen sind das psychologische Äquivalent zu den urgeschichtlichen Stämmen und stammen als solche direkt von den Verbänden ab, die die primitiven Menschen und Vormenschen bildeten.«[202]

Das ist einer der eigentlichen Gründe dafür, warum die Verleugnung des Klimawandels auf gewisse Weise zu einer »kulturellen« Frage geworden ist; kulturell in dem Sinne, dass viele derjenigen, die die wissenschaftlichen Erkenntnisse abstreiten, eine Art Gruppenzusammengehörigkeit – fast schon eine »Stammesidentität« – mit denen empfinden, die gleichermaßen in der Haltung des »Nicht wahr haben wollens« gefangen sind. Die extrem konservative Ideologie, die seit einiger Zeit die Republikanische Partei dominiert, zieht ihre Macht zum Teil aus der Übereinkunft einer Koalition im Grunde ungleichartiger Mitglieder, mit allen Mitteln jede Politik und jede Reform zu bekämpfen, die einer der Koalitionäre ablehnt.

Man könnte von dem Drei-Musketiere-Prinzip sprechen: alle für einen und einer für alle. Diejenigen, denen es vor allem darum geht, jede Einschränkung des Rechts auf freien Waffenbesitz abzuwehren, unterstützen die Position der Öl- und Kohlekonzerne, die sich gegen alle Bemühungen wenden, die globale Verschmutzung durch Treibhausgase zu reduzieren. Und die Abtreibungsgegner kämpfen Seite an Seite mit Großbanken gegen alle Versuche, die Finanzmärkte stärker zu regulieren. Wie schon Kurt Vonnegut sagte: »So kann's gehen.«

Im Laufe der letzten vier Jahrzehnte haben sich die größten CO_2-Verursacher als eingetragene Mitglieder der in Kapitel 3 beschriebenen antireformistischen konterrevolutionären Allianz angeschlossen, die in den 1970er-Jahren unter Schirmherrschaft der amerikanischen Handelskammer, der U. S. Chamber of Commerce, ins Leben gerufen wurde. Man befürchtete damals, die aufwieglerischen Protestbewegungen der 1960er (die gegen den Vietnamkrieg, für Bürgerrechte, Frauenrechte, Schwulenrechte, Behindertenrechte, die Verbraucherbewegung, die Einführung der Krankenversicherung Medicare für Alte und Behinderte und andere Programme zur Unterstützung der Armen und so weiter eintraten) könnten außer Kontrolle geraten und Dinge anstoßen, die den einflussreichen Konzernen und Eliten zum Nachteil gereichen. Mehr noch, diese Bewegungen drohten, so sahen sie es, den Kapitalismus an sich zu untergraben.

Eine der fortdauernden Konsequenzen dieses antireformistischen Bündnisses war der Aufbau eines großen Netzwerkes aus Denkfabriken, Stiftungen, Instituten, juristischen Fakultäten und Aktivistenverbänden, die einen endlosen Strom an zumeist verzerrten »Berichten« und »Studien« ausstoßen, Gerichtsverfahren anstrengen, parteiische Gutachter zu Anhörungen vor Kongress- und Behördenausschüssen entsenden und Meinungsbeiträge in Medien lancieren sowie Bücher veröffentlichen, die vor allem einem Zweck dienen – die Philosophie und die Agenda der neuen Konzern-Musketiere zu fördern:

- Die Regierung in Washington ist böse, und man darf ihr nicht über den Weg trauen; vielmehr muss man sie bekämpfen und finanziell aushungern, sodass sie den Plänen der Konzerne und den Interessen der Eliten möglichst wenig schaden kann.

- Not und Entbehrung sind gut für die Armen, weil nur das sie dazu bringt, produktiver zu werden – und weil es sie bereitwilliger niedrigere Löhne und weniger Sozialleistungen akzeptieren lässt.

- Die Wohlhabenden dagegen sollten so gering wie möglich besteuert werden, um sie so zu ermutigen, noch mehr Geld zu verdienen – was die einzige bewährte Methode ist, das Wirtschaftswachstum anzukurbeln, selbst wenn die Nachfrage einbricht, weil die Verbraucher nicht genug Geld haben, um sich neue Produkte und Dienstleistungen leisten zu können.

- Mehr Ungleichheit ist eine gute Sache, weil sie nicht nur die Armen mehr Ehrgeiz entwickeln lässt, sondern zugleich die Reichen ermutigt, mehr zu investieren – ungeachtet der Tatsache, dass die oberen Einkommensgruppen in Zeiten einer schwachen Konjunktur hauptsächlich daran interessiert sind, ihren Reichtum zu bewahren.

- Und die Umwelt kann sich bestens um sich selbst kümmern, egal wie sehr wir sie verschmutzen. Wer etwas anderes behauptet, ist entweder Sozialist oder fest dazu entschlossen, die nationale Wirtschaft in die Knie zu zwingen.

Wie ich aus meiner Zeit als Kongressabgeordneter der Demokraten nur zu gut weiß, neigen politische Parteien generell und naturgemäß dazu, über Interessengrenzen hinweg breite Koalitionen zu schmieden. Doch bei der fast schon militärisch anmutenden Disziplin, die für die neue rechte Koalition in den USA charakteristisch ist, handelt es sich um etwas anderes – nämlich um eine Disziplin, die von extrem reichen Geldgebern durchgesetzt wird. Deren Hauptinteresse in der politischen Arena gilt dem Ziel, ihren sowieso schon gefährlich großen Anteil am Gesamteinkommen des Landes noch weiter zu steigern. Unglücklicherweise hat die Herausforderung, vor die uns die Klimaerwärmung stellt, in unserer heutigen Welt zwischen jenen, die den überwältigenden wissenschaftlichen Konsens – und das, was ihre eigenen Sinne ihnen sagen – anerkennen, und denjenigen, die ihn aus Unwissenheit oder ideologischer Überzeugung heraus ablehnen, eine nahezu unüberbrückbare Kluft aufgerissen. In den Reihen

Letzterer gilt die Vehemenz, mit der sie ihren Widerstand bekunden, als Mitgliedsausweis und Beweis ihrer Opposition gegen Erstere.

Wie die organisierten Leugner des Klimawandels nur zu gut wissen, müssen sie gar nicht beweisen, dass es eine vom Menschen verursachte Veränderung des Klimas nicht gibt, um ihre Kontrolle über die Koalition der Gegner von Maßnahmen zur Reduzierung der Treibhausgasemissionen aufrechtzuerhalten – auch wenn viele von ihnen eben das immer und immer wieder behaupten. Es genügt völlig, ausreichend Zweifel daran zu schüren, damit in der Öffentlichkeit der Eindruck entsteht, dass »der Richterspruch noch aussteht« – ein strategisches Ziel, das in einem vertraulichen Dokument eines von großen CO_2-Emittenten dominierten Unternehmensverbandes explizit formuliert wurde. Wie man einem 1991 der Presse zugespielten Dokument entnehmen konnte, war das strategische Ziel der Gruppe, »die Tatsache der Klimaerwärmung als Theorie neu zu positionieren«.[203] Mit viel Nachsicht interpretiert, könnte man sagen, dass sich diese Unternehmen seit Langem von den in ihren Augen immer schrilleren Behauptungen der Umweltaktivisten massiv in die Defensive gedrängt fühlten, die auf schärfere Begrenzungen der Treibhausgasemissionen drängten. Und dass sie sich im Laufe der Zeit sozusagen reflexartig angewöhnt hatten, gegen alle zu schießen, die von irgendwelchen drohenden Risiken sprachen, und mit allen Mitteln die Glaubwürdigkeit der Kritik wie auch die der Kritiker zu beschädigen.

In Anbetracht der umfangreichen, über die Jahrzehnte gewonnenen Erkenntnisse jedoch, die jeden Zweifel an dieser tödlichen Bedrohung ausräumen, und in Anbetracht der Tatsache, dass die nationalen Wissenschaftsakademien rund um die Welt die Beweislage als absolut überzeugend akzeptieren, fällt es einem schwer, das Verhalten der wohlhabenden, einflussreichen und egoistischen Skeptiker des Klimawandels mit Nachsicht zu betrachten. Sie verweigern sich jedem vernunftbetonten Dialog. Sie verleugnen und verleumden die Integrität des wissenschaftlichen Prozesses. Nichts kann sie dazu bewegen, ihrer Verantwortung für das große Ganze, für das Wohl aller Menschen, gerecht zu werden. Ja, es stimmt, einige von ihnen haben die Beweise und ihr Gewissen geprüft und sich eines Besseren besonnen. Aber die, die das getan haben, stellen nach wie vor eine winzige Minderheit dar – und derweil setzen die Leugner des Klimawandels ihren Angriff auf die Zukunft unserer Welt mit unverminderter Macht fort.

Dabei kann *kein* begründeter Zweifel in welcher Form auch immer mehr daran bestehen, dass die vom Menschen zu verantwortenden Treibhausgasemissionen das für das Fortbestehen der menschlichen Zivilisation unerlässliche planetare Ökosystem massiv schädigen. Viele der extremen Naturkatastrophen, die einen so hohen Zoll an Menschenleben gefordert und so großes Leid verursacht haben, werden direkt auf die Klimaerwärmung zurückgeführt. Angesichts der vielen Hundert Millionen Menschen, die schon heute vom Klimawandel betroffen sind, können wir meiner Meinung nach die moralischen Konsequenzen dessen, was wir tun – und dessen, was wir nicht tun –, unmöglich noch länger ignorieren.

In den meisten Rechtssystemen der Welt ist es gleichermaßen ein strafrechtliches wie zivilrechtliches Vergehen, bewusst Tatsachen falsch darzustellen, um sich auf Kosten anderer zu bereichern, die auf diese Angaben vertrauen und denen daraus Leid oder Schaden erwächst. In vielen Ländern ist das selbst dann ein Straftatbestand, wenn es sich um eine lediglich fahrlässige Falschdarstellung handelt. Wenn die Falschaussagen aber *grob fahrlässig* gemacht worden sind und der Schaden derjenigen, die sich auf diese Angaben verlassen haben, gravierend ist, wiegt das Verbrechen noch schwerer. Merke: Bei der Beurteilung der Frage, ob jemand (eine Person oder ein Unternehmen), der die Tatsachen falsch dargestellt hat, dies »wissentlich« getan hat, findet in den meisten Rechtssystemen nicht der Grundsatz des »vernünftigen Zweifels« Anwendung, sondern der der »Hauptlast der Indizien«.

Die fossilen Energiereserven der großen multinationalen Energiekonzerne belaufen sich zusammengenommen auf einen Wert von schätzungsweise 7 Billionen Dollar[204] – 7 Billionen Dollar, die auf dem Spiel stehen, sollte der globale wissenschaftliche Konsens zum Klimawandel weltweit von den Menschen und Regierungen akzeptiert werden.[205] Eben aus diesem Grund haben mehrere dieser Konzerne die Wahrheit über die gravierende Gefahr, die der gesamten Menschheit droht, sollten die Erdöl-, Kohle- und Erdgasreserven, auf denen sich ihr Reichtum vor allem gründet, verbrannt werden, gegenüber der Öffentlichkeit – und gegenüber ihren Investoren – ganz bewusst und grob fahrlässig verdreht und verfälscht. Rechnet man den Wert ähnlicher oder noch umfangreicherer Reserven, die sich im Besitz von Nationalstaaten befinden, mit denen privater und börsennotierter Unternehmen zusammen, ergibt sich eine Gesamtsumme von 27 Billionen Dollar.[206] Genau aus diesem Grund hat zum Beispiel Saudi-Arabien so vehement alle Bemühungen für ein internationales Abkommen zur Begrenzung der Treibhausgasemissionen sabotiert – zumindest bis 2012, als ein Mitglied der saudischen Königsfamilie, Prinz Turki al-Faisal, sein Land dazu aufrief, die nationale Energieversorgung vollständig auf erneuerbare Energien umzustellen, um die Erdölreserven für den Verkauf an den Rest der Welt zu schonen.[207]

Subprime-Kohlenstoffreserven

DIE ERDÖL-, KOHLE- UND ERDGASRESERVEN, die in den Bilanzen der Energiekonzerne ausgewiesen sind, werden nach aktuellen Marktpreisen bewertet, basierend auf der Annahme, dass sie früher oder später an Verbraucher verkauft werden, die sie verbrennen und die dabei entstehenden klimaschädlichen Gase in die Erdatmosphäre blasen. In der Vergangenheit habe ich diese Reserven als *subprime carbon assets* bezeichnet, als »zweitklassige Kohlenstoff-Vermögenswerte«, analog zu den Subprime-Hypotheken, die die Märkte und Finanzexperten bis zum Zusammenbruch des US-Immobilienmarktes mit Bestnoten bewertet hatten. In Wahrheit hatten diese zweitklassigen Hypotheken einen rein illusorischen Wert, einen Wert, der allein auf der absurden Annahme gründete, dass Darlehensnehmer, die ihre Schulden ganz offensichtlich nicht bedienen konnten, dies irgendwie doch tun würden. In der Branche sprach man in diesem Zusammenhang häufig von *low documentation loans* oder schlicht *liar loans*, sprich »gering dokumentierten« beziehungsweise »Lügner-Darlehen«.

Ich erinnere mich noch gut daran, wie ich als junger Mann mein erstes Hypothekendarlehen aufnahm. Mir gegenüber am Tisch saß Walter Glenn Birdwell Jr., Direktor der Citizens Bank in Carthage, Tennessee. Bevor er mir das Darlehen bewilligte, nötigte Direktor Birdwell mich, ein umfangreiches Formular mit Fragen unter anderem zu meinem Einkommen und meinem Nettovermögen auszufüllen. Obwohl beide nicht sonderlich hoch waren, reichte es, ihn davon zu überzeugen, dass ich die monatlichen Raten würde stemmen können. Anschließend musste ich noch eine für meine damaligen Verhältnisse beträchtliche Anzahlung leisten.

Die Subprime-Hypotheken dagegen wurden an Leute vergeben, die nicht den Hauch einer Chance hatten, sie jemals zurückzahlen zu kön-

nen – ein Umstand, der sofort ersichtlich geworden wäre, hätten sie jemandem wie Mr. Birdwell Rede und Antwort stehen müssen. Ebenso
wenig verlangte man von ihnen irgendeine Anzahlung. Wenn also jeder
halbwegs vernunftbegabte Mensch ohne Weiteres hätte herausfinden können, dass diese Hypotheken aller Wahrscheinlichkeit nach niemals
zurückbezahlt werden und es nur eine Frage der Zeit war, bis die Haus-
besitzer zahlungsunfähig würden, warum gaben die Banken ihnen dann
trotzdem Darlehen?

Weil, so die Antwort, im Zeitalter von Welt AG und Weltgehirn die
Finanzinstitute, die diese faulen Hypotheken vergaben, mithilfe leistungsstarker Computer viele Tausende Subprime-Hypotheken – allein in den
USA insgesamt 7,5 Millionen davon[208] – zusammenwarfen, zu Paketen
bündelten und daraus anschließend mit finanzmathematischen Trickse-
reien derivative Anlageinstrumente von einer Komplexität fabrizierten,
dass kaum noch jemand sie durchschauen konnte – um sie anschließend
mit abstrusen Renditeversprechen auf den globalen Finanzmärkten zu ver-
scherbeln. Mit anderen Worten: Das Ganze basierte auf der wirren Annahme, man könnte die Risiken, die damit einhergingen, wenn man Kredite an ganz offensichtlich nicht kreditwürdige Leute vergibt, irgendwie
zum Verschwinden bringen, wenn man nur Unmengen dieser Hypotheken
zu Paketen bündelte und diese dann weltweit an Investoren verkaufte.

Als diese Annahme dann während des wirtschaftlichen Abschwungs
2007/2008 auf den Prüfstand gestellt wurde, brach das Modell mit gewal-
tigem Getöse in sich zusammen – die Banker hatten eine unerfreuliche
Begegnung mit der Realität. Allerdings mussten die Banken nicht allzu
lange leiden, denn dank ihrer erdrückenden politischen Macht, erkauft
durch Wahlkampfspenden und unermüdliche Lobbyaktivitäten, und mit
freundlicher Unterstützung von Politikern und hochrangigen Beamten,
die das Regierungen und Banken verbindende Drehtürkarussell durchlaufen hatten, brachten sie das Kunststück fertig: Der Staat – also der
Steuerzahler – sanierte sie mit Milliardensummen, sprich mit Geld, das
der Staat sich allerdings erst einmal selbst leihen musste. Zusammengenommen mündete das in einer internationalen Finanzkrise und einer
globalen Rezession, wenn nicht gar einer, wie manche Ökonomen meinen, Weltwirtschaftskrise.

Die Subprime-Kohlenstoffreserven weisen einen ebenso aufgeblähten
Marktwert auf. Dieser beruht auf einer Annahme, die noch abstruser ist

als die irrwitzige Vorstellung, es sei völlig in Ordnung, vielen Millionen Menschen Hypothekendarlehen zu gewähren, die diese niemals würden zurückzahlen können. In diesem Fall handelt es sich um die Annahme, dass es völlig in Ordnung sei, noch den letzten Tropfen Öl zu verbrennen, den die Ölkonzerne aus der Erde pressen, und dabei die Zukunft der Zivilisation zu zerstören. Was überhaupt nicht in Ordnung ist.

Dabei ist der Börsenwert der Erdöl-, Erdgas- und Kohlekonzerne nur dank dieser besonders absurden Annahme so schwindelerregend hoch – und die Konzerne investieren nur aus diesem Grund Milliardensummen in eine groß angelegte und höchst raffinierte Desinformationskampagne, mit der sie die Öffentlichkeit und die Politik gleichermaßen davon überzeugen wollen, es sei sehr wohl völlig in Ordnung, so viel Öl, Kohle und Gas zu verbrennen, wie sie nur zu fördern imstande sind.

Darüber hinaus haben sie die Beschäftigten im Kohlebergbau und anderen Unternehmen der fossilen Energiewirtschaft zu dem Irrglauben verleitet, ihre Branche würde ohne große Veränderungen überdauern können. So erklärte Jay Rockefeller, Senator des am stärksten von der Kohleförderung abhängigen US-Bundesstaates West Virginia, 2012 in einer couragierten und eloquenten Rede vor dem US-Senat: »Ich fürchte, dass sich die Bedenken auch aus den engstirnigen Überzeugungen von Leuten mit ganz anders gelagerten Motiven nähren – Leuten, die die Unausweichlichkeit einer Neuausrichtung der Energiewirtschaft abstreiten und die Kumpel in den Kohlebergwerken allein im Staub stehen lassen. Die Wahrheit ist, dass viele von denen, die heute in der Kohleindustrie das Sagen haben, eher geneigt sind, die eigentlichen Probleme zu verleugnen und vermeintliche Feinde zu attackieren, als nach echten Lösungen zu suchen.«[209]

Der dominante Einfluss des großen Geldes und der Konzerne auf den politischen Entscheidungsprozess hat die meisten Politiker so sehr eingeschüchtert, dass sie sich noch nicht einmal trauen, eine ernsthafte Diskussion über diese existenzielle Bedrohung zu führen. Natürlich gibt es mehr als nur ein paar ehrbare Ausnahmen, aber was Fragen betrifft, die die Interessen der Welt AG angehen, hält die Welt AG die Zügel der globalen Politik fest in den Händen. Auf jeden Abgeordneten im US-Kongress kommen vier Lobbyisten, die nach Kräften Klimaschutzgesetze zu verhindern suchen und von den Energiekonzernen bezahlt werden, die auf fossile Brennstoffe setzen.[210] In den USA gehören diese

Unternehmen zu den größten Wahlkampfspendern für Kandidaten beider Parteien – wobei die Republikaner deutlich mehr profitieren als die Demokraten.[211]

Darüber hinaus haben viele dieser Unternehmen in den vergangenen zwei Jahrzehnten große Summen für »gekaufte Experten« ausgegeben, die eine scheinbar unerschöpfliche Flut an irreführenden, ganz oder teilweise irrelevanten, falschen und unwissenschaftlichen Behauptungen unters Volk streuen, Behauptungen wie:

- Die Klimaerwärmung ist eine Lüge, erfunden von Wissenschaftlern, die darauf aus sind, mehr staatliche Forschungsgelder zu kassieren, sowie von Aktivisten, die den Sozialismus oder Schlimmeres einführen möchten.
- Die globale Erwärmung findet gar nicht statt, die Temperaturen steigen seit mehreren Jahren nicht mehr an.
- Sollte es doch so etwas wie eine Klimaerwärmung geben, dann wird sie nicht durch die Treibhausgasemissionen verursacht, sondern ist die Folge eines natürlichen Zyklus.
- Abgesehen davon ist das Klimasystem der Erde so robust, dass es unbegrenzte Mengen an Treibhausgasen aufnehmen kann, ohne dadurch beeinträchtigt zu werden.
- Sollte sich die Erde doch erwärmen, werden wir davon profitieren.
- Und selbst wenn die Klimaerwärmung für manche Leute nicht so gut sein sollte, verfügen wir doch zweifelsohne über die Fähigkeit, uns an sie anzupassen.
- Auf dem Jupiter schmelzen die Eiskappen ebenfalls ab, was logischerweise zu der Annahme führt, dass in Wahrheit irgendein bisher noch unbekanntes, unser ganzes Sonnensystem betreffendes Phänomen dafür verantwortlich ist. (Wen interessiert schon, dass der Jupiter *keine* Eiskappen hat?)
- Die globale Erwärmung wird durch Sonnenflecken verursacht. (Wen interessiert schon, dass die Temperaturen auf der Erde auch während der langen »kühlen« Phase des Sonnenfleckenzyklus gestiegen sind, die gerade zu Ende geht?)
- Die globale Erwärmung, so es sie denn gibt, wird durch Vulkane ausgelöst. (Wen interessiert schon, dass die vom Menschen verursachten CO_2-Emissionen das 135- bis 200-fache der vulkanischen

Emissionen betragen, die abgesehen davon Teil eines natürlichen Prozesses und damit langfristig kohlenstoffneutral sind?)
- Die Computermodelle der Klimatologen sind unzuverlässig. (Wen interessiert schon, dass über ein Dutzend separater und unabhängiger Temperaturaufzeichnungen aus der realen Welt bestätigen, was die Computermodelle seit Langem vorhersagen?)
- Die vermehrte Wolkenbildung wird die globale Erwärmung aufheben. (Wen interessieren schon die sich häufenden Hinweise darauf, dass der Nettostrahlungseffekt von Wolken aller Wahrscheinlichkeit nach die globale Erwärmung beschleunigen und nicht abbremsen wird?)

Das sind nur ein paar der zahllosen Scheinargumente, die uns immer wieder in den Medien, von Lobbyisten und von den von CO_2-Verursachern gekauften Politikern vorgebetet werden. Die Leugner des Klimawandels wissen jedoch eines mit absoluter Sicherheit – dass die 90 Millionen Tonnen an Treibhausgasen, die die Menschheit pro Tag in die Atmosphäre bläst, *auf keinen Fall* etwas mit der globalen Erwärmung zu tun haben, auch wenn die globale wissenschaftliche Gemeinde das Gegenteil sagt. Unter denen, die den wissenschaftlichen Konsens abstreiten, gibt es natürlich auch Leute, die wirklich davon überzeugt sind, dass die Wissenschaft irrt. Einige von ihnen haben Hintergründe und persönliche Geschichten, die sie dazu prädestinieren, aus den unterschiedlichsten Gründen gegen eine solche Sicht der Dinge anzukämpfen. Aber dabei handelt es sich um Ausnahmen, und der Umstand, dass es nicht eine glaubwürdige Studie gibt, die ihre Annahmen stützt, hätte sie schon längst der Lächerlichkeit preisgegeben, würden die Skeptiker des Klimawandels von den CO_2-Verursachern nicht so generös gehegt und gepflegt werden.

Um das Vertrauen der Öffentlichkeit in die Integrität der Wissenschaft zu untergraben, behaupten die Energiekonzerne und ihre Helfershelfer und Verbündeten in einem fort, die Forscher würden lügen und wissenschaftliche Erkenntnisse falsch darstellen und/oder sie seien insgeheim Teil einer unheiligen Allianz, die darauf aus ist, die Rolle des Staates auszuweiten. Der politische Angriff auf die Klimaforscher verfolgt nicht nur das Ziel, sie zu dämonisieren, er soll sie auch einschüchtern – mit der Folge, dass die gewohnheitsmäßig einem vorsichtigen Ansatz verpflichteten Wissenschaftler nur noch vorsichtiger agieren.

Der konservative Justizminister von Virginia strengte sogar ein Verfahren gegen einen Klimaforscher an, nur weil dessen Forschungsergebnisse den Kohlekonzernen nicht in den Kram passten.[212] Dem rechten Flügel zugehörige Stiftungen und Denkfabriken haben wiederholt Wissenschaftler verklagt und sie in öffentlichen Erklärungen verteufelt,[213] während rechtsgerichtete Abgeordnete im US-Kongress jede Gelegenheit nutzen, die Fördermittel für die Klimaforschung zu kürzen.[214] Mit der Folge, um nur eines von vielen Beispielen zu nennen, dass die Fähigkeit der USA, die klimatischen Veränderungen angemessen zu überwachen, massiv beschränkt wird; wegen fehlender Mittel musste der Start von mehreren wichtigen Überwachungssatelliten verschoben oder ganz gestrichen werden – und das just zu einer Zeit, da wir Klimadaten dringender denn je benötigen.[215]

Vor Beginn der globalen Klimakonferenz im Dezember 2009 in Kopenhagen wurde die gesamte klimawissenschaftliche Gemeinde Opfer eines allem Anschein nach bestens geplanten Hackerangriffs auf die interne und die private E-Mail-Korrespondenz der Wissenschaftler. Nachdem daraus anschließend gezielt aus dem Kontext gerissene Zitate an die Öffentlichkeit gebracht wurden, quollen die rechtsgerichteten Medien über vor Vorwürfen, die wissenschaftliche Gemeinde würde die Regierungen und die globale Öffentlichkeit gleichermaßen belügen. Wie spätere Ermittlungen ergaben, kam der Hackerangriff von außerhalb des ins Visier genommenen Forschungszentrums, die Drahtzieher hinter der Aktion konnten jedoch nicht identifiziert werden. Seitdem haben vier separate und unabhängige Untersuchungen die ins Kreuzfeuer der rechten Kritiker geratenen Klimaforscher von sämtlichen Vorwürfen eines Fehlverhaltens freigesprochen.[216]

Die Verleugnungs-Maschinerie

WEIL SICH DIE TRADITIONELLE ROLLE und Bedeutung der Nachrichtenmedien in den vergangenen Jahrzehnten grundlegend verändert haben – vor allem in den Vereinigten Staaten –, fällt es der Öffentlichkeit umso schwerer, die Lügen und Täuschungen der Leugner des Klimawandels und ihrer Verbündeten zu durchschauen. Viele Tageszeitungen mussten schließen, und die, die noch übrig sind, müssen um ihr wirtschaftliches Überleben kämpfen und können nur noch begrenzt ihrer wichtigsten Aufgabe nachkommen und dafür sorgen, dass eine »gut informierte Öffentlichkeit« das Fundament der Demokratie bildet.

Wie in Kapitel 3 erwähnt, gibt die wachsende Bedeutung des Internets Anlass zu einer gewissen Hoffnung, aber noch ist das Fernsehen das mit großem Abstand wichtigste Informationsmedium. Dabei stehen die Nachrichtenredaktionen der großen Fernsehsender unter massivem Druck, sich auf Formate zu konzentrieren, die schwarze Zahlen schreiben – mit der Folge, dass die Grenze zwischen Nachrichten und Unterhaltung zusehends verwischt. Und seit die Einschaltquoten der alles entscheidende Rentabilitätsfaktor sind, hat sich die Art der vorrangig gesendeten Nachrichten und Berichte verändert.

Praktisch alle Nachrichtenprogramme und politischen Formate im amerikanischen Fernsehen werden heute – und das nicht nur zu Wahlkampfzeiten, sondern das ganz Jahr hindurch – zumindest teilweise von Erdöl-, Kohle- und Erdgaskonzernen gesponsert. Sie füttern die Sender mit Meldungen, die dem Publikum versichern sollen, dass alles in bester Ordnung ist, dass die globale Umwelt in keiner Weise bedroht ist und dass unsere großen Energiekonzerne unermüdlich daran arbeiten, erneuerbare Energiequellen zu erschließen.

Die Angst davor, die Klimaerwärmung zu thematisieren, hat fast alle großen Nachrichtensender im amerikanischen Fernsehen erfasst. Die Koalition der Klimawandelsleugner verspritzt Gift und Galle gegen jeden, der es wagt, das Thema vor den Fernsehkameras zur Sprache zu bringen, und hat damit viele Nachrichtenredaktionen so sehr eingeschüchtert, dass sie lieber schweigen. Selbst die hochgelobte Naturfilmreihe *Frozen Planet* von der BBC, die in Deutschland unter dem Titel *Eisige Welten* lief, wurde vor ihrer Ausstrahlung durch das Discovery Network in den USA überarbeitet und die darin enthaltene Diskussion über die Klimaerwärmung gestrichen. Das war ein besonders absurder Eingriff, da eines der übergreifenden Themen der Dokumentarfilmreihe das Abschmelzen der Gletscher und Eiskappen rund um die Welt war und die Klimaerwärmung der hauptsächlich dafür verantwortliche Faktor ist.[217] »Das ist«, kommentierte der Umweltaktivist Bill McKibben den Vorgang, »als würde man einen Dokumentarfilm über Lungenkrebs zeigen und den Teil mit den Zigaretten weglassen.«[218] In den heißen Sommern 2011 und 2012 kamen einem die Abendnachrichten häufig wie ein Spaziergang durch das Buch

der Offenbarung vor. Aber jedes Mal, wenn Dürren, Waldbrände, Wirbelstürme oder Überschwemmungen die Hauptnachrichten beherrschten,
bekam man als Erklärung dafür etwas in der Art von »Hochdruckzone«
oder »La Niña« serviert.

Wenn, was selten genug vorkommt, in den amerikanischen Fernsehnachrichten vom Klimawandel die Rede ist, kann man davon ausgehen, dass die Berichterstattung durch das Bemühen der Redaktionen verzerrt wird, jeder Aussage eines Klimaforschers zur globalen Erwärmung
eine widersprechende Meinung aus dem Lager der Leugner gegenüber-
zustellen – angeblich aus Gründen der Ausgewogenheit und ganz so, als
gäbe es eine legitime und wissenschaftlich fundierte abweichende Position. Verschlimmert wird dieser Missstand noch durch die allerorten
schrumpfenden Budgets für investigative Nachrichtensendungen.

Für jemanden wie mich, der in dem Glauben an die Integrität des
demokratischen Systems der USA aufgewachsen ist – und der *immer noch*
daran glaubt, dass diese Integrität wiederhergestellt werden kann –, ist es
zutiefst beunruhigend, dass ein paar einflussreiche Interessengruppen die
Kontrolle über die politischen Gestaltungs- und Entscheidungsprozesse
einer Nation an sich zu reißen vermochten, die Abraham Lincoln einmal
als »die letzte, beste Hoffnung auf Erden« gepriesen hatte.[219] Doch der
Kampf ist längst noch nicht entschieden. Die Vereinigten Staaten sind
sein Epizentrum, einfach deshalb, weil die USA als einzige Nation noch
in der Lage sind, die Weltgemeinschaft zur Rettung unserer Zukunft zu-
sammenzurufen. Wie Edmund Burke sagte: »Das Böse triumphiert allein
dadurch, dass gute Menschen nichts unternehmen.«[220] Genau darum
geht es jetzt: Werden die Guten nichts unternehmen? Oder werden sie auf
die tödliche Gefahr reagieren, der die Menschheit heute ins Auge blickt?

Seit einigen Jahren hinterlassen die größere Häufigkeit und Intensität
der mit dem Klimawandel verbundenen Wetterextreme deutliche Spuren
in der öffentlichen Wahrnehmung der globalen Erwärmung. Selbst in den
Vereinigten Staaten, wo die Leugner des Klimawandels ihre Kampagne
nach wie vor mit unverminderter Entschlossenheit betreiben, stoßen Maßnahmen zur Reduzierung der Treibhausgasemissionen in der Öffentlichkeit auf deutlich mehr Zuspruch.[221] Und es werden seit Jahren Vorschläge,
sich aktiver gegen den Klimawandel zu engagieren, von einer Mehrheit der
Bevölkerung unterstützt – leider noch nicht vehement genug, um gegen
die Propagandakampagnen der Klimaschutzgegner-Lobby anzukommen.

Nach Präsident Obamas Amtsantritt Anfang 2009 waren die Hoff-nungen groß, die USA würden nun auf einen neuen politischen Kurs in Sachen Klimawandel einschwenken – und zunächst taten sie das auch. Das von der neuen Regierung verabschiedete Gesetz zur Ankurbelung der Wirtschaft trug einen stark grünen Anstrich und sah unter anderem vor, die Forschung, Entwicklung, Produktion und Verbreitung erneuer-barer Energiesysteme in den USA zu fördern und zu beschleunigen.[222] Mit der Berufung der überaus kompetenten Lisa Jackson an die Spitze der US-Umweltbehörde EPA bereitete Obama zudem die Bühne für eine ganze Serie bahnbrechender Regulationen und Initiativen, die zur Redu-zierung der CO_2-Emissionen und zur Entfernung von Schadstoffen aus der Umwelt beigetragen haben.

Die von der EPA erlassenen Vorschriften, die für neue Kraftwerke und Automobile strengere Obergrenzen für CO_2-Emissionen festlegten, waren mutig. Und die Entscheidung der EPA, die Höchstgrenzen für Quecksilberemissionen aus Kohlekraftwerken drastisch zu senken, war mit dafür verantwortlich, dass zahlreiche Stromversorger ihre Pläne für den Bau neuer Kohlekraftwerke zu den Akten legten. Der Erfolg von Jackson und ihrem Kabinettskollegen, Verkehrsminister Ray LaHood, sowie der Beraterin des Weißen Hauses, Carol Browner, die mit den US-Autobauern eine deutliche Reduzierung des Spritverbrauchs ihrer Autoflotten aushandelten – schrittweise auf nur noch rund 4,3 Liter pro hundert Kilometer, umgerechnet die Hälfte des derzeitigen durchschnitt-lichen Flottenverbrauchs –, wurde von Dan Becker, der für das Center for Auto Safety die Safe Climate Campaign leitet, gelobt als »der größte Ein-zelschritt, den je eine Nation zur Reduzierung ihrer Treibhausgasemissio-nen getan hat«.[223] Doch seitdem sind mehrere Dinge passiert, in deren Folge die politische Herausforderung weit größere Ausmaße angenom-men hat, als Obama das erwartet hatte. Erstens dämpften die weltweite Finanzkrise und die schwere Rezession, die ihm vererbt wurden, die Lust seiner Regierung ganz erheblich, sich angesichts der aktuellen ökonomi-schen Notlage mit der langfristigen Herausforderung des Klimaschutzes zu beschäftigen. Hinzu kam, dass die Rezession sich als ungewöhnlich hartnäckig erwies. Das lag am massiven Schuldenabbau im Finanzsektor, am Zusammenbruch des privaten Immobilienmarktes und am zu klein geratenen fiskalischen Konjunkturprogramm, das die Nachfrage zwar etwas – aber eben nicht ausreichend – in Schwung brachte.

Zweitens überraschte China die Welt mit seinem Anspruch, den globalen Markt für Windkraftanlagen und Solarzellen zu dominieren, massiv
subventioniert durch staatlich abgesicherte billige Kredite und niedrige
Lohnkosten. Das erlaubte den chinesischen Herstellern, den Weltmarkt
mit Anlagen zu fluten, deren Preise deutlich unter den Produktionskosten
in den Vereinigten Staaten und anderen entwickelten Ländern lagen.[224]

Drittens wurde Obamas Klimaschutzgesetz von dem zu der Zeit demokratisch dominierten Repräsentantenhaus zwar angenommen, aber
die republikanische Minderheit im US-Senat konnte wegen der veralteten
und dysfunktionalen Regularien das Gesetz verhindern. Senatoren beider
Parteien bekundeten später in privaten Gesprächen die Überzeugung,
eine Annahme des Gesetzes sei in Reichweite gewesen, aber Präsident
Obama habe nicht den Eindruck der absoluten Entschlossenheit vermit-
telt, die vonnöten gewesen wäre, um eine das Gesetz unterstützende Koalition zu schmieden. In der Tat hatte Obama die Gesundheitsreform an
die Spitze seiner Prioritätenliste gesetzt, ein Projekt, das im zutiefst ver-
fahrenen politischen System der USA einen legislativen Stillstand provozierte. Diese Stagnation hielt bis zum Beginn des Zwischenwahlkampfes
an und sorgte dafür, dass der Senat nicht einmal die Zeit fand, sich ernsthaft mit dem Thema Klimawandel zu befassen.

In der Zwischenzeit hatten Obama und seine Berater im Weißen Haus
offenbar längst eine nüchterne Analyse der politischen Risiken erstellt, die
den Demokraten bei einer Annahme des Klimaschutzgesetzes in all den
Bundesstaaten drohten, in denen die auf fossilen Energieträgern basierende Industrie über großen Einfluss verfügte. Als seine Gegner im Kongress dann mit dem Schlachtruf *Drill baby, drill* antraten, war es Obama
selbst, der die Ausweitung der Erdölförderung – und zwar sogar im Nordpolarmeer vor Alaska – vorschlug und weitere in Bundesbesitz befindliche Flächen zum Kohleabbau freigab. Diese Kehrtwende und andere
Entwicklungen hatten zur Folge, dass die zu Beginn seiner Amtszeit mit
den Energie- und Klimaschutzvorschlägen eingeleiteten Fortschritte
durch den *All of the Above Approach*, also seine Von-jedem-etwas-Ener-
giepolitik, praktisch wieder zunichtegemacht wurden – eine Politik, die
die Abhängigkeit der USA von kohlenstoffreichen fossilen Energieträgern
nur noch weiter verschärft hat.

Viertens brachen im Zuge der Entdeckung gewaltiger Schiefergasvorkommen in den USA die Strompreise ein, da viele Kohlekraftwerke auf

das billigere Gas umstellten und die Strompreise unter das Niveau drückten, das die noch in der Anfangsphase ihrer Entwicklung befindliche Solar- und Windenergie benötigt, um konkurrenzfähig sein zu können. Seit der Entwicklung und Perfektion einer neuen Fördertechnologie, die horizontale Bohrungen und Fracking – also das hydraulische Aufbrechen – kombiniert, wird der Markt in den Vereinigten Staaten mit Schiefergas überschwemmt. Obwohl sich die Debatte um Fracking hauptsächlich um seinen Einsatz bei der Schiefergasförderung dreht, wird es auch bei der Ölförderung eingesetzt. Diese Methode ermöglicht es, bislang nicht zugängliche Vorkommen zu erschließen und die Fördermenge aus Ölfeldern zu steigern, aus denen sich mit herkömmlichen Verfahren praktisch nichts mehr herausholen ließ.

Das Fracking und die Folgen

IN DEM MASSE, wie die Flüssigerdgasexporte aus Ländern mit niedrigen Gaspreisen, etwa den USA, in Märkte mit höheren Gaspreisen wie Asien und Europa zunehmen, werden nach Ansicht von Experten die Marktpreise für Schiefergas beständig anziehen und gleichzeitig die Durchschnittskosten für die Schiefergasförderung deutlich steigen.[225] Gleichwohl hat das schiere Ausmaß der durch das Fracking-Verfahren erschlossenen Vorkommen zumindest vorübergehend das Preisgefüge auf dem amerikanischen Energiemarkt kräftig durcheinandergewirbelt, und der Enthusiasmus, mit dem die Erschließung dieser Vorkommen vorangetrieben wird, hat mehrere ganz entscheidende Fragen und Kontroversen überdeckt, die uns eigentlich dazu bringen müssten – und das früher oder später auch tun werden –, die Schiefergasförderung deutlich kritischer zu betrachten. Zunächst einmal werden beim Fracking enorme Mengen an Methan (dem Hauptbestandteil von Erdgas) freigesetzt, und auf zwanzig Jahre hochgerechnet hält Methan *72-mal* mehr Wärmeenergie in der Atmosphäre zurück als Kohlendioxid.[226]

Wegen des starken Treibhauseffekts von Methan ist als Sofortmaßnahme vorgeschlagen worden, die globalen Methanemissionen drastisch zu reduzieren und auf diese Weise mehr Zeit für die Umsetzung der weitaus schwierigeren Aufgabe zu erkaufen, die CO_2-Emissionen zu reduzieren.[227] In dieselbe Richtung zielt auch der Vorschlag, zunächst die globalen Rußemissionen massiv zu reduzieren; Rußpartikel halten in der Atmosphäre nicht nur von der Sonne einstrahlende Wärme zurück, sie lagern sich auch auf Eis und Schnee ab, wo sie die Wärmeabsorption verstärken und den Abschmelzprozess beschleunigen.[228] Zusammengenommen ließe sich mit diesen beiden Maßnahmen bis 2050 die Klimaerwärmung erheblich vermindern. Angesichts der Tatsache, wie lange wir damit gewartet haben, die Reduzierung der Treibhausgasemissionen endlich in Angriff zu nehmen, sollten wir beides – und noch mehr – tun.

Bevor die für das Auffangen des Gases an der Oberfläche notwendige Ausrüstung installiert ist, entweichen beim Fracking riesige Mengen an Methan. Nachdem die unterirdische Gesteinsformation durch die unter Hochdruck eingepresste Flüssigkeit aufgebrochen ist, kommt es zu einem »Rückfluss«. Die aus Sand, Chemikalien und Wasser bestehende Fracking-Flüssigkeit, die dabei an die Oberfläche steigt und aus dem Bohrloch austritt, ist mit Methan versetzt, das entweder in die Atmosphäre entweicht oder abgefackelt wird. Viele der größeren Fördergesellschaften haben zwar Maßnahmen ergriffen, um diese Leckage zu verhindern, die Mehrzahl der kleineren unabhängigen Bohrfirmen aber nicht.[229] Darüber hinaus gelangt auch später Methan in die Atmosphäre, bei der Aufbereitung, Speicherung und Weiterleitung des Gases. Die Gesamtmenge des durch Leckagen im Fracking-Prozess austretenden Methans ist so groß, dass laut mehreren Studien dadurch praktisch der gesamte, auf seinen geringeren Kohlenstoffanteil zurückgehende Klimavorteil von Erdgas gegenüber Kohle zunichtegemacht wird – unter den besagten Studien ist auch eine Lebenszyklusanalyse, die kürzlich von Nathan Myhrvold, dem ehemaligen Microsoftmitarbeiter und Mitbegründer von Intellectual Ventures, zusammen mit dem Klimaforscher Ken Caldeira vom Department of Global Ecology an der Carnegie Mellon University durchgeführt wurde.[230]

Im laufenden Betrieb müssen beim Fracking zudem kontinuierlich riesige Mengen an mit Sand und giftigen Chemikalien versetztem Wasser in das gashaltige Schiefergestein gepresst werden, ein Umstand, an dem sich angesichts eines Verbrauchs von durchschnittlich 19 Millionen Litern Wasser pro Förderstelle in einigen sowieso unter Wasserknappheit und Dürren leidenden Regionen der USA bereits mehrfach Konflikte entzündet haben.[231] In vielen Gemeinden, insbesondere in den trockenen Landstrichen des amerikanischen Westens, ist schon vor dem Schiefergasboom mit harten Bandagen um die knappen Wasservorkommen gestritten worden,[232] und in manchen Gebieten von Texas werden Fracking-Bohrungen in Gemeinden durchgeführt, obwohl die privaten Haushalte und die Landwirtschaft dort schon jetzt kaum mit dem vorhandenen Wasser auskommen.[233] Obendrein geht vom Fracking-Prozess eine erhebliche Gefahr für das Grundwasser aus. Die gashaltigen Gesteinsschichten liegen üblicherweise zwar viel tiefer als die Grundwasserleiter, aus denen vielerorts das Trinkwasser entnommen wird, allerdings ist unser Wissen über die Aufwärtsmigration von Flüssigkeiten im Boden unvollständig und lässt sich diese nur schwer vorhersagen oder gar kontrollieren. Viele Vorkommen, die durch Fracking erschlossen werden, liegen in Gebieten, wo zuvor schon Erdöl oder Erdgas gefördert wurde. Jene Gegenden sind mit alten stillgelegten Bohrlöchern gespickt, die vor Jahrzehnten auf der Suche nach mit konventionellen Methoden erschließbaren Vorkommen gebohrt wurden. Diese alten Brunnen können wie Kamine bei der Aufwärtsmigration von Methan und Fracking-Wasser wirken.[234]

Eben diese stillgelegten Brunnen und alten Bohrlöcher sowie andere, bisher wenig erforschte geologische Vorgänge in den Gesteinsschichten könnten, spekulieren manche Experten, dafür verantwortlich sein, dass inzwischen zahllose Wasserbrunnen, die weit über den laufenden Horizontalbohrungen liegen, mit Fracking-Flüssigkeit kontaminiert sind. Laut einer Untersuchung der US-Umweltbehörde EPA etwa sind die Flüssigkeiten, die bei Gasbohrungen in Wyoming eingesetzt wurden, aller Wahrscheinlichkeit nach die Ursache für die Verschmutzung eines über einem der Fördergebiete liegenden Grundwasserleiters.[235] Auch aus anderen Fracking-Gebieten werden Grundwasserbelastungen berichtet, Hinweise, denen die EPA jedoch wegen eines dubiosen, 2005 auf Drängen des damaligen Vizepräsidenten Dick Cheney verabschiedeten Gesetzes kaum nachgehen kann – Fracking-Aktivitäten werden darin von der in den Wasser- und Trinkwasserschutzgesetzen vorgeschriebenen bundesstaatlichen Aufsicht explizit ausgenommen.[236]

Selbstredend weist die Industrie die meisten dieser Berichte zurück, ganz abgesehen davon, dass in ihren Augen die Verschmutzung von ein paar Trinkwasserbrunnen so oder so ein geringer Preis sei. »Die Auswirkungen eines Fehltritts bei einer Bohrung«, gab der Geschäftsführer von ExxonMobil, Rex Tillerson, erst unlängst zu Protokoll, »mögen zwar für die Menschen, die in unmittelbarer Nähe davon leben, groß sein, im großen Gefüge der Dinge aber sind sie vernachlässigbar.«[237] Dessen ungeachtet nimmt seit einiger Zeit bei Landbesitzern in den betroffenen Regionen der politische Widerstand zu.[238]

Nach ihrer Verwendung muss die hochgiftige Fracking-Flüssigkeit als Sonderabwasser entsorgt werden. In vielen Fällen wird sie in tiefe Gesteinsschichten zurückgepresst, eine Praxis, die schon mehrere kleine (zumeist harmlose) Erdbeben ausgelöst hat[239] und durch die in einigen Fällen Grundwasserleiter kontaminiert worden sein sollen.[240] In der Tat löst die Entsorgung der gebrauchten Fracking-Flüssigkeit weit häufiger Proteste aus als die anfänglichen Einpressungen, die den hydraulischen Aufbruch bewirken.[241] An vielen Standorten werden die Fracking-Abwässer in großen, offenen Rückhaltebecken gespeichert, die bei schweren Regenfällen hin und wieder überlaufen, und mancherorts sind die Abwässer auch schon auf Straßen gesprüht worden, angeblich als Maßnahme gegen die Staubbildung.[242]

Die Befürworter der Schiefergasgewinnung verweisen gerne auf Sicherheitsmaßnahmen, mit denen sich viele dieser Probleme ganz oder teilweise beheben lassen. Sie beharren aber darauf, dass dafür keine Gesetze notwendig seien und die Industrie sie – ungeachtet der damit verbundenen Kosten – freiwillig ergreifen werde. Im Gegensatz dazu fordert George P. Mitchell aus Houston, Texas, ein Veteran der Erdöl- und Erdgasindustrie und Pionier des Fracking-Verfahrens, mehr staatliche Regulierung: »Die Regierung sollte die Anlagen sehr genau kontrollieren. Das Energieministerium sollte das tun«, erklärte Mitchell in einem Interview mit der US-Zeitschrift *Forbes*. »Wenn die Betreiber das nicht richtig machen, kann das schlimme Folgen haben. […] Es ist schwierig, diese unabhängigen Betreiber zu kontrollieren. Aber wenn sie etwas falsch machen und es gefährlich wird, sollten sie bestraft werden.«[243]

Doch selbst wenn neue Sicherheitsvorschriften wie vorgesehen erlassen werden und man den Austritt von Methan durch Leckagen in den Griff bekommen sollte, verursacht die Verbrennung von Erdgas immer noch enorme CO_2-Emissionen. Die Tatsache, dass diese Emissionen theoretisch auf ein Niveau reduziert werden können, das um die Hälfte unter den Emissionen aus der Kohleverbrennung liegt, ist von einigen Befürwortern der Schiefergase dazu benutzt worden, der alten Frage, ob das Glas halb voll oder halb leer ist, eine neue Wendung zu geben. Mit dem Umstieg auf Erdgas, so ihr verlockendes Argument, können wir die

Emissionen in den Bereichen, die heute vor allem auf Kohle setzen, um die Hälfte senken. Das Problem dabei ist nur: Die Atmosphäre ist längst schon *voll*. Die Konzentration an Treibhausgasen hat heute schon ein gefährlich hohes Niveau erreicht.

Die Realität akzeptieren

MIT ANDEREN WORTEN: Wenn wir die Klimakrise lösen wollen, müssen wir die Emissionen nicht nur ein bisschen, sondern ganz massiv herunterfahren. Zunächst müssen wir den Nettozuwachs der Treibhausgasemissionen um mindestens 80 bis 90 Prozent – nicht nur um 50 Prozent – reduzieren; nur so können wir verhindern, dass die Gesamtkonzentrationen über eine kritische Schwelle ansteigen, bevor sie wieder sinken.[244] Sollten wir weiterhin Treibhausgase in einer Menge in die Atmosphäre blasen, die weit über der vergleichsweise geringen Rate liegt, mit der CO_2 durch die Ozeane und die Biosphäre der Atmosphäre entzogen wird, würde das den Zeitpunkt, ab dem wir auf einen Rückgang der atmosphärischen Treibhausgaskonzentrationen hoffen können, weit hinaus in die Zukunft verschieben. Als »Brückentechnologie« bis zum Umstieg auf erneuerbare Energiequellen kann Erdgas hilfreich sein, aber länger darauf zu setzen wäre gleichbedeutend damit, im Kampf um das Überleben der Zivilisation die Waffen zu strecken.

In gewisser Weise ist die Herausforderung vergleichbar mit dem, was bei der Erschöpfung der Grundwasservorräte und der Erosion der Mutterböden abläuft. Die natürliche Neubildung dieser Ressourcen verläuft in einem Zeitraum, der weit über der Zeitspanne liegt, mit der sie durch menschliche Aktivitäten aufgezehrt werden. Die natürliche Dauer, mit der CO_2 aus der Atmosphäre entfernt wird, kommt nicht annähernd an die Geschwindigkeit heran, mit der unsere Emissionen die Gesamtkonzentrationen weiter in die Höhe treiben. In allen drei Fällen bewirken die menschlichen Aktivitäten Veränderungen, die weitaus schneller ablaufen, als die Natur sich an sie anpassen kann.

Das grundlegende Problem dabei ist, dass die neue Macht und Dynamik der Welt AG frontal mit dem ökologischen Gleichgewicht kollidieren und es zu überwältigen drohen. Beides, der exzessive Verbrauch begrenzter Ressourcen wie auch der unbegrenzte Ausstoß an Schadstoffen, ist unvereinbar mit dem Fortbestehen der natürlichen Ökosysteme in einer Art und Weise, die das Überleben der menschlichen Zivilisation gewährleistet. Wie bereits erwähnt, überschreitet allein die in den »nachgewiesenen« konventionellen – und in den Büchern der Energiekonzerne und der Erdöl exportierenden Länder ausgewiesenen – Öl-, Kohle- und Erdgasreserven enthaltene CO_2-Menge um ein Vielfaches die Dosis, die wir ohne Gefahr in die Atmosphäre pusten könnten. Dabei sind die unkonventionellen Reserven, deren Erschließung jetzt gerade erst so richtig Fahrt aufnimmt und die potenziell noch sehr viel umfangreicher sind, noch gar nicht berücksichtigt.

Der Schiefergasboom in den Vereinigten Staaten hat in China, Europa,[245] Afrika [246] und anderswo auf der Welt eine Flut von Erkundungen in eigene Vorkommen nach sich gezogen; eine Entwicklung, die eine langfristige globale Neuausrichtung auf Erdgas befürchten lässt, was auf Kosten der erneuerbaren Energien gehen würde. Allerdings sind die Mengen an Schiefergas, die außerhalb der USA gefördert werden, bislang noch relativ überschaubar. In China, dessen Vorkommen nach Schätzung von Geologen durchaus das Zweieinhalbfache der US-Reserven betragen könnte, erfordert der geologische Aufbau des Untergrunds andere Verfahren als die, die in Nordamerika zum Einsatz kommen. Das bedeutet, dass die in den USA bewährten Technologien zur horizontalen Bohrung und zum hydraulischen Aufbrechen nicht einfach so eins zu eins übernommen werden können.[247] Ferner könnte, wie auch im trockenen Westen der USA, der immense Wasserverbrauch des Fracking-Verfahrens seiner Anwendung Grenzen setzen, insbesondere im unter Wasserknappheit leidenden Norden und Nordwesten Chinas.[248]

Dennoch deutet der Trend in der globalen Wirtschaft auf die volle Erschließung und Förderung der Schiefergasvorkommen hin. Wenn es gelingt, die »flüchtigen Emissionen« drastisch zu begrenzen, dann könnte, wie etliche Experten überzeugend darlegen, das Ersetzen von Kohle durch Erdgas eine zwar vorübergehende, aber dennoch bedeutende Reduzierung der globalen Treibhausgasemissionen bewirken. 2012 sind, zur allgemeinen Überraschung der Analysten, die CO_2-Emissionen der Vereinigten Staaten auf den niedrigsten Stand seit zwei Jahrzehnten gesunken – zum Teil wegen der Wirtschaftskrise, des milden Herbstes und Winters und der stärkeren Nutzung erneuerbarer Energien, aber auch wegen der Umstellung zahlreicher Stromversorger von Kohle auf Gas.[249]

Vor Jahren gehörte ich zu denjenigen, die sich dafür aussprachen, mit konventionellem Erdgas als Brückenenergie eine schnellere Ablösung der Kohle zu erreichen und gleichzeitig darauf zu setzen, dass die Kosten für die in immer größeren Stückzahlen gefertigten Solarzellen und Windkraftanlagen zurückgingen. Wie sich jetzt jedoch immer deutlicher abzeichnet, dürfte der Nettoeffekt des Schiefergases auf die Umwelt unvereinbar sein mit seiner Nutzung als Brückenenergie. Angesichts der enormen Investitionen, die eine Umstellung von Kohle auf Gas erfordert, würde man sich weltweit wohl sehr schwertun, sozusagen postwendend eine weitere Kehrtwende zu vollziehen und nochmals gewaltige Summen in den Umstieg von Erdgas auf erneuerbare Energien zu investieren. Mit anderen Worten: Erdgas könnte sich als eine Brücke ins Nichts entpuppen.

Der Schiefergasboom hat nicht nur – wenigstens vorübergehend – die Energiepreise so weit nach unten gedrückt, dass die erneuerbaren Energien Schwierigkeiten haben, konkurrenzfähig zu bleiben. Sollten sich die Studien bewahrheiten, laut denen der Umstieg auf Schiefergas keinen positiven Treibhauseffekt erzeugt, droht außerdem ein höchst fatales Szenario: Die gewaltigen Investitionen in die Schiefergasförderung ziehen Geld aus den erneuerbaren Energien ab, während sich gleichzeitig die Klimakrise weiter zuspitzt. Der einzige Vorteil von Schiefergas bestünde dann darin, dass es, zumindest in den USA, den Ausstieg aus der Kohle beschleunigt.

Kohle hat von allen Energieträgern den höchsten Kohlenstoffgehalt und setzt pro erzeugter Energieeinheit am meisten CO_2 frei.[250] Außerdem entstehen bei der Kohleverbrennung zahlreiche zur lokalen und regionalen Luftverschmutzung beitragende Schadstoffe, darunter Distickstoffoxid (der Hauptbestandteil von Smog), Schwefeldioxid (SO_2, verantwortlich für den sauren Regen) und Umweltgifte wie Arsen und Blei. Zudem bleiben enorme Mengen an Giftschlämmen zurück – dem Volumen nach der zweitgrößte industrielle Giftmüllstrom in den Vereinigten Staaten. Der Großteil dieser Giftschlämme wird in riesige Speicherbecken wie eben das gepumpt, dessen Staumauer vor vier Jahren brach, woraufhin Teile der Ortschaft Harriman in meinem Heimatstaat Tennessee überflutet wurden.[251]

Außerdem ist die Kohleverfeuerung die hauptsächliche Quelle für Quecksilberemissionen, ein extrem giftiges Schwermetall, das unter anderem das Nervensystem angreift, die kognitiven Fähigkeiten und die

Konzentrationsfähigkeit beeinträchtigt sowie das Gedächtnis und die Feinmotorik schädigt.[252] In den Vereinigten Staaten findet sich in so gut wie allen Fischen und Schalentieren Methylquecksilber, das aus Kohlekraftwerken stammt.[253] Methylquecksilber ist der Hauptgrund dafür, warum viele Fische und Schalentiere als gefährlich für schwangere und stillende Frauen sowie für Frauen, die schwanger werden wollen, und für Kleinkinder gelten. Weil der Verzehr von Fisch gut ist für die Entwicklung des embryonalen Gehirns, sollten schwangere Frauen nicht völlig auf Fisch verzichten, sondern nach Fisch suchen, der wenig mit Quecksilber belastet ist.

Das Schlimmste an der Kohleverbrennung aber ist seine dominante Rolle als Verursacher der Klimaerwärmung. Während in den USA 166 geplante Kohlekraftwerke unter anderem wegen des öffentlichen Widerstands gestrichen wurden,[254] steigt der Kohleverbrauch weltweit rapide an. Derzeit befinden sich, auf 59 Länder verteilt, insgesamt rund 1200 neue Kohlekraftwerke in der Planung.[255] Sollten alle geplanten Bauvorhaben realisiert werden, wird der globale Kohleverbrauch in den nächsten zwei Jahrzehnten um 65 Prozent zulegen und Kohle Erdöl als wichtigste Energiequelle verdrängen.[256]

Kohle gilt vor allem deswegen als billig, weil in dem absurden Bilanzierungssystem, anhand dessen wir die von ihr verursachten Kosten ermitteln, die durch ihre Verbrennung verursachten Folgeschäden schlichtweg ignoriert werden. Derzeit wird an der Verbesserung eines seit Langem bekannten Verfahrens gearbeitet, mit dessen Hilfe sich Kohle unter Tage in Gas konvertieren lässt, das anschließend gefördert werden kann. Aber selbst wenn dieses Verfahren zur Marktreife gelangen sollte, würden die daraus resultierenden CO_2-Emissionen die Zerstörung des planetaren Ökosystems nur weiter vorantreiben.[257]

Erdöl, die zweitgrößte Quelle für die globale Verschmutzung durch Treibhausgase, enthält pro erzeugter Energieeinheit 70 bis 75 Prozent so viel Kohlenstoff wie Kohle.[258] Darüber hinaus gilt für einen Großteil der erwarteten neuen Erdölvorkommen – in Form von Schieferöl, Tiefseelagerstätten und Teersanden (nicht nur in Kanada, sondern auch in Venezuela, Russland und anderswo) –, dass ihre Erschließung und Förderung verglichen mit konventionellen Vorkommen deutlich kostspieliger und die damit einhergehenden Umweltfolgen noch gravierender sind.[259] Herkömmliches Erdöl ist mit Problemen belastet, die die Kohle nicht betreffen. Der Löwenanteil der ohne großen Aufwand erschließbaren Öl-vorkommen liegt in Regionen wie dem Persischen Golf, die politisch und gesellschaftlich instabil sind. Und in Anbetracht der Entschlossenheit, mit der der Iran sein Atomprogramm vorantreibt, sowie der gewaltsamen Unruhen, die gleich mehrere Länder der Region erschüttern, bleibt der Ölpreis aufgrund der strategischen Gefahr, den Zugang zu diesen Ressourcen zu verlieren, höchst unbeständig.

Im Zentrum der Diskussion darum, wie wir die globalen CO_2-Emissionen reduzieren können, stehen vor allem die Emissionen aus der Industrie, der Energieversorgung und dem Verkehr. Wichtig ist es aber auch, die Emissionen aus der Land- und Forstwirtschaft zu reduzieren und die CO_2-Abscheidung (oder CO_2-Sequestrierung, wie es im Fachjargon heißt) in diesen Bereichen zu verbessern, die zusammengenommen weltweit die zweitgrößte Quelle für Treibhausgasemissionen sind. Wie die Keeling-Kurve zeigt, ist die in der Vegetation und insbesondere in Bäumen gespeicherte Menge an CO_2 enorm und summiert sich auf ungefähr drei Viertel des in der Atmosphäre enthaltenen Kohlendioxids.[260]

Der größte Regenwald der Erde, der Amazonas-Regenwald, ist seit Jahrzehnten dem Ansturm von Siedlern, Holzfällern, Viehzüchtern und Subsistenzbauern ausgesetzt. Der frühere brasilianische Präsident Luiz Inácio Lula da Silva ergriff zwar wirksame Maßnahmen, um die Zerstörung des Amazonas-Regenwaldes wenigstens zu verlangsamen. Und auch wenn die Entwaldungsrate in der Region 2012 im Vergleich zum Vorjahr zurückgegangen ist, verfolgt seine Nachfolgerin eine Politik, die einen Teil der erreichten Fortschritte zunichtezumachen droht.[261] Im letzten Jahrzehnt ist die Region um den Amazonas gleich zwei Mal, 2005 und erneut 2010, von einer Jahrhundertdürre heimgesucht worden (vielmehr von dem, was einmal als Jahrhundertdürre galt, bevor die Menschen ihr gefährliches Spiel mit dem Klima anfingen) – Ereignisse, die eine umstrittene, auf Computermodellen basierende Vorhersage sehr viel wahrscheinlicher aussehen lassen, wonach bis Mitte des Jahrhunderts große Teile des Amazonas-Regenwaldes durch Dürren vernichtet werden könnten, sollten die Temperaturen weiter ansteigen.[262]

Ein wachsender Anteil der weltweiten CO_2-Emissionen geht auf das Konto der Entwässerung, Rodung und Verbrennung von Torfwäldern und Mooren, die insbesondere in Indonesien und Malaysia Palmölplantagen weichen müssen.[263] Nach Angaben des Umweltprogramms der

Vereinten Nationen entfällt über ein Drittel des weltweit im Boden gebundenen Kohlenstoffs auf Torfwälder und Moore.[264] Obwohl die Regierungen beider Länder nach außen den Willen bekundet haben, die schädliche Praxis einzudämmen, hat sich wegen der weitverbreiteten Korruption bislang wenig getan. So gehört denn auch fast überall dort, wo in großem Stil entwaldet wird, die schlechte Qualität der Regierungsführung zu den wichtigsten Ursachen – zumal rund 80 Prozent der Wälder weltweit im Besitz der öffentlichen Hand sind.[265]

Auch in Zentral- und im südlichen Zentralafrika – vor allem im Sudan und Sambia – und auf den südostasiatischen Inseln, einschließlich Teilen Papua-Neuguineas, Indonesiens, Borneos und der Philippinen, gehen jedes Jahr große Regenwaldflächen verloren.[266] In vielen tropischen Ländern hat die stetig steigende Nachfrage nach Fleisch in hohem Maße zum Kahlschlag von Wäldern für die Vieh- und vor allem Rinderzucht beigetragen.[267] Und wie bereits in Kapitel 4 erwähnt, wirkt sich der weltweit wachsende Fleischanteil an der Ernährung besonders stark auf den Landverbrauch aus, da für die Erzeugung von 1 Kilogramm tierischem Protein über 7 Kilogramm pflanzliches Protein aufgewendet werden müssen.

Die riesigen borealen Wälder, die sich im Norden über Russland, Kanada, Alaska, Norwegen, Schweden und Finnland (sowie Teile von China und Japan) erstrecken, sind ebenfalls gefährdet. Neueren Schätzungen zufolge, die sich mit der Menge des in der Taiga gespeicherten Kohlenstoffs beschäftigen – nicht nur in den Bäumen, sondern auch in den Böden und den vielen Torfmooren, die sich dort befinden –, könnten bis zu 22 Prozent des gesamten auf und in der Landoberfläche der Erde gespeicherten Kohlenstoffs in den borealen Wäldern enthalten sein.[268]

In der russischen Taiga und Waldtundra, sie bilden die bei Weitem größten zusammenhängenden Waldflächen auf dem Planeten, befinden sich die einstmals vorherrschenden Lärchen auf dem Rückzug und werden durch Fichten und Tannen ersetzt. Wenn die Lärchen im Winter ihre Nadeln abwerfen, wird das durch das kahle Geäst scheinende Sonnenlicht von dem schneebedeckten Boden zurück in den Himmel reflektiert, und der Boden bleibt gefroren. Weil die Nadeln der immergrünen Fichten und Tannen dagegen auch im Winter die von der Sonne einstrahlende Wärmeenergie absorbieren, steigen die Temperaturen am Boden an, wodurch der Schnee schneller schmilzt und das Auftauen des Permafrostbodens beschleunigt wird. Die komplexe Symbiose zwischen den Lärchen und der Taiga wird gestört, was dazu führt, dass beide verschwinden[269] – ein Schicksal übrigens, das rund um die Welt vielen Millionen ähnlichen symbiotischen Beziehungen in der Natur droht.

In einigen kanadischen Provinzen gelten überaus strenge Gesetze, die eine nachhaltige Forstwirtschaft vorschreiben und die negativen Auswirkungen durch den Holzeinschlag begrenzen, ein Schutz, der in Russland fehlt. Gleichzeitig werden die borealen Wälder Russlands und Nordamerikas von den Auswirkungen der Klimaerwärmung auf Dürren, Waldbrände und Insekten schwer in Mitleidenschaft gezogen. Insbesondere Borkenkäfer haben mit den steigenden Temperaturen ihren Lebensraum ausgedehnt und können sich dank der abnehmenden Zahl an Kälteeinbrüchen, die sie früher in Schach hielten, sehr viel schneller vermehren. In manchen Gebieten bringen sie pro Sommer drei neue Generationen hervor, nicht wie bisher nur eine.[270] In den letzten zehn Jahren sind im Westen der USA und in Kanada über 110 000 Quadratkilometer Wald durch eine, wie Artenforscher von den Vereinten Nationen dazu sagten, »beispiellose Massenvermehrung von Bergkiefernkäfern« vernichtet worden.[271]

In den Gebirgsregionen leiden die Bäume in den heißen Sommermonaten wegen der früher einsetzenden Schneeschmelze unter Wassermangel, was ihre Anfälligkeit für Dürren noch weiter erhöht. Ein auf diese Themen spezialisierter Wissenschaftler, Robert L. Crabtree, erklärte dazu vor nicht allzu langer Zeit gegenüber der *New York Times*: »Wie ich fangen viele Ökologen an zu denken, dass all diese Wirkkräfte, Insekten, Waldbrände und so weiter, nur die unmittelbare Ursache sind und dass es sich beim eigentlich Schuldigen um den durch den Klimawandel verursachten Wasserstress handelt.«[272]

Anhaltende Trockenheit schwächt die Bäume und macht sie anfälliger für den Befall durch Borkenkäfer. Gleichzeitig steigt, wie schon seit Längerem wissenschaftlich belegt, die Zahl der Waldbrände proportional zu den steigenden Temperaturen an.[273] Zweifelsohne sind auch die Veränderungen in der Art und Weise, wie die Wälder bewirtschaftet werden, über die letzten Jahrzehnte hinweg vielerorts nicht ohne Folgen für die Brandgefahr und die Häufigkeit sowie das Ausmaß von Waldbränden geblieben. Verglichen mit den zahllosen und vielfältigen Einflüssen der globalen Erwärmung auf Wald- und Buschbrände aber spielen sie nur eine untergeordnete Rolle.

Das Ausmaß der Verluste in den von der Entwaldung betroffenen Gebieten ist nach Angaben von Experten absolut beispiellos, und entsprechend enorm sind die CO_2-Mengen, die in die Atmosphäre freigesetzt werden. Wie in der Vegetation und in den Böden der arktischen Tundra sind in den großen Wäldern der Welt gewaltige CO_2-Mengen in Bäumen und Pflanzen selbst gespeichert, in den Böden, auf denen sie wachsen, und in der Waldstreu, die sie bedeckt.[274] Wie es aussieht, könnten sich die großen borealen Wälder Kanadas und Alaskas inzwischen in eine Quelle für atmosphärisches CO_2 verwandelt haben, statt wie bisher als Region zu fungieren, in der durch das Wachstum der Bäume Kohlendioxid aus der Atmosphäre gebunden wird.[275] Wenn ausreichend Nährstoffe verfügbar sind, kann das zusätzliche CO_2 in der Atmosphäre zwar in einem gewissen Umfang das Wachstum von Bäumen stimulieren, aber dabei handelt es sich nach Ansicht der meisten Experten um einen Effekt, der durch begrenzende Faktoren wie Wasserknappheit, verstärkten Insektenbefall und häufigere Waldbrände mehr als aufgehoben wird. Dennoch, trotz der verheerenden Verluste an Waldflächen hat sich der *Netto*verlust an Wäldern in den letzten paar Jahren verlangsamt, hauptsächlich infolge von Maßnahmen zur Wiederaufforstung und durch den natürlichen Neubewuchs von brachliegendem Nutzland. Nach Angaben der Vereinten Nationen entfällt der Großteil dieses Neubewuchses auf die gemäßigten Zonen und dabei vor allem auf das östliche Nordamerika, Europa, den Kaukasus und Zentralasien.[276] Wenn wir die Entwaldungsrate bis 2030 um die Hälfte senken, würde die Welt Umweltkosten in Höhe von 3,7 Billionen Dollar einsparen.[277]

China ist weltweit führend bei der Wiederaufforstung; in den vergangenen Jahren sind in China 40 Prozent mehr Bäume neu angepflanzt worden als im gesamten Rest der Welt.[278] Seit 1981 sind alle Chinesen im Alter von 12 bis 59 Jahren offiziell verpflichtet, pro Jahr mindestens drei Bäume zu pflanzen.[279] Bis zum heutigen Tag sind in China schätzungsweise 40 Millionen Hektar aufgeforstet worden.[280] Hinter China gehören die USA, Indien, Vietnam und Spanien zu den Ländern mit den höchsten Zuwächsen an Wald.[281] Allerdings handelt es sich dabei häufig um Monokulturwälder, die nur mit einer Baumart besetzt sind und im Vergleich zu der großen Artenvielfalt, wie sie in gesunden, aus vielen verschiedenen Baumarten bestehenden Primärwäldern herrscht, nur wenige Tier- und Pflanzenarten beherbergen.[282]

So wichtig die Kohlenstoff-Abscheidung in Bäumen und der übrigen Vegetation auch sein mag, die in den ersten maximal zwei Metern des Erdbodens (und zwar hauptsächlich in den gut 10 Prozent der Landoberfläche, die mit urbarem Land bedeckt sind)[283] eingebundene Menge an Kohlenstoff beträgt nahezu das Doppelte dessen, was in der Vegetation und der Atmosphäre zusammen enthalten ist.[284] Bis die industrielle Revolution begann und zunächst Kohle- und dann Erdölvorkommen als weltweit wichtigste Energiequellen erschlossen wurden, trug das durch Pflügen und die Bodendegradation freigesetzte CO_2 in beträchtlichem Maße zum CO_2-Überschuss in der Atmosphäre bei. Nach manchen Schätzungen sind hauptsächlich infolge von Landrodungen für die Landwirtschaft und durch die menschliche Besiedlung seit 1800 weltweit an die 60 Prozent des in den Böden, Bäumen und der sonstigen Vegetation gespeicherten Kohlenstoffs in die Atmosphäre entwichen.

Die moderne industrielle Landwirtschaft mit ihren schweren Pflügen, riesigen Monokulturen und einem exzessiven Einsatz synthetischer Stickstoffdüngemittel trägt ebenfalls zur Freisetzung von CO_2 in die Atmosphäre bei, indem sie den Abbau des in gesunden Böden enthaltenen organischen Kohlenstoffs vorantreibt. Umgepflügte Böden begünstigen die Wind- und Wassererosion der Erdkrume, der Anbau von Monokulturen anstelle von Mischkulturfeldbau und Fruchtwechsel verhindert die natürliche Wiederherstellung der Bodengesundheit, und synthetischer Stickstoffdünger hat auf Pflanzen einen Effekt, der dem von Steroiden nicht unähnlich ist: Er fördert das Pflanzenwachstum auf Kosten der Bodengesundheit und beeinträchtigt die Abscheidung von organischem Kohlenstoff in den Böden.[285]

Auch die Umwidmung von Ackerland für den Anbau von Energiepflanzen führt zu einer Nettozunahme der CO_2-Emissionen und treibt gleichzeitig die Entwaldung voran – entweder direkt, wie im Falle der Torfwälder, die Palmölplantagen weichen müssen, oder indirekt, indem Subsistenzbauern gezwungen werden, als Ersatz für die Äcker, von denen sie vertrieben werden, noch mehr Wald zu roden.[286] Wie ich schon früher öffentlich eingestanden habe, habe ich in meiner Zeit als Vizepräsident der USA den Fehler gemacht, die erste Generation der Biospritprogramme zu unterstützen. Ich war damals überzeugt, dass wir durch Biotreibstoffe als Ersatz für fossile Treibstoffe erhebliche CO_2-Reduktionen erreichen könnten – eine Rechnung, die, wie in der Zwischenzeit nachgewiesen worden

ist, falsch war.[287] Und wie viele andere auch hatte ich weder die rasanten
Zuwachsraten bei der Biotreibstoffproduktion vorhergesehen noch das
gewaltige Ausmaß, das die Industrie inzwischen erreicht hat.

Die Ausrottung von Arten

DIE VERNICHTUNG DER WÄLDER – insbesondere der Tropenwälder
mit ihrem großen Artenreichtum – ist neben der globalen Erwärmung
einer der hauptsächlichen Motoren einer Entwicklung, in der die meisten
Biologen die schlimmste Konsequenz der globalen Umweltkrise sehen:
das massenhafte Artensterben. In dessen Folge könnte bis Ende des Jahrhunderts zwischen einem Fünftel und der Hälfte aller auf der Erde lebenden Arten unwiederbringlich verschwunden sein.[288]

Bereits heute wird durch die Verschmutzung mit Treibhausgasen so
viel zusätzliche Wärmeenergie in der Atmosphäre zurückgehalten, dass
die globalen Durchschnittstemperaturen mit einer Geschwindigkeit ansteigen, die das Anpassungsvermögen vieler Pflanzen und Tiere übersteigt. Offenbar sind Amphibien in dieser frühen Phase am stärksten bedroht; rund um die Welt verschwinden immer mehr Frosch-, Kröten-,
Salamander- und andere Lurcharten. Schätzungsweise ein Drittel aller
verbliebenen Amphibienarten ist stark vom Aussterben bedroht, bei der
Hälfte gehen die Populationen zurück.[289] Nicht nur dem Klimawandel
und der Vernichtung von Lebensräumen fallen viele Amphibien zum Opfer, auch einer Pilzerkrankung, deren rapide Ausbreitung möglicherweise
ebenfalls mit dem Klimawandel zusammenhängt.[290] Wie zuvor schon
erwähnt, steigt auch für viele korallenbildende Polypenarten das Risiko
rapide an, auszusterben.

Zu den globalen Faktoren, die dieses Aussterben antreiben, zählen
nach Ansicht von Experten neben dem Klimawandel und der Entwaldung
auch die Zerstörung zahlreicher Lebensräume wie Feuchtgebiete und Korallenriffe, die für die Biodiversität entscheidend sind, die vom Menschen
verursachte toxische Umweltverschmutzung, invasive Arten und die
exzessive Jagd auf einige Spezies durch den Menschen. In Afrika sind
zahlreiche Wildtierarten in ihrem Bestand massiv durch Wilderei und
schwindende Lebensräume bedroht, insbesondere durch die landwirtschaftliche Erschließung bislang naturbelassener Gebiete.[291]

In den letzten 450 Millionen Jahren ist das Leben auf der Erde fünf Mal durch ein großes Massenaussterben dezimiert worden. Auch wenn unser Verständnis noch begrenzt ist, was einige dieser Ereignisse betrifft, wissen wir, dass das letzte große Artensterben vor 65 Millionen Jahren, als das Zeitalter der Dinosaurier zu Ende ging, vom Einschlag eines großen Asteroiden unweit der Yucatán-Halbinsel ausgelöst wurde.[292] Und noch etwas wissen wir: Anders als die bisherigen fünf großen Ereignisse, die natürliche Ursachen hatten, wurde jenes, mit dem wir es heute zu haben, in den Worten des herausragenden Biologen E. O. Wilson »voll und ganz vom Menschen ausgelöst«.[293]

Derweil zwingt die globale Erwärmung viele Pflanzen- und Tierarten zur Migration in höhere Breiten, also nordwärts auf der Nordhalbkugel und südwärts auf der Südhalbkugel – und zwar laut einer groß angelegten Studie mit einer Geschwindigkeit von knapp sechs Kilometern pro Jahr[294] –, oder in höher gelegene Bergregionen (zumindest dort, wo es solche Bergregionen *gibt*). Bei einer Studie, zu der einhundert Jahre zurückreichende Aufzeichnungen über die Lebensräume von Tieren im Yosemite-Nationalpark in Kalifornien ausgewertet wurden, zeigte sich, dass in diesem Zeitraum die Hälfte der dort lebenden Arten im Durchschnitt um 500 Höhenmeter höher gezogen war.[295]

Manche Spezies werden, wenn sie die Pole oder die Berggipfel erreichen und nicht mehr weiter fliehen können, gewissermaßen vom Planeten gestoßen und sterben aus.[296] Dasselbe Schicksal blüht vielen anderen Arten, die nicht so schnell in neue Lebensräume ausweichen können, wie der Klimawandel sie aus ihren alten vertreibt. Nach einer 2011 von Wissenschaftlern der Duke University in North Carolina für die US-amerikanische National Science Foundation erstellten Studie droht in den östlichen USA über der Hälfte aller Baumarten das Aus, weil sie sich nicht schnell genug an den Klimawandel anpassen können.[297]

Nach Aussage von Wissenschaftlern ist fast ein Viertel aller Pflanzenarten einem wachsenden Risiko ausgesetzt, wobei Agrarwissenschaftler insbesondere das Verschwinden der wilden Verwandten wichtiger Nutzpflanzen alarmiert.[298] Weltweit gibt es zwölf sogenannte Wawilow-Zentren der Nutzpflanzendiversität, benannt nach dem russischen Biologen Nikolai Wawilow, dessen Kollegen die vom ihm zusammengetragene umfangreiche Sammlung an Pflanzensamen schützten, während sie selbst im von den Deutschen belagerten Leningrad vom Hungertod dahingerafft

wurden. Einer von ihnen hinterließ – zusammen mit Wawilows vollständig erhaltener Sammlung – einen Brief, in dem er schrieb: »Auch wenn die
ganze Welt vom Feuer des Kriegs verzehrt wird, werden wir diese Sammlung für das zukünftige Wohl der Menschheit bewahren.« Wawilow selbst
starb im Gefängnis, nachdem er wegen seiner Kritik an Trofim Lyssenko
verhaftet, für schuldig befunden und zum Tod verurteilt worden war.

Die antiken Heimstätten der Nutzpflanzen sind Quellen überborden-
der genetischer Vielfalt und wahre Schatzkammern für Genforscher, die in
wilden Varietäten nach Eigenschaften suchen, die das Überleben von Kulturpflanzen sichern und ihnen bei der Anpassung an neue Schädlinge und
Krankheiten sowie veränderte Umweltbedingungen helfen können. Doch
viele dieser Arten sind bereits auf immer verloren, und andere werden von
einer Vielzahl an Faktoren bedroht, unter anderem von Landerschließun-
gen, vom Monokultur- und Reihenkulturanbau und von Kriegen.

So wird im 2010 vom Sekretariat der Vereinten Nationen zum Übereinkommen über die biologische Vielfalt vorgelegten dritten Bericht zur
globalen Biodiversität angemerkt, dass die Zahl der lokalen Reisvarie-
täten, die in China angebaut werden, gegenüber Mitte des letzten Jahrhunderts von 46 000 auf nur noch rund 1000 geschrumpft ist.[299] Heute
bestehen nach dem Vorbild Wawilows weltweit Saatgutbanken, in denen
Pflanzensamen katalogisiert und konserviert werden. Eine Schlüsselrolle
nimmt dabei Norwegen ein. Dort werden zum Schutz der Zukunft der
Menschheit seit 2007 auf der nördlich des Polarkreises gelegenen Insel
Spitzbergen in einem unter massivem Felsgestein gelegenen globalen
Saatguttresor – dem Svalbard Global Seed Vault – Samen aller wichtigen
Kulturpflanzen und ihrer Varietäten eingelagert.[300]

DER VERLUST von Pflanzen- und Tierarten, mit denen wir uns die Erde
teilen, und die Zerstörung von Landschaften und Lebensräumen, die viele
Hundert Generationen unserer Vorfahren »Heimat« genannt haben, sowie die mannigfaltigen anderen Konsequenzen der Klimakrise sollten uns
alle unserer moralischen Verpflichtung gegenüber unseren Kindern und
Enkelkindern gewahr werden lassen. Viele von denen, die das ganze Ausmaß dieser Krise erfasst haben, haben nicht nur ihre eigene Lebensweise
verändert, sondern auch begonnen, ihre Regierungen zu drängen, die
großen und weitreichenden politischen Veränderungen zu wagen, die
unerlässlich sind, wenn wir die Zukunft der Menschheit sichern wollen.

Der Weg voran

GENERELL GIBT ES VIER POLITIKANSÄTZE, die als Motoren für eine Lösung der Klimakrise infrage kommen. Erstens und vor allem sollten wir über die Steuerpolitik CO_2-Emissionen bestrafen und die schnellere Einführung alternativer Technologien fördern. Die meisten Experten sehen in einer hohen und kontinuierlich steigenden CO_2-Steuer den effektivsten Weg, mithilfe der Märkte den Übergang zu einer kohlenstoffarmen Ökonomie zu erreichen.

Dass Steuern mehr bewirken, als einfach die Einnahmen der Regierungen zu erhöhen, ist Ökonomen schon seit Langem klar; in einem gewissen Ausmaß zumindest machen sie die besteuerten Aktivitäten weniger lohnenswert und reduzieren dadurch ihren Umfang. Wenn Regierungen anhand von Steuern die mit der Emission von CO_2 und anderen Treibhausgasen verbundenen Gesamtkosten anpassen, senden sie damit den Märkten ein starkes Signal. Im Idealfall stimuliert das die Innovationskraft und Kreativität des Privatsektors auf der Suche nach möglichst kosteneffizienten Verfahren zur Reduzierung der Treibhausgasemissionen. Eben aus diesem Grund trete ich seit mehr als 35 Jahren für CO_2-Steuern als das am ehesten Erfolg versprechende Instrument im Kampf gegen die Klimakrise an. Und wenn man diese Steuer so gestaltet, dass sie im Laufe der Zeit ansteigt, würde man damit der Industrie und der Öffentlichkeit jene langfristige Planungssicherheit geben, die es braucht, will man auf Jahrzehnte hinaus angelegte Veränderungen in Angriff nehmen und umsetzen.

Steuern sind, natürlich, bei denen, die sie bezahlen müssen, seit jeher und überall unbeliebt. Mit anderen Worten: Eine solche Politik durchzusetzen, verlangt eine starke und entschlossene Führung, am besten über alle Parteigrenzen hinweg, und weil dem nun einmal so ist, habe ich mich immer schon dafür ausgesprochen, eine CO_2-Steuer mit Steuersenkungen in anderen Bereichen zu koppeln. Bedauerlicherweise sind die meisten Bürger zwar gerne bereit zu glauben, dass die Regierung eine neue Steuer einführt, aber weit weniger, dass sie ihnen die Einnahmen aus der Steuer an anderer Stelle zurückerstattet. Die von dem konservativen reformfeindlichen Bündnis unter Führung der Konzerne und Wirtschaftseliten seit nunmehr vier Jahrzehnten in den USA inszenierte Kampagne hat eines überaus geschickt verstanden: den Staat auf allen Ebenen zu dämonisieren und eine Strategie zu propagieren, die dem Motto *starve the beast* (»das Biest aushungern«) folgt. In deren Kern steht der erbitterte Widerstand gegen Steuern gleich welcher Art – es sei denn, die fragliche Steuer trifft die unteren Einkommensschichten.

Eine andere Idee wäre, die CO_2-Steuer mit einem Rückvergütungsplan zu koppeln und jedem Steuerzahler einen Scheck auszustellen. Bei diesem auch als »Fee and Dividend«-Ansatz bezeichneten Vorschlag würden diejenigen, die ihre CO_2-Emissionen stärker reduzieren, sogar Geld *verdienen* oder es in effizientere erneuerbare Energien investieren. Nochmals eine andere Variante, die 2012 in den US-Kongress eingebracht, aber niemals zur Abstimmung gestellt wurde, sah vor, zwei Drittel der Einnahmen aus der Kohlenstoffsteuer an die Steuerzahler zurückzuerstatten und mit dem restlichen Drittel das Haushaltsdefizit abzubauen.[301] Leider ist es wegen der erbitterten Opposition gegen neue Steuern – und zwar selbst wenn diese einkommensneutral wären – in den USA bislang höchst schwierig, ausreichend Unterstützung für die CO_2-Steuer, die wirksamste Strategie zur Bekämpfung der Klimakrise, aufzubauen.

Ein zweiter Politikansatz zielt auf Subventionen ab. Zunächst und vor allem sollten unverzüglich alle Subventionen für die Verbrennung fossiler Energieträger gestrichen werden. Allein in den USA werden die auf fossile Brennstoffe setzenden Energiekonzerne vom Staat mit 4 Milliarden Dollar pro Jahr gefördert – hauptsächlich in Form von speziellen Steuervergünstigungen.[302] Und in Indien, um noch ein Beispiel zu nennen, wird Kerosin massiv subventioniert, der umweltschädlichste aller Flüssigtreibstoffe.[303]

Im Gegenzug sollten Regierungen robuste Subventionen für die Entwicklung erneuerbarer Energietechnologien bereitstellen, zumindest bis diese ein Produktionsniveau erreicht haben, auf dem sie hinsichtlich der Kosten mit nicht subventionierten fossilen Energieträgern konkurrieren können. Besonders effektiv wäre ein solcher Ansatz in Kombination mit einer CO_2-Steuer, durch die ein Teil der enormen gesellschaftlichen Kosten fossiler Energien auf ihren Marktpreis umgelegt würde.

In einigen Bereichen haben begrenzte staatliche Subventionen schon heute mit Erfolg die Einführung erneuerbarer Energien beschleunigt. Und in der Tat haben die mit der steigenden Produktion einhergehenden Kostenvorteile einige Technologien schon sehr viel näher an ein Preisniveau herangebracht, das sie gegenüber Kohle und Öl wettbewerbsfähig macht. Sowohl die Solar- wie auch die Windenergie sind nur noch ein paar wenige Jahre von dieser Schwelle entfernt.[304] Doch die Industrie fossiler Energieträger und ihre Verbündeten lassen nichts unversucht in ihrem Bemühen, Subventionen für erneuerbare Energien zu verhindern oder zu eliminieren, bevor diese konkurrenzfähig mit den schmutzigen fossilen Energien werden. Das entbehrt nicht einer gewissen Ironie, wenn man bedenkt, dass die weltweiten Subventionen für die Verbrennung fossiler Energieträger, wie bereits erwähnt, diejenigen für erneuerbare Energiequellen bei Weitem übersteigen, und zwar selbst dann, wenn diese, wie häufig der Fall, von ihren Gegnern falsch berechnet und künstlich aufgebläht werden. Das geschieht beispielsweise, indem sie einfach Subventionen für die Atomindustrie, für sogenannte saubere Kohletechnologien und andere nicht erneuerbare Energien in einen Topf mit denen für erneuerbare Energien werfen.

Ein dritter Politikansatz ist eine indirekte Subventionierung erneuerbarer Energien in der Form, dass Energieversorgern gesetzlich vorgeschrieben wird, einen bestimmten Anteil des von ihnen verkauften Stroms aus erneuerbaren Quellen zu beziehen. Dieser Mechanismus hat sich in zahlreichen Ländern und Regionen schon bewährt, auch wenn die Industrie derartige Vorschriften oftmals ablehnt.[305] Dass mehrere US-Bundesstaaten – darunter auch Kalifornien – diesen Ansatz erfolgreich umgesetzt haben, ist in großem Maße mitverantwortlich für die Zunahme der installierten Erzeugungskapazitäten aus erneuerbaren Energien in den Vereinigten Staaten.[306] Weltweit dürfte Deutschland die Nation sein, die mit diesem Politikansatz am erfolgreichsten den Ausbau der Solar- und Windenergie vorangetrieben hat.

Global betrachtet, haben die verstärkten staatlichen Subventionen für die schnellere Entwicklung erneuerbarer Energietechnologien im Zusammenspiel mit der Tatsache, dass in zunehmender Zahl Energieversorger verpflichtet sind, einen gewissen Anteil ihres Stroms aus erneuerbaren Energiequellen zu beziehen, den Marktanteil der Erneuerbaren weitaus schneller ansteigen lassen als vorhergesagt. 2002 prognostizierte eine führende Energieberatungsfirma für 2010 eine weltweit installierte Solarstromkapazität von einem Gigawatt, tatsächlich installiert waren dann siebzehn Gigawatt.[307] Und China, für das die Weltbank 1996 voraussagte, dass es bis 2020 rund 500 Megawatt Solarstrom erzeugen würde, brachte es bereits 2010 auf das Doppelte davon.[308]

Auch die in der Vergangenheit erstellten Projektionen für den Ausbau der Windenergie haben sich als deutlich zu pessimistisch entpuppt. Die zehn Gigawatt an Windstromkapazität, die laut einer Prognose des amerikanischen Energieministeriums von 1999 bis zum Jahr 2010 in den USA installiert sein würden, waren schon 2004 am Netz und haben sich seitdem nochmals vervierfacht. Im Jahr 2000 schätzte die Energy Information Agency (EIA), die für Energiestatistik zuständige Behörde im US-Energieministerium, dass bis 2010 die weltweit installierte Windstromkapazität 30 Gigawatt erreichen würde, ein Wert, der um den Faktor sieben übertroffen wurde. Für China ging die Prognose der EIA von zwei Gigawatt bis 2010 aus; tatsächlich am Netz waren in jenem Jahr dann Windkraftanlagen mit einer Gesamtkapazität von 44 Gigawatt, und bis 2020 könnten es neueren Schätzungen zufolge schon 150 Gigawatt sein.[309]

Wie Dave Roberts, Redakteur beim Umweltmagazin *Grist*, es zutreffend zusammenfasste, lagen die Experten mit ihren Prognosen zum Wachstum der erneuerbare Energien »nicht einfach daneben, sondern *gewaltig* daneben«.[310] Auch in den von Industrieexperten und Analysten zu Beginn der Mobiltelefon-Revolution erstellten Prognosen wurde die Geschwindigkeit völlig unterschätzt, mit der sich die neue Technologie durchsetzen würde. Nicht weniger daneben lagen die Experten nach den Ölembargos der OPEC in den 1970er-Jahren mit ihren Prognosen dazu, wie schnell es zur Umsetzung von Energiesparmaßnahmen kommen würde. Was diese beiden Beispiele mit den erneuerbaren Energien gemeinsam haben, ist, dass es sich bei allen dreien um »weltweit verteilte« Technologien handelt, die infolge eines positiven Rückkoppelungseffekts, bei dem zunehmende Größeneffekte der Produktion einen kontinuierlichen und rapiden Rückgang der Kosten bewirkten, unvorhersehbar exponentielle Wachstumsraten erlebten, was die Kosten wiederum noch schneller sinken ließ.

Das bekannteste Beispiel für dieses Phänomen ist die Computerchipindustrie. Wie schon erwähnt, handelt es sich beim Mooreschen Gesetz – das mit unerbittlicher Exaktheit eine Halbierung der Kosten für Computerchips alle 18 bis 24 Monate vorhersagt – weniger um ein Naturgesetz als vielmehr um ein Investitionsgesetz. In den Anfangszeiten der Computer-Revolution vor sechzig Jahren gelangten die Chiphersteller zu zwei Schlussfolgerungen: Erstens, der potenzielle Markt für Computerchips war gewaltig und würde rapide, nahezu grenzenlos wachsen; und zweitens, der Pfad der technologischen Entwicklung würde in hohem Maße von Innovationen bestimmt werden.

Diese beiden Erkenntnisse bewogen die führenden Chiphersteller, enorme Summen in die Forschung und Entwicklung zu investieren, um ihre Anteile an dem boomenden Markt vor Wettbewerbern zu schützen. Mit der Zeit bildete sich unter ihnen ein kollektiver Konsens dahingehend heraus, dass sie, solange es ihnen gelang, ihre Kosten entsprechend dem Mooreschen Gesetz zu reduzieren, mit großer Wahrscheinlichkeit ihren Marktanteil halten oder sogar ausbauen konnten. Mit anderen Worten: Aus dem die Vergangenheit beschreibenden Mooreschen Gesetz war eine sich selbst erfüllende Prophezeiung der Zukunft geworden. Was wiederum bedeutet, dass eine Politik, die darauf ausgelegt ist, eine rationale Erwartung auf beständig wachsende Märkte für erneuerbare Energien zu erzeugen, eine vergleichbare sich selbst verstärkende Kostenminderungskurve für erneuerbare Energien bewirken könnte.

Der vierte Politikansatz ist der Emissionsrechtehandel mit festen Obergrenzen, auch als *cap and trade* bezeichnet. Dieser Ansatz ist ebenfalls darauf ausgerichtet, die Marktkräfte als Verbündete bei der Reduzierung der CO_2-Emissionen zu mobilisieren. Ungeachtet der heftigen Angriffe auf den Emissionshandel, wird dieser Mechanismus nach wie vor von vielen Politikexperten als derjenige betrachtet, über den sich am ehesten ein globales Abkommen erreichen ließe. Obwohl ich ganz klar eine CO_2-Steuer favorisiere, liegt einer ihrer Nachteile darin, dass es kaum vorstellbar scheint, die nationale Steuerpolitik einer Vielzahl von Ländern mit höchst unterschiedlichen Steuersystemen und kaum weniger unterschiedlichen Berichtssystemen zu koordinieren und auf einen gemeinsamen Nenner zu bringen. Ein globales Emissionshandelssystem hingegen lässt sich schon von seiner Struktur her sehr viel leichter über viele Länder mit unterschiedlichsten Steuersystemen hinweg in Einklang bringen.

Der Ansatz des Emissionshandels basiert auf einem in den 1990er-Jahren eingeführten und noch vom damaligen US-Präsidenten George H. W. Bush initiierten überaus erfolgreichen Programm zur Verminderung der Schwefeldioxidemissionen aus den Kohlekraftwerken im Mittleren Westen, um den sauren Regen in den nördlich und östlich davon gelegenen Gebieten zu bekämpfen. Die Republikaner begrüßten den Plan als Alternative zu einer gesetzlichen Regelung, die quer durch die Bank für alle Kraftwerke Emissionsreduzierungen erzwungen hätte.[311]

Die Theorie dahinter lautete, dass durch eine stufenweise Herabsetzung der Emissionsobergrenzen kombiniert mit der Erlaubnis, Emissionsrechte zu kaufen und zu verkaufen, die Emissionen maximal reduziert würden. Denn dadurch erhielten die Unternehmen, die ihren Schwefeldioxidausstoß am effizientesten reduzierten, einen Anreiz (in Form nicht genutzter Emissionsrechte, die sie verkaufen können), das nach Kräften zu tun, während zugleich die Unternehmen, die damit mehr Probleme hatten, sich durch den Erwerb dieser nicht genutzten Emissionsrechte einen Aufschub erkauften. Die Resultate übertrafen alle Erwartungen. Die Emissionen sanken viel schneller als vorhergesagt – und dazu noch zu einem Bruchteil der erwarteten Kosten. Ermutigt von diesem Erfolg, waren die Klimaschützer in den USA überzeugt, dass sich dieses Modell als parteiübergreifender Kompromiss eignete und ein probates Mittel im Kampf gegen die globale Verschmutzung durch Treibhausgase war.

Doch kaum wurde der Emissionsrechtehandel als überparteilicher Kompromiss präsentiert, wendeten sich viele Republikaner, die den Vorschlag ursprünglich unterstützt hatten, dagegen und fingen an, von *cap and tax* – »Begrenzen und Besteuern« – zu reden.[312] Auf diese Weise haben die Konzerne der fossilen Energien und ihre ideologischen Parteigänger den politischen Entscheidungsprozess auf der globalen Ebene und in den Vereinigten Staaten lahmgelegt.

Über viele Jahre hinweg litten die Bemühungen, einen globalen Konsens über Maßnahmen zur Lösung der Klimakrise herzustellen, unter der internationalen Bruchlinie zwischen reichen und armen Nationen. Die armen Länder, die vor allem darum bestrebt waren, schnellstmöglich die wirtschaftliche Entwicklung nachzuholen, die die reichen Länder schon vollzogen hatten, beharrten darauf, dass sie es sich nicht leisten konnten, sich an den globalen Maßnahmen gegen die Verschmutzung mit Treibhausgasen zu beteiligen. Entsprechend wurden in den international verhandelten Abkommen zunächst allein die wohlhabenden Länder in die Pflicht genommen und etwaige Verpflichtungen der Entwicklungsländer auf spätere Verhandlungsrunden vertagt.

Tatsächlich sind die armen Länder dringend auf mehr Energie angewiesen, wollen sie ihre nachhaltige wirtschaftliche Entwicklung vorantreiben. Schätzungsweise 1,3 Milliarden Menschen weltweit haben immer noch keinen Zugang zu Elektrizität, und trotz historischer Erfolge im Kampf gegen die globale Armut bewegt sich das durchschnittliche Pro-

Kopf-Einkommen in vielen energiearmen Ländern auf einem sehr geringen Niveau. Dadurch lässt sich verstehen, warum sie jeden Versuch abgewehrt haben, ihre zunehmenden CO_2-Emissionen irgendwelchen Beschränkungen zu unterwerfen, zumal die wohlhabenden Länder ihre wirtschaftliche Entwicklung in der Vergangenheit selbst mit dem verschwenderischen Einsatz fossiler Energien betrieben haben.[313]

Seitdem aber hat sich vieles verändert. Vor allem bekommen die Entwicklungsländer die Auswirkungen des Klimawandels heute sehr viel deutlicher und schmerzhafter zu spüren, und es fällt ihnen im Gegensatz zu den Industrieländern schwer, die für die Katastrophenbewältigung und Anpassung an den Klimawandel erforderlichen Mittel aufzubringen. Aus diesem Grund haben viele Entwicklungsländer ihre Haltung revidiert und drängen in der Weltgemeinschaft inzwischen aktiv auf entschlossene Maßnahmen zum Klimaschutz, auch wenn das bedeutet, dass sie selbst einen Teil der Verantwortung schultern müssen.[314] Laut Schätzungen der Weltbank werden über drei Viertel der durch den Klimawandel verursachten Kosten auf die Entwicklungsländer entfallen; den meisten von ihnen mangelt es an den Mitteln und Möglichkeiten, die Situation ohne Hilfe von außen in den Griff zu bekommen.[315]

Schon heute wird in den Entwicklungsländern mehr Geld in den Ausbau der erneuerbaren Energien investiert als in den wohlhabenden Ländern.[316] Laut David Wheeler vom Center for Global Development entfallen zwei Drittel der seit 2002 weltweit im Bereich der erneuerbaren Energien installierten Erzeugungskapazitäten auf Entwicklungsländer, und ihr Anteil an der insgesamt installierten Kapazität erneuerbarer Energien beläuft sich inzwischen auf über die Hälfte.[317]

Selbst die reichsten Nationen können inzwischen nicht mehr über die wirtschaftlichen Schäden hinwegsehen, die durch Naturkatastrophen infolge des Klimawandels verursacht werden. In den USA – dem nach wie vor reichsten Land der Welt – sind nach politischen Kontroversen wegen der steigenden Kosten der Katastrophenhilfe die Mittel für Wiederaufbauprogramme gekürzt und viele Gemeinden in ihrer Fähigkeit geschwächt worden, nach Naturkatastrophen wieder auf die Beine zu kommen.[318] Doch die Vorkommnisse in den Jahren 2011 und 2012 haben das Land wachgerüttelt.

2011 wurden die Vereinigten Staaten von acht mit dem Klimawandel zusammenhängenden Naturkatastrophen heimgesucht, die jeweils Schä-

den von über 1 Milliarde Dollar verursachten. Allein der später zum Tropensturm herabgestufte Hurrikan Irene schlug auf seiner Bahn entlang
der US-Ostküste mit Sachschäden in Höhe von 15 Milliarden Dollar zu
Buche, und das, obwohl er entgegen den Befürchtungen New York City
größtenteils verschonte.[319] Texas erlebte die schlimmste Dürre und die
höchsten Temperaturen in seiner Geschichte – und Wald- und Buschbrände in 240 seiner 242 Countys.[320] Landesweit wurden zu Tausenden
Rekorde für Tagestemperaturen gebrochen oder eingestellt.[321] Tornados,
von Klimaforschern immer noch nur zögerlich mit der globalen Erwärmung in Verbindung gebracht (teils weil die Aufzeichnungen von Tornados in der Vergangenheit unvollständig und ungenau sind), haben in
Tuscaloosa im Bundesstaat Alabama, in Joplin, Missouri, und in vielen
anderen Ortschaften gewütet; sieben davon mit Sachschäden von über
einer Milliarde Dollar.[322] 2012 litten über die Hälfte aller Countys in den
Vereinigten Staaten unter Dürren.[323] Und als Ende Oktober 2012 Hurrikan Sandy wütete, summierten sich die Schäden auf mindestens 71 Milliarden Dollar.[324]

Einer der wichtigsten Einwände in den USA gegen den Emissionshandel erklärt sich mit der Furcht davor, dass die Entwicklungsländer von
diesem System ausgenommen würden und die Wettbewerbsfähigkeit der
amerikanischen Wirtschaft deshalb nachhaltig geschwächt würde. In den
vergangenen zwei Jahrzehnten hat die sich herausbildende Welt AG in
den Reihen der Industriearbeiter sowohl in den Vereinigten Staaten wie
auch in anderen entwickelten Nationen die Angst geschürt, dass ihre Jobs
gestrichen und in ärmere Länder ausgelagert werden, wo die Arbeit billig
ist und fortschrittliche Technologien zusehends verfügbar werden – mit
der Folge, dass sich alles, was irgendwie nach zusätzlichen Wettbewerbsvorteilen für Entwicklungsländer aussieht, in vielen Industrieländern in
politisches Gift verwandelt hat.

Das ist einer der vielen Gründe dafür, warum der Vorschlag auf so
viel Unterstützung stößt, CO_2-Reduktionen in der Definition der Welthandelsorganisation (WTO) zu berücksichtigen, die besagt, was im Rahmen von sogenannten Grenzausgleichsmechanismen zulässig ist. Das
würde es erlauben, zum Beispiel die Kosten zur Minderung des CO_2-
Ausstoßes auf den Preis von Waren aufzuschlagen, die aus Ländern, die
ihre Emissionen nicht reduzieren müssen, in solche importiert werden,
die das tun müssen. 2009 haben die WTO und das Umweltprogramm der

Vereinten Nationen (UNEP) einen gemeinsamen Bericht veröffentlicht, in dem sie solche Grenzausgleichsmechanismen befürworten.[325]

Ich bin seit Langem ein ausgesprochener Befürworter des reziproken Freihandels, obwohl ich mir damit in meiner Partei nicht gerade viele Freunde gemacht habe. Und auch heute noch bin ich ein überzeugter Fürsprecher eines freien und fairen Welthandels. Aber fair sind Regeln nur dann, wenn sie allen Mitspielern gleiche und gerechte Wettbewerbsbedingungen bieten, und deshalb bin ich der Meinung, dass CO_2-Reduktionen auf jeden Fall mit zu den Punkten gehören sollten, die bei Grenzausgleichsmechanismen berücksichtigt werden. In meiner Zeit als Vizepräsident der Vereinigten Staaten handelte ich gemeinsam mit Vertretern anderer Nationen im japanischen Kyoto ein internationales Abkommen mit dem Ziel aus, den Emissionsrechtehandel als Grundlage des weltweiten Kampfes gegen den Klimawandel einzuführen. Am Ende wurde das Kyoto-Protokoll von 191 Ländern und der Europäischen Union ratifiziert, und ungeachtet der Weigerung der USA, sich dem Protokoll anzuschließen, und ungeachtet der Probleme bei seiner Umsetzung, hat es sich für die meisten Länder, Provinzen und Regionen, die ihren Verpflichtungen gerecht zu werden versuchen, als ein Erfolgsmodell erwiesen.[326]

Auch wenn einige Länder, die am Handel mit CO_2-Krediten teilnehmen, das System manipuliert und missbraucht haben, und auch wenn es in den Anfangstagen des europäischen Emissionshandelssystems zu Problemen gekommen ist, hat Europa Maßnahmen ergriffen, um das Vorhaben in den Griff zu bekommen, und die meisten Länder sind mit durchdachten Systemen auf dem besten Weg, ihre Treibhausgasemissionen spürbar zu reduzieren. Wie es Bill Hare formulierte, ehemals Analyst am Potsdam-Institut für Klimafolgenforschung: »Ich sehe keine andere Möglichkeit, wie wir das schaffen könnten. Andere Ansätze sind, wenn überhaupt, nicht einfacher auszuhandeln. Der CO_2-Emissionshandel mag komplex sein, aber wir leben nun einmal in einer komplexen Welt.«[327]

Unglücklicherweise bedeuteten die Entscheidung der Vereinigten Staaten, das Kyoto-Protokoll nicht zu unterzeichnen, und die Tatsache, dass China und andere »Entwicklungsländer« (zu der Zeit galt China noch als Entwicklungsland) sich nicht auf Verpflichtungen festlegen ließen, dass die beiden größten Treibhausgasemittenten der Welt außen vor blieben. *Hätten* die USA das Protokoll ratifiziert, wäre die Dynamik für eine globale Teilnahme übermächtig gewesen und hätte die Entwicklungsländer einem unerbittlichen Druck ausgesetzt, wie vorgesehen der zweiten Phase des Protokolls beizutreten.

Doch obgleich das politische System der Vereinigten Staaten auf der nationalen Ebene nach wie vor gelähmt ist, schwenken immer mehr Länder in Anerkennung der Gefahren, denen die Menschheit ausgesetzt ist, und der Chancen, die sich uns noch bieten, auf eine neue Politik um. Über die Europäische Union, die Schweiz, Neuseeland und Japan hinaus sind derzeit eine kanadische Provinz und zwanzig US-Bundesstaaten damit befasst, ein Emissionshandelssystem einzuführen[328] – ein Schritt, den Kalifornien bereits 2012 vollzogen hat.[329]

Australien, der weltweit größte Kohleexporteur, hat einen Plan zur Emissionsbegrenzung beschlossen, der zusätzlich zu einer CO_2-Steuer ein am Vorbild der Europäischen Union angelehntes System des Emissionshandels vorsieht. Neben Südkorea, das dabei ist, ein eigenes Emissionshandelssystem aufzubauen, haben vierzehn weitere Länder offiziell erklärt, ein solches System einzuführen: Brasilien, Chile, Costa Rica, Indien, Indonesien, Jordanien, Kolumbien, Marokko, Mexiko, Südafrika, Thailand, die Türkei, die Ukraine und Vietnam.

»Der CO_2-Markt ist alles andere als tot«, erklärte denn auch Wolfgang Sterk vom deutschen Wuppertal Institut. »Sollte sich in China ein nationales Emissionshandelssystem herausbilden, dann könnte es zum größten seiner Art weltweit aufsteigen und würden die dortigen Konditionen eine Signalwirkung für die globale Preisentwicklung haben.«[330]

China bereitet die Einführung eines derartigen Systems in fünf Städten (Beijing, Tianjin, Shanghai, Chongqing und Shenzhen) und zwei Provinzen (Guangdong und Hubei) vor. Mit diesen Pilotprogrammen will das Land Erfahrungen sammeln, die in das für 2015 geplante nationale Emissionshandelssystem einfließen sollen.[331]

Wie bei einigen anderen Ankündigungen der chinesischen Regierung sind manche Experten auch in diesem Fall skeptisch, ob Beijing diesen Plan tatsächlich umsetzen wird, andererseits befinden sich die meisten Pilotprogramme laut Beobachtern bereits auf einem guten Weg. Zusammengenommen leben in diesen Gebieten fast 20 Prozent der chinesischen Bevölkerung und erbringen dort 30 Prozent der nationalen Wirtschaftsleistung.[332]

Dass China sich inzwischen Nachhaltigkeit und den Ausbau der erneuerbaren Energien auf die Fahnen geschrieben hat, stärkt und schwächt zugleich die Fähigkeit der Welt, die Klimakrise zu lösen. Einerseits durch Einfuhrbeschränkungen, andererseits durch Subventionen für die inländischen Hersteller erneuerbarer Energietechnologien – wodurch es ihnen möglich ist, ihre Produkte zu Preisen anzubieten, bei denen westliche Unternehmen nicht mehr wettbewerbsfähig sind – ist China zwar seinem Ziel nähergekommen, eine der, wie viele Experten überzeugt sind, Schlüsselindustrien des 21. Jahrhunderts zu dominieren. Zugleich aber hat es den Rest der Welt in seiner Fähigkeit beschädigt, von einem fairen Wettbewerb zu profitieren und seinerseits die Entwicklung dieser Technologien rasch voranzutreiben.

2011 reichten die Vereinigten Staaten wegen der ihrer Auffassung nach unfairen und wettbewerbsverzerrenden Subventionierung der chinesischen Windkraft- und Solarindustrie offiziell Beschwerde gegen China bei der Welthandelsorganisation ein.[333] 2012 verhängten die USA dann Strafzölle in Höhe von etwa 30 Prozent auf aus China importierte Solarzellen, während die EU darüber beriet, mit einer ähnlichen Beschwerde gegen China vor die WTO zu ziehen.[334] Ungeachtet dieser Probleme aber hat der Preisverfall, den China mit seiner Entschlossenheit und seinen Subventionen ausgelöst hat, mit dazu beigetragen, dass die Produktionskapazitäten schneller als von irgendjemand erwartet ausgebaut worden und in der Folge auch die Produktionskosten schneller als vorhergesagt gesunken sind.

Die Aggressivität, mit der China den Ausbau seiner Kapazitäten an Wind- und Solarenergie vorantreibt, hat rund um die Welt viele andere Nationen inspiriert. Andererseits aber investiert China weiter in einem Maße in den Bau neuer Kohlekraftwerke, dass es inzwischen die Vereinigten Staaten als den weltweit größten Treibhausgasverursacher abgelöst hat.[335] Niemand bestreitet, dass China die Entwicklung seiner Wirtschaft und seiner Industrie weiter vorantreiben muss, wenn es die bittere Armut lindern will, unter der nach wie vor viele Chinesen leiden. Dennoch nehmen inzwischen auch innerhalb Chinas in mehreren Regionen die Proteste gegen den Bau schmutziger Kraftwerke zu.[336]

In den vergangenen zehn Jahren ist der Energieverbrauch in China um über 150 Prozent in die Höhe geschnellt und liegt heute über dem der Vereinigten Staaten.[337] Und im Gegensatz zu den USA deckt China nach wie vor rund 70 Prozent seines Energiebedarfs aus Kohle.[338] Im selben Zeitraum ist der Kohleverbrauch in China um über 200 Prozent angestiegen und beträgt heute das Dreifache dessen, was in den Vereinigten Staaten verbraucht wird.[339] China ist weltweit nicht nur das Land, das am meisten Kohle importiert (gefolgt von Japan, Südkorea und Indien), sondern auch die bei Weitem größte Fördernation – mit einem Anteil von 50 Prozent an der globalen Kohleförderung holt es zweieinhalb Mal mehr Kohle aus dem Boden als der Zweitplatzierte, die USA.[340] Allein die Menge, um die der Kohleverbrauch in China von 2007 bis 2012 *zugenommen* hat, entspricht der Menge, die in den USA pro Jahr verbraucht wird.[341] Inzwischen hat die Regierung in Beijing zwar für 2015 eine Begrenzung der Kohleförderung und -verbrennung angekündigt, doch viele Experten bezweifeln, dass es ihr gelingen wird, diese Obergrenze durchzusetzen.[342]

Auch wenn der Ölhunger Chinas gegenüber seinem Kohleverbrauch geradezu bescheiden erscheint, verbraucht das Land heute vier Mal mehr Erdöl als noch 1990, womit es hinsichtlich des Gesamtverbrauchs inzwischen hinter den USA auf Platz zwei rangiert.[343] 2010 exportierte Saudi-Arabien zum ersten Mal mehr Erdöl nach China als in die USA.[344] Wie es aussieht, haben die chinesischen Erdölreserven 2012 ihr Fördermaximum erreicht, und obwohl die Erschließung von Offshore-Erdölvorkommen mit Hochdruck vorangetrieben wird, muss China bereits heute die Hälfte seines Öls importieren – ein Anteil, der, so eine Prognose des amerikanischen Energieministeriums, innerhalb der nächsten zwei Jahrzehnte auf 75 Prozent ansteigen wird.[345]

Dieser Trend bleibt, wie Sicherheitsexperten betonen, nicht ohne Folgen für die chinesische Außenpolitik, etwa wenn es um die umstrittenen Erdölvorkommen im Südchinesischen Meer geht oder um die Beziehungen Beijings zu ölreichen Ländern im Nahen Osten und in Afrika.[346] In diesem Zusammenhang finden es viele Beobachter fast schon ironisch, dass nach der Invasion der USA im Irak – die zumindest teilweise der Sicherung der Erdölvorkommen im Persischen Golf diente – China zum größten Investor in der irakischen Erdölwirtschaft aufgestiegen ist.[347]

Auf die Bevölkerungszahl umgerechnet, beträgt der Energieverbrauch in China nach wie vor nur einen Bruchteil dessen, was die USA und andere weiterentwickelte Länder verbrauchen,[348] bei den CO_2-Emissionen pro Kopf dagegen ist es dabei, zu Europa aufzuschließen.[349] Seitdem das Land vor über dreißig Jahren unter Deng Xiaoping auf einen Reformkurs eingeschwenkt ist, hat China auf Kosten der Landwirtschaft seine wirtschaftliche und vor allem industrielle Entwicklung vorangetrieben, ein Übergang, der wegen der Subventionierung fossiler Energieträger nur umso energieintensiver ausgefallen ist. Das stellt eine Art der Politik dar, die in jedem Land, das sie betreibt, zulasten der Energieeffizienz geht. Tatsächlich liegen die vom Staat festgelegten Preise für Strom, Erdöl-erzeugnisse und Erdgas in China allesamt unter dem Marktpreis. Jedoch wird in Beijing seit einiger Zeit darüber diskutiert, ob man die Energie-preise nicht generell erhöhen und stärker an die Weltmarktpreise anglei-chen sollte,[350] nicht zuletzt wohl auch deswegen, weil China bei der Ener-gieeffizienz in zentralen Bereichen anderen führenden Volkswirtschaften weit hinterherhinkt.[351]

Ungeachtet der Herausforderungen im Bereich der Energieversor-gung sowie seiner immensen CO_2-Emissionen hat China eine Reihe höchst beeindruckender Maßnahmen ergriffen, um die Produktion und den Einsatz erneuerbarer Energien zu stimulieren. In seinem letzten Fünfjahresplan hat Beijing die Absicht verkündet, an die 500 Milliarden Dollar in saubere Energien zu investieren.[352] Dabei setzt China auch auf sogenannte Einspeisevergütungen für erneuerbare Energien,[353] ein kom-plexes Subventionsinstrument, das Deutschland mit großem Erfolg eingesetzt hat.[354] Zu den weiteren Instrumenten, mit denen China die regenerativen Energien fördert, gehören Steuervergünstigungen und ge-setzliche Zielvorgaben für den Anteil erneuerbarer Energien im Portfolio der Versorgungsunternehmen.[355]

Zusätzlich zur Begrenzung des Kohleverbrauchs hat die chinesische Regierung eine Anzahl harter Ziele für die Verminderung der CO_2-Emis-sionen pro Einheit festgelegt, um die die Wirtschaft wächst.[356] Der ehe-malige chinesische Vizeumweltminister Pan Yue hatte schon 2005 ver-kündet, dass »das chinesische Wirtschaftswunder bald zu Ende gehen wird, weil die Umwelt nicht mehr Schritt halten kann«.[357]

Im vergangenen Jahrzehnt hat es immer wieder Spannungen zwi-schen der Zentralregierung und etlichen Regionalregierungen gegeben, weil die von den zumeist mit den industriellen Energieverbrauchern ver-bandelten Regionen ergriffenen Umsetzungsstrategien den von Beijing vorgegebenen Zielen nicht genügten. Wie ernst es der Zentralregierung damit ist, die angestrebten Verminderungen bei den CO_2-Emissionen und der Energieintensität durchzusetzen, zeigte sich im Jahr 2011. Damals schickte man Beamte mit der Anweisung in die betroffenen Regionen, durch Zwangsschließungen von Fabriken und notfalls sogar befristete Stromsperren sicherzustellen, dass die Ziele erreicht werden.[358] Und inzwischen macht die Zentralregierung auch die Beförderung von lokalen und regionalen Beamten mit davon abhängig, inwieweit sie diese Vorgaben erfüllen.[359]

Auf dem Sektor der erneuerbaren Energien ist China, wie bereits erwähnt, der führende Hersteller von Windkraftanlagen und Solarzellen. Auf dem eigenen Markt hinkt die Installation von Solarzellen allerdings deutlich hinter der von Windkraftanlagen her – zum Teil, weil 95 Prozent der im Land hergestellten Solarmodule ins Ausland exportiert werden.[360] In mehreren der vergangenen Jahre wurde die Hälfte aller weltweit neu errichteten Windkraftanlagen in China aufgestellt[361] – allerdings ist knapp ein Drittel der Anlagen gar nicht ans Stromnetz oder aber nur an Leitungen angeschlossen, deren Kapazität für den eingespeisten Strom nicht ausreicht.[362]

Um dieses Problem in den Griff zu bekommen, hat sich Beijing das ehrgeizige Ziel gesetzt, das fortschrittlichste und größte »Supernetz« der Welt zu errichten. Dazu will man in den nächsten Jahren 269 Milliarden Dollar in den Bau von Hochspannungsleitungen mit einer Gesamtlänge von 200 000 Kilometern investieren, ein Programm, das, wie in einem Fachblatt der Industrie vermerkt wird, »praktisch darauf hinausläuft, das 275 500 Kilometer lange Stromnetz der Vereinigten Staaten quasi von jetzt auf gleich über das Land zu legen«.[363]

Wie schon viele Länder erkannt haben, sind leistungsfähige und hocheffiziente Stromnetze unerlässlich, will man zeitweilig aussetzende Energiequellen wie Windkraftanlagen und Solarparks optimal nutzen und den von ihnen erzeugten Strom aus den Gebieten mit dem höchsten Produktionspotenzial in die Städte transportieren, wo er verbraucht wird. In dem Maße, wie der Anteil der erneuerbaren Energien am gesamten Strommix steigt, werden intelligente Netze und Supernetze an Bedeutung gewinnen.

Zu beiden Seiten des Mittelmeeres etwa wird an Plänen gearbeitet, die sonnenreichen Regionen Nordafrikas und des Nahen Ostens an die Großverbraucher in Europa anzuschließen.[364] Ähnliche Pläne werden in Nordamerika diskutiert, wo die sonnenreichen Regionen im Südwesten der USA und in Nordmexiko problemlos den Strombedarf beider Länder decken könnten.[365] Und auch in Indien[366] und Australien[367] plant man

Stromtrassen, die wind- und sonnenreiche Regionen mit Städten und Industriezonen verbinden.

Auf jeden Fall stehen reiche wie arme Länder vor der Notwendigkeit, die Zuverlässigkeit und Übertragungskapazitäten ihrer Stromnetze zu verbessern und sie intelligenter zu machen. In den USA beispielsweise verursachen Stromausfälle und andere Unterbrechungen im Stromnetz sowie ineffiziente Verteilungs- und Übertragungssysteme pro Jahr schätzungsweise Kosten von über 200 Milliarden Dollar.[368] Und in Indien kam es 2012 zum bei Weitem größten Blackout in der Geschichte, als 600 Millionen Menschen von der Stromversorgung abgeschnitten waren, nachdem es im antiquierten Stromnetz zu einer Überlastung kam.[369]

Neben dem Aufbau von Supernetzen und intelligenten Stromnetzen – die den Endverbrauchern ganz neue Möglichkeiten eröffnen, ihren Stromverbrauch zu reduzieren und Geld zu sparen – müssen dringend effizientere Wege gefunden werden, Energie zu *speichern*. Viel Zeit und Geld ist in die Erforschung und Entwicklung neuer Batterien geflossen, die über das gesamte Netz hinweg in Privathäusern und Unternehmen verteilt installiert werden können, um den Bedarf an ineffizienten Überkapazitäten bei der Stromerzeugung zu reduzieren, die in Spitzenverbrauchszeiten zugeschaltet werden müssen. Selbst die Batterien in Elektroautos, die wie die meisten Autos den Großteil der Zeit in Garagen oder auf Parkplätzen herumstehen, können als Zwischenspeicher für Netzstrom genutzt werden.[370] Um sich auf die künftige Verlagerung hin zu nachhaltig erzeugtem Strom und weg vom teuren Erdöl mit all seinen Nachteilen vorzubereiten, entwickeln und produzieren sämtliche großen Autokonzerne mit Strom betriebene Fahrzeuge. Derweil stellen in praktisch allen Branchen zumindest einige Hersteller auf Strategien um, deren Fokus auf einem geringeren Energie- und Materialeinsatz liegt – wie der Experte für Energieeffizienz Amory Lovins vom Rocky Mountain Institute in einem Bericht über die vielen Unternehmen dokumentiert, die diese Chancen zu ihrem eigenen Vorteil nutzen.[371]

Neben der Wind- und der Sonnenenergie wird in einigen Ländern, etwa in Portugal, Schottland und den Vereinigten Staaten, auch die Nutzung der Wellen- und Gezeitenkraft erkundet.[372] Obwohl der mit Wellen- und Gezeitenkraftwerken erzeugte Strom bislang nur einen verschwindend geringen Anteil des Gesamtverbrauchs deckt – und der Zwischenstaatliche Ausschuss für Klimaänderung 2011 in einem Sonderbericht zu erneuerbaren Energien konstatierte, dass Wellen- und Gezeitenkraft »vor 2020 kaum einen signifikanten Beitrag zur globalen Energieversorgung leisten werden«[373] –, sind viele überzeugt, dass sie für die Zukunft ein großes Potenzial bergen.[374]

In Ländern wie Island,[375] Neuseeland[376] und den Philippinen,[377] die über große, leicht zugängliche Erdwärmeressourcen verfügen, leistet die Geothermie bereits heute einen signifikanten Beitrag zur Energieversorgung. Die Erschließung des gewaltigen Potenzials an geothermischer Energie in tiefer liegenden geologischen Formationen erweist sich zwar als unerwartet schwierig, aber auch hier arbeiten Unternehmen in vielen Ländern intensiv daran, das Verfahren weiter zu verbessern.

Das verfügbare Wasserkraftpotenzial wird in den meisten Regionen heute schon weitgehend genutzt. In Russland, Zentralasien und Afrika gibt es zwar noch große, unerschlossene Wasserkraftressourcen, allerdings warnen Kritiker an bestimmten Standorten vor ernsthaften ökologischen Risiken.[378]

Immer mehr an Zulauf gewinnt die Energieerzeugung aus Biomasse, und in einigen Ländern leistet sie schon heute einen beträchtlichen Beitrag zur Energieversorgung. Neben Dung und anderen Biomassen, die traditionell zum Kochen und Heizen verwendet werden, wandeln moderne Biomassekraftwerke beispielsweise Holz aus nachhaltiger Forstwirtschaft in sehr viel effizienteren Prozessen in Wärme und Energie um.[379] Nicht anders als bei Biotreibstoffen hängt, auf den gesamten Lebenszyklus bezogen, der Nettoeffekt der Energiegewinnung aus Biomasse in hohem Maße ab von der sorgfältigen Kalkulation sämtlicher Energiezufuhren, den Auswirkungen auf die Landnutzung und Artenvielfalt und den Zeiträumen, die erforderlich sind, bis der Kohlenstoff durch nachwachsende Pflanzen und Bäume recycelt wird.

Weltweit an Bedeutung gewinnen auch die Erzeugung von Methan und Synthesegas aus Mülldeponien mit einem hohen Anteil an organischen Abfällen sowie von Biogas aus Abfällen aus der Tierhaltung. China etwa engagiert sich stark für die Biogasnutzung und hat alle großen Rinder-, Schweine- und Hühnerzuchtbetriebe verpflichtet, Biogas-Fermenter zu installieren, die aus tierischen Abfällen Biogas erzeugen. Und auch wenn es bei der Umsetzung dieser Vorschrift noch hapert, sollten die USA, die ein freiwilliges Biogasprogramm haben, und andere Länder dem Beispiel Chinas folgen.[380]

Falsche Lösungen

IM KAMPF GEGEN DIE GLOBALE ERWÄRMUNG gibt es zwei Strategien, die zwar aller Wahrscheinlichkeit nach nicht funktionieren, dennoch aber von enthusiastischen Befürwortern unterstützt werden. Bei der ersten handelt es sich um die Kohlenstoff-Abscheidung und -speicherung, kurz CCS (für *carbon capture and storage*). Obwohl ich die Erforschung und Entwicklung von CCS-Verfahren seit Langem unterstütze, halte ich es für wenig wahrscheinlich, dass sie mehr als nur eine nebensächliche Rolle spielen werden. Natürlich kann man einen unerwarteten technologischen Durchbruch niemals ausschließen, der die Kosten dafür drastisch reduziert, das CO_2 aus den Abgasen abzuscheiden und anschließend unterirdisch einzulagern oder es auf irgendeine Weise in Baustoffe oder andere Materialien umzuwandeln, in denen es nützlich und sicher gespeichert ist. Mein Freund Richard Branson hat einen großzügig dotierten Wettbewerb für Verfahren zur CO_2-Abscheidung aus der Atmosphäre ausgeschrieben und den Klimawandelexperten Jim Hansen von der NASA sowie mich in die Preisjury berufen.

Die Kosten der derzeit verfügbaren CCS-Verfahren sind allerdings – sowohl was den Kapital- als auch den Energieeinsatz betrifft – so hoch, dass wohl kaum ein Energieversorger oder anderes Unternehmen sie einsetzen werden. Der Betreiber eines Kohlekraftwerks etwa müsste schätzungsweise 35 Prozent des erzeugten Stroms allein dafür aufwenden, das ansonsten in die Atmosphäre entweichende CO_2 abzuscheiden, zu komprimieren und zu speichern.[381] Das wäre ja vielleicht noch akzeptabel, wenn sich dadurch die Zukunft der Zivilisation retten lassen würde – aber abgesehen davon, dass kein Kraftwerksbetreiber darauf hoffen könnte, im Geschäft zu bleiben, sind die CO_2-Emissionen, um die es hier geht, so gewaltig, dass die Steuerzahler kaum bereit wären, die Kosten zu tragen.

Ausreichend sichere langfristige unterirdische Speicherstätten für das abgeschiedene CO_2 existieren zwar, doch die Suche nach geeigneten Standorten und die erforderliche sorgfältige Überprüfung ihrer geologischen Eigenschaften – um sicherzustellen, dass später kein CO_2 an die Oberfläche aufsteigt und in die Atmosphäre gelangt – sind ein aufwendiger Prozess. Außerdem stoßen Standortvorschläge für unterirdische CO_2-Speicher in der Nähe dicht besiedelter Regionen erfahrungsgemäß auf erheblichen öffentlichen Widerstand. Die mit den Verfahren vertrauten

Wissenschaftler und Ingenieure sind sich einig, dass die Sicherheit steigt, je länger sich das CO_2 im Boden befindet, weil das Gas im Laufe der Zeit von den Gesteinsschichten selbst absorbiert wird.[382] Dennoch hat wegen der hohen Gesamtkosten der CO_2-Abscheidung bislang noch kein großer Treibhausgasemittent die Technologie eingeführt.

Sowohl die Vereinigten Staaten wie auch China haben die Errichtung großer, staatlich finanzierter CCS-Pilotanlagen angekündigt. Allerdings liegt das chinesische Projekt mit der Bezeichnung GreenGen hinter dem Zeitplan zurück, während das US-Projekt FutureGen unter der system-bedingten politischen Lähmung leidet, die den derzeitigen Zustand der Demokratie in den Vereinigten Staaten kennzeichnet.[383] Neben China und den USA wird die CO_2-Abscheidung vor allem von Norwegen, Groß-britannien, Kanada und Australien weiterverfolgt.[384] Einer der weltweit führenden CCS-Experten, Howard Herzog vom Massachusetts Institute of Technology, betont schon seit Jahren, dass die Technologie eine reelle Chance darauf hat, sich durchzusetzen und profitabel zu werden, aber nur dann, wenn man CO_2-Emissionen mit einem Preisschild versieht.[385]

Die zweite Technologie, die hin und wieder als eine Art Allheilmittel angepriesen wird, um einen Großteil der CO_2-Emissionen, zumindest aus dem Strom erzeugenden Sektor, eliminieren zu können, ist eine mit einer langen und alles andere als makellosen Geschichte – die Atomenergie. Die aktuelle Generation der Leichtwasserreaktoren mit einer Leistung zwi-schen 800 und 1200 Megawatt führt allerdings höchstwahrscheinlich in eine technologische Sackgasse. Aus einer Reihe von Gründen steigen die Kosten für Reaktoren seit Jahrzehnten kontinuierlich und beträchtlich an, und seit der Dreifachkatastrophe im japanischen Fukushima haben sich die Zukunftsaussichten für die Kernenergie noch weiter eingetrübt.

Ungeachtet der erheblichen Fortschritte in diesem Bereich ist die Frage nach der Sicherheit der Atomenergie nach wie vor einer der wich-tigsten Punkte, der für öffentlichen Widerstand sorgt. Frankreich, das lange weltweit als führende Nation auf dem Gebiet der Atomenergie galt, hat bei seiner neuen Reaktorgeneration mit Problemen zu kämpfen,[386] während Südkorea ein neues Reaktorkonzept entwickelt hat, das viele Experten für zukunftsträchtig halten.[387] Momentan befinden sich welt-weit mehrere neue Reaktoren im Bau, aber im Vergleich zu anderen koh-lenstoffarmen Energieoptionen leidet die Kernenergie ganz erheblich unter ihren hohen Kosten und ihrem vor allem auf Sicherheitsbedenken zurückzuführenden schlechten Image. Dennoch besteht eine realistische Möglichkeit, dass die Kernenergie dank einer neuen Generation kleinerer und hoffentlich sicherer Reaktoren, die sich derzeit in der Entwicklung befindet, eine wichtige Rolle für die künftige Energieversorgung spielt.[388] Ob es dazu kommt, sollten wir bis spätestens 2030 wissen.

Trotz ihrer Probleme üben sowohl die CO_2-Abscheidung wie auch die Atomenergie eine anhaltende Faszination aus. Das mag zum Teil wohl daran liegen, dass es sich bei ihnen um technologische Lösungen handelt, die den Anschein erwecken, als könnte man das Problem mithilfe einer einzigen Strategie relativ schnell beheben. Genau das korrespondiert mit einer anderen »Macke« in unserem Denken, dem, wie die Psychologen dazu sagen, *single action bias*, einer tief in uns verwurzelten Präferenz dafür, gegen Probleme, und seien sie noch so komplex, eine oder bestenfalls zwei Maßnahmen zu ergreifen.[389]

Eben diese intuitive Präferenz dürfte zumindest teilweise die an sich unerklärliche Unterstützung für eine ganze Anzahl völlig bizarrer Vorschläge erklären, die man unter dem Oberbegriff Geo-Engineering zusammenfassen kann. Schon vor über zwei Jahrzehnten regten Ingenieure und Wissenschaftler an, viele Milliarden winziger Stanniolstreifen in die Umlaufbahn um die Erde zu bringen, um damit einen Teil des auf die Erde einstrahlenden Sonnenlichts zu reflektieren und so den globalen Temperaturanstieg zu bremsen.[390] Ob sie Hüte aus Stanniolpapier trugen, als sie ihre Idee vom Stapel ließen, ist leider nicht überliefert. Noch davor hatte es den Vorschlag gegeben, einen gigantischen Sonnenschirm in eine Umlaufbahn um die Erde zu transportieren, der ebenfalls einen Teil der Sonneneinstrahlung blockieren sollte. Der Schirm hätte einen Durchmesser von über 1600 Kilometern haben müssen, und man hätte eine Mondbasis gebraucht, um ihn bauen und ins All schießen zu können.[391] Und dann gab es noch den Vorschlag, die obere Atmosphäre mit großen Mengen an Schwefeldioxid gewissermaßen zu impfen, um auf diese Weise einen Teil des Sonnenlichts zu blockieren.[392] Die Tatsache, dass selbst angesehene Wissenschaftler ihren Namen für solche Vorschläge hergegeben haben, ist meines Erachtens vor allem ein Zeichen für die Verzweiflung derjenigen, die die Klimakrise in ihrem vollen Ausmaß begreifen, angesichts des völligen Versagens der internationalen Gemeinschaft, endlich Ernst mit der Reduzierung der weltweiten Treibhausgasemissionen zu machen. Aber hält man sich die unerwarteten Konsequenzen des planetaren Großexperiments vor Augen, das wir schon betreiben – ein Experiment, bei dem wir Tag für Tag 90 Millionen Tonnen Treibhausgase in die Erdatmosphäre pumpen –, wäre es meines Erachtens blanker Irrsinn, uns auf ein zweites planetares Experiment einzulassen, getragen allein von der vagen Hoffnung, damit eventuell einen Teil der fatalen Folgen des ersten Experiments beheben zu können, ohne dabei noch mehr Schaden anzurichten.

Eine der eher verblüffenden Nebenwirkungen des Vorschlags, Schwefeldioxid in die obere Atmosphäre zu drücken, bestünde laut einer 2012 veröffentlichten Studie darin, dass der Himmel, der sich seit Menschengedenken über uns spannt, nicht mehr blau wäre – oder wenigstens nicht mehr *so* blau.[393] Andererseits, wäre das so schlimm? Vielleicht könnten wir unseren Enkeln ja erklären, warum in der Geschichte aller Kulturen auf der Erde so oft von einem »blauen Himmel« die Rede ist? Und vielleicht würden sie ja verstehen, dass es zum Wohl der Erdöl-, Kohle- und Erdgaskonzerne leider unerlässlich war, dem Himmel etwas von seiner Bläue zu nehmen. In vielen Städten ist die Luft schon heute so stark verschmutzt, dass sich die Farbe des Nachthimmels von Schwarz in ein rötliches Schwarz verwandelt hat.[394]

Niemand hat auch nur die geringste Vorstellung davon, welche Folgen es für die Fotosynthese von Nutz- und anderen Pflanzen hätte, sollten wir einen Teil des für das Leben unerlässlichen Sonnenlichts blockieren, nur um uns zusätzlichen »thermischen Raum« für beständig steigende Emissionen aus der Verbrennung fossiler Energieträger zu verschaffen. Zudem könnte auch der Wirkungsgrad der fotovoltaischen Umwandlung von Sonnenlicht in Strom darunter leiden – eine der zukunftsträchtigsten erneuerbaren Energietechnologien. Und keiner dieser exotischen Vorschläge würde auch nur das Geringste dazu beitragen, die fortschreitende Versauerung der Ozeane aufzuhalten.

Darüber hinaus müssten wir, sollte es uns nicht gelingen, die CO_2-Emissionen zu reduzieren, Jahr für Jahr mehr Schwefeldioxid in die obere Atmosphäre pumpen oder Stanniolstreifen in die Erdumlaufbahn bringen. Ganz abgesehen davon, dass wir nicht die leiseste Ahnung haben, wie sich derartige Eingriffe auf die Klimamuster, Niederschlagsverteilungen, Sturmbahnen und all die anderen natürlichen Systeme auswirken würden, die sowieso schon aus dem Gleichgewicht geraten sind. Man fühlt sich fast versucht zu fragen, ob wir denn völlig verrückt geworden sind?

Nein, wir sind nicht verrückt geworden. Die Sache ist nur, dass unsere Kommunikation über globale Herausforderungen sowie die Debatte über vernünftige Lösungen von finanzstarken und einflussreichen Interessengruppen aus der Wirtschaft ganz massiv manipuliert und kontrolliert werden – Interessengruppen, die ihrerseits verzweifelt versuchen, jeden ernsthaften Vorschlag zu hintertreiben, mit dem die globale Erwärmung infolge des Ausstoßes von Treibhausgasen eingedämmt werden soll.

Technisch gesehen gibt es einige Projekte im Bereich Geo-Engineering, die, wenn auch nur in begrenztem Maße, tatsächlich etwas bewirken könnten, ohne dabei gleich irgendwelche unverantwortlichen Risiken heraufzubeschwören. Hausdächer weiß zu streichen oder zu begrünen sind zwei Bespiele dafür. Auf diese Weise könnten wir ohne jedes Risiko die Reflexionseigenschaften der Erdoberfläche so verändern, dass ein größerer Teil des einfallenden Sonnenlichts in das Weltall zurückgestrahlt wird, bevor die in ihm enthaltene Wärmeenergie von der unteren Atmosphäre absorbiert wird. Ganz in diesem Sinne ist man in Peru auf die Idee verfallen, hoch in den Anden Felsen weiß anzustreichen, um auf diese Weise das Abschmelzen der Gletscher und Schneedecken zu verlangsamen, auf die das Land für die Trinkwasserversorgung und die landwirtschaftliche Bewässerung angewiesen ist.[395]

Wenn wir es weiterhin versäumen, auf globaler Ebene ernsthafte und mehrgleisige Maßnahmen zur Reduzierung der Treibhausgasemissionen zu ergreifen, die dafür verantwortlich sind, dass die Erde sich immer weiter aufheizt, werden wir zu immer verzweifelteren Mitteln greifen müssen, um die eskalierenden Folgen der globalen Erwärmung noch irgendwie in den Griff zu bekommen. Wir werden versuchen, uns durchzumogeln, miteinander streiten und gegeneinander kämpfen, unsere eigenen Interessen auf Kosten anderer verfolgen und werden sie, um das zu erreichen, täuschen und belügen – und oft genug auch uns selbst. Das ist der Pfad, dem wir derzeit folgen.

Aber wenn das Überleben dessen, was uns am liebsten und teuersten ist, unverkennbar bedroht ist, dann bleibt uns keine andere Wahl, dann müssen wir handeln. In der Geschichte der Menschheit hat es immer wieder Momente gegeben, in denen wir uns über unsere Vergangenheit aufgeschwungen und neue Wege beschritten haben, um unsere tiefsten Werte zu bewahren. Eben ein solcher rarer Moment in der Geschichte war es, als Abraham Lincoln vor dem Kongress der Vereinigten Staaten folgende Worte sagte: »Die Schwierigkeiten türmen sich hoch auf, und wir müssen uns denselben gewachsen zeigen. Da unser Fall ein nie da gewesener ist, so müssen wir ihm gemäß denken und handeln. Wir müssen erst unsere eigenen Fesseln abstreifen, und dann werden wir unser Land retten.«[396]

Heute ist es unsere Welt, die auf dem Spiel steht. Nicht die Erde an sich; es wäre dann zwar eine andere Erde, aber natürlich würde sie auch ohne die menschliche Zivilisation problemlos fortbestehen. Was vielmehr auf dem Spiel steht, ist die Gesamtheit der Umweltbedingungen und der natürlichen Systeme, von denen die menschliche Zivilisation abhängig ist. Und die Tatsache, dass diese Krise ihrer Natur nach eine globale ist, macht sie zu einer beispiellosen Herausforderung für die Menschheit.

Nur zwei Mal in der Geschichte stand die Zukunft der Menschheit insgesamt auf dem Spiel. Das erste Mal vor etwa 100 000 Jahren, in der Frühzeit des *Homo sapiens*, war, so sagen die Anthropologen, unsere Zahl auf unter 10 000 gesunken, doch irgendwie überlebten wir.[397] Das zweite Mal während der Kubakrise 1962, als die Vereinigten Staaten und die Sowjetunion um ein Haar einen Atomkrieg gegeneinander geführt hätten, der viele Hundert Millionen Menschenleben gefordert und die Welt in einen nuklearen Winter mit möglicherweise apokalyptischen Konsequenzen gestürzt hätte.

Dieses Mal wird unsere Zukunft nicht durch etwas bedroht, das innerhalb von ein paar Minuten mit grellen Blitzen und ohrenbetäubenden Explosionen über uns hereinbricht. Dieses Mal droht der Menschheit ein Ende, das sich langsam entfaltet, so langsam, dass noch viele Generationen nach uns ihr ganzes Leben mit dem quälenden Wissen zubringen müssen, dass die Erde einmal ein paradiesischer Ort für Menschen war. Dass sie Nahrung und Wasser im Überfluss bereithielt und uns inspirierte und erneuerte mit ihrer majestätischen Schönheit.

Selbst wenn alle Erinnerungen an diese Erde dann vergangen wären, würde man sich immer noch eine Geschichte erzählen, eine Geschichte, die in den ersten Jahrzehnten des 21. Jahrhunderts spielt und von einer Generation handelt, die von den Generationen vor ihr mit dem größten Wohlstand und den mächtigsten Technologien aller Zeiten gesegnet worden war – und es dennoch fertigbrachte, die Zukunft der Menschheit zu verspielen. Eine Geschichte von Menschen, die nur an ihr eigenes Wohl dachten und den Reichtum verprassten, der ihnen vermacht worden war, ohne dabei einen Gedanken an diejenigen zu verschwenden, die nach ihnen kamen. Ob sie dieser Generation – uns – vergeben würden? Oder ob jede Generation, die noch kommt, uns mit ihrem letzten Atemzug verfluchen und verdammen würde?

Für den Fall aber, dass wir uns den Schwierigkeiten, die sich vor uns türmen, doch gewachsen zeigen sollten, könnten wir das seltene Privileg für uns in Anspruch nehmen, uns einer Herausforderung gestellt und sie gemeistert zu haben, wie sie nur die Besten zu meistern imstande sind. Wir haben alle Werkzeuge, die wir dafür benötigen. Sicherlich, etliche davon bedürfen der Reparatur, andere müssen für die vor uns liegende Aufgabe verbessert und perfektioniert werden. Woran es uns noch fehlt, ist allein der Wille, uns dieser Aufgabe zu stellen. Aber der politische Wille kann erneuert und gestärkt werden, wenn wir die Realität der Umstände anerkennen und unsere Verpflichtung annehmen, die Zukunft zu bewahren und zu schützen – für die nächste Generation und alle, die noch auf sie folgen.

Was wir am dringendsten brauchen, sind eine Veränderung in unserem Denken und die Zurückweisung der vergifteten Trugbilder, so unermüdlich propagiert und bekräftigt und wiederholt von denen, die sich jedem Handeln widersetzen, hauptsächlich den großen Treibhausgasverursachern und ihren Verbündeten. In gewisser Weise wird dieser Kampf um die Rettung der Zukunft in einem Wettstreit zwischen der Welt AG und dem Weltgehirn ausgetragen. Die Vernetzung aller Menschen rund um den Erdball durch das Internet hat zum ersten Mal in der Geschichte überhaupt die Voraussetzungen dafür geschaffen, dass wir uns unter- und miteinander offen und klar über die Herausforderungen austauschen können, denen wir gegenüberstehen – und über die Lösungen, die heute schon verfügbar sind.

Auf der anderen Seite hat die gleichermaßen wachsende Vernetzung zwischen Unternehmen und Industrien rund um die Welt eine gewaltige kommerzielle Dynamik erzeugt, die höchst widerstandsfähig gegenüber allen nationalstaatlichen Bemühungen ist, ihre destruktiveren Elemente zu zügeln. Die Welt AG ist heute die bestimmende Einflusskraft über Regierungen. Zum Glück findet sich im Internet eine große Fülle an Beispielen für ein sich herausbildendes globales Gewissen – ein Gewissen, das schon in vielen Fällen mit großem Druck auf die Behebung von Ungerechtigkeiten und moralischen Missständen gedrängt hat, angefangen von

Kinderarbeit und ausbeuterischen Arbeitsbedingungen über willkürliche
Verhaftungen und Sexsklaverei bis hin zur Verfolgung wehrloser Minderheiten und der Zerstörung der Umwelt.

In einigen Ländern hat dieses aufstrebende kollektive globale Gewissen bereits viel dazu beigetragen, Maßnahmen zur Lösung der Klimakrise
anzustoßen. Und die Zahl der auf Ebene der Basisbewegungen aktiven,
internetbasierten Nichtregierungsorganisationen, die sich der Aufgabe
verschrieben haben, das ökologische System der Erde zu schützen, wächst
unaufhörlich. Eine Frage bleibt noch zu beantworten und wird entscheidend für unsere Zukunft sein: Wird sich die Wahrheit durchsetzen, die
für einen tief greifenden Bewusstseinswandel erforderlich ist, der die
menschliche Zivilisation dazu bringt, ihren gegenwärtigen Kurs zu ändern, bevor es zu spät ist?

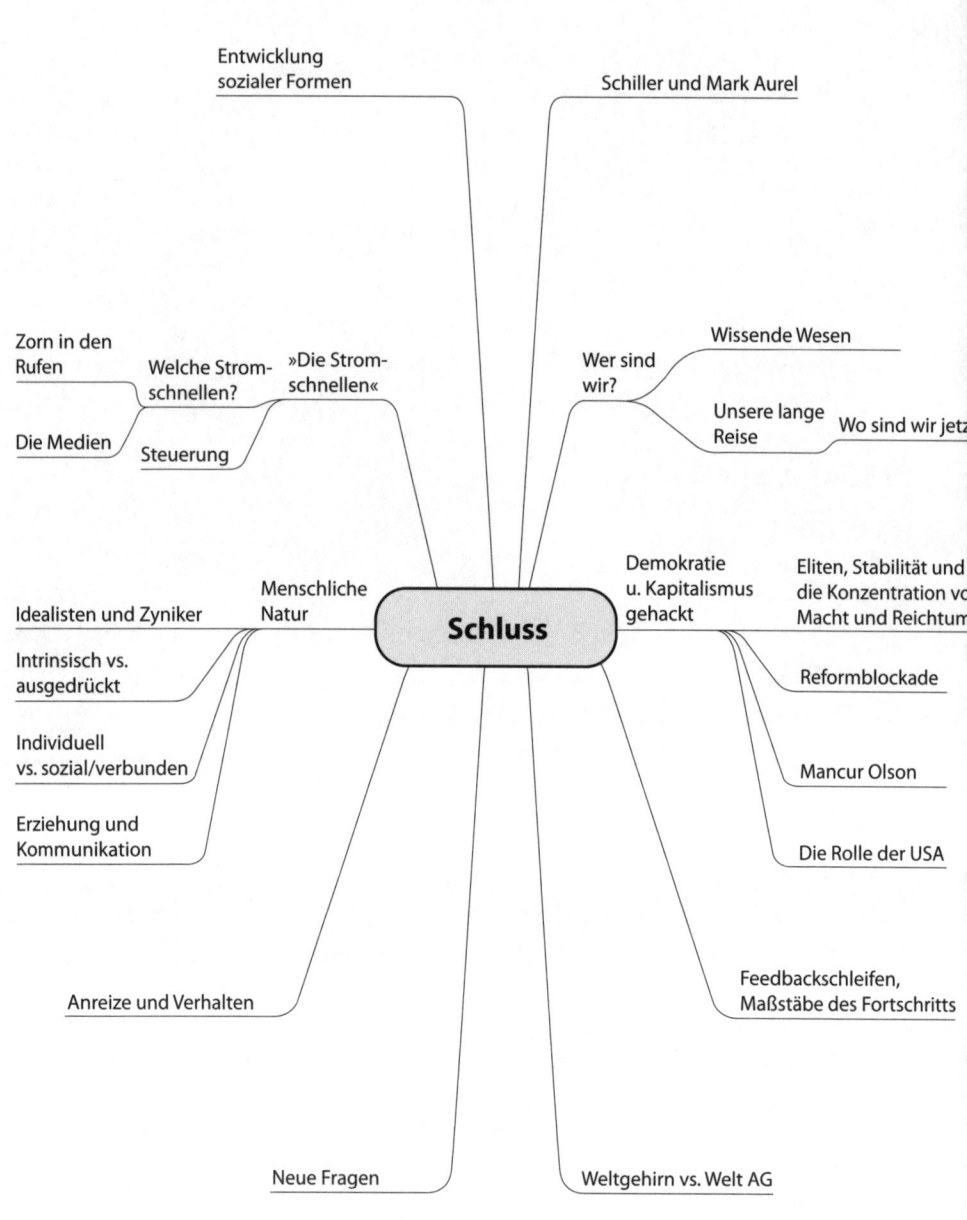

SCHLUSS

Wie sich der Sonne Scheinbild in dem Dunstkreis
Malt, eh sie kommt, so schreiten auch den großen
Geschicken ihre Geister schon voran
Und in dem Heute wandelt schon das Morgen.
                    Friedrich Schiller, *Wallensteins Tod*

DIE REISE, AUF DIE ICH MICH mit der Niederschrift dieses Buches
begab, begann mit der einen Frage, die nach einer durchdachteren Lösung
verlangte, nicht nach derjenigen, die mir zunächst eingefallen war. Meine
Suche nach einer besseren Antwort hat mich zu neuen Fragen geführt, die
ihrerseits nach Antworten verlangen – vor allem von führenden Persönlichkeiten des politischen, wirtschaftlichen, öffentlichen und religiösen
Lebens in aller Welt.

Am Anfang steht hier die Frage: *Wer sind wir?* Die erste Antwort ist
schnell bei der Hand: Wir gehören zur Gattung *Homo sapiens*, wir sind
»*wissende* Wesen«. Die üblichen Verdächtigen. Wir haben bereits eine
lange Reise hinter uns, von den Wäldern über die Savannen und Bauernhöfe bis zu den Megastädten; von zwei Menschen zu Tausenden, Millionen und Milliarden; von Steinen zu Pflügen zu Fließbändern und Nano-
robotern; von Silben zu Enzyklopädien zu Hörfunk und Fernsehen und
zum Weltgehirn; von Familien zu Stämmen, Gemeinwesen und Staaten.

Aber das ist das Leben, das wir *früher* geführt haben. Wohin uns die
Reise als Nächstes bringen wird, das wird davon abhängen, welche Art
von Wesen wir Menschen sein wollen. Oder, anders gesagt: Unsere Entscheidung über unsere Lebensweise wird darüber bestimmen, ob die
Reise *uns* mitnimmt oder ob *wir selbst* die Reise unternehmen.

Die Strömungen des Wandels sind so mächtig, dass manche Menschen schon längst die Ruder aus dem Wasser genommen haben, weil sie
für sich zu der Entscheidung gekommen sind, es sei besser, aufzugeben,
die Fahrt zu genießen und das Beste zu hoffen, auch wenn uns diese Strö-

mungen immer schneller und schneller auf die Stromschnellen zutreiben, die dort vorn so ohrenbetäubend rauschen, dass wir kaum noch einen klaren Gedanken fassen können.

»Stromschnellen?«, rufen diese Menschen über den Lärm hinweg. »Welche Stromschnellen? Macht euch nicht lächerlich, es gibt keine Stromschnellen. Alles ist in bester Ordnung!« In diesen Rufen schwingt auch ein gewisser Zorn mit, und manche Menschen, die sich davon einschüchtern lassen, lernen, das Thema niemals zu erwähnen, das diesen Zorn auslöst. Sie ducken sich und wahren den Frieden, indem sie jede Anspielung auf das verbotene Thema vermeiden.

So verhält sich, zumindest gegenwärtig, ein Teil der Medien. Man fürchtet sich davor, bestimmte Wörter auch nur auszusprechen – zum Beispiel das Wort »Klima« –, um nicht den Zorn derjenigen auf sich zu ziehen, die nichts von den zerstörerischen, an Fahrt gewinnenden Veränderungen wissen wollen. Heraus kommen dabei ein fast pathologisches Schweigen über die allerwichtigsten Probleme, mit denen wir es zu tun haben, und eine gefährliche kollektive Missachtung der zukünftigen Konsequenzen unseres gegenwärtigen Handelns. Aber letztlich ist ein solches Verhalten nicht das, was uns wirklich ausmacht.

Alle Menschen, die Zeit darauf verwenden, über Möglichkeiten für eine bessere Zukunft nachzudenken, müssen zunächst einmal von einer Annahme über die Natur des Menschen ausgehen. Idealisten, die das Beste wollen und erhoffen, begehen manchmal den Denkfehler, davon auszugehen, die innere Natur des Menschen könne sich ändern und werde sich dabei an ihren Hoffnungen orientieren. Zyniker greifen diesen Fehler gerne auf und merken an, die Natur des Menschen ändere sich keineswegs.

Meine eigene Ansicht über die Natur des Menschen ist weder idealistisch noch zynisch. Ich glaube, dass es einen Unterschied gibt zwischen der *inneren* Natur des Menschen – die sich, dem stimme ich zu, nicht verändert – und den Aspekten der menschlichen Natur, denen wir gewohnheitsmäßig *Ausdruck verleihen* und die sich verändern können und dies auch tun. Die 35 000 Jahre alten Höhlenmalereien in der Chauvet-Höhle im Tal der Ardèche in Frankreich und die von unseren Vorfahren in Eurasien und Afrika geschnitzten Elfenbeinfiguren zeigen deutlich ein Bewusstsein und ein Empfindungsvermögen, die sich nicht sehr – innerlich vielleicht überhaupt nicht – vom heutigen Menschen unterscheiden.[1] Aber in anderer Hinsicht sind wir wirklich sehr verschieden.

Wir alle sind Individuen, aber wir sind auch, wie uns all unsere bedeutenden Glaubenstraditionen lehren, allesamt miteinander verbunden. Und die Wissenschaft lehrt uns, dass der Mensch von Natur aus ein soziales Wesen ist. Die sozialen Gruppen, denen wir angehören, durchleben ihre eigene Form der Evolution. Manche Normen und Verhaltensweisen werden von einer Generation an die nächste weitergegeben, andere werden zurückgewiesen. Gewohnheiten und Bräuche werden zu Ritualen und Regeln, die sich mit der Zeit zu Kulturen, gesellschaftlichen Systemen, Gesetzen und Institutionen entwickeln und einen großen Einfluss darauf ausüben, welchen Aspekten der menschlichen Natur wir Ausdruck verleihen.

Man bedenke nur, was wir über das menschliche Genom erfahren haben: Zwar sind 99,9 Prozent davon bei allen Menschen identisch,[2] aber unsere 23 000 Gene[3] – und Millionen von Eiweißverbindungen[4] – enthalten ein ganzes Universum von Möglichkeiten. Manche Gene werden exprimiert – ausgeprägt –, andere bleiben unausgeformt und verkümmern.

Manchmal werden Fähigkeiten, die sich bereits in der fernen Vergangenheit entwickelten, für neue Zwecke aktiviert, wenn sich unsere Lebensumstände verändern. Wir sollten bedenken, was die Hirnforschung über das menschliche Gehirn herausgefunden hat: Dendriten entwickeln sich dicht und sind kraftvoll, wenn sie benutzt werden; andere verkümmern, wenn dies nicht der Fall ist.

Manche Menschen haben lange die Ansicht vertreten, Erziehung und Bildung seien die besten Strategien, um die positiven Seiten der menschlichen Natur zu stärken. Ich teile zwar ganz gewiss die Ansicht, dass Erziehung und Bildung von hoher Qualität für alle Menschen nicht nur wünschenswert, sondern unentbehrlich sind, aber das genügt nicht. Einige der schlimmsten Grausamkeiten der menschlichen Geschichte wurden von gut ausgebildeten Schurken geplant und begangen.

Unwissenheit und Missverständnisse sind mit Sicherheit Feinde des echten Fortschritts, so wie Wissen, Integrität und Charakterstärke für unseren Erfolg von entscheidender Bedeutung sind. Aber von den Entscheidungen, die wir in Bezug auf die Struktur der von uns benutzten Systeme treffen, wird die Entwicklung unseres kollektiven Verhaltens ebenso abhängen wie die Herausbildung eines tiefen Verständnisses dafür, wie eng unsere miteinander verbundenen Schicksale mit dem Wohlergehen des ökologischen Systems der Erde verwoben sind. Die Art und Weise, in der

wir unsere Handlungen und deren Ergebnisse bewerten, die Art, in der
wir miteinander kommunizieren, und die Anreize und hemmenden Faktoren, die wir in unser politisches, wirtschaftliches und soziales System
einbauen, all das übt einen enormen Einfluss auf unsere Zukunft aus.

Verhaltensweisen, die zu Belohnungen führen, breiten sich aus. Was
nicht belohnt wird, bildet sich zurück. Die Bestandteile unserer Natur, auf
die belohnte Verhaltensweisen einwirken, werden gestärkt. In sozialen
Gruppen bilden sich Werte heraus, in denen sich beides spiegelt: die Verhaltensweisen, die sie gerne belohnen, ebenso wie diejenigen, die sie nicht
erleben möchten. Diese Werte setzen sich bei Stammesgruppen fest, in
Gemeinwesen, Staaten, Wirtschaftssystemen, Institutionen und Kulturen.

Ich komme auf das Beispiel zurück, das Menschen in aller Welt seit
über 200 Jahren inspiriert hat – und auch mich selbst: Der bis heute fort-
wirkende Geist der amerikanischen Verfassung entsprang dem hellsichti-
gen, unverstellten Verständnis der menschlichen Natur, über das ihre
Urheber verfügten – auch wenn sich dieser Personenkreis nur auf weiße
Männer beschränkte –, und den von ihnen eingebauten strukturellen Si-
cherungen, die dem Drang nach egoistischem Machtstreben entgegen-
wirkten, sowie den Anreizen, die das Bestreben belohnten, Differenzen
durch kollektives Nachdenken zu beheben. Dieses Verfahren maximierte
die Wahrscheinlichkeit, dass beim Bemühen ums Gemeinwohl kreative
Kompromisse zustande kommen.

Die Gewaltenteilung und die in den Verfassungsentwurf eingebauten
Sicherungssysteme (*Checks and Balances*) standen für ein ausgefeiltes
Verständnis der Methoden, mit denen man einigen in der menschlichen
Natur angelegten Verhaltensweisen begegnen und andere, positive Cha-
rakterzüge stärken kann. Manche Politiker haben versucht, Wirtschafts-
systeme mit Anreizen zu strukturieren, die Kreativität und Dynamik frei-
setzen, als wertvoll erkannte Verhaltensweisen stärken und von anderen
Verhaltensweisen abraten, die dem Gemeinwohl schaden.

Im Laufe der Zeit sind wir zu der Erkenntnis gekommen, dass die Art
und Weise, mit der wir wirtschaftliche Werte messen, auch einen evolutionären Einfluss auf unser Verhalten hat – und dass die Dinge, die man
überhaupt nicht misst, allesamt ignoriert werden, als hätten sie gar keinen
Wert, weder einen positiven noch einen negativen. Wenn wir den Wert-
maßstab verändern, die Art der Anreize und die Struktur der Systeme, die
wir für unsere politischen, ökonomischen und gesellschaftlichen Entschei-

dungen verwenden, fördern wir damit unweigerlich den Ausdruck bestimmter Aspekte der menschlichen Natur und raten zugleich auch von anderen ab. Die innere Natur des Menschen mag sich also vielleicht nicht ändern, aber die *Ausdrucksweisen* der menschlichen Natur – jene Aspekte, die in unseren Verhaltensweisen und Entscheidungen sichtbar werden – können das sehr wohl und reagieren auch bereitwillig auf die Anreize, die wir als Grundlage der Kultur setzen. Und sie prägen unsere Zukunft.

Wenn wir der Wirtschaft zum Beispiel signalisieren, dass grenzenlose Umweltverschmutzung weder Kosten noch Strafen nach sich ziehen wird, nützt es wenig, ihre Vertreter anschließend als unmoralisch herabzuwürdigen, wenn sie auf die Anreize, die wir ihnen bieten, auf vorhersagbare Art reagieren. Wenn wir unseren Politikern signalisieren, dass sich ein Wahlsieg am besten dadurch sichern lässt, dass sie den größten Teil ihrer Zeit mit dem Einwerben von hohen Spendensummen bei Personen und Unternehmen verbringen, die ihre eigene Tagesordnung für die Gestaltung der politischen Richtlinien in der Zeit nach der Wahl haben, geben wir den Politikern damit einen Anreiz, in ihrem Verhalten negative Aspekte der menschlichen Natur zu zeigen, die uns allen vertraut sind. Sie sind nämlich in uns allen angelegt, auch wenn die meisten von uns diese Aspekte unterdrücken und sehr gut verstehen, warum wir von der sanften Bestechung und dem Verrat am Vertrauen der Öffentlichkeit abraten sollten, der die vorhersagbare Folge eines solchen Verhaltens sein wird.

Ernstere Probleme ergeben sich, wenn es den Nutznießern der falschen Anreize und schädlichen Regelungen gelingt, genügend politische Macht anzuhäufen, um Reformen zu verhindern, welche jene Aspekte der menschlichen Natur fördern würden, die wir bei politischen und wirtschaftlichen Entscheidungsprozessen sehen wollen.

Lange Phasen der Stabilität, die die meisten von uns natürlich bevorzugen, können die Anfälligkeit aller politischen oder wirtschaftlichen Systeme für eine Ausbeutung durch jene Menschen erhöhen, die gelernt haben, ihre Regeln und Anreizsysteme für eigene Zwecke zu nutzen. Der Wirtschaftswissenschaftler Mancur Olson (1932–1998) von der University of Maryland veröffentlichte bereits vor Jahrzehnten eine umfassende Analyse, in der er zeigte, wie Eliten in jeder Gesellschaftsform einen ständig wachsenden Anteil an Reichtum und Einfluss anhäufen und dies dann dazu benutzen, Reformen der Anreize und Regeln, aus denen sie selbst Vorteile ziehen, zu blockieren.[5]

Man denke hier nur an die Anfälligkeit in Monokultur angebauter Nutzpflanzen für die ständig sich weiterentwickelnden Schädlinge, die lernen, die natürlichen Schutzmechanismen der Pflanzen zu umgehen, um sich ihren Anteil an der Ernte zu sichern. Man denke an die Anfälligkeit von Computersystemen für Hacker, wenn die Passwörter und andere Sicherheitsvorkehrungen für einen längeren Zeitraum unverändert bleiben. Die innere Natur der Pflanzenschädlinge ändert sich nicht, ihr erlerntes Verhalten – und die Gene, durch die es sich ausdrückt – dagegen schon.

Die Demokratie und der Kapitalismus wurden beide gehackt. Die Ergebnisse zeigen sich überaus deutlich in der erstickenden Kontrolle, die Eliten bei politischen Entscheidungen ausüben, in der ständig zunehmenden Ungleichheit der Einkommen und der weiteren Anhäufung von Reichtum wie auch in der Lähmung jeglicher Reformbestrebungen. Und die Möglichkeiten der Öffentlichkeit, ihren Abscheu auf eine konstruktivere Art auszudrücken als durch blanken Zynismus, werden durch die Strukturen unseres dominierenden Massenmediums gemindert – des Fernsehens. Es dient hauptsächlich der Werbung für Konsumgüter und der Unterhaltung der Öffentlichkeit, aber es macht keinerlei Angebote für einen interaktiven Dialog und gemeinsame Entscheidungsprozesse.

Das Erwachen des Weltgehirns stört glücklicherweise diese etablierten Muster: Es schafft spannende neue Chancen für die Entwicklung von Einflusszentren, die nicht von Eliten kontrolliert werden, und es hat das Potenzial für Reformen fest etablierter schädlicher Verhaltensweisen. Doch die Entwicklung der Welt AG hat ebenfalls die Macht und Reichweite unserer Wirtschaftsmaschinerie vergrößert, auch wenn sie die Anreize, Wertzumessungen und Verhaltensregeln gestärkt hat, die eine nicht nachhaltige Ausbeutung begrenzter Ressourcen ebenso belohnen wie die Zerstörung von Ökosystemen, die für den Fortbestand der Zivilisation entscheidend sind, die unbegrenzte Umweltverschmutzung und die Missachtung menschlicher und sozialer Werte.

Das Ergebnis dieses Kampfes um die Gestaltung unserer Zukunft, der heute beginnt, wird von einem Wettstreit zwischen dem Weltgehirn und der Welt AG bestimmt werden. Die Reform der Regeln und Marktanreize, der politischen Systeme, Institutionen und Gesellschaften auf den Millionen von Schauplätzen der Auseinandersetzung wird gelingen oder scheitern – und das hängt davon ab, wie schnell Einzelpersonen und Gruppen, die einer von Nachhaltigkeit geprägten Zukunft verpflichtet sind, zu ausreichender Stärke, Sachkenntnis und Entschlossenheit kommen können, indem sie sich zusammentun, um ihre Hoffnungen und Träume für eine bessere Welt formulieren und verwirklichen zu können.

Hier sind die wichtigsten Fragen, die beantwortet, und die wichtigsten Auseinandersetzungen, die gewonnen werden müssen:

Gelingt es den Amerikanern, das gesunde Funktionieren des politischen und wirtschaftlichen Systems der USA bis zu einem Punkt wiederherzustellen, an dem sie in der Völkergemeinschaft wieder eine visionäre Führungsrolle einnehmen können? Es könnte gut und gern dazu kommen, dass sich in der Gestalt des Weltgehirns eine alternative Form weltweiter Führungskraft entwickelt, aber derzeit ist das noch ungewiss, und wahrscheinlich nimmt eine solche Entwicklung Zeit in Anspruch, die wir nicht haben.

Es ist theoretisch möglich, wenn auch äußerst unwahrscheinlich, dass sich irgendein anderes Land dieser Aufgabe stellen wird. Es ist auch möglich, dass die gewaltigen Erschütterungen, die das globale Machtgleichgewicht verändert, es von West nach Ost verschoben und weltweit neu verteilt haben, es den USA erschweren werden, als Führungsmacht noch einmal die Stärke und die Qualitäten zu zeigen, die sie in der zweiten Hälfte des 20. Jahrhunderts bewiesen haben. Der weltweite Vertrauensverlust, den die Vereinigten Staaten nach den katastrophalen politischen, militärischen und wirtschaftlichen Fehlern zu Beginn des 21. Jahrhunderts hinnehmen mussten, beschleunigte diese Machtverschiebung zwar, war aber nicht ihre grundlegende Ursache.

Die beste Chance dafür, eine Katastrophe zu vermeiden und eine positive Zukunft zu gestalten, besteht immer noch darin, die herausragenden Fähigkeiten der Vereinigten Staaten zu erneuern, um weiterhin die weltweite Führungsrolle zu übernehmen. Und diejenigen, denen die Vorstellung einer Einlösung des Versprechens der amerikanischen Demokratie Sorgen bereitet, sollten sich daran erinnern, dass dieses Versprechen Amerikas an die Welt in der Vergangenheit bereits während einiger sehr finsterer Jahre wiederbelebt worden ist; seine Revolution wurde einst fast zur Totgeburt. Der Bürgerkrieg zerriss das Land beinahe in zwei Teile, und die anmaßenden Verbrechen der industriellen Raubritter gegen Ende des 19. Jahrhunderts waren schlimmer als die aktuellen Exzesse der Unternehmensgiganten. Die Not während der Weltwirtschaftskrise, der verheerende Schlag in Pearl Harbor, in einer Zeit, in der Hitler in Europa

wütete, und die flüchtige Bekanntschaft mit dem Weltuntergang während
der Kubakrise: All diese Ereignisse führten dazu, dass sich der amerikanische Pioniergeist erneuerte und Werte aufblühten, die den Kernbestand
des amerikanischen Traumes ausmachen. Amerika kann also mit Sicherheit ebenso erneuert werden, wie sich sein Potenzial für eine weltweite
Führungsrolle wiederherstellen lässt.

Wird es dazu kommen? Die Antwort auf diese Frage wird für die Zukunft der Menschheit von großer Bedeutung sein.

Wie schnell können sich Institutionen an das Internet anpassen? Das
Potenzial für die Erneuerung eines auf Vernunft basierenden Entscheidungsprozesses mag noch so aufregend und vielversprechend sein, seit
Langem und fest etablierte Institutionen widersetzen sich bekannterma-
ßen dennoch jeder Veränderung. Das Tempo, mit dem Geschäftsmodelle
an Bedeutung verloren haben und neue Modelle aufgetaucht sind, gibt
jedoch Anlass zur Hoffnung.

Aber die Aufmerksamkeit und die Konzentration werden im Internet
verwässert. Die Vielfalt der verfügbaren Erfahrungen, die Allgegenwart
der Unterhaltungsangebote und die Schwierigkeiten, die sich mit der Versammlung einer kritischen Masse von Personen verbinden, die Veränderungen anstreben: All dies erschwert die Verwendung des Internets als
Mittel für institutionelle Reformen. Wenn bis zur Mitte dieses Jahrhunderts jedoch weltweit drei Milliarden Menschen in die Mittelschicht auf-
rücken, mag dies von neuen und überzeugenden Forderungen nach
demokratischen Reformen der Art begleitet sein, die schon so oft mit der
Entstehung einer wohlhabenden und gut ausgebildeten Mittelschicht verbunden waren.

Wird es einen ausreichenden Schutz gegen und Beschränkungen für
den Drang von Regierungen geben, das Internet als Mittel zum Sammeln
von Informationen über Einzelpersonen zu nutzen und es für die Errichtung gefährlicher Formen zentralisierter Kontrolle einzusetzen? Wird der
Drang von Staaten, sich in Konflikte zu stürzen, zerstörerischere Formen
des Cyberkriegs und des merkantilistischen Nationalismus hervorbringen? Die Ernsthaftigkeit unserer Probleme wird zwar immer deutlicher,
aber ich habe die Hoffnung, ja sogar die Zuversicht, dass sich genügend
besorgte und engagierte Personen und Gruppen rechtzeitig zusammentun, sich ideenreich selbst organisieren und so zu einer reformerischen
Kraft werden.

Wird sich Chinas Wirtschaftsboom fortsetzen, und wenn das der Fall ist: Wird das sich derzeit entwickelnde Engagement des Landes für den Erhalt der Umwelt den merkantilistischen Imperativ überflügeln? Werden seine Erfolge bei der Anhebung des Lebensstandards und der Bekämpfung der Armut zu politischen Veränderungen führen, die für einen Übergang zur demokratischen Regierungsform sorgen?

Wird der fortschreitende Austausch menschlicher Arbeitskraft durch intelligente Maschinen zu vermehrter struktureller Arbeitslosigkeit führen, oder werden wir Wege finden, wie wir neue Arbeitsplätze schaffen und jene Menschen, die sie einnehmen, angemessen entlohnen können? Es mangelt nicht an Arbeit, aber die Vorherrschaft der Unternehmen und das Vordringen des Marktgeschehens in den demokratisch verfassten Bereich gingen auf Kosten der Initiative und des Willens, die gebraucht werden, um neue Beschäftigungsmöglichkeiten bei der Schaffung öffentlicher Güter in Bereichen wie Bildung, Behebung von Umweltschäden, Krankenversorgung (auch im psychiatrischen Bereich), bei Dienstleistungen für Familien, Arbeiten für die Gemeinschaft und in vielen anderen Problemfeldern zu entwickeln, um die wir uns kümmern müssen.

Wird das sich entwickelnde Potenzial für die Änderung der Struktur des Lebens und der genetischen Ausstattung von Menschen mit der Entwicklung von Weisheit einhergehen, die sich den weitreichenden Entscheidungen gewachsen zeigt, vor denen wir schon bald stehen werden? Oder werden diese Technologien weite Verbreitung finden, ohne dass über das gesamte Spektrum von Konsequenzen, die sie nach sich ziehen könnten, hinreichend nachgedacht wird?

Werden die Sozialsysteme in den Industriestaaten die simultanen Auswirkungen des demografischen Wandels überstehen, die den noch verbliebenen Erwerbstätigen eine höhere Pro-Kopf-Belastung auferlegen, während zugleich Arbeitsplätze, Einkommen und Beiträge an die Kombination von Robosourcing und Outsourcing verloren gehen? Werden neue Modelle entwickelt, mit denen sich die des 20. Jahrhunderts ersetzen lassen, um die Einkommen zu sichern und die medizinische Versorgung für den wachsenden Anteil älterer Menschen zu gewährleisten?

Wird die Weltgemeinschaft die Familienplanung in den Entwicklungsländern mit hohem Bevölkerungswachstum angemessen unterstützen, die Frauen weiterhin stärken und die Kindersterblichkeit senken? Die Antworten auf diese Fragen werden über die Entwicklung der Weltbevölkerung und über den Druck entscheiden, den die Menschheit auf die Ökosysteme des Planeten ausübt. Wird die ganz besondere Not des afrikanischen Kontinents erkannt und auf angemessene Art gelindert werden?

Werden wir Anreize schaffen, die einen raschen Ausstieg aus der Verwendung fossiler Brennstoffe als Motor für die Weltwirtschaft bewirken, und so eine deutliche und rechtzeitige Verringerung der klimaschädlichen Substanzen erreichen? Können wir auf diese Weise die globale Erwärmung, die für die Stabilität des Klimas, von dem das Gedeihen unserer Zivilisation abhängt, so bedrohlich ist, zunächst verlangsamen und schließlich verringern?

Diese Fragen sind schwierig und mit harten Entscheidungen verbunden. Die menschliche Zivilisation – die *Spezies* Mensch – befindet sich bereits in der Anfangsphase der sechs sich entwickelnden und in diesem Buch beschriebenen Veränderungsprozesse. Sie verändern allmählich unseren Planeten, unsere Zivilisation und unsere Arbeits- und Lebenswelt. Einige von ihnen beeinträchtigen die Selbstverwaltung, die Struktur des Lebens, die Spezies, mit denen wir uns die Erde teilen, und die körperliche, geistige und spirituelle Natur der Menschheit.

Die Komplexität dieser Veränderungen, die noch nie da gewesene Geschwindigkeit, mit der sie sich entwickeln, ihre Gleichzeitigkeit und die Tatsache, dass sie alle zusammenwirken, jede einzelne mit den anderen, haben allesamt zu einer Vertrauenskrise beigetragen. Sie bezieht sich auf die Fähigkeit unserer Zivilisation, nüchtern darüber nachzudenken, wohin uns die Veränderungen führen, und noch viel weniger wird daran geglaubt, dass wir ihren Verlauf ändern oder ihre Dynamik bremsen können.

Aber wenn wir uns diesen Entscheidungen mutig stellen, sind die richtigen Antworten ziemlich klar. Sie sind natürlich auch umstritten, und es wird schwierig sein, die jeweils richtige Wahl zu treffen. Dennoch müssen wir das tun. Wir müssen uns festlegen. Schon bald. Würden wir uns dafür entscheiden, *nicht* die Kontrolle über unser Schicksal wiederzuerlangen, würde das restliche Stück unserer Reise zu einer wirklich unangenehmen Angelegenheit.

Die Strömungen des Wandels sind stark, und sie befördern uns in eine Zukunft, die sich sehr deutlich von dem unterscheidet, was wir bisher gekannt haben. Was wir – um bei dieser Metapher zu bleiben – zu tun haben, ist so trügerisch einfach: steuern! Das bedeutet, dass wir die überhandnehmenden Mängel und Fehlentwicklungen des Kapitalismus und der Selbstverwaltung abstellen müssen. Es bedeutet, dass wir den zerstörerischen Einfluss des Geldes in der Politik kontrollieren, die erdrückende Herrschaft der Sonderinteressen brechen und das gesunde Funktionieren des kollektiven Entscheidungsprozesses in der repräsentativen Demokratie zur Förderung der öffentlichen Interessen wiederherstellen müssen. Es bedeutet, dass wir die Märkte reformieren und den Kapitalismus nachhaltig machen müssen, indem wir die dabei gesetzten Anreize mit unseren langfristigen Interessen in Einklang bringen. Es bedeutet zum Beispiel auch, den CO_2-Ausstoß zu besteuern und die Steuern auf die Arbeitsentgelte zu senken – Steuern zu erheben auf das, was wir verbrennen, nicht auf das, was wir unsere Arbeit nennen.

Mark Aurel, der letzte der »fünf guten Kaiser« Roms, schrieb vor mehr als 1800 Jahren: »Das Zukünftige soll dich nicht beunruhigen, denn du wirst, wenn nötig, zu ihm herankommen mit derselben Vernunft, die du jetzt dem Gegenwärtigen gegenüber gebrauchst.«[6] Sein Rat klingt heute noch vernünftig, auch wenn schon bald nach seiner Regierungszeit der langsame Zerfall des Römischen Reiches einsetzte, der 300 Jahre später zu dessen Ende führte.

Und was machen wir jetzt?

UNS MIT DEN »WAFFEN DER VERNUNFT« auszustatten ist notwendig, aber nicht hinreichend. Die Entwicklung des Weltgehirns verschafft uns eine Chance zur Stärkung vernunftgeleiteter Entscheidungsprozesse, aber die wirtschaftlichen und politischen Systeme, in deren Rahmen wir selbst unsere klügsten Entscheidungen treffen, bedürfen dringend der Reparatur. Das Vertrauen zum marktwirtschaftlichen Kapitalismus und zur repräsentativen Demokratie hat abgenommen, weil beide ganz offensichtlich reformiert werden müssen. Die Reparatur dieser beiden Makro-Werkzeuge sollte für alle unter uns, die die Zukunft der Menschheit mitgestalten wollen, ganz oben auf der Tagesordnung stehen.

Höchste Priorität sollte dabei die Wiederherstellung unserer Fähigkeit genießen, sich in einem allgemein zugänglichen Forum klar, offen und ehrlich über die schwierigen Entscheidungen auszutauschen, die wir zu treffen haben. Das bedeutet, dass wir im Internet dynamische und frei zugängliche »öffentliche Foren« (*public squares*) einrichten sollten, um die besten Lösungen für neu auftretende Probleme und die besten Strategien für sich bietende Chancen zu erörtern. Es bedeutet auch, dass wir öffentliche Diskussionen vor einer Dominanz durch Eliten und Sonderinteressen schützen müssen, denn diese folgen einer Tagesordnung, die sich nicht am öffentlichen Interesse orientiert.

Es ist besonders wichtig, dass der Übergang demokratischer Institutionen ins Internet beschleunigt wird. Der offene Zugang, den Einzelpersonen einst zum früher von Printmedien beherrschten öffentlichen Forum erhielten, förderte die Verbreitung der Demokratie und stärkte die Stimme der Vernunft und den auf Fakten beruhenden öffentlichen Diskurs. Aber die massive Verschiebung weg von den Printmedien und hin zum Fernsehen als wichtigstem Medium der Massenkommunikation, zu der es im letzten Drittel des 20. Jahrhunderts kam, schadete dem demokratischen Diskurs und verschaffte den Reichen und Mächtigen einen privilegierten Zugang. Diese Verschiebung überlagerte die Stimme der Vernunft, verringerte die Bedeutung der gemeinsamen Suche nach den besten verfügbaren Anhaltspunkten und förderte vor allem in den Vereinigten Staaten die Bedeutung des Geldes in der Politik. Das schadete unserer Suche nach der Wahrheit und schwächte unsere Fähigkeit, gemeinsam nachzudenken.

Dasselbe trifft auch auf die Nachrichtenmedien zu. Das Fernsehen, ein von Werbung dominiertes, von Mischkonzernen beherrschtes Einbahnstraßen-Medium, hat den für echte Selbstbestimmung unentbehrlichen freien Fluss der Ideen erstickt. Als 2012 in den Vereinigten Staaten Präsidentschaftswahlen anstanden, war es einfach nur bizarr, denn gleichzeitig spielte sich eine Serie von gewaltigen, mit dem Klima zusammenhängenden Katastrophen ab: Wir erlebten zum Beispiel eine großflächige Dürreperiode, die mehr als 65 Prozent des Landes betraf, Großfeuer von historischen Ausmaßen, die sich im Westen ausbreiteten, und einen gewaltigen Wirbelsturm (auf den wenige Tage später noch ein starker Sturm aus Nordosten folgte), der große Teile von New York City lahmlegte, was schon zum zweiten Mal innerhalb von zwei Jahren geschah – und bei keiner der Wahlkampfdebatten kam von einem Journalisten auch nur eine einzige Frage zur Klimakrise.

Die vom Profitstreben verwischte Grenze zwischen Unterhaltung und Nachrichten, der wachsende Einfluss großer Anzeigenkunden auf den

Inhalt der Sendungen und die zynische Verzerrung von Inhalten durch politische Akteure, die als Nachrichtenchefs posieren, all dies hat die Fähigkeit der vierten Gewalt geschwächt, sich ihre Integrität und unabhängige Urteilskraft so weit zu bewahren, dass sie ihrer grundlegenden Aufgabe in der Demokratie noch angemessen nachkommen kann.

Das Internet bietet eine willkommene Gelegenheit, diese Schädigung der Demokratie rückgängig zu machen und eine neue Grundlage für eine funktionierende Selbstverwaltung zu schaffen. Im Internet gibt es zwar bis heute kein gängiges Geschäftsmodell, das genug Gewinn abwirft, um erstklassigen investigativen Journalismus finanzieren zu können, aber die Erweiterung der Übertragungskapazitäten, durch die mehr und qualitativ höherwertiges Videomaterial auch online verfügbar wird, könnte schon bald profitable Geschäftsmodelle hervorbringen. Außerdem sollte die Einrichtung von öffentlich-privaten Partnerschaften zur Unterstützung eines über das Internet arbeitenden herausragenden Journalismus energisch betrieben werden.

Der Verlust der Privatsphäre und Datensicherheit im Internet ist ein drängendes Problem. Die sich entwickelnde »Stalker-Wirtschaft«, bei der große digitale Datensammlungen zu Einzelpersonen angelegt werden, die im E-Commerce aktiv sind, ist ausbeuterisch und inakzeptabel. Auch das wachsende Potenzial von Regierungen, noch umfangreichere digitale Datensammlungen zur persönlichen Lebensführung von Bürgerinnen und Bürgern – einschließlich des routinemäßigen Abhörens von Privatgesprächen – zu missbrauchen, ist eine ernste Gefahr für die Freiheit. Diese Entwicklung muss gestoppt werden. Wer sich um die Freiheit im digitalen Zeitalter Sorgen macht, muss neue rechtliche Schutzbestimmungen zur Wahrung der Privatsphäre ganz oben auf die Tagesordnung setzen.

Die neuen digitalen Werkzeuge, die den Zugang zum Weltgehirn verbessern, sollten für die rasche Entwicklung personalisierter Zugänge zur Gesundheitsfürsorge genutzt werden, für das, was heute als »Präzisionsmedizin« bezeichnet wird, und für Self-Tracking-Tools, mit denen sich die Kosten für diese personalisierten Zugänge zur Medizin verringern und ihre Effizienz verbessern lassen. Die gleiche durch das Internet gesteigerte Präzision sollte auch für den zügigen Ausbau der »Kreislaufwirtschaft« verwendet werden, deren Markenzeichen ein sehr viel höherer Recycling-Anteil, die Wiederverwendung und die Effizienz beim Einsatz von Energie und Materialien sind.

Nicht nur die Demokratie, auch der Kapitalismus muss reformiert werden. All jene Menschen, für die es von entscheidender Bedeutung ist, den Kapitalismus wieder zu einem nützlichen Werkzeug zu machen, mit dem wir die Kontrolle über unser Schicksal zurückgewinnen, sollten auf einer vollständigen, umfassenden und genauen Wertermittlung bestehen. Die sogenannten externen Effekte, die in den derzeit noch gängigen Buchhaltungssystemen ignoriert werden, müssen in die Marktberechnungen vollständig integriert werden. Bei Gewinn-und-Verlust-Rechnungen so zu tun, als würden große Mengen umweltschädlicher Substanzen nicht existieren, ist zum Beispiel einfach nicht mehr akzeptabel.

Vor allem sollte die Umweltverschmutzung ihren Preis haben, da sie zur Klimaerwärmung beiträgt. Die Besteuerung des CO_2-Ausstoßes sollte hierbei der Ausgangspunkt sein. Die so erzielten Einnahmen könnten den Steuerzahlern zurückgegeben oder durch entsprechende Senkungen bei anderen Posten ausgeglichen werden, zum Beispiel über die Lohn- oder Gehaltsabrechnung. Eine fortschreitende Verschärfung der Grenzwerte für Emissionen und ein Handel mit Emissionsrechten innerhalb dieser Grenzen ist eine Alternative, die ebenfalls funktionieren würde. Länder, die bei eigenen Vorleistungen ohne ein weltweit gültiges Abkommen Wettbewerbsnachteile befürchten, können im grenzüberschreitenden Handel Ausgleichsabgaben für Waren aus Ländern verlangen, in denen der CO_2-Ausstoß nicht besteuert wird. Das lassen die Bestimmungen der Welthandelsorganisation zu.

Der Grundsatz der Nachhaltigkeit – der in erster Linie entwickelt wurde, um sicherzustellen, dass in der Gegenwart intelligente Entscheidungen getroffen werden, die unsere Lebensumstände verbessern, ohne unsere Zukunftschancen zu beeinträchtigen – sollte in vollem Umfang im Kapitalismus verankert werden. Die allgegenwärtigen Anreize, die dem Kapitalismus innewohnen – und für die Kraft des Kapitalismus stehen, mit der er die menschliche Erfindungsgabe und Produktivität freisetzt –, sollten sorgfältig so gestaltet werden, dass sie auch zu den angestrebten Zielen passen. Vergütungssysteme sollten beispielsweise von Investoren, Managern, Unternehmensvorständen, Konsumenten, Regulierungsbehörden und allen Anteilseignern eines jeden Unternehmens, ganz unabhängig von dessen Größe, sorgfältig untersucht werden.

Unsere gegenwärtige Orientierung am Bruttoinlandsprodukt (BIP) als Kompass, an dem wir unsere wirtschaftspolitischen Entscheidungen ausrichten, muss revidiert werden. Das Konzept des BIP – wie auch die daraus abgeleiteten Buchhaltungssysteme – ist zutiefst fehlerhaft und kann nicht unbeschadet als Leitfaden für wirtschaftspolitische Beschlüsse dienen. Natürliche Ressourcen sollten zum Beispiel einer Wertminderung unterliegen, und die Verteilung der Einkommen sollte für uns ein Bewertungskriterium sein, wenn es um die Frage geht, ob die Wirtschaftspolitik erfolgreich ist oder scheitert. Das Akzeptieren von Ungleichheit gehört natürlich zum Kapitalismus, aber eine übermäßige Ungleichheit – wie sie gegenwärtig produziert wird – ist für den Kapitalismus wie auch für die Demokratie zerstörerisch.

Auch der Wert von öffentlichen Gütern sollte in vollem Umfang anerkannt und nicht systematisch verunglimpft und aus ideologischen Motiven angegriffen werden. In einer Zeit, in der Arbeitsplätze in der Privatwirtschaft durch Robosourcing und Outsourcing in hohem Tempo abgebaut werden, ist die Wiederherstellung einer soliden gesamtwirtschaftlichen Nachfrage eine Grundlage für nachhaltiges Wachstum. Mehr öffentliche Güter zu schaffen – zum Beispiel im Gesundheitswesen, in den Bereichen Erziehung und Bildung und im Umweltschutz – ist eine der Möglichkeiten, mit denen sich mehr Arbeitsplätze schaffen und die wirtschaftliche Dynamik im Zeitalter der Welt AG erhalten lassen.

Nachhaltigkeit sollte auch die Richtschnur bei der Neugestaltung der Land- und Forstwirtschaft und des Fischereiwesens sein. Der rücksichtslose Raubbau am Mutterboden, die Erschöpfung der Grundwasserreserven sowie der Produktivität unserer Wälder und Ozeane und der genetischen Artenvielfalt müssen gestoppt und korrigiert werden.

Wenn wir dem Bevölkerungswachstum Einhalt gebieten wollen, müssen die Ausbildung von Mädchen, die Stärkung der Frauen, der freie und allgegenwärtige Zugang zu Wissen über und Mitteln für die Familienplanung und die kontinuierliche Senkung der Kindersterblichkeit Vorrang erhalten. Mittlerweile besteht ein weltweiter und solider Konsens über die Wirksamkeit dieser vier – kombiniert anzuwendenden – Strategien beim Übergang zu kleineren Familien, niedrigeren Sterbe- und Geburtenraten und einer stabilen Bevölkerungszahl. Die wohlhabenden Länder müssen diese Bemühungen aus eigenem Interesse unterstützen. Der afrikanische Kontinent sollte dabei wegen seiner hohen Fruchtbarkeitsraten und der bedrohten natürlichen Ressourcen besondere Aufmerksamkeit erfahren.

Zwei weitere demografische Tatsachen sollten ebenfalls vorrangig beachtet werden: Die anhaltende Verstädterung der Weltbevölkerung sollten wir als Chance sehen, bei der Planung und beim Bau von Gebäuden eine günstige CO_2- und Energiebilanz zu berücksichtigen. Nachhaltige Architektur und Bauplanung können den städtischen Raum effizienter und produktiver machen, und eine Neukonzeption der städtischen Verkehrssysteme kann dafür sorgen, dass der Energieverbrauch und der Schadstoffausstoß minimiert werden. Zum anderen sollten wir das Altern der Bevölkerung in den Industrieländern – und in einigen aufstrebenden Ländern wie zum Beispiel China – als Chance für eine Neugestaltung der Gesundheitspolitik und der Programme zur Einkommenssicherung sehen. Dabei sollten wir den höheren Grad der Abhängigkeit von Transferleistungen berücksichtigen, durch die die finanzielle Tragfähigkeit einer Politik gefährdet wird, die Steuern auf Erwerbsarbeit als Haupteinnahmequelle für diese Programme ansieht.

Angesichts der revolutionären Entwicklung in den Biowissenschaften sollten wir der Entwicklung von Sicherheitsmaßnahmen gegen unkluge dauerhafte Veränderungen des menschlichen Genpools Priorität einräumen. In einer Zeit, in der wir zu den wichtigsten Handlungsträgern der Evolution geworden sind, ist die Erkenntnis von entscheidender Bedeutung, dass das Verfolgen kurzfristiger Ziele durch eine genetische Veränderung des Menschen den langfristigen Interessen der menschlichen Spezies auf gefährliche Art zuwiderlaufen kann. Wir haben bis jetzt allerdings noch keine geeigneten Kriterien – geschweige denn Protokolle zu Entscheidungsprozessen – entwickelt, die bei solchen Entscheidungen als Leitlinien dienen könnten. Wir müssen das so schnell wie möglich nachholen.

Die Dominanz des Gewinnstrebens und der Unternehmensmacht bei Entscheidungen über genetische Veränderungen von Pflanzen und Tieren sorgen zugleich auch für gefährliche Risiken – vor allem für die Versorgung mit Nahrungsmitteln. Es besteht ein dringender Bedarf an vernünftigen Verfahrensweisen, mit denen diese Risiken analysiert werden können – nach Standards, die sich am Schutz der langfristigen Interessen der Allgemeinheit orientieren.

Das weitere Fortschreiten der technologischen Entwicklung wird viele Wohltaten hervorbringen, aber auch die menschlichen Werte müssen geschützt werden, wenn wir über den Einsatz und die Anwendung leistungsfähiger neuer Technologien nachdenken. Einige Fortschritte verlangen nach Vorsicht und sorgfältiger Beaufsichtigung: Die Verbreitung von Nanomaterialien, künstlichen Lebensformen und Überwachungsdrohnen sind Beispiele für neue Technologien, die viel versprechen und ein enormes Innovationspotenzial aufweisen, aber auch nach Überprüfung und Vorsichtsmaßnahmen verlangen.

Heute schon gibt es verschiedene rücksichtslose Praktiken, die unverzüglich beendet werden sollten. Das gilt für den Verkauf todbringender Waffen an Interessengruppen in aller Welt, die Verwendung von Antibiotika zur Wachstumsförderung in der Tiermast, die Suche nach Ölvorkommen im ökologisch hochempfindlichen Nordpolarmeer, die Dominanz des Börsenhandels mithilfe von Supercomputern und Algorithmen, die für den Hochgeschwindigkeits- und Hochfrequenzhandel optimiert sind, aber zugleich auch für Unbeständigkeit sorgen und zu Marktzusammenbrüchen führen können. Und dann gibt es auch noch gänzlich irrsinnige Vorschläge, Sonnenlicht von der Erde fernzuhalten, als Ausgleichsstrategie für die Wärmespeicherwirkung der stetig zunehmenden Menge von Treibhausgasen. All diese Dinge sind Beispiele für eine konfuse und gefährliche Denkweise. Wir sollten sie als Testfälle ansehen, anhand derer wir überprüfen können, ob wir den Willen, die Entschlossenheit und das Durchhaltevermögen besitzen, um eine Zukunft auch für die kommenden Generationen schaffen zu können.

Und schließlich braucht die Weltgemeinschaft dringend eine Führungsmacht, die sich auf die grundlegenden menschlichen Werte stützt. Dieses Buch richtet sich zwar an eine Leserschaft auf der ganzen Welt, enthält aber auch eine besondere und dringende Botschaft an die Bürgerinnen und Bürger der Vereinigten Staaten von Amerika, die heute das einzige Land sind, das die notwendige weltweite Führungsrolle übernehmen kann.

Aus diesem Grund und wegen des Stolzes, den die Amerikaner angesichts dessen empfinden sollten, was die Vereinigten Staaten mehr als 200 Jahre lang für die Menschheit bedeutet haben, ist es von entscheidender Wichtigkeit, dem Niedergang des amerikanischen Engagements für eine Zukunft, in der die Menschenwürde geschätzt und menschliche Werte geschützt und gefördert werden, Einhalt zu gebieten. Es gibt zwei erstrangige Ziele für Menschen, die hierfür etwas tun wollen: Die Rolle des Geldes in der Politik muss beschränkt und veraltete, nebulöse Bestimmungen müssen reformiert werden, die es einer kleinen Minderheit gestatten, den Gesetzgebungsvorgang im US-Senat aufzuhalten.

Die menschliche Zivilisation hat auf dem Weg, auf dem wir schon seit langer Zeit gemeinsam marschieren, eine Gabelung erreicht. Für einen der beiden Wege müssen wir uns entscheiden. Beide führen ins Unbekannte. Aber einer von ihnen bringt uns zur Zerstörung des Klimagleichgewichts, auf das wir alle angewiesen sind, zur Erschöpfung unersetzlicher Ressourcen, die uns am Leben erhalten, zum Niedergang einzigartiger menschlicher Werte und zu der Möglichkeit, dass die Zivilisation, wie wir sie kennen, an ihr Ende kommen würde. Der andere Weg führt in die Zukunft.

DANK

ICH DANKE MEINER PARTNERIN ELIZABETH KEADLE für die Unterstützung, Ermutigung und Liebe während der Niederschrift dieses Buches, für ihren Rat, mit dem sie die verschiedenen Entwürfe zu jedem einzelnen Kapitel begleitete, und für ihre besonderen Hinweise zum Kapitel über Biowissenschaften. Ein besonderer Dank gilt auch meinem Schwager Frank Hunger, dessen fortgesetzter kluger Rat und lebenslange Freundschaft über dieses ganze Projekt hinweg für mich so wichtig waren, und meiner ganzen Familie für ihre ermutigenden Worte und ihren Rückhalt.

Dieses Buch wäre nicht möglich gewesen ohne meine außerordentlich fähigen wissenschaftlichen Mitarbeiter Brad Hall und Alex Lamballe, deren Engagement, Fleiß, Sorgfalt, Loyalität und Können in jeder Hinsicht außergewöhnlich sind. Außerdem möchte ich ihren Familien für ihr Verständnis und ihre Unterstützung während der langen Arbeitszeiten danken, die sich oft auch auf die Wochenenden und Urlaubstage erstreckten und einen bedeutenden Teil der Zeit ausmachten, die ich im Laufe von zwei Jahren dem Schreiben dieses Buches gewidmet habe. Ihre Persönlichkeit, ihre gute Laune, Ausdauer und Entschlossenheit sind beeindruckend, und ich schätze sie außerordentlich. In der Anfangsphase der Recherchen war auch Adam Abelkop eine unschätzbare Hilfe, und besonders dankbar bin ich ihm für seine Bereitschaft, seine eigene Promotion für die Beteiligung an diesem Projekt aufzuschieben. Als Adams Sabbatjahr abgelaufen war, half Dan Myers aus meinem Mitarbeiterkreis in Nashville häufig aus und bewies dabei ein konstantes Engagement für ausgezeichnete Recherche.

Die ursprüngliche Idee zu diesem Buch lag, wie ich schon in der Einleitung schrieb, acht Jahre zurück und fiel in eine Zeit, in der ich mich nach und nach auf die Antriebskräfte des weltweiten Wandels konzentrierte und dazu Ideen- und Recherchematerial sammelte. Die ursprüngliche detaillierte Skizze betrachtete ich als eine in erster Linie persönliche

Erkundung einer ungewöhnlich zwingenden Frage. Und ich war erfreut, als sich herausstellte, dass sie auch noch einen praktischen Wert als Input für den Investitions-Leitfaden hatte, den meine Geschäftspartner und ich bei Generation Investment Management beim Start einer neuen Initiative für »nachhaltiges Investieren« benutzten. Besonders dankbar bin ich meinem Generation-Investment-Mitgründer David Blood und all meinen anderen Generation-Partnern für die Gespräche im Laufe der Jahre, die mein Verständnis so vieler dieser Themen bereichert haben.

Bei der weiteren Arbeit an dieser Skizze kam mir der Gedanke, sie könnte vielleicht auch für ein größeres Publikum von Wert sein, aber erst als Jon Meacham sich entschloss, als Cheflektor zu Random House zu gehen, machte ich mich an die Niederschrift dieses Buches. Als ich die Personalie las, rief ich meinen Agenten Andrew Wylie an (auch ihm möchte ich hier abermals meine Dankbarkeit bekunden) und erklärte ihm, warum ich der Ansicht war, Jon sei der perfekte Lektor für dieses Buch. Wir drei trafen uns in New York, um die Idee zu besprechen, und eine Woche später wurde das Projekt gestartet. Bei seiner Fertigstellung kann ich ohne Übertreibung sagen, dass es ohne Jon, der mir in Nashville zu einem engen Freund und guten Nachbarn geworden ist, nicht hätte geschrieben werden können. Seine Klugheit, sein Verständnis und seine Anleitung haben sich, was keine Überraschung war, als wirklich außergewöhnlich erwiesen. Dank sage ich auch Gina Centrello, Susan Kamil, Tom Perry, Beck Stvan, Ben Steinberg, London King, Sally Marvin, Steve Messina, Benjamin Dreyer, Erika Greber, Dennis Ambrose und dem gesamten Redaktions-, Produktions- und Marketingteam bei Random House.

Graham Allison, mein enger Freund und Mentor seit mehr als 45 Jahren, organisierte im Anschluss an die erste Recherchephase eine zweitägige Projekttagung am Belfour Center der John F. Kennedy School of Government der Harvard University. Graham und der außergewöhnlichen Gruppe weiterer Denker, die sich so großzügig Zeit (und in vielen Fällen weite Reisewege in Kauf) nahmen, um in Cambridge zwei Tage mit intensiven und anregenden Diskussionen über die in dieser Skizze angesprochenen Fragen zu verbringen, bin ich extrem dankbar: Rodney Brooks, David Christian, Leon Fuerth, Danny Hillis, Mitch Kapor, Freada Kapor Klein, Ray Kurzweil, Joseph Nye, Dan Schrag und Fred Spier.

Dank schulde ich auch der hoch qualifizierten Gruppe sachkundiger Gutachter, die sich die Zeit nahmen, Teile oder gleich den gesamten ersten Entwurf des Manuskripts zu lesen. Für ihre Hilfe bei der Berichtigung von Fehlern, für Vorschläge zu weiterem Material, für das Beisteuern von Nuancen und für die Unterstützung bei Themen, über die sie bereits mehr vergessen haben, als ich jemals lernen werde, gebührt ihnen mein tiefer Dank: Graham Allison, Rosina Bierbaum, Vint Cerf, Bob Corell, Herman Daly, Jared Diamond, Harvey Fineberg, Dargan Frierson, Danny Hillis, Rattan Lal, Mike MacCracken, Dan Schrag, Beth Seidenberg, Laura Tyson und E. O. Wilson.

Zahlreiche Fachleute opferten außerdem großzügig ihre Zeit für ausführliche Gespräche während meiner Recherchen. Zu diesem Personenkreis zählten Ragui Assaad, Judy Baker, Thomas Buettner, Andrew Cherlin, Katherine Curtis, Richard Hodes, Paul Kaplowitz, David Owen, Hans Rosling, Saskia Sassen, Annemarie Schneider, Joni Seager und Audrey Singer.

Manchmal lese ich Erklärungen von Autoren in den Danksagungen zu ihren Büchern, in denen sie festhalten, dass den dort genannten Personen, denen ihr Dank gilt, keinerlei Verantwortung für noch verbliebene Fehler zufällt. Dieser Gedanke gilt selbstverständlich auch für dieses Buch.

Danken möchte ich auch noch Maggie Fox, Geschäftsführerin des Climate Reality Project, Joel Hyatt, meinem Mitgründer und Geschäftsführer von Current TV, und John Doerr, Mitglied der Geschäftsführung bei Kleiner Perkins Caufield & Byers, sowie David Blood bei Generation Investment Management und meinen Kollegen bei allen vier Unternehmen. Dieser Dank gilt nicht nur ihrer Unterstützung und Ermutigung, sondern auch ihrer Geduld, mit der sie mitunter den Zeitplan für Telefonate und Besprechungen an die Zeit anpassten, die ich, vor allem im Laufe der letzten beiden Jahre vor der Veröffentlichung dieses Buches, auf das Schreiben verwendete.

(Hinweis: Außer Generation Investment Management gibt es, neben den 120 im Text erwähnten, noch neun weitere Firmen, in die ich direkt oder indirekt investiert habe: Apple, Auxogyn, Citizens Bank, Coursera, Facebook, Google, JPMorgan Chase, Kaiima und Twitter.)

Ein besonderer Dank geht an Matt Taylor, der mir für die Dauer dieses Projekts eine Garnitur sehr cooler, riesiger Whiteboards auslieh.

Und schließlich übernahm Beth Alpert, die Leiterin meine Büros in Nashville, die Gesamtkoordination des Teams, das an diesem Buch mitwirkte – zusätzlich zu ihren Aufgaben bei der Verwaltung meiner sonstigen Tätigkeiten, die gleichzeitig weitergeführt wurden. Alle meine Mitarbeiterinnen und Mitarbeiter halfen mit ihrer Zeit und ihrem Engagement, dieses Buch möglich zu machen: Joey Schlichter, Claudia Huskey, Lisa Berg, Betsy McManus, Jill Martin, Kristy Jeffers, Jessica Cox und, während der Anfangsphase der Arbeit, Kalee Kreider, Patrick Hamilton und Alex Thorpe. Und Bill Simmons tat mit der Zubereitung fantastischer Mahlzeiten bei den zahllosen Arbeitssitzungen in Nashville während dieses gesamten langen Prozesses weit mehr als seine Pflicht. Vielen Dank euch allen!

ANMERKUNGEN

Einleitung

1 Peter Lindström: *The Future Agenda as Seen by the Committees and Subcommittees of the United States House of Representatives: A Workbook for Participatory Democracy*, Washington, D.C., Congressional Clearinghouse on the Future and Congressional Institute for the Future, 1982.
2 Ilya Prigogine: »Autobiography«; http://www.nobelprize.org/nobel_prizes/chemistry/laureates/1977/prigogine-autobio.html.
3 Peter T. Macklem: »Emergent Phenomena and the Secrets of Life«, in: *Journal of Applied Physiology* 104, 2008, S. 1844–1846; Ray Kurzweil: *Homo s@piens: Leben im 21. Jahrhundert – was bleibt vom Menschen? (The Age of Spiritual Machines: When Computers Exceed Human Intelligence)*, übersetzt von Helmut Dierlamm und Thomas Pfeiffer, München 2000.
4 Macklem: »Emergent Phenomena and the Secrets of Life«.
5 Ebd.
6 Farrington Daniels: »A Limitless Resource: Solar Energy«, in: *New York Times*, 18. März 1956.
7 Prigogine: »Autobiography«.
8 Ivana Milojević: »A Selective History of Futures Thinking«, aus: »Futures of Education: Feminist and Post-Western Critiques and Visions«, Dissertation, University of Queensland, 2002.
9 Ebd.
10 Ebd.
11 Tracy V. Wilson: »How Holograms Work«, in: *HowStuffWorks*, http://science.howstuffworks.com/hologram.htm.
12 Fred Polak: *The Image of the Future*, Amsterdam 1973, S. 5.
13 Daniel Schrag, persönliches Gespräch.
14 Mike Salvaris: »The Idea of Progress in History: Future Directions in Measuring Australia's Progress«, Australian Bureau of Statistics, 2010.
15 Robert Nisbet: »The Idea of Progress«, in: *Literature of Liberty: A Review of Contemporary Liberal Thought* 2, Nr. 1, 1979; deutsches Augustinus-Zitat: http://www.unifr.ch/bkv/kapitel1919-1.htm.
16 Peter Hubral: »The Tao: Modern Pathway to Ancient Wisdom«, in: *Philosopher* 98, Nr. 1, 2010, http://www.the-philosopher.co.uk/taowisdom.htm; Abu al-Hasan Ali ibn al-Husayn al-Mas'udi: »How Do We Come Upon New Ideas?«, in: *First Break* 29, März 2011.
17 Salvaris: »The Idea of Progress in History«.
18 Polak: *The Image of the Future*, S. 82–95.
19 Jonathan Janson: »Antonie van Leeuwenhoek (1632–1723)«; Essential Vermeer: http://www.essentialvermeer.com/dutch-painters/dutch_art/leeuwenhoek.html.

20 Nobel Media: »Microscopes: Time Line«, http://www.nobelprize.org/educational/physics/microscopes/timeline/index.html.

21 Ebd.

22 Die beiden waren nicht nur befreundet und arbeiteten möglicherweise künstlerisch zusammen, sondern van Leeuwenhoek diente auch als Vermeers Testamentsvollstrecker. Jonathan Janson: »Vermeer and the Camera Obscura«, Essential Vermeer, http://www.essentialvermeer.com/camera_obscura/co_one.html; Philip Steadman, »Vermeer and the Camera Obscura«, BBC History, 17. Februar 2011, http://www.bbc.co.uk/history/british/empire_seapower/vermeer_camera_01.shtml.

23 Thomas Jefferson: »To William Ludlow«, 6. September 1824, in: *The Portable Thomas Jefferson*, New York 1977, S. 583.

24 Richard A. Fortey: »Charles Lyell and Deep Time«, in: *Geoscientist* 21, Nr. 9, Oktober 2011; V. G. Kuznetsov: »Importance of Charles Lyell's Works for the Formation of Scientific Geological Ideology«, in: *Lithology and Mineral Resources* 46, Nr. 2, 2011, S. 186–197; Mark Lewis: »The History of the Future«, in: *Forbes*, 15. Oktober 2007.

25 »History of Life on Earth«, BBC Nature, http://www.bbc.co.uk/nature/history_of_the_earth.

26 Fortey: »Charles Lyell and Deep Time«; Kuznetsov: »Importance of Charles Lyell's Works for the Formation of Scientific Geological Ideology«.

27 Aristoteles: *Eudemische Ethik*, Buch 2, Sektion 1219a.

28 Scott Horton: »The Sorcerer's Apprentice«, in: *Harper's*, Dezember 2007; Cyrus Hamlin: »Faust in Performance: Peter Stein's Production of Goethe's Faust, Parts 1 & 2«, in: *Theatre* 32, 2002.

29 Henry Farrell und Cosma Shalizi: »Cognitive Democracy«, in: *Three-Toed Sloth*, 23. Mai 2012, http://vserver1.cscs.lsa.umich.edu/~crshalizi/weblog/917.html.

30 Polak: *The Image of the Future*, S. 196.

31 »History of Life on Earth«, BBC Nature.

32 Ebd.

33 Ebd.

34 Ebd.

35 Ebd.

36 Blythe A. Williams, Richard F. Kay und E. Christopher Kirk: »New Perspectives on Anthropoid Origins«, in: *Proceedings of the National Academy of Sciences*, 8. März 2010.

37 David Appell: »The Sun Will Eventually Engulf Earth – Maybe«, in: *Scientific American*, 8. September 2008.

Kapitel 1

1 Martin Ford: *Lights in the Tunnel: Automation, Accelerating Technology and the Economy of the Future*, 2009.

2 »Foxconn to Replace Workers with 1 Million Robots in 3 Years«, *Xinhuanet*, 30. Juli 2011, http://news.xinhuanet.com/english2010/china/2011-07/30/c_131018764.htm.

3 Quentin Hardy: »The Global Arbitrage of Online Work«, in: *New York Times*, 10. Oktober 2012.

4 Joe Fassler: »Can the Computers at Narrative Science Replace Paid Writers?«, in: *Atlantic*, 12. April 2012.

5 Jonathan Watts: »Latin America's Income Inequality Falling, Says World Bank«, in: *Guardian*, 13. November 2012.

6 Natasha Lennard: »Global Inequality Highest in 20 Years«, in: *Salon*, 1. November 2012, http://www.salon.com/2012/11/01/global_inequality_highest_in_20_years.

7 »Unbottled Gini«, in: *Economist*, 20. Januar 2011; *CIA World Factbook*, https://www.cia.gov/library/publications/the-world-factbook/fields/2172.html, eingesehen am 20. Januar 2012.

8 Daten des University of Texas Inequality Project: Estimated Household Income Inequality Data Set (EHII). Es handelt sich um einen globalen Datensatz, der sich aus dem ökonomischen Verhältnis von UTIP-UNIDO, weiteren Variablen und dem Deininger-&-Squire-Datensatz der Weltbank errechnet (http://utip.gov.utexas.edu/data.html), World Data Bank: http://data.worldbank.org/indicator/SI.POV.GINI.

9 Ebd.

10 Daten des University of Texas Inequality Project: Estimated Household Income Inequality Data Set; »Growing Income Inequality in OECD Countries: What Drives It and How Can Policy Tackle It?«, OECD Forum on Tackling Inequality, 2. Mai 2011, http://www.oecd.org/dataoecd/32/20/47723414.pdf.

11 »India Income Inequality Doubles in 20 Years, Says OECD«, BBC, 7. Dezember 2011, http://www.bbc.co.uk/news/world-asia-india-16064321.

12 Joseph E. Stiglitz: »Of the 1%, by the 1%, for the 1%«, in: *Vanity Fair*, 1. Mai 2011.

13 Paul Krugman: »We Are the 99.9%«, in: *New York Times*, 24. November 2011.

14 Nicholas D. Kristof: »America's ›Primal Scream‹«, in: *New York Times*, 15. Oktober 2011.

15 Ebd.

16 Ebd.

17 Tim Worstall: »Six Waltons Have More Wealth Than the Bottom 30% of Americans«, in: *Forbes*, 14. Dezember 2011.

18 Stiglitz: »Of the 1%, by the 1%, for the 1%«.

19 Krugman: »We Are the 99.9%«.

20 UnctadStat: »Statistical Database for the United Nations Conference on Trade and Development«, http://unctadstat.unctad.org/ReportFolders/reportFolders.aspx.

21 Internationaler Währungsfonds: *World Economic Outlook*, September 2011, http://www.imf.org/external/pubs/ft/weo/2011/02/weodata/WEOSep2011alla.xls; Peter Bisson, Elizabeth Stephenson und S. Patrick Viguerie: »The Global Grid«, in: *McKinsey Quarterly*, 26. Juli 2011.

22 UnctadStat: »Statistical Database for the United Nations Conference on Trade and Development«.

23 Daniel J. Ikenson, »Made on Earth: How Global Economic Integration Renders Trade Policy Obsolete«, in: *Cato Trade Policy Analysis* 42 (2. Dezember 2009), http://www.cato.org/pubs/tpa/tpa-042.pdf.

24 Ebd.

25 Steven Mufson: »China's Growing Share of Solar Market Comes at a Price«, in: *Washington Post*, 16. Dezember 2011.

26 Brett Arends: »IMF Bombshell: Age of America Nears End«, in: *Market Watch*, 25. April 2011, http://www.marketwatch.com/story/imf-bombshell-age-of-america-about-to-end-2011-04-25.

27 »The Dating Game«, in: *Economist*, 27. Dezember 2011, http://www.economist.com/blogs/dailychart/2010/12/save_date; »Survey: China has 513 million Internet users«, CBS News, 15. Januar 2012, http://www.cbsnews.com/8301-205_162-57359546/survey-china-has-513-million-internet-users/; Internet World Stats: »Top 20 Countries with the Highest Number of Internet Users«, 7. August 2011, http://www.internetworldstats.com/top20.htm.

28 »Job-Devouring Technology Confronts US Workers«, in: *Financial Times*, 15. Dezember 2011.

29 »U.S. Tax Haul Trails Profit Surge«, in: *Wall Street Journal*, 4. Januar 2012.

30 Catherine Rampell: »Companies Spend on Equipment, Not Workers«, in: *New York Times*, 10. Juni 2011.

31 Robotic Industries Association: »North American Robot Orders Jump 41% in First Half of 2011«, 29. Juli 2011, http://www.robotics.org/content-detail.cfm/Industrial-Robotics-News/North-American-Robot-Orders-Jump-41-in-First-Half-of-2011/content_id/2922.

32 »Special Report: Developing World to Overtake Advanced Economies in 2013«, in: *Euromonitor*, 19. Februar 2009, http://blog.euromonitor.com/2009/02/special-report-developing-world-to-overtake-advanced-economies-in-2013-.html.

33 Mark Mobius: »Emerging Markets May See More Capital Flow, Away from Assets and Currencies of Countries Burdened with High Debt«, in: *Economic Times*, 27. September 2011.

34 Ruchir Sharma: »Broken BRICs: Why the Rest Stopped Rising«, in: *Foreign Affairs*, November/Dezember 2012.

35 Don Lee: »U.S. Jobs Continue to Flow Overseas«, in: *Los Angeles Times*, 6. Oktober 2010.

36 United Nations Department of Economic and Social Affairs: *The Report on the World Social Situation: The Global Social Crisis*, 2011, http://social.un.org/index/LinkClick.aspx?fileticket=9hX-7ka9Ad4%3D&tabid=1562.

37 »Why Derivatives Caused Financial Crisis«, in: *Seeking Alpha*, 12. April 2010, http://seekingalpha.com/article/198197-why-derivatives-caused-financial-crisis.

38 Ebd.

39 Ebd.

40 Nathaniel Popper: »High-Speed Trading No Longer Hurtling Forward«, in: *New York Times*, 14. Oktober 2012.

41 Donald MacKenzie, »How to Make Money in Microseconds«, in: *London Review of Books*, 19. Mai 2011.

42 Ebd.

43 Brandon Keim: »Nanosecond Trading Could Make Markets Go Haywire«, in: *Wired*, 16. Februar 2012.

44 John Melloy: »Mysterious Algorithm Was 4% of Trading Activity Last Week«, CNBC, 8. Oktober 2012, http://www.cnbc.com/id/49333454/Mysterious_Algorithm_Was_4_of_Trading_Activity_Last_Week.

45 Christopher Steiner: »Wall Street's Speed War«, in: *Forbes*, 27. September 2010.

46 Ebd.

47 Ebd.

48 Ebd.

49 Thomas Philippon: »The Future of the Financial Industry«, Blog *Stern on Finance*, 16. Oktober 2008, http://sternfinance.blogspot.de/2008/10/future-of-financial-industry-thomas.html.

50 »America's Big Bank $244 Trillion Derivatives Market Exposed«, in: *Seeking Alpha*, 15. September 2011, http://seekingalpha.com/article/293830-america-s-big-bank-244-trillion-derivatives-market-exposed.

51 Ebd.

52 Roderick Bruce: »Making Markets: Oil Derivatives: In the Beginning«, Energyrisk.

com, Juli 2009, S. 31, http://db.riskwaters.com/data/energyrisk/EnergyRisk/Energyrisk_0709/markets.pdf.

53 Siehe aber Mazen Labban: »Oil in Parallax: Scarcity, Markets, and the Financialization of Accumulation«, in: *Geoforum* 41, 2010, S. 546 (»Obwohl Investoren und Händler dank der Finanzderivate Risiken in den Griff bekommen und sich gegen die Schwankungen der Finanzmärkte absichern konnten, vergrößerte unter dem Strich der Derivatehandel das Risiko und die Marktschwankungen.«), Zitat aus Adam Tickell: »Unstable Futures: Controlling and Creating Risks in International Money«, in: Leo Panitch und Colin Leys (Hg.): *Global Capitalism Versus Democracy*, New York 1999, S. 248–277; Adam Tickell: »Dangerous Derivatives: Controlling and Creating Risks in International Money«, in: *Geoforum* 31, 2000, S. 87–99.

54 Peter J. Boettke: »Where Did Economics Go Wrong? Modern Economics as a Flight from Reality«, in: *Critical Review* 11, 1997, Nr. 1, S. 11–64; Al Gore und David Blood: »A Manifesto for Sustainable Capitalism«, in: *Wall Street Journal*, 14. Dezember 2011.

55 Persönliches Gespräch mit Joseph E. Stiglitz.

56 Morris Miller: »Global Governance to Address the Crises of Debt, Poverty and Environment«, Hintergrunddokument für die 42. Pugwash Conference, Berlin, September 1992, http://www.management.uottawa.ca/miller/governa.htm.

57 Donald MacKenzie: »How to Make Money in Microseconds«, in: *London Review of Books*, 19. Mai 2011.

58 »Dow Falls 1,000, Then Rebounds, Shaking Market«, in: *New York Times*, 7. Mai 2010.

59 Ebd.

60 Ebd.

61 Graham Bowley: »The New Speed of Money, Reshaping Markets«, in: *New York Times*, 2. Januar 2011; Felix Salmon und Jon Stokes: »Algorithms Take Control of Wall Street«, in: *Wired*, 27. Dezember 2010.

62 Persönliches Gespräch mit Joseph E. Stiglitz.

63 Ebd.

64 »›Robo-Signing‹ of Mortgages Still a Problem«, Associated Press, 18. Juli 2011, http://www.cbsnews.com/2100-201_162-20080533.html.

65 Alan Zibel, Matthias Rieker und Nick Timiraos: »Banks Near ›Robo-Signing‹ Settlement«, in: *Wall Street Journal*, 19. Januar 2012.

66 Mark Jickling und Rena S. Miller: »Derivatives Regulation in the 111th Congress«, Congressional Research Service Report for Congress, 3. März 2011, Tabelle I, http://assets.opencrs.com/rpts/R40646_20110303.pdf.

67 »Why Derivatives Caused Financial Crisis«, in: *Seeking Alpha*, 12. April 2010, http://seekingalpha.com/article/198197-why-derivatives-caused-financial-crisis.

68 Organization for Economic Co-operation and Development: »Divided We Stand«.

69 Ronald Findlay und Kevin H. O'Rourke: »Commodity Market Integration, 1500–2000«, in: Michael D. Bordo, Alan M. Taylor und Jeffrey G. Williamson (Hg.): *Globalization in Historical Perspective*, Chicago 2003.

70 Ebd.

71 »Hello America«, in: *Economist*, 16. August 2010 (Zitat Angus Maddison).

72 Derek Thompson: »The Economic History of the Last 2,000 Years in 1 Little Graph«, in: *Atlantic*, 19. Juni 2012.

73 Malcolm Gladwell: »The Tweaker«, in: *New Yorker*, 14. November 2011.

74 Wayne D. Rasmussen, U.S. Department of Agriculture National Agricultural Library:

»Lincoln's Agricultural Legacy«, 30. Januar 2012, http://www.nal.usda.gov/lincolns-agricultural-legacy.

75 U.S. Department of Agriculture: »A History of American Agriculture: Farmers & the Land«, Agriculture in the Classroom, http://www.agclassroom.org/gan/timeline/farmers_land.htm.

76 Rasmussen, »Lincoln's Agricultural Legacy«.

77 U.S. Department of Agriculture: »A History of American Agriculture«.

78 Butler Derrick, *Congressional Record* 140, Nr. 138, 28. September 1994.

79 United Nations Food and Agriculture Organization: *World Livestock 2011*, http://www.fao.org/docrep/014/i2373e/i2373e00.htm.

80 Ebd.

81 Ebd.

82 Brian J. Cudahy: »The Containership Revolution: Malcolm McLean's 1956 Innovation Goes Global«, in: *Transportation Research News*, Transportation Research Board of the National Academies, Nr. 246, September/Oktober 2006, S. 5–9, http://onlinepubs.trb.org/onlinepubs/trnews/trnews246.pdf.

83 Ebd.; Marc Levinson: »Container Shipping and the Economy«, S. 10.

84 »Plunging Prices Set to Trigger Tech Boom«, in: *Financial Times*, 8. Januar 2012; »TV Prices Fall, Squeezing Most Makers and Sellers«, in: *New York Times*, 26. Dezember 2011.

85 Richard Powelson: »First Color Television Sets Were Sold 50 Years Ago«, Scripps Howard News Service, 31. Dezember 2003, http://old.post-gazette.com/tv/20031231-colortv1231p3.asp.

86 Energy Information Administration, Annual Energy Review 2010, 19. Oktober 2011, http://www.eia.gov/totalenergy/data/annual/archive/038410.pdf; Mine Safety and Health Administration, Tabelle 3: »Average Number of Employees at Coal Mines in the United States, by Primary Activity, 1978–2008«, http://www.msha.gov/STATS/PART50/WQ/1978/wq78cl03.asp.

87 John E. Tilton und Hans H. Landsberg: »Innovation, Productivity Growth, and the Survival of the U.S. Copper Industry«, Resources for the Future, September 1997, http://www.rff.org/Documents/RFF-DP-97-41.pdf.

88 Ebd.

89 Ebd.

90 Matthijs Randsdorp: »A Closer Look at Copper«, TCW, 3. November 2011, https://www.tcw.com/News_and_Commentary/Market_Commentary/Insights/11-03-11_A_Closer_Look_at_Copper.aspx.

91 John Markoff: »Armies of Expensive Lawyers, Replaced by Cheaper Software«, in: *New York Times*, 5. März 2011.

92 Rebecca J. Rosen: »Google's Self-Driving Cars: 300,000 Miles Logged, Not a Single Accident Under Computer Control«, in: *Atlantic*, 9. August 2012.

93 U.S. Bureau of Labor Statistics, zitiert im »Statistical Abstract of the United States: 2010«, Tabelle 640, http://www.census.gov/compendia/statab/.

94 Mauricio Cardenas: »Lower Savings in China Could Slow Down Growth in Latin America«, Brookings Institution, 11. Februar 2011, http://www.brookings.edu/research/opinions/2011/02/11-china-savings-cardenas-frank.

95 Caltech Materials Science: »Welcome«, 2012, http://www.matsci.caltech.edu/.

96 Eric Steinhart: »Teilhard de Chardin and Transhumanism«, in: *Journal of Evolution and Technology* 20, Nr. 1, Dezember 2008, S. 1–22. Deutsche Übersetzung: Teilhard

de Chardin, *Die Zukunft des Menschen*, übersetzt von Lorenz Häfliger und Karl Schmitz-Moormann, Olten/Freiburg 1963, S. 233.

97   Christopher Meyer und Stan Davis: *It's Alive: The Coming Convergence of Information, Biology and Business*, New York 2003, S. 4.

98   Ebd.

99   John F. Sargent Jr.: »Nanotechnology: A Policy Primer«, Congressional Research Service, 13. April 2012 bzw. 24. Juni 2013, http://www.fas.org/sgp/crs/misc/RL34511.pdf.

100 Ebd.

101 »Nanotech-Enabled Consumer Products Continue to Rise«, in: *ScienceDaily*, 13. März 2011, http://www.sciencedaily.com/releases/2011/03/110310101351.htm.

102 Miljana Radivojevića et al.: »On the Origins of Extractive Metallurgy: New Evidence from Europe«, in: *Journal of Archaeological Science* 37, Nr. 11, November 2010, S. 2775–2787.

103 Richard Cowen: »Chapter 5: The Age of Iron«, April 1999, http://mygeologypage.ucdavis.edu/cowen/~gel115/115CH5.html.

104 »Bronze Age«, *Encyclopaedia Britannica*, http://www.britannica.com/EBchecked/topic/81017/Bronze-Age.

105 Cowen: »Chapter 5: The Age of Iron«.

106 Ebd.

107 Ebd.

108 Jeremy Rifkin: *Die dritte industrielle Revolution: Die Zukunft der Wirtschaft nach dem Atomzeitalter (The Third Industrial Revolution: How Lateral Power Is Transforming Energy, the Economy, and the World)*, übersetzt von Bernhard Schmid, Frankfurt/M. 2011.

109 Pulickel M. Ajayan und Otto Z. Zhou: »Applications of Carbon Nanotubes«, in: *Topics in Applied Physics* 80, 2001, S. 391–425; Eliza Strickland: »9 Ways Carbon Nanotubes Just Might Rock the World«, in: *Discover Magazine*, 6. August 2009.

110 Corie Lok: »Nanotechnology: Small Wonders«, in: *Nature*, 1. September 2010, S. 18–21.

111 Dmitri Kopeliovich: »Ceramic Matrix Composites (Introduction)«, SubsTech, http://www.substech.com/dokuwiki/doku.php?id=ceramic_matrix_composites_introduction&s=dmitri%20kopeliovich.

112 »Nanotech-Enabled Consumer Products Continue to Rise«, in: *ScienceDaily*, 13. März 2011, http://www.sciencedaily.com/releases/2011/03/110310101351.htm; Sargent: »Nanotechnology: A Policy Primer«.

113 A. K. Geim: »Graphene: Status and Prospectsin«, *Science* 324, Nr. 5934, 19. Juni 2009, S. 1530–1534; Matthew Finnegan: »Graphene Nanoribbons Could Extend Moore's Law by 10 Years«, Techeye.com, 28. September 2011; »Adding Hydrogen Triples Transistor Performance in Graphene«, in: *ScienceDaily*, 4. September 2011.

114 Robert F. Service: »Nanotechnology Grows Up«, in: *Science* 304, Nr. 5678, 18. Juni 2004, S. 1732–1734.

115 Ebd.

116 Ebd.

117 Leslie Pray und Ann Yaktine für den National Research Council: »Nanotechnology in Food Products: Workshop Summary«, 2009, http://www.nap.edu/catalog.php?record_id=12633.

118 Ebd.

119 Lok: »Nanotechnology: Small Wonders«.

120 »The Printed World: Three-Dimensional Printing from Digital Designs Will Transform Manufacturing and Allow More People to Start Making Things«, in: *Economist*, 10. Februar 2011.

121 Ebd.

122 »The Third Industrial Revolution«, in: *Economist*, 21. April 2012; Peter Day: »Will 3D Printing Revolutionise Manufacturing?«, BBC, 27. Juli 2011, http://www.bbc.co.uk/news/business-14282091.

123 »The Third Industrial Revolution«, in: *Economist*; Day: »Will 3D Printing Revolutionise Manufacturing?«.

124 Day: »Will 3D Printing Revolutionise Manufacturing?«; Neil Gershenfeld: »How to Make Almost Anything«, in: *Foreign Affairs*, 27. September 2012.

125 »The Printed World«.

126 Ashlee Vance: »3-D Printing Spurs a Manufacturing Revolution«, in: *New York Times*, 14. September 2010.

127 Day: »Will 3D Printing Revolutionise Manufacturing?«; »The Third Industrial Revolution«, 2011.

128 »The Printed World«; Jeremy Rifkin: »The Third Industrial Revolution: How the Internet, Green Electricity, and 3-D Printing Are Ushering in a Sustainable Era of Distributed Capitalism«, in: *Huffington Post*, 28. März 2012, http://www.huffingtonpost.com/jeremy-rifkin/the-third-industrial-revo_1_b_1386430.html.

129 »The Printed World«; Rifkin: »The Third Industrial Revolution«.

130 Diane Coyle, Einführung zu: *The Weightless World: Strategies for Managing the Digital Economy*, Oxford 1997.

131 »The Printed World«.

132 Day: »Will 3D Printing Revolutionise Manufacturing?«.

133 Rifkin: »The Third Industrial Revolution«; Gershenfeld: »How to Make Almost Anything«.

134 Day: »Will 3D Printing Revolutionise Manufacturing?«.

135 »3-D Printing Spurs a Manufacturing Revolution«; Behrokh Khoshnevis, TEDx Konferenz-Präsentation, Februar 2012.

136 »The Printed World«.

137 Ebd.

138 Michael Weinberg: »The DIY Copyright Revolution«, in: *Slate*, 23. Februar 2012, http://www.slate.com/articles/technology/future_tense/2012/02/_3_d_printing_copyright_and_intellectual_property_.html; »The Third Industrial Revolution«, in: *Economist*; Peter Marsh: »Made to Measure«, in: *Financial Times*, 7. September 2012.

139 »The Printed World«.

140 Vance: »3-D Printing Spurs a Manufacturing Revolution«; »Transplant Jaw Made by 3D Printer Claimed as First«, BBC News, 6. Februar 2012, http://www.bbc.co.uk/news/technology-16907104; »Engineers Pioneer Use of 3D Printer to Create New Bones«, BBC News, 30. November 2011, http://www.bbc.co.uk/news/technology-15963467; Joann Pan: »3D Printer Creates ›Magic Arms‹ for Two-Year-Old Girl«, *Mashable*, 3. August 2012, http://mashable.com/2012/08/03/3d-printed-magic-arms; »Artificial Blood Vessels Created on a 3D Printer«, BBC News, 16. September 2011, http://www.bbc.co.uk/news/technology-14946808.

141 Vance: »3-D Printing Spurs a Manufacturing Revolution«.

142 Bob Parks: »Creation Engine: Autodesk Wants to Help Anyone, Anywhere, Make Anything«, in: *Wired*, 21. September 2012.

143 »3D Printers Could ›Print Ammunition for an Army‹«, in: *Dezeen Magazine*, 3. Ok-

tober 2012, http://www.dezeen.com/2012/10/03/3d-printers-could-print-ammuni-tion-for-an-army.

144 Nick Bilton: »Disruptions: With a 3-D Printer, Building a Gun with the Push of a Button«, in: *New York Times*, 7. Oktober 2012.

145 »The Third Industrial Revolution«.

146 Boston Consulting Group, Pressemitteilung: »Nearly a Third of Companies Say Sustainability Is Contributing to Their Profits, Says MIT Sloan Management Review – Boston Consulting Group Report«, 24. Januar 2012, http://www.bcg.com/media/PressReleaseDetails.aspx?id=tcm:12-96246.

147 Joseph E. Stiglitz: »The 1 Percent's Problem«, in: *Vanity Fair*, 31. Mai 2012.

148 Weltbank: *World Development Indicators, 2010 annual report*, http://data.worldbank.org/sites/default/files/wdi-final.pdf.

149 Drew Shindell, Telefoninterview mit dem Autor, 1. September 2009.

150 James Montier: *Behavioural Investing: A Practitioner's Guide to Applying Behavioural Finance*, Chichester 2007, S. 277.

151 Richard Dobbs, Keith Leslie und Lenny T. Mendonca: »Building the Healthy Corporation«, in: *McKinsey Quarterly*, August 2005; Roger A. Morin und Sherry L. Jarrell: *Driving Shareholder Value: Value-Building Techniques for Creating Shareholder Wealth*, New York 2001, S. 56; Roland J. Burgman, David J. Adams, David A. Light und Joshua B. Bellin: »The Future Is Now«, *MIT Sloan Management Review*, 26. Oktober 2007.

152 Henry Blodget: »You're an Investor? How Quaint«, in: *Business Insider*, 8. August 2009, http://www.businessinsider.com/henry-blodget-youre-an-investor-how-quaint-2009-8.

153 Jon Gertner: »Does America Need Manufacturing?«, in: *New York Times Magazine*, 28. August 2011.

154 Tilde Herrera: »BSR 2011: Al Gore Says Short-Term Thinking Is ›Functionally Insane‹«, GreenBiz, 2. November 2011, http://www.greenbiz.com/blog/2011/11/02/bsr-2011-al-gore-says-short-term-thinking-functionally-insane.

155 Sileshi Semaw et al.: »2.6-Million-Year-Old Stone Tools and Associated Bones from OGS-6 and OGS-7, Gona, Afar, Ethiopia«, in: *Journal of Human Evolution* 45, 2003, S. 169–177.

156 Graeme Barker: *The Agricultural Revolution in Prehistory: Why Did Foragers Become Farmers?*, New York 2009, S. v (»Vor zehntausend Jahren gab es, wenn überhaupt, nur wenige Gesellschaften, die sich als landwirtschaftlich beschreiben lassen. Vor fünftausend Jahren waren große Teile der Weltbevölkerung Bauern …«).

157 Ebd.; Claude Fischer: »Can You Compete with A.I. for the Next Job?«, in: *Fiscal Times*, 14. April 2011; Carolyn Dimitri, Anne Effland und Neilson Conklin, Economic Research Service, U.S. Department of Agriculture (US-Landwirtschaftsministerium): »The 20th Century Transformation of U.S. Agriculture and Farm Policy«, Juni 2005, http://www.ers.usda.gov/media/259572/eib3_1_.pdf; United Nations Social Policy and Development Division, *Report on the World Social Situation 2007: The Employment Imperative*, 2007, http://www.un.org/esa/socdev/rwss/docs/2007/chapter1.pdf (»Die Landwirtschaft stellt weltweit immer noch rund 45 Prozent der Arbeitsplätze – Einkommen für gut 1,3 Milliarden Menschen.«).

158 Ebd.

159 Barker: *The Agricultural Revolution in Prehistory*, S. v.

160 »Clarke's Third Law«, in: Jeff Prucher (Hg.), *Brave New Words: The Oxford Dictionary of Science Fiction*, New York 2007, S. 22.

161 »Human Brains Enjoy Ongoing Evolution«, in: *New Scientist*, 9. September 2005.

162 John Markoff: »The iPad in Your Hand. As Fast as a Supercomputer of Yore«, in: *New York Times*, 9. Mai 2011.

163 Steven E. Jones: *Against Technology: From the Luddites to Neo-Luddism*, New York 2006, S. 54f.

164 Ford: *Lights in the Tunnel*, S. 95–100.

165 Marshall McLuhan: *Die magischen Kanäle (Understanding Media: The Extensions of Man)*, übersetzt von Meinrad Amann, Dresden/Basel 1994.

Kapitel 2

1 Steven Greenhouse: »Postal Service Is Nearing Default as Losses Mount«, in: *New York Times*, 5. September 2011.

2 International Telecommunication Union: »The World in 2011: ICT Facts and Figures«, 2011, http://www.itu.int/ITU-D/ict/facts/2011/material/ICTFactsFigures2011.pdf.

3 Dave Evans: »The Internet of Things«, Cisco Blog, 15. Juli 2011, http://blogs.cisco.com/news/the-internet-of-things-infographic/.

4 Jessi Hempel: »The Hot Tech Gig of 2022: Data Scientist«, in: *Fortune*, 6. Januar 2012; Evans: »The Internet of Things«.

5 Maisie Ramsay: »Cisco: 1 Trillion Connected Devices by 2013«, in: *Wireless Week*, 25. März 2010.

6 David Rosen: »Big Brother Invades Our Classrooms«, in: *Salon*, 8. Oktober 2012, http://www.salon.com/2012/10/08/big_brother _invades_our_classrooms/.

7 Nathaniel Hawthorne: *Das Haus mit den sieben Giebeln (The House of the Seven Gables)*, übersetzt von Friedrich Minckwitz und Noa Kiepenheuer, Weimar 1963, S. 311.

8 H. G. Wells: *World Brain*, London 1938.

9 Jesse Alpert und Nissan Hajaj: »We Knew the Web Was Big ...«, Google Official Blog, 26. Juli 2008, http://googleblog.blogspot.com/2008/07/we-knew-web-was-big.html.

10 Pierre Teilhard de Chardin: *Die Zukunft des Menschen (L'avenir de l'homme)*, übersetzt von Lorenz Häflinger und Karl Schmitz-Moormann, Olten/Freiburg 1963, Kapitel »Die menschliche Planetisation«.

11 McLuhan: *Die magischen Kanäle*.

12 Kevin Kelly: *What Technology Wants*, New York 2010.

13 Sherry Turkle: *Verloren unter 100 Freunden: Wie wir in der digitalen Welt seelisch verkümmern (Alone Together: Why We Expect More from Technology and Less from Each Other)*, übersetzt von Joannis Stefanidis, München 2012; Robert Kraut u.a.: »Internet Paradox: A Social Technology That Reduces Social Involvement and Psychological Well-Being?«, in: *American Psychologist* 53, Nr. 9, September 1998, S. 1017–1031; Stephen Marche: »Is Facebook Making Us Lonely?«, in: *Atlantic*, Mai 2012.

14 Tony Dokupil: »Is the Web Driving Us Mad?«, in: *Daily Beast*, 8. Juli 2012.

15 Jane McGonigal: »Video Games: An Hour a Day Is Key to Success in Life«, in: *Huffington Post*, 15. Februar 2012, http://www.huffingtonpost.com/jane-mcgonigal/video-games_b_823208.html.

16 Ebd.

17 Mathew Ingram: »Average Social Gamer Is a 43-Year-Old Woman«, GigaOM, 17. Februar 2010, http://gigaom.com/2010/02/17/average-social-gamer-is-a-43-year-old-woman/.

18 Ebd.

19 Robert Lane Greene: »Facebook: Like?«, in: *Intelligent Life*, Mai/Juni 2012, http://moreintelligentlife.com/content/ideas/robert-lane-greene/facebook?page=full.

20 Nicholas Carr: *Surfen im Seichten: Was das Internet mit unserem Hirn anstellt (The Shallows: What the Internet Is Doing to Our Brains)*, übersetzt von Henning Dedekind, München 2013.

21 John Bohannon: »Searching for the Google Effect on People's Memory«, in: *Science*, 15. Juli 2011.

22 Alex Hutchinson: »Global Impositioning Systems«, in: *Walrus*, November 2009.

23 Carr: *Surfen im Seichten*.

24 Library of Congress: *World Treasures of the Library of Congress*, 29. Juli 2010, http://www.loc.gov/exhibits/world/world-record.html.

25 Walter J. Freeman: *How Brains Make Up Their Minds*, New York 2000, S. 37–43, 81 f.; Society for Neuroscience: »Brain Plasticity and Alzheimer's Disease«, 2010, http://web.archive.org/web/20101225174414/; http://sfn.org/index.aspx?pagename=publications_rd_alzheimers.j.

26 McLuhan: *Die magischen Kanäle*.

27 Platon: *Phaidros*, übersetzt von Friedrich Schleiermacher, in: *Philosophie von Platon bis Nietzsche*, S. 1978; Platon: *Sämtliche Werke*, Bd. 2, S. 475. Zur Fußnote: Kleinrock Internet History Center an der UCLA: »The IMP Log: October 1969 to April 1970«, 21. September 2011, http://internethistory.ucla.edu/2011/09/imp-log-october-1969-to-april-1970.html; Jim Horne: »What Hath God Wrought«, in: *New York Times*, Wordplay Blog, 8. September 2009, http://wordplay.blogs.nytimes.com/2009/09/08/wrought/; George P. Oslin: *The Story of Telecommunications*, Macon 1999, S. 2, 219.

28 Carr: *Surfen im Seichten*, S. 299–307.

29 Michael S. Gazzaniga: *Human: The Science Behind What Makes Us Unique*, New York 2008, S. 199.

30 R. I. M. Dunbar: »Coevolution of Neocortical Size, Group Size and Language in Humans«, in: *Behavioral and Brain Sciences* 16, Nr. 4, 1993, S. 681–735.

31 Constance Holden: »The Origin of Speech«, in: *Science* 303, Nr. 5662, 27. Februar 2004, S. 1316–1319.

32 John Noble Wilford: »Who Began Writing? Many Theories, Few Answers«, in: *New York Times*, 6. April 1999.

33 Nicholas Wade: »Phonetic Clues Hint Language Is Africa-Born«, in: *New York Times*, 14. April 2011.

34 Wilford: »Who Began Writing?«.

35 William J. Duiker und Jackson J. Spielvogel: *World History*, 6. Ausg., Bd. 1, Boston 2010, S. 43.

36 Carr: *Surfen im Seichten*, S. 93 f.

37 Marshall McLuhan: *Die Gutenberg-Galaxis: Die Entstehung des typographischen Menschen (The Gutenberg Galaxy: The Making of Typographic Man)*, übersetzt von Max Nänny, Hamburg 2011.

38 Burnett Hillman Streeter: *The Chained Library: A Survey of Four Centuries in the Evolution of the English Library*, New York 2011.

39 »The Diffusion of Columbus's Letter through Europe, 1493–1497«, in: University of Southern Maine, Osher Map Library, http://usm.maine.edu/maps/web-document/1/5/sub-/5-the-diffusion-of-columbuss-letter-through-europe-1493-1497.

40 Laurence Bergreen: *Over the Edge of the World: Magellan's Terrifying Circumnavigation of the Globe*, New York 2004.

41 Hans J. Hillerbrand: *The Protestant Reformation*, überarb. Ausg., New York 2009, S. ix–xiii, 66 f.

42 »How Luther Went Viral«, in: *Economist*, 17. Dezember 2011.

43 Ebd.

44 Tom Head: *It's Your World, So Change It: Using the Power of the Internet to Create Social Change*, Indianapolis 2010, S. 115.

45 Charles Coffin: *The Story of Liberty*, New York 1879, S. 77.

46 William T. Vollmann: *Uncentering the Earth: Copernicus and the Revolutions of the Heavenly Spheres*, New York 2006.

47 »Jan 9, 1776: Thomas Paine Publishes Common Sense«, History.com, http://www. history.com/this-day-in-history/thomas-paine-publishes-common-sense.

48 David McCullough: *1776*, New York 2005, S. 112.

49 Adam Smith: *Der Wohlstand der Nationen (An Inquiry into the Nature and Causes of the Wealth of Nations)*, übersetzt von Horst Claus Recktenwald, München 1974.

50 Edward Gibbon: *Verfall und Untergang des römischen Imperiums. Bis zum Ende des Reiches im Westen (The History of the Decline and Fall of the Roman Empire)*, übersetzt von Michael Walter und Walter Kumpmann, 6 Bde., München 2003.

51 T. H. Breen: »Making History«, in: *New York Times Book Review*, 7. Mai 2000.

52 Michio Kaku: *Die Physik der Zukunft: Unser Leben in 100 Jahren (Physics of the Future: How Science Will Shape Human Destiny and Our Daily Lives by the Year 2100)*, übersetzt von Monika Niehaus, Reinbek 2012, Kapitel 1.

53 McKinsey Global Institute: *Big Data: The Next Frontier for Innovation, Competition, and Productivity*, Mai 2011.

54 »The 2011 Digital Universe Study: Extracting Value from Chaos«, in: *IDC*, Juni 2011, http://idcdocserv.com/1142.

55 Tom Vanderbilt: »The Call of the Future«, in: *Wilson Quarterly*, Frühjahr 2012.

56 International Telecommunications Union: »The World in 2010: ICT Facts and Figures«, http://www.itu.int/ITU-D/ict/material/FactsFigures2010.pdf.

57 Mary Meeker und Liang Wu: »2012 Internet Trends (Update)«, 3. Dezember 2012, http://kpcb.com/insights/2012-internet-trends-update.

58 Cisco Systems Inc., Cisco Visual Networking Index: Global Mobile Data Traffic Forecast Update, 2010–2015, 1. Februar 2011, http://newsroom.cisco.com/ekits/Cisco_VNI_Global_Mobile_Data_Traffic_Forecast_2010_2015.pdf.

59 Ebd.

60 Ebd.

61 Aaron Smith, Pew Internet & American Life Project: »Nearly Half of American Adults Are Smartphone Owners«, 1. März 2012, http://pewinternet.org/Reports/2012/Smartphone-Update-2012.aspx.

62 International Telecommunications Union: »ICT Facts and Figures: The World in 2011«.

63 Meeker und Wu: »2012 Internet Trends (Update)«.

64 Christina Bonnington, Wired Gadget Lab: »Global Smartphone Adoption Approaches 30 Percent«, 28. November 2011, http://www.wired.com/gadgetlab/2011/11/smartphones-feature-phones/; Juro Osawa und Paul Mozur: »The Battle for China's Low-End Smartphone Market«, in: *Wall Street Journal*, 22. Juni 2012.

65 David Kravets: »U.N. Report Declares Internet Access a Human Right«, in: *Wired*, 3. Juni 2011.

66 »Nicholas Negroponte and One Laptop Per Child«, Public Radio International,

29. April 2009, http://www.pri.org/stories/business/social-entrepreneurs/one-laptop-per-child.html.

67 Austan Goolsbee und Jonathan Guryan: »World Wide Wonder?«, in: *Education Next* 6, Nr. 1, Winter 2006.

68 Kevin J. O'Brien: »Top 1% of Mobile Users Consume Half of World's Bandwidth, and Gap Is Growing«, in: *New York Times*, 5. Januar 2012.

69 Matt Richtel: »U.S. Safety Board Urges Cellphone Ban for Drivers«, in: *New York Times*, 13. Dezember 2011.

70 Micheline Maynard und Matthew L. Wald: »Off-Course Pilots Cite Computer Distraction«, in: *New York Times*, 27. Oktober 2009.

71 Jason Gilbert: »FaceTime Facelift: The Plastic Surgery Procedure for iPhone Users Who Don't Like How They Look on FaceTime«, in: *Huffington Post*, 27. Februar 2012.

72 Dave Evans: »How the Internet of Everything Will Change the World ... for the Better«, Cisco Blog, 7. November 2012, http://blogs.cisco.com/news/how-the-internet-of-everything-will-change-the-worldfor-the-better-infographic/.

73 McKinsey Institute: »Big Data: The Next Frontier for Innovation, Competition, and Productivity«, Mai 2011, http://www.mckinsey.com/Insights/MGI/Research/Technology_and_Innovation/Big_data_The_next_frontier_for_innovation.

74 Al Gore: »The Digital Earth: Understanding Our Planet in the 21st Century«, Rede am California Science Center, 31. Januar 1998, http://portal.opengeospatial.org/files/?artifact_id=6210&version=1&format=doc.

75 Michael Chui, Markus Löffler und Roger Roberts: »The Internet of Things«, in: *McKinsey Quarterly*, März 2010.

76 McKinsey Institute: »Big Data«.

77 »In-Car Camera Records Accidents«, BBC News, 14. Oktober 2005, http://news.bbc.co.uk/2/hi/uk_news/england/southern_counties/4341342.stm.

78 Kevin Bonsor: »How Black Boxes Work«, HowStuffWorks, http://science.howstuffworks.com/transport/flight/modern/black-box3.htm.

79 Tony Hoffman: »IBM Preps Hyper-Fast Computing System for World's Largest Radiotelescope«, in: *PC Magazine*, 2. April 2012.

80 Chui, Löffler und Roberts: »The Internet of Things«; McKinsey Institute: »Big Data«.

81 Tim Lohman: »Twitter to Detect Earthquakes, Tsunamis«, in: *Computer World*, 1. Juni 2011.

82 Steve Lohr: »The Internet Gets Physical«, in: *New York Times*, 17. Dezember 2011.

83 John Markoff: »Government Aims to Build a ›Data Eye in the Sky‹«, in: *New York Times*, 10. Oktober 2011.

84 Ebd.

85 Roger E. Bohn und James E. Short: »How Much Information? 2009 Report on American Consumers«, Dezember 2009, http://hmi.ucsd.edu/pdf/HMI_2009_Consumer-Report_Dec9_2009.pdf.

86 Alissa de Carbonnel: »Social Media Makes Anti-Putin Protests ›Snowball‹«, Reuters, 7. Dezember 2011.

87 Thomas Friedman: »This Is Just the Start«, in: *New York Times*, 1. März 2011.

88 Tom Coghlan: »Google and a Notebook: The Weapons Helping to Beat Gaddafi in Libya«, in: *The Times*, 16. Juni 2011.

89 Mridul Chowdhury, Berkman Center for Internet & Society: »The Role of the Internet in Burma's Saffron Revolution«, September 2008, http://cyber.law.harvard.edu/sites/cyber.law.harvard.edu/files/Chowdhury_Role_of_the_Internet_in_Burmas_Saffron_Revolution.pdf_0.pdf.

90 Ebd.
91 Tim Johnson: »Aung San Suu Kyi Freed«, in: *Financial Times*, 13. November 2010.
92 Dean Nelson: »Aung San Suu Kyi ›Wins Landslide Landmark Election‹ as Burma Rejoices«, in: *Telegraph*, 1. April 2012.
93 Bruce Etling, Robert Faris und John Palfrey: »Political Change in the Digital Age: The Fragility and Promise of Online Organizing«, in: *SAIS Review* 30, Nr. 2, 2010.
94 Ebd.
95 Ebd.
96 Ebd.
97 Ebd.
98 Will Heaven: »Iran and Twitter: The Fatal Folly of the Online Revolutionaries«, in: *Telegraph*, 29. Dezember 2009; Christopher Williams: »Iran Cracks Down on Web Dissident Technology«, in: *Telegraph*, 18. März 2011.
99 Larry Diamond: »Liberation Technology«, in: *Journal of Democracy* 21, Nr. 3, Juli 2010.
100 Ebd.
101 Josh Chin: »Netizens React: Premier's Interview Censored«, in: China Real Time Report Blog, *Wall Street Journal*, 7. Oktober 2010.
102 Clive Thompson: »Google's China Problem (and China's Google Problem)«, in: *New York Times Magazine*, 23. April 2006.
103 Tim Carmody: »Google Co-Founder: China, Apple, Facebook Threaten the ›Open Web‹«, in: *Wired*, 16. April 2012.
104 Ian Katz: »Web Freedom Faces Greatest Threat Ever, Warns Google's Sergey Brin«, in: *Guardian*, 15. April 2012.
105 Matt Silverman: »China: The World's Largest Online Population«, in: *Mashable*, 10. April 2012; Jon Russell: »Internet Usage in China Surges 11%«, in: *USA Today*, 19. Juli 2012.
106 Lye Liang Fook und Yang Yi: »The Chinese Leadership and the Internet«, EAI Background Brief No. 467, 27. Juli 2009, http://www.eai.nus.edu.sg/BB467.pdf.
107 »Medvedev Believes Internet Best Guarantee Against Totalitarianism«, Nachrichtenagentur ITAR-TASS, 30. Juli 2012, http://www.itar-tass.com/en/c154/484098.html.
108 Zahera Harb: »Arab Revolutions and the Social Media Effect«, in: *M/C Journal [Media/Culture Journal]* 14, Nr. 2, 2011.
109 Reporters without Borders, »Enemies of the Internet«, 12. März 2010, http://en.rsf.org/IMG/pdf/Internet_enemies.pdf.
110 John D. Sutter: »How Smartphones Make Us Superhuman«, CNN, 10. September 2012.
111 Robert F. Worth: »Twitter Gives Saudi Arabia a Revolution of Its Own«, in: *New York Times*, 20. Oktober 2012.
112 Jon Alterman: »The Revolution Will Not Be Televised«, in: *Middle East Notes and Comment*, Center for Strategic and International Studies, März 2011; Heidi Lane: »The Arab Spring's Three Foundations«, in: *per Concordiam*, März 2012.
113 Angelika Mendes: »Medien in arabischen Ländern fehlt Transparenz und Unabhängigkeit: Welche Rolle spielen die Medien bei der Gestaltung einer neuen politischen Kultur?«, Konrad-Adenauer-Stiftung, 25. Juni 2012, http://www.kas.de/wf/de/33.31742/; Lin Noueihed und Alex Warren: *The Battle for the Arab Spring: Revolution, Counter-Revolution and the Making of a New Era*, New Haven 2012, S. 50; Lane: »The Arab Spring's Three Foundations«.
114 Harb: »Arab Revolutions and the Social Media Effect«; Alterman: »The Revolution Will Not Be Televised«.

115 Alterman: »The Revolution Will Not Be Televised«.

116 »Special Report: Al Jazeera's News Revolution«, Reuters, 17. Februar 2011.

117 Harb: »Arab Revolutions and the Social Media Effect«.

118 Ebd.

119 Malcolm Gladwell: »Small Change: Why the Revolution Will Not Be Tweeted«, in: *New Yorker*, 4. Oktober 2010.

120 Noah Shachtman: »How Many People Are in Tahrir Square? Here's How to Tell«, Wired Danger Room Blog, 1. Februar 2011, http://www.wired.com/dangerroom/2011/02/how-many-people-are-in-tahrir-square-heres-how-to-tell/.

121 David D. Kirkpatrick: »Named Egypt's Winner, Islamist Makes History«, in: *New York Times*, 25. Juni 2012.

122 Ebd.

123 Fatmagul Demirel: *Encyclopedia of the Ottoman Empire*, hg. von Gabor Agoston und Bruce Masters, New York 2009, S. 130.

124 Ishtiaq Hussain: »The Tanzimat: Secular Reforms in the Ottoman Empire«, in: *Faith Matters*, 5. Februar 2011, http://faith-matters.org/images/stories/fm-publications/the-tanzimat-final-web.pdf.

125 Evgeny Morozov: »The Dark Side of Internet for Egyptian and Tunisian Protesters«, in: *Globe and Mail*, 28. Januar 2011; Louis Klaveras: »The Coming Twivolutions? Social Media in the Recent Uprisings in Tunisia and Egypt«, in: *Huffington Post*, 31. Januar 2011, http://www.huffingtonpost.com/louis-klarevas/post_1647_b_815749.html.

126 Sutton Meagher: »Comment: When Personal Computers Are Transformed into Ballot Boxes: How Internet Elections in Estonia Comply with the United Nations International Covenant on Civil and Political Rights«, in: *American University International Law Review* 23, 2008.

127 Freedom House – Latvia, 2012, http://www.freedomhouse.org/report/nations-transit/2012/latvia.

128 Tina Rosenberg: »Armed with Data, Fighting More Than Crime«, in: *New York Times*, Opinionator Blog, 2. Mai 2012, http://opinionator.blogs.nytimes.com/2012/05/02/armed-with-data-fighting-more-than-crime/.

129 Clay Shirky: »How the Internet Will (One Day) Transform Government«, in: *TEDGlobal* 2012, Juni 2012.

130 Jenna Wortham: »More Are Watching Internet Video on Actual TVs, Research Shows«, in: *New York Times*, 26. September 2012.

131 William Gibson: »Back from the Future«, in: *New York Times Magazine*, 19. August 2007.

132 Joe Light: »Leisure Trumps Learning in Time-Use Survey«, in: *Wall Street Journal*, 22. Juni 2011.

133 Nielsen: »State of the Media: Consumer Usage Report«, 2011, S. 3; http://www.nielsen.com/content/dam/corporate/us/en/reports-downloads/2011-Reports/StateofMedia-ConsumerUsageReport.pdf.

134 Emarketer: »Are Political Ad Dollars Going Online?«, 14. Mai 2008, http://www.emarketer.com/Article.aspx?id=1006271&R=1006271.

135 Christopher Munden: »A Brief History of Early Publishing in Philadelphia«, Philly Fiction, http://phillyfiction.com/more/brief_history_of_early_days_of_philadelphia_publishing.html.

136 Citizens United v. FEC, 130 S. Ct. 876, 2010; Adam Liptak: »Justices, 5 – 4, Reject Corporate Spending Limit«, in: *New York Times*, 22. Januar 2010.

137 Charles Clover: »Internet Subverts Russian TV's Message«, in: *Financial Times*, 1. Dezember 2011.

138 David M. Herszenhorn: »Putin Wins, but Opposition Keeps Pressing«, in: *New York Times*, 4. März 2012.

139 Alana Semuels: »Television Viewing at All-Time High«, in: *Los Angeles Times*, 24. Februar 2009.

140 Donald A. Ritchie: *Reporting from Washington: The History of the Washington Press Corps*, New York 2005, S. 131.

141 Mark Fitzgerald: »How Did Newspapers Get in This Pickle?«, in: *Editor & Publisher*, 18. März 2009.

142 David Carr: »Tired Cries of Bias Don't Help Romney«, in: *New York Times*, 1. Oktober 2012.

143 »Why Do 60 % of Students Find Their Lectures Boring?«, in: *Guardian*, 11. Mai 2009.

144 »Education Takes a Beating Nationwide«, in: *Los Angeles Times*, 31. Juli 2011.

145 Tamar Lewin: »Questions Follow Leader of For-Profit Colleges«, in: *New York Times*, 27. Mai 2011; Tamar Lewin: »For-Profit College Group Sued as U.S. Lays Out Wide Fraud«, in: *New York Times*, 9. August 2011.

146 »Degrees for Sale at Spam U.«, CBS News, 11. Februar 2009, http://www.cbsnews.com/2100-205_162-659418.html; »Diploma Mill Operators Hit with Court Judgments«, in: *Consumer Affairs*, 18. März 2005, http://www.consumeraffairs.com/news04/2005/diploma_mill.html.

147 »Counting Every Moment«, in: *Economist*, 3. März 2012.

148 Andrea Freyer Dugas et al.: »Google Flu Trends: Correlation with Emergency Department Influenza Rates and Crowding Metrics«, in: *Clinical Infectious Diseases* 54, Nr. 4, 8. Januar 2012.

149 »Very Personal Finance«, in: *Economist*, 2. Juni 2012.

150 Ebd.

151 Christopher Marlowe: *The Tragical History of Doctor Faustus*, 1604, hg. von Alexander Dyce, http://www.gutenberg.org/files/779/779-h/779-h.htm, deutsch: *Die tragische Historie von Doktor Faustus*, übersetzt von Adolf Seebaß, Stuttgart 2012.

152 Philip B. Meggs und Alston W. Purvis: *Meggs' History of Graphic Design*, Hoboken 2012, S. 76 f.

153 Herman Kahn: »Technology and the Faustian Bargain«, 1. Januar 1976, http://www.hudson.org/index.cfm?fuseaction=publication_details&id=2218; Lance Morrow: »The Faustian Bargain of Stem Cell Research«, in: *Time*, 12. Juli 2001.

154 John Seabrook: »Petraeus and the Cloud«, in: *New Yorker*, 14. November 2012.

155 Nicole Perlroth: »Amazon Cloud Service Goes Down and Takes Popular Sites with It«, in: *New York Times*, 22. Oktober 2012.

156 Richard Siklos: »Information Wants to Be Free ... and Expensive«, CNN, 20. Juli 2009, http://tech.fortune.cnn.com/2009/07/20/information-wants-to-be-free-and-expensive/.

157 Andy Greenberg: »Wikileaks Servers Move to Underground Nuclear Bunker«, in: *Forbes*, 30. August 2010.

158 »WikiLeaks Backlash: The First Global Cyber War Has Begun, Claim Hackers«, in: *Guardian*, 11. Dezember 2010.

159 Hayley Tsukayama: »Anonymous Claims Credit for Crashing FBI, DOJ Sites«, in: *Washington Post*, 20. Januar 2012; Ellen Nakashima: »CIA Web Site Hacked; Group LulzSec Takes Credit«, in: *Washington Post*, 15. Juni 2011; Thom Shanker und Elisa-

beth Bumiller: »Hackers Gained Access to Sensitive Military Files«, in: *New York Times*, 14. Juli 2011; David E. Sanger und John Markoff: »I.M.F. Reports Cyberattack Led to ›Very Major Breach‹«, in: *New York Times*, 11. Juni 2011; David Batty: »Vatican Becomes Latest Anonymous Hacking Victim«, in: *Guardian*, 7. März 2012; Melanie Hick: »Anonymous Hacks Interpol Site After 25 Arrests«, in: *Huffington Post*, 3. Januar 2012, http://www.huffingtonpost.co.uk/2012/03/01/anonymous-hacks-interpol-_n_1312544.html; Martin Beckford: »Downing Street Website Also Taken Down by Anonymous«, in: *Telegraph*, 8. April 2012; Tom Brewster: »Anonymous Strikes Downing Street and Ministry of Justice«, in: *TechWeek Europe*, 10. April 2012, http://www.techweekeurope.co.uk/news/anonymous-government-downing-street-moj-71979; »NASA Says Was Hacked 13 Times Last Year«, Reuters, 2. März 2012.

160 Duncan Gardham: »›Anonymous‹ Hackers Intercept Conversation Between FBI and Scotland Yard on How to Deal with Hackers«, in: *Telegraph*, 3. Februar 2012.

161 Michael Joseph Gross: »Enter the Cyber-Dragon«, in: *Vanity Fair*, September 2011.

162 Susan P. Crawford: »When We Wage Cyberwar, the Whole Web Suffers«, Bloomberg, 25. April 2012.

163 David Alexander: »Global Cyber Arms Race Engulfing Web – Defense Official«, Reuters, 11. April 2012.

164 Ebd.; Ron Rosenbaum: »Richard Clarke on Who Was Behind the Stuxnet Attack«, in: *Smithsonian*, 2. April 2012.

165 Simon Singh, *Geheime Botschaften: Die Kunst der Verschlüsselung von der Antike bis in die Zeiten des Internet (The Code Book: The Science of Secrecy from Ancient Egypt to Quantum Cryptography)*, übersetzt von Klaus Fritz, München 2000.

166 Ebd.

167 Ebd.; Andrew Lycett: »Breaking Germany's Enigma Code«, BBC, 17. Februar 2011, http://www.bbc.co.uk/history/worldwars/wwtwo/enigma_01.shtml.

168 Michael Joseph Gross: »World War 3.0«, in: *Vanity Fair*, Mai 2012.

169 James Kaplan, Shantnu Sharma und Allen Weinberg: »Meeting the Cybersecurity Challenge«, in: *McKinsey Quarterly*, Juni 2011.

170 Gross: »Enter the Cyber-Dragon«.

171 Rosenbaum: »Richard Clarke on Who Was Behind the Stuxnet Attack«.

172 Richard Adler, Bericht der 26th Annual Aspen Institute Conference on Communications Policy, »Updating Rules of the Digital Road: Privacy, Security, Intellectual Property«, 2012, S. 14.

173 Richard A. Clarke: »How China Steals Our Secrets«, in: *New York Times*, 3. April 2012.

174 Nicole Perlroth: »How Much Have Foreign Hackers Stolen?«, *New York Times*, Bits Blog, 14. Februar 2012, http://bits.blogs.nytimes.com/2012/02/14/how-much-have-foreign-hackers-stolen/?scp=7&sq=cyber%20security&st=cse.

175 Ebd.

176 J. Nicholas Hoover: »Cyber Attacks Becoming Top Terror Threat, FBI Says«, in: *Information Week*, 1. Februar 2012.

177 Michael Joseph Gross: »Exclusive: Operation Shady Rat – Unprecedented Cyber-Espionage Campaign and Intellectual-Property Bonanza«, in: *Vanity Fair*, 2. August 2011.

178 Nicole Perlroth: »Traveling Light in a Time of Digital Thievery«, in: *New York Times*, 10. Februar 2012.

179 Ebd.

180 Organisation for Economic Co-operation and Development: »Machine-to-Machine Communications: Connecting Billions of Devices«, in: *OECD Digital Economy Papers* 192, 2012, http://dx.doi.org/10.1787/5k9gsh2gp043-en.

181 John Tagliabue: »Swiss Cows Send Texts to Announce They're in Heat«, in: *New York Times*, 2. Oktober 2012.

182 John O. Brennan: »Time to Protect Against Dangers of Cyberattack«, in: *Washington Post*, 15. April 2012.

183 Thomas Erdbrink: »Iranian Officials Disconnect Some Oil Terminals from Internet«, in: *New York Times*, 24. April 2012.

184 Thom Shanker und David E. Sanger: »U.S. Suspects Iran Was Behind a Wave of Cyberattacks«, in: *New York Times*, 14. Oktober 2012.

185 Nicole Perlroth: »In Cyberattack on Saudi Firm, U.S. Sees Iran Firing Back«, in: *New York Times*, 23. Oktober 2012.

186 William J. Broad, John Markoff und David E. Sanger: »Israeli Test on Worm Called Crucial in Iran Nuclear Delay«, in: *New York Times*, 15. Januar 2011.

187 »›Flame‹ Computer Virus Strikes Middle East; Israel Speculation Continues«, Associated Press, 29. Mai 2012.

188 Broad, Markoff und Sanger: »Israeli Test on Worm Called Crucial in Iran Nuclear Delay«.

189 Rachel King: »Virus Aimed at Iran Infected Chevron Network«, in: *Wall Street Journal*, 9. November 2012.

190 Elisabeth Bumiller und Thom Shanker: »Panetta Warns of Dire Threat of Cyberattack on U.S.«, in: *New York Times*, 11. Oktober 2012.

191 Perlroth: »Traveling Light in a Time of Digital Thievery«.

192 Steve Fishman: »Floored by News Corp.: Who Hacked a Rival's Computer System?«, in: *New York Magazine*, 28. September 2011.

193 Sarah Lyall und Ravi Somaiya: »British Broadcaster with Murdoch Link Admits to Hacking«, in: *New York Times*, 5. April 2012.

194 Don Van Natta Jr., Jo Becker und Graham Bowley: »Tabloid Hack Attack on Royals, and Beyond«, in: *New York Times*, 1. September 2010.

195 Nicole Perlroth: »Cameras May Open Up the Board Room to Hackers«, in: *New York Times*, 22. Januar 2012.

196 James Kaplan, Shantnu Sharma und Allen Weinberg: »Meeting the Cybersecurity Challenge«, in: *McKinsey Quarterly*, Juni 2011.

197 Michaela L. Sozio: »Cyber Liability – a Real Threat to Your Business«, in: *California Business Law Confidential*, März 2012; Preet Bharara: »Asleep at the Laptop«, in: *New York Times*, 4. Juni 2012.

198 Alexis Madrigal: »I'm Being Followed: How Google – and 104 Other Companies – Are Tracking Me on the Web«, in: *Atlantic*, 29. Februar 2012.

199 Riva Richmond: »As ›Like‹ Buttons Spread, So Do Facebook's Tentacles«, in: *New York Times*, Bits Blog, 27. September 2011, http://bits.blogs.nytimes.com/2011/09/27/as-like-buttons-spread-so-do-facebooks-tentacles/.

200 Madrigal: »I'm Being Followed«.

201 Jeffrey Rosen: »The Web Means the End of Forgetting«, in: *New York Times Magazine*, 21. Juli 2010.

202 Michelle Singletary: »Would You Give Potential Employers Your Facebook Password?«, in: *Washington Post*, 29. März 2012.

203 Joanna Stern: »Demanding Facebook Passwords May Break Law, Say Senators«, ABC News, 26. März 2012, http://abcnews.go.com/Technology/facebook-passwords-employers-schools-demand-access-facebook-senators/story?id=16005565#.UCP-KWY4ojdk.

204 Tam Harbert: »Employee Monitoring: When IT Is Asked to Spy«, in: *Computer World*, 16. Juni 2010.

205 James Hendler und Jennifer Golbeck: »Metcalfe's Law, Web 2.0, and the Semantic Web«, in: *Web Semantics* 6, Nr. 1, Februar 2008, S. 14–20.

206 Ebd.

207 Alexis Madrigal: »Reading the Privacy Policies You Encounter in a Year Would Take 76 Work Days«, in: *Atlantic*, 1. März 2012; Elaine Rigoli: »Most People Worried About Online Privacy, Personal Data, Employer Bias, Privacy Policies«, in: *Consumer Reports*, 25. April 2012.

208 Tanzina Vega: »Opt-Out Provision Would Halt Some, but Not All, Web Tracking«, in: *New York Times*, 26. Februar 2012; Madrigal: »I'm Being Followed«.

209 Madrigal: »I'm Being Followed«; Vega: »Opt-Out Provision Would Halt Some, but Not All, Web Tracking«.

210 Reihe »What They Know«, in: *Wall Street Journal*, http://online.wsj.com/public/ page/ what-the-know-digital-privacy.html.

211 Julia Angwin: »The Web's New Gold Mine: Your Secrets«, in: *Wall Street Journal*, 30. Juli 2010.

212 Madrigal: »I'm Being Followed«.

213 Olivia Solon: »Tim Berners-Lee: Deep Packet Inspection a ›Really Serious‹ Privacy Breach«, in: *Wired*, 18. April 2012.

214 Ian Parker: »The Story of a Suicide: Two College Roommates, a Webcam, and a Tragedy«, in: *New Yorker*, 6. Februar 2012.

215 »Facebook ›Face Recognition‹ Feature Draws Privacy Scrutiny«, Bloomberg News, 8. Juni 2011.

216 Natasha Singer: »The Human Voice, as Game Changer«, in: *New York Times*, 31. März 2012.

217 Ebd.

218 »Privacy Please! U.S. Smartphone App Users Concerned with Privacy When It Comes to Location«, Nielsen Blog, 21. April 2011, http://blog.nielsen.com/nielsenwire/on-line_mobile/privacy-please-u-s-smartphone-app-users-concerned-with-privacy-when-it-comes-to-location/.

219 Justin Scheck: »Stalkers Exploit Cellphone GPS«, in: *Wall Street Journal*, 3. August 2010.

220 Kevin J. O'Brien: »Austrian Law Student Faces Down Facebook«, in: *New York Times*, 5. Februar 2012.

221 Matt Richtel und Verne G. Kopytoff: »E-Mail Fraud Hides Behind Friendly Face«, in: *New York Times*, 2. Juni 2011.

222 Ann Carrns: »Careless Social Media Use May Raise Risk of Identity Fraud«, in: *New York Times*, 29. Februar 2012.

223 »IMF Is Victim of ›Sophisticated Cyberattack‹, Says Report«, in: *IDG Reporter*, 13. Juni 2011; »US Senate Orders Security Review After LulzSec Hacking«, in: *Guardian*, 14. Juni 2011; Julianne Pepitone und Leigh Remizowski: »›Massive‹ Credit Card Data Breach Involves All Major Brands«, CNN, 2. April 2012, http://money.cnn.com/2012/03/30/technology/credit-card-data-breach/index.htm; »Heartland Payment Systems Hacked«, Associated Press, 20. Januar 2009; Bianca Dima: »Top 5: Corporate Losses Due to Hacking«, in: *HOT for Security*, 17. Mai 2012.

224 »The Real Cost of Cyber Attacks«, in: *Atlantic*, 16. Februar 2012.

225 Symantec, Pressemeldung: »Norton Study Calculates Cost of Global Cybercrime: $114

Billion Annually«, 7. September 2011, http://www.symantec.com/about/news/release/article.jsp?prid=20110907_02. Einige Beobachter halten manche Schätzungen zur Cybekriminalität allerdings nicht für verlässlich: Dinei Florêncio und Cormac Herley: »The Cybercrime Wave That Wasn't«, in: *New York Times*, 14. April 2012.

226　Ian Paul: »LinkedIn Confirms Account Passwords Hacked«, in: *PC World*, 6. Juni 2012.

227　Salvador Rodriguez: »Like LinkedIn, eHarmony Is Hacked; 1.5 Million Passwords Stolen«, in: *Los Angeles Times*, 6. Juni 2012.

228　Nicole Perlroth: »Yahoo Breach Extends Beyond Yahoo to Gmail, Hotmail, AOL Users«, in: *New York Times*, 12. Juli 2012.

229　David Goldman: »Major Banks Hit with Biggest Cyberattacks in History«, CNN, 28. September 2012; »Week-Long Cyber Attacks Cripple US Banks«, Associated Press, 29. September 2012.

230　Brian Wheeler: »Communications Data Bill Creates ›a Virtual Giant Database‹«, BBC, 19. Juli 2012, http://www.bbc.co.uk/news/uk-politics-18884460.

231　Heather Brooke: »Investigation: A Sharp Focus on CCTV«, in: *Wired UK*, 1. April 2010.

232　Richter Felix Frankfurter, Concurring Opinion, Youngstown Sheet & Tube Co. v. Sawyer, 343 U.S. 579, 1952.

233　Georg Henrik Wright: *Erkenntnis als Lebensform: Zeitgenössische Wanderungen eines philosophischen Logikers (The Tree of Knowledge and other Essays)*, übersetzt von Joachim Schulte, Wien/Köln/Weimar 1994.

234　James Bradford: »The NSA Is Building the Country's Biggest Spy Center (Watch What You Say)«, in: *Wired*, 15. März 2012.

235　Jason Reed: »NSA Whistleblowers: Government Spying on Every Single American«, Reuters, 25. Juli 2012.

236　Bradford: »The NSA Is Building the Country's Biggest Spy Center (Watch What You Say)«.

237　Präsident der Vereinigten Staaten: »Notice – Continuation of the National Emergency with Respect to Certain Terrorist Attacks«, 11. September 2012.

238　Matt Sledge: »Warrantless Electronic Surveillance Surges Under Obama Justice Department«, in: *Huffington Post*, 28. September 2012.

239　Auftrag des Klägers des United States Supreme Court, Albert W. Florence v. Board of Chosen Freeholders of the County of Burlington et al., Nr. 10–945, http://www.americanbar.org/content/dam/aba/publishing/previewbriefs/Other_Brief_Updates/10-945_petitioner.authcheckdam.pdf. Richter Stephen Breyer stimmte der Entscheidung zur Leibesvisitation nicht zu und tadelte die weitgehenden Befugnisse, die den Strafverfolgungsbehörden durch das Gericht zugesprochen wurden; siehe Florence v. Board of Chosen Freeholders, 2. April 2012, http://www.supremecourt.gov/opinions/11pdf/10-945.pdf.

240　Glenn Greenwald: »U.S. Filmmaker Repeatedly Detained at Border«, in: *Salon*, 8. April 2012, http://www.salon.com/2012/04/08/u_s_filmmaker_repeatedly_detained_at_border/.

241　Ebd.

242　Ebd.

243　Eric Lichtblau: »Police Are Using Phone Tracking as a Routine Tool«, in: *New York Times*, 31. März 2012.

244　Julia Angwin und Jennifer Valentino-Devries: »New Tracking Frontier: Your License Plates«, in: *Wall Street Journal*, 2. Oktober 2012.

245　Nicole Perlroth: »Software Meant to Fight Crime Is Used to Spy on Dissidents«, in: *New York Times*, 31. August 2012.

246 Rebecca MacKinnon: »Internet Freedom Starts at Home«, in: *Foreign Policy*, 3. April 2012; Cindy Cohn, Trevor Timm und Jillian C. York, Electronic Frontier Foundation: »Human Rights and Technology Sales: How Corporations Can Avoid Assisting Repressive Regimes«, April 2012, https://www.eff.org/document/human-rights-and-technology-sales; Jon Evans: »Selling Software That Kills«, TechCrunch, 26. Mai 2012, http://techcrunch.com/2012/05/26/selling-software-that-kills/.

247 Francis Fukuyama: »Why We All Need a Drone of Our Own«, in: *Financial Times*, 24. Februar 2012.

248 »Is There a Drone in Your Neighbourhood? Rise of Spy Planes Exposed After FAA Is Forced to Reveal 63 Launch Sites Across U.S.«, in: *Daily Mail*, 24. April 2012.

249 David Kushner: »The Hacker Is Watching«, in: *GQ*, Januar 2012.

250 Declan McCullagh: »Court to FBI: No Spying on In-Car Computers«, CNET, 19. November 2003, http://news.cnet.com/2100-1029_3-5109435.html. Das Neunte Bezirksgericht hat entschieden, dass dieser Fall von Überwachung gesetzwidrig ist.

251 Nicole Perlroth: »Malicious Software Attacks Security Cards Used by Pentagon«, *New York Times*, Bits Blog, 12. Januar 2012, http://bits.blogs.nytimes.com/2012/01/12/malicious-software-attacks-security-cards-used-by-pentagon/.

252 Bamford: »The NSA Is Building the Country's Biggest Spy Center (Watch What You Say)«.

253 American Civil Liberties Union: »Congress Dismantles Total Information Awareness Spy Program; ACLU Applauds Victory, Calls for Continued Vigilance Against Snoop Programs«, 25. September 2003, http://www.aclu.org/national-security/congress-dismantles-total-information-awareness-spy-program-aclu-applauds-victory.

254 Jonathan Weisman: »After an Online Firestorm, Congress Shelves Antipiracy Bills«, in: *New York Times*, 21. Januar 2012.

255 Robert Pear: »House Votes to Approve Disputed Hacking Bill«, in: *New York Times*, 27. April 2012.

256 Michael Sacasas: »Technology in America«, in: *American*, 13. April 2012.

257 Gross: »World War 3.0«.

258 Georgina Prodhan: »BRIC Nations Push for Bigger Say in Policing of Internet«, in: *Globe and Mail*, 6. September 2012.

259 Gross: »World War 3.0«.

260 Ryan Nakashima: »Ex-AOL Exec Calls Facebook New ›Walled Garden‹«, Associated Press, 1. Mai 2012.

261 Claire Cain Miller und Miguel Helft: »Web Plan from Google and Verizon Is Criticized«, in: *New York Times*, 10. August 2010.

262 »Protecting the Internet«, Leitartikel, in: *New York Times*, 18. Dezember 2010.

Kapitel 3

1 »China Became World's Top Manufacturing Nation, Ending 110 Year US Leadership«, MercoPress, 15. März 2011, http://en.mercopress.com/2011/03/15/china-became-world-s-top-manufacturing-nation-ending-110-year-us-leadership.

2 Charles Kenny: »China vs. the U.S.: The Case for Second Place«, in: *BloombergBusinessweek*, 13. Oktober 2011.

3 »Profile: IMF and World Bank«, BBC News, 17. April 2012, http://news.bbc.co.uk/2/hi/americas/country_profiles/3670465.stm; Thomas J. Bollyky: »How to Fix the World Bank«, Gastbeitrag, in: *New York Times*, 9. April 2012; David Bosco: »A Primer on World Bank Voting Procedures«, in: *Foreign Policy*, 28. März 2012.

4   BBC News: »Profile: IMF and World Bank«; World Bank: »World Bank Group Voice Reform: Enhancing Voice and Participation in Developing and Transition Countries in 2010 and Beyond«, 25. April 2010, http://siteresources.worldbank.org/NEWS/Resources/IBRD2010VotingPowerRealignmentFINAL.pdf.

5   CIA: *The World Factbook,* https://www.cia.gov/library/publications/the-world-factbook/rankorder/2001rank.html.

6   C. Fred Bergsten: »Two's Company«, in: *Foreign Affairs,* September/Oktober 2009.

7   Josef Joffe: »Declinism's Fifth Wave«, in: *American Interest,* Januar/Februar 2012; Samuel P. Huntington: »The U.S. – Decline or Renewal?«, in: *Foreign Affairs,* Winter 1988/1989; Victor Davis Hanson: »Beware the Boom in American ›Declinism‹«, CBS News, 14. November 2011, http://www.cbsnews.com/8301-215_162-57324071/beware-the-boom-in-american-declinism/.

8   Joffe: »Declinism's Fifth Wave«; Huntington: »The U.S. – Decline or Renewal?«; Victor Hanson: »Beware the Boom in American ›Declinism‹«.

9   Stephen M. Walt: »The End of the American Era«, in: *National Interest,* 25. Oktober 2011; Robert Kagan: »Not Fade Away«, in: *New Republic,* 11. Januar 2012.

10 Kagan: »Not Fade Away«.

11 Ebd.

12 Charles Kenny: »China vs. the U.S.: The Case for Second Place«, in: *BloombergBusinessweek,* 13. Oktober 2011.

13 Irina Titova: »Medvedev Orders Precise Soviet WWII Death Toll«, Associated Press, 27. Januar 2009; Anne Leland und Mari-Jana Oboroceanu, Congressional Research Service: »American War and Military Operations Casualties: Lists and Statistics«, Februar 2010, http://www.fas.org/sgp/crs/natsec/RL32492.pdf.

14 »The Day in History: August 23rd, 1939. The Hitler-Stalin Pact«, History.com, 2012.

15 »Beyond Bretton Woods 2«, in: *Economist,* 4. November 2010.

16 EU-Kommission: »Treaty Establishing the European Coal and Steel Community, ECSC Treaty«, 15. Oktober 2010, http://europa.eu/legislation_summaries/institutional_affairs/treaties/treaties_ecsc_en.htm; deutsche Fassung des Montanunion-Vertrags (gekürzt) unter: http://www.hdg.de/lemo/html/dokumente/JahreDesAufbausInOstUndWest_vertragEgks/index.html.

17 Cordell Hull Foundation: »Cordell Hull Biography«, http://www.cordellhull.org/english/About_Us/Biography.asp.

18 Jill Lerner: »Free Trade's Champion«, in: *Atlanta Business Chronicle,* 13. Februar 2006.

19 Francis Fukuyama: *Das Ende der Geschichte: Wo stehen wir? (The End of History and the Last Man),* übersetzt von Helmut Dierlamm, München 1992.

20 US-Außenministerium, Bureau of International Information Programs: »Democracy's Third Wave«, http://www.4uth.gov.ua/usa/english/politics/whatsdem/whatdm13.htm.

21 Ebd.

22 John F. Kennedy: »Remarks at an Independence Day Celebration with the American Community in Mexico City«, 30. Juni 1962, American Presidency Project, http://www.presidency.ucsb.edu/ws/?pid=8748.

23 US-Außenministerium: »Democracy's Third Wave«.

24 Ebd.

25 Ebd.

26 Ebd.

27 Economist Intelligence Unit, Democracy Index 2010, 2010, http://www.eiu.com/democracy.

28 Larry Diamond: »A Fourth Wave or False Start?«, in: *Foreign Affairs,* 22. Mai 2011.

29 Kagan: »Not Fade Away«; Todd Purdum: »One Nation, Under Arms«, in: *Vanity Fair*, Januar 2012.

30 Purdum: »One Nation, Under Arms«.

31 Christian Caryl: »Predators and Robots at War«, in: *New York Review of Books*, 30. August 2011; Elisabeth Bumiller: »Air Force Drone Operators Report High Levels of Stress«, in: *New York Times*, 19. Dezember 2011.

32 Caryl: »Predators and Robots at War«.

33 Scott Peterson: »Downed US Drone: How Iran Caught the ›Beast‹«, in: *Christian Science Monitor*, 9. Dezember 2011; Rick Gladstone: »Iran Shows Video It Says Is of U.S. Drone«, in: *New York Times*, 9. Dezember 2011; »Insurgents Hack U.S. Drones«, in: *Wall Street Journal*, 17. Dezember 2009; »Iran ›Building Copy of Captured US Drone‹ RQ-170 Sentinel«, BBC, 22. April 2012.

34 David Wood: »American Drones Ignite New Arms Race from Gaza to Iran to China«, in: *Huffington Post*, 27. November 2012, http://www.huffingtonpost.com/2012/11/27/american-drones_n_2199193.html.

35 Ebd.

36 Walt: »The End of the American Era«; Thair Shaikh: »When Will China Become a Global Superpower?«, CNN, 10. Juni 2011, http://www.cnn.com/2011/WORLD/asiapcf/06/10/china.military.superpower/index.html.

37 Walt: »The End of the American Era«; Kagan: »Not Fade Away«; Martin Feldstein: »China's Biggest Problems Are Political, Not Economic«, in: *Wall Street Journal*, 2. August 2012; Frank Rich: »Mayberry R.I.P.«, in: *New York Magazine*, 22. Juli 2012.

38 Ebd.

39 Feldstein: »China's Biggest Problems Are Political, Not Economic«.

40 »Crisis in China: 64 Million Empty Apartments«, in: *Asia News*, 15. September 2010, http://www.asianews.it/news-en/Crisis-in-China:-64-million-empty-apartments-19459.html.

41 »Weaknesses in Chinese Wind Power«, in: *Forbes*, 20. Juli 2009.

42 »The Largest Migration in History«, in: *Economist*, 24. Februar 2012.

43 Tom Orlik: »Unrest Grows as Economy Booms«, in: *Wall Street Journal*, 26. September 2011.

44 Ebd.

45 Feldstein: »China's Biggest Problems Are Political, Not Economic«; Wendy Dobson: *Gravity Shift: How Asia's New Economic Powerhouses Will Shape the Twenty-First Century*, Toronto 2009.

46 Dobson: *Gravity Shift*.

47 Orlik: »Unrest Grows as Economy Booms«.

48 David Leonhardt: »In China, Cultivating the Urge to Splurge«, in: *New York Times Magazine*, 28. November 2010.

49 Daniel Bell: »Real Meaning of the Rot at the Top of China«, in: *Financial Times*, 23. April 2012.

50 Deng Xiaoping: »Rede auf der Konferenz über die politische Arbeit in der ganzen Armee (2. Juni 1978)«, in: ders., *Ausgewählte Schriften (1975–1982)*, Peking 1985, S. 141–156 (Zitat auf S. 146).

51 Laura Sullivan: »Shaping State Laws with Little Scrutiny«, NPR, 29. Oktober 2010, http://www.npr.org/2010/10/29/130891396/shaping-state-laws-with-little-scrutiny; Mike McIntire: »Conservative Nonprofit Acts as a Stealth Business Lobbyist«, in: *New York Times*, 22. April 2012.

52 Sullivan: »Shaping State Laws with Little Scrutiny«; McIntire: »Conservative Non-profit Acts as a Stealth Business Lobbyist«; John Cassidy: »America's Class War«, in: *New Yorker*, Blog, 8. Juni 2012, http://www.newyorker.com/online/blogs/comment/2012/06/wisconsin-scott-walker-class-war.html.

53 »Sweden: The Oldest Corporation in the World«, in: *Time*, 15. März 1963.

54 »The Taste of Adventure«, in: *Economist*, 17. Dezember 1998.

55 Joel Bakan: *Das Ende der Konzerne: Die selbstzerstörerische Kraft der Unternehmen (The Corporation: The Pathological Pursuit of Profit and Power)*, übersetzt von Ursula Bischof, Leipzig 2005, S. 11 f.

56 Ebd., S. 13 f.

57 Ebd., S. 12 f.

58 Ebd., S. 16.

59 Justin Fox: »What the Founding Fathers Really Thought About Corporations«, in: *Harvard Business Review*, 1. April 2010, http://blogs.hbr.org/fox/2010/04/what-the-founding-fathers-real.html.

60 Thomas Jefferson: »To George Logan«, 12. November 1816.

61 Bakan: *Das Ende der Konzerne*, S. 16.

62 Linda Smiddy und Lawrence Cunningham: »Corporations and Other Business Organizations: Cases, Materials, Problems«, LexisNexis, 2010, S. 16.

63 David C. Korten: *When Corporations Rule the World*, Bloomfield 1995, http://www.thirdworldtraveler.com/Korten/RiseCorpPower_WCRW.html.

64 Ebd.

65 Ebd.

66 Ebd.

67 Ebd.

68 »Compromise of 1877«, History.com, http://www.history.com/topics/compromise-of-1877.

69 Korten, *When Corporations Rule the World*.

70 Ebd.; Anspielung auf den berühmten letzten Satz von Abraham Lincolns berühmter »Gettysburg Address« vom 19. November 1863: »[...] this nation, under God, shall have a new birth of freedom – and that government of the people, by the people, for the people, shall not perish from the earth.«

71 Ebd.

72 Ebd.

73 Ebd.

74 Jack Maskell: »Lobbying Congress: An Overview of Legal Provisions and Congressional Ethics Rules«, CRS Report for Congress, 14. September 2011, http://digital.library.unt.edu/ark:/67531/metacrs1903/m1/1/high_res_d/RL31126_2001Sep14.pdf.

75 Ebd.

76 Lawrence Lessig: *Republic: Lost: How Money Corrupts Congress – and a Plan to Stop It*, New York 2011, S. 101.

77 Ebd.

78 Matthew Josephson: *The Robber Barons: The Great American Capitalist 1861 – 1901*, New Brunswick 2010, S. 168.

79 Bakan: *Das Ende der Konzerne*, S. 24.

80 Joshua Holland: »The Supreme Court Sold Out Our Democracy – How to Fight the Corporate Takeover of Elections«, in: *AlterNet*, 25. Oktober 2010.

81 Ebd.

82 Pamela Karlan: »Me, Inc.«, in: *Boston Review*, Juli 2011.

83 *Santa Clara County v. Southern Pacific*, Justia.com, 1886, http://supreme.justia.com/cases/federal/us/118/394/.

84 »Cyrus W. Field«, in: *Encyclopaedia Britannica*, http://www.britannica.com/EBchecked/topic/206188/Cyrus-W-Field.

85 Lincoln Institute: »David Dudley Field (1805–1894)«, Mr. Lincoln and New York, http://www.mrlincolnandnewyork.org/inside.asp?ID=56&subjectID=3.

86 Mike Sacks: »Corporate Citizenship: How Public Dissent in Paris Sparked Creation of the Corporate Person«, in: *Huffington Post*, 12. Oktober 2011, http://www.huffingtonpost.com/2011/10/12/corporate-citizenship-corporate-personhood-paris-commune_n_1005244.html.

87 Ebd.

88 Alice Bullard: *Human Rights and Revolutions*, hg. von Jeffrey N. Wasserstrom, Lynn Hunt und Marilyn B. Young, Oxford 2000, S. 81–83.

89 Marx schrieb jedoch im *Kommunistischen Manifest*, die Revolution von 1848 in Frankreich sei der erste »Klassenkampf« gewesen.

90 Karl Marx: *Der Bürgerkrieg in Frankreich: Adresse des Generalrats der Internationalen Arbeiterassoziation* [1871], in: Karl Marx/Friedrich Engels: *Werke* (MEW), Bd. 17, Berlin 1962, S. 313–362 (Zitat S. 362).

91 Alistair Horne: *The Fall of Paris: The Siege and the Commune 1870–71*, New York 2007, S. 433.

92 Sacks: »Corporate Citizenship«.

93 John Harland Hicks und Robert Tucker: *Revolution & Reaction: The Paris Commune, 1871*, Amherst 1973, S. 60; Jack Beatty: *Age of Betrayal: The Triumph of Money in America, 1865–1900*, New York 2008, S. 153.

94 »The Panic of 1873«, in: *The American Experience, Ulysses S. Grant*, PBS, http://www.pbs.org/wgbh/americanexperience/features/general-article/grant-panic.

95 »The Communists«, in: *New York Times*, 20. Januar 1874.

96 Sacks: »Corporate Citizenship«.

97 »Domestic Politics«, in: *The American Experience, TR*, PBS, http://www.pbs.org/wgbh/americanexperience/features/general-article/tr-domestic/.

98 Ebd.

99 Ebd.

100 Korten: *When Corporations Rule the World*, S. 67.

101 Ebd.

102 »Domestic Politics«, PBS.

103 Ebd.

104 Historiker sind heute der Ansicht, dass Roosevelt beim Aushandeln eines tragfähigen Abkommens zweifellos einen entscheidenden Beitrag leistete, aber kein neutraler Vermittler war und persönlich sehr stark der japanischen Seite zuneigte. Vgl. James Bradley: »Diplomacy That Will Live in Infamy«, in: *New York Times*, 6. Dezember 2009.

105 Edmund Morris: *Theodore Rex*, New York 2002, S. 364.

106 »American President: William Howard Taft«, Miller Center, University of Virginia, http://millercenter.org/president/taft/essays/biography/1.

107 Theodore Roosevelt: »The New Nationalism«, 31. August 1910, http://www.pbs.org/wgbh/americanexperience/features/primary-resources/tr-nationalism.

108 Lessig: *Republic, Lost*, S. 4.

109 Ebd., S. 5; Theodore Roosevelt: »From the Archives: President Teddy Roosevelt's New Nationalism Speech«, 31. August 2010, http://www.whitehouse.gov/blog/2011/12/06/archives-president-teddy-roosevelts-new-nationalism-speech.

110 Roosevelt: »From the Archives: President Teddy Roosevelt's New Nationalism Speech«.

111 Ebd.

112 United States Senate: »1921–1940: Senate Investigates the ›Teapot Dome‹ Scandal«, http://www.senate.gov/artandhistory/history/minute/Senate_Investigates_the_Teapot_Dome_Scandal.htm.

113 Jeffrey Rosen: »POTUS v. SCOTUS«, in: *New York Magazine*, 17. März 2010.

114 »Presidential Politics«, in: *American Experience, FDR*, PBS, http://www.pbs.org/wgbh/americanexperience/features/general-article/fdr-presidential/.

115 Ebd.

116 Jeffrey Rosen: »Second Opinions«, in: *New Republic*, 4. Mai 2012.

117 Jim Hoggan: »40th Anniversary of the Lewis Powell Memo Launching Corporate Propaganda Infrastructure«, DeSmogBlog, 23. August 2011, http://www.desmogblog.com/40th-anniversary-lewis-powell-memo-launching-corporate-propaganda-infrastructure; John Jeffries: *Justice Lewis F. Powell, Jr.: A Biography*, New York 2001, S. 4.

118 Lewis F. Powell: »The Powell Memo«, 23. August 1971, http://reclaimdemocracy.org/powell_memo_lewis/.

119 Jeffrey Clements: »The Real History of ›Corporate Personhood‹: Meet the Man to Blame for Corporations Having More Rights Than You«, in: *AlterNet*, 6. Dezember 2011.

120 Ebd.

121 Vincent Trivett: »25 US Mega Corporations: Where They Rank If They Were Countries«, in: *Business Insider*, 27. Juni 2011, http://www.businessinsider.com/25-corporations-bigger-tan-countries-2011-6?op=1.

122 Steve Coll: *Private Empire: ExxonMobil and American Power*, New York 2012, S. 71.

123 Bakan: *Das Ende der Konzerne*, S. 35.

124 Coll: *Private Empire*, S. 257.

125 Federal Election Commission: »The Growth of Political Action Committees, 1974–1998«, http://www.voteview.com/Growth_of_PACs_by_Type.htm.

126 Jacob S. Hacker und Paul Pierson: *Winner-Take-All-Politics: How Washington Made the Rich Richer – And Turned Its Back on the Middle Class*, New York 2011, S. 118.

127 Robert G. Kaiser: »Citizen K Street: Introduction«, in: *Washington Post*, März 2007, http://blog.washingtonpost.com/citizen-k-street/chapters/introduction/; Bennett Roth und Alex Knott: »Lobby Dollars Dip for First Time in Years«, in: *Roll Call*, 1. Februar 2011.

128 Roth und Knott: »Lobby Dollars Dip for First Time in Years«.

129 Kaiser: »Citizen K Street: Introduction«.

130 Lessig: *Republic, Lost*, S. 123.

131 Ebd.

132 Powell: »The Powell Memo«.

133 Timothy Noah: »Think Cranks«, in: *New Republic*, 30. März 2012.

134 Ebd.

135 Ebd.

136 David Brock: *The Republican Noise Machine: Right-Wing Media and How it Corrupts Democracy*, New York 2005, S. 43.

137 Powell: »The Powell Memo«.

138 Eric Lichtblau: »Advocacy Group Says Justices May Have Conflict in Campaign Finance Case«, in: *New York Times*, 19. Januar 2011.

139 Emily Thornton: »Roads to Riches«, in: *BusinessWeek*, 6. Mai 2007; Jonathan Hoenig:

»Opportunities in Infrastructure: Should We Privatize Bridges and Roads?«, in: Fox News, 5. August 2007, http://www.foxnews.com/story/0,2933,253438,00.html.

140 James Gustave Speth: »America the Possible: A Manifesto, Part I«, in: *Orion*, März/ April 2012.

141 Ebd.

142 Ebd.

143 Ebd.

144 Ebd.

145 Ebd.

146 Powell: »The Powell Memo«.

147 Ebd.

148 James Madison, 10. *Federalist*-Artikel: »The Same Subject Continued: The Union as a Safeguard Against Domestic Faction and Insurrection« (»Fortsetzung des Themas: Der Nutzen der Union als Schutz vor Faktionen und Aufständen im Innern«), 23. November 1787, hier zitiert nach: Alexander Hamilton, James Madison und John Jay: *Die Federalist-Artikel: Politische Theorie und Verfassungskommentar der amerikanischen Gründerväter*, hg. und übersetzt von Angela Adams und Willi Paul Adams, Paderborn 1994, S. 50–58, alle Zitate auf S. 52.

149 Ebd.

150 Ebd.

151 Timothy Noah: »Introducing the Great Divergence«, in: *Slate*, 3. September 2010.

152 Jonathan Haidt: »Born This Way? Nature, Nurture, Narratives, and the Making of Our Political Personalities«, in: *Reason*, Mai 2012.

153 Ebd.

154 Ebd.; Sasha Issenberg: »Born This Way: The New Weird Science of Hardwired Political Identity«, in: *New York Magazine*, 16. April 2012.

155 Frank Luntz: *Words That Work: It's Not What You Say, It's What People Hear*, New York 2006, S. 165.

156 Bruce Bartlett: »›Starve the Beast‹: Origins and Development of a Budgetary Metaphor«, in: *Independent Review*, Sommer 2007.

157 Congressional Budget Office: »The 2012 Long-Term Budget Outlook«, http://www.cbo.gov/sites/default/files/cbofiles/attachments/06-05-Long-Term_Budget_Outlook.pdf.

158 Agence France-Presse: »US Borrowing Tops 100% of GDP: Treasury«, 3. August 2011; Matt Phillips: »The U.S. Debt Load: Big and Cheap«, in: *Wall Street Journal*, 25. Juli 2012.

159 Tim Mullaney: »A Year After Downgrade, S&P's View on Washington Unchanged«, in: *USA Today*, 7. August 2012.

160 Jeanne Sahadi: »Washington's $5 Trillion Interest Bill«, in: CNN Money, 12. März 2012, http://money.cnn.com/2012/03/05/news/economy/national-debt-interest/index.htm.

161 Joseph S. Nye: »Cyber War and Peace«, Project Syndicate, 10. April 2012, http://www.project-syndicate.org/commentary/cyber-war-and-peace.

162 David Marsh: »The Euro's Lost Promise«, in: *New York Times*, 17. März 2010; Sven Böll, Christian Reiermann, Michael Sauga und Klaus Wiegrefe: »Operation Selbstbetrug«, in: *Der Spiegel* 19/2012, 7. Mai 2012, S. 22–26.

163 Katrin Bennhold: »What History Can Explain About the Greek Crisis«, in: *New York Times*, 21. Mai 2012.

164 Jared Diamond: »What Makes Countries Rich or Poor?«, in: *New York Review of Books*, 7. Juni 2012; ders.: *Arm und Reich: Die Schicksale menschlicher Gesellschaften*

(Guns, Germs, and Steel: The Fates of Human Societies), übersetzt von Volker Englisch, Frankfurt/M. 1998, S. 91–228.

165 Ebd.

166 Ebd.

167 Benedict Anderson: *Die Erfindung der Nation: Zur Karriere eines folgenreichen Konzepts (Imagined Communities: Reflections on the Origin and Spread of Nationalism)*, übersetzt von Christoph Münz und Benedikt Burkhard, Frankfurt/M. 2005, S. 44–54.

168 Ebd.

169 Ebd.

170 Ebd.

171 »Japan Textbook Angers Chinese, Korean Press«, in: BBC News, 6. April 2005, http://news.bbc.co.uk/2/hi/asia-pacific/4416593.stm.

172 Franz Och, Google Official Blog: »Breaking Down the Language Barrier – Six Years In«, 26. April 2012, http://googleblog.blogspot.com/2012/04/breaking-down-language-barriersix-years.html.

173 Ebd.

174 Private Korrespondenz mit Franz Och, Google.

175 Matt Silverman: »China: The World's Largest Online Population«, Mashable, 10. April 2012, http://mashable.com/2012/04/10/china-largest-online-population/; David Teegham: »Chinese to Be Most Popular Language on the Internet«, in: *Discovery News*, 2. Januar 2011, http://news.discovery.com/tech/chinese-to-be-most-popular-language-on-internet.html.

176 U.S. Department of State: »Background Note: Belgium«, 22. März 2012, http://www.state.gov/r/pa/ei/bgn/2874.htm.

177 Thomas Hobbes: *Leviathan* (1651), Hamburg 1996, Erster Teil, Kapitel XIII: »Vom Naturzustand der Menschen in Bezug auf ihr Glück und Elend«, S. 102–107 (hier S. 106); Kapitel XVIII: »Von den Rechten von Souveränen durch Einsetzung«, S. 146–156 (hier S. 152).

178 »Bosnia and Hercegovina«, Lonely Planet, 2008, http:/www.lonelyplanet.com/shop_pickandmix/previews/mediterranean-europe-8-bosnia-hercegovina-preview.pdf.

179 Barney Petrovic: »Serbia Recalls an Epic Defeat«, in: *Guardian*, 29. Juni 1989.

180 Ebd.

181 »The United States Becomes a World Power«, Digital History, http://www.digitalhistory.uh.edu/disp_textbook_print.cfm?smtid=2&psid=3158; Saul David: »Slavery and the ›Scramble for Africa‹«, BBC, 17. Februar 2011, http://www.bbc.co.uk/history/british/abolition/scramble_for_africa_article_01.shtml.

182 Oberstleutnant David A. Haupt, US-Luftwaffe: »Narco-Terrorism: An Increasing Threat to U.S. National Security«, Joint Forces Staff College, Joint Advanced Warfighting School, 2009.

183 Ebd.

184 Joseph E. Stiglitz und Linda Bilmes: *Die wahren Kosten des Krieges: Wirtschaftliche und politische Folgen des Irak-Konflikts (The Three Trillion Dollar War: The True Cost of the Iraq Conflict)*, übersetzt von Thorsten Schmidt, München 2008.

185 Mansoor Moaddel und Stuart A. Karabenick: »Religious Fundamentalism among Young Muslims in Egypt and Saudi Arabia«, in: *Social Forces* 86, Nr. 4, Juni 2008.

186 Thomas Seibert: »Turkey Has a Star Role in More Than Just TV Drama«, in: *National*, 8. Februar 2012.

187 Joshua S. Goldstein: *Winning the War on War: The Decline of Armed Conflict Worldwide*, New York 2011, S. 5 f.

188 Ebd.

189 *Bulletin of the Pan-American Union* 38, Nr. 244–249, 1914, S. 79.

190 Richard Clarke: »China's Cyberassault on America«, in: *Wall Street Journal*, 15. Juni 2011.

191 John Mueller: »Think Again: Nuclear Weapons«, in: *Foreign Policy*, Nr. 177, Januar/ Februar 2010; Peter Passell: »The Flimsy Accounting in Nuclear Weapons Decisions«, in: *New York Times*, 9. Juli 1998.

192 »A Treaty on Conventional Arms«, Leitartikel, in: *New York Times*, 9. Juli 2012.

193 C. J. Chivers: »Small Arms, Big Problems«, in: *Foreign Affairs* 90, Nr. 1, Januar/Februar 2011, S. 110–121; Richard F. Grimmett, Congressional Research Service: »Conventional Arms Transfers to Developing Nations, 2003–2010«, 22. September 2011, http://fpc.state.gov/documents/organization/174196.pdf.

194 Sam Roberts: »In Archive, New Light on Evolution of Eisenhower Speech«, in: *New York Times*, 11. Dezember 2010.

195 Grimmett: »Conventional Arms Transfers to Developing Nations, 2003–2010«.

196 Polly M. Holdorf: »Limited Nuclear War in the 21st Century«, Center for Strategic and International Studies, 2010, http://csis.org/files/publication/110916_Holdorf.pdf.

197 Graham Allison: »Nuclear Disorder«, in: *Foreign Affairs* 89, Nr. 1, Januar/Februar 2010, S. 74–85.

198 William J. Broad, James Glanz und David E. Sanger: »Iran Fortifies Its Arsenal with the Aid of North Korea«, in: *New York Times*, 29. November 2010.

199 Francis Fukuyama: »The Future of History: Can Liberal Democracy Survive the Decline of the Middle Class?«, in: *Foreign Affairs* 91, Nr. 1, Januar/Februar 2012.

200 European Strategy and Policy Analysis System: *Global Trends 2030 – Citizens in an Interconnected and Polycentric World*, http://www.iss.europa.eu/uploads/media/ ESPAS_report_01.pdf.

201 Ebd.

Kapitel 4

1 Simon Kuznets: *National Income 1929–1932,* Bericht an den US-Senat, 73. Kongress, 2. Sitzungsperiode, Washington, D.C., 1934, S. 5 f., www.nber.org/chapters/c2258.pdf.

2 Homi Kharas, OECD Development Center: »The Emerging Middle Class in Developing Countries«, Januar 2010, www.oecd.org/dataoecd/54/62/44798225.pdf.

3 Ebd.

4 Jeremy Grantham: »Time to Wake Up: Days of Abundant Resources and Falling Prices Are Over Forever«, in: *GMO Quarterly Letter*, April 2011.

5 »Letter from Thomas Jefferson to George Washington, 15 March 1784«, Library of Virginia, http://www.lva.virginia.gov/lib-edu/education/psd/nation/gwtj.htm.

6 Institute for Studies in Happiness, Economy and Society, Interview mit Lester Brown, 7. November 2011, http://ishesorg/en/interview/itv02_01.html.

7 Daniel Kahneman und Angus Deaton: »High Income Improves Evaluation of Life but Not Emotional Well-Being«, in: *Proceedings of the National Academy of Sciences*, 7. September 2010, http://www.pnas.org/content/early/2010/08/27/1011492107.abstract.

8 Anthony Barnosky et al.: »Approaching a State Shift in Earth's Biosphere«, in: *Nature*, 7. Juni 2012.

9 Justin Gillis: »Are We Nearing a Planetary Boundary?«, in: *New York Times*, Green Blog, 6. Juni 2012, http://green.blogs.nytimes.com/2012/06/06/are-we-nearing-a-planetary-boundary/.

10 Ernährungs- und Landwirtschaftsorganisation der Vereinten Nationen (United Nations Food and Agriculture Organization, FAO): »FAO Initiative on Soaring Food Prices«, http://www.fao.org/isfp/en/; Annie Lowrey: »Experts Issue a Warning as Food Prices Shoot Up«, in: *New York Times*, 4. September 2012.

11 Jack Farchy und Gregory Meyer: »World Braced for New Food Crisis«, in: *Financial Times*, 19. Juli 2012; Evan Fraser und Andrew Rimas: »The Psychology of Food Riots«, in: *Foreign Affairs*, 30. Januar 2011.

12 Li Jiao: »Water Shortages Loom as Northern China's Aquifers Are Sucked Dry«, in: *Science*, 18. Juni 2010; »Groundwater Depletion Rate Accelerating Worldwide«, in: *ScienceDaily*, 23. September 2010, http://www.sciencedaily.com/releases/2010/09/100923142503.htm.

13 Lester Brown: *Plan B 3.0: So retten wir die Welt!*, Berlin 2008, S. 88; englische Orginalfassung unter http://www.earth-policy.org/images/uploads/book_files/pb3book.pdf.

14 John Vidal: »Soil Erosion Threatens to Leave Earth Hungry«, in: *Guardian*, 14. Dezember 2010.

15 Grantham: »Time to Wake Up«.

16 Ebd.

17 Ebd.

18 Ebd.

19 Ebd.; Scott Neuman: »World Starts to Worry as Chinese Economy Hiccups«, NPR News, 2. Dezember 2001, http://www.npr.org/2011/12/02/143048898/world-starts-to-worry-as-chinese-economy-hiccups; Vortrag von Robert Zoellick, Frühjahrstreffen der Weltbank 2012, http://siteresources.worldbank.org/NEWS/Resources/RBZ-SM12-for-Print-FINAL.pdf.

20 Charles Riley: »Obama Hits China with Trade Complaint«, CNN Money, 17. September 2012, http://money.cnn.com/2012/09/17/news/economy/obama-china-trade-autos/index.html.

21 Alisa Priddle: »GM's Big Plans for China Includes More Cadillac Models«, in: *USA Today*, 25. April 2012.

22 »One Billion Vehicles Now Cruise the Planet«, in: *Discovery News*, 18. August 2011, http://news.discovery.com/autos/one-billion-cars-cruise-planet-110818.html.

23 ExxonMobil: »The Outlook for Energy: A View to 2040«, 2012, http://www.exxonmobil.com/Corporate/files/news_pub_eo.pdf.

24 International Energy Agency (IEA): *World Energy Outlook 2011*, Paris 2011.

25 Vgl. hierzu zum Beispiel die Pressemitteilungen der U.S. Energy Information Administration: »EIA examines alternate scenarios for the future of U.S. energy«, 25. Juni 2012, http://www.eia.gov/pressroom/releases/press361.cfm sowie »U.S. Energy-Related Carbon Dioxide Emissions, 2011«, 14. August 2012, http://www.eia.gov/environment/emissions/carbon/.

26 Justin Lahart: »What If the Rest of World Had as Many Cars as U.S.?«, in: *Wall Street Journal*, Blog, 12. November 2011, http://blogs.wsj.com/economics/2011/11/12/number-of-the-week-what-if-rest-of-world-had-as-many-cars-as-u-s/.

27 Ronald D. White und Tiffany Hsu: »U.S. to Become World's Largest Oil Producer by 2020, Report Says«, in: *Los Angeles Times*, 13. November 2012.

28 US-Außenministerium, Office of the Historian: »OPEC Oil Embargo, 1973–1974«, 2012, http://history.state.gov/milestones/1969-1976/OPEC.

29 International Energy Agency (IEA): »Key World Energy Statistics«, 2011, http://www.iea.org/publications/freepublications/publication/key_world_energy_stats-1.pdf.

30 Kevin Jianjun Tu, Carnegie Endowment for International Peace Policy Outlook: »Understanding China's Rising Coal Imports«, Februar 2012.

31 Rebekah Kebede und Michael Taylor: »China Coal Imports to Double in 2015, India Close Behind«, Reuters, 30. Mai 2011.

32 International Energy Agency (IEA): »World Energy Outlook«, 2011.

33 Chrystia Freeland: »The Coming Oil Boom«, in: New York Times, 9. August 2012.

34 International Energy Agency (IEA): »World Energy Outlook«, 2011.

35 Grantham: »Time to Wake Up«.

36 Ebd.

37 Guy Chazan: »Total Warns Against Oil Drilling in Arctic«, in: Financial Times, 25. September 2012.

38 Jeff Rubin: »How High Oil Prices Will Permanently Cap Economic Growth«, Bloomberg View, 23. September 2012, http://www.bloomberg.com/news/2012-09-23/how-high-oil-prices-will-permanently-cap-economic-growth.html; Bryan Walsh: »There Will Be Oil – and That's the Problem«, in: Time, 29. März 2012.

39 Maria Blanco, Agronomos Etsia Upm: »Supply of and Access to Key Nutrients NPK for Fertilizers for Feeding the World in 2050«, 28. November 2011, http://eusoils.jrc. ec.europa.eu/projects/NPK/Documents/Madrid_NPK_supply_report_FINAL_ Blanco.pdf, S. 26.

40 Michael Pollan: Das Omnivoren-Dilemma: Wie sich die Industrie der Lebensmittel bemächtigte und warum Essen so kompliziert wurde (The Omnivore's Dilemma: A Natural History of Four Meals), übersetzt von Peter Kobbe, München 2011, S. 72.

41 Lester Brown: Full Planet, Empty Plates: The New Geopolitics of Food Scarcity, New York 2012, 1. Kapitel.

42 Jims Vincent Capuno: »Soil Erosion: The Country's Unseen Enemy«, Edge Davao, 11. Juli 2011, http://www.edgedavao.net/index.php?option=com_content&view=artic le&id=4801:soil-erosion-the-countrys-unseen-enemy&catid=51:on-the-cover&- Itemid=83; Lester Brown: Eco-Economy: Building an Economy for the Earth, New York 2001, 3. Kapitel, http://www.earth-policy.org/books/eco/eech3_ss5.

43 Vidal: »Soil Erosion Threatens to Leave Earth Hungry«.

44 Judith Schwartz: »Saving US Grasslands: A Bid to Turn Back the Clock on Desertification«, in: Christian Science Monitor, 24. Oktober 2011.

45 »No Easy Fix: Simply Using More of Everything to Produce More Food Will Not Work«, in: Economist, 24. Februar 2011.

46 Grantham: »Time to Wake Up«.

47 Ernährungs- und Landwirtschaftsorganisation der Vereinten Nationen (FAO): »Building on Gender, Agrobiodiversity and Local Knowledge«, 2004, ftp://ftp.fao. org/docrep/fao/007/y5609e/y5609e00.pdf.

48 Toni Johnson, Council on Foreign Relations: »Food Price Volatility and Insecurity«, 9. August 2011, http://www.cfr.org/food-security/food-price-volatility-insecurity/ p16662.

49 Kevin Trenberth: »Changes in Precipitation with Climate Change«, in: Climate Research 47, 2010, S. 123–138.

50 Wolfram Schlenker und Michael Roberts: »Nonlinear Temperature Effects Indicate Severe Damages to U.S. Crop Yields under Climate Change«, in: Proceedings of the National Academy of Sciences 106, Nr. 37, Oktober 2008, S. 15594–15598.

51 Johnson: »Food Price Volatility and Insecurity«.

52 Ebd.

53 Lester Brown: *Plan B 4.0: So retten wir unsere Welt!*, Berlin 2010; englische Original-fassung unter http://www.earth-policy.org/images/uploads/book_files/pb4book.pdf.

54 John Ishiyama et al.: »Environmental Degradation and Genocide, 1958–2007«, in: *Ethnopolitics* 11, 2012, S. 141–158.

55 Jared Diamond: *Kollaps: Warum Gesellschaften überleben oder untergehen (Collapse: How Societies Choose to Fail or Succeed)*, übersetzt von Sebastian Vogel, Frankfurt/M. 2005, S. 389.

56 »Groundwater Depletion Rate Accelerating Worldwide«, in: *ScienceDaily*, 23. September 2010, http://www.sciencedaily.com/releases/2010/09/100923142503.htm.

57 Fred Pearce: »Asian Farmers Sucking the Continent Dry«, in: *New Scientist*, August 2004.

58 Lester Brown: »This Will Be the Arab World's Next Battle«, in: *Guardian*, 22. April 2011.

59 Ebd.

60 Ebd.

61 David Laibson: »Golden Eggs and Hyperbolic Discounting«, in: *Quarterly Journal of Economics* 112, Mai 1997, S. 443–478.

62 United Nations Department of Economic and Social Affairs (DESA; Hauptabteilung Wirtschaftliche und Soziale Angelegenheiten der Vereinten Nationen): »World Population Prospects: The 2010 Revision«, 2011, http://esa.un.org/wpp/Documentation/pdf/WPP2010_Highlights.pdf.

63 United Nations Department of Economic and Social Affairs: »World Urbanization Prospects: The 2011 Revision«, März 2012, http://esa.un.org/unpd/wup/pdf/WUP2011_Highlights.pdf.

64 Ebd.; U.S. Census Bureau: »Total Midyear Population for the World: 1950–2050«, http://www.census.gov/population/international/data/worldpop/table_population. php.

65 United Nations Department of Economic and Social Affairs: »World Urbanization Prospects: The 2011 Revision«.

66 Ebd.

67 Susan Thomas: »Urbanization as a Driver of Change«, in: *Arup Journal*, 2008.

68 Sukkoo Kim: »Urbanization«, in: *The New Palgrave Dictionary of Economics*, New York 2008; Thomas: »Urbanization as a Driver of Change«.

69 United Nations Department of Economic and Social Affairs: »World Urbanization Prospects: The 2011 Revision«.

70 Ebd.

71 Ebd.

72 Ebd.

73 United Nations Population Fund (UNFPA; Bevölkerungsfonds der Vereinten Nationen): *State of World Population 2007: Unleashing the Potential of Urban Growth*, http://www.unfpa.org/swp/2007/english/introduction.html.

74 United Nations Department of Economic and Social Affairs: »World Urbanization Prospects: The 2011 Revision«.

75 Ebd.

76 Ebd.

77 Die meisten von uns haben eine Vorstellung von dem, was einen »Slum« ausmacht, aber die Größe von Slums und die Zustände in ihnen können sehr unterschiedlich sein. Gemeinsam ist ihnen, nach einer Definition der Vereinten Nationen, »das Fehlen zumindest einer der Grundbedingungen für ein annehmbares Wohnen: angemessene

Kanalisation, verbesserte Wasserversorgung, feste Unterkunft oder angemessener Wohnraum«.; UNFPA: *State of World Population 2007: Unleashing the Potential of Urban Growth.*

78 Ben Sutherland: »Slum Dwellers ›to Top 2 Billion‹«, BBC, 20. Juni 2006, http://news.bbc.co.uk/2/hi/in_depth/5099038.stm.

79 United Nations Department of Economic and Social Affairs: »World Population Monitoring: Focusing on Population Distribution, Urbanization, Internal Migration, and Development«, 2009.

80 David Satterthwaite et al.: »Urbanization and Its Implications for Food and Farming«, in: *Philosophical Transactions of the Royal Society B 365*, Nr. 1554, 2010, S. 2809–2820.

81 European Strategy and Policy Analysis System: *Global Trends 2030 – Citizens in an Interconnected and Polycentric World*, http://www.iss.europa.eu/uploads/media/ESPAS_report_01.pdf.

82 Ebd.

83 Richard Dobbs, Jaana Remes und Charles Roxburgh: »Boomtown 2025: A Special Report«, in: *Foreign Policy*, 24. März 2011.

84 David Owen: *Green Metropolis: Why Living Smaller, Living Closer, and Driving Less Are the Keys to Sustainability*, New York 2010; Qi Jingmei: »Urbanization Helps Consumption«, in: *China Daily*, 15. Dezember 2009.

85 Ernährungs- und Landwirtschaftsorganisation der Vereinten Nationen (FAO): »Livestock in the Balance«, in: *The State of Food and Agriculture 2009.*

86 »Mankind Benefits from Eating Less Meat«, PhysOrg, 6. April 2006, http://phys.org/news63547941.html.

87 Vereinte Nationen: Milleniums-Entwicklungsziele Bericht 2011, http://www.un.org/depts/german/millennium/MDG%20Report%202011_german.pdf.

88 Claudia Dreifus: »A Mathematical Challenge to Obesity«, in: *New York Times*, 14. Mai 2012.

89 Eric Finkelstein et al.: »Obesity and Severe Obesity Forecasts Through 2030«, in: *American Journal of Preventive Medicine*, Juni 2012; »Most Americans May Be Obese by 2030, Report Warns«, ABC News, 18. September 2012; »Fat and Getting Fatter: U.S. Obesity Rates to Soar by 2030«, Reuters, 18. September 2012.

90 Vereinte Nationen: Milleniums-Entwicklungsziele Bericht 2011.

91 Weltgesundheitsorganisation (WHO), Medienzentrum: »Obesity and Overweight«, Mai 2012, http://www.who.int/mediacentre/factsheets/fs311/en/index.html.

92 Ebd.

93 Ebd.

94 Centers for Disease Control and Prevention, National Diabetes Statistics, 2011, http://diabetes.niddk.nih.gov/dm/pubs/statistics/.

95 Tara Parker-Pope: »Obesity Rates Stall, but No Decline«, in: *New York Times*, Well Blog, 17. Januar 2012, http://well.blogs.nytimes.com/2012/01/17/obesity-rates-stall-but-no-decline/.

96 ProCor: »Global: Childhood Obesity Rate Higher Than 20 Years Ago«, 28. September 2010, http://www.procor.org/prevention/prevention_show.htm?doc_id=1367793.

97 Parker-Pope: »Obesity Rates Stall, but No Decline«.

98 Tara Parker-Pope: »How the Food Makers Captured Our Brains«, in: *New York Times*, 23. Juni 2009.

99 Weltgesundheitsorganisation (WHO), Medienzentrum: »Obesity and Overweight«.

100 »If You Build It, They May Not Come«, in: *Economist*, 7. Juli 2011.

101 David Bornstein: »Time to Revisit Food Deserts«, in: *New York Times*, Opinionator Blog, 25. April 2012, http://opinionator.blogs.nytimes.com/2012/04/25/time-to-revisit-food-deserts/.

102 Ebd.

103 Ebd.

104 Vivian Yee: »No Appetite for Good-for-You School Lunches«, in: *New York Times*, 5. Oktober 2012.

105 Jeannine Stein: »Wealthy Nations with a Lot of Fast Food: Destined to Be Obese?«, in: *Los Angeles Times*, 22. Dezember 2011.

106 Charles Kenny: »The Global Obesity Bomb«, in: *BloombergBusinessweek*, 4. Juni 2012.

107 Dreifus: »A Mathematical Challenge to Obesity«.

108 Eric Noe: »How Well Does Paris Sell Burgers?«, ABC News, 29. Juni 2005, http://abcnews.go.com/Business/story?id=893867&page=1#.UGMPQ140jdk.

109 Matt McGrath: »Global Weight Gain More Damaging Than Rising Numbers«, BBC, 20. Juni 2012.

110 Johannes Malkmes: *American Consumer Culture and Its Society: From F. Scott Fitzgerald's 1920s Modernism to Bret Easton Ellis' 1980s Blank Fiction*, Hamburg 2011, S. 44.

111 Jeremy Rifkin: *Das Ende der Arbeit und ihre Zukunft (The End of Work: The Decline of the Global Labor Force and the Dawn of the Post-Marjet Era)*, übersetzt von Thomas Steiner, Frankfurt/M. 1995, S. 32 f.

112 Stephen Moore und Julian L. Simon: »The Greatest Century That Ever Was: 25 Miraculous Trends of the Past 100 Years«, Cato Policy Analysis Nr. 364, Cato Institute, 15. Dezember 1999, http://www.cato.org/pubs/pas/pa364.pdf, S. 20.

113 Rifkin: *Das Ende der Arbeit und ihre Zukunft*, S. 30 – 33.

114 Daniel Pope: »Making Sense of Advertisements«, History Matters: The U.S. Survey on the Web, http://historymatters.gmu.edu/mse/ads/ads.pdf.

115 Russell Jacoby: »Freud's Visit to Clark U«, in: *Chronicle of Higher Education*, September 2009.

116 Leon Hoffman: »Freud's Adirondack Vacation«, in: *New York Times*, 29. August 2009.

117 Woodrow Wilson: Executive Order 2594 – Creating Committee on Public Information, 13. April 1917, American Presidency Project, http://www.presidency.ucsb.edu/ws/?pid=75409.

118 Institute for Studies in Happiness, Economy, and Society, Alternatives and Complements to GDP-Measured Growth as a Framing Concept for Social Progress, 2012.

119 In einem früheren Buch habe ich die Geschichte des Wortes »Propaganda« – und seine Bedeutung in den Vereinigten Staaten – erklärt. Vgl. hierzu: *Angriff auf die Vernunft (The Assault on Reason)*, übersetzt von Friedrich Pflüger, München 2007, S. 124 – 128.

120 Sam Pocker: *Retail Anarchy: A Radical Shopper's Adventures in Consumption*, Philadelphia 2009, S. 122.

121 Larry Tye: »The Father of Spin: Edward L. Bernays and the Birth of P.R.«, PR Watch, 1999, http://www.prwatch.org/prwissues/1999Q2/bernays.html.

122 Paul Mazur, zitiert nach *Century of the Self*, BBC Four, April – Mai 2002.

123 Edward Bernays: *Propaganda: Die Kunst der Public Relations (Propaganda)*, übersetzt von Klaus Kocks und Patrick Schnur, Freiburg i. Br. 2007, S. 19 (US-Originalausgabe: 1928).

124 William E. Geist: »Selling Soap to Children and Hairnets to Women«, in: *New York Times*, 27. März 1985.

125 Robert LaJeunesse: *Work Time Regulation as Sustainable Full Employment Strategy: The Social Effort Bargain*, New York 2009, S. 37 f.

126 James B. Twitchell: *Adcult USA: The Triumph of Advertising in American Culture*, New York 1996.

127 Benjamin Hunnicutt: *Work Without End: Abandoning Shorter Hours for the Right to Work*, Philadelphia 1988, S. 44.

128 »Retail Therapy«, in: *Economist*, 17. Dezember 2011.

129 Dennis W. Johnson: *Routledge Handbook of Political Management*, New York 2009, S. 314, Anm. 3; vgl. hierzu auch Edward Bernays: *Biographie einer Idee: Die Hohe Schule der PR. Lebenserinnerungen (Biography of an Idea: Memoirs of Public Relations Counsel Edward L. Bernays)*, übersetzt von Ulf Pacher, Düsseldorf 1967.

130 Walter Lippmann: *Die öffentliche Meinung (Public Opinion)*, übersetzt von Hermann Reidt, München 1964, S. 174 (US-Originalausgabe: 1922).

131 Natasha Singer: »Making Ads That Whisper to the Brain«, in: *New York Times*, 14. November 2010.

132 Louise Story: »Anywhere the Eye Can See, It's Likely to See an Ad«, in: *New York Times*, 15. Januar 2007.

133 Ebd.

134 Daniel Hoornweg und Perinaz Bhada-Tata, Weltbank: »What a Waste: A Global Review of Solid Waste Management«, März 2012.

135 Ebd.

136 Antonis Mavropoulos: »Waste Management 2030+«, http://www.waste-management-world.com.

137 Alexandra Sifferlin: »Weight of the World: Globally, Adults Are 16,5 Million Tons Overweight«, in: *Time*, 18. Juni 2012; Paul Hawken: »Resource Waste«, in: *Mother Jones*, März/April 1997; Environmental Protection Agency (EPA; US-Umweltschutzbehörde): »Municipal Solid Waste«, http://www.epa.gov/epawaste/nonhaz/municipal/index.htm.

138 Mavropoulos: »Waste Management 2030+«.

139 EPA: »Municipal Solid Waste Generation, Recycling, and Disposal in the United States: Facts and Figures for 2010«, November 2011, http://www.epa.gov/epawaste/nonhaz/municipal/pubs/msw_2010_rev_factsheet.pdf; NOAA Marine Debris Program: »De-mystifying the ›Great Pacific Garbage Patch‹«, http://marinedebris.noaa.gov/info/patch.html.

140 Ian Williams, University of Southampton: »Future of Waste: Initial Perspectives«, in: Tim Jones und Caroline Dewing (Hg.): *Future Agenda: Initial Perspectives*, Newbury 2009, S. 84–89.

141 Centers for Disease Control and Prevention, Fourth National Report on Human Exposure to Environmental Chemicals, 2009, http://www.cdc.gov/exposurereport/pdf/FourthReport.pdf.

142 Michael Hawthorne: »Testing Shows Treated Foam Offers No Safety Benefit«, in: *Chicago Tribune*, 6. Mai 2012.

143 Nicholas D. Kristof: »Are You Safe on That Sofa?«, in: *New York Times*, 19. Mai 2012.

144 Hawthorne: »Testing Shows Treated Foam Offers No Safety Benefit«.

145 Ebd.

146 Bryan Walsh: »The Perils of Plastic«, in: *Time*, 1. April 2010.

147 Ebd.

148 Diarmuid Jeffreys: *Weltkonzern und Kriegskartell: Das zerstörerische Werk der IG Far-*

ben (Hell's Cartel: IG Farben and the Making of Hitler' War Machine), übersetzt von Helmut Dierlamm und Werner Roller, München 2011, S. 108.

149 John Cameron, Paul Hunter, Paul Jagals und Katherine Pond (Hg.): *Valuing Water, Valuing Livelihoods*, Weltgesundheitsorganisation (WHO), http://whqlibdoc.who.int/publications/2011/9781843393108_eng.pdf.

150 World Water Council (Weltwasserrat): »Water and Nature«, http://www.worldwater-council.org/index.php?id=21.

151 Herman E. Daly: »Das Ende unwirtschaftlichen Wachstums«, in: Jørgen Randers: *2052: Der neue Bericht an den Club of Rome. Eine globale Prognose für die nächsten 40 Jahre*, München 2012, S. 99 – 103 (Zitat S. 102).

152 Keith Bradsher: »A Chinese City Moves to Limit Cars«, in: *New York Times*, 4. September 2012.

153 Charles Duhigg: »Clean Water Laws Are Neglected, at a Cost in Suffering«, in: *New York Times*, 13. September 2009.

154 Weltgesundheitsorganisation (WHO): »Progress on Drinking Water and Sanitation: 2012 Update«, http://www.wssinfo.org/fileadmin/user_upload/resources/JMP-report-2012-en.pdf.

155 Ebd.

156 Jane Qiu: »China to Spend Billions Cleaning Up Groundwater«, in: *Science*, November 2011, S. 745.

157 Chesapeake Energy: »Water Use in Deep Shale Gas Exploration«, 2012, http://www.chk.com/Media/Educational-Library/Fact-Sheets/Corporate/Water_Use_Fact_Sheet.pdf; Jack Healy: »Struggle for Water in Colorado with Rise in Fracking«, in: *New York Times*, 5. September 2012.

158 Chesapeake Energy: »Water Use in Deep Shale Gas Exploration«; Jack Healy: »Struggle for Water in Colorado with Rise in Fracking«.

159 International Energy Agency (IEA): *World Energy Outlook 2012*, Paris 2012.

160 Abraham Lustgarten: »Are Fracking Wastewater Wells Poisoning the Ground beneath Our Feet?«, in: *Scientific American*, 21. Juni 2012.

161 Ebd.

162 »Groundwater Depletion Rate Accelerating Worldwide«, in: *ScienceDaily*, 23. September 2010, http://www.sciencedaily.com/releases/2010/09/100923142503.htm.

163 Ebd.

164 Ebd.

165 Lester Brown: *Plan B 4.0: So retten wir unsere Welt!*, Berlin 2010, S. 50; englische Fassung unter: http://www.earth-policy.org/images/uploads/book_files/pb4book.pdf.

166 Ebd.

167 Geoffrey Lean: »Rivers: A Drying Shame«, in: *Independent*, 12. März 2006.

168 United Nations Department of Economic and Social Affairs (DESA): »World Population to Reach 10 Billion by 2100 If Fertility in All Countries Converges to Replacement Level«, 3. Mai 2011, http://esa.un.org/wpp/Other-Information/Press_Release_WPP2010.pdf.

169 Ebd.; United Nations Department of Economic and Social Affairs (DESA): »World Population Prospects: The 2010 Revision«, 2011, http://esa.un.org/unpd/wpp/Analytical-Figures/htm/fig_1.htm.

170 United Nations Department of Economic and Social Affairs (DESA): »World Population Prospects: The 2010 Revision«, 2011, http://esa.un.org/unpd/wpp/unpp/panel_population.htm.

171 Ebd.

172 David E. Bloom: »Africa's Daunting Challenges«, in: *New York Times*, 5. Mai 2011.

173 United Nations Department of Economic and Social Affairs (DESA): »World Population to Reach 10 Billion by 2100 If Fertility in All Countries Converges to Replacement Level«.

174 Malcolm Potts und Martha Campbell: »The Myth of 9 Billion«, in: *Foreign Policy*, 9. Mai 2011; Justin Gillis und Celia W. Dugger: »U.N. Forecasts 10.1 Billion People by Century's End«, in: *New York Times*, 4. Mai 2011.

175 Bonnie Kavousi: »Birth Rate Plunges, Projected to Reach Lowest Level in Decades«, in: *Huffington Post*, 26.Juli 2012.

176 T. Paul Schultz, Yale Economic Growth Center: »Fertility and Income«, Oktober 2005, www.econ.yale.edu/~pschultz/cdp925.pdf.

177 Bloom: »Africa's Daunting Challenge«.

178 Vereinte Nationen, Bericht zur Weltbevölkerungskonferenz (International Conference on Population and Development; ICPD) in Kairo, 5. bis 13. September 1994, http://www.un.org/popin/icpd/conference/offeng/poa.html.

179 Ebd.

180 Ebd.

181 Ebd.

182 Nicholas D. Kristof: »Beyond Pelvic Politics«, in: *New York Times*, 11. Februar 2012.

183 United Nations Department of Economic and Social Affairs: »World Population to Reach 10 Billion by 2100 If Fertility in All Countries Converges to Replacement Level«.

184 Ebd.

185 Bloom: »Africa's Daunting Challenges«.

186 Ebd.

187 Ebd.

188 Gillis und Dugger: »U.N. Forecasts 10.1 Billion People by Century's End«.

189 Ebd.

190 »Total Population, CBR, CDR, NIR and TFR of China (1949 – 2000)«, in: *China Daily*, 20. August 2010.

191 Potts und Campbell: »The Myth of 9 Billion«; Robert Kunzig: »Population 7 Billion«, in: *National Geographic*, Januar 2011.

192 Kunzig: »Population 7 Billion«.

193 UNESCO-Institut für Statistik: *Global Education Digest 2009: Comparing Education Statistics Across the World*, 2009, http://www.uis.unesco.org/template/pdf/ged/2009/GED_2009_EN.pdf, S. 227.

194 UNESCO-Institut für Statistik: *Global Education Digest 2011*, 2011, http://www.uis.unesco.org/Education/Pages/ged-2011.aspx.

195 Gary S. Becker, William H. J. Hubbard und Kevin M. Murphy: »The Market for College Graduates and the Worldwide Boom in Higher Education of Women«, in: *American Economic Review* 100, Nr. 2, 2010, S. 229 – 233.

196 Ebd.; Weltbank: *The Road Not Traveled: Education Reform in the Middle East and North Africa*, MENA Development Report 2008, http://siteresources.worldbank.org/INTMENA/Resources/EDU_Flagship_Full_ENG.pdf, S. 171.

197 US-Bildungsministerium, National Center for Education Statistics: »Fast Facts«, 2010, http://nces.ed.gov/fastfacts/display.asp?id=72.

198 »Saudi Women to Receive Right to Vote – in 2015«, NPR, 26. September 2011, http://www.npr.org/2011/09/26/140818249/saudi-women-get-the-vote.

199 Ricardo Hausmann, Laura D. Tyson und Saadia Zahidi: »The Global Gender Gap Index 2010«, Global Gender Gap Report 2010, 2010, http://www3.weforum.org/docs/WEF_GenderGap_Report_2010.pdf.

200 »A Guide to Womenomics«, in: *Economist*, 12. April 2006.

201 Ebd.

202 Ebd.

203 Ebd.

204 Ebd.

205 Ebd.

206 Robert R. Reich: *Nachbeben: Amerika am Wendepunkt (Aftershock: The Next Economy and Americas Future)*, übersetzt von Ute Gräber-Seißlinger und Doris Gerstner, Frankfurt/M. 2010, S. 86.

207 Ebd.

208 Tara Parker-Pope: »How the Food Makers Captured Our Brains«, in: *New York Times*, 23. Juni 2009; David Kessler: *Das Ende des großen Fressens: Wie die Nahrungsmittelindustrie Sie zu übermäßigem Essen verleitet und was Sie dagegen tun können*, München 2011.

209 Rebecca Cecil-Carb und Andrew Grogan-Kaylor: »Childhood Body Mass Index in Community Context: Neighborhood Safety, Television Viewing and Growth Trajectories of BMI«, in: *Health and Social Work* 34, März 2009, S. 169–177.

210 United Nations Division for Social Policy and Development Division, Family Unit, 2003–2004, Major Trends Affecting Families, »Introduction«, http://social.un.org/index/LinkClick.aspx?fileticket=LJsVbHQC7Ss%3d&tabid=282.

211 Carl Bialik: »Irreconcilable Claim: Facebook Causes 1 in 5 Divorces«, in: *Wall Street Journal*, 12. März 2011; Carl Bialik: »Divorcing Hype from Reality in Facebook Stats«, in: *Wall Street Journal*, Blog, 11. März 2011, http://blogs.wsj.com/numbersguy/divorcing-hype-from-reality-in-facebook-stats-1046/.

212 Pew Research Center: »The Decline of Marriage and Rise of New Families«, 18. November 2010, http://pewresearch.org/pubs/1802/decline-marriage-rise-new-families.

213 Ebd.

214 Ebd.

215 Ebd.

216 Jason DeParle und Sabrina Tavernise: »For Women Under 30, Most Births Occur Outside Marriage«, in: *New York Times*, 17. Februar 2012.

217 Ebd.

218 Ebd.

219 Hausmann, Tyson und Zahidi: »The Global Gender Gap Index 2010«.

220 Inter-Parliamentary Union (Interparlamentarische Union, IPU): »Women in National Parliaments«, 30. April 2011, http://www.ipu.org/wmn-e/world.htm.

221 Catherie Rampell: »A Female Parliamentary Majority in Just One Country: Rwanda«, in: *New York Times*, Economix Blog, 9. März 2010, http://economix.blogs.nytimes.com/2010/03/09/women-underrepresented-in-parliaments-around-the-world/; Inter-Parliamentary Union: »Women in National Parliaments«.

222 »A Guide to Womenomics«, in: *Economist*, 12. April 2006.

223 Steven Philip Kramer: »Baby Gap: How to Boost Birthrates and Avoid Demographic Decline«, in: *Foreign Affairs*, Mai/Juni 2012.

224 Terence P. Jeffrey: »CDC: U.S. Birth Rate Hits All-Time Low; 40.7% of Babies Born

to Unmarried Women«, CNS News, 31. Oktober 2012, http://cnsnews.com/news/article/cdc-us-birth-rate-hits-all-time-low-407-babies-born-unmarried-women.

225 Bryan Walsh: »Japan: Still Shrinking«, in: *Time*, 28. August 2006.

226 Kramer: »Baby Gap«.

227 Ebd.

228 Ebd.

229 Simon Rogers: »Healthcare Spending Around the World, Country by Country«, in: *Guardian*, 30. Juni 2012; Harvey Morris: »U.S. Healthcare Costs More Than ›Socialized‹ European Medicine«, in: *International Herald Tribune*, 28. Juni 2012.

230 Joseph Brownstein: »Most Babies Born Today May Live Past 100«, ABC News, 1. Oktober 2009, http://abcnews.go.com/Health/WellnessNews/half-todays-babies-expected-live-past-100/story?id=8724273.

231 Ebd.

232 Nicholas Wade: »Genetic Data and Fossil Evidence Tell Differing Tales of Human Origins«, in: *New York Times*, 27. Juli 2012; Sonia Arrison: »Average Life Expectancy Through History«, in: *Wall Street Journal*, 27. August 2011.

233 Arrison: »Average Life Expectancy Through History«.

234 United Nations Department of Economic and Social Affairs: *World Population Prospects: The 2010 Revision*; Arrison: »Average Life Expectancy Through History«.

235 Ted C. Fishman: »As Populations Age, a Chance for Younger Nations«, in: *New York Times Magazine*, 17. Oktober 2010.

236 Ebd.; Joseph Chamie, ehemaliger Direktor der United Nations Populations Division (Bevölkerungs-Abteilung der Vereinten Nationen): »The Battle of the Billionaires: China vs. India«, in: *Globalist*, 4. Oktober 2010.

237 Chamie: »The Battle of the Billionaires: China vs. India«.

238 Sam Jones und Ben McLannahan: »Hedge Funds Say Shorting Japan Will Work«, in: *Financial Times*, 29. November 2012.

239 Ebd.

240 Alan Greenblatt: »In Arab Conflicts, the Young Are the Restless«, NPR, 8. Februar 2012, http://www.npr.org/2011/02/09/133567583/in-arab-conflicts-the-young-are-the-restless.

241 Jack Goldstone: »Population and Security: How Demographic Change Can Lead to Violent Conflict«, in: *Journal of International Affairs* 56, 2002.

242 Kenneth Weiss: »Runaway Population Growth Often Fuels Youth-Driven Uprisings«, in: *Los Angeles Times*, 22. Juli 2012.

243 Greenblatt: »In Arab Conflicts, the Young Are the Restless«.

244 »The Hazards of Youth«, in: *WorldWatch*, Oktober 2004.

245 Joseph Chamie: »A ›Youth Bulge‹ feeds Arab Discontent«, in: *Daily Star*, 15. April 2011; Ashley Fantz: »Tunisian on Life One Year Later: No Fear«, CNN, 16. Dezember 2011, http://www.cnn.com/2011/12/16/world/meast/tunisia-immolation-anniversary/index.html.

246 Madawi Al-Rasheed: »Yes, It Could Happen Here: Why Saudi Arabia Is Ripe for Revolution«, in: *Foreign Policy*, 28. Februar 2011.

247 Fishman: »As Populations Age, a Chance for Younger Nations«.

248 Ebd.

249 United Nations Department of Economic and Social Affairs: »Trends in International Migrant Stock: Migrants by Age and Sex«, http://esa.un.org/MigAge/index.asp?panel =8; United Nations Department of Social and Economic Affairs: »Trends in Interna-

tional Migrant Stock: The 2008 Revision«, Juli 2009, http://www.un.org/esa/popula-tion/migration/UN_MigStock_2008.pdf.

250 Ebd.

251 Fiona Harvey: »Climate Change Could Trap Hundreds of Millions in Disaster Areas, Report Claims«, in: *Guardian*, 20. Oktober 2011.

252 Bericht des Generalsekretärs, Generalversammlung der Vereinten Nationen: »International Migration and Development«, 18. Mai 2006.

253 Ebd.

254 Anne-Sophie Labadie: »Greek Far-Right Rise Cows Battered Immigrants«, in: *Daily Star*, 25. Mai 2012.

255 Atryom Liss: »Neo-Nazi Skinheads Jailed in Russia for Racist Killings«, BBC, 25. Februar 2010, http://news.bbc.co.uk/2/hi/europe/8537861.stm; Mansur Mirovalev: »Russia: Far-Right Nationalists and Neo-Nazis March in Moscow«, Associated Press, 4. November 2011.

256 Bericht des Generalsekretärs, Generalversammlung der Vereinten Nationen: »International Migration and Development«.

257 United Nations Department of Social and Economic Affairs: »Trends in International Migrant Stock: The 2008 Revision«.

258 Kurt M. Campbell et al.: »The Age of Consequences: The Foreign Policy and National Security Implications of Global Climate Change«, Center for Strategic & International Studies/Center for a New American Security, Washington, D.C., November 2007, http://www.climateactionproject.com/docs/071105_ageofconsequences.pdf.

259 Ebd.

260 Ebd.

261 Ebd.

262 Global Migration Group: »International Migration and Human Rights: Challenges and Opportunities on the Threshold of the 60th Anniversary of the Universal Declaration of Human Rights«, Oktober 2008, http://www.unhcr.org/cgi-bin/texis/vtx/home/opendocPDFViewer.html?docid=49e479cf0&query=migration.

263 Conor Dougherty und Miriam Jordan: »Minority Births Are New Majority«, in: *Wall Street Journal*, 17. Mai 2012.

264 Colleen Curry: »Hate Groups Grow as Racial Tipping Point Changes Demographics«, ABC News, 18. Mai 2012, http://abcnews.go.com/US/militias-hate-groups-grow-response-minority-population-boom/story?id=16370136#.T7Zy1O2I3dl.

265 Sabrina Tavernise: »Whites Account for Under Half of Births in U.S.«, in: *New York Times*, 17. Mai 2012.

266 William H. Frey: »America's Diverse Future: Initial Glimpses at the U.S. Child Population from the 2010 Census«, Brookings Institution, 6. April 2011, http://www.brookings.edu/papers/2011/0406_census_diversity_frey.aspx.

267 William H. Frey: »Melting Pot Cities and Suburbs: Racial and Ethnic Change in Metro America in the 2000s«, Brookings Institution, 4. Mai 2011, http://www.brookings.edu/papers/2011/0504_census_ethnicity_frey.aspx.

268 Dennis Cauchon und Paul Overberg: »Census Data Shows Minorities Now a Majority of U.S. Births«, in: *USA Today*, 17. Mai 2012.

269 Brian Levin: »U.S. Hate and Extremist Groups Hit Record Levels, New Report Says«, in: *Huffington Post*, 8. März 2012, http://www.huffingtonpost.com/brian-levin-jd/hate-groups-splc_b_1331318.html.

270 Ebd.

271 Curry: »Hate Groups Grow as Racial Tipping Point Changes Demographics«.

272 Jeffrey Passel, D'Vera Cohn und Ana Gonzalez-Barrera, Pew Research Center: »Net Migration from Mexico Falls to Zero – and Perhaps Less«, 3. Mai 2012, http://www. pewhispanic.org/2012/04/23/net-migration-from-mexico-falls-to-zero-and-perhaps-less/.

273 »Asians Overtake Hispanics as Largest US Immigration Group«, in: *Telegraph*, 20. Juni 2009.

274 William H. Frey: »A Demographic Tipping Point Among America's Three-Year-Olds«, Brookings Institution, 7. Februar 2011, http://www.brookings.edu/research/opinions/2011/02/07-population-frey.

275 »Arab Majority in ›Historic Palestine‹ After 2014: Survey«, Agence France-Presse, 30. Dezember 2010.

276 Bericht des Generalsekretärs der Vereinten Nationen: »International Migration and Development«.

277 Tavernise: »Whites Account for Under Half of Births in U.S.«.

278 Bericht des Generalsekretärs der Vereinten Nationen: »International Migration and Development«.

279 Dipil Ratha, Weltbank: »Outlook for Migration and Remittances 2012–14«, 9. Februar 2012.

280 Overseas Development Institute: »Internal Migration, Poverty and Development in Asia, October 2006«, http://www.odi.org.uk/resources/download/29.pdf.

281 Ebd.

282 Ebd.

283 United Nations Refugee Agency (UNHCR, UN-Flüchtlingshilfswerk), »UNHCR: Global Trends«, 2010.

284 »UN Report Predicts Increase in World's Displaced«, Associated Press, 1. Juni 2012.

285 Vereinte Nationen, Milleniums-Entwicklungsziele Bericht 2011.

286 UN-Hochkommissar für Flüchtlinge (UNHCR): »2009 Global Trends: Refugees, Asylum-Seekers, Returnees, Internally Displaced and Stateless Persons«, 15. Juni 2010, http://www.unhcr.org/refworld/docid/4caee6552.html.

287 Antoine Pécoud und Paul de Guchteneire, UNESCO: »International Migration, Border Controls and Human Rights: Assessing the Relevance of a Right to Mobility«, in: *Journal of Borderlands Studies* 21, Nr. 1, Frühjahr 2006.

288 UNHCR: »2009 Global Trends«.

289 Ebd.

290 UNHCR: »Global Trends 2010«, http://www.unhcr.org/4dfa11499.pdf.

291 Ebd.

292 »The Impacts of Refugees on Neighboring Countries: A Development Challenge«, World Development Report 2011 Background Note, 29. Juli 2010, http://wdronline. worldbank.org/worldbank/a/nonwdrdetail/199.

293 UNHCR: »Global Trends 2010«.

294 Ebd.; Campbell et al.: »The Age of Consequences«.

295 Peter Walker und Matthew Taylor: »Far Right on Rise in Europe, Says Report«, in: *Guardian*, 6. November 2011.

296 Associated Press: »UN Report Predicts Increase in World's Displaced«.

297 Sharon Udasin: »Defending Israel's Borders from ›Climate Refugees‹«, in: *Jerusalem Post*, 15. Mai 2012.

298 Ebd.

299 Ebd.

300 Ebd.

301 Ebd.

302 Ebd.

303 Ebd.

304 Campbell et al.: »The Age of Consequences«.

305 »Canaries Migrant Surge Tops 1,400«, BBC, 4. September 2006, http://news.bbc. co.uk/2/hi/europe/5310412.stm.

306 »Sea Levels May Rise by as Much as One Meter before the End of the Century«, in: ScienceDaily, 10. Juni 2012.

307 Hugo Ahlenius: »Population, Area and Economy Affected by 1m Sea Level Rise«, UNEP/GRID-Arendal, 2007, http://www.grida.no/graphicslib/detail/population-area-and-economy-affected-by-a-1-m-sea-level-rise-global-and-regional-estimates-based-on-todays-situation_d4fe.

308 WorldWatch Institute: »World Population, Agriculture, and Malnutrition«, 2011.

309 Pete Miller und Laura Westra: Just Ecological Integrity: The Ethics of Maintaining a Planetary Life, Lanham 2002, S. 124.

310 Jims Vincent Capuno: »Soil Erosion: The Country's Unseen Enemy«, Edge Davao, 11. Juli 2011, http://www.edgedavao.net/index.php?option=com_content&view=article&id=4801:soil-erosion-the-countrys-unseen-enemy&catid=51:on-the-cover&Itemid=83.

311 Tom Paulson: »The Lowdown on Topsoil: It's Disappearing«, in: Seattle Post-Intelligencer, 21. Januar 2008.

312 Lester Brown: »Civilization's Founding Eroding«, 28. September 2010, http://www. earth-policy.org/book_bytes/2010/pb4ch02_ss2; ders.: Plan B 4.0: So retten wir unsere Welt, S. 45.

313 »Groundwater Depletion Rate Accelerating Worldwide«, in: ScienceDaily, 23. September 2010, http://www.sciencedaily.com/releases/2010/09/100923142503.htm.

314 »No Easy Fix: Simply Using More of Everything to Produce More Food Will Not Work«, in: Economist, 24. Februar 2011.

315 Herman E. Daly: »Das Ende unwirtschaftlichen Wachstums«, in: Jørgen Randers: 2052: Der neue Bericht an den Club of Rome. Eine globale Prognose für die nächsten 40 Jahre, München 2012, S. 99–103 (Zitat S. 102).

316 R. H. Parker und G. C. Harcourt: Readings in the Concept and Measurement of Income, Cambridge 1969, S. 81.

317 Kevin Holmes: The Concept of Income: A Multi-disciplinary Analysis, Amsterdam 2001, S. 109.

318 Janez Potočnik: »Our Natural Capital is Endangered«, Pressemitteilung der Europäischen Union, 20. Juni 2012.

319 Simon Kuznets: National Income 1929–1932, Bericht an den US-Senat, 73. Kongress, 2. Sitzungsperiode, Washington, D.C., 1934, http://www.nber.org/chapters/c2258.pdf.

320 Ebd.

321 Li Jiao: »Water Shortages Loom as Northern China's Aquifers Are Sucked Dry«, in: Science, Juni 2010.

322 Brown: Plan B 4.0, S. 51.

323 »Dams Control Most of the World's Large Rivers«, Environmental News Service, April 2005, http://www.ens-newswire.com/ens/apr2005/2005-04-15-04.asp.

324 U.S. Bureau of Reclamation: »What Is the Biggest Dam in the World?«, Juni 2012, http://www.usbr.gov/lc/hooverdam/History/essays/biggest.html.

325 »No Easy Fix«, in: Economist, 24. Februar 2011.

326 Ebd.; UNICEF: »Water, Sanitation and Hygiene: Introduction«, März 2012; Weltgesundheitsorganisation (WHO): »Progress on Drinking Water and Sanitation: 2012 Update«, 2012, http://whqlibdoc.who.int/publications/2012/9789280646320_eng_full_text.pdf.

327 Jack Eggleston, U.S. Geological Survey: »Million Year Old Groundwater in Maryland Water Supply«, Juni 2012, http://www.usgs.gov/newsroom/article.asp?ID=3246#.UG-S3kRh9lbo.

328 Ebd.

329 Li Jiao: »Water Shortages Loom as Northern China's Aquifers Are Sucked Dry«.

330 »Groundwater Depletion Rate Accelerating Worldwide«, in: *ScienceDaily*, 23. September 2010.

331 Ebd.

332 Jiao: »Water Shortages Loom as Northern China's Aquifers Are Sucked Dry«.

333 Edward Wong: »Plan for China's Water Crisis Spurs Concern«, in: *New York Times*, 1. Juni 2011.

334 Umweltprogramm der Vereinten Nationen (UNEP): »Water Withdrawal and Consumption: The Big Gap«, 2008, http://www.unep.org/dewa/vitalwater/article42.html.

335 Ebd; Matthew Power: »Peak Water: Aquifers and Rivers Are Running Dry. How Three Regions Are Coping«, in: *Wired*, 21. April 2008.

336 Ebd.

337 Paul Quinlan: »US-Mexico Pact Hailed as Key Step Towards Solving Southwest Water Supply Woes«, in: *New York Times*, 22. Dezember 2010.

338 Drover's Cattle: »More Than 150,000 Breeding Cattle Leave Texas in 2011 Drought«, Februar 2012, http://www.cattlenetwork.com/e-newsletters/drovers-daily/More-than-150000-breeding-cattle-leave-Texas-in-2011-drought-138513934.html.

339 »Dry Lake Mead? 50 – 50 Chance by 2021 Seen«, MSNBC, Februar 2008, http://www.msnbc.msn.com/id/23130256/ns/us_news-environment/t/dry-lake-mead-chance-seen/#.UGSvsBh9lbo.

340 Brown: *Plan B 4.0*, S. 51.

341 Charles Duhigg: »Saving US Water Systems Could Be Costly«, in: *New York Times*, 14. März 2010.

342 Ebd.

343 Power: »Peak Water«.

344 T. Marc Schober: »Irrigation: Yield Enhancer or Farmland Destroyer?«, Seeking Alpha, 11. Juli 2011, http://seekingalpha.com/instablog/362794-t-marc-schober/194359-irrigation-yield-enhancer-or-farmland-destroyer; »No Easy Fix«, in: *Economist*, 24. Februar 2011; Weltgesundheitsorganisation (WHO): »Progress on Drinking Water and Sanitation: 2012 Update«.

345 Sandra Postel: »Drip Irrigation Expanding Worldwide«, in: *National Geographic*, 25. Juni 2012.

346 World Wildlife Fund (WWF): »Farming: Wasteful Water Use«, 2005, http://wwf.panda.org/what_we_do/footprint/agriculture/impacts/water_use/.

347 Nancy Farghalli: »Recycling ›Grey Water‹ Cheaply‹«, NPR News, Juni 2009, http://www.npr.org/templates/story/story.php?storyId=105089381.

348 Kate Galbraith: »Taking the Ick Factor out of Recycled Water«, in: *New York Times*, 25. Juli 2012.

349 Ebd.

350 Peter Gleick und Matthew Herberger: »Devastating Drought Seems Inevitable in American West«, in: *Scientific American*, Januar 2012.

351 Susan Lang: »›Slow Insidious‹ Soil Erosion Threatens Human Health and Welfare as Well as the Environment, Cornell Study Asserts«, in: *Cornell Chronicle*, März 2006.

352 Persönliches Gespräch mit Rattan Lal.

353 David R. Huggins und John P. Reganold: »No-Till: The Quiet Revolution«, in: *Scientific American*, Juli 2008, S. 70 – 77.

354 Michael Pollan: *Das Omnivoren-Dilemma*, S. 66.

355 Ebd., S. 101 f.

356 Mark Bittman: »A Simple Fix for Farming«, in: *New York Times*, 19. Oktober 2012.

357 U.S. Government Accountability Office (Rechnungshof der Vereinigten Staaten): »Domestic Nitrogen Fertilizer Depends on Natural Gas Availability and Prices«, 2003, S. 1, http://www.gao.gov/products/GAO-03-1148.

358 Jeremy Grantham: »Time to Wake Up: Days of Abundant Resources and Falling Prices Are Over Forever«, in: *GMO Quarterly Letter*, April 2011.

359 Robert Diaz und Rutger Rosenberg: »Spreading Dead Zones and Consequences for Marine Ecosystems«, in: *Science*, 15. April 2008.

360 »No Easy Fix«, in: *Economist*, 24. Februar 2011.

361 »Nitrogen Pollution an Increasing Problem Globally«, PRI's The World, 27. Januar 2009, http://www.pri.org/stories/science/environment/nitrogen-pollution-an-increasing-problem-globally-8166.html.

362 David Vaccari: »Phosphorus: A Looming Crisis«, in: *Scientific American*, Juni 2009.

363 Ebd.; James Elser und Stuart White: »Peak Phosphorus«, in: *Foreign Policy*, 20. April 2010.

364 Ebd.

365 Ebd.

366 Ebd.

367 Mara Grunbaum: »Gee Whiz: Human Urine Is Shown to Be an Effective Agricultural Fertilizer«, in: *Scientific American*, 23. Juli 2010.

368 Rifat Hayat et al.: »Soil Beneficial Bacteria and Their Role in Plant Growth Promotion: A Review«, in: *Annals of Microbiology* 60, Nr. 4, Dezember 2010, S. 579 – 598; Tim J. LaSalle: *Regenerative Organic Farming: A Solution to Global Warming*, Rodale Institute, 30. Juli 2008, S. 2 f., http://www.rodaleinstitute.org/files/Rodale_Research_Paper-07_30_08.pdf.

369 J. Paul Mueller, Denise Finney und Paul Hepperly: »The Field System«, in: *The Sciences and Art of Adaptive Management: Innovating for Sustainable Agriculture and Natural Resource Management*, hg. von Keith M. Moore, Ankeny 2009.

370 Huggins und Reganold: »No-Till: The Quiet Revolution«.

371 David Laird und Jeffrey Novak: »Biochar and Soil Quality«, in: *Encyclopedia of Soil Science*, 2. Auflage, New York 2011, S. 1 – 4.

372 National WWII Museum: »Victory Gardens at a Glance«, 2009, http://www.nationalww2museum.org/learn/education/for-students/ww2-history/at-a-glance/victory-gardens.html.

373 David Pimentel et al.: »Impact of a Growing Population on Natural Resources: The Challenge for Environmental Management«, in: *Frontiers* 3, 1997.

374 Lang: »›Slow Insidious‹ Soil Erosion«.

375 Lester Brown: *World on the Edge*, New York 2011, http://www.earthpolicy.org/books/wote/wotech3.

376 NASA: »A Shrinking Sea, Aral Sea«, 23. Juli 2012, http://www.nasa.gov/mission_pages/landsat/news/40th-top10-aralsea.html.

377　Andrew Glass: »FDR Signs Soil Conservation Act, 27. April 1935«, in: *Politico*, http://www.politico.com/news/stories/0410/36362.html.

378　Alister Doyle: »World Urged to Stop Net Desertification by 2030«, Reuters, 14. Juni 2011.

379　Ebd.

380　»Historic Dust Storm Sweeps Across Arizona, Turns Day into Night«, Reuters, 6. Juli 2011.

381　»7 Haboobs Have Hit Arizona Since July«, KVOA, 28. September 2011, http://www.kvoa.com/news/7-haboobs-have-hit-arizona-since-july/.

382　Joe Romm: »Desertification: The Next Dust Bowl«, in: *Nature*, Oktober 2011.

383　Lester Brown: »The Great Food Crisis of 2011«, in: *Foreign Policy*, 10. Januar 2011.

384　Gaia Vince: »Dust Storms on the Rise Globally«, in: *New Scientist*, August 2004.

385　»Desertification Affects 70 Percent of Economic Activity in Africa«, in: *Pana Press*, 24. Oktober 2011.

386　Rattan Lal: Interview mit dem Autor, 2. Juli 2009; ders.: »Global Potential of Soil Carbon Sequestration to Mitigate the Greenhouse Effect«, in: *Critical Reviews in Plant Sciences* 22, Nr. 2, 2003, S. 151–184.

387　Brown: *Plan B 4.0*, S. 56.

388　Ebd.

389　Damien Currington: »Desertification Is the Greatest Threat to the Planet, Experts Warn«, in: *Guardian*, 15. Dezember 2010.

390　Ebd.

391　Ebd.

392　Ebd.

393　Ebd.

394　Ebd.

395　Ebd.

396　Ebd.

397　David Lapola et al.: »Indirect Land-Use Changes Can Overcome Carbon Savings from Biofuels in Brazil«, in: *Proceedings of the National Academy of Sciences*, Januar 2010.

398　Simon Lewis et al.: »The 2010 Amazon Drought«, in: *Science*, Februar 2011.

399　Brown: *Plan B 4.0*, S. 48.

400　Currington: »Desertification Is the Greatest Threat to the Planet, Experts Warn«.

401　Ebd.

402　Metwali Salem: »UN Report: Egypt Sustains Severe Land Loss to Desertification and Development«, in: *Egypt Independent*, 17. Juni 2011.

403　»Seawater Intrusion Is the First Cause of Contamination of Coastal Aquifers«, in: *ScienceDaily*, 31. Juli 2007, http://www.sciencedaily.com/releases/2007/07/07072709 1903.htm.

404　K. Wium Olesen et al.: »Mega Deltas and the Climate Change Challenges«, 11. Internationales Symposium zur Flusssedimentation, 6.–9. September 2010, http://www.irtces.org/zt/11isrs/paper/Kim_Wium_Olesen.pdf.

405　Entwicklungsprogramm der Vereinten Nationen: »Adaption to Climate Change in the Nile Delta Through Integrated Coastal Zone Management«, 2009, S. 9, http://nile-delta-adapt.org/index.php?view=DownLoadAct&id=6.

406　Brown: *Plan B 4.0*, S. 58.

407　Brown: »This Will Be the Arab World's Next Battle«.

408　Bhalla: »Thirsty South Asia's River Rifts Threaten ›Water Wars‹«, in: *Alertnet*, 23. Juli 2012, http://www.trust.org/alertnet/news/thirsty-south-asias-river-rifts-threatenwater-wars/; »Southeast Asia Drought Triggers Debate Over Region's Water Resources«, VOA News, 24. März 2010, http://www.voanews.com/content/southeast-asia-drought-triggers-debate-over-regions-water-resources-89114447/114686.html.

409 Felicia Fonseca: »Arizona High Court Settles Water Rights Query«, Associated Press, 12. September 2012; »Colorado Court Ruling Limits Water Transfer Rights«, American Water Intelligence, Juli 2011, http://www.americanwaterintel.com/archive/2/7/opinion/colorado-court-ruling-limits-water-transfers-rights.html; »Pivotal Water Rights Case on Wastewater Rights«, American Water Intelligence, Juni 2011, http://www.americanwaterintel.com/archive/2/6/analysis/pivotal-water-rights-case-wastewater-rights.html; »Navajo Lawmakers Approve Water Rights Settlement«, Associated Press, 5. November 2010; Jim Carlton: »Wet Winter Can't Slake West's Thirst«, in: Wall Street Journal, 31. März 2011.

410 Kremena Krumova: »Land Grabs in Africa Threaten Greater Poverty«, in: Epoch Times, 21. September 2011.

411 Anil Ananthaswamy: »African Land Grabs Could Lead to Future Water Conflicts«, in: New Scientist, 26. Mai 2011.

412 John Vidal: »How Food and Water Are Driving a 21st-Century African Land Grab«, in: Guardian, 6. März 2010.

413 Lorenzo Cotula: »Analysis: Land Grab or Development Opportunity?«, BBC News, 21. Februar 2012.

414 Anjala Nayar: »African Land Grabs Hinder Sustainable Development«, in: Nature, 1. Februar 2012.

415 Cotula: »Analysis: Land Grab or Development Opportunity?«.

416 Nayar: »African Land Grabs Hinder Sustainable Development«.

417 Vidal: »How Food and Water Are Driving a 21st-Century African Land Grab«.

418 Krumova: »Land Grabs in Africa Threaten Greater Poverty«.

419 Vidal: »How Food and Water Are Driving a 21st-Century African Land Grab«.

420 Ebd.

421 W. Anseeuw et al.: »Transnational Land Deals for Agriculture in the Global South. Analytical Report Based on the Land Matrix Database«, CDE/CIRAD/GIGA, 2012.

422 Ebd.

423 International Land Coalition: »Land Rights and the Rush for Land Report«, 2011.

424 »Saudi Arabia Launches Tender to Buy 550,000 Tons of Wheat«, in: Saudi Gazette, 30. August 2012.

425 Brown: »This Will Be the Arab World's Next Battle«.

426 Reem Shamseddine und Barbara Lewis: »Saudi Arabia's Water Needs Eating into Oil Wealth«, Reuters, 9. September 2011; Brown: Plan B 4.0, S. 48 f.

427 Shamseddine und Lewis: »Saudi Arabia's Water Needs Eating into Oil Wealth«.

428 Howard Perlman, U.S. Geological Survey: »Where Is Earth's Water Located?«, 7. September 2012, http://ga.water.usgs.gov/edu/earthwherewater.html.

429 Caline Malek: »Solar Desalination ›the Only Way‹ for Gulf to Sustainably Produce Water«, in: National, 24. April 2012, http://www.thenational.ae/news/uae-news/solar-desalination-the-only-way-for-gulf-to-sustainably-produce-water.

430 John Vidal: »What Does the Arab World Do When Its Water Runs Out?«, in: Guardian, 19. Februar 2011.

431 Erika Lee: »Saudi Arabia and Desalination«, in: Harvard International Review, 23. Dezember 2010, http://hir.harvard.edu/pressing-change/saudi-arabia-and-desalination-0.

432　Bob Yirka: »Simulation Shows It's Possible to Tow an Iceberg to Drought Areas«, PhysOrg, 9. August 2011, http://phys.org/news/2011-08-simulation-iceberg-drought-areas.html.

433　Ebd.

434　»Does It Really Stack Up?«, in: *Economist*, 9. Dezember 2010, http://www.economist.com/node/17647627.

435　Ernährungs- und Landwirtschaftsorganisation der Vereinten Nationen (FAO): »The State of Fisheries and Aquaculture«, 2012, S. 5, http://www.fao.org/docrep/016/i2727e/i2727e00.htm.

436　Bryan Walsh: »The End of the Line«, in: *Time*, 7. Juli 2011.

437　Ebd.

438　Ransom Myers und Boris Worm: »Rapid Worldwide Depletion of Predatory Fish Communities«, in: *Nature*, 15. Mai 2003.

439　Brad Plumer: »The End of Fish, in One Chart«, in: *Washington Post*, 20. Mai 2012.

440　Convention on Biological Diversity (Biodiversitäts-Konvention): »Global Biodiversity Outlook 3: Biodiversity in 2010, Marine and coastal ecosystems«, 2010, http://www.cbd.int/gbo3/?pub=6667&section=6709.

441　Suzanne Goldberg: »Bush Designates Ocean Conservation Areas in Final Week as President«, in: *Guardian*, 5. Januar 2009.

442　OECD-FAO: »Agricultural Outlook 2011 – 2020«.

443　Laurel Adams, Center for Public Integrity: »FDA Screening of Fish Imports Not Catching Antibiotics and Drug Residue«, 18. Mai 2011, http://www.publicintegrity.org/environment/natural-resources?page=3; George Mateljan: »Is There Any Nutritional Difference Between Wild-Caught and Farm-Raised Fish? Is One Type Better for Me Than the Other?«, World's Healthiest Foods, http://www.whfoods.com/genpage.php?tname=george&dbid=96.

444　U.S. Department of Agriculture (US-Landwirtschaftsministerium): »Trout-Grain Project«, 2012.

445　NOAA Fisheries Service – National Marine Fisheries Service: »Feeds for Aquaculture«, 2012.

446　Elizabeth Weise: »More of World's Crops Are Genetically Engineered«, in: *USA Today*, 22. Februar 2011.

Kapitel 5

1　Richard Gray: »Genetically Modified Cows Produce ›Human‹ Milk«, in: *Telegraph*, 2. April 2011.

2　Adam Rutherford: »Synthetic Biology and the Rise of the ›Spider-Goats‹«, in: *Guardian*, 14. Januar 2012.

3　Daniel H. Wilson: »Bionic Brains and Beyond«, in: *Wall Street Journal*, 1. Juni 2012.

4　Keith Kleiner: »Designer Babies – Like It or Not, Here They Come«, Singularity Hub, 25. Februar 2009, http://singularityhub.com/2009/02/25/designer-babies-like-it-or-not-here-they-come/.

5　H. S. Newquist: *Here There Be Monsters: The Legendary Kraken and the Giant Squid*, New York 2010.

6　1. Buch Mose 3,16 – 19.

7　Thomas Chen und Peter Chen: »The Myth of Prometheus and the Liver«, in: *Journal of the Royal Society of Medicine* 87, Dezember 1994, S. 754.

8 Wake Forest Baptist Medical Center, 10-30-10: »Researchers Engineer Miniature Human Livers in the Lab«, 30. Oktober 2010, http://www.wakehealth.edu/News-Releases/2010/Researchers_Engineer_Miniature_Human_Livers_in_the_Lab.htm.

9 »Personalized Medicine«, in: *USA Today*, 20. Januar 2011.

10 »Do Not Ask or Do Not Answer?«, in: *Economist*, 23. August 2007.

11 Farhad Manjoo: »Why the Highest-Paid Doctors Are the Most Vulnerable to Automation«, *Slate*, 27. September 2011, http://www.slate.com/articles/technology/ robot_invasion/2011/09/will_robots_steal_your_job_3.html.

12 Eric Topol: *The Creative Destruction of Medicine: How the Digital Revolution Will Create Better Health Care*, New York 2012, S. 243.

13 David H. Freeman: »The Perfected Self«, in: *Atlantic*, Juni 2012; Mark Bowden: »The Measured Man«, in: *Atlantic*, Juli/August 2012.

14 Topol: *The Creative Destruction of Medicine*, S. 59–76.

15 Janelle Nanos: »Are Smartphones Changing What It Means to Be Human?«, *Boston*, 28. Februar 2012.

16 Freeman: »The Perfected Self«.

17 John Havens: »How Big Data Can Make Us Happier and Healthier«, in: *Mashable*, 8. Oktober 2012, http://mashable.com/2012/10/08/the-power-of-quantified-self/.

18 Matthew Hougan und Bruce Altevogt: *From Molecules to Minds: Challenges for the 21st Century*, Board on Health Sciences Policy, Institute of Medicine, 2008.

19 Associated Press: »Man with Bionic Leg Climbs Chicago Skyscraper«, 5. November 2012.

20 Meghan Rosen: »Beginnings of Bionic«, in: *Science News* 182, Nr. 10, 17. November 2012, S. 18.

21 Olaf Sporns, Professor für computergestützte kognitive Neurowissenschaften an der Indiana University im gleichnamigen Bundesstaat, war der Erste, der den Begriff »Connectome«, wie er im Englischen heißt, verwendete. Die US-National Institutes of Health haben inzwischen ein »Human Connectome Project« ins Leben gerufen. Ian Sample: »Quest for the Connectome: Scientists Investigate Ways of Mapping the Brain«, *Guardian*, 7. Mai 2012.

22 Hougan und Altevogt: *From Molecules to Minds*.

23 »Brain Researchers Start Mapping the Human ›Connectome‹«, in: *ScienceDaily*, 2. Juli 2012, http://www.sciencedaily.com/releases/2012/07/120702152652.htm.

24 Sample: »Quest for the Connectome«.

25 Eric Steinhart: »Teilhard de Chardin and Transhumanism«, in: *Journal of Evolution and Technology* 20, Nr. 1, Dezember 2008, S. 1–22.

26 Wilson: »Bionic Brains and Beyond«.

27 Ebd.

28 Johns Hopkins Medicine, Cochlear Implant Information, http://www.hopkinsmedicine.org/otolaryngology/specialty_areas/listencenter/cochlear_info.html#activation.

29 Kleiner: »Designer Babies«; Mark Henderson: »Demand for ›Designer Babies‹ to Grow Dramatically«, in: *Times*, 7. Januar 2010.

30 Ein gutes Beispiel ist die »Test Prep Industry« in den USA, die Schüler auf die weitverbreiteten standardisierten Tests vorbereitet. Siehe Jose Ferreira: »A Short History of the Standardized Test Prep Industry«, Knewton Blog, 17. Februar 2010, http://www.knewton.com/blog/edtech/2010/02/17/a-short-history-of-the-standardized-test-prep-industry/; Julian Brookes: »Chris Hayes on the Twilight of the Elites and the End of Meritocracy«, in: *Rolling Stone*, 11. Juli 2012.

31 Armand Marie Leroi: »The Future of Neo-Eugenics«, in: *EMBO Reports* 7, 2006, S. 1184–1187.

32 Mike Steere: »Designer Babies: Creating the Perfect Child«, CNN, 30. Oktober 2008.

33 Harvey Fineberg: »Are We Ready for Neo-Evolution?«, TED Talks, 2011.

34 Robert D. Atkinson et al.: *Leadership in Decline: Assessing U.S. International Competitiveness in Biomedical Research*, Washington, D.C. 2012.

35 »Designer Baby Row Over US Clinic«, BBC, 2. März 2009.

36 Andrew Pollack: »DNA Blueprint for Fetus Built Using Tests of Parents«, in: *New York Times*, 6. Juni 2012.

37 Steere: »Designer Babies«.

38 Ebd.

39 Japan External Trade Organization: »BGI, China's Leading Genome Research Institute, Has Established a Japanese Arm in Kobe«, 7. Februar 2012; Fiona Tam: »Scientists Seek to Unravel the Mystery of IQ«, in: *South China Morning Post*, 4. Dezember 2010.

40 »The Dragon's DNA«, in: *Economist*, 17. Juni 2010; Emily Chang: »In China, DNA Tests on Kids ID Genetic Gifts, Careers«, CNN, 5. August 2009, http://edition.cnn.com/2009/WORLD/asiapcf/08/03/china.dna.children.ability/.

41 Lone Frank: »High-Quality DNA«, in: *Newsweek*, 24. April 2011.

42 Ebd.

43 »China Establishes National Gene Bank in Shenzhe«, Xinhua News Agency, 18. Juni 2011.

44 David Cyranoski: »Chinese Bioscience: The Sequence Factory«, in: *Nature*, 3. März 2010.

45 Harriet A. Washington: *Deadly Monopolies: The Shocking Corporate Takeover of Life Itself – and the Consequences for Your Healthy and Our Medical Future*, New York 2011, S. 181.

46 Sharon Begley: »In Surprise Ruling, Court Declares Two Gene Patents Invalid«, in: *Daily Beast*, 29. März 2010.

47 Washington: *Deadly Monopolies*, Kapitel 1 und 7.

48 Andrew Pollack: »European Agency Backs Approval of a Gene Therapy«, in: *New York Times*, 20. Juli 2012.

49 Ben Hirschler: »Europe Approves High-Price Gene Therapy«, Reuters, 2. November 2012.

50 Alice T. Shaw: »The Crizotinib Story: From Target to FDA Approval and Beyond«, InforMEDical, 2012, http://www.informedicalcme.com/lucatoday/crizotinib-story-from-target-to-fda-approval.

51 »Monsanto Strong-Arms Seed Industry«, Associated Press, 4. Januar 2011.

52 »›Deadly Monopolies?‹ Patenting the Human Body«, in: *Fresh Air*, NPR, 24. Oktober 2011, http://www.npr.org/2011/10/24/141429392/deadly-monopolies-patenting-the-human-body. Dabei darf auch die bahnbrechende Arbeit Albert Sabins – dessen Impfstoff die größte Verbreitung fand – nicht übersehen werden.

53 Norman Borlaug, Biographie: http://www.nobelprize.org/nobel_prizes/peace/laureates/1970/borlaug-bio.html.

54 Vandana Shiva: »The Indian Seed Act and Patent Act: Sowing the Seeds of Dictatorship«, ZNet, 14. Februar 2005, http://www.grain.org/article/entries/2166-india-seed-act-patent-act-sowing-the-seeds-of-dictatorship.

55 Ebd.

56 Reuters: »Court Reaffirms Right of Myriad Genetics to Patent Genes«, in: *New York Times*, 16. August 2012.

57 Michael S. Gazzaniga: *Human: The Science Behind What Makes Us Unique*, New York 2008, S. 199.

58 »The four bases – ATCG«, Scitable, Nature Education, 2012, http://www.nature.com/scitable/content/the-four-bases-atcg-6491969.

59 Robert Lee Hotz: »Harvard Researchers Turn Book into DNA Code«, in: *Wall Street Journal*, 16. August 2012.

60 Lynne Osman Elkin: »Rosalind Franklin and the Double Helix«, in: *Physics Today* 56, Nr. 3, März 2003, S. 42–48.

61 U.S. Department of Energy (DOE), Office of Science: »History of the Human Genome Project«, 4. Juni 2012, http://www.ornl.gov/sci/techresources/Human_Genome/ project/hgp.shtml.

62 Genetics Home Reference: »RNA«, http://ghr.nlm.nih.gov/glossary=rna.

63 »RNAi«, Nova scienceNOW, PBS, 26. Juli 2005, http://www.pbs.org/wgbh/nova/body/rnai.html.

64 Genetics Home Reference: »Protein«, http://ghr.nlm.nih.gov/glossary=protein.

65 Human Proteome Organisation: »Human Proteome Project (HPP)«, 2010, http://www.hupo.org/research/hpp/.

66 ThermoScientific: »Overview of Post-Translational Modifications (PTMs)«, http://www.piercenet.com.

67 Ebd.

68 G. G. Sanghani et al.: »Human Epigenome Project: The Future of Cancer Therapy«, *Inventi Impact: Pharm Biotech & Microbio*, 2012, http://www.inventi.in/Article/pbm/94/12.aspx.

69 »Epigenetics Emerges Powerfully as a Clinical Tool«, Medical Xpress, 12. September 2012, http://medicalxpress.com/news/2012-09-epigenetics-emerges-powerfully-clinical-tool.html.

70 Denise Caruso: »Synthetic Biology: An Overview and Recommendations for Anticipating and Addressing Emerging Risks«, in: *Science Progress*, 12. November 2008, http://scienceprogress.org/2008/11/synthetic-biology/.

71 Caruso: »Synthetic Biology«.

72 Lawrence K. Altman: »A New Insulin Given Approval for Use in U.S.«, in: *New York Times*, 30. Oktober 1982.

73 Charles Q. Choi: »Spider Silk Mai Provide the Key to Artificial Skin«, MSNBC, 9. August 2011; Katharine Sanderson: »Artificial Skins Detect the Gentlest Touch«, in: *Nature*, 12. September 2010.

74 Fiona Macrae: »Synthetic Blood Created by British Scientists Could Be Used in Transfusions in Just Two Years«, in: *Daily Mail*, 28. Oktober 2011.

75 Michael Totty: »A Faster Path to Biofuels«, in: *Wall Street Journal*, 16. Oktober 2011.

76 Jeffrey Bartholet: »When Will Scientists Grow Meat in a Petri Dish?«, in: *Scientific American*, 17. Mai 2011; H. L. Tuomisto: »Food Security and Protein Supply – Cultured Meat a Solution?«, 2010, http://oxford.academia.edu/HannaTuomisto/Papers/740015/Food_Security_and_Protein_Supply_-Cultured_meat_a_solution.

77 Caruso: »Synthetic Biology«.

78 Jun Wang: »Personal Genomes: For One and for All«, in: *Science*, 11. Februar 2011.

79 Gina Kolata: »Bits of Mystery DNA, Far from ›Junk‹, in: Play Crucial Role«, in: *New York Times*, 6. September 2012.

80 Brandon Keim: »New DNA Encyclopedia Attempts to Map Function of Entire Human Genome«, in: *Wired*, 5. September 2012.

81 John Markoff: »Cost of Gene Sequencing Falls, Raising Hopes for Medical Advances«, in: *New York Times*, 8. März 2012.

82 Ebd.

83 Ebd.

84 Ebd.

85 Oxford Nanopore Technologies: »Oxford Nanopore Introduces DNA ›Strand Sequencing‹ on the High-Throughput GridION Platform and Presents MinION, a Sequencer the Size of a USB Memory Stick«, 17. Februar 2012, http://www.nanoporetech.com/news/press-releases/view/39/.

86 K. A. Wetterstrand: »DNA Sequencing Costs: Data from the NHGRI Large-Scale Genome Sequencing Program«, www.genome.gov/sequencingcosts.

87 Ebd.

88 Jeffrey Fisher und Mostafa Ronaghi: »The Current Status and Future Outlook for Genomic Technologies«, National Academy of Engineering, Winter 2010; Neil Bowdler: »1000 Genomes project maps 95% of all gene variations«, BBC, 27. Oktober 2011.

89 Ebd.

90 John Carroll: »Life Technologies Budgets $100M for Synthetic Biology Deals«, in: *Fierce Biotech*, 3. Juni 2010, http://www.fiercebiotech.com/story/life-technologies-budgets-100m-synthetic-biology-deals/2010-06-03.

91 Paul Halsall, »Code of Hammurabi, c. 1780 BCE«, Internet Ancient History Sourcebook, März 1998, http://www.fordham.edu/halsall/ancient/hamcode.asp.

92 Pierre Teilhard de Chardin: *Der Mensch im Kosmos (Le Phénomène humain)*, übersetzt von Othon Marbach, München 1999, S. 257.

93 Emily Singer: »Craig Venter's Genome«, in: *Technology Review*, 4. September 2007, http://www.technologyreview.com/news/408606/craig-venters-genome/.

94 Joe Palca: »Scientists Reach Milestone on Way to Artificial Life«, NPR, 20. Mai 2010.

95 Clive Cookson: »Synthetic Life«, in: *Financial Times*, 27. Juli 2012.

96 Clive Cookson: »Scientists Create a Living Organism«, in: *Financial Times*, 20. Mai 2010.

97 Stuart Fox: »J. Craig Venter Institute Creates First Synthetic Life Form«, in: *Christian Science Monitor*, 21. Mai 2010.

98 John Markoff: »In First, Software Emulates Lifespan of Entire Organism«, in: *New York Times*, 21. Juli 2012.

99 Cookson: »Synthetic Life«.

100 Ebd.

101 William Shakespeare: *Julius Caesar*, Zürich 1979, 1.Akt, 2. Szene.

102 Jennifer Schuessler: »Lessons from Ants to Grasp Humanity«, in: *New York Times*, 8. April 2012; Richard Dawkins: »The Descent of Edward Wilson«, in: *Prospect*, 24. Mai 2012.

103 Donna Winchester: »E.O. Wilson on Ants and God and Us«, in: *Tampa Bay Times*, 14. November 2008.

104 »The ›Evidence for Belief‹: An Interview with Francis Collins«, Pew Forum on Religion and Public Life, 17. April 2008, http://pewresearch.org/pubs/805/the-evidence-for-belief-an-interview-with-francis-collins.

105 Cookson: »Synthetic Life«.

106 Warren C. Ruder, Ting Lu und James J. Collins: »Synthetic Biology Moving into the Clinic«, in: *Science*, 2. September 2011.

107 Cookson: »Synthetic Life«.

108 Caruso: »Synthetic Biology«.

109 Stephen C. Aldrich, James Newcomb und Robert Carlson: *Genome Synthesis and Design Futures: Implications for the U.S. Economy*, Cambridge, Massachusetts, 2007.

110 Ruder, Lu und Collins: »Synthetic Biology Moving into the Clinic«.

111 Ebd.

112 Cookson: »Synthetic Life«.

113 Ebd.

114 »Bird Flu Pandemic in Humans Could Happen Any Time«, Reuters, 21. Juni 2012.

115 Huib de Vriend: »Vaccines: The First Commercial Application of Synthetic Biology?«, Rathenau Instituut, Juli 2011.

116 Ebd.

117 Vicki Glaser: »Quest for Fully Disposable Process Stream«, in: *Genetic Engineering & Biotechnology News* 29, Nr. 5, 1. März 2009.

118 Aldrich, Newcomb und Carlson: *Genome Synthesis and Design Futures*.

119 Cookson: »Synthetic Life«.

120 J. B. S. Haldane: »Daedalus of Science and the Future«, 4. Februar 1923, http://www.psy.vanderbilt.edu/courses/hon182/Daedalus_or_SCIENCE_AND_THE_FUTURE_JBS_Haldane.pdf.

121 Leon Kass: *Life, Liberty and the Defense of Dignity*, San Francisco 2004, S. 150.

122 Alexis Madrigal: »I'm Being Followed: How Google – and 104 Other Companies – Are Tracking Me on the Web«, in: *Atlantic*, 29. Februar 2012.

123 Rutherford: »Synthetic Biology and the Rise of the ›Spider-Goats‹«.

124 Adam Rutherford: »Synthetic Biology and the Rise of the ›Spider-Goats‹«; »Nexia and US Army Spin the World's First Man-Made Spider Silk Performance Fibers«, Eureka Alert, 17. Januar 2002, http://www.eurekalert.org/pub_releases/2002-01/nbi-nau011102.php.

125 Rutherford: »Synthetic Biology and the Rise of the ›Spider-Goats‹«.

126 Richard J. Blaustein, »Kudzu's Invasion into Southern United States Life and Culture«, 2001, www.srs.fs.usda.gov/pubs/ja/ja_blaustein001.pdf.

127 Al Gore: »Planning a New Biotechnology Policy«, in: *Harvard Journal of Law and Technology* 5, 1991, S. 19 – 30.

128 Ebd.

129 Wil S. Hylton: »How Ready Are We for Bioterrorism?«, in: *New York Times Magazine*, 26. Oktober 2011.

130 George S. Shultz, William J. Perry, Henry A. Kissinger und Sam Nunn: »A World Free of Nuclear Weapons«, in: *Wall Street Journal*, 4. Januar 2007.

131 Will S. Hylton: »Craig Venter's Bugs Might Save the World«, in: *New York Times Magazine*, 3. Juni 2012.

132 Ebd.

133 Alexander Kelle: »Synthetic Biology and Biosecurity«, in: *EMBO Reports* 10, 2009, S. 23 – 27.

134 Ebd.

135 Ebd.

136 Ebd.

137 National Institutes of Health, Office of Science Policy: »About NSABB«, 2012, http://oba.od.nih.gov/biosecurity/about_nsabb.html.

138 Ian Sample: »*Nature* Publishes Details of Bird Flu Strain That Could Spread Among People«, in: *Guardian*, 2. Mai 2012.

139 Center for Genetics and Society: »Failure to Pass Federal Cloning Legislation, 1997 – 2003«, http://www.geneticsandsociety.org/article.php?id=305.

140 Mary Meehan: »Looking More Like America?«, in: *Our Sunday Visitor*, 3. November 1996, http://www.ewtn.com/library/ISSUES/LOOKLIKE.TXT.

141 Edward J. Larson: »Half a Tithe for Ethics«, in: *National Forum* 73, Nr. 2, Frühjahr 1993, S. 15 – 18.

142 J. D. Watson und F. H. C. Crick: »Molecular Structure of Nucleic Acids«, in: *Nature*, 25. April 1953.

143 Siehe zum Beispiel: Subcommittee on Investigations and Oversight und Subcommittee on Science, Research, and Technology, Committee on Science and Technology, US-Repräsentantenhaus: »Commercialization of Academic Biomedical Research«, 8. – 9. Juni 1981; Subcommittee on Investigations and Oversight und Committee on Science and Technology, US-Repräsentantenhaus: »Genetic Screening and the Handling of High-Risk Groups in the Workplace«, 14. – 15. Oktober 1981.

144 U.S. Department of Energy (DOE), Office of Science, Human Genome Project: »Cloning Fact Sheet«, 11. Mai 2009, http://www.ornl.gov/sci/techresources/Human_Genome/elsi/cloning.shtml#animalsQ.

145 Ebd.

146 Dan W. Brock: »Cloning Human Beings: An Assessment of the Ethical Issues Pro and Con«, in: *Cloning Human Beings*, Bd. 2, *Commissioned Papers*, Rockville 1997, http://bioethics.georgetown.edu/nbac/pubs/cloning2/cc5.pdf.

147 Ebd.; »19 European Nations OK Ban on Human Cloning«, in: *National Catholic Register*, 18. April 1999.

148 Brock: »Cloning Human Beings«.

149 Brian Alexander: »(You)²«, in: *Wired*, Februar 2001; »Dolly's Legacy«, in: *Nature*, 22. Februar 2007; Steve Connor: »Human Cloning Is Now ›Inevitable‹«, in: *Independent*, 30. August 2000; John Tierney: »Are Scientists Playing God? It Depends on Your Religion«, in: *New York Times*, 20. November 2007.

150 David Cyranoski: »Cloned Human Embryo Makes Working Stem Cells«, in: *Nature*, 5. Oktober 2011.

151 Tierney: »Are Scientists Playing God?«.

152 Steve Connor: »›I Can Clone a Human Being‹ – Fertility Doctor«, in: *New Zealand Herald*, 22. April 2009; John Tierney: »Are Scientists Playing God?«.

153 National Human Genome Research Institute: Cloning Fact Sheet.

154 Brock: »Cloning Human Beings«.

155 Roman Altshuler: »Human Cloning Revisited: Ethical Debate in the Technological Worldview«, in: *Biomedical Law & Ethics* 3, Nr. 2, 2009, S. 177 – 195.

156 Brock: »Cloning Human Beings«.

157 Ebd.; Altshuler: »Human Cloning Revisited«.

158 Leon Kass und James Q. Wilson: *Ethics of Human Cloning*, Washington, D.C. 1998.

159 Brock: »Cloning Human Beings«; Altshuler: »Human Cloning Revisited«.

160 »Meat on Drugs«, *Consumer Reports*, Juni 2012.

161 Gardiner Harris: »U.S. Tightens Rules on Antibiotics Use for Livestock«, in: *New York Times*, 11. April 2012.

162 »Meat on Drugs«, *Consumer Reports*.

163 »A Brief History of Antibiotics«, BBC News, 8. Oktober 1999, http://news.bbc.co.uk/2/hi/health/background_briefings/antibiotics/163997.stm.

164 Douglas Allchin, SHiPS Resource Center: »Penicillin and Chance«, http://www1.umn.edu/ships/updates/fleming.htm.

165 Spencer Weart: »The Discovery of Global Warming: The Carbon Dioxide Greenhouse Effect«, Februar 2011, http://www.aip.org/history/climate/co2.htm.

166 »A Brief History of Antibiotics«, BBC News.

167 Ebd.

168 Ebd.

169 »The Spread of Superbugs«, in: *Economist*, 31. März 2011.

170 Brandon Keim: »Antibiotics Breed Superbugs Faster Than Expected«, in: *Wired*, 11. Februar 2010.

171 Alexander Fleming: »Penicillin«, Nobelvorlesung, 11. Dezember 1945, http://www.nobelprize.org/nobel_prizes/medicine/laureates/1945/fleming-lecture.pdf; E. J. Mundell: »Antibiotic Combinations Could Fight Resistant Germs«, ABC News, 23. März 2007, http://abcnews.go.com/Health/Healthday/story?id =4506442&page=1#.UDVmwo-4ojdk.

172 Keim: »Antibiotics Breed Superbugs Faster Than Expected«.

173 Katie Moisse: »Antibiotic Resistance: The 5 Riskiest Superbugs«, ABC News, 27. März 2012, http://abcnews.go.com/Health/Wellness/antibiotic-resistance-riskiest-superbugs/story?id=15980356#.UC7loUR9nMo.

174 Moisse: »Antibiotic Resistance: The 5 Riskiest Superbugs«.

175 Ebd.

176 Stephanie Yao: »New FDA Task Force Will Support Innovation in Antibacterial Drug Development«, Presserklärung der Food and Drug Administration (FDA), 24. September 2012.

177 Worldwatch Institute: »Global Meat Production and Consumption Continue to Rise«, 2011, http://www.worldwatch.org/global-meat-production-and-consumption-continue-rise-1; Philip K. Thornton: »Livestock Production: Recent Trends, Future Prospects«, in: *Philosophical Transactions of the Royal Society B*, 27. September 2010.

178 »Meat on Drugs«, *Consumer Reports*.

179 Matthew Perrone: »Does Giving Antibiotics to Animals Hurt Humans?«, Associated Press, 20. April 2012.

180 Ebd.

181 »Our Big Pig Problem«, in: *Scientific American*, 8. Februar 2012.

182 Harris: »U.S. Tightens Rules on Antibiotics Use for Livestock«.

183 Ebd.; 2012 PAC Summary Data, Open Secrets, http://www.opensecrets.org/pacs/lookup2.php?strID=C00028787&cycle=2012, 22. August 2012; National Cattlemen's Beef Association lobbying expenses, Open Secrets, http://www.sourcewatch.org/index.php?title=National_Cattlemen's_Beef_Association#cite_note-1, 22. August 2012.

184 Richard Knox: »How Using Antibiotics in Animal Feed Creates Superbugs«, NPR, 21. Februar 2012, http://www.npr.org/blogs/thesalt/2012/02/21/147190101/how-using-antibiotics-in-animal-feed-creates-superbugs.

185 Harris: »U.S. Tightens Rules on Antibiotics Use for Livestock«.

186 Ebd.

187 Knox: »How Using Antibiotics in Animal Feed Creates Superbugs«.

188 Ebd.; »Meat on Drugs«, in: *Consumer Reports;* Worldwatch Institute: »Global Meat Production and Consumption Continue to Rise«; Thornton: »Livestock Production«.

189 Knox: »How Using Antibiotics in Animal Feed Creates Superbugs«.

190 »Bill Seeks Permanent Ban on Downer Slaughter at Meat Plants«, in: *Food Safety News,* 13. Januar 2012.

191 Weltgesundheitsorganisation (WHO): »Bovine Spongiform Encephalopathy«, November 2002, http://www.who.int/mediacentre/factsheets/fs113/en/.

192 I. Ramasamy, M. Law, S. Collins und F. Brook: »Organ Distribution of Prion Proteins in Variant Creutzfeldt-Jakob Disease«, in: *Lancet Infectious Diseases* 3, Nr. 4, April 2003, S. 214–222.

193 »Bill Seeks Permanent Ban on Downer Slaughter at Meat Plants«, *Food Safety News*.

194 Ebd.

195 Ebd.

196 Emad Mekay: »Beef Lobby Blocks Action on Mad Cow, Activists Say«, in: *Inter Press Service*, 8. Januar 2004, http://www.monitor.net/monitor/0401a/copyright/madcow4.html; Charles Abbott: »Analysis: U.S. Mad Cow Find: Lucky Break or Triumph of Science?«, Reuters, 25. April 2012.

197 »Obama Bans ›Downer‹ Cows from Food Supply«, Associated Press, 14. März 2009.

198 »Bill Seeks Permanent Ban on Downer Slaughter at Meat Plants«, *Food Safety News*.

199 Paul A. Lombardo: *Three Generations, No Imbeciles: Eugenics, the Supreme Court, and Buck v. Bell*, Baltimore 2008, S. 91. Wortlaut des deutschen Zitats nach: Achim Bühl (Hg.): *Auf dem Weg zur biomächtigen Gesellschaft? Chancen und Risiken der Gentechnik*, Wiesbaden 2009, S. 34.

200 Alex Wellerstein: »Harry Laughlin's ›Model Eugenical Sterilization Law‹«, http://alex-wellerstein.com/laughlin/.

201 Paul A. Lombardo: »Eugenic Sterilization Laws«, Image Archive on the American Eugenics Movement, http://www.eugenicsarchive.org/html/eugenics/essay8text.html.

202 Jonathan D. Moreno: *The Body Politic: The Battle Over Science in America*, New York 2011, S. 67.

203 Ebd.

204 Ebd.

205 Wellerstein: »Harry Laughlin's ›Model Eugenical Sterilization Law‹«.

206 Moreno: *The Body Politic*, S. 64–67.

207 Ebd., S. 65.

208 Ebd.

209 Ebd.

210 »Trofim Denisovich Lysenko«, *Encyclopaedia Britannica*, http://www.britannica.com/EBchecked/topic/353099/Trofim-Denisovich-Lysenko.

211 Ebd.

212 Ebd.; Moreno: *The Body Politic*, S. 69.

213 »Trofim Denisovich Lysenko«, *Encyclopaedia Britannica*; Moreno: *The Body Politic*, S. 69.

214 »Trofim Denisovich Lysenko«, *Encyclopaedia Britannica*.

215 Michael Shermer: »Darwin Misunderstood«, Februar 2009, http://www.michaelsher-mer.com/2009/02/darwin-misunderstood/.

216 Moreno: *The Body Politic*, S. 67 f.

217 Ebd., S. 69 f.

218 Ebd.

219 Ebd., S. 70; Southern Poverty Law Center, Intelligence Files: »Pioneer Fund«, http://www.splcenter.org/get-informed/intelligence-files/groups/pioneer-fund.

220 Wellerstein: »Harry Laughlin's ›Model Eugenical Sterilization Law‹«.

221 Moreno: *The Body Politic*, S. 67–70.

222 Ebd.

223 Ebd., S. 67–69.

224 Leroi: »The Future of Neo-Eugenics«.

225 Gallup: »In U.S., 46% Hold Creationist View of Human Origins«, 1. Juni 2012, http://www.gallup.com/poll/155003/Hold-Creationist-View-Human-Origins.aspx.

226 *Buck v. Bell,* 274 U.S. 200, 2. Mai 1927.

227 University of Virginia – Claude Moore Health Sciences Library: »Carrie Buck, Virginia's Test Case«, 2004, http://www.hsl.virginia.edu/historical/eugenics/3-buckvbell.cfm.

228 *Buck v. Bell,* 274 U.S. 200, 2. Mai 1927.

229 Dan Vergano: »Re-Examining Supreme Court Support for Sterilization«, in: *USA Today,* 19. November 2008.

230 Stephen Jay Gould: »Carrie Buck's Daughter«, in: *Natural History,* Juli 1985.

231 Ebd.

232 »Carrie Buck, Virginia's Test Case«.

233 Vergano: »Re-Examining Supreme Court Support for Sterilization«.

234 »Carrie Buck, Virginia's Test Case«.

235 Vergano: »Re-Examining Supreme Court Support for Sterilization«.

236 Ebd.

237 »Carrie Buck, Virginia's Test Case«.

238 Ebd.

239 Vergano: »Re-Examining Supreme Court Support for Sterilization«.

240 Gould: »Carrie Buck's Daughter«.

241 Alex Wellerstein: »Harry Laughlin's ›Model Eugenical Sterilization Law‹«.

242 Vergano: »Re-Examining Supreme Court Support for Sterilization«.

243 Glenn Kessler: »Herman Cain's Rewriting of Birth-Control History«, in: *Washington Post,* Fact Checker Blog, 1. November 2011, http://www.washingtonpost.com/blogs/fact-checker/post/herman-cains-rewriting-of-birth-control-history/2011/10/31/gIQAr53uaM_blog.html.

244 Ebd.

245 Harry Bruinius: *Better for All the World: The Secret History of Forced Sterilization and America's Quest for Racial Purity,* New York 2006, S. 190 f.

246 Lori Robertson: »Cain's False Attack on Planned Parenthood«, FactCheck.org, 1. November 2011, http://factcheck.org/2011/11/cains-false-attack-on-planned-parenthood/.

247 Daniel J. Kevles: *In the Name of Eugenics: Genetics and the Uses of Human Heredity,* New York 1985, S. 90.

248 Nicole Pasulka: »Forced Sterilization for Transgender People in Sweden«, in: *Mother Jones,* 25. Januar 2012.

249 Nicole Pasulka: »Sweden Moves to End Forced Sterilization of Transgender People«, in: *Mother Jones,* 24. Februar 2012.

250 Ebd.

251 Pasulka: »Forced Sterilization for Transgender People in Sweden«.

252 Pasulka: »Sweden Moves to End Forced Sterilization of Transgender People«.

253 Natalia Antelava: »Uzbekistan Carrying Out Forced Sterilisations, Say Women«, in: *Guardian,* 20. April 2012.

254 Ebd.

255 Ashley Hayes: »Activists Allege Forced Abortions, Sterilizations in China«, CNN, 30. April 2012, http://articles.cnn.com/2012-04-30/asia/world_asia_china-forced-abortions_1_reggie-littlejohn-china-s-national-population-abortions?_s=PM:ASIA.

256 Gethin Chamberlain: »UK Aid Helps to Fund Forced Sterilisation of India's Poor«, in: *Guardian,* 14. April 2012.

257 »The Dragon's DNA«, in: *Economist*, 17. Juni 2010.

258 Tam: »Scientists Seek to Unravel the Mystery of IQ«.

259 »China Establishes National Gene Bank in Shenzhen«, Xinhua News Agency.

260 Tam: »Scientists Seek to Unravel the Mystery of IQ«.

261 »Bob Abernathy's Interview with Francis Collins«, in: *PBS Religion and Ethics Weekly*, 7. November 2008.

262 Moheb Costandia: »Genetic Variants Build a Smarter Brain«, in: *Science*, 19. Juni 2012.

263 Ian H. Stevenson und Konrad S. Kording: »How Advances in Neural Recording Affect Data Analysis«, in: *Nature Neuroscience* 14, Nr. 2, Februar 2011, S. 139 – 142.

264 Jonah Lehrer: »Neuroscience: Making Connections«, in: *Nature*, 28. Januar 2009.

265 Ebd.

266 »Scientists Have New Help Finding Their Way Around Brain's Nooks and Crannies«, in: *ScienceDaily*, 9. August 2011, http://www.sciencedaily.com/releases/2011/08/110809184153.htm.

267 Human Genome Project: »The Science Behind the Human Genome Project: From Genome to Proteome«, 26. März 2008, http://www.ornl.gov/sci/techresources/Human_Genome/project/info.shtml.

268 Jie Lang et al.: »Geometric Structures of Proteins for Understanding Folding, Discriminating Natives and Predicting Biochemical Functions«, 2009, http://gila-fw.bioengr.uic.edu/lab/papers/2009/protein-liang.pdf.

269 Christopher Walsh et al.: »Protein Posttranslational Modifications: The Chemistry of Proteome Diversifications«, in: *Angewandte Chemie*, Internationale Ausgabe 44, 2005, S. 7342 – 7372.

270 Evan R. Goldstein: »The Strange Neuroscience of Immortality«, in: *Chronicle of Higher Education*, 16. Juli 2012.

271 Karl Deisseroth: »Optogenetics: Controlling the Brain with Light«, in: *Scientific American*, 20. Oktober 2010.

272 Matthew Hougan und Bruce Altevogt: *From Molecules to Minds: Challenges for the 21st Century*, Washington, D.C. 2008.

273 Ebd.; Carl E. Schoonover und Abby Rabinowitz: »Control Desk for the Neural Switchboard«, in: *New York Times*, 16. Mai 2011.

274 Amy Barth: »Controlling Brains with a Flick of a Light Switch«, in: *Discover Magazine*, September 2012.

275 Hougan und Altevogt: *From Molecules to Minds*; Schoonover und Rabinowitz: »Control Desk for the Neural Switchboard«.

276 Hougan und Altevogt: *From Molecules to Minds*.

277 Joshua T. Vogelstein: »Q&A: What Is the Open Connectome Project?«, in: *Neural Systems & Circuits*, 18. November 2011.

278 »Shiny New Neuroscience Technique (Optogenetics) Verifies a Familiar Method (fMRI)«, in: *Discover Magazine*, 17. Mai 2010.

279 Ebd.; Leonie Welberg: »Brain Metabolism: Astrocytes Bridge the Gap«, in: *Nature Reviews Neuroscience*, Nr. 86, Februar 2009, S. 86.

280 »Major Advance in MRI Allows Much Faster Brain Scans«, in: *ScienceDaily*, 5. Januar 2011.

281 »Shiny New Neuroscience Technique (Optogenetics) Verifies a Familiar Method (fMRI)«, in: *Discover Magazine*.

282 Pagan Kennedy: »The Cyborg in Us All«, in: *New York Times Magazine*, 18. September 2011.

283 David Cyranoski: »Neuroscience: The Mind Reader«, in: *Nature*, 13. Juni 2012.

284 Kennedy: »The Cyborg in Us All«.

285 Katia Moskovitch: »Real-Life Jedi: Pushing the Limits of Mind Control«, BBC, 9. Oktober 2011.

286 Clive Cookson: »Healthcare: Into the Cortex«, in: *Financial Times*, 31. Juli 2012.

287 Moskovitch: »Real-Life Jedi«.

288 Cookson: »Healthcare: Into the Cortex«.

289 Moskovitch: »Real-Life Jedi«.

290 Kennedy: »The Cyborg in Us All«.

291 Ebd.

292 »Pentagon Plans for Telepathic Troops Who Can Read Each Others' Minds … and They Could Be in the Field within Five Years«, in: *Daily Mail*, 8. April 2012.

293 Nick Bostrom: »A History of Transhumanist Thought«, 2005, http://www.nickbostrom.com/papers/history.pdf.

294 Ebd.

295 Ebd.

296 Vernor Vinge: »The Coming Technological Singularity: How to Survive in the Post-Human Era«, 1993, http://www-rohan.sdsu.edu/faculty/vinge/misc/singularity.html.

297 Lara Farrar: »Scientists: Humans and Machines Will Merge in Future«, CNN, 15. Juli 2008, http://articles.cnn.com/2008-07-15/tech/bio.tech_1_emergent-technologies-bostrom-human-life/2?_s=PM:TECH.

298 Ebd.

299 »By 2029 No Computer – or ›Machine Intelligence‹ – Will Have Passed the Turing Test«, A Long Bet, http://longbets.org/1/.

300 John Chelen: »Could the Organic Singularity Occur Prior to Kurzweil's Technological Singularity?«, in: *Science Progress*, 20. Juni 2012.

301 Ben Coxworth: »New Discovery Could Lead to Better Artificial Hips«, in: *Gizmag*, 27. November 2011, http://www.gizmag.com/artificial-hip-joint-lubrication-layer/20949/.

302 James Dao: »High-Tech Knee Holds Promise for Veterans«, in: *New York Times*, 18. August 2010.

303 Alexis Okeowo: »A Once-Unthinkable Choice for Amputees«, in: *New York Times*, 14. Mai 2012.

304 Thomas H. Maugh II: »Two Paralyzed People Successfully Use Robot Arm«, in: *Los Angeles Times*, 16. Mai 2012.

305 Carl Zimmer: »›I See‹, Said the Blind Man with an Artificial Retina«, in: *Discovery News*, 15. September 2011.

306 Richard Yonck: »The Path to Future Intelligence«, in: *Psychology Today*, 13. Mai 2011; Rob Beschizza: »Mechanical Fingers Give Strength, Speed to Amputees«, in: *Wired*, 2. Juli 2007.

307 »Cochlear Implants Restore Hearing in Rare Disorder«, in: *Science Daily*, 20. April 2012.

308 Melissa Healy: »Body Suit Mai Soon Enable the Paralyzed to Walk«, in: *Los Angeles Times*, 6. Oktober 2011.

309 Susan Karlin: »Raytheon Sarcos's Exoskeleton Nears Production«, in: *IEEE Spectrum*, August 2011.

310 *Quest Means Business*, CNN Transcript, 8. November 2012, http://transcripts.cnn.com/TRANSCRIPTS/1211/08/qmb.01.html; Nick Glass: »Pitch Perfect: The Quest to Create the World's Smallest Hearing Aid«, CNN, 9. November 2012, http://www.cnn.com/2012/11/09/tech/hearing-aid-widex-3d-printing/index.html.

311 »Transplant Jaw Made by 3D Printer Claimed as First«, BBC News, 6. Februar 2012, http://www.bbc.co.uk/news/technology-16907104.

312 Ebd.

313 Wake Forest Baptist Medical Center, Presseerklärung: »Lab-Engineered Kidney Project Reaches Early Milestone«, 21. Juni 2012; Wake Forest Baptist Medical Center, Presseerklärung: »Researchers Engineer Miniature Human Livers in the Lab«, 30. Oktober 2010.

314 Henry Fountain: »A First: Organs Tailor-Made with Body's Own Cells«, in: *New York Times*, 16. September 2012.

315 Henry Fountain: »Human Muscle, Regrown on Animal Scaffolding«, in: *New York Times*, 17. September 2012.

316 Elizabeth Landieu: »When Organs Become Cyborgs«, CNN, 29. August 2012.

317 Stephen J. Dubner: »Human Organs for Sale, Legally, in ... Which Country?«, Freakonomics Blog, 29. April 2008, http://www.freakonomics.com/2008/04/29/human-organs-for-sale-legally-in-which-country/.

318 »Organ Black Market Booming«, UPI, 28. Mai 2012.

319 Kevin Sack: »60 Lives, 30 Kidneys, All Linked«, in: *New York Times*, 19. Februar 2012.

320 Matt Richtel und Kevin Sack: »Facebook Is Urging Members to Add Organ Donor Status«, in: *New York Times*, 1. Mai 2012.

321 Ashlee Vance: »3-D Printing Spurs a Manufacturing Revolution«, in: *New York Times*, 14. September 2010.

322 »The Printed World«, in: *Economist*, 10. Februar 2011.

323 Tim Adams: »The ›Chemputer‹ That Could Print Out Any Drug«, in: *Guardian*, 21. Juli 2012.

324 Topol: *The Creative Destruction of Medicine*, Kapitel 10.

325 Avi Schroeder et al.: »Remotely Activated Protein-Producing Nanoparticles«, in: *Nano Letters* 2, Nr. 6, 2012, S. 2685–2689; George Dvorsky: »Microscopic Machines Could Produce Medicine Directly Inside Your Body«, io9, 29. Juli 2012, http://io9.com/5922447/microscopic-machines-could-produce-medicine-directly-inside-your-body.

326 Cookson: »Healthcare: Into the Cortex«.

327 Wilson: »Bionic Brains and Beyond«; Allison Abbott: »Brain Implants Have Long-Lasting Effect on Depression«, in: *Nature*, 7. Februar 2011.

328 Cookson: »Healthcare: Into the Cortex«.

329 Ebd.

330 Ebd.

331 Ebd.

332 Linda Geddes: »Rat Cyborg Gets Digital Cerebellum«, in: *New Scientist*, 27. September 2011.

333 Ebd.

334 Monica Friedlander, Lawrence Livermore National Laboratory: »Neural Implants Come of Age«, in: *Science and Technology Review*, Juni 2012.

335 Ebd.

336 Wilson, »Bionic Brains and Beyond«.

337 Ebd.

338 Ebd.

339 Ebd.

340 Margaret Talbot: »Brain Gain: The Underground World of ›Neuroenhancing‹ Drugs«, in: *New Yorker*, 27. April 2009.

341 Alan Schwarz: »Risky Rise of the Good-Grade Pill«, in: *New York Times*, 10. Juni 2012.

342 Alan Schwarz: »Attention Disorder or Not, Pills to Help in School«, in: *New York Times*, 9. Oktober 2012.

343 Drew Halley: »Brain-Doping at the Lab Bench«, in: *Project Syndicate*, 20. April 2009.

344 Jamais Cascio: »Get Smarter«, in: *Atlantic*, Juli/August 2009; Ross Anderson: »Why Cognitive Enhancement Is in Your Future (and Your Past)«, in: *Atlantic*, 6. Februar 2012.

345 V. Cakic: »Smart Drugs for Cognitive Enhancement: Ethical and Pragmatic Considerations in the Era of Cosmetic Neurology«, in: *Journal of Medical Ethics* 35, 2009, S. 611–615; Ross Anderson: »Why Cognitive Enhancement Is in Your Future (and Your Past)«.

346 Sally Adee: »Zap Your Brain into the Zone: Fast Track to Pure Focus«, in: *New Scientist*, 6. Februar 2012.

347 Jere Longman: »After Long Road, Nothing Left to Do but Win«, in: *New York Times*, 5. August 2012.

348 David Trifunov: »Oscar Pistorius Eliminated in 400m Semifinal at London 2012 Olympics«, in: *Global Post*, 5. August 2012.

349 Longman: »After Long Road, Nothing Left to Do but Win«.

350 »Oscar Pistorius Apologizes for Timing of Paralympics Criticism«, BBC Sport, 3. September 2012.

351 »Genetically Modified Olympians?«, in: *Economist*, 31. Juli 2008.

352 Lana Bandoim: »Erythropoietin Abuse Among Athletes Can Lead to Vascular Problems«, Yahoo, 25. Dezember 2011, http://sports.yahoo.com/top/news?slug=ycn-10747311.

353 »Landis Admits EPO Use«, ESPN, 20. Mai 2010, http://www.espn.co.uk/more/sport/story/23635.html.

354 Juliet Macur: »Lance Armstrong Is Stripped of His 7 Tour de France Titles«, in: *New York Times*, 22. Oktober 2012.

355 »Lance Armstrong Won't Fight Charges«, ESPN, 24. August 2012.

356 Matthew Knight: »Hi-Tech Tests to Catch Olympics Drug Cheats at London 2012«, CNN, 31. Juli 2012, http://edition.cnn.com/2012/04/12/sport/drugs-london-2012-olympics-laboratory/index.html; Andy Bull: »Ye Shiwen's World Record Olympic Swim ›Disturbing,‹ Says Top US Coach«, in: *Guardian*, 30. Juli 2012.

357 »Fairly Safe«, in: *Economist*, 31. Juli 2008.

358 »Gene Doping: Genetically Modified Olympians?«, in: *Economist,* 31. Juli 2008.

359 Aaron Saenz: »Super Strength Substance (Myostatin) Closer to Human Trials«, in: *Singularity Hub*, 8. Dezember 2009.

360 »Artificial Testicle, World's First to Make Sperm, Under Development by California Scientists«, in: *Huffington Post*, 19. Januar 2012, http://www.huffingtonpost.com/2012/01/19/artificial-testicle_n_1215964.html.

361 Donna Bowater: »Lesley Brown, Mother of First Test Tube Baby Louise Brown, Dies Aged 64«, in: *Telegraph*, 21. Juni 2012.

362 Robert Bailey: »The Case for Enhancing People«, in: *New Atlantis*, 20. Juni 2012.

363 Ebd.

364 Fiona Macrae: »Death of the Father: British Scientists Discover How to Turn Women's Bone Marrow into Sperm«, in: *Daily Mail*, 31. Januar 2008.

365 Jeanna Bryner: »5 Million Babies Born from IVF, Other Reproductive Technologies«, in: *Live Science*, 3. Juli 2012.

366 Siehe zum Beispiel: Subcommittee on Investigations and Oversight und Subcommittee on Science, Research, and Technology, Committee on Science and Technology,

US-Repräsentantenhaus: »Commercialization of Academic Biomedical Research«, 8. – 9. Juni 1981; Subcommittee on Investigations and Oversight, Committee on Science and Technology, US-Repräsentantenhaus, »Genetic Screening and the Handling of High-Risk Groups in the Workplace«, 14. – 15. Oktober 1981.

367 Lawrence K. Altman: »Christiaan Barnard, 78, Surgeon for First Heart Transplant, Dies«, in: *New York Times*, 3. September 2001.

368 Persönliches Gespräch mit dem Autor.

369 »Saviour Siblings – the Controversy and the Technique«, in: *Telegraph*, 6. Mai 2011.

370 Ebd.

371 Stephen Wilkinson: »›Saviour Siblings‹ as Organ Donors«, Sveriges Yngre Läkares Förening (Schwedischer Verband Junger Ärzte), 2. November 2012, http://www.slf.se/SYLF/Moderna-lakare/Artiklar/Nummer-2-2012/Saviour-Siblings-as-Organ-Donors/.

372 Robert Sparrow und David Cram: »Saviour Embryos? Preimplantation Genetic Diagnosis as a Therapeutic Technology«, Reproductive BioMedicine Online, 15. Mai 2010, http://www.ivf.net/ivf/saviour-embryos-preimplantation-genetic-diagnosis-as-a-therapeutic-technology-05043.html.

373 Josephine Marcotty: »›Savior Sibling‹ Raises a Decade of Life-and-Death Questions«, in: *Star Tribune*, 22. September 2010.

374 »Saviour Siblings – the Controversy and the Technique«, in: *Telegraph*, 6. Mai 2011.

375 Stephen Wilkinson: *Choosing Tomorrow's Children: The Ethics of Selective Reproduction*, New York 2010.

376 K. Devolder: »Preimplantation HLA Typing: Having Children to Save Our Loved Ones«, in: *Journal of Medical Ethics* 31, Januar 2005, S. 582 – 586.

377 David Derbyshire: »Babies with THREE Parents and Free of Genetic Disease Could Soon Be Born Using Controversial IVF Technique«, in: *Daily Mail*, 12. März 2011.

378 James Gallagher: »Three-Person IVF ›Is Ethical‹ to Treat Mitochondrial Disease«, BBC, 11. Juni 2012, http://www.bbc.co.uk/news/health-18393682.

379 World Public Opinion: »World Publics Reject Criminal Penalties for Abortion«, 18. Juni 2008, http://www.worldpublicopinion.org/pipa/articles/btjusticehuman_rightsra/492.php.

380 Rachel Rickard Straus: »To Ensure Prized Baby Boy, Indians Flock to Bangkok«, in: *Times of India*, 27. Dezember 2010.

381 Madeleine Bunting: »India's Missing Women«, in: *Guardian*, 22. Juli 2011.

382 »Delhi Govt to Crack Down on Sex-Selection Tests«, in: *Times of India*, 5. Januar 2012.

383 Bunting: »India's Missing Women«.

384 Straus: »To Ensure Prized Baby Boy, Indians Flock to Bangkok«.

385 »Baby Sex ID Test Won't Be Sold in China or India Due to Fears of ›Gender Selection‹«, Associated Press, 10. August 2011.

386 Andrew Pollack: »DNA Blueprint for Fetus Built Using Tests of Parents«, in: *New York Times*, 6. Juni 2012.

387 Ebd.

388 Mara Hvistendahl: »Will Gattaca Come True?«, in: *Slate*, 27. April 2012.

389 Ebd.

390 Stephanie M. Lee: »New Stanford Fetal DNA Test Adds to Ethical Issues«, in: *San Francisco Chronicle*, 26. Juli 2012.

391 Drew Halley: »Revolution In Newborn Screening Saves Newborn Lives«, in: *Singularity Hub*, 10. März 2009.

392 Ross Douthat: »Eugenics, Past and Future«, in: *New York Times*, 9. Juni 2012.

393 Leroi: »The Future of Neo-Eugenics«.

394 Hvistendahl: »Will Gattaca Come True?«; Kleiner: »Designer Babies«.

395 Kleiner: »Designer Babies«.

396 Ebd.

397 David Eagleman: »The Brain on Trial«, in: *Atlantic*, Juli/August 2011.

398 Leroi: »The Future of Neo-Eugenics«.

399 Drew Halley: »Prenatal Screening Could Eradicate Genetic Disease, Replace Natural Conception«, Singularity Hub, 21. Juli 2009.

400 Denise Grady: »Parents Torn over the Fate of Frozen Embryos«, in: *New York Times*, 4. Dezember 2008.

401 Ebd.; Laura Bell: »What Happens to Extra Embryos After IVF?«, CNN, 1. September 2009, http://articles.cnn.com/2009-09-01/health/extra.ivf.embryos_1_embryos-fertility-patients-fertility-clinics?_s=PM:HEALTH.

402 Tiffany Sharples: »IVF Study: Two Embryos No Better Than One«, in: *Time*, 30. März 2009.

403 U.S. Centers for Disease Control and Prevention: »Contribution of Assisted Reproductive Technology and Ovulation-Inducing Drugs to Triplet and Higher-Order Multiple Births – United States, 1980–1997«, in: *MMWR*, 23. Juni 2000.

404 Sarah Boseley: »IVF Clinics Told to Limit Embryo Implants to Curb Multiple Births«, in: *Guardian*, 6. Januar 2004.

405 Reproductive Science Center: »Auxogyn«, http://rscbayarea.com/for-physicians/auxogyn.

406 Yahoo Finance News: »Auxogyn and Hewitt Fertility Center Announce First Availability of New Non-Invasive Early Embryo Viability Assessment (Eeva) Test in the European Union«, 17. September 2012, http://finance.yahoo.com/news/auxogyn-hewitt-fertility-center-announce-060000428.html.

407 Leroi: »The Future of Neo-Eugenics«.

408 Ebd.

409 Pew Forum on Religion and Public Life: »Stem Cell Research Around the World«, 17. Juli 2012, http://www.pewforum.org/Science-and-Bioethics/Stem-Cell-Research-Around-the-World.aspx.

410 Alok Jha: »Look, No Embryos! The Future of Ethical Stem Cells«, in: *Guardian*, 12. März 2011.

411 Nicholas Wade: »Cloning and Stem Cell Work Earns Nobel«, in: *New York Times*, 8. Oktober 2012.

412 Andrew Pollack: »Setback for New Stem Cell Treatment«, in: *New York Times*, 13. Mai 2011.

413 Sarah Boseley: »Medical Marvels: Drugs Treat Symptoms. Stem Cells Can Cure You. One Day Soon, They Mai Even Stop Us Ageing«, in: *Guardian*, 29. Januar 2009.

414 Fergus Walsh: »›Blind‹ Mice Eyesight Treated with Transplanted Cells«, BBC, 18. April 2012, http://www.bbc.co.uk/news/health-17748165.

415 James Gallagher: »Deaf Gerbils ›Hear Again‹ After Stem Cell Cure«, BBC, 12. September 2010.

416 Nick Collins: »Stem Cells Used to Make Artificial Sperm«, in: *Telegraph*, 4. August 2011.

417 Roxanne Khamsi: »Bone Stem Cells Turned into Primitive Sperm Cells«, in: *New Scientist*, 13. April 2007.

418 Collins: »Stem Cells Used to Make Artificial Sperm«.

419 Macrae: »Death of the Father«.

420 Aubrey de Grey: »›We Will Be Able to Live to 1,000‹«, BBC, 3. Dezember 2004, http://news.bbc.co.uk/2/hi/uk_news/4003063.stm.

421 Gary Taubes: »The Timeless and Trendy Effort to Find – or Create – the Fountain of Youth«, in: *Discover Magazine*, 7. Februar 2011.

422 Nir Barzilai et al.: »The Place of Genetics in Ageing Research«, in: *Nature Reviews Genetics* 13, August 2012, S. 589–594.

423 James W. Curtsinger: »Genes, Aging, and Prospects for Extended Life Span«, in: *Minnesota Medicine*, Oktober 2007.

424 Ebd.

425 Barzilai et al.: »The Place of Genetics in Ageing Research«.

426 Ebd.

427 Taubes: »The Timeless and Trendy Effort to Find – or Create – the Fountain of Youth«.

428 Gina Kolata: »Severe Diet Doesn't Prolong Life, at Least in Monkeys«, in: *New York Times*, 30. August 2012.

429 Ebd.

430 Roger B. McDonald und Rodney C. Ruhe: »Aging and Longevity: Why Knowing the Difference Is Important to Nutrition Research«, in: *Nutrients* 3, 2011, S. 274–282.

431 Gretchen Voss: »The Risks of Anti-Aging Medicine«, CNN, 30. März 2012, http://www.cnn.com/2011/12/28/health/age-youth-treatment-medication/index.html; Dan Childs: »Growth Hormone Ineffective for Anti-Aging, Studies Say«, ABC News, 16. Januar 2007, http://abcnews.go.com/Health/ActiveAging/story?id=2797099&page=1#.UGD-Z3Y4ojdk.

432 »Anti-Aging Hormones: Little or No Benefit and the Risks Are High, According to Experts«, in: *ScienceDaily*, 13. April 2010, http://www.sciencedaily.com/releases/2010/04/100413121326.htm.

433 Barzilai et al.: »The Place of Genetics in Ageing Research«.

434 Robert Kunzig: »7 Billion: How Your World Will Change«, in: *National Geographic*, 1. November 2011.

435 Curtsinger: »Genes, Aging, and Prospects for Extended Life Span«.

436 Vereinte Nationen: Millennium Development Goals Report 2011.

437 George Verikios et al.: »The Global Economic Effects of Pandemic Influenza«, Aufsatz, erstellt für die 14. Annual Conference on Global Economic Analysis, Venedig, 16.–18. Juni 2011, https://www.gtap.agecon.purdue.edu/resources/download/5291.pdf.

438 Olli Ruuskanen, Elina Lahti, Lance C. Jennings und David R. Murdoch: »Viral Pneumonia«, in: *Lancet* 377, 2011, S. 1264–1275.

439 Lorenzo Savioli, Weltgesundheitsorganisation (WHO): »Neglected Tropical Diseases: Letter from the Director«, 2011, http://www.who.int/neglected_diseases/director/en/index.html.

440 Deena Beasley und Tom Miles: »AIDS Deaths Worldwide Dropping as Access to Drugs Improves«, Reuters, 18. Juli 2012.

441 Avert: »Introduction to HIV Prevention«, http://www.avert.org/prevent-hiv.htm.

442 Bevölkerungsfonds der Vereinten Nationen (UNFPA), Preventing HIV/AIDS: »Comprehensive Condom Programming: A Strategic Response to HIV and AIDS«, http://www.unfpa.org/hiv/programming.htm.

443 Beasley und Miles: »AIDS Deaths Worldwide Dropping as Access to Drugs Improves«.

444 Vereinte Nationen, Millennium Development Goals Report 2011.

445 »Malaria Eradication No Vague Aspiration, Says Gates«, Reuters, 18. Oktober 2011.

446 Katie Hafner: »Philanthropy Google's Way: Not the Usual«, in: *New York Times*, 14. September 2006.

447 Donald G. McNeil Jr.: »Rinderpest, Scourge of Cattle, Is Vanquished«, in: *New York Times*, 27. Juni 2011.

448 Ala Alwan, Weltgesundheitsorganisation (WHO): »Monitoring and Surveillance of Chronic Non-Communicable Diseases: Progress and Capacity in High-Burden Countries«, in: *Lancet* 376, November 2010, S. 1861–1868.

449 Gina Kolata: »Genetic Aberrations Seen as Path to Stop Colon Cancer«, in: *New York Times*, 18. Juli 2012.

450 Erika Check Hayden: »Cutting Off Cancer's Supply Lines«, in: *Nature*, 20. April 2009.

451 Nicholas Wade: »New Cancer Treatment Shows Promise in Testing«, in: *New York Times*, 28. Juni 2009.

452 Denise Grady: »An Immune System Trained to Kill Cancer«, in: *New York Times*, 9. September 2011.

453 Henry Rodriguez: »Fast-Tracking Personalized Medicine: The New Proteomics Pipeline«, *R&D Directions*, 2012, http://www.pharmalive.com/magazines/randd/view.cfm?articleID=9178#.

454 Danny Hillis: »Understanding Cancer Through Proteomics«, TEDMED 2010, Oktober 2010, http://www.ted.com/talks/danny_hillis_two_frontiers_of_cancer _treatment.html.

455 Ebd.

456 Leila Haghighat: »Regenerative Medicine Repairs Mice from Top to Toe«, in: *Nature*, 18. April 2012.

457 Weltgesundheitsorganisation (WHO): *World Health Statistics, 2011*, S. 19.

458 Pedro C. Hallal et al.: »Global Physical Activity Levels: Surveillance Progress, Pitfalls, and Prospects«, in: *Lancet* 380, Nr. 9838, 2012, S. 247–257; Gretchen Reynolds: »The Couch Potato Goes Global«, in: *New York Times*, Well-Blog, 18. Juli 2012, http://well.blogs.nytimes.com/2012/07/18/the-couch-potato-goes-global/.

459 Pamela Das und Richard Horton: »Rethinking Our Approach to Physical Activity«, in: *Lancet* 380, Nr. 9838, 2012, S. 189–190; Reynolds: »The Couch Potato Goes Global«.

460 Eine Übersicht über weitere Artikel zum Thema körperliche Aktivität und Inaktivität siehe: in: *Lancet* 380, Nr. 9838, 2012, S. i, S. 187–306; Matt Sloane: »Physical Inactivity Causes 1 in 10 Deaths Worldwide, Study Says«, CNN, 18. Juli 2012, http://www.cnn.com/2012/07/18/health/physical-inactivity-deaths/index.html.

461 Mark Bowden: »The Measured Man«, in: *Atlantic*, Juli/August 2012.

462 David H. Freeman: »The Perfected Self«, in: *Atlantic*, Juni 2012.

463 »Counting Every Moment«, in: *Economist*, 3. März 2012.

464 April Dembosky: »Olympians Trade Data for Tracking Devices«, in: *Financial Times*, 22. Juli 2012.

465 Gary Wolf: »The Data-Driven Life«, in: *New York Times Magazine*, 28. April 2010; »Counting Every Moment«, in: *Economist*, 3. März 2012; Freeman: »The Perfected Self«.

466 Sharon Gaudin: »Nanotech Could Make Humans Immortal by 2040, Futurist Says«, in: *Computerworld*, 1. Oktober 2009; Bowden: »The Measured Man«.

467 Bowden: »The Measured Man«.

468 Gardiner Harris: »U.S. Panel Says No to Prostate Screening for Healthy Men«, in: *New York Times*, 7. Oktober 2011.

469 »Do Not Ask or Do Not Answer?«, in: *Economist*, 23. August 2007.

470 Adam Cohen: »Can You Be Fired for Your Genes?«, in: *Time*, 2. Februar 2012.

471 Amy Harmon: »Insurance Fears Lead Many to Shun DNA Tests«, in: *New York Times*, 24. Februar 2008.

472 Cohen: »Can You Be Fired for Your Genes?«.

473 Amy Harmon: »Congress Passes Bill to Bar Bias Based on Genes«, in: *New York Times*, 2. Mai 2008; Cohen: »Can You Be Fired for Your Genes?«.

474 Eric A. Feldman: »The Genetic Information Nondiscrimination Act (GINA): Public Policy and Medical Practice in the Age of Personalized Medicine«, in: *Journal of General Internal Medicine* 27, Nr. 6, Juni 2012, S. 743–746.

475 Harmon: »Insurance Fears Lead Many to Shun DNA Tests«.

476 Amy Dockser Marcus und Christopher Weaver: »Heart Gadgets Test Privacy-Law Limits«, in: *Wall Street Journal*, 28. November 2012.

477 Freeman: »The Perfected Self«.

478 Chad Terhune: »Spending on Genetic Tests Is Forecast to Rise Sharply by 2021«, in: *Los Angeles Times*, 12. März 2012.

479 Da immer wieder Mitglieder einer Krankenkasse in eine andere wechseln, könnten Krankenversicherungen, die die Kosten für präventive Maßnahmen übernehmen, am Ende einen Konkurrenten begünstigen.

480 »Preventive Services Covered under the Affordable Care Act«, Healthcare.gov, 2012.

481 Simon Rogers: »Healthcare Spending Around the World, Country by Country«, in: *Guardian*, 30. Juni 2012; Harvey Morris: »U.S. Healthcare Costs More Than ›Socialized‹ European Medicine«, in: *International Herald Tribune*, 28. Juni 2012.

482 Morris: »U.S. Healthcare Costs More Than ›Socialized‹ European Medicine«.

483 Emily Smith und Caitlin Stark: »By the Numbers: Health Insurance«, CNN, 28. Juni 2012, http://edition.cnn.com/2012/06/27/politics/btn-health-care/index.html.

484 Sarah Kliff: »Romney Was Against Emergency Room Care Before He Was for It«, in: *Washington Post*, Ezra Kleins Wonkblog, 24. September 2012, http://www.washingtonpost.com/blogs/ezra-klein/wp/2012/09/24/romney-was-against-emergency-room-care-before-he-was-for-it/.

485 Sarah Kliff: »The Emergency Department Is Not Health Insurance«, in: *Washington Post*, Ezra Kleins Wonkblog, 24. September 2012, http://www.washingtonpost.com/blogs/ezra-klein/wp/2012/09/24/the-emergency-department-is-not-health-insurance/.

486 Emily Oshima Lee, Center for American Progress: »How ObamaCare Is Benefitting Americans«, 12. Juli 2012, http://www.americanprogress.org/issues/healthcare/news/2012/07/12/11843/update-how-obamacare-is-benefiting-americans/.

487 U.S. Government Accountability Office: »Federal Government Long-Term Fiscal Outlook: Spring 2012«, 2. April 2012, http://www.gao.gov/products/GAO-12-521SP.

488 American Bank: »A Brief History of Insurance«, Juni 2011, http://www.americanbank.com/insurance/a-brief-history-of-insurance-part-3-roman-life-insurance/.

489 LifeHealthPro: »Timeline: The History of Life Insurance«, 2012, http://www.lifehealthpro.com/interactive/timeline/history/.

490 Ebd.

491 Habersham Capital: »The History of Life Insurance and Life Settlements«, 2012, http://www.habershamcapital.com/brief-no2-history.

492 »Health Insurance«, *Encarta*, 2009, http://www.webcitation.org/5kwqZV6V7.

493 Timothy Noah: »A Short History of Health Care«, in: *Slate*, 13. März 2007, http://www.slate.com/articles/news_and_politics/chatterbox/2007/03/a_short_history_of_health_care.single.htm.

494 »Health Insurance«, *Encarta*.

495 Noah: »A Short History of Health Care«.

496 Kyle Noonan, New America Foundation: »Health Reform through History: Part I: The New Deal«, 26. Mai 2009, http://www.newamerica.net/blog/new-health-dialogue/2009/health-reform-through-history-part-i-new-deal-11961.

497 Ebd.

498 Paul Starr: »In Sickness and in Health«, On the Media, 21. August 2009, http://www.onthemedia.org/2009/aug/21/in-sickness-and-in-health/transcript/.

499 Noonan: »Health Reform through History: Part I: The New Deal«.

500 Noah: »A Short History of Health Care«.

501 »Health Insurance«, *Encarta*.

502 Starr: »In Sickness and in Health«; Noonan: »Health Reform through History: Part I: The New Deal«.

503 Noah: »A Short History of Health Care«.

504 »Health Insurance«, *Encarta*.

505 Noah: »A Short History of Health Care«; »Health Insurance«, *Encarta*.

506 Gary Langer: »Poll: Skepticism of Genetically Modified Foods«, ABC News, 19. Juni 2011, http://abcnews.go.com/Technology/story?id=97567&page=1#.UGIUS7S1Ndx.

507 Tom Philpott: »Congress' Big Gift to Monsanto«, in: *Mother Jones*, 2. Juli 2012.

508 Amy Harmon und Andrew Pollack: »Battle Brewing Over Labeling of Genetically Modified Food«, in: *New York Times*, 25. Mai 2012.

509 Ebd.

510 International Service for the Acquisition of Agri-Biotech Applications, ISAAA Brief 43-2011, Global Status of Commercialized Biotech/GM Crops: 2011, http://www.isaaa.org/resources/publications/briefs/43/executivesummary/default.asp.

511 Andrew Pollack: »After Loss, the Fight to Label Modified Food Continues«, in: *New York Times*, 7. November 2012.

512 Harmon und Pollack: »Battle Brewing Over Labeling of Genetically Modified Food«; Richard Shiffman: »How California's GM Food Referendum May Change What America Eats«, in: *Guardian*, 13. Juni 2012; Center for Food Safety: »Genetically Engineered Crops«, http://www.centerforfoodsafety.org/campaign/genetically-engineered-food/crops/.

513 Michael Antoniou, Claire Robinson und John Fagan: »GMO Myths and Truths, Version 1.3«, Juni 2012, http://earthopensource.org/files/pdfs/GMO_Myths_and_Truths/GMO_Myths_and_Truths_1.3a.pdf, S. 21; Council for Biotechnology Information: »Myths & Facts: Plant Biotechnology«, http://www.whybiotech.com/resources/myths_plantbiotech.asp#16.

514 Council for Biotechnology Information: »Myths & Facts: Plant Biotechnology«.

515 Anne Cook: »Borlaug: Will Farmers Be Permitted to Use Biotechnology?«, Knight Ridder/Tribune, 14. Juni 2001.

516 Council for Biotechnology Information: »Myths & Facts: Plant Biotechnology«.

517 Doug Gurian-Sherman: *Failure to Yield*, Cambridge, Massachusetts 2009.

518 Michael Faure und Andri Wibisana: »Liability for Damage Caused by GMOs: An Economic Perspective«, in: *Georgetown International Environmental Law Review* 23, Nr. 1, 2010, S. 1–69.

519 Antoniou, Robinson und Fagan: »GMO Myths and Truths, Version 1.3«.

520 G. Bruening und J. M. Lyons: »The Case of the FLAVR SAVR Tomato«, in: *California Agriculture*, Juli/August 2000.

521 Ebd.

522 Ebd.

523 »Square Tomato«, Davis Wiki, 2012, http://daviswiki.org/square_tomato.

524 Dan Charles: »How the Taste of Tomatoes Went Bad (and Kept On Going)«, NPR, 28. Juni 2012, http://www.npr.org/blogs/thesalt/2012/06/28/155917345/how-the-taste-of-tomatoes-went-bad-and-kept-on-going; Kai Kupferschmidt: »How Tomatoes Lost Their Taste«, in: *ScienceNOW*, 28. Juni 2012, http://news.sciencemag.org/science-now/2012/06/how-tomatoes-lost-their-taste.html.

525 Matthew Weaver: »Report: World Embraces Biotech Crops«, in: *Capital Press*, 1. März 2012.

526 International Service for the Acquisition of Agri-Biotech Applications: »Pocket K No. 16: Global Status of Commercialized Biotech/GM Crops in 2011«, http://www.isaaa.org/resources/publications/pocketk/16/default.asp.

527 International Service for the Acquisition of Agri-Biotech Applications, ISAAA Brief 43-2011, Global Status of Commercialized Biotech/GM Crops: 2011, http://www.isaaa.org/resources/publications/briefs/43/executivesummary/default.asp.

528 Ebd.; »Monsanto Strong-Arms Seed Industry«, Associated Press, 4. Januar 2011.

529 International Service for the Acquisition of Agri-Biotech Applications, ISAAA Brief 43-2011, Global Status of Commercialized Biotech/GM Crops: 2011.

530 »Monsanto Strong-Arms Seed Industry«, Associated Press, 4. Januar 2011.

531 International Service for the Acquisition of Agri-Biotech Applications, ISAAA Brief 43-2011, Global Status of Commercialized Biotech/GM Crops: 2011.

532 E. S. Oplinger et al.: »Canola (Rapeseed)«, in: *Alternative Field Crops Manual*, 1989, http://www.hort.purdue.edu/newcrop/afcm/canola.html.

533 J. Fernandez-Cornejo und M. Caswell: »The First Decade of Genetically Engineered Crops in the United States«, U.S. Department of Agriculture (US-Landwirtschaftsministerium), Economic Research Service, 2006; Gurian-Sherman: *Failure to Yield*.

534 Gurian-Sherman: *Failure to Yield*.

535 Ebd.; »Monsanto Strong-Arms Seed Industry«, Associated Press; Beverly Bell: »Haitian Farmers Commit to Burning Monsanto Hybrid Seeds«, in: *Huffington Post*, 17. Mai 2010, http://www.huffingtonpost.com/beverly-bell/haitian-farmers-commit-to_b_578807.html.

536 Fernandez-Cornejo und Caswell: »The First Decade of Genetically Engineered Crops in the United States«. Pflanzengenetiker haben darüber hinaus eine neue Reissorte entwickelt, die über zwei Wochen lang vollständig von Wasser bedeckt überleben kann; die neue Sorte wird derzeit auf den von Überschwemmungen immer wieder schwer heimgesuchten Philippinen getestet.

537 National Research Council: »Impact of Genetically Engineered Crops on Farm Sustainability in the United States«, 2010.

538 Ebd.; Calestous Juma: »Agricultural Biotechnology: Benefits, Opportunities and Leadership«, Aussage vor dem US-Repräsentantenhaus, Committee on Agriculture, Subcommittee on Rural Development, Research, Biotechnology and Foreign Agriculture, 23. Juni 2011, http://belfercenter.ksg.harvard.edu/files/juma-house-testimony-june-23-2011-rev.pdf.

539 Juma: »Agricultural Biotechnology«.

540 Gargi Parsai: »Protests Mark 10th Anniversary of Bt Cotton«, in: *Hindu*, 27. März 2012; Zia Haq: »Ministry Blames Bt Cotton for Farmer Suicides«, in: *Hindustan Times*, 26. März 2012.

541 Pallava Bagla: »India Should Be More Wary of GM Crops, Parliamentary Panel Says«, in: *ScienceInsider*, August 2012.

542 National Research Council: »Impact of Genetically Engineered Crops on Farm Sustainability in the United States«, 2010.

543 Gurian-Sherman: *Failure to Yield.*

544 Persönliches Gespräch mit dem Autor.

545 Union of Concerned Scientists: »High and Dry«, Mai 2012, http://www.ucsusa.org/assets/documents/food_and_agriculture/high-and-dry-summary.pdf.

546 Gurian-Sherman: *Failure to Yield*; Andrew Pollack: »Drought Resistance Is the Goal, but Methods Differ«, in: *New York Times*, 23. Oktober 2008.

547 »Why King Corn Wasn't Ready for the Drought«, in: *Wired*, 9. August 2012.

548 Union of Concerned Scientists, »High and Dry«.

549 Fernandez-Cornejo und Caswell: »The First Decade of Genetically Engineered Crops in the United States«.

550 Calestous Juma: *The New Harvest: Agricultural Innovation in Africa*, New York 2011.

551 Juma: »Agricultural Biotechnology: Benefits, Opportunities and Leadership«.

552 Pamela C. Ronald und James E. McWilliams: »Genetically Engineered Distortions«, in: *New York Times*, 14. Mai 2010.

553 Fernandez-Cornejo und Caswell: »The First Decade of Genetically Engineered Crops in the United States«.

554 National Research Council: »Impact of Genetically Engineered Crops on Farm Sustainability in the United States«; Fernandez-Cornejo und Caswell: »The First Decade of Genetically Engineered Crops in the United States«; Fuad Hajji: »Engineering Renewable Cellulosic Thermoplastics«, in: *Reviews in Environmental Science and Biotechnology* 10, Nr. 1, 2011, S. 25 – 30.

555 Hajji: »Engineering Renewable Cellulosic Thermoplastics«.

556 Matt Ridley: »Getting Crops Ready for a Warmer Tomorrow«, in: *Wall Street Journal*, 6. Juli 2012.

557 Gurian-Sherman: *Failure to Yield*; Antoniou, Robinson und Fagan: »GMO Myths and Truths, Version 1.3«.

558 Andrew Pollack: »White House Promotes a Bioeconomy«, in: *New York Times*, 26. April 2012.

559 National Research Council: »Impact of Genetically Engineered Crops on Farm Sustainability in the United States«; Faure und Wibisana: »Liability for Damage Caused by GMOs«; Antoniou, Robinson und Fagan: »GMO Myths and Truths, Version 1.3«.

560 Faure und Wibisana: »Liability for Damage Caused by GMOs«; Antoniou, Robinson und Fagan: »GMO Myths and Truths, Version 1.3«.

561 National Research Council: »Impact of Genetically Engineered Crops on Farm Sustainability in the United States«.

562 Antoniou, Robinson und Fagan: »GMO Myths and Truths, Version 1.3«.

563 Council for Biotechnology Information: »Myths & Facts: Plant Biotechnology«, http://www.whybiotech.com/resources/myths_plantbiotech.asp.

564 Antoniou, Robinson und Fagan: »GMO Myths and Truths, Version 1.3«.

565 Clive Cookson: »Agrochemicals: Innovation Has Slowed Since Golden Age of the 1990s«, in: *Financial Times*, 13. Oktober 2011.

566 »›Agent Orange Corn‹ Debate Rages as Dow Seeks Approval of New Genetically Modified Seed«, in: *Huffington Post*, 26. April 2012, http://www.huffingtonpost.com/2012/04/26/enlist-dow-agent-orange-corn_n_1456129.html.

567 Ebd.

568 Tom Philpott: »Researchers: GM Crops Are Killing Monarch Butterflies, After All«, in: *Mother Jones*, 21. März 2012.

569 Ned Potter: »Are Monarch Butterflies Threatened by Genetically Modified Crops?«, ABC News, 13. Juli 2011, http://abcnews.go.com/Technology/monarch-butterflies-genetically-modified-gm-crops/story?id=14057436#.UA2kPUQ-KF4; Philpott: »Researchers: GM Crops Are Killing Monarch Butterflies, After All«.

570 Faure und Wibisana: »Liability for Damage Caused by GMOs«.

571 Potter: »Are Monarch Butterflies Threatened by Genetically Modified Crops?«; Monsanto: »Frequently Asked Questions«, http://www.monsanto.com/hawaii/Pages/faqs-hawaii.aspx.

572 Elizabeth Kolbert: »Silent Hives«, in: New Yorker, 20. April 2012.

573 Ebd.

574 U.S. Department of Agriculture (US-Landwirtschaftsministerium), Agricultural Research Service: »Questions and Answers: Colony Collapse Disorder«, 17. Dezember 2010, http://www.ars.usda.gov/News/docs.htm?docid=15572.

575 Science Museum (GB): »Who Benefits from GM?«, http://www.sciencemuseum.org.uk/antenna/futurefoods/debate/debateGM_CIPbusiness.asp.

576 Miriam Jordan: »The Big War Over a Small Fruit«, in: Wall Street Journal, 13. Juli 2012.

577 Ebd.

578 Union of Concerned Scientists: »Industrial Agriculture: Features and Policy«, 17. Mai 2007, http://www.ucsusa.org/food_and_agriculture/science_and_impacts/impacts_industrial_agriculture/industrial-agriculture-features.html.

579 Ebd.

580 »Scientists in Kenya Try to Fend Off Disease Threatening World's Wheat Crop«, PBS NewsHour, 28. Dezember 2011, http://www.pbs.org/newshour/bb/globalhealth/july-dec11/wheat_12-28.html.

581 Donald G. McNeil Jr.: »Virus Ravages Cassava Plants in Africa«, in: New York Times, 1. Juni 2010.

582 Ebd.

583 Nicholas Wade: »Testing Links Potato Famine to an Origin in the Andes«, in: New York Times, 7. Juni 2011.

584 Union of Concerned Scientists: »Industrial Agriculture: Features and Policy«.

585 Clive Cookson: »Barking Up the Right GM Tree?«, in: Financial Times, 20. Juli 2012.

586 National Research Council: »Emerging Technologies to Benefit Farmers in Sub-Saharan Africa and South Asia«, 2009.

587 Carina Storrs: »Hormones in Food: Should You Worry?«, Health.com/Huffington Post, 19. Januar 2011.

588 Ebd.

589 Andrew Martin: »Consumers Won't Know What They're Missing«, in: New York Times, 11. November 2007.

590 Dan Shapley: »Eli Lilly Buys Monsanto's Dairy Hormone Business«, in: Daily Green, 20. August 2008, http://www.thedailygreen.com/healthy-eating/eat-safe/rbst-hormones-milk-470820; »Safeway Milk Free of Bovine Hormone«, Associated Press, 21. Januar 2007.

591 Haze Fan und Maxim Duncan: »Cows Churn Out ›Human Breast Milk‹«, Reuters, 16. Juni 2011.

592 Robin Yapp: »Scientists Create Cow That Produces ›Human‹ Milk«, in: Telegraph, 11. Juni 2011.

593 Harmon und Pollack: »Battle Brewing Over Labeling of Genetically Modified Food«.

594 Andrew Pollack: »Panel Leans in Favor of Engineered Salmon«, in: *New York Times*, 20. September 2010.

595 Randy Rieland: »Food, Modified Food«, in: *Smithsonian*, 29. Juni 2012.

596 Storrs: »Hormones in Food: Should You Worry?«.

597 Pollack: »Panel Leans in Favor of Engineered Salmon«; Bill Chameides: »Genetically Modified Salmon: The Meta-Question«, in: *New Scientist*, 23. November 2010.

598 Andrew Pollack: »Move to Market Gene-Altered Pigs in Canada Is Halted«, in: *New York Times*, 4. April 2012.

599 University of Guelph: »Enviropig™«, http://www.uoguelph.ca/enviropig/index.shtml.

600 University of Guelph: »Environmental Benefits«, http://www.uoguelph.ca/enviropig/environmental_benefits.shtml.

601 Pollack: »Move to Market Gene-Altered Pigs in Canada Is Halted«.

602 Clive Cookson: »Agrochemicals: Innovation Has Slowed Since Golden Age of the 1990s«, in: *Financial Times*, 13. Oktober 2011.

603 Pollack: »Move to Market Gene-Altered Pigs in Canada Is Halted«.

604 Henry Nicholls: »Swarm Troopers: Mutant Armies Waging War in the Wild«, in: *New Scientist*, 12. September 2011.

605 Michael Specter: »The Mosquito Solution«, in: *New Yorker*, 9. und 16. Juli 2012, S. 38 – 46.

606 Nicholls: »Swarm Troopers«.

607 Andy Coghlan: »Genetically Altered Mosquitoes Thwart Dengue Spreaders«, in: *New Scientist*, 11. November 2010; Nicholls: »Swarm Troopers«.

608 Specter: »The Mosquito Solution«.

609 Nicholls: »Swarm Troopers«; Specter: »The Mosquito Solution«.

610 Nicholls, »Swarm Troopers«; Specter: »The Mosquito Solution«; Andrew Pollack: »Concerns Are Raised About Genetically Engineered Mosquitoes«, in: *New York Times*, 31. Oktober 2011.

611 Nicholls: »Swarm Troopers«; Specter: »The Mosquito Solution«.

612 Tim Sandle: »Link between Dengue Fever and Climate« Change in the US«, in: *Digital Journal*, 7. Juli 2012, http://digitaljournal.com/print/article/328094.

613 Weltgesundheitsorganisation (WHO): *Dengue and Severe Dengue Fact Sheet*, Januar 2012, http://www.who.int/mediacentre/factsheets/fs117/en/.

614 Yenni Kwok: »Across Asia, Dengue Fever Cases Reach Record Highs«, in: *Time*, 24. September 2010.

615 Margie Mason: »Dengue Fever Outbreak Hits Parts of Asia«, Associated Press, 26. Oktober 2007.

616 Gardiner Harris: »As Dengue Fever Sweeps India, a Slow Response Stirs Experts' Fears«, in: *New York Times*, 6. November 2012.

617 Suzanne Moore Shepherd: »Dengue«, Medscape Reference, http://emedicine.medscape.com/article/215840-overview.

618 Ebd.

619 Ebd.; Thomas Fuller: »The War on Dengue Fever«, in: *New York Times*, 3. November 2008.

620 Harris: »As Dengue Fever Sweeps India, a Slow Response Stirs Experts Fears«.

621 Jennifer Kyle und Eva Harris: »Global Spread and Persistence of Dengue«, in: *Annual Review of Microbiology* 62, 2008, S. 71 – 92.

622 Sandle, »Link between Dengue Fever and Climate Change in the US«.

623 Jim Robbins: »The Ecology of Disease«, in: *New York Times*, 15. Juli 2012. Die Expansion der Viehzucht in Gebiete, in denen Wildtiere in unmittelbarer Nähe leben, wird

mit der Übertragung von Krankheiten wild lebender Tiere auf domestizierte Tiere und von dort weiter auf den Menschen in Verbindung gebracht. Die Vogelgrippe etwa entwickelt sich in domestizierten Tieren weiter, wenn sie von wild lebenden Verwandten auf diese übertragen wird. HIV/Aids sprang vor rund neunzig Jahren auf den Menschen über, als Jäger in Afrika Schimpansen töteten und das Fleisch für den menschlichen Konsum weiterverkauften. Und das extrem tödliche Ebola-Virus, das erstmals 1976 im Grenzgebiet zwischen dem westlichen Südsudan und dem Nordosten der Demokratischen Republik Kongo identifiziert wurde, hat seinen Ursprung in Schimpansen, Gorillas, Affen, Waldantilopen und Flughunden.

624 Ebd.

625 Sonia Shah: »The Spread of New Diseases: The Climate Connection«, in: *Yale Environment 360*, 15. Oktober 2009.

626 Robert Stein: »Finally, a Map of All the Microbes on Your Body«, NPR, 13. Juni 2012.

627 Carl Zimmer: »Tending the Body's Microbial Garden«, in: *New York Times*, 19. Juni 2012.

628 »Microbes Maketh Man«, in: *Economist*, 21. April 2012.

629 Human Microbiome Project Consortium: »A Framework for Human Microbiome Research«, in: *Nature*, 14. Juni 2012.

630 Robert T. Gonzalez: »10 Ways the Human Microbiome Project Could Change the Future of Science and Medicine«, io9, 25. Juni 2012, http://io9.com/5920874/10-ways-the-human-microbiome-project-could-change-the-future-of-science-and-medicine.

631 Rosie Mestel: »Microbe Census Maps Out Human Body's Bacteria, Viruses, Other Bugs«, in: *Los Angeles Times*, 13. August 2012.

632 James Randerson: »Antibiotics Linked to Huge Rise in Allergies«, in: *New Scientist*, 27. Mai 2004, http://www.newscientist.com/article/dn5047-antibiotics-linked-to-huge-rise-in-allergies.html.

633 Ebd.

634 National Institute of Arthritis and Musculoskeletal and Skin Diseases: »Understanding Autoimmune Diseases«, September 2010, http://www.niams.nih.gov/health_info/autoimmune/default.asp.

635 Martin Blaser: »Antibiotic Overuse: Stop the Killing of Beneficial Bacteria«, in: *Nature*, 25. August 2011; Mette Nørgaard et al., Universitätskrankenhaus Aarhus: »Use of Penicillin and Other Antibiotics and Risk of Multiple Sclerosis: A Population-Based Case-Control Study«, in: *American Journal of Epidemiology* 174, Nr. 8, 2011, S. 945–948.

636 Blaser: »Antibiotic Overuse«.

637 Nørgaard et al.: »Use of Penicillin and Other Antibiotics and Risk of Multiple Sclerosis«.

638 »Antibiotic Use Tied to Crohn's, Ulcerative Colitis«, Reuters, 27. September 2011.

639 Zimmer: »Tending the Body's Microbial Garden«.

640 Ebd.

641 Alison Gopnik: *Kleine Philosophen: was wir von unseren Kindern über Liebe, Wahrheit und den Sinn des Lebens lernen können (The Philosophical Baby: What Children's Minds Tell Us About Truth, Love, and the Meaning of Life)*, übersetzt von Hainer Kober, Berlin 2009.

642 David F. Bjorklund: *Why Youth Is Not Wasted on the Young: Immaturity in Human Development*, Malden 2007.

643 Gopnik: *Kleine Philosophen*.

644 National Institute of Arthritis and Musculoskeletal and Skin Diseases: »Understanding Autoimmune Diseases«, September 2010.

645 Zimmer: »Tending the Body's Microbial Garden«.
646 Ebd.
647 Blaser: »Antibiotic Overuse«.
648 Kate Murphy: »In Some Cases, Even Bad Bacteria May Be Good«, in: *New York Times*, 31. Oktober 2011.
649 Blaser: »Antibiotic Overuse«.
650 Ebd.
651 Murphy: »In Some Cases, Even Bad Bacteria May Be Good«.
652 Blaser: »Antibiotic Overuse«.
653 Ebd.
654 Murphy: »In Some Cases, Even Bad Bacteria May Be Good«.
655 Randerson: »Antibiotics Linked to Huge Rise in Allergies«.
656 Murphy: »In Some Cases, Even Bad Bacteria May Be Good«.
657 Zimmer: »Tending the Body's Microbial Garden«.
658 Ebd.

Kapitel 6

1 Glen Peters et al.: »Rapid Growth in CO_2 Emissions After the 2008 – 2009 Global Financial Crisis«, in: *Nature Climate Change* 2, 2012, S. 2 – 4.
2 Scott Mandia: »Global Warming: Man or Myth: And You Think the Oil Spill Is Bad?«, 17. Juni 2010, http://profmandia.wordpress.com/2010/06/17/and-you-think-the-oil-spill-is-bad/. Mandias Berechnungen wurden überarbeitet, sodass sie spätere wissenschaftliche Schätzungen der pro Tag ausgetretenen Ölmenge widerspiegeln. Quelle: Marcia McKnutt et al.: »Review of Flow Rate Estimates of the Deepwater Horizon Oil Spill«, in: *Proceedings of the National Academy of Sciences*, 20. Dezember 2011.
3 Nicholas Stern: *The Economics of Climate Change: The Stern Review*, New York 2007.
4 James Hansen: »Why I Must Speak Out About Climate Change«, TED Talks, Februar 2012.
5 »Commercial Solar Now Cost-Competitive in US«, CleanTechnica, 20. Juni 2012, http://cleantechnica.com/2012/06/20/commercial-solar-now-cost-competitive-us/; »Wind Innovations Drive Down Costs, Stock Prices«, Bloomberg, 14. März 2012, http://go.bloomberg.com/multimedia/wind-innovations-drive-down-costs-stock-prices/; »Grid Parity and Beyond: Brazilian Wind Energy Supported by Turbines Manufactured at ›Chinese Prices‹«, CleanTechInvestor, 29. August 2011, http://www.cleantechinvestor.com/events/es/bwec-blog/301-grid-parity-and-beyond-brazilian-wind-energy-supported-by-turbines-manufactured-at-chinese-prices-html.
6 International Energy Agency (IEA): *World Energy Outlook 2012*.
7 Nathan Lewis und Daniel Nocera: »Powering the Planet: Chemical Challenges in Solar Energy Utilization«, in: *Proceedings of the National Academy of Sciences* 103, Oktober 2006, S. 15729 – 15735.
8 Xi Lu et al.: »Global Potential for Wind-Generated Electricity«, in: *Proceedings of the National Academy of Sciences* 106, Juni 2009, S. 10933 – 10938.
9 Reuters: »Solar Power Generation World Record Set in Germany«, *Guardian*, 28. Mai, 2012.
10 Fiona Harvey: »Renewable Energy Can Power the World, Says Landmark IPCC Study«, *Guardian*, 9. Mai 2011.
11 Alex Morales: »Renewable Power Trumps Fossils for First Time as UN Talks Stall«, *Bloomberg News*, 25. November 2011.

12 Climate Guest Blogger: »Solar Is the ›Fastest Growing Industry in America‹ and Made Record Cost Reductions in 2010«, Think Progress ClimateProgress, 16. September 2011, http://thinkprogress.org/climate/2011/09/16/321131/solar-fastest-growing-industry-in-america-and-made-record-cost-reductions/.

13 Harvard Center for Health and the Global Environment: »The Built Environment«, http://chge.med.harvard.edu/topic/built-environment.

14 Alexis Biller und Chris Phillips: »The Role of Engineering in the Built Environment«, Institution of Engineering and Technology, Vorlesung, London, 26. November 2009.

15 *A Better Building. A Better Bottom Line. A Better World*, Broschüre der Environmental Protection Agency, Washington, D.C., 2010, http://www.energystar.gov/ia/partners/publications/pubdocs/C+I_brochure.pdf.

16 »Climate Change May challenge National Security, Classified Report Warns«, in: *ScienceDaily*, 26. Juni 2008, http://www.sciencedaily.com/releases/2008/06/080625090302.htm.

17 Don Belt: »The Coming Storm: Bangladesh«, in: *National Geographic*, Mai 2005.

18 David Zhang und Harry Lee: »The Causality Analysis of Climate Change and Large-Scale Human Crisis«, in: *Proceedings of the National Academy of Sciences* 108, März 2011, S. 17296–17301.

19 Scott Mandia, Suffolk University: »Vikings During the Medieval Warm Period«, http://www2.sunysuffolk.edu/mandias/lia/vikings_during_mwp.html; Brian Fagan: *The Long Summer: How Climate Changed Civilization*, New York 2004, S. 236.

20 Scott Mandia, Suffolk University: »The Little Ice Age in Europe«, http://www2.sunysuffolk.edu/mandias/lia/little_ice_age.html.

21 Lei Xu et al.: »Nonlinear Effect of Climate on Plague During the Third Pandemic in China«, in: *Proceedings of the National Academy of Sciences*, 4. Mai 2011.

22 »Volcanic Eruption, Tambora«, *Encyclopedia of Global Environmental Change*, Chichester 2002, S. 737 f.

23 David Archer und Victor Brovkin: »The Millennial Atmospheric Lifetime of Anthropogenic CO_2«, in: *Climatic Change* 90, 2008, S. 283–297; persönliche Korrespondenz des Autors mit Daniel Schrag, 19. Januar 2011.

24 NASA: »NASA Finds 2011 Ninth-Warmest Year on Record«, 19. Januar 2012, http://www.nasa.gov/topics/earth/features/2011-temps.html.

25 »Pakistan Floods Leave 20 Million Homeless«, CBC News, 14. August 2010, http://www.cbc.ca/news/world/story/2010/08/14/pakistan-floods-homeless.html.

26 J. Robine et al.: »Death Toll Exceeded 70,000 in Europe During Summer of 2003«, in: *Comptes Rendus Biologies*, Februar 2008.

27 »World Disasters Report: 2010 Death Toll Highest in Decade«, Rotes Kreuz, 22. September 2011, http://www.redcross.org.au/world-disasters-report-2010-death-toll-highest-in-decade.aspx.

28 »World Food Prices at Fresh High, Says UN«, BBC, 5. Januar 2011, http://www.bbc.co.uk/news/business-12119539.

29 J. David Goodman: »Australia Flooding Displaces Thousands«, in: *New York Times*, 31. Dezember 2010.

30 Edward Wong: »Drought Leaves 14 Million Chinese and Farmland Parched«, in: *New York Times*, 9. September 2010.

31 Kim Severson und Kirk Johnson: »14 States Suffering Under Drought«, in: *New York Times*, 12. Juli 2011.

32 James Barron: »After the Devastation, a Daunting Recovery«, in: *New York Times*, 30. Oktober 2012.

33 Kevin Trenberth: »Changes in Precipitation with Climate Change«, in: *Climate Research* 47, 2010, S. 123 – 138.

34 Ebd.

35 Kevin Trenberth: »Conceptual Framework for Changes of Extremes of the Hydrological Cycle with Climate Change«, in: *Climatic Change* 42, 1999, S. 327 – 339.

36 *Zwischenstaatlicher Ausschuss für Klimaänderungen (Intergovernmental Panel on Climate Change, IPCC), Arbeitsgruppe* 2: »3.4.2 Groundwater«, 2007, http://www.ipcc. ch/publications_and_data/ar4/wg2/en/ch3s3-4-2.html.

37 Ben Brabson et al.: »Soil Moisture and Predicted Spells of Extreme Temperatures in Britain«, in: *Journal of Geophysical Research* 110, 2004.

38 Regierung von New South Wales: »Wind Erosion«, 2. März 2011, http://www.environment.nsw.gov.au/soildegradation/winder.htm.

39 Justin Gillis: »A Warming Planet Struggles to Feed Itself«, in: *New York Times*, 6. Juni 2011.

40 Emma Rowley und Garry White: »World on Track for Record Food Prices ›Within a Year‹ Due to US Drought«, in: *Telegraph*, 23. September 2012.

41 Yaneer Bar-Yam und Greg Lindsay: »The Real Reason for Spikes in Food Prices«, Reuters, 25. Oktober 2012.

42 Michael Pearson und Melissa Abbey: »U.S. Drought Biggest Since 1956, Climate Agency Says«, CNN, 17. Juli 2012, http://www.cnn.com/2012/07/16/us/us-drought/index.html.

43 Gillis: »A Warming Planet Struggles to Feed Itself«.

44 Justin Gillis: »Food Supply Under Strain on a Warming Planet«, in: *New York Times*, 4. Juni 2011.

45 Ebd.

46 Tim Christopher: »Can Weeds Help Solve the Climate Crisis?«, in: *New York Times*, 9. Juni 2008.

47 Schlenker und Roberts: »Nonlinear Temperature Effects Indicate Severe Damages to U.S. Crop Yields under Climate Change«.

48 Ebd.

49 Ebd.

50 Ebd.

51 Alexander Stine et al.: »Changes in the Phase of the Annual Cycle of Surface Temperature«, in: *Nature*, 22. Januar 2009.

52 Thomas Karl et al.: *Global Climate Change Impacts in the United States*, Washington, D.C., 2009, S. 41.

53 Christopher Mims: »Why 107-Degree Overnight Temperatures Should Freak You Out«, Grist, 21. Juli 2011, http://grist.org/list/2011-07-21-nyc-mayor-bloomberg-gives-50-million-to-fight-coal-michael-bloom/.

54 Zwischenstaatlicher Ausschuss für Klimaänderungen (IPCC): »WG1: FAQ 3.3«, 2007, http://www.ipcc.ch/publications_and_data/ar4/wg1/en/faq-3-3.html.

55 PV Prasad et al.: »Impact of Nighttime Temperature on Physiology and Growth of Spring Wheat«, in: *Crop Science* 48, 2008, S. 2372 – 2380.

56 David Lobell et al.: »Climate Trends and Global Crop Production Since 1980«, in: *Science*, Juli 2011.

57 Shaobing Peng et al.: »Rice Yields Decline with Higher Night Temperature from Global Warming«, in: *Proceedings of the National Academy of Sciences*, Juli 2004.

58 Noah Diffenbaugh et al.: »Global Warming Presents New Challenges for Maize Pest Management«, in: *Environmental Research Letters*, 2008.

59 Orla Demody et al.: »Effects of Elevated CO_2 and O_3 on Leaf Damage and Insect Abundance in a Soybean Agroecosystem«, in: *Anthropod-Plant Interactions*, Juli 2008.

60 Union of Concerned Scientists: »Crops, Beetles and Carbon Dioxide«, 11. Mai 2010, http://www.ucsusa.org/global_warming/science_and_impacts/impacts/Global-warming-insects.html.

61 Jorge Zavala et al.: »Anthropogenic Increase in Carbon Dioxide Compromises Plant Defense Against Invasive Insects«, in: *Proceedings of the National Academy of Sciences*, Januar 2008.

62 Union of Concerned Scientists: »Crops, Beetles and Carbon Dioxide«.

63 CGIAR: »Climate Change Puts Southeast Asia's Billion Dollar Cassava Industry on High Alert for Pest and Disease Outbreaks«, 13. April 2012, http://ccafs.cgiar.org/news/press-releases/climate-change-puts-southeast-asia%25E2%2580%2599s-billion-dollar-cassava-industry-high-alert#.Urhjt-VIGYA.

64 Shyam S. Yadav et al.: *Crop Adaptation to Climate Change*, Ames 2011, S. 419.

65 CGIAR: »Climate Change Puts Southeast Asia's Billion Dollar Cassava Industry on High Alert for Pest and Disease Outbreaks«.

66 Ebd.

67 »Global Warming May Spread Diseases«, CBS News, 11. Februar 2009, http://www.cbsnews.com/2100-205_162-512920.html.

68 Sonia Shah: »The Spread of New Diseases: The Climate Connection«, in: *Yale Environment 360*, 15. Oktober 2009; Nicole Heller: »The Climate Connection to Dengue Fever«, Climate Central, 12. Mai 2010, http://www.climatecentral.org/blogs/the-climate-connection-to-dengue-fever/.

69 Union of Concerned Scientists: »Early Warning Signs of Global Warming: Spreading Disease«, http://www.ucsusa.org/global_warming/science_and_impacts/impacts/early-warning-signs-of-global-9.html.

70 Ebd.

71 Thomas Maugh: »West Nile Outbreak Worst Ever, CDC Says«, in: *Los Angeles Times*, 5. September 2012.

72 »Dallas West Nile Virus Outbreak Leads Texas City's Mayor to Approve Aerial Spraying«, in: *Huffington Post*, 15. August 2012.

73 »Health Officials: No Need to Call 911 for Mosquito Bites«, CBS DFW, 24. August 2012, http://dfw.cbslocal.com/2012/08/24/health-officials-no-need-to-call-911-for-mosquito-bites/.

74 Centers for Disease Control and Prevention: »West Nile Virus«, 20. November 2012, http://www.cdc.gov/ncidod/dvbid/westnile/index.htm.

75 Paul Epstein: »West Nile Virus and the Climate«, in: *Journal of Urban Health* 78, 2001, S. 367–371.

76 Christie Wilcox: »Is Climate to Blame for This Year's West Nile Outbreak?«, in: *Scientific American*, 22. August 2012.

77 NASA GISS: »2009: Second Warmest Year on Record; End of Warmest Decade«, 21. Januar 2010, http://www.giss.nasa.gov/research/news/20100121/.

78 National Climatic Data Center, National Oceanic and Atmospheric Administration: »State of the Climate: Global Analysis, Oktober 2012«, http://www.ncdc.noaa.gov/sotc/global/2012/10.

79 »After Drought Blights Crops, US Farmers Face Toxin Threats«, Reuters, 16. August 2012.

80 James Hansen et al.: »Perception of Climate Change«, in: *Proceedings of the National Academy of Sciences*, August 2012.

81 Ebd.

82 Ebd.

83 Ebd.

84 Potsdam-Institut für Klimafolgenforschung: *Turn Down the Heat: Why a 4 Degree C Warmer World Must Be Avoided*, Report for the World Bank, November 2012, http://climatechange.worldbank.org/sites/default/files/Turn_Down_the_heat_Why_a_4_degree_centrigrade_warmer_world_must_be_avoided.pdf.

85 Brad Plumer: »We're on Pace for 4°C of Global Warming. Here's Why That Terrifies the World Bank«, in: *Washington Post*, 19. November 2012.

86 Brian Vastag: »Warmer Still: Extreme Climate Predictions Appear Most Accurate, Report Says«, in: *Washington Post*, 8. November 2012.

87 Joanna Zelman und James Gerken: »Arctic Sea Ice Levels Hit Record Low, Scientists Say We're ›Running Out of Time‹«, in: *Huffington Post*, 19. September 2012.

88 Muyin Wang und James Overland: »A Sea Ice Free Summer Arctic within 30 Years?«, in: *Geophysical Research Letters* 36, 2009.

89 Jon Viglundson und Alister Doyle: »First Chinese Ship Crosses Arctic Ocean Amid Record Melt«, Reuters, 17. August 2012.

90 Christopher Mims: »How Climate Change Is Making the Internet Faster«, Grist, 29. März 2012, http://grist.org/list/how-climate-change-is-making-the-internet-faster/.

91 Ivan Semeniuk: »Scientists Call for No-Fishing Zone in Arctic Waters«, Nature News Blog, 23. April 2012, http://blogs.nature.com/news/2012/04/scientists-call-for-no-fishin-zone-in-arctic-waters.html.

92 »Arctic Climate Change Opening Region to New Military Activity«, Associated Press, 16. April 2012.

93 »Shell Starts Preparatory Drilling for Offshore Oil Well off Alaska«, CNN, 9. September 2012, http://articles.cnn.com/2012-09-09/us/us_arctic-oil_1_sea-ice-beaufort-sea-ice-data-center.

94 Jim Kollewe und Terry Macalister: »Arctic Oil Rush Will Ruin Ecosystem, Warns Lloyd's of London«, in: *Guardian*, 12. April 2012.

95 Guy Chazan: »Total Warns Against Oil Drilling in Arctic«, in: *Financial Times*, 25. September 2012.

96 Kevin Arrigo et al.: »Massive Phytoplankton Blooms Under Arctic Sea Ice«, in: *Science*, 15. Juni 2012.

97 Jennifer Francis und Stephen Vavrus: »Evidence Linking Arctic Amplification to Extreme Weather in Mid-Latitudes«, in: *Geophysical Research Letters* 39, 2012.

98 Petr Chylek et al.: »Arctic Air Temperature Change Amplification and the Atlantic Multidecadal Oscillation«, in: *Geophysical Research Letters* 36, 2009.

99 Natalia Shakhova et al.: »Extensive Methane Venting to the Atmosphere from Sediments of the East Siberian Arctic Shelf«, in: *Science*, 5. März 2010.

100 David Archer: »Methane Hydrate Stability and Anthropogenic Climate Change«, in: *Biogeosciences* 4, 2007.

101 Katey Walter Anthony et al.: »Geologic Methane Seeps Along Boundaries of Arctic Permafrost Thaw and Melting Glaciers«, in: *Nature Geoscience* 5, Juni 2012.

102 Shakhova et al.: »Extensive Methane Venting to the Atmosphere from Sediments of the East Siberian Arctic Shelf«.

103 J. L. Wadham et al.: »Potential Methane Reservoirs Beneath Antarctica«, in: *Nature*, August 2012.

104 Eric Rignot et al.: »Acceleration of the Contribution of the Greenland and Antarctic Ice Sheets to Sea Level Rise«, in: *Geophysical Research Letters* 38, 2011.

105 Ebd.

106 Persönliches Gespräch mit Bob Corell.

107 James Hansen und Miki Sato: »Paleoclimate Implications for Human-Made Climate Change«, in: *Climate Change: Inferences from Paleoclimate and Regional Aspects*, hg. von A. Berger, F. Mesinger und D. Šijački, New York 2012.

108 Ebd.

109 Aradhna Tripati et al.: »Coupling of CO_2 and Ice Sheet Stability over Major Climate Transitions of the Last 20 Million Years«, in: *Science*, Dezember 2009.

110 »CO_2 Emissions to Cause Catastrophic Rise in Sea Levels, Warns Top NASA Climatologist«, in: *Natural News*, 15. Januar 2007.

111 National Academies: »Coastal Hazards: Highlights of the National Academies Reports«, 2009, http://www.oceanleadership.org/wp-content/uploads/2009/08/OHH. pdf.

112 Gordon McGranahan et al.: »The Rising Tide: Assessing the Risks of Climate Change and Human Settlements in Low Coastal Elevation Zones«, in: *Environment and Urbanization* 19, 2007.

113 Brian Reed: »Preparing for Sea Level Rise, Islanders Leave Home«, NPR, 17. Februar 2011.

114 McGranahan et al.: »The Rising Tide«.

115 Stern: *The Economics of Climate Change*.

116 Neil MacFarquhar: »Refugees Join List of Climate-Change Issues«, in: *New York Times*, 28. Mai 2009.

117 Robert Nicholls: *IPCC 2007*: »Chapter 6: Coastal and Low-Lying Ecosystems«, 2007, http://www.ipcc.ch/publications_and_data/ar4/wg2/en/ch6.html.

118 Erik German und Solana Pyne: »Disasters Drive Mass Migration to Dhaka«, in: *Global Post*, 8. September 2010.

119 Vikas Bajaj: »Internet Analysts Question India's Efforts to Stem Panic«, in: *New York Times*, 21. August 2012.

120 Kerry Emanuel et al.: »Hurricanes and Global Warming: Results from Downscaling IPCC AR4 Simulations«, in: *American Meteorological Society* 89, März 2008, S. 347–367.

121 Claudia Tebaldi et al.: »Modeling Sea Level Rise Impacts on Storms Surges Along US Coasts«, in: *Environmental Research Letters* 7, 2012.

122 James Barron: »With Hurricane Irene Near, 370,000 in New York City Get Evacuation Order«, in: *New York Times*, 26. August 2011.

123 Steve Connor: »Sea Levels Rising Too Fast for Thames Barrier«, in: *Independent*, 22. März 2008.

124 Susan Hanson et al.: »A Global Ranking of Port Cities with High Exposure to Climate Extremes«, in: *Climatic Change* 104, Dezember 2010.

125 Ebd.

126 Dizery Salim, United Nations Office for Disaster Risk Reduction: »Climate Migrants Risk More Harm in New Surroundings«, 2012, http://www.unisdr.org/archive/28113.

127 Michael Lemonick: »The Secret of Sea Level Rise: It Will Vary Greatly by Region«, in: *Yale Environment 360*, 22. März 2010.

128 OurAmazingPlanet Staff: »City of Venice Still Sinking, Study Says«, 21. März 2010, http://www.cbsnews.com/8301-205_162-57401506/city-of-venice-still-sinking-study-says/; Forrest Wilder: »That Sinking Feeling«, in: *Texas Observer*, 1. November 2007.

129 Asbury Sallenger: »Hotspot of Accelerated Sea-Level Rise on the Atlantic Coast of North America«, in: *Nature Climate Change* 2, Mai 2012.

130 Cameron McWhirter und Mike Esterl: »Saltwater in Mississippi Taints Drinking Supply«, in: *Wall Street Journal*, 17. August 2012.

131 C. L. Sabine et al.: »The Oceanic Sink for Anthropogenic CO_2«, in: *Science*, 16. Juli 2004.

132 Andy Ridgwell und Daniela Schmidt: »Past Constraints on the Vulnerability of Marine Calcifiers to Massive Carbon Dioxide Release«, in: *Nature Geoscience* 3, Februar 2010.

133 Bärbel Hönisch et al.: »The Geologic Record of Ocean Acidification«, in: *Science*, März 2012.

134 »Ocean Acidification Is Climate Change's ›Equally Evil Twin‹, NOAA Chief Says«, Associated Press, 12. Juli 2012.

135 K. Frieler et al.: »Limiting Global Warming to 2°C Is Unlikely to Save Most Coral Reefs«, in: *Nature Climate Change*, September 2012.

136 Elizabeth Kolbert: »The Acid Sea«, in: *National Geographic*, April 2011.

137 David Jolly: »Oceans at Dire Risk, Team of Scientists Warns«, in: *New York Times*, Green Blog, 21. Juni 2011, http://green.blogs.nytimes.com/2011/06/21/oceans-are-at-dire-risk-team-of-scientists-warns/.

138 T. Gardner et al.: »Long-Term Region-Wide Declines in Caribbean Corals«, in: *Science*, Juli 2003.

139 Frieler et al.: »Limiting Global Warming to 2°C Is Unlikely to Save Most Coral Reefs«.

140 Glenn De'ath et al.: »The 27-Year Decline of Coral Cover on the Great Barrier Reef and Its Causes«, in: *Proceedings of the National Academy of Sciences*, 1. Oktober 2012.

141 »Oceans and Shallow Seas«, *IPCC 2007,* http://www.ipcc.ch/publications_and_data/ar4/wg2/en/ch4s4-4-9.html.

142 Brian Palmer: »Does Soda Taste Different in a Bottle Than a Can?«, in: *Slate*, 23. Juli 2009, http://www.slate.com/articles/news_and_politics/explainer/2009/07/does_soda_taste_different_in_a_bottle_than_a_can.html.

143 Anthony Richardson: »In Hot Water: Zooplankton and Climate Change«, in: *ICES Journal of Marine Science* 65, März 2008.

144 Richard Feely et al.: »Evidence for Upwelling of Corrosive ›Acidified‹ Water onto the Continental Shelf«, in: *Science*, 13. Juni 2008.

145 Alan Barton et al.: »The Pacific Oyster, Crassostrea gigas, Shows Negative Correlation to Naturally Elevated Carbon Dioxide Levels: Implications for Near-Term Acidification Effects«, in: *Limnology and Oceanography* 57, Nr. 3, 2012, S. 698 – 710.

146 Kolbert: »The Acid Sea«.

147 Ernährungs- und Landwirtschaftsorganisation der Vereinten Nationen (FAO): »The State of World Fisheries and Aquaculture 2010«, 2010, http://www.fao.org/docrep/013/i1820e/i1820e.pdf.

148 Ransom Myers und Boris Worm: »Rapid Worldwide Depletion of Predatory Fish Communities«, in: *Nature*, Mai 2003.

149 Beth Polidoro et al.: »The Loss of Species: Mangrove Extinction Risk and Geographic Areas of Global Concern«, in: *PLoS ONE* 5, 2010.

150 Frederick Short et al.: »Extinction Risk Assessment of the World's Seagrass Species«, in: *Biological Conservation* 144, Juli 2011.

151 National Science Foundation: »SOS: Is Climate Change Suffocating Our Seas?«, 2009, http://www.nsf.gov/news/special_reports/deadzones/climatechange.jsp.

152 »Good News from the Bad Drought: Gulf ›Dead Zone‹ Smallest in Years«, in: *ScienceDaily*, 23. August 2012, http://www.sciencedaily.com/releases/2012/08/120824093519.htm.

153 A. Rogers et al.: »International Earth System Expert Workshop on Ocean Stresses and Impacts. Summary Report«, IPSO Oxford, 2011, http://www.stateoftheocean.org/pdfs/1906_IPSO-LONG.pdf.

154 Council on Foreign Relations: »The New North American Energy Paradigm: Reshaping the Future«, 27. Juni 2012.

155 Patrick Rucker und Mica Rosenberg: »Analysis: Storms Damage Budgets in Central America, Mexico«, Reuters, 12. November 2010.

156 Ernährungs- und Landwirtschaftsorganisation der Vereinten Nationen (FAO): »One Trillion Food Import Bill as Prices Rise«, 17. November 2010, http://www.fao.org/news/story/en/item/47733/icode/; FAO: »Agricultural Impacts Surge in Developing Countries«, 2011, http://www.fao.org/docrep/014/i1952e/i1952e00.htm.

157 Joanna Kakissis: »Environmental Refugees Unable to Return Home«, in: *New York Times*, 3. Januar 2010.

158 James Hansen et al.: »Earth's Energy Imbalance: Confirmation and Implications«, in: *Science*, Juni 2005.

159 Jian Lu et al.: »Expansion of the Hadley Cell Under Global Warming«, in: *Geophysical Research Letters* 34, 2007.

160 Erich Hoyt: *Marine Protected Areas for Whales, Dolphins and Porpoises: A World Handbook for Cetacean Habitat Conservation*, Oxford 2004, S. 397.

161 Henry Diaz und Raymond Bradley: *The Hadley Circulation: Present, Past and Future*, London 2005, S. 9.

162 Ebd.

163 Ebd.

164 Ebd.

165 Brian Brinch: »How Mountains Influence Rainfall Patterns«, in: *USA Today*, 1. November 2007.

166 »Continental Climate and Continentality«, in: *Encyclopedia of World Climatology*, S. 303.

167 Persönliche Korrespondenz des Autors mit Dargan Frierson, 24. September 2012.

168 Celeste Johanson und Qiang Fu: »Hadley Cell Widening: Model Simulations Versus Observations«, in: *American Meteorological Society* 22, Mai 2009, S. 2713–2725.

169 Lu et al.: »Expansion of the Hadley Cell Under Global Warming«.

170 Jennifer Francis und Stephen Vavrus: »Evidence Linking Arctic Amplification to Extreme Weather in Mid-Latitudes«, in: *Geophysical Research Letters* 39, 2012.

171 Lu et al.: »Expansion of the Hadley Cell Under Global Warming«.

172 Persönliches Gespräch mit Dargan Frierson, 25. Mai 2012.

173 Rudolph Kuper und Stefan Kröpelin: »Climate-Controlled Holocene Occupation in the Sahara: Motor of Africa's Evolution«, in: *Science*, 11. August 2006.

174 National Oceanic and Atmospheric Administration: »JetStream-Online School for Weather«, Oktober 2011, http://www.srh.noaa.gov/jetstream/global/circ.htm.

175 Frances und Vavrus: »Evidence Linking Arctic Amplification to Extreme Weather in Mid-Latitudes«.

176 U.S. Environmental Protection Agency: »Environmental Indicators: Ozone Depletion«, August 2010, http://www.epa.gov/ozone/science/indicat/index.html.

177 Tim Flannery: *Auf Gedeih und Verderb: Die Erde und wir: Geschichte und Zukunft einer besonderen Beziehung (Here on Earth: A National History of the Planet)*, übersetzt von Jürgen Neubauer, Frankfurt/M. 2011, Kapitel 14.

178 Mario Molina und Sherwood Rowland: »Stratospheric Sink for Chlorofluoromethanes: Chlorine Atomic Catalyzed Destruction of Ozone«, in: *Nature*, 28. Juni 1974.

179 Australische Regierung, Antarctic Division: »Environment – Land, Sea and Air«, http://www.antarctica.gov.au/about-antarctica/fact-files.

180 Ebd.

181 J. Ajtić et al.: »Dilution of the Antarctic Ozone Hole into Southern Midlatitudes, 1998–2000«, in: *Journal of Geophysical Research* 109, 2004.

182 James Anderson et al.: »UV Dosage Levels in Summer: Increased Risk of Ozone Loss from Convectively Injected Water Vapor«, in: *Science*, August 2012.

183 V. Ramaswamy et al.: »Anthropogenic and Natural Influences in the Evolution of Lower Stratospheric Cooling«, in: *Science* 311, Nr. 5764, 24. Februar 2006, S. 1138–1141.

184 Robert Frost: »Fire and Ice«, in: *Harper's Magazine*, Dezember 1920. Deutsche Übersetzung des Gedichts nach http://de.wikipedia.org/wiki/Robert_Frost.

185 Roger Revelle und Hans Suess: »Carbon Dioxide Exchange Between Atmosphere and Ocean and the Question of an Increase of Atmospheric CO_2 During the Past Decades«, in: *Tellus* 9, Februar 1957.

186 NASA: »John Tyndall (1820–1893)«, http://earthobservatory.nasa.gov/Features/Tyndall/.

187 Judah Ginsberg: »The Development of the Pennsylvania Oil Industry«, American Chemistry Society, http://portal.acs.org.

188 Svante Arrhenius: »On the Influence of Carbonic Acid in the Air upon the Temperature of the Ground«, in: *Philosophical Magazine and Journal of Science* 41, April 1896.

189 Spencer Weart: »The Discovery of Global Warming: Money for Keeling: Monitoring CO_2«, 2003, http://www.aip.org/history/climate/Kfunds.htm.

190 Ebd.

191 »Tracking Long-Term Measurements of Gases and Aerosols That Contribute to Climate Change«, in: *NOAA Magazine*, 15. Juli 2004, http://www.magazine.noaa.gov/stories/mag140.htm.

192 »Atmospheric Oxygen Research: Research Overview«, Scripps Institute of Oceanography, http://scripps02.ucsd.edu/research-overview.

193 Coral Davenport: »Heads in the Sand«, in: *National Journal*, 2. Dezember 2011, http://www.nationaljournal.com/magazine/heads-in-the-sand-20111201.

194 National Academies of Science: »›G8+5 Academies‹ Joint Statement: Climate Change and the Transformation of Energy Technologies for a Low Carbon Future«, Mai 2009, http://www.nasonline.org/about-nas/leadership/president/statement-climate-change.pdf.

195 William Anderegg et al.: »Expert Credibility in Climate Change«, in: *Proceedings of the National Academy of Sciences*, 2010.

196 Elisabeth Kübler-Ross Foundation: »Five Stages of Grief«, 2012.

197 »Denial«, *Stedman's Medical Dictionary*, http://dictionary.reference.com/browse/denial.

198 Chris Mooney: »The Science of Why We Don't Believe Science«, in: *Mother Jones*, Juni 2011.

199 Jane Risen und Clayton Critcher: »Visceral Fit: While in a Visceral State, Associated States of the World Seem More Likely«, in: *Journal of Personality and Social Psychology* 100, Nr. 5, 2012.

200 »System Justification Theory«, *Encyclopedia of Peace Psychology*, 2011.

201 Ronald Reagan, Rede vor der Vollversammlung der Vereinten Nationen, 21. September 1987.

202 E. O. Wilson: »Why Humans, Like Ants, Need a Tribe«, in: *Daily Beast*, 1. April 2012.

203 Matthew Wald: »Pro-Coal Ad Campaign Disputes Warming Idea«, in: *New York Times*, 8. Juli 1991.

204 John Fullerton, Capital Institute: »The Big Choice«, 19. Juli 2011, http://capitalinstitute.org/blog/big-choice-0.

205 Ebd.

206 Ebd.

207 Fiona Harvey: »Saudi Arabia Reveals Plans to be Powered Entirely by Renewable Energy«, in: *Guardian*, 19. Oktober 2012.

208 Ben Bernanke, Federal Reserve Annual Conference on Bank Structure and Competition: »The Subprime Mortgage Market«, 17. Mai 2007, http://www.federalreserve.gov/newsevents/speech/bernanke20070517a.htm.

209 Jay Rockefeller, Erklärung zum Abstimmungsverhalten über die Inhofe-Resolution, 20. Juni 2012.

210 Marianne Lavelle, Center for Public Integrity: »The Climate Change Lobby Explosion«, 24. Februar 2009, http://www.publicintegrity.org/node/4593.

211 Center for Responsive Politics: »Oil and Gas«, http://www.opensecrets.org/industries/indus.php?ind=E01.

212 John Rudolf: »A Climate Skeptic with a Bully Pulpit in Virginia Finds an Ear in Congress«, in: *New York Times*, 22. Februar 2011.

213 Tom Clynes: »The Battle over Climate Science«, in: *Popular Science*, 21. Juni 2012.

214 Kate Sheppard: »Taking Climate Denial to New Extremes«, in: *Mother Jones*, 11. Februar 2011.

215 Ledyard King: »Report Warns of Weather Satellites ›Rapid Decline‹«, in: *USA Today*, Gannett News, 2. Mai 2012.

216 John Cook, Skeptical Science: »What Do the ClimateGate Emails Tell Us?«, http://www.skepticalscience.com/Climategate-CRU-emails-hacked.htm.

217 Brian Stelter: »No Place for Heated Opinions«, in: *New York Times*, 20. April 2012.

218 Ebd.

219 Abraham Lincoln: »Annual Remarks to Congress«, 1. Dezember 1862.

220 Wortlaut des Zitats nach http://www.zitate-online.de.

221 Connie Roser-Renouf et al., Yale Project on Climate Communication: »The Political Benefits of Taking a Pro-Climate Stand in 2012«, 2012, http://environment.yale.edu/climate/files/Political-Benefits-Pro-Climate-Stand.pdf.

222 Michael Grunwald: »The ›Silent Green Revolution‹ Underway at the Department of Energy«, in: *Atlantic*, 9. September 2012.

223 Christopher Mims: »Efficiency Standards Are the Single Biggest Climate Deal Ever«, Grist, 5. Dezember 2011, http://grist.org/list/2011-12-05-efficiency-standards-are-the-single-biggest-climate-deal-ever/.

224 »Solar Prices Expected to Keep Falling in 2012«, Associated Press, 26. Juni 2010.

225 U.S. Energy Information Agency: »Annual Energy Outlook 2012: Market Trends – Natural Gas«, 25. Juni 2012, http://www.eia.gov/forecasts/aeo/MT_naturalgas.cfm.

226 Zwischenstaatlicher Ausschuss für Klimaänderungen (*Intergovernmental Panel on Climate Change*, IPCC): »IPCC Fourth Assessment Report: Climate Change 2007«, http://www.ipcc.ch/publications_and_data/ar4/wg1/en/tssts-2-5.html.

227 Drew Shindell et al.: »Simultaneously Mitigating Near-Term Climate Change and Improving Human Health and Food Security«, in: *Science*, Januar 2012.

228 V. Ramanathan und G. Carmichael: »Global and Regional Climate Changes Due to Black Carbon«, in: *Nature Geoscience* 1, April 2008.

229 Robert Howarth et al.: »Venting and Leaking of Methane from Shale Gas Development: Response to Cathles et al.«, in: *Climatic Change* 113, Juli 2012.

230 Nathan Myhrvold und Ken Caldeira: »Greenhouse Gases, Climate Change and the Transition from Coal to Low-Carbon Electricity«, in: *Environmental Research Letters*, März 2012.

231 Chesapeake Energy: »Water Use in Deep Shale Gas Exploration«, 2012, http://www. chk.com/Media/Educational-Library/Fact-Sheets/Corporate/Water_Use_Fact_Sheet. pdf; Jack Healy: »Struggle for Water in Colorado with Rise in Fracking«, in: *New York Times*, 5. September 2012.

232 Healy: »Struggle for Water in Colorado with Rise in Fracking«.

233 Russell Gold und Ana Campoy: »Oil's Growing Thirst for Water«, in: *Wall Street Journal*, 6. Dezember 2011.

234 Ian Urbina: »Tainted Water Well, and Concern There May Be More«, in: *New York Times*, 3. August 2011.

235 Tenille Tracy: »EPA Says Wyoming Fracking Results Are Consistent«, in: *Wall Street Journal*, 26. September 2012.

236 Abraham Lustgarten: »Hydrofracked: One Man's Quest for Answers About Natural Gas Drilling«, in: *ProPublica*, 27. Juni 2011.

237 Council on Foreign Relations: »The New North American Energy Paradigm«.

238 Inae Oh: »New York Fracking Protest Urges Cuomo to Ban Controversial Drilling«, in: *Huffington Post*, 22. August 2012, http://www.huffingtonpost.com/2012/08/22/ new-york-fracking-protest-cuomo-photos_n_1822575.html.

239 Charles Choi: »Fracking Earthquakes: Injection Practice Linked to Scores of Tremors«, in: *Livescience*, 7. August 2012.

240 Abraham Lustgarten und ProPublica: »Are Fracking Wastewater Wells Poisoning the Ground Beneath Our Feet?«, in: *Scientific American*, 21. Juni 2012.

241 Rachel Ehrenberg: »The Facts Behind the Frack«, in: *ScienceNews*, 8. September 2012, http://www.sciencenews.org/view/feature/id/343202/title/The_Facts_Behind_the_ Frack.

242 National Resources Defense Council: »Report: Five Primary Disposal Methods for Fracking Wastewater All Fail to Protect Public Health and Environment«, 9. Mai 2012, http://www.nrdc.org/media/2012/120509.asp.

243 Christopher Helman: »Billionaire Father of Fracking Says Government Must Step Up Regulation«, in: *Forbes*, 19. Juli 2012.

244 Joe Romm, ThinkProgress: »Gas Emissions Reduction Target for 2020«, 13. Januar 2009, http://www.americanprogress.org/issues/green/report/2009/01/13/5472/the-united-states-needs-a-tougher-greenhouse-gas-emissions-reduction-target-for-2020/.

245 Bryan Walsh: »In Hunt for Energy, China and Europe Explore Fracking«, in: *Time*, 21. Mai 2012.

246 Ruona Agbroko: »S Africa Lifts Fracking Ban«, in: *Financial Times*, 7. September 2012.

247 Jerry Mandel: »Will U.S. Shale Technology Make the Leap Across the Pacific?«, in: *E&E News*, 17. Juli 2012, http://www.eenews.net/public/energywire/2012/07/17/1.

248 »Water, Water Everywhere«, in: *China Economic Review*, 26. Juli 2012.

249 Kevin Begos: »CO_2 Emissions in US Drop to 20-Year Low«, Associated Press, 17. August 2012.

250 U.S. Energy Information Agency: »How Much Carbon Dioxide Is Produced When Different Fuels Are Burned?«, 2012, http://www.eia.gov/tools/faqs/faq.cfm?id=73&t=11;

U.S. Environmental Protection Agency: »Air Emissions«, 2007, http://www.epa.gov/cleanenergy/energy-and-you/affect/air-emissions.html.

251 Bobby Allyn: »TVA Held Responsible for Massive Coal Ash Spill«, in: *Tennessean*, 23. August 2012.

252 U.S. Environmental Protection Agency: »Mercury: Basic Information«, 7. Februar 2012, http://www.epa.gov/hg/about.htm.

253 U.S. Environmental Protection Agency: »What You Need To Know About Mercury in Fish and Shellfish«, 20. Juni 2012, http://water.epa.gov/scitech/swguidance/fish-shellfish/outreach/advice_index.cfm#isthere.

254 Mark Hertsgaard: »How a Grassroots Rebellion Won the Nation's Biggest Climate Victory«, in: *Mother Jones*, 2. April 2012.

255 Ailun Yang und Yiyun Cui: *Global Coal Risk Assessment: Data Analysis and Market Research*, Washington, D.C., 2012.

256 International Energy Agency (IEA): »World Energy Outlook: Executive Summary«, 2011, http://www.worldenergyoutlook.org/publications/weo-2011/.

257 Kurt Kleiner: »Coal to Gas: Part of a Low-Emissions Future?«, in: *Nature*, 28. Februar 2008.

258 U.S. Environmental Protection Agency: »Air Emissions«, Dezember 2007.

259 Bryan Walsh: »There Will Be Oil and That's the Problem«, in: *Time*, 29. März 2012.

260 Rattan Lal: »Carbon Sequestration«, in: *Philosophical Transactions of the Royal Society B*, Februar 2008.

261 Jeffrey T. Lewis: »Pace of Deforestation in Brazil's Amazon Falls«, in: *Wall Street Journal*, 28. November 2012.

262 Justin Gillis: »The Amazon Dieback Scenario«, in: *New York Times*, Green Blog, 7. Oktober 2011, http://green.blogs.nytimes.com/2011/10/07/the-amazon-dieback-scenario/?r=0.

263 Brad Plumer: »EPA Faces Crucial Climate Decision on Diesel Made from Palm Oil«, in: *Washington Post*, 27. April 2012.

264 Reynaldo Victoria et al., Umweltprogramm der Vereinten Nationen (UNEP): »UNEP Yearbook: The Benefits of Soil Carbon«, 2012.

265 Ernährungs- und Landwirtschaftsorganisation der Vereinten Nationen (FAO): »Global Forest Resources Assessment 2010«, 2010, S. xxiv, http://www.fao.org/forestry/fra/fra2010/en/.

266 Ernährungs- und Landwirtschaftsorganisation der Vereinten Nationen (FAO): »State of the World's Forests 2011«, 2011, http://www.fao.org/docrep/013/i2000e/i2000e00.htm.

267 Doug Boucher et al., Union of Concerned Scientists: »Solutions for Deforestation-Free Meat«, 2012, http://www.ucsusa.org/global_warming/solutions/forest_solutions/solutions-for-deforestation-free-meat.html.

268 Sharon Oosthoek: »Boreal Forests Ignored in Climate Change Fight«, CBC News, 12. November 2009, http://www.cbc.ca/news/technology/story/2009/11/11/boreal-carbon-climate-change.html.

269 Douglas Fischer und Daily Climate: »Shift in Northern Forests Could Increase Global Warming«, in: *Scientific American*, 28. März 2011.

270 Noah S. Diffenbaugh et al.: »Global Warming Presents New Challenges for Maize Pest Management«, in: *Environmental Research Letters* 3, 2008.

271 David A. Gabel: »Expanding Forests in the Northern Latitudes«, Environmental News Network, 23. März 2011, http://www.enn.com/ecosystems/article/42501.

272 Justin Gillis: »With Deaths of Forests, a Loss of Key Climate Protectors«, in: *New York Times*, 1. Oktober 2011.

273 »More Large Forest Fires Linked to Climate Change«, in: *ScienceDaily*, 10. Juli 2006, http://www.sciencedaily.com/releases/2006/07/060710084004.htm; Gillis: »With Deaths of Forests, a Loss of Key Climate Protectors«.

274 Gillis: »With Deaths of Forests, a Loss of Key Climate Protectors«.

275 Ben Bond-Lamberty et al.: »Fire as the Dominant Driver of Central Canadian Boreal Forest Carbon Balance«, in: *Nature*, 1. November 2007; »Wildfires Turning Northern Forests into Carbon-Dioxide Sources«, CBC News, 31. Oktober 2007, http://www.cbc.ca/news/technology/story/2007/10/31/boreal-forests.html.

276 Gabel: »Expanding Forests in the Northern Latitudes«.

277 Pavan Sukhdev et al.: *The Economics of Ecosystems and Biodiversity: Mainstreaming the Economics of Nature: A Synthesis of the Approach*, Bonn 2010.

278 Ernährungs- und Landwirtschaftsorganisation der Vereinten Nationen (FAO): »State of the World's Forests 2009«, 2009, http://www.fao.org/docrep/011/i0350e/i0350e00.htm.

279 »China's Hu Takes Part in Tree Planting«, UPI, 5. April 2009.

280 Gillis: »With Deaths of Forests, a Loss of Key Climate Protectors«.

281 Ernährungs- und Landwirtschaftsorganisation der Vereinten Nationen (FAO): »State of the World's Forests 2011«.

282 Jianchu Xu: »China's New Forests Aren't as Green as They Seem«, in: *Nature*, 21. September 2011.

283 Damian Carrington: »Desertification Is Greatest Threat to Planet, Expert Warns«, in: *Guardian*, 15. Dezember 2010.

284 *CIA World Factbook*, https://www.cia.gov/library/publications/the-world-factbook/geos/xx.html.

285 Tom Philpott: »New Research: Synthetic Nitrogen Destroys Soil Carbon, Undermines Soil Health«, Grist, 24. Februar 2010, http://grist.org/article/2010-02-23-new-research-synthetic-nitrogen-destroys-soil-carbon-undermines/.

286 David Lapola et al.: »Indirect Land-Use Changes Can Overcome Carbon Savings from Biofuels in Brazil«, in: *Proceedings of the National Academy of Sciences*, Januar 2010.

287 Claude Mandil und Adnan Shihab-Eldin, International Energy Forum: »Assessment of Biofuels: Potential and Limitations«, Februar 2010, http://www.ief.org/news/news-details.aspx?nid=311.

288 Stern: *The Economics of Climate Change*.

289 Camila Ruz: »Amphibians Facing ›Terrifying‹ Rate of Extinction«, in: *Guardian*, November 2011.

290 Michelle Nijhuis: »A Rise in Fungal Diseases Is Taking Growing Toll on Wildlife«, in: *Yale Environment 360*, 24. Oktober 2011.

291 Owen Clyke: »The Militarization of Africa's Animal Poachers«, in: *Atlantic*, 31. Juli 2012; David Braun: »Human Encroachment Threatens Thousands of Gorillas in African Swamp«, in: *National Geographic*, 24. November 2009; Yaa Ntiamoa-Baidu, Ernährungs- und Landwirtschaftsorganisation der Vereinten Nationen (FAO): »West African Wildlife: A Resource in Jeopardy«, 1998, http://www.fao.org/docrep/s2850e/s2850e05.htm.

292 Anthony Barnosky et al.: »Has the Earth's Sixth Mass Extinction Already Arrived?«, in: *Nature*, März 2011.

293 Richard Leakey und Roger Lewin: *The Sixth Extinction: Patterns of Life and the Future*

of Humankind, New York 1995, S. 235; deutsche Ausgabe: *Die sechste Auslöschung: Lebensvielfalt und die Zukunft der Menschheit*, übersetzt von Sebastian Vogel, Frankfurt/M. 1996.

294 Camille Parmesan und Gary Yohe: »A Globally Coherent Fingerprint of Climate Change Impacts Across Natural Systems«, in: *Nature*, Januar 2003.

295 Craig Moritz et al.: »Impact of a Century of Climate Change on Small-Mammal Communities in Yosemite National Park, USA«, in: *Science*, Oktober 2008.

296 Elisabeth Rosenthal: »Climate Threatens Birds from Tropics to Mountaintops«, in: *New York Times*, 21. Januar 2011.

297 Kai Zhu et al.: »Failure to Migrate: Lack of Tree Range Expansion in Response to Climate Change«, in: *Global Change Biology* 18, November 2011.

298 Lucas Joppa et al.: »How Many Species of Flowering Plants Are There?«, in: *Proceedings of the Royal Society B*, Juli 2010.

299 Sekretariat der Vereinten Nationen für das Übereinkommen über die biologische Vielfalt (Convention on Biological Diversity): *Global Biodiversity Outlook 3*, Januar 2010, http://www.unep-wcmc.org/gbo-3_90.html, S. 51.

300 John Roach: »›Doomsday‹ Vault Will End Crop Extinction, Expert Says«, in: *National Geographic*, 27. Dezember 2007.

301 Matt Kasper: »Rep. Jim McDermott Introduces Carbon Tax Law«, 6. August 2012, ClimateProgress, http://thinkprogress.org/climate/2012/08/06/641831/rep-jim-mc-dermott-introduces-carbon-tax-law/.

302 John Broder: »Obama's Bid to End Oil Subsidies Revives Debate«, in: *New York Times*, 31. Januar 2011.

303 Narasimha Rao: »Kerosene Subsidies in India: When Energy Policy Fails as Social Policy«, in: *Energy for Sustainable Development*, März 2012.

304 Alex Morales und Jacqueline Simmons: »Renewables from Vestas to Suntech Plan Profit without Subsidy«, Bloomberg, 26. Januar 2012.

305 Joe Romm: »Who Killed the Senate RPS?«, ClimateProgress, 27. Juni 2007, http://thinkprogress.org/climate/2007/06/27/201573/who-killed-the-senate-rps/.

306 State of California: »California Renewables Portfolio Standard«, 2012, http://www.cpuc.ca.gov/PUC/energy/Renewables/index.htm.

307 Dave Roberts: »Why Do ›Experts‹ Always Lowball Clean-Energy Projections?«, Grist, 19. Juli 2012, http://grist.org/renewable-energy/experts-in-2000-lowballed-the-crap-out-of-renewable-energy-growth/.

308 Ebd.

309 Ebd.

310 Ebd.

311 John Fialka: »How a Republican Anti-Pollution Measure, Expanded by Democrats, Got Roots in Europe and China«, in: *E&E News*, 17. November 2011.

312 Ebd.

313 International Energy Agency (IEA): »Energy Poverty«, 2012, http://www.iea.org/topics/energypoverty/.

314 Arthur Max: »Developing Nations Pledge Actions to Curb Climate Change«, Associated Press, 22. März 2011.

315 Weltbank: *Weltentwicklungsbericht 2010: Klimawandel und Entwicklung*, Düsseldorf 2010.

316 Alex Morales: »Renewable Power Trumps Fossils for First Time as UN Talks Stall«, Bloomberg News, 25. November 2011.

317 Charles Kenny: »Greening It Alone«, in: *Foreign Policy*, 1. August 2011.

318 Rick Jervis und Gregory Korte: »FEMA Could Run Out of Money over Stalemate«, in: *USA Today*, 25. September 2011.

319 »Hurricane Irene 2011: One Year Anniversary of East Coast Storm«, in: *Huffington Post*, 24. August 2012, http://www.huffingtonpost.com/2012/08/24/hurricane-irene-2011-2012_n_1826060.html.

320 Patrik Jonsson: »Texas Wildfire Chief: Wildfires Still Raging, but ›We Are Making Successes‹«, in: *Christian Science Monitor*, 21. April 2011.

321 Andrew Freedman: »Hot Summer of 2011 Rewrites Record Books«, Climate Central, 8. September 2011, http://www.climatecentral.org/blogs/a-record-hot-summer-interactive-map/.

322 National Oceanic and Atmospheric Administration: »Extreme Weather 2012«, 19. Januar 2012.

323 David Ariosto und Melissa Abbey: »Historical Drought Puts Over Half of US Counties in Disaster Zones, USDA Says«, CNN, 1. August 2012.

324 Matthew Craft: »Hurricane Sandy's Economic Damage Could Reach $50 Billion, Eqecat Estimates«, Associated Press, 1. November 2012.

325 Welthandelsorganisation (WTO) und Umweltprogramm der Vereinten Nationen (UNEP): *Trade and Climate Change*, 2009, http://www.wto.org/english/res_e/booksp_e/trade_climate_change_e.pdf.

326 Janet Raloff: »Kyoto Climate Treaty's Greenhouse ›Success‹«, in: *ScienceNews*, 3. November 2009, http://www.sciencenews.org/view/generic/id/49058/title/Science_%2B_the_Public__Kyoto_climate_treatys_greenhouse_success.

327 Marton Kruppa und Andrew Allan: »Carbon Trading May Be Ready for Its Next Act«, Reuters, 13. November 2011.

328 Ebd.

329 Jason Dearen: »California's Cap-and-Trade System to Launch with First Pollution Permits Auction«, Associated Press, 12. November 2012.

330 Kruppa und Allan: »Carbon Trading May Be Ready for Its Next Act«.

331 Lan Lan: »Beijing Preparing for Carbon Trading System«, in: *China Daily*, 20. April 2012.

332 Alexandre Kossoy und Pierre Gioan, Weltbank: »State and Trends of the Carbon Market 2012«, Mai 2012, S. 99, http://siteresources.worldbank.org/INTCARBONFI-NANCE/Resources/State_and_Trends_2012_Web_Optimized_19035_Cvr&Txt_LR.pdf.

333 Keith Bradsher: »200 Chinese Subsidies Violate Rules, US Says«, in: *New York Times*, 6. Oktober 2011.

334 »US Imposes Import Tariffs on Chinese Solar Panels«, BBC News, 17. Mai 2012, http://www.bbc.co.uk/news/business-18112983.

335 Chris Buckley: »China Says Is World's Top Greenhouse Gas Emitter«, Reuters, 23. November 2010.

336 Keith Bradsher: »Budding Environmental Movement Finds Resonance Across China«, in: *New York Times*, 4. Juli 2012.

337 Goldman Sachs: »Sustainable Growth in China: Spotlight on Energy«, 13. August 2012, http://www.goldmansachs.com/our-thinking/topics/environment-and-energy/sustainable-growth-china.html.

338 »Coal Industry in China – Coal Accounts for About 70% of China's Total Energy«, BusinessWire, 14. Dezember 2011.

339 Goldman Sachs: »Sustainable Growth in China: Spotlight on Energy«.

340 Osamu Tsukimori: »China Overtakes Japan as World's Top Coal Importer«, Reuters, 26. Januar 2012.

341 Mikkal Herberg, New America Foundation: »China's Energy Rise and the Future of U.S.-China Energy Relations«, 21. Juni 2011, http://newamerica.net/publications/po-licy/china_s_energy_rise_and_the_future_of_us_china_energy_relations.

342 Susan Kraemer: »China to Simply Cap Coal Use Within 3 Years«, Clean Technica, 8. März 2012, http://cleantechnica.com/2012/03/08/china-to-simply-cap-coal-use-within-3-years/.

343 Herberg: »China's Energy Rise and the Future of U.S.-China Energy Relations«.

344 Ebd.

345 U.S. Energy Information Agency: »Country Analysis: China«, 4. September 2012, http://www.eia.gov/countries/cab.cfm?fips=CH.

346 Ebd.

347 Ebd.

348 Heather Billings und Sisi Wei: »China's Energy Grab«, in: Washington Post, 30. Oktober 2011.

349 Duncan Clark: »Average Chinese Person's Carbon Footprint Now Equals Europeans«, in: Guardian, 18. Juli 2012.

350 Keith Bradsher: »China Sharply Raises Energy Prices«, in: New York Times, 20. Juni 2008.

351 Danielle Kurtzlaben: »China, European Countries Best U.S. on Energy Efficiency«, in: U.S. News & World Report, 12. Juli 2012.

352 Esther Tanquintic-Misa: »China Leads Global Investments in Renewable Energy«, in: IB Times, 5. Dezember 2011, http://au.ibtimes.com/articles/261083/20111205/china-leads-global-investments-renewable-energy.htm#.UFJWkhg-KP0.

353 Coco Liu: »China Uses Feed-in Tariff to Build Domestic Solar Market«, ClimateWire, 14. September 2011.

354 Cristoph Stefes: »Room for Debate – The German Solution: Feed in Tariffs«, in: New York Times, 21. September 2011.

355 Pew Charitable Trusts: »Global Clean Power: A $2.3 Trillion Opportunity – Appendix: China«, 8. Dezember 2010, S. 48.

356 Bill McKibben: »Can China Go Green?«, in: National Geographic, Juni 2011.

357 »The Chinese Miracle Will End Soon«, in: Der Spiegel, 7. März 2005.

358 Jonathan Watts: »China Resorts to Blackouts in Pursuit of Energy Efficiency«, in: Guardian, 19. September 2010.

359 Alexandre Kossoy und Pierre Gioan, Weltbank: »State and Trends of the Carbon Market 2012«, Mai 2012, S. 96–99, http://siteresources.worldbank.org/INTCARBONFI-NANCE/Resources/State_and_Trends_2012_Web_Optimized_19035_Cvr&Txt_LR.pdf.

360 David Pierson: »China Offers Measured Response to U.S. Tariffs on Solar Panels«, in: Los Angeles Times, 21. März 2012.

361 Global Wind Energy Council: »China Wind Energy Development Update 2010«, 2010, http://www.gwec.net/china-wind-energy-development-update-2012/.

362 Mat McDermott: »One Quarter of China's Wind Power Still Not Connected to Electricity Grid«, TreeHugger, 7. März 2011, http://www.treehugger.com/corporate-respon-sibility/one-quarter-of-chinas-wind-power-still-not-connected-to-electricity-grid.html.

363 Jeff St. John: »HVDC Grows on the Grid from China to Oklaunion«, 28. August 2012,

Greentech Media, http://www.greentechmedia.com/articles/read/hvdc-grows-in-smart-grid-from-china-to-oklaunion/.

364 Beth Gardiner: »An Energy Supergrid for Europe Faces Big Obstacles«, in: *New York Times*, 16. Januar 2012.

365 Thomas L. Friedman: »This Is a Big Deal«, in: *New York Times*, 4. Dezember 2011.

366 Brad Gammons: »India Set to Leap-Frog Ahead with ›Smart Grid‹ Energy Strategy«, in: *International Business Times*, 8. September 2011.

367 Fran Foo: »›EnergyAustralia‹ Bags $93m Smart Grid Contract«, in: *Australian*, 8. Oktober 2010.

368 National Energy Technology Laboratory: »Modern Grid Benefits«, 2007, S. 14, http://www.netl.doe.gov/smartgrid/referenceshelf/whitepapers/Modern%20Grid%20Benefits_Final_v1_0.pdf.

369 Simon Denyer und Rama Lakshmi: »India Blackout, on Second Day, Leaves 600 Million without Power«, in: *Washington Post*, 1. August 2012.

370 Matthew L. Wald: »Better Batteries: Not Just for Cars Anymore«, in: *New York Times*, Green Blog, 31. Oktober 2011, http://green.blogs.nytimes.com/2011/10/31/better-batteries-not-just-for-cars-any-more/?scp=14&sq=energy%20storage&st=cse.

371 Amory B. Lovins und Rocky Mountain Institute: *Reinventing Fire: Bold Business Solutions for the New Energy Era*, White River Junction 2011.

372 U.S. Department of Energy (DOE): »DOE Reports Show Major Potential for Wave and Tidal Energy Production Near U.S. Coasts«, 18. Januar 2012, http://apps1.eere.energy.gov/news/progress_alerts.cfm/pa_id=664.

373 O. Edenhofer et al., Zwischenstaatlicher Ausschuss für Klimaänderungen (*Intergovernmental Panel on Climate Change*, IPCC): »Special Report on Renewable Energy Sources and Climate Change Mitigation – Press Release«, 2011, http://srren.ipcc-wg3.de/press/content/potential-of-renewable-energy-outlined-report-by-the-intergovernmental-panel-on-climate-change.

374 Elisabeth Rosenthal: »Tidal Power: The Next Wave?«, in: *New York Times*, 20. Oktober 2010.

375 Christopher Mims: »One Hot Island: Iceland's Renewable Geothermal Power«, in: *Scientific American*, 20. Oktober 2008.

376 New Zealand Geothermal Association: »Geothermal Energy & Electricity Generation«, http://www.nzgeothermal.org.nz/elec_geo.html.

377 Dan Jennejohn et al., Geothermal Energy Association: »Geothermal: International Market Overview Report«, Mai 2012, http://www.geo-energy.org/pdf/reports/2012-GEA_International_Overview.pdf.

378 Arun Kumar, Zwischenstaatlicher Ausschuss für Klimaänderungen (*Intergovernmental Panel on Climate Change*, IPCC): »Special Report on Renewable Energy Sources and Climate Change Mitigation-Hydropower«, 2011, S. 437–496.

379 Toby Price: »Power Generation from Biomass Booms Worldwide«, in: *Renewable Energy*, 13. September 2012.

380 »An Overview of China's Renewable Energy Market«, China Briefing, 16. Juni 2011, http://www.china-briefing.com/news/2011/06/16/an-overview-of-chinas-renewable-energy-market.html.

381 Barbara Freese, Steve Clemmer und Alan Nogee, Union of Concerned Scientists: »Coal Power in a Warming World: A Sensible Transition to Cleaner Energy Options«, Oktober 2008, S. 18, http://www.ucsusa.org/assets/documents/clean_energy/Coal-power-in-a-warming-world.pdf.

382 James Katzer (Hrsg.), Massachusetts Institute of Technology: »The Future of Coal: Options for a Carbon-Constrained World«, 2007, S. 44, http://web.mit.edu/coal/The_Future_of_Coal.pdf.

383 Jeff Tollefson und Richard Van Noorden: »Slow Progress to Cleaner Coal«, in: *Nature*, April 2012.

384 Damien Carrington: »Q&A: Carbon Capture and Storage«, in: *Guardian*, 10. Mai 2012.

385 David Talbot: »Needed: A Price on Carbon«, in: *Technology Review*, 14. August 2006.

386 Liam Moriarty: »French Sour on Nuclear Power«, in: *PRI The World*, 24. April 2012, http://www.theworld.org/2012/04/france-nuclear-power/.

387 Korea Herald: »S. Korea to Proceed with Two New Reactors«, in: *Jakarta Post*, 6. Mai 2012.

388 Clay Dillow: »Can Next-Generation Reactors Power a Safe Nuclear Future?«, in: *Popular Science*, 17. März 2011.

389 Jon Gertner: »Why Isn't the Brain Green?«, in: *New York Times*, 16. April 2009.

390 U.S. National Academy of Science: »Policy Implications of Greenhouse Warming: Mitigation, Adaptation and the Science Base«, 1992, http://books.nap.edu/openbook.php?isbn=0309043867.

391 Robert Kunzig: »A Sunshade for Planet Earth«, in: *Scientific American*, November 2008.

392 Ebd.

393 Ben Kravitz et al.: »Geoengineering: Whiter Skies?«, in: *Geophysical Research Letters* 39, 2012.

394 C. C. M. Kyba et al.: »Red Is the New Black: How the Colour of Urban Skyglow Varies with Cloud Cover«, in: *Monthly Notices of the Royal Astronomical Society* 425, August 2012.

395 Tim Wall: »Peru's Peaks Go White to Guard Glaciers«, in: *Discovery News*, 5. Dezember 2011.

396 Abraham Lincoln: »Annual Remarks to Congress«, 1. Dezember 1862.

397 »Humans: From Near Extinction to Phenomenal Success«, BBC, 2012, http://www.bbc.co.uk/nature/life/Human.

Schluss

1 Clottes: »Chauvet Cave (ca. 30,000 B.C.)«, Heilbrunn Timeline of Art History; Judith Thurman: »First Impressions«, in: *New Yorker*, 23. Juni 2008; Jean-Marie Chauvet, Éliette Brunel Deschamps und Christian Hillaire: *Grotte Chauvet: Altsteinzeitliche Höhlenkunst im Tal der Ardèche*, Sigmaringen 1995.

2 »Cracking the Code of Life«, PBS NOVA, 17. April 2001, http://www.pbs.org/wgbh/nova/body/cracking-the-code-of-life.html; Roger Highfield: »DNA Survey Finds All Humans Are 99.9pc the Same«, in: *Telegraph*, 20. Dezember 2002; University of Utah Genetic Science Learning Center: »Can DNA Demand a Verdict?«, http://learn.genetics.utah.edu/content/labs/gel/forensics.

3 »Microbes Maketh Man«, in: *Economist*, 18. August 2012.

4 »Proteomics«, American Medical Association, http://www.ama-assn.org/ama/pub/physician-resources/medical-science/genetics-molecular-medicine/current-topics/proteomics.page.

5 Mancur Olson: *Aufstieg und Niedergang von Nationen: Ökonomisches Wachstum, Stagflation und soziale Starrheit (The Rise and Decline of Nations: Economic Growth,*

Stagflation, and Social Rigidities), übersetzt von Gerd Fleischmann, Tübingen 1991 (Originalausgabe von 1984).

6 Mark Aurel: *Wege zu sich selbst*: S. 148, zitiert nach folgender Ausgabe: Epiktet/Mark Aurel: *Philosophische Schriften*, Zürich/München 1958, darin: Mark Aurel: *Wege zu sich selbst*, hrsg. und übersetzt von Willy Theiler, S. 59 – 226.

BIBLIOGRAFIE

Bücher

Acemoğlu, Daron, und James A. Robinson: *Warum Nationen scheitern : die Ursprünge von Macht, Wohlstand und Armut (Why Nations Fail: The Origins of Power, Prosperity, and Poverty)*, übersetzt von Bernd Rullkötter, Frankfurt/M. 2013.

Anderson, Benedict: *Die Erfindung der Nation: Zur Karriere eines folgenreichen Konzepts (Imagined Communities: Reflections on the Origin and Spread of Nationalism)*, übersetzt von Christoph Münz und Benedikt Burkhard, Frankfurt/M. 2005.

Bakan, Joel: *Das Ende der Konzerne: Die selbstzerstörerische Kraft der Unternehmen (The Corporation: The Pathological Pursuit of Profit and Power)*, übersetzt von Ursula Bischof, Leipzig 2005.

Barker, Graeme: *The Agricultural Revolution in Prehistory: Why Did Foragers Become Farmers?*, New York 2009.

Beatty, Jack: *The Age of Betrayal: The Triumph of Money in America, 1865-1900*, New York 2008.

Bergreen, Laurence: *Over the Edge of the World: Magellan's Terrifying Circumnavigation of the Globe*, New York 2004.

Bernays, Edward: *Biographie einer Idee: Die Hohe Schule der PR. Lebenserinnerungen (Biography of an Idea: Memoirs of Public Relations Counsel Edward L. Bernays)*, übersetzt von Ulf Pacher, Düsseldorf 1967.

ders.: *Propaganda: Die Kunst der Public Relations (Propaganda)*, übersetzt von Klaus Kocks und Patrick Schnur, Freiburg i. Br. 2007.

Bjorklund, David F.: *Why Youth Is Not Wasted on the Young: Immaturity in Human Development*, Malden 2007.

Brock, David: *The Republican Noise Machine: Right-Wing Media and How It Corrupts Democracy*, New York 2005.

Brown, Lester: *Eco-Economy: Building an Economy for the Earth*, New York 2001.

ders.: *Full Planet, Empty Plates: The New Geopolitics of Food Scarcity*, New York 2012.

ders.: *Plan B 3.0: So retten wir die Welt (Plan B 3.0: Mobilizing to Save Civilization)*, übersetzt von Verena Gajewski, Berlin 2008.

ders.: *Plan B 4.0: So retten wir unsere Welt (Plan B 4.0: Mobilizing to Save Civilization)*, übersetzt von Verena Gajewski, Berlin 2010.

ders.: *World on the Edge: How to Prevent Environmental and Economic Collapse*, New York 2011.

Bruinius, Harry: *Better for All the World: The Secret History of Forced Sterilization and America's Quest for Racial Purity*, New York 2006.

Brzezinski, Zbigniew: *Strategic Vision: America and the Crisis of Global Power*, New York 2012.

Buchanan, Allen: *Better than Human: The Promise and Perils of Enhancing Ourselves*, New York 2011.

Bühl, Achim (Hg.): *Auf dem Weg zur biomächtigen Gesellschaft?: Chancen und Risiken der Gentechnik*, Wiesbaden 2009.

Carr, Nicholas: *Surfen im Seichten: Was das Internet mit unserem Hirn anstellt (The Shallows: What the Internet Is Doing to Our Brains)*, übersetzt von Henning Dedekind, München 2013.

Church, George, und Ed Regis: *Regenesis: How Synthetic Biology Will Reinvent Nature and Ourselves*, New York 2012.

Coll, Steve: *Private Empire: ExxonMobil and American Power*, New York 2012.

Coyle, Diane: *The Weightless World: Strategies for Managing the Digital Economy*, Oxford 1997.

Diamond, Jared: *Arm und Reich: Die Schicksale menschlicher Gesellschaften (Guns, Germs, and Steel: The Fates of Human Societies)*, übersetzt von Volker Englisch, Frankfurt/M. 1998.

ders.: *Kollaps: Warum Gesellschaften überleben oder untergehen (Collapse: How Societies Choose to Fail or Succeed)*, übersetzt von Sebastian Vogel, Frankfurt/M. 2005.

Diaz, Henry, und Raymond Bradley: *The Hadley Circulation: Present, Past and Future*, London 2005.

Dobson, Wendy: *Gravity Shift: How Asia's New Economic Powerhouses Will Shape the Twenty-First Century*, Toronto 2009.

Edsall, Thomas Byrne: *The Age of Austerity: How Scarcity Will Remake American Politics*, New York 2012.

Flannery, Tim: *Auf Gedeih und Verderb: Die Erde und wir: Geschichte und Zukunft einer besonderen Beziehung (Here on Earth: A National History of the Planet)*, übersetzt von Jürgen Neubauer, Frankfurt/M. 2011.

Ford, Martin: *Lights in the Tunnel: Automation, Accelerating Technology and the Economy of the Future*, o. O. 2009.

Franklin, Daniel, und John Andrews (Hg.): *Megachange: The World in 2050*, Hoboken 2012.

Freeman, Walter J.: *How Brains Make Up Their Minds*, New York 2000.

Fukuyama, Francis: *Das Ende der Geschichte: Wo stehen wir? (The End of History and the Last Man)*, übersetzt von Helmut Dierlamm, München 1992.

ders.: *Das Ende des Menschen (Our Posthuman Future: Consequences of the Biotechnology Revolution)*, übersetzt von Klaus Kochmann, München 2002.

Gazzaniga, Michael: *Human: The Science Behind What Makes Us Unique*, New York 2008.

Gibbon, Edward: *Verfall und Untergang des römischen Imperiums. Bis zum Ende des Reiches im Westen (The History of the Decline and Fall of the Roman Empire)*, übersetzt von Michael Walter und Walter Kumpmann, 6 Bde., München 2003.

Goldstein, Joshua S.: *Winning the War on War: The Decline of Armed Conflict Worldwide*, New York 2011.

Gopnik, Alison: *Kleine Philosophen: Was wir von unseren Kindern über Liebe, Wahrheit und den Sinn des Lebens lernen können (The Philosophical Baby: What Children's Minds Tell Us About Truth, Love, and the Meaning of Life)*, übersetzt von Hainer Kober, Berlin 2009.

Gore, Al: *Angriff auf die Vernunft (The Assault on Reason)*, übersetzt von Friedrich Pflüger, München 2007.

ders.: *Wege zum Gleichgewicht: Ein Marshallplan für die Erde (Earth in the Balance: Ecology and the Human Spirit)*, übersetzt von Frank Hörmann und Walter Brumm, Frankfurt/M. 1992.

ders.: *Eine unbequeme Wahrheit: Die drohende Klimakatastrophe und was wir dagegen tun können (An Inconvenient Truth: The Planetary Emergency of Global Warming and What We Can Do About It)*, übersetzt von Richard Barth und Thomas Pfeiffer, München 2006.

ders.: *Wir haben die Wahl: Ein Plan zur Lösung der Klimakrise (Our Choice: A Plan to Solve the Climate Crisis)*, übersetzt von Enrico Heinemann, Thomas Pfeiffer, Werner Roller und Heike Schlatterer, München 2009.

Gurian-Sherman, Doug: *Failure to Yield*, Cambridge, Massachusetts 2009.

Hacker, Joseph S., und Paul Pierson: *Winner-Take-All Politics: How Washington Made the Rich Richer – and Turned Its Back on the Middle Class*, New York 2011.

Haidt, Jonathan: *The Religious Mind: Why Good People Are Divided by Politics and Religion*, New York 2012.

Hamilton, Alexander, James Madison und John Jay: *Die Federalist-Artikel: Politische Theorie und Verfassungskommentar der amerikanischen Gründerväter*, hg. und übersetzt von Angela Adams und Willi Paul Adams, Paderborn 1994.

Hansen, James: *Storms of My Grandchildren: The Truth About the Coming Climate Catastrophe and Our Last Chance to Save Humanity*, New York 2009.

Hawthorne , Nathaniel: *Das Haus mit den sieben Giebeln (The House of the Seven Gables)*, übersetzt von Friedrich Minckwitz und Noa Kiepenheuer, Weimar 1963.

Head, Tom: *It's Your World, So Change It: Using the Power of the Internet to Create Social Change*, Indianapolis 2010.

Holmes, Kevin: *The Concept of Income: A Multi-disciplinary Analysis*, Amsterdam 2001.

Horne, Alistair: *Paris ist tot, es lebe Paris: Der Deutsch-Französische Krieg 1870/1871 und der Aufstand der Kommune in Paris (The Fall of Paris: The Siege and the Commune 1870 – 71)*, übersetzt von Sigrid Stahlmann, Bern/München/Wien 1967.

Hougan, Matthew, und Bruce Altevogt: *From Molecules to Minds: Challenges for the 21st Century*, Washington, D.C., 2008.

Hoyt, Erich: *Marine Protected Areas for Whales, Dolphins and Porpoises: A World Handbook for Cetacean Habitat Conservation*, Oxford 2004.

Hunnicutt, Benjamin: *Work Without End: Abandoning Shorter Hours for the Right to Work*, Philadelphia 1988.

James, Harold: *The Creation and Destruction of Value: The Globalization Cycle*, Cambridge, Massachusetts 2009.

Jeffreys, Diarmuid: *Weltkonzern und Kriegskartell: Das zerstörerische Werk der IG Farben (Hell's Cartel: IG Farben and the Making of Hitler' War Machine)*, übersetzt von Helmut Dierlamm und Werner Roller, München 2011.

Johnson, Dennis W.: *Routledge Handbook of Political Management*, New York 2009.

Johnson, Steven: *Emergence: The Connected Lives of Ants, Brains, Cities and Software*, New York 2001.

Jones, Steven E.: *Against Technology: From the Luddites to Neo-Luddism*, New York 2006.

Jones, Tim, und Caroline Dewing (Hg.): *Future Agenda: Initial Perspectives*, Newbury 2009.

Josephson, Matthew: *The Robber Barons: The Great American Capitalist 1861 – 1901*, New Brunswick 2010.

Juma, Calestous: *The New Harvest: Agricultural Innovation in Africa*, New York 2011.

Kagan, Robert: *The World America Made*, New York 2012.

Kaku, Michio: *Die Physik der Zukunft: Unser Leben in 100 Jahren (Physics of the Future: How Science Will Shape Human Destiny and Our Daily Lives by the Year 2100)*, übersetzt von Monika Niehaus, Reinbek 2012.

ders.: *Zukunftsvisionen: Wie Wissenschaft und Technik des 21. Jahrhunderts unser Leben revolutionieren (Visions: How Science Will Revolutionize the 21st Century)*, übersetzt von Susanne Kuhlmann-Krieg und Sebastian Vogel, München 1998.

Kaplan, Robert D.: *The Revenge of Geography: What the Map Tells Us About Coming Conflicts and the Battle Against Fate*, New York 2012.

Karl, Thomas, et al.: *Global Climate Change Impacts in the United States*, Washington, D.C., 2009.

Kass, Leon: *Life, Liberty and the Defense of Dignity*, San Francisco 2004.

ders. und James Q. Wilson: *Ethics of Human Cloning*, Washington, D.C., 1998.

Kelly, Kevin: *What Technology Wants*, New York 2010.

Kessler, David: *Das Ende des großen Fressens: Wie die Nahrungsmittelindustrie Sie zu übermäßigem Essen verleitet und was Sie dagegen tun können*, München 2011.

Kevles, Daniel J.: *In the Name of Eugenics: Genetics and the Uses of Human Heredity*, New York 1985.

Klare, Michael T.: *The Race for What's Left: The Global Scramble for the World's Last Resources*, New York 2012.

Korten, David C.: *When Corporations Rule the World*, Bloomfield 1995.

Kupchan, Charles A.: *No One's World: The West, the Rising Rest, and the Coming Global Turn*, New York 2012.

Kurzweil, Ray: *Homo s@piens: Leben im 21. Jahrhundert – was bleibt vom Menschen? (The Age of Spiritual Machines: When Computers Exceed Human Intelligence)*, übersetzt von Helmut Dierlamm und Thomas Pfeiffer, München 2000.

ders.: *Menschheit 2.0: Die Singularität naht (The Singularity Is Near: When Humans Transcend Biology)*, übersetzt von Martin Rötzschke, Berlin 2013.

LaJeunesse, Robert: *Work Time Regulation as Sustainable Full Employment Strategy: The Social Effort Bargain*, New York 2009.

Lanier, Jaron: *You Are Not a Gadget: A Manifesto*, New York 2010.

Leakey, Richard, und Roger Lewin: *Die sechste Auslöschung: Lebensvielfalt und die Zukunft der Menschheit (The Sixth Extinction: Patterns of Life and the Future of Humankind)*, übersetzt von Sebastian Vogel, Frankfurt/M. 1996.

Lessig, Lawrence: *Republic, Lost: How Money Corrupts Congress – and a Plan to Stop It*, New York 2011.

Lindström, Peter: *The Future Agenda as Seen by the Committees and Subcommittees of the United States House of Representatives: A Workbook for Participatory Democracy*, Washington, D.C., 1982.

Lippmann, Walter: *Die öffentliche Meinung (Public Opinion)*, übersetzt von Hermann Reidt, München 1964.

Lombardo, Paul A.: *Three Generations, No Imbeciles: Eugenics, the Supreme Court, and Buck v. Bell*, Baltimore 2008.

Lovins, Amory: *Reinventing Fire: Bold Business Solutions for the New Energy Era*, White River Junction 2011.

Luce, Edward: *Time to Start Thinking: America in the Age of Descent*, New York 2012.

Luntz, Frank: *Words That Work: It's Not What You Say, It's What People Hear*, New York 2006.

Malkmes, Johannes: *American Consumer Culture and Its Society: From F. Scott Fitzgerald's 1920s Modernism to Bret Easton Ellis' 1980s Blank Fiction*, Hamburg 2011.

McCullough, David: *1776*, New York 2005.

McKibben, Bill: *Eaarth: Making a Life on a Tough New Planet*, New York 2010.

ders.: *The Global Warming Reader*, New York 2012.

McLuhan, Marshall: *Die Gutenberg-Galaxis: Die Entstehung des typographischen Menschen (The Gutenberg Galaxy: The Making of Typographic Man)*, übersetzt von Max Nänny, Hamburg 2011.

ders.: *Die magischen Kanäle (Understanding Media: The Extensions of Man)*, übersetzt von Meinrad Amann, Dresden/Basel 1994.

Meadows, Dennis: *Die Grenzen des Wachstums: Bericht des Club of Rome zur Lage der Menschheit (The Limits to Growth)*, übersetzt von Hans-Dieter Heck, Stuttgart 1972.

Meggs, Philip B., und Alston W. Purvis: *Meggs' History of Graphic Design*, Hoboken 2012.

Meyer, Christopher, und Stan Davis: *It's Alive: The Coming Convergence of Information, Biology and Business*, New York 2003.

Miller, Pete, und Laura Westra: *Just Ecological Integrity: The Ethics of Maintaining a Planetary Life*, Lanham 2002.

Montier, James: *Die Psychologie der Börse: Der Praxisleitfaden behavioural finance (Behavioural Investing: A Practitioner's Guide to Applying Behavioural Finance)*, übersetzt von Wolfgang Wurbs und Horst Fugger, München 2010.

Moreno, Jonathan D.: *The Body Politic: The Battle Over Science in America*, New York 2011.

Morowitz, Harold J.: *The Emergence of Everything: How the World Became Complex*, New York 2002.

Moyo, Dambisa: *Winner Take All: China's Race for Resources and What It Means for the World*, New York 2012.

Naisbitt, John: *Megatrends 2000: Zehn Perspektiven für den Weg ins nächste Jahrtausend (Megatrends: Ten New Directions Transforming Our Lives)*, übersetzt von Tillmann Gärtner, Düsseldorf 1990.

Noueihed, Lin, und Alex Warren: *The Battle for the Arab Spring: Revolution, Counter-Revolution and the Making of a New Era*, New Haven 2012.

Nye, Joseph S. Jr.: *Macht im 21. Jahrhundert: Politische Strategien für ein neues Zeitalter (The Future of Power)*, übersetzt von Heinz Siber, München 2011.

Olson, Mancur: *Aufstieg und Niedergang von Nationen: Ökonomisches Wachstum, Stagflation und soziale Starrheit (The Rise and Decline of Nations: Economic Growth, Stagflation, and Social Rigidities)*, übersetzt von Gerd Fleischmann, Tübingen 1991.

Otto, Shawn Lawrence: *Fool Me Twice: Fighting the Assault on Science in America*, New York 2011.

Owen, David: *Green Metropolis: Why Living Smaller, Living Closer, and Driving Less Are the Keys to Sustainability*, New York 2009.

Pagel, Mark: *Wired for Culture: Origins of the Human Social Mind*, New York 2012.

Parker, R. H., und G. C. Harcourt: *Readings in the Concept and Measurement of Income*, Cambridge 1969.

Pocker, Sam: *Retail Anarchy: A Radical Shopper's Adventures in Consumption*, Philadelphia 2009.

Polak, Fred: *The Image of the Future*, Amsterdam 1973.

Pollan, Michael: *Das Omnivoren-Dilemma: Wie sich die Industrie der Lebensmittel bemächtigte und warum Essen so kompliziert wurde (The Omnivore's Dilemma: A Natural History of Four Meals)*, übersetzt von Peter Kobbe, München 2011.

Postman, Neil: *Wir amüsieren uns zu Tode: Urteilsbildung im Zeitalter der Unterhaltungsindustrie (Amusing Ourselves to Death)*, übersetzt von Reinhard Kaiser, Frankfurt/M. 1985.

Randers, Jørgen: *2052: Der neue Bericht an den Club of Rome. Eine globale Prognose für die nächsten 40 Jahre (2052 - A Global Forecast for the Next Forty Years)*, übersetzt von Annette Bus u. a., München 2012.

Reich, Robert: *Nachbeben: Amerika am Wendepunkt (Aftershock: The Next Economy and Americas Future)*, übersetzt von Ute Gräber-Seißlinger und Doris Gerstner, Frankfurt/M. 2010.

Rifkin, Jeremy: *Das Ende der Arbeit und ihre Zukunft (The End of Work: The Decline of the Global Labor Force and the Dawn of the Post-Marjet Era)*, übersetzt von Thomas Steiner, Frankfurt/M. 1995.

ders.: *Die dritte industrielle Revolution: Die Zukunft der Wirtschaft nach dem Atomzeitalter (The Third Industrial Revolution: How Lateral Power Is Transforming Energy, the Economy, and the World)*, übersetzt von Bernhard Schmid, Frankfurt/M. 2011.

ders.: *Die empathische Zivilisation: Wege zu einem globalen Bewusstsein (The Empathic Civilization: The Race of Global Consciousness in a World in Crisis)*, übersetzt von Ulrike Bischoff, Frankfurt/M. 2012.

Ritchie, Donald A.: *Reporting from Washington: The History of the Washington Press Corps*, New York 2005.

Rothkopf, David: *Power, Inc.: The Epic Rivalry Between Big Business and Government – and the Reckoning That Lies Ahead*, New York 2012.

Salk, Jonas: *Wir können überleben: Die 2. Evolution des Menschen (The Survival of the Wisest)*, übersetzt von Reinhard Grabowski, Freiburg i. Br. 1975.

Sandel, Michael J.: *Was man für Geld nicht kaufen kann: Die moralischen Grenzen des Marktes (What Money Can't Buy: The Moral Limits of Markets)*, übersetzt von Helmut Reuter, Berlin 2012.

Schor, Juliet B.: *The Overworked American: The Unexpected Decline of Leisure*, New York 1991.

dies.: *True Wealth: How and Why Millions of Americans Are Creating a Time-Rich, Ecologically Light, Small-Scale, High-Satisfaction Economy*, New York 2011.

Seager, Joni: *The Penguin Atlas of Women in the World*, New York 2009.

Seung, Sebastian: *Connectome: How the Brain's Wiring Makes Us Who We Are*, Boston 2012.

Singer, P. W.: *Wired for War: The Robotics Revolution and Conflict in the 21st Century*, New York 2009.

Singh, Simon: *Geheime Botschaften: Die Kunst der Verschlüsselung von der Antike bis in die Zeiten des Internet (The Code Book: The Science of Secrecy from Ancient Egypt to Quantum Cryptography)*, übersetzt von Klaus Fritz, München 2000.

Smith Adam: *Der Wohlstand der Nationen (An Inquiry into the Nature and Causes of the Wealth of Nations)*, übersetzt von Horst Claus Recktenwald, München 1974.

Spence, Michael: *The Next Convergence: The Future of Economic Growth in a Multispeed World*, New York 2011.

Speth, James Gustave: *Der Wandel ist machbar: Manifest für ein neues Amerika (America the Possible: Manifesto for a New Economy)*, übersetzt von Sandra H. Lustig und Ina Goertz, München 2013.

Stern, Nicholas: *The Economics of Climate Change: The Stern Review*, New York 2007.

Stiglitz, Joseph E.: *Der Preis der Ungleichheit: Wie die Spaltung der Gesellschaft unsere Zukunft bedroht (The Price of Inequality: How Today's Divided Society Endangers Our Future)*, übersetzt von Thorsten Schmidt, München 2012.

ders. und Linda Bilmes: *Die wahren Kosten des Krieges: Wirtschaftliche und politische Folgen des Irak-Konflikts (The Three Trillion Dollar War: The True Cost of the Iraq Conflict)*, übersetzt von Thorsten Schmidt, München 2008.

Streeter, Burnett Hillman: *The Chained Library: A Survey of Four Centuries in the Evolution of the English Library*, New York 2011.

Sukhdev, Pavan, et al.: *The Economics of Ecosystems and Biodiversity: Mainstreaming the Economics of Nature: A Synthesis of the Approach*, Bonn 2010.

Teilhard de Chardin, Pierre: *Der Mensch im Kosmos (Le Phénomène humain)*, übersetzt von Othon Marbach, München 1959.

ders.: *Die Zukunft des Menschen (L'avenir de l'homme)*, übersetzt von Lorenz Häfliger und Karl Schmitz-Moormann, Olten/Freiburg 1963.

Toffler, Alvin: *Der Zukunftsschock (Future Shock)*, München 1970.

Topol, Eric: *The Creative Destruction of Medicine: How the Digital Revolution Will Create Better Health Care*, New York 2012.

Turkle, Sherry: *Verloren unter 100 Freunden: Wie wir in der digitalen Welt seelisch verkümmern (Alone Together: Why We Expect More from Technology and Less from Each Other)*, übersetzt von Joannis Stefanidis, München 2012.

Twitchell, James B.: *Adcult USA: The Triumph of Advertising in American Culture*, New York 1996.

Vollmann, William T.: *Uncentering the Earth: Copernicus and the Revolutions of the Heavenly Spheres*, New York 2006.

Washington, Harriet A.: *Deadly Monopolies: The Shocking Corporate Takeover of Life Itself – and the Consequences for Your Health and Our Medical Future*, New York 2011.

Weart, Spencer: *The Discovery of Global Warming*, Cambridge, Massachusetts 2003.

Welch, H. Gilbert, Lisa M. Schwartz und Steven Woloshin: *Die Diagnosefalle: Wie Gesunde zu Kranken erklärt werden (Overdiagnosed)*, übersetzt von Martin Rometsch, München 2013.

Wells, H. G.: *World Brain*, London 1938.

Wilkinson, Stephen: *Choosing Tomorrow's Children: The Ethics of Selective Reproduction*, New York 2010.

Wilson, E. O.: *Die soziale Eroberung der Erde: Eine biologische Geschichte des Menschen (The Social Conquest of Earth)*, übersetzt von Elsbeth Ranke, München 2013.

Wolfe, Nathan: *Virus: Die Wiederkehr der Seuchen (The Viral Storm: The Dawn of a New Pandemic Age)*, übersetzt von Monika Niehaus, Reinbek 2012.

Wright, Georg Henrik: *Erkenntnis als Lebensform: Zeitgenössische Wanderungen eines philosophischen Logikers (The Tree of Knowledge and other Essays)*, übersetzt von Joachim Schulte, Wien/Köln/Weimar 1994.

Yadav, Shyam S., et al.: *Crop Adaptation to Climate Change*, Ames 2011.

Yang, Ailun, und Yiyun Cui: *Global Coal Risk Assessment: Data Analysis and Market Research*, Washington, D.C., 2012.

Aufsätze, Zeitungs- und Zeitschriftenartikel

Alterman, Jon: »The Revolution Will Not Be Televised«, in: *Middle East Notes and Comment,* Center for Strategic and International Studies, März 2011

Archer, David, und Victor Brovkin: »The Millennial Atmospheric Lifetime of Anthropogenic CO_2«, in: *Climatic Change* 90, 2008, S. 283 – 297

Barnosky, Anthony et al.: »Has the Earth's Sixth Mass Extinction Already Arrived?«, in: *Nature*, März 2011

Bartlett, Bruce: »›Starve the Beast‹: Origins and Development of a Budgetary Metaphor«, in: *Independent Review*, Sommer 2007

Bergsten, C. Fred: »Two's Company«, in: *Foreign Affairs*, September/Oktober 2009

Bisson, Peter, Elizabeth Stephenson und S. Patrick Viguerie: »The Global Grid«, in: *McKinsey Quarterly*, 26. Juli 2011

Blaser, Martin: »Antibiotic Overuse: Stop the Killing of Beneficial Bacteria«, in: *Nature*, 25. August 2011

Bohannon, John: »Searching for the Google Effect on People's Memory«, in: *Science*, 15. Juli 2011

Bostrom, Nick: »A History of Transhumanist Thought«, in: *Journal of Evolution and Technology* 14, April 2005

Bowden, Mark: »The Measured Man«, in: *Atlantic*, Juli/August 2012

Bowley, Graham: »The New Speed of Money, Reshaping Markets«, in: *New York Times*, 2. Januar 2011

Bradford, James: »The NSA Is Building the Country's Biggest Spy Center (Watch What You Say)«, in: *Wired*, 15. März 2012

Carmody, Tim: »Google Co-founder: China, Apple, Facebook Threaten the ›Open Web‹«, in: *Wired*, 16. April 2012

Caruso, Denise: »Synthetic Biology: An Overview and Recommendations for Anticipating and Addressing Emerging Risks«, in: *Science Progress*, 12. November 2008, http://scienceprogress.org/2008/11/synthetic-biology/

Caryl, Christian: »Predators and Robots at War«, in: *New York Review of Books*, 30. August 2011

Cookson, Clive: »Synthetic Life«, in: *Financial Times*, 27. Juli 2012

Council on Foreign Relations: »The New North American Energy Paradigm: Reshaping the Future«, 27. Juni 2012

Cudahy, Brian J.: »The Containership Revolution: Malcolm McLean's 1956 Innovation Goes Global«, in: *Transportation Research News*, Transportation Research Board of the National Academies, Nr. 246, September/Oktober 2006

Day, Peter: »Will 3D Printing Revolutionize Manufacturing?«, BBC, 27. Juli 2011

Diamond, Jared: »What Makes Countries Rich or Poor?«, in: *New York Review of Books*, 7. Juni 2012

Diamond, Larry: »A Fourth Wave or False Start?«, in: *Foreign Affairs*, 22. Mai 2011

ders.: »Liberation Technology«, in: *Journal of Democracy* 21, Nr. 3, Juli 2010

Dunbar, Robin Ian MacDonald: »Coevolution of Neocortical Size, Group Size and Language in Humans«, in: *Behavioral and Brain Sciences* 16, Nr. 4, 1993, S. 681–735

Economist: »The Dating Game«, 27. Dezember 2011

dass.: »Hello America«, 16. August 2010

dass.: »How Luther Went Viral«, 17. Dezember 2011

dass.: »No Easy Fix«, 24. Februar 2011

dass.: »The Printed World«, 10. Februar 2011

dass.: »The Third Industrial Revolution«, 21. April 2012

dass.: »Unbottled Gini«, 20. Januar 2011

Etling, Bruce, Robert Faris und John Palfrey: »Political Change in the Digital Age: The Fragility and Promise of Online Organizing«, in: *SAIS Review* 30, Nr. 2, 2010

Evans, Dave: »The Internet of Things«, Cisco Blog, 15. Juli 2011

Farrell, Henry, und Cosma Shalizi: »Cognitive Democracy«, in: *Three-Toed Sloth*, 23. Mai 2012

Feldstein, Martin: »China's Biggest Problems Are Political, Not Economic«, in: *Wall Street Journal*, 2. August 2012

Fernandez-Cornejo, J., und M. Caswell: »The First Decade of Genetically Engineered

Crops in the United States«, US-Landwirtschaftsministerium, Wirtschaftlicher Forschungsdienst (Economic Research Service), 2006

Financial Times: »Job-Devouring Technology Confronts US Workers«, 15. Dezember 2011

Fineberg, Harvey: »Are We Ready for Neo-Evolution?«, TED Talks, 2011

Fishman, Ted: »As Populations Age, a Chance for Younger Nations«, in: *New York Times Magazine*, 17. Oktober 2010

Fortey, Richard A.: »Charles Lyell and Deep Time«, in: *Geoscientist* 21, Nr. 9, Oktober 2011

Fox, Justin: »What the Founding Fathers Really Thought About Corporations«, in: *Harvard Business Review*, 1. April 2010

Freeman, David: »The Perfected Self«, in: *Atlantic*, Juni 2012

Generation Investment Management: »Sustainable Capitalism«, 15. Februar 2012, http://www.generationim.com/media/pdf-generation-sustainable-capitalism-v1.pdf

Gillis, Justin: »Are We Nearing a Planetary Boundary?«, in: *New York Times*, 6. Juni 2012

ders.: »A Warming Planet Struggles to Feed Itself«, in: *New York Times*, 4. Juni 2011

Gladwell, Malcolm: »Small Change: Why the Revolution Will Not Be Tweeted«, in: *New Yorker*, 4. Oktober 2010

ders.: »The Tweaker«, in: *New Yorker*, 14. November 2011

Grantham, Jeremy: »Time to Wake Up: Days of Abundant Resources and Falling Prices Are Over Forever«, in: *GMO Quarterly Letter*, April 2011

Gross, Michael Joseph: »Enter the Cyber-Dragon«, in: *Vanity Fair*, September 2011

ders.: »World War 3.0«, in: *Vanity Fair*, Mai 2012

Haidt, Jonathan: »Born This Way? Nature, Nurture, Narratives, and the Making of Our Political Personalities«, in: *Reason*, Mai 2012

Hansen, James et al.: »Perception of Climate Change«, in: *Proceedings of the National Academy of Sciences*, August 2012

Harb, Zahera: »Arab Revolutions and the Social Media Effect«, in: *M/C Journal* [Media/Culture Journal] 14, Nr. 2, 2011

Hillis, Danny: »Understanding Cancer Through Proteomics«, TEDMED 2010, Oktober 2010

Huntington, Samuel P.: »The U.S. – Decline or Renewal?«, in: *Foreign Affairs*, Winter 1988/1989

Ikenson, Daniel J.: »Made on Earth: How Global Economic Integration Renders Trade Policy Obsolete«, Cato Trade Policy Analysis Nr. 42, 2. Dezember 2009

Internationaler Währungsfonds: *World Economic Outlook*, September 2011

Joffe, Josef: »Declinism's Fifth Wave«, in: *American Interest*, Januar/Februar 2012

Johnson, Toni: »Food Price Volatility and Insecurity«, Council on Foreign Relations, 9. August 2011

Kagan, Robert: »Not Fade Away«, in: *New Republic*, 11. Januar 2012

Kaufman, Edward E. Jr., und Carl M. Levin: »Preventing the Next Flash Crash«, in: *New York Times*, 6. Mai 2011

Keim, Brandon: »Nanosecond Trading Could Make Markets Go Haywire«, in: *Wired*, 16. Februar 2012

Kennedy, Pagan: »The Cyborg in Us All«, in: *New York Times Magazine*, 18. September 2011

Kleiner, Keith: »Designer Babies – Like It or Not, Here They Come«, Singularity Hub, 25. Februar 2009

Kristof, Nicolas D.: »America's ›Primal Scream‹«, in: *New York Times*, 15. Oktober 2011

Krugman, Paul: »We Are the 99.9%«, in: *New York Times*, 24. November 2011

Kuznetsov, V. G.: »Importance of Charles Lyell's Works for the Formation of Scientific Geological Ideology«, in: *Lithology and Mineral Resources* 46, Nr. 2, 2011, S. 186–197

Lavelle, Marianne: »The Climate Change Lobby Explosion«, Center for Public Integrity, 24. Februar 2009

Levinson, Marc: »Container Shipping and the Economy«, in: *Transportation Research News*, Transportation Research Board of the National Academies, Nr. 246, September/Oktober 2006

Lewis, Mark: »The History of the Future«, in: *Forbes*, 15. Oktober 2007

MacKenzie, Donald: »How to Make Money in Microseconds«, in: *London Review of Books*, 19. Mai 2011

MacKinnon, Rebecca: »Internet Freedom Starts at Home«, in: *Foreign Policy*, 3. April 2012

Macklem, Peter T.: »Emergent Phenomena and the Secrets of Life«, in: *Journal of Applied Physiology* 104, 2008, S. 1844–1846

Madrigal, Alexis: »I'm Being Followed: How Google – and 104 Other Companies – Are Tracking Me on the Web«, in: *Atlantic*, 29. Februar 2012

Markoff, John: »Armies of Expensive Lawyers, Replaced by Cheaper Software«, in: *New York Times*, 5. März 2011

ders.: »Cost of Gene Sequencing Falls, Raising Hopes for Medical Advances«, in: *New York Times*, 8. März 2012

ders.: »Google Cars Drive Themselves, in Traffic«, in: *New York Times*, 10. Oktober 2010

McKibben, Bill: »Global Warming's Terrifying New Math«, in: *Rolling Stone*, Juli 2012

Milojević, Ivana: »A Selective History of Futures Thinking«, Dissertation, University of Queensland, 2002

Mooney, Chris: »The Science of Why We Don't Believe Science«, in: *Mother Jones*, Juni 2011

Moore, Stephen, und Julian L. Simon: »The Greatest Century That Ever Was: 25 Miraculous Trends of the Past 100 Years«, Cato Policy Analysis Nr. 364, 15. Dezember 1999

New York Times: »Dow Falls 1,000, Then Rebounds, Shaking Market«, 7. Mai 2010

Nisbet, Robert: »The Idea of Progress«, in: *Literature of Liberty: A Review of Contemporary Liberal Thought* 2, Nr. 1, 1979

Noah, Timothy: »Introducing the Great Divergence«, in: *Slate*, 3. September 2010

ders.: »Think Cranks«, in: *New Republic*, 30. März 2012

Nye, Joseph S.: »Cyber War and Peace«, Project Syndicate, 10. April 2012

Organisation für wirtschaftliche Zusammenarbeit und Entwicklung (OECD): »Divided We Stand: Why Inequality Keeps Rising«, Dezember 2011

Peters, Glen, et al.: »Rapid Growth in CO_2 Emissions After the 2008–2009 Global Financial Crisis«, in: *Nature Climate Change*, 2011

Purdum, Todd: »One Nation, Under Arms«, in: *Vanity Fair*, Januar 2012

Rosen, Jeffrey: »POTUS v. SCOTUS«, in: *New Republic*, 17. März 2010

Salvaris, Mike: »The Idea of Progress in History: Future Directions in Measuring Australia's Progress«, Australian Bureau of Statistics, 2010

Sargent, John F. Jr.: »Nanotechnology: A Policy Primer«, Congressional Research Service, 13. April 2012

Speth, James Gustave: »America the Possible: A Manifesto, Part I«, in: *Orion*, März/April 2012

Steiner, Christopher: »Wall Street's Speed War«, in: *Forbes*, 27. September 2010

Steinhart, Eric: »Teilhard de Chardin and Transhumanism«, in: *Journal of Evolution and Technology* 20, Nr. 1, Dezember 2008

Stern, Nicholas: »The Economics of Climate Change: The Stern Review«, in: *Population and Development Review* 32, Dezember 2006

Stiglitz, Joseph E.: »Of the 1%, by the 1%, for the 1%«, in: *Vanity Fair*, Mai 2011

Trenberth, Kevin: »Changes in Precipitation with Climate Change«, in: *Climate Research* 47, 2010

Trivett, Vincent: »25 US Mega Corporations: Where They Rank If They Were Countries«, in: *Business Insider*, 27. Juni 2011

Vance, Ashlee: »3-D Printing Spurs a Manufacturing Revolution«, in: *New York Times*, 14. September 2010

Walt, Steven M.: »The End of the American Era«, in: *National Interest*, 25. Oktober 2011

Wilford, John Noble: »Who Began Writing? Many Theories, Few Answers«, in: *New York Times*, 6. April 1999

Wilson, Daniel H.: »Bionic Brains and Beyond«, in: *Wall Street Journal*, 1. Juni 2012

Wilson, E. O.: »Why Humans, Like Ants, Need a Tribe«, in: *Daily Beast*, 2. April 2012

Worstall, Tim: »Six Waltons Have More Wealth than the Bottom 30% of Americans«, in: *Forbes*, 14. Dezember 2011

Zhang, David, und Harry Lee: »The Causality Analysis of Climate Change and Large-Scale Human Crisis«, in: *Proceedings of the National Academy of Sciences* 108, März 2011, S. 17296–17301

Zimmer, Carl: »Tending the Body's Microbial Garden«, in: *New York Times*, 18. Juni 2012

REGISTER